帝王密档

大清十二帝

范胜利◎著

中国文史出版社

图书在版编目（CIP）数据

大清十二帝/范胜利著.—北京：中国文史出版社，2011.12
ISBN 978-7-5034-3243-9

Ⅰ.①大…　Ⅱ.①范…　Ⅲ.①中国历史—清代　Ⅳ.①K249

中国版本图书馆 CIP 数据核字（2011）第 267390 号

责任编辑：蔡晓欧
封面设计：杨飞羊

出版发行：**中国文史出版社**
社　　址：北京市海淀区西八里庄路 69 号院　邮编：100142
电　　话：010-81136606　81136602　81136603（发行部）
传　　真：010-81136655
印　　装：廊坊市海涛印刷有限公司
经　　销：全国新华书店
开　　本：16
印　　张：29.5　　　　字数：451 千字
版　　次：2012 年 9 月北京第 1 版
印　　次：2020 年 10 月第 6 次印刷
定　　价：59.80 元

自 序

三年前，拙作《大明十六帝》出版问世。有位博雅的学者评此书是“史学与文学的结晶，有可读性，充满诱惑力，而令人爱不释卷”。另有朋友说真没想到我会去写长篇历史题材。笔者毕业于大学中文系，除教书外，一辈子寄情于笔墨间，耕耘于文田中，凡编小说、著散文、写诗歌、撰对联、吟诗、填词、作赋、制灯谜等均有涉猎，对于文学我可是爱得狂热，并颇有小绩微名。但很少有人知晓我对史学更情有独钟，老实说我醉心于史学已有 40 年之久，曾欲通读二十四史，结果力竭作罢，最终选择了研究明史与清史，至今少说也有 30 年。这两年，退休在家，优游岁月，或把酒挥毫，吟诗撰对，或游山玩水，赏月听涛，好不逍遥。忽一日，良心发现：研究历史多年，竟无片纸只字问世，真是大愧于心。此念一出，寝食不安。于是逼着自己写出了《大明十六帝》，算是对良心有个交代。书生之迂腐由此可见。岂料此书付之梨枣，喝彩之声不绝，实出意外，诚慰我心。古人云：知耻而后进，确为至理。《大明十六帝》的成功，激发了我的创作炽情，欲罢不能。许多朋友鼓励我再写清朝皇帝，激情更增。于是又写出这部《大清十二帝》。这书写得好苦，因为写作期间，患白内障等病，焦躁万分，文思恍惚，又辍写半年，最终成篇。为此写了一首七律：

清皇写罢不寻常，付梓名山已断肠。
两载苦煎灯烛泪，一池墨尽史乘香。
翻书只见斑斑血，掷笔犹思字字伤。
记得病时狼狈状，至今掩卷哭文章。

孔子曰：言之不文，行之不远。史学与文学相结合，方能成为史学经典。以优雅的文笔叙写生动的历史，我是努力做的，但愿本书再获嘉评。

有人说历史是什么玩意儿，我可不敢出此惊骇之语。历史是博大精深的、庄重严肃的、丰富多彩的、波澜壮阔的，我非常尊崇历史。简言之，历史是在逝去的岁月中昔人创造的事。这些人与事都反映那个已逝岁月的特征。编撰成典籍，是为史书。今天我们翻阅史书，那个时代正、反两方面的人与事都呈现在眼前：正义与邪恶、黑暗与光明、战争与和平、英雄与竖子、君子与小人、帝王将相、才子佳人、平民百姓等，与现实发生共鸣，均产生心灵的感动，甚至震撼。我们研究或反思历史，从而得到教益，或资政、或警世、或为官、或做人，均大有好处，所谓前事不忘，后事之师。这是历史独有的功能，岂其他学科所能及！中国的历史源远流长，有5000年文字记录的、连续不断的完整历史，世界上任何国家都不能望其项背，唯有惊叹而已。因为中国历代政府有个极好的习惯，前代消亡，后代主动地、很负责任地为前代修史，薪火相传，绝无间断，是为正史。为前代修史，便无许多顾虑、忌惮，能较客观地叙写史书，这比当代人写当代史，真实得多，确为好传统。还有许多文人，也有修史的兴趣，于是产生野史。正野互映，便是卷帙浩繁、博大精深的中国史。中国古代的修史者，大多有极佳的职业道德或良心，秉笔直书，一丝不苟，不溢美，不隐恶，强权威逼下，即使利刃加颈，决不妄改一字。如孔丘、董狐、史鱼、司马迁等都是，令人万世景仰。所以古代史书均有可信度，大可采用。然而不幸的是，由于各种原因，我们现今看到的一些史书，真实性大打折扣。在某种历史观的指导下，这类史书以偏概全，将丰富多彩的历史，一刀切割，形成一边倒的、乏味的史书。如此古代社会的帝王将相、文人志士，没有一个好人，更无功绩可谈，只剩下李时珍、黄道婆等非政治专业人氏和几个起义首领了，如此中国还有历史吗？能起到资政、警世、教人的作用吗？因为阶级性不能概括复杂的人类社会的性质与历史。庄严的历史，不能像胡适所说，是一个任人打扮的小姑娘。因而许多史书，确有修正的必要。鉴于上述论说，我写《大清十二帝》，除警世、资政、教人外，尚有对某些史书的反思。这本书力求做到给“历史小姑娘”不涂脂搽粉，不泼污抹黑，写出一个素颜本色的小姑娘。至于，本书写作技法，笔者很自信，不是自诩，确有不同凡响之处。读者看就是了，不再喋喋聒噪。此书出版得到张生诚先生、支振义先生的热忱支持，谨表谢意。是为序。

辛卯年杏月吉日于北京谨志

目 录

自　序 / 1

大清十二帝世系图 / 1

楔　子——华夷之战五千年 / 2

一代天骄兴建州——清太祖　努尔哈赤

【满洲的来历】/ 10
【古勒城之战】/ 13
【十三副遗甲起兵】/ 15
【击退九部联军】/ 17
【建立八旗制度】/ 19
【建立后金，誓师伐明】/ 20
【萨尔浒之役】/ 24
【灭掉叶赫】/ 27
【辽沈之役】/ 27
【广宁之战】/ 30
【迁都沈阳】/ 31
【兵败宁远】/ 32

【觉华岛之战】/ 35
【努尔哈赤之死】/ 37

武功文治创皇清——清太宗 皇太极

【进攻朝鲜】/ 41
【宁锦之战】/ 42
【孔有德、耿仲明投降满洲】/ 44
【突袭北京】/ 46
【征讨察哈尔】/ 49
【大凌河之战】/ 50
【三征察哈尔】/ 52
【建立大清】/ 53
【再伐朝鲜】/ 55
【屡扰明境】/ 55
【松锦大捷】/ 57
【洪承畴降清】/ 63
【一代英主之死】/ 67

定鼎燕京成大统——清世祖 福临

【福临登基】/ 72
【闯王进京】/ 74
【吴三桂降清】/ 76
【山海关大战】/ 78
【多尔衮进京】/ 80
【顺治迁都】/ 82

【剿灭闯献】/ 83
【平定江南】/ 84
【多尔衮之薨】/ 89
【追击桂王】/ 93
【郑成功光复台湾】/ 96
【福临之崩】/ 97

千古圣明唯此皇——清圣祖　玄烨

【追杀永历帝】/ 107
【智除鳌拜】/ 109
【平定三藩】/ 112
【收复台湾】/ 121
【尼布楚条约】/ 124
【三征噶尔丹】/ 126
【南下西巡】/ 130
【两废太子】/ 132
【平定西藏】/ 136
【玄烨之崩】/ 138

为政严明臻大治——清世宗　胤禛

【雍正即位】/ 142
【密建皇储】/ 147
【平定青海】/ 148
【逼死兄弟】/ 150
【诛杀功臣】/ 153

【大兴文字狱】/ 156
【征讨准噶尔】/ 161
【十年平苗】/ 163
【雍正新政】/ 164
【胤禛暴亡】/ 167

帝祚绵长是寿皇——清高祖　弘历

【平定苗疆】/ 173
【兴建圆明园】/ 174
【征剿金川】/ 178
【巡幸江南】/ 183
【两征准噶尔】/ 187
【平定回疆】/ 191
【征服缅甸】/ 197
【再征金川】/ 201
【平靖台湾】/ 203
【征服安南】/ 206
【两降廓尔喀】/ 209
【盛世修文】/ 211
【大兴文字狱】/ 213
【弘历禅位】/ 215

除奸平乱守乾坤——清仁宗　颙琰

【镇压白莲教】/ 220
【诛杀和珅】/ 225

【平靖海疆】/ 229
【紫禁城变乱】/ 234
【嘉庆仁政】/ 239
【颙琰之崩】/ 240

耻结南京城下盟——清宣宗 旻宁

【旻宁即位】/ 244
【平定回疆】/ 246
【全妃之死】/ 253
【虎门销烟】/ 256
【鸦片战争】/ 260
【战后余波】/ 281
【旻宁之崩】/ 283

外患内忧北狩亡——清文宗 奕詝

【咸丰即位】/ 288
【罢免穆彰阿】/ 290
【金田举义】/ 291
【武昌陷落】/ 296
【江宁失陷】/ 299
【太平军北伐】/ 302
【曾国藩出山】/ 305
【那拉氏得宠】/ 312
【江南大营溃败】/ 314
【洪杨内讧】/ 317

【湘军入皖】/ 319
【英法侵华】/ 323
【奕詝之死】/ 333

挂个虚名做帝王——清穆宗 载淳

【灵前即位】/ 336
【祺祥事变】/ 337
【淮军崛起】/ 344
【攻陷江宁】/ 349
【剿平捻军】/ 354
【同治三大案】/ 358
【洋务运动】/ 363
【载淳亲政】/ 364

残阳如血照瀛台——清德宗 载湉

【继嗣风波】/ 371
【左宗棠征西】/ 373
【慈安之死】/ 376
【中法战争】/ 378
【助朝鲜平乱】/ 381
【载湉亲政】/ 383
【中日甲午战争】/ 385
【戊戌变法】/ 393
【庚子事变】/ 400
【清末新政】/ 414

【革命初兴】/ 418
【光绪之死】/ 420

三道诏书逊大清——清逊帝　溥仪

【罢黜袁世凯】/ 427
【革命风暴】/ 428
【预备立宪】/ 431
【保路运动】/ 432
【武昌起义】/ 434
【民国建立】/ 446
【袁世凯逼宫】/ 447
【清帝逊位】/ 449

附录　清朝职官简介 / 454

大清十二帝世系图

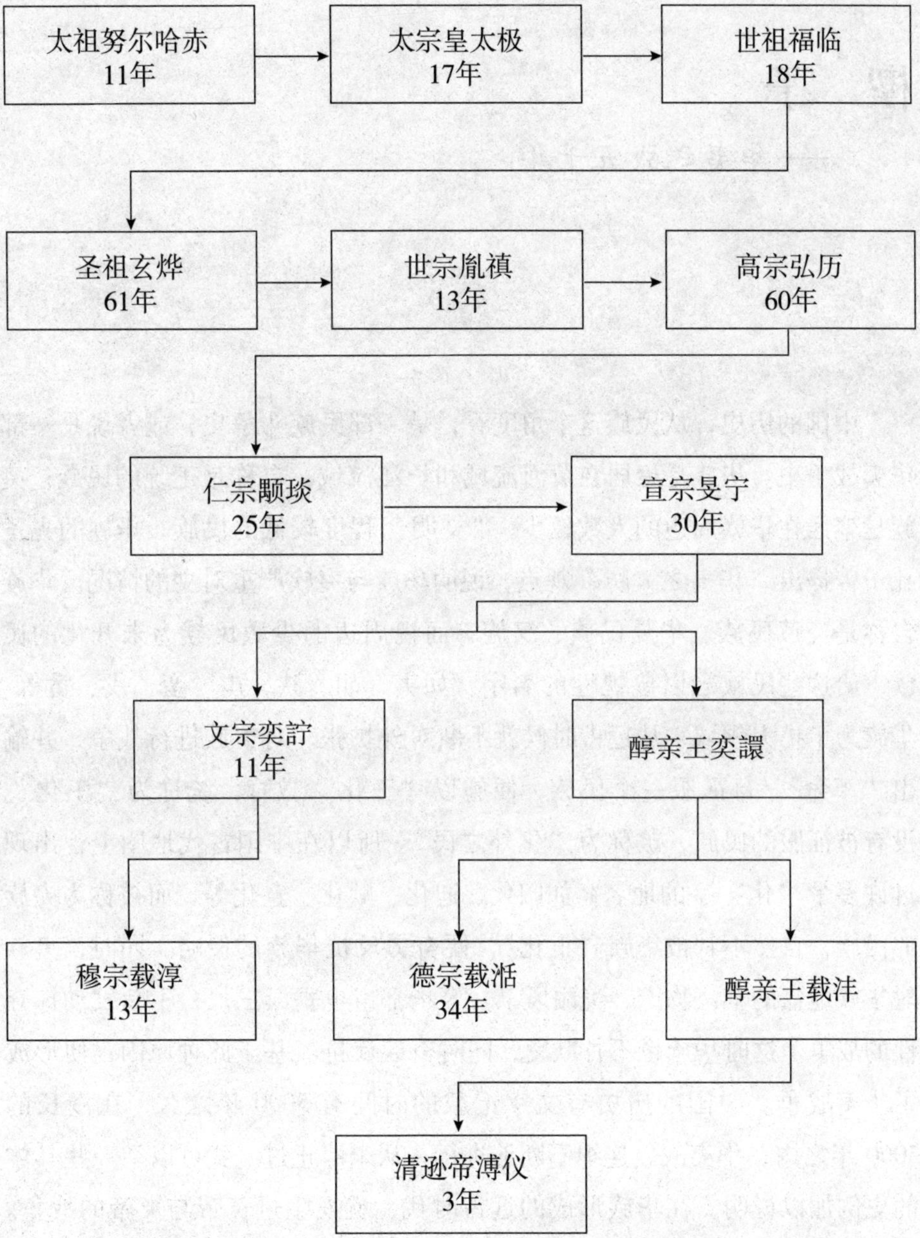
太祖努尔哈赤
11年
太宗皇太极
17年
世祖福临
18年
圣祖玄烨
61年
世宗胤禛
13年
高宗弘历
60年
仁宗颙琰
25年
宣宗旻宁
30年
文宗奕詝
11年
醇亲王奕譞
穆宗载淳
13年
德宗载湉
34年
醇亲王载沣
清逊帝溥仪
3年

楔　子

——华夷之战五千年

中国的历史，从民族这个角度看，是一部民族斗争史，或者说是一部华夷战争史。华族是聚居在黄河流域和长江流域、自称是正统的民族；夷族是聚居在华族周边的人数较少、“文明”程度较低的民族。华族的先圣孔子曾提出“华夷之大防”观点，说明华族与夷族严重对立的情况。华族自称是炎黄民族、华夏民族、汉族，而视周边的少数民族为未开化的民族，给这些民族冠以蔑视性的名字，如夷、胡、狄、虏、蛮、戎、番等。华族为了扩大领域，从远古时候就不断对外扩张。对夷族进行战争，并输出“革命”，每征服一个民族，便施以“王化”教育，统称为“王化”。没有被征服的民族，被称为“化外之民”。所以在中国古代地图上曾出现过许多带“化”字的地名，如归化、迪化、顺化、宣化等。而被称为夷族的民族，自然不甘被华族“王化”，便奋勇反抗华族的侵略。同时，夷族对华族地盘的丰饶物产、美丽风景、繁华都市也垂涎三尺，不断发动掠夺性的战争。这时华族也不甘欺凌，同时奋起反抗。基于此种原因，便形成了华夷战争。中国的历史有文字记载的时间有5000年之久，在漫长的5000年之内，华夷战争连绵不断地进行，从未停止过。我可以举一些具体的史例加以说明。在华族形成的远古时代，就发生过黄帝与炎帝的战争。那时黄帝代表华族，炎帝代表夷族，战争的结果，黄帝战胜了炎帝，促成了华夏民族的第一次融合，形成了华夏民族。我们现在自称是炎黄子孙，就是源于那场战争。之后黄帝又和蚩尤开战，蚩尤是九黎部落的首领，凶猛异常，会呼风唤雨、喷烟吐雾。两军激战于河北涿鹿，最后夷族蚩尤被打败，黄帝将其杀死，肢解于盐池。一说蚩尤失败后，逃奔南方成为苗族、瑶族、黎族的先祖。炎黄之战、黄蚩之战是华夷战争最早的记载。夏商时期，史料上没有明确的记载，但可以肯定民族部落间的战争不会停止。到了西周、东周、春秋战国时期，华夷之战不绝于书，华族对猃狁、犬戎、狄、匈奴等民族发动战争，同时也遭到反击。最著名的例子是周幽王为博爱妃褒姒一笑，遭到犬戎的进攻，失掉了王位。秦汉时期，华族受到北部匈奴的不断进攻。于是秦始皇筑起了万里长城，并派蒙恬屯兵30万，以阻挡匈奴的铁骑。刘邦与匈奴大战于平城，兵败后被围，生命垂危，由谋士陈平密献和亲之策，以美女击退强悍的匈奴。有汉一代，华夷战火在中国蔓延，华族败多胜少。唯有雄才大略的汉武帝，派出李广、卫青、霍去病等名将，战胜匈奴，宣扬汉威，才为华族出了口恶气。至于昭君和番，如今称为佳话美谈，在当时则是华族的耻辱，因为男子打仗不行，只有拿女子笼络夷族。三国时期，有曹操征乌桓、诸葛亮征南蛮、七擒孟获等多次华夷战争。晋、南北朝时期则是华夷战争最激烈的时期，整个中国乱成一锅粥，五个最强悍的民族侵入中国，它们是匈奴、鲜卑、羯、氐、羌，另有一些民族也乘虚而入，凭借强壮的兵马，将懦弱的华族赶到长江之南。它们在中原建立十几个大大小小的国家，如北魏、东魏、西魏、北齐、成汉、后赵、南燕、前秦、后秦、凉、北周等，当时北方中原是拓跋、慕容、宇文氏的天下，所谓“五胡乱华”、“五胡十六国”就是这个时期的代名词。华族偏安南方，只有挨打的份儿，真是屈辱至极，最后华族建立的宋、齐、梁、陈一个个被夷族打败。幸好尚有谢安指挥的淝水之战取得胜利，才使“投鞭断流”、狂妄的夷族首领苻坚尝到“风声鹤唳、草木皆兵”的滋味。还有“气吞万里如虎”的刘裕北伐中原，攻进长安，也使华族保留了一点脸面。隋朝统一了中国，隋文帝杨坚虽是华族，但血管里流淌着鲜卑族的血液，他的儿子杨广是个冷血动物，他弑父弑兄登上宝座后，便患了“大头症”，穷兵黩武，东征西伐。西伐战胜了突厥，东征则屡败于高丽。最后导致天下大乱，而具有胡人血统的李渊、李世民父子乘势取得天下，建立了华族的大一统王朝——唐朝。唐朝一开国便陷入民族战争的旋涡。李世民亲征高丽却无果而返，接着向雄踞北部、西部的突厥开战，结果取得胜利，被各族拥为“天可汗”，算是华族的光荣。后来唐朝各代的几百年中，同样跌进华夷战争的泥淖，华族不断征伐夷族，夷族亦不断侵扰华族。除了突厥，吐谷浑、回纥、吐蕃、沙陀等相继成为华族的战争对手。长安、洛阳等多次被回纥、吐蕃占领。唐朝也多次向回纥、沙陀借兵平叛。为了息战，唐朝也曾将文成公主远嫁吐蕃，当然现在可以将此作为民族团结的例证。最后唐朝在华夷战争的消耗下，在农民起义的打击下寿终正寝。代之而起的是残唐五代，可以说是五胡乱华的历史再现，五个由华族和夷族建立的梁、唐、晋、汉、周王朝，又进行无休止的战争，后起者相继灭掉前者，中国经历了蛇蜕皮式的改朝换代。另外还有十国也参与了混战。而称雄东北方的契丹族也趁火打劫，美美捞了一把，接受了“儿子”石敬瑭送来的幽燕十六州。在五代的开国皇帝中，朱温和郭威可说是正统的华族，而李存勖、石敬瑭、刘知远则全是沙陀族，夷族算是风光一时。北宋赵匡胤黄袍加身代周而起，就遇到强大的辽国契丹族的挑战。第三个皇帝宋真宗被迫签了澶渊之盟，此后又不断遭到契丹族、党项族、女真族的进攻，北宋的最后两个皇帝徽、钦父子被金朝掳到东北五国城。在此之前，金先灭掉辽国。北宋灭亡后，南宋偏安江南与金继续进行战争。金朝女真族占据中原百年之后，又遭到蒙古成吉思汗的进攻。愚蠢的南宋与蒙古组成联军灭掉了金朝，但又被蒙古军队灭掉，先是蒙古已灭掉西夏。史无前例、雄悍无比的成吉思汗与他的儿孙们以摧枯拉朽之势踏平中国，又西征欧亚，欧亚各国在“黄祸来了”的惊呼中一一被消灭，建立了以元朝为中心、四大汗国为屏藩的横跨欧亚大陆的空前绝后、幅员至极的大帝国。这时是夷族无与伦比的辉煌时代。现在蒙古族已融入中华民族的大家庭中，所以现今中国人提起成吉思汗的功绩，则感到无比自豪，这当然是正常现象。然而那时蒙古人高高在上，华族（汉人、南人）则被压在最底层痛苦地呻吟。蒙古人占领中原以后，忽必烈还向高丽、日本、越南进攻，显示英武气魄。而他以后的皇帝迷恋华族的生活方式，荒淫腐化，一代不如一代，逐渐走向衰落，终于造成元末的大动乱。牧童与和尚出身的华族杰出英雄朱元璋揭竿而起，扫平群雄直捣大都，把元顺帝赶回大漠深处的老家，元朝在中原的统治，只维持了90多年。明朝是华族驱走夷族建立的大一统帝国。前代史家评论朱元璋说："自古君王得国之正，莫过于明祖。"而其他朝代则是华族内战的嬗替。这当然是坚持"华夷论"的史家的结论。明朝建立之后，华夷战争继续进行，先是对安南的征讨。明成祖派大军征服安南、交趾，将其辟为行省，划进版图数十年。明宣宗又将它轻轻抛弃。这是华族与越南民族的战争。但明朝最重要的威胁是来自北元及其延续者瓦剌、鞑靼200余年的侵扰。瓦剌也先曾掳走明英宗，鞑靼俺答曾包围北京，这都是华族的大耻辱。明朝末年，努尔哈赤崛起辽东，他和他的子孙不断向明朝发起不可阻挡的进攻，终于又瞅准机会，乘李自成攻破北京、崇祯帝殉国之机，由华奸吴三桂、洪承畴引导，挥军入关，灭义军、破南明、杀桂王，定鼎燕京、统一华夏。满族成了中国的最高统治者，华族又一次沦为被统治者。清统一全国后，民族问题更为复杂，占领台湾的郑成功与满族誓不两立，与清朝对抗了几十年后才降服。而吴三桂、耿精忠、尚之信等由明朝的叛徒又变成清朝的叛徒，以光复汉族天下为号召，向满族进攻。三藩之乱虽被荡平，但延续10余年，多少损伤了清朝的元气。清朝的前几位皇帝包括关外二帝，关内顺、康、雍、乾四帝都是雄才大略、踔厉风发的君主，他们不断开边扬威，对周边不臣之族进行征讨，先后对蒙古、准噶尔、大小和卓、大小金川、廓尔喀、缅甸等发动数十次战争。奠定约1300万平方公里中华金瓯，成为当时世界上幅员最广阔、人口众多、经济繁荣的强大帝国。这不能不说是满族对中华民族大家庭作出的杰出贡献。老实说清朝的所有皇帝都是勤奋之君，没有一个怠政的懒汉。只是后来世界文明大进化、科技大发展，而清朝依然闭关锁国，妄自尊大，造成相对的落后。列强都将中华当作肥肉来吃，长矛大刀抵挡不住巨舰利炮的轮番轰击。因此，鸦片战争之后中国便成为砧板上的鱼肉，任其宰割瓜分。北京两次被占，圆明园被焚，中英《南京条约》、中日《马关条约》、北京《辛丑条约》等一系列条约都强加在中国人头上。国门洞开，租界遍地，辽东被占，胶东被占，西北被占，台湾被割。大清成了见了洋人就发抖的虚弱王朝。再加上以兴华灭满为号召的太平天国、捻军的大起义，使清王朝内忧外患遭受双重打击，早已摇摇欲坠。最后以孙中山为首的革命党，以“驱逐鞑虏，恢复中华”为号召，发动武昌起义，再加上袁世凯背叛大清，清朝这个“巨人”便轰然倒地。延续了5000年之久的华夷战争基本结束。民国几十年虽然号称“五族共和”，但仍有民族畛域，共和徒具形式。直到中华人民共和国成立，国力强盛，外国异族再不敢觊觎中国。现在56个民族平等相处，团结一起组成了和谐的中华民族大家庭。无论何种民族都是大家庭中的一员。华夷之别，包括笔者的“华夷战争”论，也被扔进历史的废纸篓。只有在谈论历史时，才会提起“华”与“夷”这两个过时的名词。纵观5000年的华夷战争史，可以看到一种现象，华族虽然人多，文明程度高，但不能独霸天下，反而形成华族、夷族轮流坐天下的局面。可是夷族也有优点，起码是身体素质、作战勇猛强悍远远超过汉族。另外还有一种现象，堪称奇怪。无论哪一个夷族入主中原，都被汉族高雅、博大、精深的文化所吸引，进而耳濡目染不知不觉地被同化，这就加速了民族的大融合。据历史确凿记载，入主中原的夷族统治者对孔子的崇拜程度远远超过汉人的统治者，到曲阜朝圣、加封孔子谥号的历代君主长长的行列里，人数最多的却是夷族君主，而其中以元朝、清朝的君主最甚。现在的有些汉人自称是炎黄嫡派，说不定就是匈奴后裔、鲜卑遗种。而现在的满族人也与汉族几乎没有区别，用汉姓，纯讲汉语，很少人会讲满语。辛亥革命后，满人大多改汉姓，爱新觉罗氏姓金、佟佳氏姓佟、瓜尔佳氏姓关、富察氏姓傅、叶赫那拉氏姓岳，等等。只有少数皇族后裔，在改革开放以后，才敢说他是爱新觉罗的子孙，借此炫耀他尊贵的出身。所以说，民族融合是一种社会进步。因为对文明的追求、对文化的追求，是各族人民的共同愿望。各民族互相学习、相互融合优点才是历史发展的必然。因而换个角度说，民族斗争史也是一部民族融合史。在5000年的民族战争中，或者是民族交流中，造就了许多优秀民族中优秀的人物。笔者可以列举一大串，如蚩尤、呼韩邪单于、拓跋珪、拓跋焘、苻坚、元宏、石勒、宇文邕、颉利可汗、松赞干布、耶律阿保机、完颜阿骨打、成吉思汗、忽必烈、努尔哈赤、皇太极、玄烨、胤禛、弘历等。其中尤以成吉思汗与努尔哈赤是两位惊天动地的开国之君。我的“华夷战争论”洋洋洒洒几千言，作为叙写清朝诸帝的开篇之序，读者也许感到奇怪，读得厌烦。开门见山便是，何必如此？但我说这是创举，也是一种风格。这篇序言是我研究民族战争史的心血，单独列出无疑是一篇论文。我确实是想通过这个楔子，让读者了解中国的民族史，从另一个角度了解中国的历史进程。因为清朝的历史也是一部华夷斗争史，把清朝诸帝放在漫漫 5000 年民族史中，通过比较，可以更深刻理解这些人物独特的性格。我的解释读者是否认可，我也不顾了。下面，满族开国之祖努尔哈赤及清朝诸帝便在我笔下逐一登场亮相。

一代天骄兴建州

——清太祖　努尔哈赤

清太祖爱新觉罗·努尔哈赤

（1559—1626 年）

横空出世战辽东，猎猎八旗唱大风。

宁远城郊神鬼哭，英雄折戟恨无穷。

【满洲的来历】至今是史学界研究的问题。满族名称的含义，现有两种说法。一为地名“曼遮”的转音，二为满族英雄“满柱”的转音。二者尚无定论。依我之见，以地名“曼遮”命名毫无意义，以“满柱”命名，则是对英雄的纪念，符合满族崇拜英雄的风尚。中国的历史典籍在追溯满族起源时说：肃慎国民是满族最早的祖先。肃慎国地处长白山下，建国时间与黄帝同时，是中国最古老的民族部落。肃慎民族擅制强弓，弦弧强硬，箭镞锋利，射程极远，称为天下名弓之最，常与莫邪剑并称。相传虞舜时期，肃慎国便向中国进贡“肃慎弓”，时在帝舜二十五年。后来在漫长的时间内，历史书上再无满族的踪影。大约过了3000多年，长白山下又兴起一个强大的部落，其酋长是完颜阿骨打，自称是肃慎国之裔，名为女真族。阿骨打雄才大略，又有几个如狼似虎的儿孙，横刀跃马，扫平关外各部，长驱入关，先灭辽，后灭北宋，又把徽、钦二宗掳回关外，在黄河流域建起享国130年的金王朝。女真族内除阿骨打外，还出了几个叱咤风云的杰出人物，完颜晟、粘罕、兀朮、完颜亮等。因而女真族完颜氏也算是满族值得炫耀的先祖。后来元宋联军灭掉金朝，一部分遗民惶惶逃回关外，蛰伏长白山下，再无消息。大约又过了200年，当时为元朝中期。长白山下又出了一位英雄人物，名叫布库里雍顺，后来满族入关定鼎，将他追封为“清始祖”，可算做满族的嫡祖。《清史稿》记述他的出生最为神奇，这个神话也产生于长白山。上文说过，无论肃慎与金朝女真族的兴起都在长白山，而满族也说此山是他们的发祥地，真可谓有点神秘色彩。金朝帝王、清朝帝王都将长白山视为发祥圣地，每年都要祭山。康熙、乾隆曾多次祭山，并作辞藻华丽的《祭告长白山文》。长白山是东北第一高峰，现为中华十大名山之一，与五岳齐名。山顶终年积雪，历暑不化；排峦列嶂，延绵千里；老树森森，山泉滚滚；白云缭绕，紫雾蒸腾；莺啭鹰翔，鹿鸣虎啸，四时景色，各有不同。山中有一大湖，名曰天池，万丈瀑布自山顶泻下，在湖中扬起碧波，各路山泉汇入此湖，景色比那昆仑山的天池还要美丽十分。又有水道向下泻流，奔向绿野阡陌，形成三条大河：一曰图们江，二曰鸭绿江，三曰松花江。真是一座雄伟壮丽神奇的大山。忽一日有天女三人自天空降下，落步于长白山上，头戴鲜花，发髻高悬，各着彩色连衣长裙，紧身裹臀，两侧开叉，更显出一躯婀娜之姿（这便是旗袍的来历），容颜俏丽绝俗，风姿绰约，妖媚至极。三女，长名恩古伦，次名正古伦，幼名佛库伦。三人踏着绿茵款款而行，尽赏山中景色，不知不觉行至天池之畔。当时春风骀荡，湖平如镜，一湖碧水映出三个绝色美女，佛库伦年纪最小，姿容最艳，天真烂漫，见天池美景，竟解衣跃入水中。两个姐姐见状也相继入水沐浴。顿时池中雪躯曼游，碧波荡漾，宛如池中绽开三朵白莲，煞是好看。忽然间天上鸟声鸣啭，三只灵鹊，不知从何处飞来，黄嘴玄羽，在三女头上盘旋。内中一只口衔红果，瞅准佛库伦抛下红果。佛库伦听见鸟鸣喳喳，抬头望去，那红果不偏不倚掉入她小口之中。红果甘甜馨香，正欲尝嚼，不料那红果竟用力一滚进入佛库伦腹中。三只灵鹊见状，叫一声振翅飞去。三人洗浴尽兴上岸，两个姐姐问及所吞何物，佛库伦说是一枚红果，接着憨憨一笑。两个姐姐骂一声“贪吃”，也咯咯地笑了。谁知佛库伦归后，便厌食喜酸，娇口欲呕。又过两月，渐渐乳高腹大，不免惊惶起来，问及两个姐姐，她们笑得直跳，都说：“小妹有喜了。”佛库伦羞得满面通红，骂一声：“好姐姐快别胡说！”果然妊娠十月，一朝分娩，竟产出一个硕大的男孩，朗声一啼，山谷响应。这小子一出世便欢蹦乱跳，开口叫娘，语极清晰。且长得浓眉大眼，虎体熊躯，极为雄健魁奇。佛库伦无夫而孕，本羞愧万分，见儿子十分可爱，便不忍抛弃，决心扶养成人。因长白山满语称为布库里山，因取名“布库里雍顺”。“雍顺”满语意为“儿子”，意为“长白山之子”，真是恰当极了。有了名，若无姓更显无夫而孕之嫌，于是佛库伦又以“爱新觉罗”为姓。“爱新”满语发音与“金”同音，“觉罗”一说为皇室后裔。这样一解，爱新觉罗四字可释为“金朝皇室后裔”。当然也恰如其分。佛库伦吞朱果而孕，产下圣人的故事，真是美妙动人，具有魅力。但仅是一则荒诞的神话，虽见于正史，并不可信。历代帝王往往为炫耀他们出身尊贵，制造各种神话，授意史臣写入正史，这个神话当然也不例外。民国初年袁世凯就任大总统，为炫耀出身，翻遍史书竟将明末抗清名将袁崇焕拉出来作为先祖，向国人宣传袁氏祖孙都是反清的，标榜自己，蛊惑民众，成为笑柄，也和这则神话如出一辙。

布库里雍顺长大成人，果然不同凡响。凭着智谋勇力，啸聚了一帮女真族流民，打猎、捕鱼、放牧，男女配合，繁衍生息，渐渐成了一个拥有几千人的大部落，自为“酋长”，满语中则称为“贝勒”，意即尊贵的酋长。后来贝勒成为清朝的一种高贵的爵位。于是在勒福善河西畔，背山面水，建起一座城堡，名叫鄂多哩城，成为满族最初的根据地。建城之后，率众平定了“三姓之乱”，更受部众拥戴，之后布氏又将其部落命名为“满洲”。这便是“满洲”与“满族”的起源。

布库里雍顺死后，满洲九代继任者，均碌碌无为，清代史籍对此讳莫如深，记载含糊。清室对卓越的先祖大加颂扬不厌其烦，对庸碌的先祖却语焉不详，这是人之常情，不能苛责。又过了数世，满洲部落才出了个像样的人物，名叫孟特穆，有志气、有谋略，为图恢复，他率部迁徙至长白山北麓烟囱山下、苏子河畔，又筑起一座城堡，名为赫图阿拉。赫图阿拉城也是满族的发祥地，位于今辽宁省新宾县满族自治县境内。这里森林遍山，河流纵横，物产丰饶，森林中盛产一种青蛙，捉来食用，味极鲜美，名为“林蛙”，是此处特产，驰誉中外。另外还产人参、鹿茸、香菇。尤其苏子河景色最美。一河碧水游动着无数鱼类，有时鱼浮水面，聚集银光灿灿的一片，一网下去捕个千百尾，亦是常事。平时悠闲时，渔民撑一叶扁舟，船头养几只鹈鹕或鸬鹚等鱼鹰，捕几条鱼下酒，真是惬意极了。孟特穆真是个风水先生，一眼瞅准此地筑城下寨，为满洲发迹选择了一方风水宝地，确实功不可没。后来清廷追谥孟特穆为“肇祖”。孟氏有子二人，长子充善，充善有子三，第三子为齐篇古，齐篇古有子一，是为福满，清室追谥为“兴祖”（充善、齐篇古同为先祖而未加谥号，清室当有不可告人的苦衷)，福满有子六，第四子为觉昌安，清室追谥为“景祖”。还有五子各筑城堡，围赫图阿拉而居，连同觉昌安通称宁古塔贝勒。觉昌安有子五，第四子名塔克世，清室追谥为“显祖”，塔克世有子五，长子名叫努尔哈赤，这便是后来的满洲太祖，本章的主人公。

公元1559年，明嘉靖三十八年，努尔哈赤出生在山清水秀、人杰地灵的赫图阿拉城。父亲是清显祖塔克世，母亲喜塔腊氏。爷爷是景祖觉昌安。《清史稿》记载他的出生情况，并没故弄玄虚，没什么祥云、红光、金龙之类的征兆出现。只说喜塔腊氏怀孕13月而生，这已经是人间奇事，不同凡响。又说他仪表雄伟，声如洪钟（母腹多孕育三个月的效果）。并说他的性格沉静，度量很大。这确是当领袖必备的特性。努尔哈赤虽然一表人才，但身世较苦，母亲早逝，继母凶悍，父亲塔克世最惧内，一声河东狮子吼便惊得发抖。于是听了继室的谗言，只分给他些许家产，生活很是窘迫。小努尔哈赤从小就上山挖人参、采野果、拾榛子，并将这些山货拿到抚顺马市卖掉，借此维生。幼年的困苦磨砺了他坚强、不畏艰险的个性。有些野史说他曾溜出山寨，到明朝军营当兵，从军打仗，还说他喜读《三国》、《水浒》，从中学习军事知识，这些经历都为他后来纵横辽东打下了基础。除了这些，史书上再无他青少年时有什么大作为的记载。

【古勒城之战】意外地把努尔哈赤推上历史的舞台，拉开了他传奇人生的第一幕。论及古勒城之战，还必须从王杲这个人物说起，他是建州女真各部最强大的古勒部落酋长，曾受明朝封职，论辈分他是努尔哈赤的外祖父。此人桀骜不驯，不服明朝管辖，竟发兵偷袭辽阳。明廷十分震怒，命辽东总兵李成梁征剿，王杲兵马不堪一击，本人亦被擒拿，押至京城献俘磔死。王杲之子阿太继任古勒城主，阿太本事不大，远逊乃父，却发誓为父报仇，居然也发兵袭明，当然是以卵击石，大败而逃。辽东总兵李成梁大怒，决计扫除这个隐患，率大军直捣巢穴古勒城，将城围住日夜攻打，古勒城旦夕且下，情势十分危急。阿太慌忙抵抗，另派使者向满洲部求救。觉昌安接报，左右为难，他与明朝本无夙怨，大骂阿太惹祸。但不顾孙婿，亦得顾孙女。权衡之下，爱孙女心切，不得已出兵，于是带领儿子塔克世、孙子努尔哈赤、舒尔哈齐、穆尔哈齐及寨兵驰援。满洲兵进城，阿太辄觉心安，两军联合守城。李成梁久攻不下另生计谋。提起李成梁，我要特别介绍一下。此人是明朝赫赫有名的守边大将，原籍朝鲜，先世移居铁岭。他投入军伍，骁勇善战，受到明朝三朝皇帝及一代名相张居正的特别器重，委以封疆大任，他前后镇守辽东30年之久，防卫蒙古侵扰，维持辽东各部秩序，立下了赫赫战功，使蒙古及建州各部闻风丧胆，不敢越山海关一步。当时明朝东北边疆固若金汤，纯是李成梁镇辽之功。他爵封宁远伯，太子太保，几任辽东总兵官（明代总兵相当于现在大军区司令），活了93岁，是个旷世老寿星，并生了九个儿子：如松、如柏、如桢、如樟、如梅、如梓、如梧、如桂、如楠，都官至总兵、参将。但是虎父生犬子，除李如梅、李如松二子曾有平宁夏哱拜、援朝鲜打日本之功，是两个将才，其余七子都是庸才。李家在明朝真是煊赫一时、名震朝野的大家族。李成梁确实是一代奇人。李成梁镇辽有他独到的战略，一方面防备蒙古的侵扰；另一方面对辽东各部实行以夷制夷的策略，即挑动各部纷争，制造矛盾，拉一方，打一方，使其互相钳制，以维持辽东平衡秩序。例如他打击海西女真各部，却笼络建州女真，其中，觉昌安的满洲部亦是李成梁笼络的对象。这一策略十分有效，辽东几十年确无较大动乱。但笼络纵容满洲，却为后来努尔哈赤的发展及满洲的崛起无形中制造了机遇。这是自负胸有韬略的李成梁始料不及的（李成梁泉下有灵，非羞死不可）。言归正传，李成梁攻古勒城不下，又施出以夷攻夷的诡计，授意女真族图伦城主尼堪外兰诱降古勒城兵民。尼氏此人，在建州颇有势力。他早就投入明朝的羽翼之下，是个见利忘义、为虎作伥的小人。此次明军攻打古勒城，便是他的引导。得到李成梁的授计，尼氏飞马驰至城下，大声向城上高呼："天兵即将踏平城池，何不速降！李太师有令，杀阿太归顺者，当为古勒之主。"当时城中粮尽箭绝，军心涣散。听到尼氏威逼利诱的喊话，又见本族人尼堪外兰已投降明军，立刻人心崩溃，形势逆转，有几个头目欲为城主，竟将阿太杀死，开城门迎入明军，李成梁痛恨王杲父子久矣，竟下令屠城，可怜几千古勒军民及满洲援兵尽成刀下鬼。古勒城尸横遍地，血流成河。觉昌安、塔克世亦死于明军刀下，成为阿太的殉葬品。努尔哈赤兄弟几人凭着年轻腿快逃出城外，半路又被明军擒获，押至明营成为阶下囚。努尔哈赤被绑在树上等待斩首，刽子手开斩前百般辱骂踢打。努尔哈赤大喊道："壮士可杀不可辱，快快杀我！"这一喊声如洪钟，势若奔马，明营上下好似炸响霹雳。立刻惊动李成梁夫人，轻移莲步走出帐外（杜甫诗云："妇女在军中，兵气恐不扬。"李成梁带夫人宿于军营，真是怪事）。见树上绑一大汉形体魁梧雄奇，英气凛凛逼人，犹自大喊大叫，顿时起了怜悯之心，心中暗想此等英雄人物杀了真是罪过。于是喝令放人，努尔哈赤松了绑，拱手向李夫人道一声谢，扬长而去。写到此，笔者万分感慨：这李夫人真是多事，虽是慧眼识英雄，但无异于纵虎归山，放龙入海。假如恪守妇道，听任刽子手斩努氏于帐下，历史必将重写，以后满洲何能兴起？清军何能入关定鼎抢了大明朝的天下？妇人之仁坏了大事。李夫人为李成梁生了九个儿子，可谓英雄之妻、英雄之母，却干了这种傻事，害了大明朝，真令人嗟叹不已。

古勒城之战把年轻的努尔哈赤第一次推进斗争的旋涡，使其接受了血与火的洗礼。他亲眼看到祖父、父亲被明军杀死，心里埋下伐明复仇的种子，性格磨砺得更加坚强，心中更萌发了兴兵起事的雄心壮志。看来坏事变好事，时势造英雄确是至理。假若没有古勒城之役的机遇，努尔哈赤怎能脱颖而出，叱咤辽东？

【十三副遗甲起兵】是清室及爱新觉罗子孙几百年来津津乐道的努尔哈赤伟大壮举。再说努尔哈赤自古勒逃回赫图阿拉后，怀着杀祖、杀父的深仇大恨，积极准备起兵复仇。当时他年方25岁，正是血气方刚、风华正茂的年龄，他被诸叔诸弟推为新的满洲部大贝勒。觉昌安父子在支援古勒城时倾巢而出全军覆没，逃回的尽是些残兵败将。努尔哈赤翻检武器库时只找出13副遗甲（盔甲与兵器），勉强配备起一支很不整齐的队伍（13副遗甲还不够头目们使用，其余大概只能拿棍棒、叉、猎刀之类的武器）。接着便招兵买马，凭着努尔哈赤的威名和人格，四方豪杰陆续投奔其麾下，先后有钮祜禄氏额亦都、觉尔察氏安费扬古、苏完瓜尔佳氏费英东、佟佳氏扈尔汉。最可喜的是董鄂部酋长何和理在努氏感召下，率1万人归顺，使满洲兵员猛增几倍，军势为之大振。此五人皆虎狼熊罴之士，不仅勇猛而且多智，努氏对其十分信任器重，为了笼络他们，将堂妹和女儿嫁给额亦都作妻妾，将掌上明珠长女东果格格嫁与何和理为妻，将扈尔汉收为养子，将安费扬古任为贴身侍卫，赋费英东以军事指挥大权。以后五人都感恩图报为主子立下大功，成为开国功臣（天命登基后又被封为议政五大臣）。有了像样的军队，努尔哈赤腰杆子硬起来，竟派使者向明廷质问："我祖我父何罪被杀，此仇不报，不共戴天！"当时明神宗正派大军抗日援朝，无力东顾，决计笼络之，回答说："非有意也，是误杀耳。"将觉昌安、塔克世的遗体送还满洲，又颁敕30道，马30匹，封努氏为指挥使，作为道歉。不久又封其为建州卫都督、龙虎将军。努尔哈赤不仅勇敢善战，而且极有智慧，灵活机变，认为以自己的实力还不能与强大的明朝硬碰，于是强忍恶气，表面对明廷恭顺，暂时虚与周旋。此时建州内部又发生一起刺杀努氏的大事。同族叔父龙敦见努氏欲与明廷对抗，恐惹下大祸，竟派刺客深夜刺杀努尔哈赤。幸亏额亦都、安费扬古两个贴身侍卫奋力相救，杀一人，擒一人。努尔哈赤喟然长叹："放了刺客，何必树敌结怨。"此事，使他极为震动，欲成大事必先安内。确实"攘外安内"是抗敌安国的最佳策略，古今君主皆将此奉为"金科玉律"。基于此种认识，他决计先歼灭图伦城主尼堪外兰。尼氏引狼入室，导引明军杀祖杀父，对其真是恨之入骨，食肉寝皮，方解大恨！于是率军进攻图伦城。尼堪外兰是个庸才，只会通风报信，拿明朝的补贴维生。此时见满洲兵围城，仓皇迎战。满洲兵是努尔哈赤整顿训练的生力军，个个如狼似虎，奋力攻杀。勇士额亦都冒着箭矢率先登城得手，挥刀砍杀，如同斩瓜切菜，头颅滚满城头，守军顿时溃散。努尔哈赤挥军急攻，图伦城顿时攻破。努氏下令降者免死，抵抗者格杀勿论。图伦兵民大多怕死，都匍匐在努氏脚下。唯有尼堪外兰自幼练成一双快腿，落荒而逃，几经辗转逃入明朝境内。努尔哈赤率军追到明边，叩关索人。此时辽东总兵李成梁因老迈已罢职，明廷因尼堪外兰已是无用之物，亦不愿与满洲开衅，竟交出尼堪外兰。尼氏被押回满洲，努尔哈赤在堂子设了祭桌，将尼堪外兰剖心挖肺，祭奠觉昌安、塔克世，方才报了仇。

殄灭尼堪外兰，拉开了努氏统一女真各部战争的序幕。不先攻强大的明朝，而选择图伦部开刀，专拣软柿子捏，充分显示其灵动机变、不意气用事的高度智略。另外，不屠城，不杀降者，又显示他有广阔的胸怀，这是杰出领袖所具有的特殊素质。军事战略家、政治家的风度已初露端倪。

【击退九部联军】是努尔哈赤统一女真战争最精彩的一笔。当时建州最大部落是叶赫国，地处满洲北方，与哈达、辉发、乌拉三部互为联络，合称扈伦四部。明朝曾在此建海西卫。叶赫居四部之北，亦名北关。叶赫大贝勒纳林布禄，见努尔哈赤兴兵，其志不小，既震怒又恐惧。此人是个老狐狸，对满洲采取软硬兼施的策略。先将贝勒布扬古之妹叶赫格格许给努尔哈赤为妃。这位叶赫格格，史佚其名，年方十三，生得美艳绝伦，堪称海西之花。各部落酋长都对这个尤物垂涎三尺，欲得之为妻，努氏独交桃花运，惊喜交加，忙于下礼定聘。谁知纳林布禄不是真心，而想用美人计羁绊努氏。定聘 20 年就是不嫁此女。其间又许给哈达、辉发、乌拉各贝勒，用的是同样手法。但叶赫格格情有独钟，只爱努尔哈赤，别人一概不嫁。这样几个大贝勒欲火焚烧，但就是得不到这个梦中情人。最后这位格格已是 33 岁了，但华颜如初。在父兄的逼迫下，嫁给蒙古喀尔喀部莽古尔岱。努尔哈赤得知此事，口中说："打天下何惜一女。"心中却恨死了叶赫。这就是清史上著名的"叶赫北关老女"。原始部落间的战争目的往往是争夺美女、财物，这个浪漫的故事很符合当时情况。叶赫大贝勒纳林布禄及贝勒布寨心中亦痛恨满洲，又多次下书索要土地，对这种挑衅，努尔哈赤严词驳回，积极准备讨伐叶赫。叶赫得知消息，先发制人，纠集扈伦其他三部哈达、辉发、乌拉，长白山二部纳殷、朱舍里，蒙古三部科尔沁、锡伯、卦尔察加同叶赫共九部计 3 万余人，向满洲发动攻击。时在万历二十一年九月（1593 年）。九部联军铁骑奔驰，摇山撼岳，向满洲扑来。军至浑河，沿岸扎寨，凿灶炊饭，夜间望去，犹如满天星光。满洲国见此声势，个个变色咋舌。但努尔哈赤在交战前夜却安睡如故，鼾声大作。妻子富察氏摇醒丈夫说："尔惧乎？九国来攻岂是安寝之时？"努氏答道："吾惧岂能安睡？叶赫不来，吾心悬之。既来吾无忧矣。"好个努尔哈赤，大军压境，高枕无忧！比之东晋谢安弈棋，有过之而无不及。其镇静风度令人叹绝。翌日，努尔哈赤召集将士发表阵前演讲："九部乃乌合之众，何惧之有？但杀其头目，彼兵自散。我兵虽少，并力一战，可获全胜。"这大气豪壮的演讲予将士以极大鼓舞，士气顿时大振。其实努尔哈赤早已从容布置停当，专等敌人厮杀。叶赫军漫山遍野攻来，两军在古勒山下开战。满洲兵先是据险固守，敌军猛攻，礌石俱下，联军砸伤无数，寸步难进。忽然红旗招展，满洲勇士额亦都率百骑自山上驰下，犹如恶虎扑食。专挑衣着华贵、骑高头大马者厮杀。联军久攻不下，早已懈怠。铁骑突来，惊慌失措，叶赫贝勒布寨被额亦都当头一刀，劈成两半。纳林布禄见其兄被杀，吓得不省人事翻于马下，左右急忙救起横于马上逃之夭夭。科尔沁贝勒明安见前方打得热闹，不明就里，拍马上前急欲争功，却被败兵浪潮挤入淖中，马陷泥中，弃鞍解衣，赤条条加入败兵行列逃跑，幸免一死。乌拉贝勒布占泰没练过赛跑，腿功欠佳，被当场活捉，努尔哈赤说："生人之名，胜于杀人。"亲解其缚，又赐猞猁狲裘。布占泰不但不死，反得到一袭名贵皮草，真好福气。这一仗杀得昏天黑地，血流漂鞍，尸骨遍野。满洲兵大获全胜。

古勒山之役是努尔哈赤兴兵的第二次大捷，充分展示了他"并力一战"以少胜多的战略艺术，这与后来"集中优势兵力打歼灭战"战略原则如出一辙。九部虽多，不堪一击。有一位哲人说："全世界的鸡蛋联合起来也打不过石头。"这确是至理名言，实在值得后世借鉴。

击退九部，努尔哈赤威名大震，辽东各部闻其名如雷贯耳，心惊胆战，他真正成为纵横驰骋、战无不胜的英雄。此后他又用了 10 余年时间，先后灭掉哈达、辉发、乌拉及长白山二部，剪除了叶赫部的羽翼。对叶赫又拉又打，使其不仅彻底孤立，而且势力日益衰落，处于苟延残喘的境地。努尔哈赤灭掉它只是时间问题。蒙古三部参加了九部联军，在战场上亲眼看到满洲兵的威力，也瞻仰了努尔哈赤指挥战争的风采，权衡利弊，唯有归顺，方能生存。因而科尔沁等三部是最早归顺满洲的部落。对于蒙古问题，努尔哈赤有极清醒的认识，中原汉族从秦始皇开始与漠北民族进行了 2000 年的战争，为此修建了秦长城、明长城，即使如此也挡不住漠北铁骑无休止的进攻。成吉思汗与其子孙踏平中原建立元朝的历史，以及明朝饱受北元瓦剌、鞑靼侵扰的情景，使努尔哈赤感到心惊。于是他对蒙古主要采取了绥靖怀柔政策，用结盟、联姻、封爵等手段拉拢蒙古贵族，尤其联姻最为精彩成功。从努尔哈赤开始，满洲不断将“格格”输入蒙古作贵族的妻妾，蒙古也将贵族美女源源不断地嫁给满洲新贵为后为妃，仅科尔沁部博尔济吉特氏就产生了十几位清朝皇后、贵妃，至于妃嫔、福晋等则不计其数。有清一代，汉人封爵，除清初吴三桂等几位封王外，汉人得到“公”以上爵位的几乎没有，即使功勋显赫的曾国藩、李鸿章、袁世凯等亦不例外。但对于蒙古，从努氏开始，包括整个清代对其封爵则慷慨得令人吃惊，亲王、郡王、贝勒、贝子的帽子都大宗廉价地批发给蒙古草原，甚至一个小小的“旗”（县），就会出几个王爷。这种怀柔政策使外蒙古、内蒙古各部都温顺地投入满清的怀抱，兵不血刃，大漠廓清，胜过万里长城百倍。唯有桀骜不驯、妄自尊大的察哈尔部林丹汗是个例外，努尔哈赤与他的儿子皇太极只能用铁拳对付他。用大棒打击女真各部，用胡萝卜喂养蒙古，得心应手，游刃有余，努尔哈赤无愧是胸怀韬略的大英雄。

【建立八旗制度】则是努尔哈赤的一大发明，是对满洲军事建制、社会建制的大创造。在长期的统一战争中，他意外地发现满洲原有以10余人为单位的牛录组织在战场上发挥了灵活机动的战斗效果，但也有不能统一协调的缺点。在智多星何和理的启发下，他突发奇想何不将牛录组织扩大一级、二级，再分级管理，统一指挥。万历四十年（1612年），他重组军事社会编制，设定每300人为一牛录，首领为额真。五个牛录为一甲喇，首领亦叫额真，五个甲喇组成一个固山，首领为固山额真，总人数为7500人，固山为满洲军事和社会的最大编制单位。每个固山都有不同颜色的旗帜，原有黄、白、红、蓝四旗，后因势力扩大，另增四旗，在原四色旗帜上镶边，成为镶黄、镶白、镶红、镶蓝四旗，合计八旗，就是满洲八旗的来历。满人称为旗人亦源于此。后来他将归顺的蒙古各部编成蒙古八旗，将加入旗籍的汉人编成汉军八旗。八旗制度以旗统军统民，战时披挂上阵，平时屯田渔猎。最大特点是亦民亦兵，全民皆兵，最大限度地发挥了人的潜力价值，克服了本民族人数少的缺点。八旗这个严密的组织，给满洲兵团注入了活力，增强了战斗力，是满洲兴起、清军一统华夏的法宝。后来旗人贪图享乐，腐化堕落，民族强悍精神逐渐消失。因此史家评说“满清兴于八旗，亦亡于八旗”，真是深刻精辟极了。

另外，努尔哈赤创制满文，也是对满洲社会文明的一大贡献。满族本无文字。满洲兴起后，公文书信均用汉文或蒙古文，交际、交流很是不便。从万历四十三年开始，努尔哈赤命满洲秀才巴什克额尔德尼（后来被努氏杀死，惜哉）、扎尔固齐噶盖两人先后制定满文，历十余年方成（模仿蒙古文而制），满文的创制，说明满族向文明跃进了一大步。努氏功莫大焉！

【建立后金，誓师伐明】是努尔哈赤传奇人生的最大亮点，满清所以兴，明朝所以亡，关键在此。努氏平定女真各部，抚顺蒙古，羽翼丰满，踌躇满志，帝王思想逐渐萌生膨胀，在群臣的劝进下，在赫图阿拉城建宫殿、修宗庙、筑祭坛、宰三牲祭天地，登上皇帝（大汗）宝座，号后金，建元天命，意为奉天命而立，后来清室谥其为太祖。赫图阿拉改为兴京。时在万历四十四年（1616年）。这是爱新觉罗王朝的发端。接着设立官制，管理国家。后金政权简洁有效，大臣文武军政不分家，出则为将，入则执政。以费英东、额亦都、安费扬古、扈尔汉、何和理为议政五大臣。额亦都、安费扬古管军事，费英东主刑政，扈尔汉领扈从，何和理揆内政。又以次子代善、侄子阿敏、五子莽古尔泰、八子皇太极为四大贝勒。上朝议政，努尔哈赤居中，四大贝勒各侍左右一字排列，五大臣居下。凡军国大事由五大臣议定，再由四大贝勒审核，最后由努尔哈赤裁决施行。重大国事由大汗、贝勒、五大臣共议共决。政令简洁，很具民主风度。现代史学家将其称为“贵族共和制”。可惜这个美好的制度，没有传下去。提到四大贝勒，不妨顺便介绍一下努尔哈赤的家族与儿孙们。他的家族非常庞大，集聚了满洲精英，这可能是血统与遗传基因所致。他有几个弟弟如舒尔哈齐、穆尔哈齐等，又有很多侄儿，如济尔哈朗、阿敏等。更重要的是，努尔哈赤英雄好色，娶了16个后妃，为他生出16个儿子和8个女儿。这16子依次是：褚英、代善、阿拜、汤古代、莽古尔泰、塔拜、阿巴泰、皇太极、巴布泰、德格类、巴布海、阿济格、赖慕布、多尔衮、多铎、费扬果。女儿略。另外，还有岳托、杜度、豪格、硕塞、勒克德浑等一大堆孙子。努尔哈赤就是靠这些父子兵及满洲精英，如五大臣、扬古利等人打天下的。然而有一事令后人大惑不解，在登上皇位的前一年竟将长子褚英杀死。褚英其人，勇猛善战，屡立战功，曾被封为广略大贝勒，努氏曾有意将皇位传于他。但褚英恃功、恃位，傲慢跋扈，心胸亦褊狭，将五大臣、诸弟不放在眼里，于是树敌甚多。何和理等大臣联名向太祖揭发他种种悖逆之状。努氏权衡利弊，将褚英削爵幽禁。不久又有人揭发褚英“心怀怨望，焚表告天”之事，也就是用迷信活动诅咒诸弟及五大臣。努尔哈赤异常震怒，下令缢死褚英。有些史料说褚英坚决反对伐明，使努氏憎恶而遭杀身之祸，因而褚英之死是清史一谜。但褚英屡立战功，却被杀戮，是清史不讳的事实。努尔哈赤为国杀子，可谓大义灭亲，大公无私。但不顾父子深情，反映了他人性残酷的一面，然而有趣的是与他性格残忍相映衬的是，努尔哈赤登基后，不仅大赦天下，而且做了一件善事，将战争中俘获的女奴赏赐给国内2000余名鳏夫为妻，一时满洲国全体光棍欢声雷动，高呼天命大汗万岁！这大约是他自己娶了一大堆老婆，深刻理解光棍之苦，内心不安所致。或者是为了增加兵源，繁殖人口亦未可知，可发一笑。闲话休提，言归正传。天命元年，满洲新朝发榜招贤，有一名老夫子揭榜应聘，这就是大名鼎鼎的范文程。此人是沈阳人氏，自称是范文正公仲淹之后，先祖曾做过明朝尚书，后移居关外，说是慕陛下雄才大略愿效犬马之劳。努尔哈赤见他仪表非凡，谈吐不俗，龙颜大悦。立即接纳入幕参赞军机。范文程高谈阔论，论及天下大势滔滔不绝：“明主欲取天下，须以德服人，不可滥杀。欲统一华夏，必立志伐明，不可屈居一隅。明朝上下君昏臣贪，百姓涂炭，正是天赐伐明良机……”一席话说得努尔哈赤心花怒放，范说一句，点一下头，说两句，点两下头，大有相见恨晚之憾。这个范文程以后运筹帷幄，为满清出谋划策，立了开国大功。有人说他对满清的作用，仿佛周之姜尚、汉之张良、蜀之诸葛。但对明朝来说却是第一号大叛徒，为害之烈不亚于吴三桂、洪承畴。这个观点，笔者不置可否，请读者公断。

努尔哈赤与明朝原有杀祖、杀父之仇。早有伐明争天下的野心，此时在范文程的鼓动下，决计伐明。天命三年四月，他告庙祭祖，筑坛祭天，其祭文曰（笔者将此简译为白话，以便读者理解）：

满洲国主臣努尔哈赤谨昭告皇天后土，明无端杀我祖、父，这是第一大恨。明多次赴境寻衅，支持我敌国叶赫，这是第二大恨。明赴境夺我财物，杀我广宁使臣及平民10人，这是第三大恨。明以兵助叶赫，使我已受聘的叶赫格格，改嫁与蒙古，这是第四大恨。柴河、三岔、抚安三池，我耕田种五谷，明派兵驱逐我民，不准收割已熟庄稼，这是第五大恨。叶赫是我仇敌，明支持他派使者递文书侮辱我国，这是第六大恨。过去哈达两次助叶赫侵犯我国，我要攻哈达报仇，但明又保护哈达，逼迫我退兵。扈伦各国合兵侵我，老天爷也讨厌他们。明却一贯支持叶赫，违抗天意，颠倒是非，这是第七大恨。明对我国的欺辱，我们确实忍无可忍。因为这七大恨，所以要征伐明朝。谨告。

说实话，这七大恨告天，不免强词夺理，但于出师伐明，则有名正言顺之效。这恐是范文程的手笔。

接着努尔哈赤杀七牛祭旗，率领2万兵马，浩浩荡荡杀向明边，兵锋直指距离最近的抚顺城。这是伐明的第一战，努氏本想攻克城池，以扬兵威，方才过瘾。但范文程道："以德服人为上，以力服人次之。兵法曰'不战而屈人之兵，上之上者也'。"血气上攻的努尔哈赤一听此书生之言，大为拂意，但沉吟片刻，竟然同意招降，于是由范夫子执笔写了招降书，一箭将文书射入抚顺城内。大明抚顺守将是游击将军李永芳，是个最无用的庸将，明廷派其镇守抚顺是个历史性的大错误。此人统兵无能，却极多智圆滑，平日早知努氏厉害，曾向满洲暗送秋波，允许满人到抚顺马市交易。李永芳接到文书顿时魂飞天外，立即召集诸将商议，诸将皆面如土色，颤声答道："唯将军之命是从（大明朝尽养了些无用的软骨头，可见气数将尽）！"于是李永芳大开城门，带领诸将齐刷刷匍匐在努尔哈赤马下，高呼万岁。满洲兵团兵不血刃轻松拿下抚顺，努氏将孙女赐之为妾。李永芳年过40，本有妻妾多室，但皆年老色衰，得到一个如花似玉的娇嫩格格受用，真是快活无比，发誓为努氏效忠。这就是清初著名的“抚顺额驸”。李永芳是明朝第一个投降满清的明朝官员，可为汉奸之祖（范文程虽早，却原是平民出身，不可混淆）。努尔哈赤招降并优遇李永芳是其大智慧、大战略最为成功的发挥，以后明朝的达官名将一个个像狗似地投到满洲国门下，这便是“李永芳效应”。这一招真胜过百万强兵千攻万杀，当然范老夫子亦功不可没。前代史家说，清朝的天下原是汉人打下的。此言不爽！而范文程、李永芳是最早的先例。然而李永芳虽是大明朝的罪人，但其本身却得到无比的荣华富贵，他生前得到太祖、太宗的厚遇，死后他的子孙们在大清百余年中继续享受先祖的福荫，继续享受清廷的恩泽，个个官至督抚、尚书之职。如儿子李率泰曾为福建总督，最著名的是乾隆朝两广总督六世孙李侍尧，是乾隆帝常顾不倦的宠臣，号称“扳不倒”，堪与和珅并驾齐驱。李氏可谓有清一代煊赫不败的家庭。一个是新兴的充满朝气的满清王朝，一个是趋于没落的腐朽无比的明王朝，李既是明朝罪人，更是满清功臣。是弃暗投明？还是叛国投敌？明朝亦不乏忠勇之将奋战疆场，但结局不是身首异处，便是自杀殉国，下场何其悲惨。而叛徒李永芳却独得尊荣，流芳百世。这种独特的历史现象，笔者大惑不解，是也非也？真是无言以对。

抚顺失守后，明朝广宁总兵张承荫带领 3 万人马杀来，欲收复失地。张承荫忠勇兼备，非李永芳可比，他的火器营更是厉害。两军大战抚顺城外，张先得手，满军一度溃退。但是天助满洲，神佑努氏。忽然间狂风倒刮，天昏地暗，明军火器营喷射的火焰反扑向明军。满洲兵乘势掩杀，张承荫奋力抵抗，拼死冲杀。突然背后烟尘大起，满洲贝勒多铎率军杀出。张承荫腹背受敌，瞬间，满军万弩齐发，张承荫身如刺猬般倒于血泊之中，壮烈殉国。败报传至北京，明廷君臣震恐失色，几十年不理朝政的神宗皇帝从深宫钻出来与大臣商议对策。满洲国称帝伐明，对他是个天大的刺激，其恐慌可想而知。素以模棱两可著称的内阁首辅方从哲推荐杨镐为辽东经略，率师讨伐辽东。神宗饥不择食，慌不择人，竟然准奏。授他兵部尚书，赐他上方宝剑，杨镐当仁不让、意气风发地统大军向满洲国杀来。清史著名的萨尔浒大战由此发生。

【萨尔浒之役】对明朝、满洲国两方来说，都是生死攸关的战役。万历四十七年（天命四年）三月，杨镐率大军12万人到达辽东前线，叶赫国主金台石派军2万参战，朝鲜国亦派姜弘历为帅率2万人助战，杨镐诡称47万大军以壮声势。说起杨镐的履历，真是可叹。此人是河南商丘人氏，做过御史。日本丰臣秀吉侵犯朝鲜，他被授为经略抗倭援朝，打了败仗，诡传捷报，遭御史参劾罢免官职后闲居在家。败军之将重膺大任，又是明廷犯的历史性大错误。杨镐初至辽东却也慷慨雄壮，闻清河堡又落敌手，请出上方宝剑，愤怒之下斩了清河败将陈大道，枭首示众。又将上方宝剑高悬辕门之上，以严军纪。诸将见状莫不胆战心惊。于是杨镐运筹帷幄，兵分四路，出师征伐。一路由山海关总兵杜松统率，从浑河出抚顺关，二路由辽东总兵李如柏统领，从清河出鸦鹘关。左翼北路由开原总兵马林率军汇合叶赫兵，从开原出三岔口。右翼南路由辽阳总兵刘綎统带，会合朝鲜兵，从辽阳出宽甸，定于二道关会师，直捣巢穴赫图阿拉。四路军马不谓不强，四位总兵都是身经百战的名将。但是杨镐在辽阳演武厅召集诸将出师，杀牛祭旗，牛三割其喉而不死，杨镐顿时变色。当夜又有彗星划空而过。这对于明朝来说都是不祥之兆。

努尔哈赤知明军四路来犯，哈哈大笑对诸将说："明军虽多顾此失彼，难以驾驭，自取灭亡。我兵虽少并力而击，任他几路来，我只一路去。"忽探马报来，明军由南而来。努氏说："明军南来，诱我南也，其北必有重兵，应先破之。"皇太极言："界藩有役夫15000，兵薄，恐被所乘，宜趋界藩。"努氏点头称是，遂领举国6万精兵直奔界藩。

皇太极的判断极为准确，其睿智更超乃父。果然明军主力杜松率大军5万自浑河向抚顺前进。行军速度极快，杜松其人臂力过人，身经百战，战无不胜。出征时随身带铁索一具，声称必生擒努尔哈赤，否则死不还家。气势不谓不壮。辽东三月天气仍天寒地冻，忽下大雪，将士衣薄，冻得发抖。杜松为贪首功，驱大军冒雪突进，至浑河见河面被冰封实，大喜，命大军踏冰渡河。军至半渡，浑河忽然破解，淹死者不计其数，又是天助满洲。强渡过浑河，对岸有少数满军，被杜松一鼓歼灭。大军至萨尔浒山扎营，兵分两路，大队留营坚守。杜松自率精兵2万直奔界藩城。此时努尔哈赤派大贝勒代善率军增援界藩，自率满洲主力5万人直扑萨尔浒明军大营。时至正午，满洲兵奋力急攻，明军亦倾营而出奋勇迎战，战斗十分激烈。两军互不退让，难分胜负。忽然间天昏地暗，红日无光。明军燃起火炬，以壮声势，列炬大战。双方万弩齐发。但明军在明处，万箭落于柳林，满军在暗处，箭箭射中明军。薄暮，明军渐渐不支，士气已衰。努氏亲自督战，驱大军直踹明营，如海翻潮，个个生龙活虎，将明军杀个七零八落。明大营立刻崩溃，军士如鸟兽散。这一仗杀得血染高岗，尸满深谷。杜松主力消灭殆尽。

而此时杜松恃着勇气，正攻界藩吉林崖。代善援兵与役夫万余奋勇迎战，两军杀得难分难解，拼得你死我活。忽有大军从深林杀出，万马奔腾，万箭齐发，直扑明军。原来努尔哈赤踏平萨尔浒大营后，稍作休整又马不停蹄直奔界藩。杜松腹背受敌，大呼大叫仍在冲杀，但军心早已惊溃。忽然一箭射来，正中其喉，落马而死。主帅一死，全军瓦解。急欲生擒努尔哈赤的杜松却落了个“横尸沙场，死不还家”的下场，悲夫！

开原总兵马林方率师出三岔河，忽报杜松兵败，立即停止前进，在尚林崖倚山结营，以持观望。马林乃名将马芳之子，马芳一生百战，屡战屡捷，名震天下。马林自幼雅好文学，吟诗填词，多有佳作，但从未临阵，明廷认为将门必出虎子，让其镇守开原。是夜，月明星稀，万籁无声，明军安睡如故。忽然胡笳一响，羯鼓四起，满洲军从山顶上冲下。原来努尔哈赤率阿敏、莽古尔泰、皇太极自界藩赶来，先据山巅，然后冲下。明军自睡梦中醒来，仓皇迎战，向天乱放枪铳。监军潘宗颜，整军督战，却被乱军砍下脑壳。马林反应灵敏，见势不妙，一溜烟逃回开原。想必当夜必有一首《痛哭尚林崖之战》的悲壮诗篇问世。

辽东总兵李如柏率军自清河出发，徐徐前进，仿佛是观光游览，一路阅尽辽东山川美景。这个李如柏，乃辽东大将李成梁之子，曾带兵抗倭援朝，但智勇远逊乃父。大军至虎拦关，忽闻山顶螺号吹起，山谷响应，又见山顶红旗乱舞，如柏顿时惊惶，以为遇到满洲伏兵，率先奔逃，士兵见状亦夺路而逃，互相践踏，死了1000余人。逃到无人处，方侦知山上只有满洲20人假摆疑兵之阵，只是鼓噪，不来相攻。李如柏闻报羞得满脸通红。忽有驿马奔来，手持杨镐檄令，命他立即回师。于是李如柏这一路军未遇强敌，自伤千人，怏怏返回，败兴至极。

辽阳总兵刘綎有万夫不当之勇，手持大刀重120斤，上下飞舞，敌军头颅如落叶飘地，号称“刘大刀”。又嗜酒如命，临阵必先饮，醉后上阵，万夫莫当。他联合朝鲜兵从辽阳出宽甸，直奔赫图阿拉。行至阿布达里岗，突遇满洲伏兵从岗上冲下，山顶龙旗飘舞，原是努尔哈赤督军冲杀。刘綎见了龙旗，勇气倍增，挟大刀拍马上岗，欲斩努尔哈赤。满兵拼死挡住，一场恶战渐至天黑。忽然一军杀到，万炬齐燃，火光中飘扬着“杜”字帅旗。刘綎大喜，高呼：“杜总兵援兵到了。”话声未落，一“明将”金盔铁甲驰马奔来，手起刀落将刘綎斩于马下，刘綎做了个糊涂死鬼，一命归阴去了。明军大乱，满军乘势追杀，顿时明军全军覆灭。朝鲜兵更是无用，见刘綎兵败，举旗投降。后来方知那金盔铁甲的明将，乃是大贝勒代善装扮，麾下士兵都穿着明兵军服，这些明朝兵服都是从萨尔浒战场上缴获的。于是杨镐的四路大军败得一塌糊涂。20万大军灰飞烟灭。杨镐惊惶中被明廷逮回京师问罪。天命四年六月，努尔哈赤率军乘胜进攻开原。开原守将马林此次表现极佳，拼死抵抗，城陷后犹奋勇巷战，最后殉国（不知有否《绝命诗》传世）。攻占开原后，努尔哈赤又奇袭铁岭，铁岭游击将军率军殊死抵抗，全城皆忠烈之士，无一人投降。满洲军攻破城池，下令屠城。明军死事惨烈，惊心动魄，可歌可泣。而身为铁岭守将的总兵李如桢却在沈阳喝花酒，闻铁岭吃紧，慌忙披挂上马援战，兵未到，铁岭已破。李成梁一世英名，却被李如柏、李如桢两个儿子败坏，真是晦气！

萨尔浒之役（包括开铁之战），努尔哈赤凭着天时、地利、人和，合力并击，以少胜多，创造了一个战争奇迹。此一战，明军精锐尽失，从此处于挨打境地，再无反攻之力。这是明与后金强弱对抗格局互换的转折点。满洲由此而兴，明朝由此而衰，此为一大关键。后来清人谈起萨尔浒之役，莫不眉飞色舞，津津乐道，为先祖的风采喝彩！

杨镐战败被逮，代之而起的辽东经略是抗满名将熊廷弼。此人是江夏人氏，时任兵部侍郎，素有韬略，历来留心辽事，对辽东强弱格局有极清醒的认识，主张固守，反对强攻。他到辽东便坚壁清野，安抚流亡，修缮工事。将重兵18万屯于各个要塞，一时边疆固若金汤，烽火渐息。努尔哈赤无计可施，不甘寂寞的他又想到另一个仇敌——叶赫。

【灭掉叶赫】完成了努尔哈赤生前最大的心愿。叶赫地处满洲北部，又称北关，在明朝的支持下，它与满洲国分庭抗礼几十年。强大的叶赫如卧虎在榻，芒刺在背，使努氏日夜不安，但又无可奈何，一直对它采取软硬兼施的策略，包括与叶赫联姻，满清200余年，除太祖太宗娶叶赫女之外，产生过十几个叶赫氏皇后妃嫔，其中最著名的是清末的慈禧太后与隆裕太后。相传努尔哈赤在修赫图阿拉堂子时（祭祀之所），从地下挖出一块石碑，上面赫然写着“灭建州者叶赫”六个大字，使他胆战心惊，又恨之入骨（这个石碑恐怕是叶赫国主遣人所埋，后人称为天意实为荒诞）。现在明朝已被降服，正好收拾叶赫，于是努尔哈赤披挂亲征，率领大军杀往叶赫。此时纳林布禄已死，其弟金台石继任叶赫国主。满洲军大军压境，兵临城下。金台石奋勇抗战，死不屈服，前仆后继，十分悲壮惨烈。然而这是一场以石击卵的战争，其结果可想而知。东城、西城相继陷落，被屠洗一空，金台石被擒。努尔哈赤升帐审讯金台石。金台石怒气冲天，大义凛然，厉声道：“我死而无憾，但叶赫永不能亡！纵使叶赫男儿全部战死，只剩一女，也要报仇！”这悲壮激烈的语言使努尔哈赤及诸贝勒倒吸一口凉气。愤怒的努尔哈赤将金台石枭首示众。叶赫国遂亡。我之所以专章写叶赫国的灭亡，是因叶赫这个幽灵一直伴随着满清的兴亡，这真是一个具有神秘色彩的历史谜案。笔者为诗叹曰：

冤冤相报有原因，天道轮回不失真。
今日杀他北关主，来年叶赫篡皇宸。

【辽沈之役】是努尔哈赤称雄辽东继续打击虚弱明朝的另一大捷。再说，熊廷弼镇辽数年，坚决固守，满人未越雷池一步。谁知天不佑明，神宗、光宗相继而亡，天启皇帝继位，他是一个顽皮的孩子，以做木匠活为乐，朝政遂为太监魏忠贤把持。魏忠贤派吏科给事中姚宗文到辽东阅兵。

姚纯是书生不谙军事，亢傲的熊廷弼对他嗤之以鼻，对魏忠贤也无孝敬馈礼让姚宗文带回。姚很是恼恨，回朝密告熊廷弼无礼。魏忠贤听后同样恼恨，指示科道一班御史参劾熊廷弼拥兵自重，不图恢复，发下矫旨将其革职问罪。辽东经略继任者是袁应泰，袁氏此人进士出身，诗文俱佳，为人宽厚，干事精明，清誉满天下。又以修水利惠民生而闻名于世，但无临阵经验，明廷用他又铸成大错。他一到辽东，便坐镇辽阳积极备战，杀白马祭天地，企图恢复清河、抚顺。谁知努尔哈赤得知明朝边帅易人的消息，大喜过望，竟先发制人，抓住天赐良机率大军向沈阳进攻。沈阳守将是贺世贤，倒是个英雄好汉，但意气用事，急功近利，更有嗜酒的恶癖。沈阳军马有 8 万人，远超满洲军，固守沈阳，本是易事。努尔哈赤兵围沈阳，亲自督战。贺世贤站在城头见黄龙旗飘舞，竟率领家兵 1000 余人，杀出城门欲擒努氏，并吼道："不杀尽满虏誓不返城！"满洲以弱兵接仗，诱他深入，贺世贤轻敌疾进，竟中了满洲兵的埋伏，万箭齐发，贺世贤身中 50 余箭而死，壮烈殉国。接着满洲大军急攻沈阳，挖土填壕，云梯、楯车俱上，发动了极为猛烈的进攻。沈阳军民报以同样猛烈的抵抗，满军伤亡极为惨重。相持 10 余日，忽然城内火光冲天，噪声四起，东北城墙亦被满兵凿破，满军潮水般地涌入沈阳城，明军继续巷战，努尔哈赤下令屠城，沈阳军民 7 万人殉国，死事极为惨烈。沈阳遂陷。原来城内潜伏着大批满军间谍，乘势放火鼓噪，满军内应外合才将沈阳攻破。

沈阳之战是努尔哈赤又一佳作。他极成功地运用了间谍战术，内应外合攻陷沈阳。潜伏间谍作侦探，搞破坏是清太祖、清太宗最拿手的战略，充分展示了满族的高度军事智慧，但努尔哈赤此时忘掉了范文程不可滥杀的忠告，竟下令屠城，是其残暴本性所致，这一点与后来的清太宗皇太极相比差之远矣！

接着努尔哈赤乘胜向辽阳进军。辽阳是辽东政治军事中心，辽东经略的驻节地，关系极为重大。袁应泰闻沈阳失守，捶胸顿足，见满兵攻城，未免焦躁。但尚有大将风度，下令深挖城壕注入辽河之水，沿壕遍列火器，率领几位总兵出城迎战。然而八旗铁骑，万马奔腾，狂风突进，冲入明阵，势不可当。明军阵脚动摇，向后缩退。袁应泰手刃数逃兵，亦不济事，狂退的败兵潮将袁应泰裹入辽阳城。进入城中，袁经略励志固守，誓与辽阳共存亡。明军火器向满军猛射，夜间明军在城头燃起火炬，不时向城外突袭，满洲兵伤亡极惨重。然而努尔哈赤无愧天之骄子，百折不挠，明军反抗愈烈，攻之愈猛。他命士兵掘开城西大闸，护城壕的深水一泻无余，然后填壕急攻。经过数日急攻，东西南北各城均被攻破。明军大乱，袁应泰见势不妙，避入镇远楼中，召来巡按御史张铨。袁说："我为经略，应与城同亡。君为文官无守城之责，应急去，返保西河，以图后举。"张铨说："公知忠国，铨岂不知?"袁应泰无语，挂了剑印，悬梁自缢。张铨亦悬梁自缢。满兵将两具尸体抬至宝帐前，努尔哈赤英雄惜英雄，慨然而叹："真忠臣也!"不料张铨竟未缢死，渐渐苏醒过来。努氏命人救治，温言劝降，张铨厉声道："快快杀我，生为大明人，死为大明鬼。"努氏叹曰："忠臣杀之可惜，放他去吧。"张铨被释归衙署，南向辞阙，并遥拜父母，又自缢身亡。努尔哈赤下令厚葬袁、张二人。

攻陷辽阳对满洲意义巨大。辽阳是明朝辽东首府，辽阳一失，标志明朝在辽东的统治基本结束，亦标志满洲国已基本控制辽东。明朝关外只剩广宁、宁远、锦州等几个孤城，辽事遂不可收拾。此战充分展示了八旗军的威力，努尔哈赤百折不挠、勇往直前的气魄尤令人叹服。而明朝方面，亦大可圈点，袁应泰虽为书生，不娴兵机，但拼死抗战，死得壮烈慷慨！我为袁氏及张铨喝彩！

沈阳失陷，辽河以东大小 70 余城皆降满洲。明廷又记起熊廷弼来，将其召回北京，任为辽东经略。熊领旨驰至山海关，与辽东巡抚王化贞商议军事，熊廷弼主张积极防御，王化贞主张主动出击。守攻各持一端，于是报朝廷裁决，明廷内阁开始倾向积极防守。然而此时传来王化贞的捷报，说东江守将毛文龙击败满洲军占领镇江，并说李永芳愿为内应，请求出兵进攻。这个捷报使朝议逆转，首辅叶向高、兵部尚书张鹤鸣立即主张出战，不可错过复辽良机，天启皇帝下旨授王化贞征伐大权，不受熊廷弼节制，并命熊廷弼出关支援。王化贞奉旨，意气飞扬，声称如统兵 6 万，可一举扫平满洲。于是屯军广宁准备大举讨伐满洲。这边努尔哈赤听说消息，知明军督抚不和，正是天赐良机，又先发制人，率大军直驱广宁。

【广宁之战】于天命七年正月爆发。努尔哈赤率八旗兵5万，踏着坚冰强渡辽河，将防河明军扫荡殆尽，然后兵锋直指西平堡。西平堡守将罗一贯率军3000奋勇抵抗，战斗异常激烈，八旗兵伤亡亦是惨重。罗一贯被满兵射瞎一目，仍浴血奋战，西平城破，仍坚持巷战，3000健儿均战死殉国，无一降者。罗一贯知大势已去，朝阙而拜："臣力竭矣。"遂自刎而死。努尔哈赤围攻西平的另一目的就是歼灭从广宁增援的明军主力。果然王化贞闻西平吃紧，急命爱将孙得功、总兵祁秉忠、总兵刘渠率兵增援。明军驰至平阳桥，正遇围城打援的满洲大军。祁秉忠、刘渠奋勇冲杀，满兵稍退。而中路游击将军孙得功不但勒兵不进，反而鼓噪大喊："兵败了，兵败了！"接着率军自退。中路一退，左右两翼皆退，八旗军乘势掩杀，至沙岭满军四面围合，将3万明军歼灭。刘渠、祁秉忠尽战死。唯孙得功率军退回广宁。原来孙得功与李永芳勾结，早已暗通满洲，约定杀王化贞作为见面礼。其时王化贞不知前方溃败，孙得功叛乱，仍安坐广宁巡抚衙门批阅军书，但等捷报传来。忽闻城外炮响，犹茫然不知何故。突然总兵江朝栋排闼而入呼曰："事急矣，公速行。"王化贞张口欲问，早被江朝栋拖出城外。王化贞逃出广宁，孙得功已大开城门，跪迎努尔哈赤入城。广宁城囤积明军大批饷银、粮草、军械，尽落满洲之手。努尔哈赤杀八牛祭龙旗，大庆广宁之捷。

其时熊廷弼驻军右屯，距广宁仅40里，未去救援广宁，却掩护10万难民入关。熊氏此举为他后来埋下了杀身的祸根。熊廷弼返至大凌河，恰与奔逃的王化贞会合。王化贞下马大哭不止。熊廷弼调侃道："6万军荡平满洲，今却如何？"王化贞又哭曰："还请经略大人发兵收复广宁。"熊说："哭有何益？我只有5000兵，交付于君，抵挡追兵罢了！"这番对话颇为滑稽，但可反映明军败后的狼狈状况。此后，明廷逮捕熊廷弼、王化贞以治失陷广宁之罪，不久魏忠贤又以"不救广宁，贪污军饷"的罪名，矫诏将熊廷弼磔于西市，传首九边。可怜一代名将落了个极为悲惨的下场。当时朝野闻之痛哭，可谓千古奇冤。王化贞也在崇祯元年被处死。

广宁之战继续演绎努尔哈赤战无不胜的神话。他抓住明军经略、巡抚不和的良机毅然出击，又成功策反孙得功，里应外合攻破广宁，歼敌10余万，使明朝在辽阳失陷后又失去一个政治军事指挥中心，并攫取了明军几十年储备的粮草、军械。努尔哈赤的雄才大略得到最大展现，使他的政治军事生涯达到了巅峰状态。

【迁都沈阳】是努尔哈赤的重大政治决策。广宁大捷后，明廷逮熊廷弼问罪，辽东经略二易其人，先为王在晋，继为孙承宗。孙亦为明朝名将。他也主张防御，一到任便筑堡修城，练兵选甲，开野屯田，遣名将把住要塞，可谓壁垒森严。努尔哈赤见无懈可击，也不去犯明。闲来生事，便做出迁都沈阳的决策，追溯起来，满族最早的都城是鄂多哩城，其次便是赫图阿拉，攻破辽阳又据辽东经略署作为宫阙，后因城墙倒塌，又建新都于太子河畔，当时正在修建宫殿。凡五迁方至沈阳。当时迁都沈阳，遭到众贝勒大臣的反对，理由是太子河畔的新都快要建成，迁都沈阳又要劳民伤财。努氏说："沈阳形胜之地，西征明，由都尔鼻渡辽河，路直而近；北征蒙古，二三日可至；南征朝鲜，可由清河路以进。"原来努氏以政治家、军事家的大眼光择都，睿智非凡，诸大臣岂可及也。于是招集天下良匠役夫大造沈阳城。并建起巍峨壮丽的宫殿。禁城内，前有崇政殿，中是笃恭殿，后为清宁宫；东有翔凤楼，西有飞龙阁。虽为塞外都城，不亚大明宫阙。天命十年吉日，努尔哈赤率文武百官，三宫六院，齐至沈阳，举国大庆三日，将沈阳改为"盛京"。努尔哈赤坐在笃恭殿的宝座上，踌躇满志，神采飞扬。四大贝勒、八旗都统、两班大臣、内外蒙古各部贝勒、朝鲜王国专使，跪拜陛下高呼万岁，真个是"九天阊阖开宫殿，万国衣冠拜冕旒"，比起赫图阿拉、辽阳更是风光10倍。没有朝贺的明朝倒也不去计较，唯有蒙古察哈尔部林丹汗不来朝贺，他却恨之入骨。这个林丹汗当年下书满洲，自称40万蒙古大汗致4万满洲小邦，想起来就火冒三丈。接受朝贺方毕，便下诏命皇太极率兵5000前去征讨。不几日捷报传来，林丹汗不经打，早已遁逃。紧接着又大赦天下，颁布了一系利"利国利民"的政令。其中一项诏令最为奇怪。严令满洲国民不分满汉蒙各族，男子一律薙发，即剃光前额，脑后只留一条长长的辫子，作为满洲国民的标志，违者严惩。这个政令后来被他的儿子多尔衮入关定鼎后又强行推而广之，使中国的汉人后脑壳后硬拖了270多年的辫子，被外国人笑为猪尾巴，着实令汉人丧气。后来民国建立，汉人们干的第一件事，就是剪掉辫子以示与满清决裂。由国家名义下令干涉民众的发型自由，这是空前绝后的一大发明，也是无可争议的弊政。笔者为诗咏道：

留头薙发不留情，留个时髦怪发型。

百万男儿同一式，梳条大辫作长缨。

但他对满族妇女却是大开恩典，下令禁止缠足，这又使汉族小金莲们艳羡不已。不过满洲传过来的旗袍，真是漂亮极了，尽显妇女妖娆，直至今天仍是最时髦的女装，也算是满人对中华衣饰文化的杰出贡献。

努尔哈赤在沈阳高踞宝座的时候，已是67岁的老头，心气虽高，精力渐衰。忽一日讣闻传来，大臣何和理病亡，努氏仰天大哭："朕所与并肩友好诸大臣尽弃朕而去，苍天何不遗一人以送朕老矣！"何和理是他的"智多星"，现代话说是一位伟大的军事家、战略家，据说创建八旗制度、"并力合击"等战略，便是他的主张。努氏一生对他久宠不衰，也是难得。先是号称"万人敌"的费英东撒手人间，贴身侍卫安费扬古也一病而亡，养子扈尔汉被努氏逼死，凶猛无敌、"杀子媚君"的额亦都亦于几年前亡故。著名的清初议政五大臣一个一个离他而去，哭别人，想自己，努尔哈赤突然感到死亡的恐惧，一种不祥的感觉从心底升起。

【兵败宁远】是努尔哈赤最不愿看到的一幕悲剧。再说，明辽东孙承宗镇辽四年，边境烽火渐熄。明廷魏忠贤把持朝政，气焰冲天，素以忠烈耿直著称的孙承宗痛恨阉党为非作歹，竟上奏朝廷，要上朝面君，有要事相呈。魏忠贤知他来意，跪在天启帝前哭作一团，妄言孙承宗害他。天启帝听信谗言，下旨阻止孙承宗入京。当时孙已达通州，接到圣旨，怏怏返回。魏忠贤又指示言官交章弹劾，说孙承宗擅离职守，居心叵测，是晋朝王敦、唐朝李怀光一类的人物。孙承宗闻讯伤心至极，便上疏乞休。天启帝立即准奏。孙承宗既罢，高第被明廷任为兵部尚书、辽东经略。高第素不知兵，性本怯懦，以谄媚忠贤得势，接旨后“叩头求免”，被魏忠贤骂个狗血喷头，不得已走马上任。一到辽东，认为辽东几个孤城，无险可守，便采取退守山海关、放弃辽东的策略。将关外粮草军械运回关内，撤掉孙承宗筑起的防御工事，又驱人民入关，将明军主力设在山海关、锦州一线。当时镇守宁远的宁前道（守卫宁远、前屯的官名）袁崇焕坚决不执行高第之命，他上高第书说：“宁前若撤，关内震动失去保障，若撤宁前之兵，吾独卧孤城，以当虏耳。”高第根本不听一个小官之言。当时，辽东前线一片混乱，兵民塞路，哭声震野。

这消息传到沈阳，努尔哈赤大喜过望，真像注射了一针兴奋剂，老迈的他竟爆发青春的活力，抓住“良机”，率军出征宁远。天命十一年（明天启六年）正月，68 岁的努尔哈赤御驾亲征，率 6 万八旗兵，浩浩荡荡扑向宁远孤城。强渡辽河后，直入无人之境。驰至宁远城外五里许大道口扎寨，努氏先礼后兵，下书招降曰：“宁远小城，安能固守，大军一至，立成齑粉。不如献了城池，不失高官厚禄。”袁崇焕回书曰：“满洲鞑子侵我国土，无理已甚，我奉天子命誓死守城，岂肯投降！”

官小职卑的袁崇焕如何如此强硬？此何人也？请读者耐住性子，容笔者插叙一段介绍此人。袁崇焕，广东东莞人，先祖移居广西藤县，有些史书说他是广西籍亦有道理（现今东莞与藤县都打出袁崇焕这个牌子，大做旅游的文章），他生于万历十二年，万历四十七年中进士，少时有大志，喜读书。及长好吟咏，并留心边事，尤对辽事败坏，痛心疾首。中第后，任为福建邵武知县，关心民瘼，政声远播。后被御史侯恂举荐为兵部主事。当时广宁失守不久，朝野惊惶，谈虏变色。他痛感辽东军事一蹶不振，便产生戍边之志。于是潜行“单骑阅关”，即单人独马到辽东边塞，认真考察了辽东军事、地理等情况。回京后他发表豪言壮语：“予我军马钱谷，我一人足守此。”袁崇焕一介书生，从未临阵，个子矮小，面貌丑陋，形体精瘦，能出此言，实令人刮目相看，因为当时连敢说大话的人都没有。他受到朝野的关注后，不久便被派到辽东前线历练，官职仅是小小的参政。临行他慷慨吟诗：

五载离家别路悠，送君寒浸宝刀头。
欲知肺腑同生死，何用安危问去留。
杖策只因图雪耻，横戈原不为封侯。
故国亲侣如相问，愧我边尘尚未收。

其中“只图雪耻，不为封侯”之语，令人震撼，充分显示他赤胆忠心、保家卫国的精神。到辽东后他先后受到王在晋、孙承宗的知遇，孙更是对他十分倚重，与之畅论军事，通宵达旦。“固守宁远，保障关门”是两人的共识。于是孙承宗派他守卫宁远。袁崇焕到宁远便积极备战，修城筑堡，秣马厉兵，并特别配置了11门西洋大炮置于城头。这西洋大炮有特别的来历，一说是明廷派徐光启（科学家）到澳门向葡萄牙人采购的；一说是徐光启奉命让意大利传教士利玛窦（另说是德国传教士汤若望）研制的。这种大炮比之明朝旧有的火炮优越10倍，炮身长，重量大，口径大，装药多，射程远。葡人被称为红夷，此炮便叫做“红夷大炮”。这是当时世界上最先进的火炮，但在中国从未临战，谁也不知它的具体威力。当时采购（或制造）了22门红夷大炮，11门配置京师，另11门调置宁远。可见孙承宗对宁远战略要塞的高度重视。为振作士气，他激励将士为国抗战，与宁远共存亡，甚至对将士跪拜。又与满桂、祖大寿等副将互相鼓励誓死保卫宁远，将士感动异常，个个愿效死力。宁远驻军仅1万余人，数量远逊满兵，但士气特别高涨。插叙到此，言归正传。

现在这个素有“扭转辽东战局”大志的袁崇焕就站在宁远城头怒视来犯的满洲鞑子。努尔哈赤见招降不成，下令猛攻宁远。八旗军驱楯车，搭云梯奋勇而上。城上万箭齐发，礌石如雨，满军死伤无数，败退而归。努氏又命士兵凿城挖洞，城北墙竟被挖塌二丈有余。城上又泼下沸油，扔下火把，满军被烧得焦头烂额，被迫退去。城缺口又被明军筑实补住。翌日，满军发动更强烈的进攻。袁崇焕终于下令燃放红夷大炮，放炮由彭簪古、罗立二人指挥。此二人曾受过葡萄牙人的专门训练。一声巨响，笨重的铁铸炮筒口发出刺眼的红光，炮弹呼啸而出，在长空中形成一道弧线，落入满兵后队，然后爆炸，立时血肉横飞，满兵倒下一片。第一炮射程极远，有三四里之遥。再放一炮，满兵又倒下一片。彭簪古、罗立又调整角度，压低炮口向满军前队开炮，效果仍然是“又倒下一片”。这是明军第一次使用红夷大炮，满洲兵第一次尝到新式武器的厉害。大炮威力如此巨大，袁崇焕喜出望外，全体将士跳跃欢呼，热泪盈眶。越日，满洲兵又四面围攻，攻势更厉。努尔哈赤亲自督战，满军中路宝盖移动，龙旗飘扬。袁崇焕下令，11 门大炮齐放，其效果是“倒下一片又一片”。这一排炮，炸得满洲军心崩溃，心寒胆裂，像退潮之水向后逃奔，努尔哈赤被败兵浪裹挟着亦向后奔跑，直跑到离城 20 里之外才立住阵脚。68 岁的努尔哈赤望着宁远城泪水潸然而下。

兵败宁远是努尔哈赤生平第一次败仗，予他以极大的羞辱，战无不胜的神话到此结束。失败的主要原因是换了对手而继续傲慢轻敌，对对方战斗力、士气估计不足。再则遭到先进武器红夷大炮的袭击。古人云：骄兵必败。宁远之败已足以证明。

对明朝来说，宁远大捷是几十年来抗满战争的第一次胜利，真是来之不易，在四面无援、独守孤城的情况下，袁崇焕展示卓越的指挥才能，凭着坚城大炮，凭着将士同心奋勇杀敌的高昂士气，彻底摧毁了努尔哈赤战无不胜的神话，创造了一个以弱胜强的新的神话，大扬国威，使长期郁结的被凌辱的怨恨为之一吐，真是痛快至极。嗟乎壮哉，莫谓明朝无人！笔者慷慨赋诗：

血雨腥风斗古城，红夷大炮炸雷霆。

明朝幸有袁崇焕，不让八旗铁马腾。

然而，努尔哈赤无愧是天之骄子、绝代英豪。兵虽败，气未馁。失败后不可遏制的怒气瞬间转化成强烈的报复心理，在撤军途中，突然下达突袭觉华岛的命令。

【觉华岛之战】是努尔哈赤宁远兵败后顺手牵羊的一次战役。觉华岛，距宁远 30 里，悬于渤海辽东湾内，去岸 18 里与宁远相望。觉华岛经过历代的开发，成为海上贸易中心。岛上有商民7000余人，商肆林立，且有佛寺，很繁华。金代有僧人觉华于此建寺，遂名为“觉华”。当时明朝有水师7000余人、战船2000余艘驻泊于此。由于岛孤悬海上，有大海之险。满洲军又无水师，因此明军对此岛的安全性深信不疑。遂将大批粮草囤积于此，数量之多，远甚宁远。明军作战用粮，大部分依赖此岛。觉华岛成为明军的水师军港与粮草囤积处，战略意义十分重大。满军进攻宁远之时，恰值天寒地冻，海水结成坚冰。守岛明军突感惊惶，这意味着大海之险失去作用。于是觉华岛守将姚与贤令军士沿岛在冰面上挖壕，以阻满兵履冰进攻。壕长十五里，宽数丈。士兵冒寒日夜挖壕，手指皆堕。然而大壕挖成，明军顿感心安，但同时高度戒备的警惕之心也抛入海壕内。

天命十一年正月末，努尔哈赤从宁远撤退中，派参将武讷格率2万兵向觉华发动突袭。武讷格官职微小，但作战骁勇，努氏将大任委以他，而不委以四大贝勒。有人指责努氏轻率冒险，实践证明这正是不拘一格的用人风度。武讷格拂晓前冒着大雪率军驰到海边（军队中十有九成为蒙古科尔沁骑兵），见海中冻得严严实实，心中窃喜。命给战马四蹄绑上草垫，又拉来冰橇。于是2万大军在大海冰面上急驰疾进。战马蹄声得得，冰橇滑动，徒步兵士飞步滑行，简直像一场盛大的冰上运动会，途经海壕时满兵连感觉都没有，原来漫天大雪与极度的严寒，早将海壕冻得复合。2万大军顺利登岸。在梦中惊醒的明军以为是神兵天降，仓皇应战。这些水师兵士哪能挡得住海潮般涌来的满洲铁骑，几个时辰的激战，7000明军全部战死，无一人投降，其中伤残兵也被满兵屠戮殆尽。游击将军姚与贤以下将领全部殉国。武讷格下令屠岛，7000余商民尽成刀下之魂。满洲兵奇袭成功，大获全胜。撤退时，纵起大火，将2000余艘战船、20万石粮草、商肆、佛寺尽予烧毁。

觉华岛之战是宁远之役的附属战役，努尔哈赤兵败后又重获胜利，本身便是一个奇迹，淋漓尽致地展现了他踔厉风发、永不服输的性格特征，这将是空前绝后、难以再现的战例，纵观古今，唯有他才敢指挥这样的战役。笔者有诗为证：

退兵宁远气犹宏，顺手牵羊建大功。

血洗觉华翻赤浪，谁言太祖不英雄。

当时武讷格也对这场胜利难以置信，认为突降大雪、海壕复合完全是天助神佑！在明军方面，海壕与大雪麻痹了他们而丧失警惕性，这是败亡之由，而粮草尽毁更是可惜。但明军全部战死、无一投降的表现，真是可歌可泣。

袁崇焕在事后作《祭觉华岛阵亡将士文》痛哭致祭，其文曰：

凛寒之月，冰结舟胶，窘尔之所长，安得不及于难。说者谓谋之不周，不周固不周矣，然排山倒海之势，以十八万而临数千之水卒，即谋之周全，亦可奈何？尔等计无复之，愤然以死，略无芥蒂，视当年弃曳倒者加一等也。人之罪，至死而免，人之品，至死而定。今略尔罪而嘉乃忠，请命于天子，谅为之恤，所以不没汝等者良有以也。吁嗟，巨浪茫茫，空山寂寂，皆尔等忠灵之洒荡也。望故乡以何日，即转劫而无期。苒苒游魂，何不相结为厉，歼仇泄愤，在生之志，借此以伸，则虽死之日，犹生之年也。尔其勉之！不腆之奠，涕与俱之。尚飨。

这篇祭文写得悲愤满怀，血泪满纸。鼓励已死将士之魂，变为厉鬼，杀敌报仇，尤令人感奋。其中将敌军2万写成18万，显然是夸大敌势，为将士开脱，崇焕之心，大可谅也！

【努尔哈赤之死】是笔者写给一代雄主最后的挽词。努尔哈赤宁远兵败返回沈阳后，心情十分哀伤，他悲愤地向贝勒大臣们说：“朕用兵以来，未有抗颜行者。袁崇焕何人，乃能尔耶！”对宁远兵败与袁崇焕耿耿于怀。失败给他带来的羞辱，使他难以自拔，从此陷入郁郁寡欢的苦闷之中。不久，他召集皇室未嫁与已嫁的全体格格，下达训令：“今后尔等不可妄自尊大，慢待夫婿，违者重处！”这个细节最能反映他笼络大臣、勇将的高度智慧。因为他的所有女儿包括皇族中的格格都被赏赐给功臣为妻为妾。

天命十一年七日，外蒙古喀尔喀五部降服后又发动叛乱。他命济尔哈朗、莽古尔泰率军征战，不久凯旋而归。这是努尔哈赤最后指挥的一次战役，但他再无力量御驾亲征。

随后，他心情苦闷不减，身体更加不适，后背疽痈突发，红肿溃烂，疼痛难忍。广招名医诊治，药石齐下，统是无效。有大臣建议说，清河汤泉可疗此疾，于是他驾临清河温泉洗沐一月，亦是无效。他的儿孙、大臣们又筑坛祈祷，杀牛祭神，用以禳解，亦无一点效应。努尔哈赤自感不祥，下令起驾回沈阳。御驾乘龙舟顺太子河缓缓而行，行至沈阳城东四十里的叆鸡堡，病势危重，遂驻跸叆鸡堡。当夜，这柄燃烧一生的火炬终于熄灭，带着没有讨平中原的遗憾极不情愿地合上了双眼，时在天命十一年八月十一日（1626 年）。崩世后，他没有留下遗嘱，也没有立谁为皇储的遗命，这使后人大惑不解。一代英主，睿智非凡，如何如此糊涂！笔者经过研究认为，在他的 16 个儿子中，表现最杰出的是大贝勒代善，四贝勒皇太极（当时多尔衮尚幼）。在两个同样优秀的儿子之间，他陷于两难之中，终于犹豫万分不能定夺。这便是没有留下储君遗嘱的原因。

努尔哈赤，天命元年即位，在位 11 年，享年 68 岁。初被谥为武皇帝，又改谥为高皇帝，庙号太祖。天聪三年葬于沈阳城外石嘴头山福陵。多尔衮生母、宠妃阿巴亥等三人殉葬。他的两个爱将费英东、额亦都也陪葬在两侧。

《清史稿·太祖本纪》评价努尔哈赤说："天赐智勇，神武绝伦。"这八个大字准确地概括了他的特征。他 25 岁兴兵于危难之际，摧九部之兵以扩疆域，败杨镐之兵既定胜局。安抚蒙古，继而屡败明军。号天命，建后金，都沈阳。驰骋疆场 43 年，率领生气勃勃的八旗铁军，勇往直前，百折不挠，虽有宁远小败，难掩其英雄光辉，为 290 余年的大清江山打下坚固的基石。他的丰功伟绩在辽东大地矗起一块丰碑，其高度堪与伟大的成吉思汗相埒并峙，他无愧是满族的民族英雄、开国雄主、一代天骄。

武功文治创皇清

——清太宗　皇太极

清太宗爱新觉罗·皇太极

（1592—1643年）

东伐朝鲜西定蒙，兵锋屡屡逼明京。

胸中另有笼人术，善用汉官为客卿。

天命十一年八月，清太祖努尔哈赤崩世。死后没有留下立储遗嘱。大贝勒代善及其子岳托、萨哈廉以“才德冠世”拥立努尔哈赤第八子、四贝勒皇太极登位。

努氏生前曾发谕旨：百年后由四大贝勒共议朝政（他不是不想立皇储，而是犹豫不定而突然弃世）。在四大贝勒中，代善年龄最长、军功最多、势力最大，按理由他继统登位最为恰当。二贝勒阿敏，虽有大功，但仅是侄辈，其资格不及其他三位。三贝勒莽古尔泰，军功虽著，勇而无谋，且性情暴亢，曾弑其母富察氏，在皇室中声名狼藉。四贝勒皇太极屡立大功，才德兼备，但年龄最小、位序最低，与代善相比确实略输一筹。而当时多尔衮资历、声望更不能望大贝勒项背，不在话下。然而大贝勒代善胸怀宽广，谦恭仁厚，头脑极为清醒。出于对王朝的忠心，以及对皇太极的深刻了解，从大局出发与儿子们一起拥立皇太极。他说：“四贝勒才德冠世，深得先帝之心，众皆悦服，当速继大位。”于是皇太极顺利登基。代善此举，恢弘大度，当立不立，上下千年无一人可与其比。此举也打破了立嫡立长的旧制，开创了有清一代择贤而立的先河（清朝近300年从未有嫡长子继位之例）。代善无愧清室贤王、绝代奇人，于大清社稷，功莫大焉，善莫大焉。代善后被封为礼亲王，大清近300年自始至终对其推崇备至，礼亲王爵位亦始终列诸王之首。有些书籍说皇太极讦告代善私通父皇宠妃，又说皇太极逼多尔衮生母殉葬，用尽谋略，排挤兄弟，以夺皇位，真是无稽之谈。

《清史稿》说皇太极生下来仪表奇伟，发长，面色红润，形体更为魁奇。擅长骑射，读书不倦，允文允武，深得太祖眷顾。相传太祖取名“皇太极”，并非刻意为之。后来方知“皇太子”是中原皇帝储君的名称，

"黄台吉"是蒙古储君的名称，都与"皇太极"谐音，真是天意。这样看来皇太极以才德当立，论天意亦当立。

天命十一年九月，皇太极在沈阳（盛京）笃恭殿举行登基大典，成为满洲国第二个皇帝。次年改元为天聪元年，天聪的含义，是上天赋予的智慧。当时蒙古各部贝勒、辽东各部贝勒，都云集盛京，既吊太祖之丧，又祝新皇登基。新任辽东巡抚袁崇焕也派李喇嘛代表明朝来吊丧、祝贺。接着仿明朝重设官制，设立三院：国史院、秘书院、弘文院。六部：吏、户、礼、兵、工、刑，各设承政。又设都察院作为监督弹劾机关。又颁布一系列政令，其中包括满汉不分畛域，平等对待。并废除满洲贵族以汉族为奴隶的制度，真是一大善政。于是新朝新政，满洲国呈现欣欣向荣的新气象。然而在登基大典之际，毗邻朝鲜王国置若罔闻，未派使道贺，这使皇太极恼恨不已。

【进攻朝鲜】是皇太极登基后第一次宣扬国威的战争。朝鲜古名高丽，相传是商朝皇室子弟、围棋的发明者箕子的封地，其人种与中原汉族无异，几千年来对中国基本上还算恭顺。明太祖开国后，封朝鲜李成桂为国王，年年进贡岁岁来朝，成为明朝正式藩国。当时的朝鲜国王李倧唯天朝之命是从，曾派军助明朝参加萨尔浒之役。这也是皇太极痛恨朝鲜并发兵征讨的原因。天聪元年正月，皇太极命阿敏、济尔哈朗率八旗大军征讨朝鲜不臣之罪。为了防止明军援朝，皇太极亲自率军屯于辽河东岸，佯称进攻东江（皮岛）毛文龙，以此麻痹宁远袁崇焕。阿敏大军渡过鸭绿江，在朝奸韩润、郑梅的引导下，势如破竹攻入朝鲜。先陷义州，斩杀府尹李莞。随即又破定州，纵兵大掠。又攻破安州，直向国都汉城挺进。朝鲜国王李倧本是庸主，将怯臣懦，满朝文武无一人敢言"抗战"二字，既无可派之将，又无可调之兵。李倧恐慌万分，携带妃嫔逃到江华岛上避难，又遣人向满军乞和。济尔哈朗主张乘胜议和，阿敏气盛坚决不允，仗着主帅地位将汉城围得铁桶一般。眼看就要攻城，李倧却派族弟李觉为使再次乞和。带来大批财物，计有骏马 100 匹，虎豹皮 100 张，棉轴、苎布各 400 匹，布 15000 匹。阿敏见了许多财物，顿时心动。刚巧皇太极颁下“乘胜议和”的圣旨，于是阿敏做个人情答应议和。双方在江华岛杀白马、黑牛祭天地结为“兄弟之盟”。并议定李觉作为人质，押回满洲国。阿敏撤兵时又纵兵大掠，满载而归。大军凯旋，皇太极亲到郊外迎接，与阿敏行抱见礼，就是两人拥抱，以示亲热。此举可见其用人风度。

皇太极进攻朝鲜大获全胜。自此朝鲜脱离明朝中央，成为满洲国的藩属国，一直延续到清朝末年。

【宁锦之战】是皇太极登基后对明朝的第一次战争。攻破朝鲜与之结盟后，皇太极的宝剑又指向明朝。在此之前，满洲国与明朝开展了频繁的“议和”外交。双方使者不绝于途。先是袁崇焕派李喇嘛祝贺满洲新皇登基，并有文书致皇太极，有释怨修和之意（实则窥探满洲虚实）。皇太极以书回报，但文书中书写格式将满洲与明朝并列。袁崇焕大怒叱回来使。其时皇太极正欲用兵朝鲜，无暇顾明，再派使者向宁远致书。内中有国书书写格式，满洲国主让明朝皇帝一格，但明朝诸臣应让满洲国主一格。并重申七大恨，又提出更苛刻的条件：明朝以黄金10万两，白银100万两，缎100万匹，布10万匹，先作议和之礼。议和之后，要求明朝每年向满洲赠黄金10万两，白银10万两，缎10万匹，布30万匹。满洲则以东珠10颗，貂皮1000张，人参1000斤回赠。袁崇焕大怒，便不回书。积极修筑大小凌河、锦州、宁远防线。于是双方和谈破裂。天命元年五月皇太极御驾亲征，以德格类济、济尔哈朗、岳托、豪格为前队，自领大军继进，兵锋直指锦州。大军攻破凌河防线，皇太极将大凌河俘获的400明军释放，其中混入由满军装扮的明军几百人共计千人，驱赶到锦州城下，大声呼唤开城，声言是大凌河败兵。锦州总兵赵率教勇而有谋，识破这是清军惯用的混入间谍内应外合的诡计，拒绝开城接纳败兵。皇太极见此计不成，下令连夜攻城。满洲勇士架起云梯，轮番发动猛攻。云梯是由牛皮包裹形成圆筒，包住梯子，兵士钻入牛皮筒往上攀登，箭石无伤。又用楯车撞城，楯车极像木制坦克，车前有铁制尖锋，车后竖有厚木板，上钉牛皮以当箭矢，木板后便是推车的大力士。几下便能将城墙撞出个大洞，然后由墙洞攻入。云梯、楯车是满洲人发明的武器。上攻下撞，十分厉害。但明军方面早已壁垒森严，士气高涨，用巨石砸、火把烧，云梯、楯车多被砸倒、烧坏。满洲兵死伤无数。皇太极恐明军再使用西洋大炮，急令大军后撤五里下寨，为等待沈阳援兵，暂停攻城。他致书赵率教、监军纪用，目的是招降或激赵率教出城野战。其书曰：

若尔果勇猛，何不出城决战，乃如野獾入穴，藏匿首尾，狂嗥自得，以为莫能谁何！不知猎人锹镢一加，如探囊中物耳。想尔闻有援兵之信，故出此矜夸之言。夫援兵之来，岂惟尔等知之，我亦闻之矣。我今驻军于此，岂仅为围一城？正欲俟尔国救援兵齐集，我可聚而歼之，不烦再举耳。今与尔约，尔出千人，我以十人敌之，我与尔凭轼而观，孰胜孰负，须臾可决。尔若自审力不能支，则当弃城而去，城内人民，我悉纵还，不戮一人。不然，则悉出所有金币、牧畜，饷我军士，我即敛兵以退。

这真是绝妙奇文，语言幽默尖利，句句刺激明军，读之捧腹。满洲军营中有此文案，真是难得。（莫非范文程捉刀操觚？）这种书信，想必赵率教读之，当哭笑不得，但再傻也不会出城投降。

不久，沈阳援军赶到。皇太极命三成部队留驻锦州城外，对锦州围而不攻。自率大军深夜开拔，马卸铃，兵含枚，急速行军，向宁远发起突袭。拂晓大军驰至宁远城下，但宁远城早已森严壁垒。满桂、尤世威、祖大寿之军屯于城下，严阵以待。满洲诸大贝勒谏劝皇太极说，敌有备，且缓攻。皇太极怒曰："昔皇考攻宁远不克。今我攻锦州亦未克。似此野战之兵尚不能胜，何以扬我国威耶！"遂下令乘势急攻，八旗骑兵呼啸而上。明军营亦万骑突出，奋勇迎战。战斗十分激烈，两军各有杀伤。明军突然回撤。宁远城上红夷大炮齐发，将满军炸个血肉横飞，满军闻炮丧胆，急忙缩退。袁崇焕站在城头，大呼杀贼。明军又回身追击，乘势掩杀。满军大溃，兵败如山倒。贝勒济尔哈朗、萨哈廉受重伤。其时锦州明军出城突袭后金大营。皇太极见腹背受敌，下令撤军。

宁锦之战失利，皇太极初尝失败苦果，懊恼不已。袁崇焕凭坚城大炮又一次击败满军。山海关、锦州、宁远防线固若金汤，逼得皇太极不得不另寻进攻良策。皇太极非不英武，不幸的是他遇到了袁崇焕。

【孔有德、耿仲明投降满洲】是改变满、明战争格局的重大事件。说起这起叛逃事件，还须从袁崇焕斩毛文龙开始。宁锦大捷后，袁崇焕被魏忠贤劾以“不救锦州”之罪，胜而不奖，反遭诬陷，袁氏愤而辞职。幸好不久天启帝病死，崇祯帝登基。崇祯皇帝是个踔厉风发之君，一即位便将魏忠贤及阉党诛杀殆尽。他亟欲恢复辽东，重新起用袁崇焕，委以兵部尚书、蓟辽总督大任。崇祯在平台召见袁崇焕，询以辽事。袁崇焕受宠之下，心情激动，慷慨陈词：“若假臣便宜，臣五年可复全辽。”崇祯帝大喜，当面嘉奖。其间，崇祯帝入内殿小憩。兵科给事中许誉卿正言厉色质问袁崇焕：“五年之内，君能复辽吗?”袁说：“我见皇上以辽事焦虑，特作慰语。”许说：“皇上英明，岂可轻出大言以对，假若五年之后，皇上以君之诺责求军功，君且奈何?!”袁气色已沮，垂首不答。崇祯帝又出殿问事，袁崇焕跪奏：“辽事本不易奏功，皇上既将大任予臣，臣不敢推辞，但五年之内，户部输饷，工部给器械，吏部派人，兵部调兵，须各方面协调配合，平辽大事方能成功。”崇祯帝说：“朕知道了。”袁又说：“臣平辽克敌不是难事，但臣无力抵挡谗言，臣一出国门，相去万里，假如有嫉贤妒能者，无端诋毁臣，平辽大事必为败坏。”崇祯帝曰：“卿可放心，朕当为卿做主。”并赐上方宝剑，允其便宜行事。袁崇焕驰至辽东，积极进行军事部署，修固城池，屯田增粮，并改编军队，以求提高战斗力。东江（皮岛）总兵毛文龙是一员镇辽宿将，经营东江10余年，屡屡发兵袭击满洲国，虽败多胜少，但屡败屡战。满洲国无论努尔哈赤还是皇太极对其都极为头痛。东江成为深入敌后的抗满堡垒，也为明朝立了大功。但文龙此人恃功自傲，自征税赋，冒功讨赏，东江成为朝廷节制不了的独立王国。袁崇焕到任，肩负复辽大任，手持上方宝剑，军纪何等严明，但毛文龙偏不买账，依然桀骜不驯。于是袁崇焕先命改编东江军队，毛文龙执意不从。接着袁氏又以阅兵为名，将毛文龙诱入帐内，历数毛文龙12大罪，请出上方宝剑，斩毛文龙于帐下。袁崇焕斩杀文龙，至今成为学术界争论热点，该杀不该杀始终未有定论。依我之见，袁崇焕虽有上方宝剑，但不请圣旨，擅杀战功显赫的镇边大将，真犯了一个天大错误（其实毛文龙亦有御赐上方宝剑，毛俯首就死，未作反抗，真是幸事。否则激成内乱，后果不堪设想）。毛文龙为骄帅悍将，小惩可也，但罪不当诛，奈何大敌当前，自毁长城，令满人大快于心！同时擅杀行为，已触犯崇祯帝之怒，为自己埋下杀身祸根。

东江为毛文龙苦心经营10余年。岛上将士，毛文龙以恩义相结，予以重金大惠，结成私党，唯毛文龙之命是从。毛文龙已死，帐下几个大将孔有德、耿仲明、尚可喜心中不服，急欲为主帅报仇。孔有德、耿仲明竟暗通满洲，示意投降。皇太极喜出望外，但指示孔、耿二人暂勿妄动，先潜伏东江，待良机立功。但后来孔、耿二人被东江参将刘兴治驱赶出岛，二人便投到莱登巡抚孙元化帐下，被授为游击将军。适此时满军急攻大凌河城，孙元化命孔、耿二人率军支援。孔、耿二人大兵在手，认为为满洲国立功的时机已到，遂扯起反明大旗，发动叛乱，接连攻陷山东数城，声势大涨。后明廷派名将朱大典率兵攻剿，孔、耿二人大败，率2万败兵及大批辎重，北窜渡海，投降满洲国（后来尚可喜亦率兵献岛投降满洲）。皇太极大喜，使孔、耿二人仍统原军，封为总兵，并给予厚遇。孔、耿二人投降，为满洲国增添2万兵力，更重要的是带来几门红夷大炮，饱尝大炮威力的皇太极，立即下令仿造，将造炮大任赋予汉军八旗都统佟养性。不几月，红夷大炮在沈阳制造成功，并大批生产。炮被授予“天佑助威大将军”称号。“夷”字刺耳，改称“红衣大炮”。佟氏因输资助满，而受太祖、太宗倚重。制炮成功，声望大增，佟氏遂成为满清名门望族，并出了几个皇后，煊赫一时，世称“佟半朝”，这是后话。红衣大炮的制成，意义重大。说明明军的火炮优势已与满洲共有。大炮成了满洲进攻明朝的利器。佟养性也成为满清第一任“炮兵司令”。

孔有德、耿仲明、尚可喜投降满洲，后来都成为进攻明朝的急先锋，为满清立下大功。这是袁崇焕杀毛文龙带来的负面效应。然而，三人投降同时也给大清王朝埋下了“三藩之乱”的祸种，真是天道轮回，神奇莫测。

【突袭北京】是皇太极军事生涯最为传奇的一笔。宁锦之战失利后，皇太极陷入苦闷之中，袁崇焕镇守辽东，从正面突破他的防线，从山海关攻明，在当时真是无能为力，宁锦之败便是前车之鉴。他太想入关统一华夏了，这种大志，又使他时时躁动不安。此时投降的孔有德、耿仲明为他献上奇计，建议绕道蒙古，突袭北京，打击明朝中枢，这当然是最狠的一招，他怦然心动。皇太极将其策交付众贝勒讨论，却遭到一致反对：此计虽狠，风险极大。若突袭不成，被袁崇焕率关宁军截住归路，前后受敌，必死大漠之中。皇太极极为振奋："不冒大险，安能成就大事。岂有安坐盛京，明军自来送死之理。"众贝勒闻此豪语，尽羞愧不已，又振作起来，请缨杀敌，愿效死力。先是绕道伐明之策。皇太极早已和高级参谋范文程研究布置停当（一说，绕道伐明是出于范文程的建议）。据说，他宣范文程入宫，谋划定策之后，龙心大悦，设宴款待范文程，满桌佳肴，范踌躇不敢下箸。问及原因，垂首不语。皇太极知他心思，对他孝顺早有所闻，便派快马将酒菜送到府第让其父范老太爷食用。范文程感激涕零，愿随军伐明。

天聪三年十月，皇太极出师伐明，发檄召蒙古科尔沁部、喀喇沁部发兵参战。大军至科尔沁草原，蒙古二部早已屯兵候驾。皇太极召开誓师大会，宣布军纪："朕承天命，兴师伐明，拒者戮，降者无扰。俘获之人，父母妻子勿使离散。勿淫人妇女，勿褫人衣服，勿毁庐舍器皿，勿伐果木，勿酗酒。违者罪无赦，固山额真等不禁，罪如之!"这简直类似现代的"三大纪律、八项注意"，俨然仁义之师。并作出军事部署：命济尔哈朗、岳托率右翼军攻大安口；命阿巴泰、阿济格率左翼军攻龙井关。自率代善、莽古尔泰、多尔衮、豪格等统大军继后，约定会师遵化城下。八旗大军在蒙古骑兵的引导下，越过草原、沙漠。千里急行军，扑至长城之下。左右两翼几乎同时得手，分别攻破大安口与龙井关。原来明军在两处关隘兵力极为薄弱，不值一扫。满洲大军长驱向遵化驰进。

满军攻克两关，向京城挺进，使明廷恐慌万分，崇祯帝下诏"勤王"，命全国军队救援京师。袁崇焕接到"勤王"诏令，十分恐慌。身为蓟辽总督、兵部尚书，蓟州防线大安口、龙井关竟被满洲突破，确实负有不可推卸的责任。按说如果他冷静一点，用围魏救赵之计，率关宁大兵直捣“黄龙府”（沈阳），攻破满洲巢穴绝非难事，如此京师可救，恢复辽东亦有可能。皇太极率主力远袭北京，实际上是苍天给袁崇焕及大明朝复辽的一次绝好的机遇。然而袁崇焕没有勇气作出这个决定。因为他知道崇祯帝残酷好猜的个性，再者，京师也是他的防区，保护皇上更是他的责任。此时此境，谁也不敢违背“勤王之诏”，而发奇兵袭击沈阳。于是无可奈何地选择了进京“勤王”。现在史学界有些学者妄议兵事，叹惜当年袁崇焕没有乘机奇袭沈阳，根本不理解袁氏此时的处境与心情。于是袁崇焕留重兵屯驻山海关、宁远。一面急命总兵赵率教率4000轻骑，日夜兼程驰向遵化。一面自率大军随后向北京进发。赵率教拼死命日夜行军三昼夜，赶到遵化时，满洲大军早会师于遵化城下。赵军在三屯营遇到阿济格大军的埋伏，两国骑兵接仗开战，战斗极为激烈惨酷。满兵以逸待劳，赵军人困马乏，结果可想而知，赵军覆没，赵率教力竭自杀殉国。这位在宁锦之役中立过大功的抗满英雄，身殉沙场，也算死得其所。满洲大军歼灭援军，又攻破三屯营，接着猛攻遵化城。巡抚王元雅拼死抵抗，但势力不支。满洲间谍混入城内纵火，里应外合，遵化城很快陷落。王元雅见大势已去自缢而死。攻破遵化，皇太极设宴大事庆贺。正白旗小卒萨木哈图攻城勇敢善战，最先攻上遵化城头。皇太极举着金杯向他敬酒，将其破格提拔为御前侍卫，世袭罔替，有过赦免。又知他家贫，命快马持金回辽东救济其家。皇上如此厚待一个无名小卒，使满营将士惊诧不已。

遵化为京东重镇，距北京200余里。此城一陷，京师门户大开。崇祯帝惊恐万状，仓促间起用前辽东经略孙承宗为兵部尚书，命他往通州布防。而皇太极极为睿智，从遵化西进，攻克蓟州，绕过通州，又破三河、顺义，直驱北京城下。京师大震，人心慌乱。好在大同总兵满桂率5000精兵到达德胜门，满桂是员猛将，杀敌舍生忘死，奋力抵抗，阻住满军攻势。京城人心稍安。此时袁崇焕也率大军自蓟州赶来，驻于广渠门。崇祯帝闻袁入卫，立即在平台召见，温言慰勉，亲解貂衣，披于其身。袁崇焕奏请入城休息，崇祯帝断然拒绝，袁怏怏辞退，只好屯军城外。袁崇焕认为满兵远来，意在速战，不能持久，待锐气消尽，再予打击。于是坚壁固守，不予出击。满军几次夜袭，都被袁军击退。皇太极对其素来忌惮，见袁固守不战，真是无可奈何。此时北京城内谣言四起，或说袁有意放满军入关；或说其正与皇太极议和；或说其按兵不动，听任满军烧掠，这些谣言传入内廷。崇祯帝很是惊疑，他对袁崇焕曾口出豪言“五年平辽”，而不到一年，辽东寸土未复，满军竟杀入关内，兵逼京师，早已痛恨不已。加上对擅杀毛文龙的不满，再加上袁屡与满洲议和等交织一起，对袁产生极度怀疑，不准袁军入城休息便是基于这种思想。新任兵部尚书孙承宗也埋怨袁军未能在蓟州堵截满军，而是追蹑其后，造成敌军深入京城城下的局面。其时皇太极正进退无奈，打探到明朝上下不信任袁崇焕的消息，心中大喜。由范文程献上奇计，立即实施反间计，离间崇祯帝与袁崇焕的君臣关系。首先派间谍混入京城内，大肆散播袁有约在先放满军入关。其后又在被擒太监身上打主意，让部将高鸣中、鲍承先二人在杨太监住处，故意低声密语：“皇上（皇太极）和袁总督有密约，不日袁总督便要起事，北京不攻自破。”话音虽小，杨太监却听得一清二楚。第二天皇太极下令释放杨太监。杨太监入城后声称从敌营逃出，立即将窃听内容奏明崇祯帝。其实，皇太极的反间计并不高明，与“周瑜施计，蒋干盗书”几乎雷同。明眼人一眼便能看穿：杨太监被俘怎能轻易逃脱，一个俘虏怎能听到敌人高度机密。但是在人人怀疑袁崇焕通敌的气氛中，崇祯帝深信不疑，他内心极度害怕袁勾结满洲，颠覆皇权。于是皇太极之计顺利奏效。崇祯帝再次宣召袁崇焕平台见驾，声言商议军饷之事。袁崇焕毫无顾忌，谁知进入平台后，崇祯帝大喝一声命锦衣卫拿下袁崇焕，斥他擅杀毛文龙，疏于防卫导致满军犯阙。袁崇焕一时发愣，仓促间不能答对。袁被逮捕，袁部将士异常悲愤，祖大寿带着部队返回辽东。京城危急万分。然而皇太极十分明智，见援军云集，北京短时间难以攻克，而除袁崇焕的目的已经达到，便纵兵在京郊骚扰几日，又驱兵攻占永平、滦州四城，然后返回辽东。

满兵退去，孙承宗又率兵攻打永平四城，二贝勒阿敏弃四城而逃。京师平静，但明廷内部又起波澜，阉党余孽乘机攻击前内阁首辅钱龙锡，诬他是袁崇焕的后台老板，又弹劾袁崇焕叛国通敌，罪不容诛。袁崇焕下于大狱，身负奇冤，百口难辩。崇祯三年，明廷下令磔死袁崇焕，临刑他口占一诗：

一生事业总成空，半世功名在梦中。
死后不愁无勇将，忠魂依旧守辽东。

磔刑是将犯人千刀万剐的一种酷刑。史载，行刑时，京城百姓争吃袁崇焕之肉，死状悲惨至极，令人毛骨悚然。百姓为何争食其肉？原来朝廷将袁崇焕宣传成“引敌入关，叛国通敌”的大奸臣。他到死没有得到百姓的理解，袁崇焕九泉之魂真是难以安宁。袁氏之死是明朝最大的冤案，千里救驾，反遭残杀，几百年之后，提起袁狱，令人浩叹，但细究其因，他擅杀文龙，急于事功，好为大言，疏于防卫，其责难以推卸。这确是性格悲剧。而崇祯帝临阵杀帅，自毁长城，真是昏聩至极。名帅已死，守边无人，辽东大事遂不可收拾。

写到袁崇焕之死，笔者感慨万分，赋七律一首：

投笔从戎气若虹，不图封爵镇辽东。
红夷大炮炸宁远，快马飞兵保帝宫。
本为君王呈赤胆，原非意气斩文龙。
崇祯欲死煤山上，方晓将军是大忠。

奇袭北京是皇太极雄才大略的最高展现，绕道蒙古，长驱直入，直接打击明朝中枢，又施计除掉心腹大患袁崇焕。纵横捭阖，任意驰骋，用兵之妙令人叹服。另外，此战使皇太极窥破明廷虚实，君臣将士腐败，不堪一击。入关扰明，便成往后的家常便饭。

【征讨察哈尔】是皇太极统一华夏进程中的另一个步骤，蒙古察哈尔部林丹汗是成吉思汗的后裔，拥精兵数十万，占据漠南蒙古，称雄内外蒙古。他接受明朝赐赏，与后金作对，并阻止蒙古各部归附后金。当年努尔哈赤对他下书辱骂满洲痛恨不已。皇太极有廓清宇内之志，认为欲平中原，须先剪除羽翼，歼灭察哈尔部，一统蒙古。基于此种认识，天聪三年九月，皇太极亲征察哈尔，大军行至都尔鼻，敖汉、奈曼及蒙古科尔沁、喀尔喀、札鲁特、喀喇沁各部率军参战。大军绕过大兴安岭，从背后向察哈尔挺进。林丹汗只防前面，不防满洲大军背后捣入。他的兵马也因他的暴政而腐朽不堪，一见满军不战自溃，林丹汗也少了往日的傲气，惊惶间率部西迁，真是不堪一击。过了几年（天聪七年）皇太极率八旗军与蒙古各部再征察哈尔。这次征讨真像游山玩水一般，没见察哈尔一兵一卒。原来林丹汗已吓破胆，弃了本土而奔，到了归化城，驱赶全城富户与大批牲畜渡过黄河，到达鄂尔多斯及河套一带。皇太极闻敌遁逃，告众贝勒说："追之愈急，遁之愈远，马疲粮竭，得不偿失，不如归去。"大军回师时，经宣府、张家口又抢掠一番，顺手牵羊大捞一把。回到沈阳，得到奏报，林丹汗率少数部队，狂奔至青海欲投西藏，在打草滩出天花而死。又报察哈尔马济农，挟制林丹汗窦士门福晋来归。

两征察哈尔，逼林丹汗入绝境，皇太极几乎控制了整个蒙古。剪除明朝羽翼、树威蒙古的目的完全达到。

【大凌河之战】是皇太极打击明朝辽东守军的又一次大捷。奇袭北京后，明军反攻，攻占永平、滦州四城。明廷命祖大寿修筑大凌河城，以加固关锦宁防线。皇太极先将丢弃永平四城的二贝勒阿敏逮捕治罪（阿敏后被幽禁至死），然后亲率大军进攻大凌河。一路由德格类济、岳托率兵经义州趋大凌河，主力由其亲率顺广宁大道趋大凌河。明军大凌河守将祖大寿以 3 万兵役守城。祖大寿为明朝名将，智勇兼备，所部皆精锐之兵。皇太极对这个敌军将领十分爱慕，此次来攻便有逼降祖大寿之意。满洲大军将大凌河城团团围住，环城掘开深壕以困明军。又于路口设伏打援。果然辽东巡抚邱禾嘉闻大凌河警报，率吴襄、宋伟二总兵以 4 万兵来援，兵至长山口与满洲阿济格军遭遇，两军杀到天黑，双方伤亡惨重。明军略占上风，步步紧逼满军。阿济格拼死抵住。时值天黑，两军鸣金回营，次日，皇太极率大军赶到，亲自督战。满洲兵见主子临阵，人人争先冲杀。满兵分两翼，先向宋伟大营猛攻。宋伟箭炮齐发，满军死伤无数，几次冲锋，宋营岿然不动。皇太极又命转攻吴襄营。明军以火器猛射，满军亦以炮铳相攻。霎时间，炮声隆隆，烈焰熊熊。突然狂风大作飞沙走石，天色漆黑，吴襄见风向有利，火器齐发，烈焰像一条火龙直扑满军。满军大乱正欲后撤，忽然大雨倾盆，风随雨转，火焰返扑明军。满军放起红衣大炮，声如雷震，炮弹落处血肉飞溅。满军乘势掩杀，吴襄大营顿时土崩瓦解。吴襄仓皇逃遁。满军乘胜又攻宋伟大营。宋伟早已胆裂，抵不住满军潮水般的进攻，全军立刻溃散。宋伟驾快马逃逸。监军张春腿功欠佳却遭生擒。吴襄、宋伟两军4万人马，不消两日被满军打得七零八落。满军将明朝宦官监军张春押入帐内，皇太极喝令张春投降，张春直立不跪，骂声不绝。皇太极怜其忠心，下令释放。张春竟撞石而死。张春之死，壮烈已极。呜呼壮哉！莫谓太监无人！

皇太极击溃宁远援军，大凌河成为孤立无援之城。明守将祖大寿知援军无望，满兵掘壕树栅，作长围之计，军中粮草不敷一月，颇为惊惶，几次突围，都被满军杀退。祖大寿之弟祖大弼，性情粗莽，善战不惧死，号称“万人敌”，又称“祖二疯子”。夜间背着兄长，率死士200人，扮作满军模样，缒城而出，直扑满营，满军梦中惊醒，猝不及防，竟被祖大弼抡着大刀冲入中军。皇太极正秉烛阅军书，忽见一大汉冲入帐中，砍倒几个侍卫，向他冲来。皇太极拔剑迎击，却非对手。祖大弼抡起大刀向皇太极劈下来。危急时刻，阿济格闻警率大批满军赶到。祖大弼见事不可为，招呼部下一声呼啸，冲出敌营返回城中。200壮士悉数返回，不少一人。这次劫营堪与三国演义中“甘宁百骑劫魏营”相媲美，祖二疯子真是千古称奇的勇士。皇太极逃过一劫，惊魂甫定，召集诸贝勒，怒问今夜何人值班巡夜。众曰：“三贝勒莽古尔泰。”皇太极责他失职，莽古尔泰不服，拔刀出鞘，怒目相视。（母敢杀，弟何惧！）众贝勒一拥而上扭住莽古尔泰，齐言如此“大不敬”之罪应立诛不赦。皇太极长叹一声，下令释放（回国后莽古尔泰被幽禁至死）。满清王朝家法最严，有功必赏，有罪必罚，虽贵至皇亲亦不稍贷。对被贬之人，如有悔改，便即重新任用，不一棍子打死，这是清朝维持统治的法宝。阿敏弃四城而逃，又违令屠城，其罪何等重大。莽古尔泰犯悖逆之罪，更是严重，不诛二人，确是皇太极格外开恩。

大凌城内，祖大寿孤军困守已有两月之久。城中粮草已尽，吃树皮维生，树皮已尽，杀马吃肉，煮肉以马鞍作柴。处境极为困苦。皇太极几次下书招降，祖大寿均不回答。祖大寿越不投降，皇太极越是敬重爱慕，为逼祖大寿投降，满军对大凌河发动前所未有的攻击，架起红衣大炮向城头猛轰，多次城堞、炮台都被大炮轰塌。此时大凌河已被围困百日之久，城中粮食早尽，马被吃光。饥饿的兵士杀修城役夫及城中商贾平民为食，煮人肉以人骨为柴，兵士头昏眼花，不时仆倒于城头。皇太极见时机已到，派汉族将领姜新、石廷柱与祖大寿接洽议降。祖大寿见军队即将饿死，军心早已崩溃，孤城沦陷为早晚之事，便召集将士商议投降之事。谁知一说投降，全军欢呼。唯有副总兵何可纲誓死不降，大骂祖大寿。祖大寿降志已决，开城出降，并命兵士缚住何可纲，押至满洲军营前，祖大寿上前一刀，何可纲人头滚地。祖大寿杀掉生死与共的战友，却取得皇太极的高度信任。皇太极张灯列炬，亲自出营迎接，祖大寿欲跪，皇太极极力扶起，又设宴款待，尽欢而散。次日，祖大寿伏地向皇太极请求："妻小均在锦州，日夜不安。我已降，明营尚未知，愿回锦州，赚得城池，以报陛下不杀之恩。"言毕泪如雨下。皇太极略一思索，便予应允。祖大寿留义子祖可法为人质，拜谢而去。众贝勒都怨皇太极放虎归山。皇太极笑曰："昔日诸葛亮七擒七纵孟获，以服其心。我只一纵，差之远矣。"众贝勒都嗟叹不已。

大凌河之战艰苦惨烈，明军3万兵役，只剩1万半死之兵。满城尸骨，死气沉沉，困守百日可谓艰苦卓绝，堪与唐朝张巡守睢阳相比，不同的是张巡不降安禄山，不屈身死，祖大寿投降满洲保住了性命。在满洲方面，大凌河之捷，皇太极消灭了明军精锐，毁除了新建的大凌河城堡，为以后入关灭明扫除了障碍。尤其是不杀祖大寿，为瓦解明军产生巨大影响。因为祖大寿是降清的第一位总兵级以上的官员。

【三征察哈尔】是皇太极彻底征服蒙古的又一次扬威之战。两征察哈尔，林丹汗窜死，但其子额哲仍盘踞河套一带。天聪九年三月，皇太极命多尔衮、岳托、豪格为帅，率骑兵万人，三征察哈尔。这次征讨更是轻松，大军过处，察哈尔残部望风降顺。美艳无比的林丹汗妃子囊囊福晋也跪倒在多尔衮马下。囊囊告知，额哲及其母苏泰太后（林丹汗正妃）正在托里图。

多尔衮率大军驰行千里，到达托里图已是薄暮时分。大军将额哲之营团团围住。多尔衮命南楮入内招降。原来南楮是苏泰太后之弟，而苏泰太后是皇太极舅舅叶赫金台石的孙女。苏泰太后见了几十年未见的弟弟相拥而哭。南楮晓以利害。苏泰太后召来额哲立即出降。苏泰太后为多尔衮献上大批驼马财宝，出人意料地又献出一颗稀世珍宝——传国玉玺。史载元顺帝北逃时将此宝携至漠北，后不闻踪影。过了200年，有牧人见一羊三日不食青草，在一个地方前蹄狂刨不已。牧人惊疑，挖开地皮又掘地三尺，发现一颗玉印光气灿烂。牧人不敢擅有，献给林丹汗，林丹汗以为天命所归，骄狂一时，妄图恢复祖业，称雄蒙古。后林丹汗出痘死于青海，而玉玺在苏泰太后处珍藏。这玉玺上刻“受命于天，既寿永昌”八字（一说为“制诰之宝”）。多尔衮见了玉玺大喜曰：“皇上洪福齐天，天赐至宝，此一统万年之瑞也。”

多尔衮收额哲归降，表明蒙古各部已被征服，后金版图更加广大。稍后，皇太极又大封蒙古各部酋长，将其部属编成蒙古八旗。蒙古人的脑后也拖上了长长的辫子。现在蒙古八旗早已灰飞烟灭。但“盟”、“旗”作为蒙古自治地区级和县级的标志依然存在，睹“词”怀旧，蒙古人偶尔想起当年的蒙古八旗，抚今追昔感叹不已。

多尔衮凯旋回国，献出美艳的囊囊福晋和“徐娘半老风韵犹存”的苏泰太后。皇太极毫不客气地将前次俘获的同样美艳的窦士门福晋和本次俘获的囊囊福晋纳入后宫为妃。又将半老的苏泰太后赏给贝勒济尔哈朗为妻。作为回报，皇太极将额哲封为贝勒，又将女儿马喀塔格格赏给额哲为妻（皇太极乱点鸳鸯谱，真是乱了大套）。最后，多尔衮郑重献上传国玉玺。皇太极手捧玉玺狂喜不已，心中升起“荡平九域，一统华夏”的美妙联想。

【建立大清】是满族划时代的盛事。皇太极继承父业，东征西讨10

年，扫平黑龙江各部，征服朝鲜，扬威蒙古，震慑明朝，使满洲国的版图扩大到500余万平方公里。满洲大汗的名号，已不能满足他的欲望，“定鼎中原，统一华夏”成为他梦寐以求的理想。现在“传国玉玺”已获，天意天命全归。于是大贝勒代善代表满洲国军民及蒙古各部49贝勒上书向皇太极劝进：“早登大宝，称帝为尊。”皇太极自称“凉德”，推辞再三，在“万不得已”的情况下，同意称帝称尊。

天聪十年（1636年）四月十一，皇太极手捧玉玺先向福陵祭告。然后在百官的拥护下，登盛京天坛举行祭天大典，祝文曰：“维丙子年四月十一，满洲国皇帝臣皇太极敢昭告于皇天后土之神曰：勉循群情，践天子位，建国号曰大清，改元为崇德元年。”“崇德”有崇尚道德、施行仁政之义。大清十二帝中唯有皇太极有两个年号。

即位大典在天坛之东另筑之坛举行。皇太极登上金座，满洲国贝勒大臣，蒙古四十九贝勒，汉军八旗都统，以及孔有德等，三拜九叩，山呼万岁，然后献上用满汉蒙真字书写的皇帝尊号：“宽温仁圣皇帝。”接着，追封先祖，从始祖布库里雍顺开始，至太祖努尔哈赤，将所有的先祖都封为各种庙号的皇帝。继而对已死功臣都追封爵号，费英东、额亦都等都得到相应的爵位。最后大封功臣，代善为礼亲王，济尔哈朗为郑亲王，多尔衮为睿亲王，多铎为豫亲王，豪格为肃亲王，岳托为成亲王，阿济格为英亲王。前六位亲王加上后来的裕亲王硕塞，顺承郡王勒克德浑就是清初世袭罔替的八大铁帽子王。又封以额哲、吴克善为首的一大批蒙古贵族为亲王、郡王、贝勒、贝子不等。又特别表彰加封三个汉奸为王：孔有德为恭顺王、耿仲明为怀顺王、尚可喜为智顺王。其他功臣也得到亲王、郡王、贝勒、贝子、公、侯、伯、子、男、将军、都尉、骑尉等爵位（读者注意：以上是完整的满清王朝特有的爵位。另外还有军功“号”，如巴图鲁、墨尔根戴青之类），最后又新任满、汉、蒙八旗都统及三院六部、都察院官长。真是：一朝天子一朝臣，满朝全是自家人。

大清创立，意义极为重大，开辟了满族争霸天下的新纪元。一个朝气蓬勃的新帝国在辽东崛起，中国历史上最后的封建王朝开始展现辉煌的第一页。

【再伐朝鲜】是皇太极彻底征服朝鲜的战争。皇太极举行登基大典时，朝鲜国王李倧也派专使祝贺。然而朝鲜使臣罗德宪、李廓二人异常倔犟，拒绝行三叩九拜大礼，声言两国既为“兄弟之盟，弟拜兄非礼”。纠仪官上前强迫执行，二人昂首不屈，于是互相拉扯。皇太极十分震怒，认为朝鲜国王有明朝撑腰，方敢如此。崇德元年十二月，皇太极御驾亲征朝鲜以惩不臣之罪。先遣多尔衮、豪格率军自宽甸入长山口，又遣马福塔率300兵化装成商贾，潜入朝鲜国都，又命多铎、岳托为前锋，孔有德、杜度护辎重居后。自率大军居中。进入朝鲜，大军势如破竹，义州、安州、定州相继攻陷。多铎大军兵锋直指汉城，朝鲜各道援军均被击败。朝鲜国王李倧惊惶万分，又见城中四处起火，放弃国都逃往南汉山城。此时皇太极已率大军渡过临津江，与多铎兵将南汉山城围个水泄不通。李倧发旨招全罗、忠清两道之兵来援，这两道援军是朝鲜最精锐的部队。两军激战于南汉山城下，战斗极为激烈。朝鲜援兵虽被击退，但大将扬古利竟战死沙场，皇太极因爱将之死十分悲愤。命孔有德、杜度用红衣大炮向南汉山城轰击。又命多尔衮奇袭江华岛，将李倧妃嫔、子女尽予俘获。李倧见大势已去，决定出降。这个李倧虽是庸主，但性情狡黠，他确实在两个强邻明朝、清朝之间犹豫不定，不知投明好，还是投清好。现在南汉山城旦夕可陷，性命不保，于是率百官穿着朝服，战战兢兢地匍匐在皇太极脚下，并将明朝颁发朝鲜的历代册封印玺全部献出。皇太极赐座，他惊恐不敢入座，跪伏于地，愿奉大清正朔，永为藩属，年年进贡，岁岁来朝。皇太极大笑，命将其送回汉城，仍为朝鲜国王。于是双方订立君臣之盟，以其子李淏为人质押回沈阳。

再征朝鲜是皇太极及大清新朝对外扬威之战，此战使朝鲜彻底臣服，其后200余年朝鲜对大清王朝十分恭顺，清朝也对它尽到保护责任。直到清末《马关条约》签订，朝鲜被日本占领为止。

【屡扰明境】是皇太极打击明军势力、掠夺人口财物的战略。天聪三年，皇太极第一次绕道蒙古伐明，奇袭北京。那一战皇太极已窥破中原虚实，认为明朝不堪一击。此后皇太极屡次侵扰明境，简直像关东人游关内一样，想来就来，想去就去。崇德元年七月，皇太极命武英亲王阿济格再次讨伐明朝。阿济格突入长城自西北入，从东北出，围绕京畿一个大圈，所过之处，尽行蹂躏，扫荡明军简直如秋风扫落叶一般。明总兵巢丕昌、监军高起潜投降，兵部尚书张凤翼见清兵纵横京畿，徒唤奈何，整天忧郁不堪，日日服用过量大黄，最后拉稀而死。此战，历时四月，掠取大量人口、财物后，阿济格从冷口从容凯旋。阿济格向皇太极奏报："凡 56 战皆捷，共克 16 城，俘获人畜 17 万。"

崇德三年八月，皇太极命睿亲王多尔衮、贝勒岳托（因罪由成亲王降为贝勒）率大军再次伐明。八旗铁骑突破长城青山口，兵分两路，长驱疾进会师于蓟州城下。蓟州总督吴阿衡以善饮闻名，闻清兵大至，在醉乡惊醒，仓皇迎敌，被豪格斩于马下。总兵吴国俊也逃得不知去向。清兵狂飙式推进，横扫京畿。从卢沟桥直趋良乡，连破 48 城。高阳县被攻陷，前兵部尚书、辽东经略孙承宗在籍居住。清兵入城包围其宅。孙承宗率子弟数十人持械抗击，寡不敌众，承宗服毒自杀殉国。一代名将未死于辽东疆场，却死于私第，真是含恨九泉。清军又从德州渡河，南下山东，攻城陷地，势如破竹。济南府亦被攻破。德王朱由枢在济南就封，被清兵掳去。巡按宋学朱、布政司张秉文等奋勇抗战壮烈殉国。清军扫过山东，忽然又转而北上，直扑京畿。崇祯帝惊惶万端，急命兵部尚书杨嗣昌调兵布防。杨嗣昌飞檄招宣大总督卢象昇入京勤王。卢象昇时值父丧，强令夺情，舍亲赴难，率兵入卫京师。当时明廷大臣畏敌如虎，朝中一片议和之声。崇祯帝在平台召见卢象昇。卢慷慨陈词，力主开战，羞结城下之盟。他决心以死赴国难，于是率兵 2 万入守保定。此时清兵三路入侵，势如潮涌，卢象昇奋起抵抗，亲冒矢石，冲锋战斗。两军大战嵩水桥，杀到黄昏方才休战。当夜，清军又来袭营，鼓声震天，喊声四起。卢象昇又奋勇拼杀，战至拂晓，明军渐渐不支。清军像潮水一般涌入大营。左右劝卢象昇突围，卢象昇大呼："我自从军，大小百余战，只知向前，不知后退，以身殉国当在今日，尚有何言！"说完手持宝剑冲入敌阵，身中三箭四刃，尚杀敌 10 余人。最后倒在血泊之中壮烈殉国。卢象昇，明末名将，忠勇刚烈，人品正直，血溅沙场，也算死得其所，名扬千古。多尔衮攻克保定后，未再攻北京，竟卷旗入关。这次伐明，清军转战2000里，席卷京畿、冀、鲁三省，57战全胜，掠取了大量人口财物。但清军副帅岳托却病死济南。

崇德七年十月，皇太极命贝勒阿巴泰为主帅又一次伐明。八旗骑兵毫不费力地越过长城，入蓟州，下河间，又转战山东，连破80座城池，据守兖州的鲁王朱以派，见大势不妙，饮药自尽。清军一路纵横，明军闻风败退，无一人敢当其锋。辽东总督范志完奉命入关援战，胆小如鼠，只驻远处观望，不敢参战。清军又北上直逼京师。明廷惊恐万分，大学士周延儒自请督师抗战，崇祯帝急不择人，命他通州布防。谁知周延儒驻军通州，悠闲得很，日与幕客饮酒娱乐，将假捷报一个个传回朝廷。阿巴泰抢掠已饱，将财物装车，车队长30里，从容出关。明朝唐通、白广恩等八镇总兵奉命于螺山堵截。阿巴泰反戈杀回。明军张登科、和应荐败死，其余明军皆一溃二散。阿巴泰无愧努尔哈赤之子，勇猛不亚于多尔衮，此次伐明，攻克城池最多，擒斩敌将最多，劫掠财物最多。凯旋后，皇太极重奖阿巴泰，封其为郡王。

皇太极几次侵扰中原，打击了明军势力，掠夺了大量财富、人口（从努尔哈赤到皇太极，满洲经济全靠战争掠夺维持）。残破的明朝已处于风雨飘摇之中。大清国兵源猛增，财力猛增，攻取中原已是早晚之事。

【松锦大捷】是皇太极生平指挥取胜的最得意的一次战争。皇太极即位后，发动多次战争，臣服朝鲜、绥靖蒙古、底定黑龙江。又几次侵入明境，使明朝元气大伤。此时定鼎中原、统一华夏的欲望，像烈火一样在他心头燃烧。然而明朝在关、宁、锦布置重兵，成为入关的巨大障碍。虽然可绕道蒙古伐明，但劳师远袭，费时费力并非长久之策，且有被辽西明军截断归路之虞。而如今东部、西部、北部已无后顾之忧，该是摧毁明朝宁锦防线、拔除入关障碍的时候了。

此时在明朝方面，明廷已暂时扑灭西北与湖北的农民起义，高迎祥被擒斩，张献忠投降，李自成逃到商洛山中。明廷又能集中力量专顾辽东，对付满洲鞑子了。崇祯十一年，明廷任命在镇压农民起义中屡战屡捷的洪承畴为兵部尚书（虚衔）、辽东经略。这样即将爆发的松锦大战，实际是雄才大略的皇太极与胸怀韬略的明军统帅洪承畴的角斗。

崇德五年四月，皇太极率大军进攻锦州。在此之前，他早派济尔哈朗率数万兵役屯田义州，屯田就是一边守卫，一边耕种，这样义州便成为练兵和生产粮食的基地。义州屯田是松锦大战的前奏，也是皇太极战略部署极高明的一招。这次清兵包围了锦州，却围而不打。皇太极致书祖大寿曰："别将军数载，甚思一见。至于去留，终不相强。将军与我角胜，为将之道应尔。朕不以此介意，亦愿将军勿疑。"这封书信短短几十字，却委婉得体，宽宏大度，以情动人，真是奇文。真情假意，兼而有之。但皇太极敬重祖大寿忠勇，急欲招降之意确是实实在在。这个祖大寿确是明朝传奇人物。当年他因袁崇焕被崇祯帝在平台逮捕，悲愤中从京师撤出，率部返回山海关，明朝上下惊骇，表现已极为不俗；后在大凌河以孤军守孤城坚持百日之久，悲壮惨烈，创造奇迹。矢尽粮绝不得已投降。即使如此皇太极也对他表示极大的敬意。他告诫诸贝勒说："你们看明朝将士坚守孤城历时三月，矢尽粮绝，犹杀马食人坚守。这是他们读书明理的效果。你们及你们的子弟一定要读书呀！"后来祖大寿以"寻妻小，赚锦州"为名，骗得皇太极信任逃回锦州，明廷仍让他镇守锦州。大凌河之降，是真降或是假降，至今史学者争论不休。但笔者认为，真假皆有之。孤城逼入绝境，为保全军民性命，是迫不得已的真降；他杀死战友何可纲献城，更可见他降志已决；皇太极对其予以极度优遇，他确实感激涕零，其降志更加坚决。他想回锦州寻妻小，是人之常情。给皇太极作内应赚取锦州也是真情实意。但是回到锦州事过境迁，巡抚邱禾嘉对他防范甚严，作内应为满洲取锦州已不可能实现。同时杀友投敌的卑劣行为时时折磨着他那愧疚的心灵，对大明王朝的忠心又再次萌发，所以他从大凌河逃回两年内坚守锦州，抗击清军屡屡得胜，也是真心实意地为大明朝效忠。现在结束这段必要的插叙，言归正传。再说，皇太极接连发书招降祖大寿。而祖大寿对自己的奇怪行为也真的无法解释。最好的办法是不置可否，缄口不言。因而皇太极苦待几日也得不到回答，时值六月，锦州城外几万亩小麦已经黄熟，皇太极欣喜不已，下令士兵收割，不消10日，清军唱着歌儿将几万亩小麦收割殆尽，大车小车连绵不断地运回沈阳。祖大寿眼睁睁看着自家粮食被敌人抢割，叫苦不迭，但又不敢出城抢夺。接着皇太极又下令沿锦州四围挖开十几里的长壕。壕深八尺阔一丈有余，明军翻越这道长壕突围简直比登天还难。这又是皇太极当年大凌河战术的重新使用。祖大寿见状，更加叫苦不迭，因为当年守大凌河他吃够了长壕的苦头。果然一月过后，城中粮食吃紧，从宁远或关内调粮，已属不可实现的奢望。祖大寿惊恐万状，不断向宁远和关内明廷发书告急。（笔者实在不明白，祖大寿所派携书向朝廷和宁远告急的使者，如何能翻越深壕，突破重围，一般情况下这种奇迹在当时不可能发生。后来我恍然大悟，必定是皇太极故意放出，以诱援军前来。）文书中无非是“孤城粮尽，杀人相食，锦州旦夕不保”等危言耸听的言辞。锦州安危，确实关系大明社稷的安危。崇祯帝十分惊惶，急令新任兵部尚书陈新甲调兵支援锦州。陈新甲此人确有才干，但性格倔犟恰似一头公牛，而脾气更是急躁犹如一只猴子。他不断地向辽东经略洪承畴发出羽檄，逼他出师解锦州之围，又以“坐视不救，必获大罪”相威胁。洪承畴历经沙场，娴熟兵机，绝非等闲之辈，锦州关系重大的道理岂能不知。他迟迟不救，是害怕中了皇太极“围城打援”之计。现在兵部副署的皇帝圣旨，联翩飞来，简直像当年宋高宗催岳飞的12道金牌。三思之下，决定出兵相救。他既是辽东经略，又是辽蓟总督，于是调来八镇总兵，计：大同总兵王朴、宣府总兵杨国柱、密云总兵唐通、玉田总兵曹变蛟、蓟州总兵白广恩、山海关总兵马科、前屯卫总兵王廷臣、宁远总兵吴三桂，各路军马总计13万（其中骑兵4万）。明朝的军队除一部分驻守南方，一部分由孙传庭带领对付暂处低潮的农民军外，已将北方的全部精锐调往辽东前线。明朝可谓孤注一掷，13万大军从各路向宁远集结。洪承畴不敢冒进。建立饷道，步步为营，徐徐前进。八镇大军紧密连接，环环相扣，像一条首尾可顾的巨龙。大军从奉旨调集，又从宁远出发，经过一年方才到达离锦州18里的松山。行军可谓缓慢至极。这不是洪承畴胆怯，而是怕遇到打援的伏击。这松山地势险要，西为杏山，再西南为塔山。杏山与塔山均有明朝重兵把守。洪承畴将13万大军布置在塔山北岗至乳峰山之间，又将大批粮草囤于塔山储备，然后扎下营盘，将其作为援助锦州的临时基地。在到达塔山之前，洪承畴曾遇到小股清军的多次袭击，但都被明军击败，洪承畴十分得意，但仍十分谨慎，不敢冒进。而清军接到洪承畴兵到松山的警报，迅速在松山与杏山之间布防，军营连绵数十里，截断大道，据险扎营。并在锦州至海滨，掘开三道大壕，长约百里，借以围困松山，切断松山与宁远、杏山之间的联系。而洪承畴扎稳大营后，即向锦州挺进。明军前锋甚锐，在乳峰山一带与清兵大战，几乎突破清军防线。清军死伤甚多。清军燃放红衣大炮，明军亦以红夷大炮还击，战斗极为激烈。但清军拼死抵抗，使明军虽有小胜却无法向锦州前进一步。两军一来一往，处于对峙胶着状态。

前线失利的消息，传到盛京，皇太极十分焦虑，他本有鼻衄的宿疾，现在急火攻心，鼻血长流不止。他用木碗拴在脖颈上盛接流下的鼻血，骑上快马，日夜兼程，赶到前线。血透战袍，征尘来洗。又与范文程及诸亲王登上高地观察形势。观察良久，皇太极道："敌军环山驻营，首尾相连，我军硬攻急且难下，我以长壕，大军围之，敌人已成瓮中之鳖。然后另寻良策图之，决不能旷日对峙，虚耗时力。"范文程点头称是，范说："敌军人多，粮食难以补济，若劫他粮草，彼军心必乱。"接着范老夫子翻出地图，向皇太极指示道："陛下，臣料明军粮草必囤于塔山。"皇太极大喜，当夜命多尔衮、阿济格率精兵 2 万前去塔山劫粮。2 万兵马，马卸铃，人含枚，从杏山左首，沿间道向塔山疾进。到了塔山，正是半夜时分，月明星稀，塔山附近并无发现粮草踪迹。阿济格又派出侦骑打探，少顷回报说塔山后面有一小山，山形如笔架，周围有大队明军立营驻扎。多尔衮大喜道："粮草囤此无疑，急攻无缓。"原来笔架山果是明军粮草囤聚地，洪承畴以 2 万精兵环山而营，也算万无一失的严密部署。然而他没想到清军会深夜劫粮，也没想到率军劫粮的是战无不胜的阿济格、多尔衮二兄弟。清军杀上笔架山，杀声震天。守山明军从梦中惊醒，以为是神兵天降，早已魂飞魄散。仓皇迎战，哪里是清军的对手。不消几个时辰丢盔卸甲，四散溃逃。笔架山囤聚 12 大囤粮草，洪承畴宣称足食一年，全被清军大车小车拉运殆尽。

洪承畴闻粮草被劫，关系何等重大，吓得面如土色。洪承畴原想"步步为营，徐徐前进，且战且守，待敌自困，一鼓解围"。现在粮草已失，军中存粮不多，只能速战，不能久持。于是对清军不断发动大规模突袭。皇太极知他必舍命相拼，早已森严壁垒，严阵以待。某夜，洪承畴将八镇大军分为前、中、后三队，倾巢而出，偷袭清营。不料中了清军埋伏，死伤6000余人，大败而归。这次夜袭使明军锐气尽失，解锦州之围已成难以实现的梦想。洪承畴下令将10余万明军收缩于松山城内外，以免被清军分割包围，一一吃掉。

就在两军在松山紧张对峙的时候，盛京传来关雎宫宸妃病危的消息。皇太极闻报大惊失色，泪水夺眶而出，心中默念“爱卿等我”。当时前线军情何等紧急！诸王、大臣都婉劝皇太极冷静，以国事为重。皇太极哪里听得进去，早已寝食俱废，归心似箭。仓皇中命多铎为帅，指挥围攻松山。然后跨上快马，扬鞭催马，不分昼夜，疾行600里，风驰电掣般地奔返沈阳。松山前线诸王、大臣见主子为一美人这般惶急，都惊得目瞪口呆，缩颈咋舌。回到关雎宫，见宸妃骨瘦如柴，玉容憔悴，爱悲交加，两人相拥欷歔，哭作一团。这关雎宫宸妃，姓博尔济吉特，原系蒙古科尔沁部的格格。生得小巧玲珑，娇媚动人，善解人意，如依人小鸟，美艳为六宫之冠。皇太极夜夜专房，爱之如命。于是皇太极日夜陪奉在旁，温言劝慰，百般爱抚。又速召太医疗治。不消几日，宸妃脸色红润，娇喘渐息，莺声又啭。皇太极见爱妃病情已减，放下悬心，稳住宸妃，又骑快马，飞驰600里赶回前线继续指挥战斗。但是好景不长，过了半月沈阳又传来“宸妃已薨”的讣告。皇太极又骑快马，哭着喊着，又飞驰600里，赶回沈阳。一进关雎宫，见宸妃红颜凋萎，玉体横陈，禁不住抚尸大哭，三日不食不饮。接着下旨辍朝三日，以示哀悼。将宸妃追封为“元妃”，并给予冠吉祥语十几字的谥号。说到“关雎宫”三字不禁令人联想到《诗经》开篇之辞：“关关雎鸠，在河之洲；窈窕淑女，君子好逑。”皇太极是君子又是皇帝，爱惜美人如此，痴情如此，真令人感慨万千。又有诗为证：

自古英雄爱美人，沙场犹有蝶迷春。
宸妃一死情难已，千里奔波为紫裙。

办完宸妃丧事，皇太极又返回松山前线。此时清军将松山包围得如铁桶加箍一般，全军士气高涨，“踏平松山，活捉洪承畴”的豪言壮语响彻云霄。相反，松山城中士气低落至极，粮食已尽，人马饿死无数。欲战则力不支，欲守粮已竭。洪承畴派快马羽书突围向明廷连连告急。此时的崇祯帝真是无可奈何，国内兵源已竭，勉强派顺天巡抚杨绳武率兵救援，兵至山海关，见清军势大，逡巡不前。外无援兵，内无粮草，松山城人心慌乱，甚至出现杀马杀人充饥的现象。洪承畴召开紧急会议，商讨对策。他豪情不减，慷慨陈词：“诚望八位将军同心戮力，拼死一战，余执桴鼓以从。解围制胜，在此一举。”然而八镇总兵都认为解锦州之围仅是高谈阔论，主张“突围趋宁远就食”方是上策。洪承畴长叹一声，下令全军突围撤回宁远。

当夜，大同总兵王朴不听统一指挥，率先遁逃，顿时军心大乱。唐通、马科、吴三桂、白广恩等各自率部突围。马步争驰，自相践踏，马甲弃地，横尸满山。下山后又遭清军痛击，损失极为惨重。吴三桂、王朴逃入杏山。马科、李辅明逃入塔山。数万名明军沿海奔逃，落入大海而死者，不可胜数。只有白广恩、曹变蛟、王廷臣退入松山，松山城中此时只有经略洪承畴、巡抚邱民仰，连同1万残兵败将困守孤山。

逃进杏山的吴三桂、王朴知杏山不可久恃，又率军向宁远逃遁。行至高桥，遭到豫亲王多铎大军的伏击，全军覆没，吴三桂、王朴仅以身免，逃至宁远。这次突围，明军精锐全失，松山明军已成瓮中之鳖，釜中之鱼。困兽犹斗，洪承畴组织多次突围均告失败。骁将曹变蛟曾屠杀农民军名震天下，他率千名死士夜袭清营，竟冲进皇太极的大营，被清军截击，大败而归，使皇太极虚惊一场。松山副将夏承德见松山危急旦夕沦陷，良心尽丧，竟暗中与清军联系，以其子为质投降清军，并愿为内应，共破松山。皇太极喜出望外，与夏承德约定时间，发大兵一举攻破松山。夏承德率部生擒洪承畴、邱民仰、曹变蛟、祖大乐等人作为见面礼献给清军。清军进入松山，皇太极下令处死邱民仰、曹变蛟等人，将洪承畴、祖大乐押回沈阳。松山城堡被清军夷为平地，松锦大战历时两年，以清军大获全胜、明军全军覆灭为结局。

松山援兵覆灭，锦州更是孤危，清军返军杀回，急攻锦州，用红衣大炮不断轰击，外城攻破。祖大寿退入内城。皇太极命其弟祖大乐发书招降。祖大寿终于支撑不住，率残兵7000余人开城出降，再次匍匐在皇太极的脚下连称“死罪”。皇太极真是宽宏大度到极点，优礼待之，并封为总兵。祖大寿投降后第一件事是给外甥吴三桂写信劝降，但吴三桂还没有到“冲冠一怒为红颜”的时候，不予理睬。后来他老运不错，清朝把他豢养了十几年，直到顺治十三年才寿终正寝。现在清朝赏给祖大寿的北京府宅仍完好保存着。

锦州失陷，明朝山海关之外只剩宁远孤城一座。崇祯帝万分惊惶，命兵部尚书陈新甲暗箱操作与清朝议和。皇太极竟满口答应。然而陈新甲操作不慎，竟无意中将议和之事泄露出去，朝野大哗，认为城下之盟，春秋所耻。崇祯帝碍于面子，一怒之下将陈新甲斩首。性格倔犟的陈新甲死得不明不白，后来史学界议论，认为就是这倔犟而急躁的陈新甲，不断发檄催促洪承畴出兵解锦州之围，才坏了稳健的洪承畴的大事，导致松锦惨败。笔者认为，谁也不怨，因为明军遇上了用兵如神的皇太极。

松锦之役把皇太极的英雄人生推向极巅。清朝战胜明军成就帝业，明朝失辽东而亡江山。明亡清兴尽在此一役。皇太极高度军事指挥才能在此得到淋漓尽致的发挥。运筹帷幄，神鬼莫测，令人惊叹！他成功运用“围城打援”之计，对锦州围而不打。将重兵置于松山、塔山一带，歼灭明朝名帅洪承畴的13万援救大军，并生俘洪承畴。然后杀回再攻锦州，使明朝名将祖大寿投降。这真是震古烁今的著名战例。

【洪承畴降清】是明末清初传奇而极富戏剧性的一幕。洪承畴在松山城时本想自杀殉国，但被夏承德生擒，未能尽志。他在明朝很有声望，不仅知兵，而且饱读诗书，对忠君爱国、忠孝节义之事明白得很，而且浸入肌骨。他的人品、军事才能以及在明朝的影响，皇太极早有耳闻，已降清的孔有德、祖大寿也对洪承畴推崇备至，在皇太极前也经常提说。更重要的是，他是清朝迄今为止俘获的明朝级别最高的官员，类似现在的国防部长和沈阳军区兼北京军区的司令员。这样具有大影响的人，睿智的皇太极当然不会轻易杀掉。皇太极下定决心要招降洪承畴，为大清服务。多次命范文程劝降，但此时洪承畴表现极佳，决意殉节，毫无杂念。无论范文程巧舌如簧，天花乱坠，他就是不降而且要速速求死，有时脱下鞋子赤足乱蹬，开口大骂，范文程逼得急了，他便像个泥菩萨闭口一言不发。但精细的范文程发现，有一次他和洪承畴论及古今事时，房梁上偶而落下一撮尘土，落在洪的破旧衣袍上，洪却下意识地不断弹拂那撮尘土。范文程暗喜，立即汇报皇太极说："承畴必不死，惜其衣，况其身乎？"意思是说洪承畴非常珍惜自己的生命，一件衣服他都如此爱惜，何况他的生命。

然而洪承畴依然绝食，不饮不食，整日躺在幽所的床上昏睡。某日，洪承畴像往常一样躺在床上，恍惚间听到门环震响，门扉已开，接着是笃笃踩响地板的脚步声，清脆而有节奏，仿佛是敲着小鼓，煞是好听。既而鼻子里扑入一阵奇妙的香味，似麝似兰似梅，刺得鼻子发痒，轻轻一个喷嚏，真是舒服极了。洪承畴禁不住睁开双眼一看，竟是一位女子提着玉壶，袅袅婷婷地向他走来。他早已心动，但转瞬一想，必是清朝施用美人计劝降。于是他合上双眼，安卧如初，一脸庄严肃穆的神色。然而脚步声越来越近，香气越来越浓，那香味刺得他心慌意乱。迷乱中又似乎感到那女人已走到床边，突然一只手抓住他的手，手异常光滑，细腻柔软，似玉似锦似绸。这种奇妙的感觉使他难以自持，心儿狂跳不已。接着一声娇啭，像是珍珠在玉盘滚动，又似黄莺啼鸣，银铃摇响。至于说的什么词汇，他也听不清楚。他再也忍不住了，睁开双眼，看见一个极为艳丽的女子，一袭旗袍裹住一身的妖娆，旗袍两侧开叉处露出雪白的大腿。又看她面容，更是美艳俏丽，叉子头发髻高拥，如乌云一般。一双凤眼聚集着无限柔情，左右盼顾又如春波涌动。那樱口微张，露出两排碎玉，呼出一句极为娇柔的声音，仿佛是"洪大人"。洪承畴呼吸紧促，血液沸腾，口中焦渴干燥，他极力忍耐，想再装出庄严的样子，但已不能。只是死死盯住那个艳丽的面容不放。那女子也不劝降，只问他家在哪里？妻在何方？这一问，洪承畴顿感一阵酸楚，老母在堂，娇妻守闺，他无时不在思念。那女子见状，又凤眼眨动，愁波顿涌，扑簌簌掉下一串热泪。接着又提玉壶，将壶嘴塞入洪承畴口中，徐徐一灌，洪感觉口中似充满琼浆玉液，滋润着干燥的口舌，认真辨别，知是人参汤，于是又咕噜噜连喝几口，真是滋润舒畅至极。洪承畴终于询问：“你是何人？”那女人说：“我是清朝皇帝的贵妃，特怜大人而来，大人万勿自苦，今日若死，于国于家何益？明朝皇帝正和吾国议和，大人还固执如此！大人暂时归顺清朝，帮助两家促成和议，你国也报了，家也保了。和议已成，大人去留敬听尊便。”这一席话早将洪承畴感动。此时人参汤的作用已经发散，他欲火燃烧，不可遏制，伸出手来抓住那女人的手，那女人将手挣脱，对他嫣然一笑，然后转过身躯，踩着笃笃的脚步节奏，飘然走出门外。洪承畴看着她婀娜的背影，已经如醉如痴。

那女人是谁？原来她是清朝皇帝永福宫的庄妃，娘家是蒙古科尔沁部，姓博尔济吉特，名布木布泰，她与关雎宫宸妃是一对姐妹花，宸妃死后，皇太极把全部感情转移到她身上，因为她出奇美丽聪慧，还生了一个聪明俊伟的孩子，也就是后来的顺治帝。皇太极有15个后妃，而现在只爱庄妃，可谓“后宫佳丽三千人，三千宠爱在一身”。对于洪承畴，她已打听清楚，知道他全身铁硬，坚强不摧，但有一根软肋，那就是好色成癖（庄妃的分析极为正确，洪承畴，人品正直，清誉满天下，但就是好色，好女色，也好男色，平日身边常有几个俊美的娈童，供他淫乐，他既是异性恋，又是同性恋）。于是庄妃向皇太极自荐，愿亲自劝降洪承畴，为主子分忧。皇太极招降心切，也就答应了。果然庄妃现身说降，比范文程强胜10倍，以柔克刚，洪承畴崇高气节丧失殆尽。笔者有诗叹道：

英雄难过美人关，此语至今方信然。
红袖翩翩洪氏醉，明天不拜拜清天。

翌日，皇太极见火候已到，亲自出马劝降。沈阳五月天气尚是寒冷，洪承畴见了皇太极，不知是发怵，或是发冷，身子瑟瑟发抖。皇太极亲解貂裘披于其身，问：“先生得无寒乎？”洪承畴瞠视良久，叹曰：“真命世之主也。”于是匍匐于地叩头请降。崇德九年五月初五，洪承畴剃掉头发，留条大辫子跪在盛京清宫大清门外，高呼皇太极万岁，正式向大清投降称臣。关于洪承畴投降后在清朝内部的反应，《清史稿·洪承畴传》写道："诸将或不悦，曰：'皇上何待承畴之厚也?'上于诸将曰：'吾曹栉风沐雨数十年，将欲何为?'诸将曰：'欲得中原耳'，上笑曰：'譬如行道，吾等皆瞽，今获一向导，朕安得不乐。"原来皇太极急需要一个了解中原情况的向导，带领清军入关取天下。后来洪承畴果然在清军入关、扫荡明军时起了不可替代的特殊作用。然而洪承畴降清也自食其果，明朝将他视为不可饶恕的叛徒，其母洪老夫人、其弟洪承畹也与他划清界限，大骂他叛国辱家，不忠不孝。爱憎分明的清朝乾隆皇帝，在他死后近百年后，毫不客气地将他编入《贰臣传》，贰臣说得通俗些就是对君王不忠的叛徒。

庄妃劝降洪承畴确实为大清朝入主中原立下不朽功劳。这个带有浪漫色彩的传说，受汉族观念影响的清朝官修史书时当然不可能载入这个史料。但野史上则不绝于书，在清朝本朝也流传了几百年，所以绝不会是空穴来风，毫无根据。现在有些学者举出许多理由，断定为无稽之谈。其理一是皇太极身为皇帝不会甘愿戴绿帽子，让爱妃以色相诱降，大失皇家面子。二是庄妃也不会丧失廉耻贞洁去做下贱的勾当。她是皇家贵妃呀。三是庄妃是蒙古人，洪承畴是汉人，语言不通，如何沟通，如何劝降？笔者认为，一是皇太极虽贵为皇帝，但没有熟读四书五经，脑子中汉族那种礼教观念并不多，满族对男女关系的看法也简单得多，父占子妻、子占父妾、兄占弟妻、弟占兄妻等现象经常发生，以后的"太后下嫁"、"多尔衮纳豪格妻"，便是明证。退一步讲，以爱妃劝降是为国办事，也丢不了多大的人，他心理不会失去平衡。再者，皇太极是实用主义者，只求结果，不择手段。二是庄妃也没有熟读列女传，脑子里也没有乱七八糟的贞节观念，她只想到为主子分忧，为国家办事。蒙族对男女相处也看得很随便。她与洪承畴是适可而止，恰到好处，她不会以此为羞。三是关于语言问题，蒙古入主中原百年，科尔沁又紧邻内地，汉蒙两民族交融已久，蒙古贵族妇女学习汉语该是普遍现象。洪承畴不会蒙语是极为可能的，庄妃不会汉语却不大可能。据史料确载，清朝一代满族与蒙族交流语言便是汉语。别说蒙古和满洲，就是越南、日本、朝鲜在很长一段历史时期内，他们的上层使用的也是汉语。所以说庄妃用汉语劝降洪承畴也是可能的。退百步讲，即使庄妃不懂汉语，如行此事，仅眉目传情，肢体接触，就足够了。语言反是多余，堪博一笑。总之这个庄妃劝降的故事，后虽经渲染，但基本事实是可信的。

洪承畴降清后，明廷接到的奏报是他壮烈殉国。崇祯帝哀悼不已，亲制祭文，并建坛致祭又建专祠纪念，以表彰悼念洪承畴与邱民仰，洪承畴赐祭16坛，邱民仰6坛。16坛是明朝祭奠功臣的最高规格。大明270余年，得到如此厚遇的，只有张居正和洪承畴。然而还没有祭完，崇祯帝接到从辽东传回的洪承畴的密报，内有“暂时降清，以图后报”之语。崇祯帝长叹一声，下令停止祭祀，停止建祠，只祭邱民仰一人。由于洪承畴享受了部分祭祀，后来他的明朝同僚都骂他是“活死人”。洪承畴降清的故事到此结束。由于这个故事含有“庄妃劝降”、“崇祯活祭”的内容，故事显得传奇生动，真是极富戏剧性的一幕。

【一代英主之死】令笔者最为叹惜，令人难以下笔。假如苍天再续皇太极一二年之寿，那么入主中原，定鼎燕京是他顺理成章的业绩，而不会是他儿子福临，因此后世无不叹惜，说他英年早逝，“大勋未集”。

在松锦大捷之后，皇太极的文治武功可谓如日中天。接着他又派阿巴泰伐明，结果又大获全胜。他兴高采烈，踌躇满志，下令到叶赫出猎，目的是消除鞍马劳顿，放松心情。在广阔的叶赫草原，他与诸王贝勒骑马奔驰，好不惬意。他一箭射中一只狍子，众大臣齐呼万岁。忽然草丛中跃出一只梅花鹿，皇太极又跃马追去，追了一箭之地，皇太极竟然从马背翻下，跃出一丈余远，诸王贝勒迅即赶来，见他手捂胸口，面色煞白，气喘不已，众臣大惊，急来相扶，谁知他又一跃而起，面色渐渐红润，连说不妨不妨，诸王贝勒一齐叩请罢猎。皇太极执意不许，又见他翻身上马，疾驰而去。然而直至薄暮，他再无猎获，那只梅花鹿也不见踪影。

崇德八年三月某日，辽东上空出现日食，天色如晦。五月某日，沈阳发生地震，地发雷声自西北隅向东南传来。皇太极心情十分忧虑，当夜感到胸口闷痛，气喘不已。但是过了一夜，他又面色红润地出现在大政殿，召来诸王贝勒训话，他以开国元勋费英东之事告诫："费英东见人不善，必先自斥责而后劾之；见人之善，必先自奖劝而后举之。劾者无怨言，被举者无骄色。"笔者不知道皇太极此时召集王公贝勒训诫的真正用意。表面上是让大家学习费英东胸怀大度，弹劾奸邪，举荐贤良，但细细分析恐怕是对诸王贝勒的表现不满。

崇德八年八月初九，皇太极面如渥丹、精神抖擞地上完早朝，下午又在恭笃殿不知疲倦地批阅奏章。然而当夜清宁宫传出哀诏，皇太极驾崩宾天。白天还是好好的，晚上便突然死亡，真令人惊异。《清史稿·太宗本纪》说他"无疾而终"。"无疾"为何又"终"？真是奇怪！于是后来野史上写他暴死，是由于阿敏或莽古尔泰子孙的谋害。现代史学家分析，皇太极死前出现几次"不豫"症候：胸口沉闷，气喘吁吁，面如渥丹，正是冠心病初发表现。他真正的死因是心肌梗塞而猝死。这个判断极为科学准确。野史上的传闻，纯是无稽之谈。

一代英主皇太极于天聪元年即位为满洲国主，历九年又改元崇德，登基为帝，又历八年而崩，享国祚17年。享寿52岁，顺治元年谥为文皇帝，庙号太宗，葬于沈阳昭陵。

《清史稿》评价他："允文允武，内修政事，外勤征伐，用兵如神，所向有功。"真是精辟到家。他继承先父余烈，而发扬光大之。两征朝鲜，三伐蒙古，五袭明境，其中以奇袭北京与松锦大捷最为传奇，创建大清，帝位由此而定。武功盖世且休不论，文治方面，他开科取士，废除奴隶制，自己读书也鼓励贝勒大臣读书，这是乃父努尔哈赤不及之处。但笔者最佩服的是他的以德服人、以仁服人的风范。宽仁大度可为大清12帝之冠。从另一个角度讲，这是睿智非凡的体现。满族人口少，人才少，以区区几十万人征服天下，谈何容易！于是他借外力以壮己，真是聪明极了。他两征朝鲜而不灭其国，三伐蒙古，亦不灭其族，全是结盟绥靖、以德服其心。以后朝鲜、蒙古几百年都甘愿为其效力。尤其是对汉人的笼络，达到出神入化的效果。他对孔有德、耿仲明、尚可喜优礼有加，封以王爵，大胆使用，曾使满族贵胄大为嫉恨；对祖大寿真正做到了仁至义尽；对洪承畴更是屈尊忍辱（以庄妃劝降）予以招降。这五个汉奸以后都甘为前驱，死心塌地地为满洲主子效力。由此产生的效应是后来的吴三桂降清。后世史官感慨地说："满清的天下是汉人打下的。"这个论断真是对极了。这个皇太极真是聪明至极，睿智非凡。满族中出现这样一个文武兼备的杰出人物，是满族的荣耀，也是中华民族的荣耀。

定鼎燕京成大统

——清世祖　福临

清世祖顺治皇帝爱新觉罗·福临

（1638—1661 年）

六岁登基履至尊，全凭皇叔定乾坤。

鄂妃已死情缘绝，不爱江山爱法门。

【福临登基】 开辟了大清王朝的全新时代，因为是他入关定鼎，统一中国，建立不世功勋。

崇德八年八月，清太宗皇太极突然崩世。白日尚在恭笃殿批阅奏章，当夜竟在清宁宫猝死。他没有留下立皇储的遗诏。按《清史稿》记载，礼亲王代善与诸王贝勒商议，决计拥立皇太极第九子福临为帝。于是时值六龄的福临，出人意料地登上了天子的宝座。

然而事实上，在福临登基前夕，清朝宗室为争储发生了激烈的争斗。当时，最有资格继承皇位的应该是和硕肃亲王豪格，他是皇太极的长子，论资历、才貌、军功、势力均出诸王之右。正黄旗、镶黄旗、正蓝旗都统都支持他登位。德高望重的礼亲王代善也认为豪格按理当立。然而，英亲王阿济格、豫亲王多铎（多尔衮同母兄弟）及颖郡王阿达礼等却支持睿亲王多尔衮登位。说实话多尔衮也有登大位的资格，他是太祖之子，太宗之弟，论军功甚至超出豪格，其英武睿智的气度亦在豪格之上，“兄终弟及”也是顺理成章的事。阿济格、多铎等企图拥立多尔衮的消息传出后，正、镶两黄旗大小头目啸聚大清门外，并发兵包围崇政殿。当时在崇政殿议事的有礼亲王代善、肃亲王豪格、睿亲王多尔衮、郑亲王济尔哈朗等人，闻发生兵变，皆大惊失色。正黄旗额真索尼、镶黄旗额真鳌拜竟冲入崇政殿，咆哮公堂：“我等受先帝厚恩，若不立长子豪格，便良心丧尽，宁可一死追随先帝于地下。”多尔衮大怒：“汝等何辈？敢与大事。”将索尼、鳌拜痛斥出殿。豫亲王多铎倡言，论资历、年龄，太祖次子礼亲王代善最该立。代善随即以年老力衰敬谢不敏。此时貌似忠厚实则机敏的郑亲王济尔哈朗突然发言：“先帝九子福临，天资颖异，深得先帝钟爱，立其最为适宜。”这个奇议一出，诸王立即安静下来，各自思索片刻，胸怀广阔大度的多尔衮首先表态，愿拥立福临为帝。老实忠厚的豪格也出人意料地表示同意。代善不愧老成，立即提议，由郑亲王济尔哈朗、睿亲王多尔衮摄政，自己甘退幕后辅佐。这样，一场剑拔弩张、几至刀枪相拼的皇位争夺战，瞬间风平浪静。年幼无知的六岁小童福临，糊里糊涂地被推上皇帝的宝座，真是“福自天临”！

爱新觉罗·福临，是皇太极第九子，为永福宫庄妃所生，庄妃曾劝降洪承畴，后来成为大名鼎鼎、辅佐福临统一天下的孝庄太后。史载当庄妃怀孕时，突有红光绕身，长约丈余，盘旋如龙形，诞生前夜，庄妃梦见一个金甲神人抱着一个小孩，放在她怀中，告诉她：“此统一天下之主也。”庄妃惊醒，如实相告太宗，太宗大喜说：“奇祥也，此子必建大业。”庄妃临盆之时，红光照室，香气氤氲。福临一生下来便很奇特。史书上说他“龙章凤姿”，那太抽象。但说他“顶发耸起”，确是不同凡响。试想一个婴儿脑门上胎发高高耸起，真是奇怪。这则神话当属后世史官奉命杜撰，不可轻信。因为史书上帝王出世时出现祥瑞之兆是显示天子的尊贵，是老掉牙的惯例套话。

崇德八年八月二十六日，福临正式在恭笃殿即位，成为满清王朝第三任皇帝。除祭天告庙之外，封郑亲王济尔哈朗、睿亲王多尔衮为并肩摄政王。追谥皇太极为文皇帝，庙号太宗，并将先帝后妃统统封为太后、太妃。生母博尔济吉特氏封为孝庄皇太后。六岁顽童坐在宝座上，不急不慌、雍容大度地接受文武百官的朝贺，其气质令满朝大臣称奇。

过了几日，朝中相继发生三件大事。第一件事是郑亲王济尔哈朗宣谕百官：今后朝中大事必先禀告睿亲王裁夺，自己甘居其次。这个济尔哈朗真是机敏，自感势力、才德俱不如睿亲王，如居其上，必然遭忌。索性卖个人情让多尔衮独掌大权，自己落个清静平安。这真是明智至极，济尔哈朗历事三朝，长红不倒，就是靠的这个法宝。第二件事是多尔衮突然在朝廷揭发颖郡王阿达礼、贝子硕托向他呈交劝进拥戴书，愿拥立多尔衮，废掉福临。这悖逆大案，使满朝大臣惊得目瞪口呆。多尔衮力主严惩阿达礼、硕托，而礼亲王代善则主张坚决杀掉，以儆效尤。代善之举又使满朝大臣惊得目瞪口呆。阿达礼为代善之孙，硕托为代善之子。这大义灭亲的行为也使多尔衮震惊。但这谋逆大罪非同小可，不诛不足以振肃朝纲。多尔衮竟然下令处死阿达礼、硕托。代善以贤王素称，历事三朝，长盛不衰。大义灭亲固然可敬，然而杀子孙以媚多尔衮，残酷而无耻。笔者素来推崇代善，至此对他的印象大打折扣。第三件事是固山额真何洛会向朝廷告发肃亲王豪格继位不成，口出怨言，这同样是悖逆之罪。多尔衮大怒，下令将豪格削去王爵废为庶人。庶人就是平民，不到半月，本该当皇帝的豪格，连亲王也做不成，变成平头百姓，真是可怜至极。老实人吃大亏，真是令人叹惜。阿达礼、硕托伏诛，豪格被贬斥，反映了争储斗争的残酷，同时，从中可以看出清室家法的严厉。

这三件事的处理，使多尔衮威势大增。王公大臣只能仰其鼻息，唯其马首是瞻。而宫中皇帝幼小不能理事，孝庄太后对他情有独钟倍加支持。多尔衮摄国家之政，行天子之权，真是威风八面。但他并不满足王爷的威风，摄政之后，胸有大志，亟想承父兄之遗烈，歼灭明朝，入关一统华夏。内政巩固，便积极准备伐明。顺治元年三月，他派济尔哈朗、阿济格率兵进攻宁远，一举攻克明朝在辽东的三个据点，即中后所、前屯卫、中前所。明朝在关外只剩宁远一座孤城。正在这个时候，忽然传来闯王攻克北京，明朝崇祯皇帝朱由检自缢煤山的消息。他欣喜若狂，认为入关夺取天下的良机终于来临了。

【闯王进京】与朱由检缢死煤山，是明亡清兴的一大关键。笔者不得不以专章述之。崇祯初年，西北大旱，民不聊生。饥民不堪暴政、饥饿，在陕北发动起义。李自成与张献忠两支义军先后崛起，这是中国历史上最大规模的农民起义。义军先后转战陕西、甘肃、山西等地，声势浩大，予官府以沉重打击。明廷极度恐慌，先后派杨鹤、洪承畴以剿抚结合手段，镇压义军。迫于官军清剿，义军开始流动作战，纵横中国西北、河南、湖北。居无定所，行无踪迹，官军称为“流寇”。后来洪承畴、孙传庭、陈奇瑜、熊文灿等明廷名将相继出马，给义军以重创。张献忠在湖北投降，高迎祥被擒斩，李自成则逃入商洛山中。农民起义处于低潮，也使明廷松了一口气。后来清军犯境，辽东事急，明王朝将重兵移至辽东与清军作战，这给处于低潮的农民军以东山再起的机会。李自成、张献忠重新崛起，先后攻破凤阳、襄阳、洛阳等名城。明廷派杨嗣昌、孙传庭又来镇压。但农民军已呈燎原之势，官军一败再败。张献忠在襄阳称王，后又进入四川，破重庆，克成都，略定四川全境。李自成则击败孙传庭，攻克西安，建立大顺朝。又纵兵西行，占领甘肃、青海等地。崇祯十七年初，李自成从西安出发，向北京进发，对明王朝发动最后的攻击。大顺军进入山西，很快攻破太原，晋王朱求桂被擒。消息传到北京，崇祯帝大哭不止，发出“罪己诏”颁告天下，以图挽回颓势。但是一纸诏书挡不住李自成狂飙式的攻势。经过激战，大顺军攻破最顽固的明军堡垒——宁武关。大同、宣府、居庸关明军守将望风投降。大顺军长驱直下，攻破昌平，明军最后一位统帅李建泰不战而降。大顺军很快兵临北京城下。崇祯帝拒绝大臣的南迁忠告，誓与社稷共存亡。但是他最宠信的太监曹化淳大开城门，将义军放入北京城。明京师守军不战自溃，大顺军兵不血刃占领北京。崇祯帝已经疯狂，他遣散太子及永、定二王，逼周皇后自缢，又砍倒袁贵妃与长公主，然后与太监王承恩登上煤山，将头发披散盖住自己的脸面，然后与王承恩双双吊死在一棵老槐树上。死前，咬破手指在袍襟写下血书的遗诏，内有“……朕无面目见祖宗于地下，自去冠冕，以发覆面，任贼分裂朕尸，勿伤百姓一人”。他死得悲惨，也很悲壮。对于崇祯帝朱由检，笔者要多说几句，诚然他是亡国之君，但他是明朝治政最勤奋的皇帝。他励精图治，废寝忘食，17 年如履薄冰，如临深渊，苦苦支撑大明江山。然而他生不逢时，清军犯境，义军造反，内忧外患，两面夹击。再加上他刚愎自用、嗜杀臣下等弱点，他的悲剧是必然的。他为大明朝尽了最后的努力，或者说明亡非人为，纯是天意。他死后，明朝的遗民以及清军都对他表示敬意，甚至李自成也以“帝礼葬之”。李自成曾在《讨明檄文》中说：“皇帝不是不英明，就是受到奸臣的蒙蔽。”所以朱由检这个亡国之君不能与历史上其他的亡国之君相提并论。笔者 2010 年在北京游览景山时，站在老槐树旁边的“明思宗殉国 300 年纪念碑”前，徘徊再三，感慨万千，写下了吊朱由检的一首七律：

煤山老树映斜阳，我立碑前意感伤。
亡国烈君昭竹帛，兴邦悲志泣玄黄。
内忧外患何煎急？将怯臣庸独烦忙。
履薄临深十七载，谁堪苦苦作君王。

以此表达笔者当时的复杂心情。

李自成占领北京，为崇祯帝殉节的大臣有几百人，太子与永、定二王被俘获，史书称为“甲申之变”。然而大部分明朝官员都投降大顺军。国丈周奎、成国公朱纯臣、大学士魏德藻、陈演等人匍匐在李自成脚下无耻地劝进，劝李自成早日登上皇帝宝座。然而李自成毫不客气，将明朝已降、未降的官员，一个个抓起来，严刑拷打，按官阶大小，逼其缴纳赃银，不缴者立刻打死。大顺军几乎掠取了北京城的所有财富。同时大顺军大小头目，将明朝官员的妻妾也掳来消受艳福。原明军总兵吴襄已投降义军，但家产却被义军拷掠竭尽，他的儿媳陈圆圆也被大顺军大将刘宗敏掳去为妾。这陈圆圆是谁？她原名陈沅，本是苏州名妓，艳帜高扬，色艺甲天下，名列秦淮八艳，与大名士冒辟疆曾有一段风流纠葛。后被国戚田畹收养。田畹为结交宁远总兵吴三桂，将陈圆圆许给吴三桂为妾，吴三桂藏之金屋，爱之如命。吴三桂赴辽东统军，陈圆圆便留在其父吴襄府中，终被大顺军掳去。然而谁能料想，这个红颜女子被掳，又成了明亡清兴的一大关键。由此而改变历史，真是千古怪事。

【吴三桂降清】的直接原因就是绝代尤物陈圆圆被掳。明朝诗人吴梅村写了一首传诵千古的《圆圆曲》，内有“恸哭六军皆缟素，冲冠一怒为红颜”一句，说的就是吴三桂为爱妾降清的事。吴三桂，吴襄之子，江苏高邮人。自小从父习武，及长弓马娴熟。又传闻他精通音律，真可谓“剑胆琴心”。吴、祖两家联姻后，祖大寿又成了他的舅舅。吴三桂从军打仗屡建小功，后又拜太监高起潜为义父，这种背景使他一路升迁，官至总兵。松锦之战，他逃跑快捷名闻天下。但明廷无将可派，只给予薄惩，仍让他为宁远总兵。李自成攻占北京前，他奉诏勤王，救援京师，明廷又封他为平西伯。他见大顺军势大，缓缓前进，军至丰润时，北京被占，明帝缢死，他又率军返回宁远。吴三桂救援京师，虽无功而返，但惊动了李自成。李自成认为吴三桂仍掌控着明朝当时最精锐的部队——关宁军，数量在10万以上，这是对大顺新朝最大的威胁。鉴于其父吴襄已被义军俘获，决定先礼后兵，先招降，再清剿。于是李自成命降将明朝原总兵唐通携带白银4万两，并带着吴襄招降其子吴三桂的手书，赶到山海关，劝吴三桂投降大顺朝，并许以王侯之封。吴三桂见明朝已亡，义军势大，而且父亲与爱妾陈圆圆均陷京中，决定投降大顺朝。李自成命他进京面商大事，他欣然同意，率军直驱北京。然而在半路上，逃出北京的吴府仆人向他报告了吴襄被拷、家产被掠、陈圆圆被掳的消息。在吴三桂心中，其父、家产均是小事，但听到圆圆被掳，竟昏厥过去，苏醒后咬牙切齿说道："不杀李贼，誓不为人！大丈夫不能保一女子，有何面目立于天下！"于是率军返回山海关，设起崇祯帝的神主牌位，命全军披麻戴孝予以祭奠，又传檄天下为明帝报仇起兵。

李自成听说吴三桂降而复叛的消息，异常震怒，挟着明太子朱慈烺，率20万大军浩浩荡荡杀向山海关，剿灭吴三桂。李自成大军步步紧逼，色厉内荏的吴三桂顿时慌了神，后有清军，前来闯王，腹背受敌，真不知如何是好。

在此之前，清朝方面得知闯王进京，明帝缢死，认为是天赐良机。大学士范文程迫不及待向多尔衮进言："自闯寇猖狂，中原涂炭，近日倾覆京师，戕厥君后，此必讨之贼也！我国家上下同心，兵甲选练，诚声罪以临之。恤其士夫，拯其黎庶，兵以义动，何功不成……好生者，天之德也。兵者，圣人不得已而用之。自古未有嗜杀而得天下者，国家欲统一区夏，非安百姓不可。"范文程上书的大意是乘势率军讨伐李自成。进入中原后，以德服心，不可嗜杀。多尔衮阅书后，欣然接纳。顺治元年四月，多尔衮以奉命大将军的名义，率八旗大军10万，从沈阳誓师伐明。当时明军扼守山海关，易守难攻。多尔衮原拟绕道，破长城之墙进入中原。大军进至翁后，吴三桂派使者求见多尔衮，呈上乞师文书："王以盖世英雄，值此摧枯拉朽之会，诚难再得之时也，乞念亡国孤臣忠义之言，速选精兵，直入中协、西协，三桂自率所部，合兵以抵都门，灭流寇于宫廷，示大义于中国。则我朝之投北朝者，岂惟财帛，将裂地以酬。”原来吴三桂想效法春秋时期申包胥哭秦庭，借秦之师以复楚国的故事，向清朝借兵讨李自成。答应事成后，不仅给财帛，还要割地报酬清朝。吴三桂乞师，令多尔衮喜出望外，但他对吴三桂只借兵、不投降大为不满。多尔衮致书吴三桂说：“今伯（平西伯吴三桂）若率众来归，必封以故土，晋为藩王，一则国仇得报，一则身家得保，世世子孙，长享富贵，如带砺山河，永永无极。”吴三桂接书后，寻思再三，决计投降清朝。此时李自成的大军前部已抵山海关，为催促清兵速来，吴三桂不得已亲自出城奔向连山，向驻扎在连山的多尔衮大营递呈投降书。多尔衮大喜，对吴三桂优礼相加。吴三桂也表示忠心，当场剃掉头发降清称臣。多尔衮与吴三桂歃血盟誓，共讨大顺军。多尔衮迅即发令，大军向山海关挺进！于是吴三桂的关宁军破天荒地与清军组成联军，共同打击李自成。看来只有永恒的利益，没有永恒的敌人与朋友，确是至理名言。山海关大战即将爆发。

【山海关大战】爆发于顺治元年四月二十二日。清军以一日 200 里的急行军速度向山海关前进，大军过处扬尘蔽天。先头部队由多铎率领，数量只有 1 万人。在一片石遭遇大顺军唐通所部 2 万人，唐通原是明朝总兵，现已成为大顺朝的新贵。多铎率先冲入敌阵，八旗铁骑呼啸而上，喊声震天动地。不消两个时辰，唐通军被冲得七零八落，大败而逃。一片石之战是山海关大战的前奏。这是清军第一次与大顺军接触，交战的结果，逐渐腐败的大顺军抵不住生龙活虎的八旗军，初次尝到了清军的厉害。

多尔衮大军随即进入山海关，从连山到此，只行了一昼夜。这时李自成的 20 万大军已全部抵达山海关。李自成命大军沿石河列阵，从北山至大海，连绵数十里，形成一字长蛇阵。山海关十分险要，一夫当关，万夫莫开，易守难攻。李自成的目的是诱吴三桂出城进行野战，然后歼之。多尔衮站在山海关高岗观察形势，发现大顺军一字长蛇阵，处于海边的阵尾部署最为薄弱，心中立刻有底。但他告诫诸王大臣说：“我大清曾经三围北京，而不能克。自成一举克之，其智能必有过人处，切切不可轻敌！”

然后，多尔衮命令吴三桂先出关迎敌，让他从右翼出击。吴三桂面有畏葸之色，多尔衮怒目相视，吴三桂唯唯而从。多尔衮之心显而易见，以吴三桂为前驱，可辨其降清是否真心。再者吴、李交战，清军可坐收渔人之利。吴三桂此时也顾不了许多，他真想奋勇杀敌让主子看看他的表现，另外圆圆被掳，对大顺军的仇恨也在胸中燃烧。他令全军右肩束上白布，作为关宁军的标志，以白旗作为帅旗，率全部精锐冲出关外。李自成此时站在北山冈一座寺庙前指挥战斗，明朝太子朱慈烺战战兢兢地站在旁边观战。李自成见吴三桂出城而战，心中大喜。急挥帅旗命全军压上，又击鼓助威。大顺军蜂拥向前，大喊大叫，声震百里。吴三桂奋勇异常，声嘶力竭地高呼杀敌，关宁军以一当十，前仆后继，拼死冲杀。大顺军死伤无数，锐气稍懈。李自成在高冈上，见吴军如此骁勇，顿感心惊。他又命擂鼓，鼓声咚咚，惊天动地。大将刘宗敏从山上驰下冲入吴阵，大顺军士气再振，潮水般地涌向吴军，这真是一场罕见的恶战，两军都拼死拼力相搏，浴血而战，践骨向前。满地头颅乱滚，脚下血流溅溅，杀声、战马嘶鸣声、兵器撞击声，响成一片，摇山撼岳。多尔衮当时也在关后山坡上观战，见此激战，亦觉心惊："好厉害，好厉害！我身经百战，从无见此等恶战，吴三桂还行！"（外战外行，内战内行，这是吴三桂的特点。）然而此时吴三桂实在不行了，大顺军全线压上，前后相继，不可阻挡。吴三桂左冲右突，渐渐力不能支。突然狂风大作，飞沙走石，遮天蔽日，风势强劲，摧林撼石。多尔衮站在山冈，看看风向，大喜过望，下令清军全线进攻。那八旗大军埋伏山后，养精蓄锐，待势而动，一闻令下，万马奔腾，呼啸而下，如决堤之水，如出海之潮，冲入敌阵。大顺军早已疲惫，见清军杀来，阵脚顿时动摇。吴三桂见大顺军溃退，知是清军来援，回光返照，军心复振，乘势冲杀。李自成在高冈之上，忽见自家阵尾溃散，又见大队人马从关后杀来。突然醒悟，大喊一声："满州兵来了。"随即拍马下冈。大顺军见山冈上没有帅旗舞动，又见李自成先奔，军心彻底崩溃，争先奔逃，真是兵败如山倒。吴三桂与清军合军掩杀，几个时辰，山海关前，一片空荡，唯见尸骨遍野，血流入海。追杀20余里，20万大顺军灰飞烟灭，敢战者，被斩杀殆尽，溃逃者，溺死大海。李自成与负伤的刘宗敏仅剩几千骑逃离山海关。

山海关之战是明清交替之际发生的规模最大、战斗最激烈的战役，三方投入总兵力约40万人，用“血流成河、尸积如山”形容此战的酷烈毫不过分。战争的结果，李自成的精锐被消灭殆尽，清朝成为最大的赢家。而吴三桂降清改变了中国的历史进程，是关键之关键。然而笔者真不明白，身经百战、勇猛无比、百折不挠的李自成，竟如此不堪一击。可仔细分析，大顺军之败也合乎情理。李自成真没想到吴三桂降清，也没想到多尔衮率清军突如其来。更重要的是李自成的军队进入北京，大肆抢掠，兵士个个身拥大财重宝，腰缠万贯，征战数十年，回家享福是他们最大的心愿，往日的战斗精神早已大打折扣，“骄兵必败”真是颠扑不破的真理。以后清军入关，李自成一败再败，不可收拾。李自成的大顺朝土崩瓦解，覆灭之快，令人震惊，使现今史学界大惑不解，以至于成为一门热研的专题。某个专家百思之后得出一个惊人的结论：李自成的覆灭是因为全军感染了一场可怕鼠疫。又解释说清军是骑兵，不易感染。其实李自成的部队也有十几万骑兵，吴三桂的军队也有大部骑兵。因此“鼠疫灭李”论是奇思可嘉，但确实立不住脚。真正原因，是李自成军队迅速腐化堕落，丧失战斗力，如此而已，别无他解。

【多尔衮进京】是其父兄及本人梦寐以求的愿望。现在吴三桂已降，几十年未被攻克的山海关已为大清国控占，由此直驱燕都，统一华夏，已成为越来越近的现实。为了酬报吴三桂的大功，封吴三桂为平西王，拨1万兵马永为隶属，并命吴三桂作为进军北京的先头部队。顺治元年四月二十三日，多尔衮率大军从山海关出发，向北京挺进。沿途清军张贴散发布告，大意是，我大清国入关是为了剿灭闯贼，为崇祯皇帝报仇。老百姓我们不但一个不杀，还要好好保护他们。最有感召力的是两句话：“官仍其职，民复其业。”就是说明朝的所有官员原来担任什么官职，清军来到，他们仍然做他们原来的官，老百姓原来干什么，现在还干什么。一句话，无论官民该干什么还干什么。山海关离北京800里，沿途州县闻风开门迎降，无一人抵抗。五月初二，多尔衮大军到达北京，明朝大批官员带着当地绅士及几千名百姓在城外五里处欢迎多尔衮大驾光临。大军随即进城，老百姓插花焚香夹道欢迎。

在多尔衮进京之前，闯王李自成已经逃遁。原来李自成从山海关撤回北京，早被清军的威势吓破了胆，认为北京无法可守，实际上他还拥有40万大军，并不布置抵抗，而是弃京西逃。撤逃时，他做了几件事。第一件事是将吴襄全家23口屠戮殆尽，以报吴三桂之仇。第二件事是他匆忙在武英殿举行大顺朝皇帝即位典礼，过了一下皇帝瘾。第三件事是将掠夺北京的所有金银财宝，用几千辆骡马车装载运出北京，其中1000两黄金铸成一锭的大元宝就装了几百车（这数字惊人的财富最后的去向，至今还是个谜）。第四件事是放一把火将北京明朝宫殿烧掉（只烧了一部分，真是幸事）。第五件事是逃跑时，挟制明太子朱慈烺、永王朱慈炤、定王朱慈炯外逃。从此太子与永、定二王不知去向，是死是活，是真是假，已成千古谜案。他在北京做皇帝只有短短的41天。李自成逃出后，吴三桂及阿济格率军一直追击到庆都又予以重创。

与李自成大肆拷掠不同，多尔衮进入北京真可谓秋毫无犯。清军入城的当夜，多尔衮下令，大军在城上宿营安睡，擅入民房、官宅者斩。老百姓各操其业，市井繁华如故。明朝所有官员只要向清军报到，便恢复原来的官职与满族官员一齐办公。他还下令召来被崇祯帝贬黜的魏忠贤死党、原内阁首辅冯铨到北京做官，这个举措，又使原来逃匿的明朝大批官员又赶回北京向清军报到应聘。接着多尔衮下令免除京畿地区的当年税赋的一半，明朝向百姓摊派的几百项苛捐杂税全被免除，合理的税也只缴纳三分之一。最使明朝官员动容感激的是多尔衮为崇祯皇帝重新举行盛大的葬礼，其规模极为隆重。稍后又安葬周皇后、袁贵妃，以及天启帝的皇后张氏。就连与崇祯帝一起吊死煤山的太监王承恩也安葬在思陵之侧，并立碑予以表彰。同时多尔衮命令保护明朝故宫，在扑灭大火之后，立即征集役匠予以重建、修缮。多尔衮此举真积一大功德，若不是他的保护与利用，今天我们没有观瞻明清故宫的福分。最后附带说一下，吴三桂追击李自成回归北京，意外地找到爱妾陈圆圆，离别数载，破镜重圆，吴三桂狂喜不已，绝代佳人陈圆圆，虽经刘宗敏蹂躏，丝毫无憔悴之色，姿容艳丽不亚当年，吴三桂将陈圆圆抱住喜极而泣。唉！这两个男女活宝，真把大明朝给害苦了！

【顺治迁都】是多尔衮的又一重大决策。北京稳定后，他下令清室从沈阳迁往北京，定北京为大清之都。并立即派固山额真何洛会等人回沈阳迎顺治帝入京。福临当时还是个小孩，一切听多尔衮的摆布。笔者在此向读者说明，在福临亲政之前，不得不把多尔衮当作本章另一个主人公加以陈述，因为他才是清朝擎天大柱。多尔衮迁都的决议，引起诸王大臣的反对。第一个跳出来反对的是他的哥哥英亲王阿济格。他说："初得辽东，不行杀戮，故清人多为辽民所杀。今宜乘此兵威，大肆屠戮，留置诸王以镇燕都，而大兵则或还守沈阳，或退保山海关，可无后患。"这个阿济格真坏极了，他不但反对迁都，而且主张大肆屠戮，难怪他以后不得善终。而多尔衮说："燕京势据形胜，乃自古兴王之地，有明建都之所。今既蒙天赐，皇上迁都于此，以定天下。则宅中图治，宇内朝宗，无不通达。可以慰天下仰望之心，可以赐四方和恒之福。"多尔衮迁都之议，得到大多数王公大臣的拥护。顺治元年九月末，福临被迎回北京，多尔衮亲到通州欢迎。十月初一，福临祭天告庙，在太和门登位，正式成为一统华夏的皇帝。同时大封功臣，多尔衮被封为叔父摄政王，又命礼部建碑歌颂其功。又将废为庶人的豪格重新恢复为和硕肃亲王（明眼人一看便知，多尔衮恢复豪格王爵，一是暂时稳定满州贵族情绪；二是他还想利用豪格为他打仗）。接着颁布"时宪历"，命天下遵照施行。"时宪历"就是沿用至今的农历。这个极为科学的历法，相传为德国传教士汤若望所制（一说是意大利传教士利玛窦所制）。汤若望原在明朝为官，得到朱由检的赏识，让他与徐光启一起制造新历。因为自元朝施行的由郭守敬制定的授时新历，不能与地球和天体的运转相符合，连个日食、月食都不能准确推测。而汤若望的"时宪历"，以西洋科学之法制作，比之旧历法精确得多。但明朝没还有来得及颁布便消亡了。闯王进京，汤若望将新历法呈献，李自成很是赞赏，下令将汤若望保护起来。多尔衮进京，对外国人颇为鄙视，汤若望一度被羁押起来。然而汤若望医术高明，竟治好了孝庄太后的病（一说是其女），多尔衮不得不另眼看待。汤若望乘势献上“时宪历”，极力夸赞它的好处。这是多尔衮颁布“时宪历”的原因。后来这个德国人受到福临的垂青，奉之若父，经常宣入宫中听他讲解西洋科学知识，又封他为太常寺卿、钦天监正、通玄教师。福临选皇储时，竟征求他的意见。汤若望推荐出过天花但很健康的福临第三子玄烨为太子，直接参与国家大事。汤若望20岁来中国，把他的一生献给中国的科学事业。他与利玛窦对中国的贡献，永远值得中国人尊敬。当然福临更值得歌颂，他思想开放，崇尚科学，兼容并包，如果没有福临的钦准，一切都不可能发生。

福临迁都北京是清王朝划时代的里程碑，意义极为重大。他完成了努尔哈赤、皇太极未完成的事业，大勋集于一身，当上了入关后大一统清朝的第一位皇帝，绵长的278年的国祚由此开始。

【剿灭闯献】是清军入关后的第一次大规模用兵。李自成放弃北京撤回西安，仍控制着山西、河南及广大的西北地区。张献忠也占据四川为王，这显然是清廷统一华夏的障碍。多尔衮下令首先剿灭李自成，以阿济格为靖远大将军，率吴三桂出大同，会合蒙古兵，入榆林、延安，攻陕西后背。以多铎为定国大将军率孔有德等，由河南趋潼关，攻陕西的前面。多铎一军行军极快，驰入河南，先攻破洛阳、灵宝，闯将张有声、张有曾大败退回关中，李自成闻报大惊，急命将军刘宗敏率军据守潼关。清军急攻潼关，如泰山压顶一般，被陈圆圆美色弄得晕头转向的刘宗敏，早已失去当年的锐气，几个回合便被清军击败。李自成亲率大军来援潼关。这真是生死存亡的背水一战。李自成率全军发动无数冲锋，都被多铎挡回。正在此时，阿济格与吴三桂大军从山西渡河，下榆林，克延安，向西安挺进。李自成率军转身急回关内。潼关守将马世尧开关投降，迎入多铎，多铎大军长驱直进，与阿济格会师于西安。李自成见西安不保，一把火又烧了西安，弃城突围而逃。多铎又率军穷追。李自成后来逃到湖北九宫山，被当地民团打死。他的部队还有几十万人，一部分投降清朝，大部分投降南明。一代英雄其兴也速，其亡也忽，真令后世浩叹不已。笔者有诗叹曰：

一代英雄一代骄，挥戈横扫大明朝。
进京享福军心乱，万里江山几日抛。

后来，多尔衮又命豪格西征张献忠。豪格率大军由汉中进入四川。当时张献忠在四川割据为王，大肆杀戮，几乎所有的史料都说他在四川屠杀士民最少有几百万人之多，造成万古浩劫，早失民心。广汉有一“七杀碑”，为张献忠所立，上刻：“天生万物以养人，人无一德以报天，杀杀杀杀杀杀杀。”可见杀戮之烈。张献忠的部队军纪最差，滥杀无辜，笔者不能因为他是义军首领为他开脱罪责。张献忠闻清军入境，慌忙率军至西充抵抗。张献忠十分胆大气壮，竟领十几骑到前线察看敌情，却被豪格率军包围，豪格张弓搭箭，一箭射去正中张献忠喉咙（一说是鳌拜），清军一拥而上割下张献忠的头颅，向北京奏捷。大西政权由此覆灭，一代枭雄张献忠也死于非命。他的部队尚有10余万人，后来大都投降云南的明朝永历小王朝，其中几员大将如孙可望、刘文秀、李定国成为永历小朝廷的军事支柱。这是后话。

【平定江南】扫荡明朝残余势力是清廷入关后最艰苦的战争。顺治元年，北京被李自成攻破，崇祯缢死，明社倾覆。不久明朝的残余势力在南京建立南明政权，国号弘光。皇帝是明福王朱由崧。他是前明福王朱常洵之子、明神宗之孙、光宗之侄、朱由检堂弟。李自成攻克洛阳，活捉朱常洵，见他一身肥肉，重达360斤，很是好奇，将朱常洵剁成肉酱，拌和鹿肉吃了“福禄羹”。朱由崧侥幸逃脱。后被明朝凤阳总督马士英视为奇货，拥立为帝。当时南明控制的地区有长江以南、淮河两岸、湖南、湖北、两广等，为南明效忠的军队最少有几十万人。武昌有左良玉，江北有徐泗总兵高杰、淮海总兵刘泽清、滁和总兵黄得功、凤寿总兵刘良佐。兵部尚书为声望极高的史可法，驻节扬州，统领各镇军马，足可与清军抗衡。但弘光帝不思进取，是个酒色之徒。朝中大权统由马士英、阮大铖把持。阮大铖是个德行无耻但才华横溢的文人，他创作的《燕子笺》、《春灯谜》等传奇剧本脍炙人口，流传千古长盛不衰。早年投靠阉党，当时以谄事马士英而成为南明新贵。而马士英有斗蟋蟀的癖好，兴趣一来，万事不顾，世称蟋蟀相公。最可叹者，弘光帝朱由崧是个史所罕闻的大淫棍，登基后广选美女大肆淫乐。寻常处女不过瘾，更选幼女侍寝。精力不足，便吃春药。听说吃蛤蟆（蟾蜍）可壮阳，就发动南京乞丐大捉蛤蟆。乞丐们打着“奉旨捕蟾”的旗儿，捕来大量蛤蟆献给他以制春药，被人称为“蛤蟆天子”。明末人计六奇所著《明季南略》记载，南京天宫有个道士袁本盈闻皇帝好淫，献上春药以图一官半职。这味春药是他绞尽脑汁发明的，制作原理是根据中医“吃什么补什么”的理论。他极富想象力，其制作流程是，用人参喂羊，羊鞭便粗大许多，然后割下羊鞭喂狗，狗鞭也粗大许多，再割下狗鞭切碎拌以青草喂驴，驴鞭便硕长无比，乘时牵来母驴交合，驴鞭更硕长无比，坚硬无比，乘势割下驴鞭，这便是最后的春药产品。袁本盈将驴鞭煮熟，试食一小块，立即热气满腹，阳物勃然而起，历久弥坚，袁道士大喜，欢呼研制成功。第二天袁本盈迫不及待地将驴鞭及制作秘方献给朱由崧，朱由崧大喜，重赏袁本盈并封为太常寺少卿。回到后宫，朱由崧如法食用，果然热气满腹，欲火冲天，阳具粗大坚硬犹如驴鞭。急不可耐，召来两名幼女，肆意蹂躏。朱由崧体重300余斤，又吃了驴鞭，凶猛异常，两名幼女顿时血流不止，惨死在龙床上。从此朱由崧见天玩幼女，幼女惨死不计其数，教坊间雏妓搜掠殆尽，又掠民间幼女入宫。袁本盈最无耻的发明导引朱由崧大肆奸淫幼女，此二人真造了弥天大孽！可恨，可杀！当时有人以“蛤蟆天子”与“蟋蟀相公”凑成一副对联，讽刺南明政权，这样的朝廷早预现亡国之兆。插叙完毕，言归正传。

南明政权的建立，使清廷大为震怒。多尔衮曾致书史可法，书中有“予向在沈阳，即知燕京物望，咸推司马（史可法）”之语，对史可法拉拢招降，并说，清之天下，取于闯贼，非取于明朝。史可法亦回书致答，表示坚决不降。也许是畏惧清军，也许是想偏安江南。南明政权竟做出一个愚蠢可笑的决定，派左懋第、陈洪范、马绍榆为使者，携带白银10万两、绸缎10万匹，来到北京犒劳清军，感谢大清国剿灭流贼为崇祯帝报仇及礼葬崇祯帝等事。多尔衮收下财宝，哈哈大笑。可笑之余又觉得莫名其妙，急忙召来范文程、洪承畴商议，二人均认为这是南朝畏葸的表现。于是多尔衮下令扣押南明使者（后左懋第不屈而死），接着又下令讨伐南明。顺治二年春，豫亲王多铎率大军10万从河南出发，向南明发动进攻。八旗铁骑狂飙式地推进，陷归德，克徐州，南明守将不是望风而降，便是闻风而逃，徐泗总兵高杰亦被部下杀死。真是势如破竹，不可阻挡。多铎大军很快抵达江北重镇扬州。南明王朝最是可叹、可恨，敌军压境，不是全力抗清，而是内部火并不休。明宁南侯左良玉拥兵20万驻军湖北，他本是个骁勇善战的大将，镇压闯献屡建奇功，但看不惯马士英把持朝政，出于“忠愤”，竟率军进攻南京“以清君侧”，左军战船连绵300里，顺流而下，直取南京。马士英闻报大惊，急派徐泗总兵黄得功堵击，左、黄两军互相厮杀，左良玉病死，黄得功的实力也消耗殆尽。因此，当多铎大军兵临扬州城下时，驻守扬州的史可法枉为兵部尚书，却调不来一兵一卒来援，扬州城唯有兵数千，形势真是危急。多铎派使劝降，史可法严词驳回。守城总兵刘肇基建议扬州地势高敞，可决淮河之水以灌清兵。史可法说：“决开淮河，清军未必丧尽，百姓先成鱼鳖。”于是史可法决计坚守扬州，为国尽忠。多铎见史可法不降，四面围定，大举攻城。扬州保卫战十分悲壮惨烈。清军攻势猛烈前所未有，扬州军民坚守七天，打退清兵无数次进攻，可歌可泣。然而清军用红衣大炮猛轰城池，城墙几处炸塌。清军蜂拥入城，史可法率领军民又与清军展开巷战。刘肇基战死。史可法见大势已去，拔剑欲自刎，却被副将张友福抱住，然后拥出小东门。谁知史可法死志已决，刚到城外便遭遇清军。他高呼：“我便是大明督师史可法。”清兵听他呼喊，一拥而上，乱刀齐下，顿时化为忠魂碧血。后来南朝遗民将史可法的朝袍、笏板葬于扬州城外梅花岭上作为纪念。笔者有诗赞曰：

丹心烈火守孤城，半壁江山只手擎。

十日狂屠完大节，梅花与尔一般清。

清军攻占扬州，多铎下令屠城，纵兵杀戮十日，可怜扬州军民遭了大劫均被杀尽。这就是史书上著名的“扬州十日”。

扬州失陷，南京乱成一锅粥，马士英慌忙布置长江防线，派郑鸿奎、杨文骢率军守住长江天险。然而多铎大军乘夜渡江，兵尚未登岸，明军却全线溃散，真像猫追老鼠一般，老鼠只有逃跑，并无他法。清军过江一举占领镇江。弘光帝朱由崧闻报大惊，慌忙携着几个爱妃，连皇太后及皇后也不顾，从通济门出走逃往芜湖。马士英第二日上朝，见弘光帝已溜，倒还有些良心，携带着皇太后、皇后，与阮大铖一起逃出南京。皇帝、宰相一逃，总督京营圻城伯赵之龙惊得魂飞魄散，连忙修一道降书送至多铎大营。顺治二年五月十二日，清军兵不血刃开进南京。以圻城伯赵之龙、大学士王铎（明末大书法家）、礼部尚书钱谦益（明末大诗人）为首的明朝17位侯伯、大臣偕全城绅民几千人，在大雨中匍匐道旁欢迎清军入城，一个个淋成落汤鸡，但又不得不嬉皮笑脸，真是可笑可叹。南京被占，标志着维持一年的弘光王朝终结。朱由崧逃到芜湖被总兵黄得功收留。然而清军追来，黄得功战死，朱由崧被清军活捉。多铎大喜，将其押解至北京，献俘报功。第二年多尔衮下令处死朱由崧，这个被称为“蛤蟆天子”的皇帝连同几个爱妃都被砍下头颅，可谓“牡丹花下死，做鬼也风流”。

攻占南京，活捉弘光。多尔衮欣喜若狂，又利令智昏，下令全国男性一律剃发，表示向清朝归顺。本来清军初入关时，为争民心，剃发与否悉听尊便。而多尔衮认为彼时时机未到，此时时机已到。这薙发令一颁布，全国乱作一团。几万名剃头匠被各地政府组织起来，由清兵带领，四处剃头，抗拒者立即杀死。那时剃头匠有一副担子，一头是炉子，一头是个木架，木架上方悬挂着圣旨，上写着：“留头不留发，留发不留头。”木架下方是脸盆架子。剃头匠的这副行当一直流传下来，前些年笔者还看到剃头匠还挑着这样的担子游村串户为人们理发。然而限制发型自由、强制剃头的暴政，却引起了汉族极为强烈的抵触情绪，明朝遗民十分可笑，大批投降清军倒也无所谓，改朝换代，多是如此。但见清兵要剃去头发，却如丧考妣，宁断头不断发，羞辱燃起的民族气节烈火一下子喷发。一时全国各地爆发反清起义，烽火熊熊，烟尘滚滚，复明反清的旗帜到处飘扬。潞王朱常淓被马士英等拥立，在杭州监国；鲁王朱以海由故明兵部尚书张国维拥立，在绍兴监国；唐王朱聿键在福建被郑芝龙、黄道周拥立为帝，国号隆武；明总督沈犹龙、给事中陈子龙、主事夏允彝在松江举义；明主事卢象观奉瑞昌王朱盛沥在宜兴举旗；故明总督何腾蛟拥众数十万在湖南遥奉唐王隆武年号；还有几十个明朝的宗室藩王都打起反清复明的旗号。连由明降李闯，又由李闯降清的大同总兵姜瓖也反叛清朝，在山西发动叛乱。此时全国乱了大套。这些警报传到北京，多尔衮颇为着急，急召来范文程商议。范文程道："殿下何必着急，爝火之光，何能蔽日，天戈一指，立即荡平。臣保举一人定可收拾江南残局。"多尔衮喜曰："卿举何人?"范文程说："便是原明辽蓟总督、兵部尚书洪承畴!"多尔衮召来洪承畴拱手道："先生能文能武，明朝官员大多出自先生门下，先生经略江南，我无忧矣!"洪承畴见摄政王吩咐，岂敢不应。多尔衮下令召回多铎，再派贝勒博洛、贝勒勒克德浑、固山额真叶臣受洪承畴节制，各领兵再下江南。这洪老先生真是有能耐，凭着他以前的声望，一路传檄号召，江苏、安徽的明朝军队大多投降。贝勒博洛率大军进攻浙江、福建。明监国鲁王朱以海与唐王隆武帝本是叔侄，但朱以海怨朱聿键称号隆武帝，很是不服。于是清军未到，鲁王、唐王先互相火并。博洛大喜，乘势进攻，先斩了潞王朱常淓，又招降了马士英、阮大铖。鲁王朱以海逃走。又发兵直趋福建。唐王朱聿键闻清军来，命黄道周募兵，黄道周募兵未成，反被清军俘获不屈而死。唐王逃往汀州，博洛发兵攻克汀州，擒获唐王，唐王还有些气节，绝食而死。再说，贝勒勒克德浑一军直指吴淞，沿途所经大多望风归降，苏州巡抚王国宝、松江提督吴兆胜、吴淞总兵李成栋均献城出降。接着又克常州，下崇明，陷昆山，均是一帆风顺，大获全胜。然而兵至嘉定，却遭到嘉定军民的强烈抵抗。嘉定守将侯峒曾、黄淳耀率兵拼死守卫，勒克德浑命降将李成栋为攻城前驱，这个为虎作伥的李成栋杀自己的同胞更是狠毒，日夜猛攻，向主子大显身手，嘉定军民同仇敌忾，击退清兵无数次进攻，嘉定城下清兵尸积如山。丧尽天良的李成栋，运来红衣大炮几尊，猛轰城池，城墙多被炸塌，清军涌入嘉定，侯、黄二将与清兵激烈巷战，最后均为国捐躯。清军入城，大肆屠戮。今日屠，明日屠，后日屠，可怜嘉定军民均倒在血泊之中。这就是历史著名的"嘉定三屠"。

清兵攻克嘉定，又攻克松江。兵至江阴，又遭到更加激烈的反抗。在清军未到之前，江阴早有充分准备。明朝典吏阎应元，忠勇兼备，娴熟兵法，被城中军民推为守城主帅。阎应元制造了许多新式武器，如毒矢、火砖、木铳等。毒矢箭镞上浸有毒药，射中人必死。火砖类似燃烧弹，抛过去烈焰忽起，可烧灼敌人。木铳实际上极像现代的手榴弹，内中装满易烧火药，抛过去木裂药爆，炸倒一片。清兵猛攻数十日，不是被毒矢射死，便是被烧得焦头烂额。勒克德浑急得无法，命降将刘良佐劝降，刘良佐跑到城下，向城上喊话：“区区江阴岂能久守，若能降清，封爵不在良佐之下，君应三思。”阎应元厉声道：“大明养士300年，不料出你这等伯爵，毫无廉耻，应元犹有心肝，宁为义死，不为利生。”说完城上乱箭齐发，刘良佐抱头鼠窜。清军围江阴两个多月，不能越城池一步。勒克德浑从南京运来红衣大炮几十门，置于四面日夜猛轰，城墙几处轰塌，清军潮水般涌入江阴，阎应元见大势已去，投水不死，被清军擒获，应元誓死不屈，遂遇害。清军下令屠城，城中军民10万人被难，悲壮惨烈可歌可泣。阎应元坚守江阴80日，创造了守城的奇迹。他临终留下绝笔对联一副：

八十日带发效忠，表太祖十六朝人物；
十万人同心死守，留大明三百里江山。

后来清军又向湖北、湖南、江西、广西、广东进军。左良玉之子左梦庚率兵10万投降；何腾蛟兵败被擒斩。江南、湖广、岭南均被清兵占领。在北方，尼堪、阿济格、多尔衮几次征剿大同，姜瓖叛军终被敉平。只有福建沿海郑成功、广西一部及云南、贵州桂王朱由榔的部队还在苦苦支撑。

清军初入关时，打着为明复仇的旗号，减税减赋，秋毫无犯，用兵极为顺利。但施行薙发、圈地等暴政，引起汉民极大的反抗情绪，清军为施行暴政付出了极大的代价。

【多尔衮之薨】令人惋惜，他为大清立下天大的功劳，却英年早逝。说起他的死因，笔者还须从头说起。平定东南、大同之后，多尔衮功勋盖世，气焰冲天，干了一件伤天害理之事。肃亲王豪格西征张献忠凯旋，大功煊赫，不但不奖，反而以细小的两个错误（部下冒功未究、擅自将部下吉赛提拔）逮捕入狱。几个谄媚的大臣都说死罪应诛，多尔衮格外开恩，将其幽禁。然后将如花似玉的豪格福晋博尔吉锦氏纳为己妃，并举行盛大婚礼，诸王大臣齐来祝贺。豪格在狱中闻说此事，便一命呜呼。豪格系皇太极长子，天潢贵胄，立有大功，人品忠厚诚实，本有做皇帝的资格，却被多尔衮逼死，这是满清立国几十年来宗室内部最大的冤案。此事在清室引起极大的反响。多尔衮又大施淫威，将心怀不满的郑亲王济尔哈朗降为郡王。如此，满朝大臣都噤若寒蝉，唯摄政王马首是瞻，都说多尔衮功德齐天，应再予表彰。顺治五年十一月，福临小皇帝下诏："叔父摄政王治安天下，有大勋劳，宜加殊礼，尊为皇父摄政王。"从叔父摄政王变为皇父摄政王，明眼人一看便知其中微妙。原来还在关外时，皇太极已死，多尔衮成为摄政王。皇太极之妃、福临之母庄妃博尔济吉特氏便升为皇太后，母以子贵，便揆掌后宫大事。年轻美貌的庄妃，守不住闺房寂寞，对气宇轩昂、英武雄健的多尔衮屡屡挑逗。庄妃美艳无比，且极有智慧。她钟情多尔衮并非只满足性欲，最重要的原因是她想借多尔衮之势保护她的儿子福临。多尔衮当然更是睿智，虽然贪庄妃之色，但更需要的是借太后和小皇帝的尊位把持朝中大权。两人一经勾搭，便一拍即合。以后多尔衮出入后宫如出入家门一般。两人的结合，既是灵与肉的结合，更是政治交易。清军入关，多尔衮出生入死打天下，庄妃非常感激，朝中大事全力支持，庄妃苦心可鉴，都是为保儿子福临的皇位。那多尔衮自从纳了豪格之妻，日夜纵乐，却把元妃大福晋活活气死。毕竟是结发元配，元妃大福晋一死，多尔衮怏怏不乐，偏有几个大臣如范文程、何洛会等人窥视多尔衮心思，向多尔衮密献好计。征得多尔衮同意，这些大臣联翩上奏，说什么摄政王新丧元妻，而皇太后寡居宫中，皇父、皇太后应同宫合居，以尽皇上孝思云云。兄长亡故，弟妻其嫂，原是满族的风俗，在当时并不丢人现眼，庄妃见到这些奏章，内心欢喜异常，明媒正娶比幽会偷情更是方便舒畅，便借顺治皇帝的圣旨准奏。于是举国庆贺，共祝太后下嫁，摄政王新婚。这便是野史上津津乐道的清初三大疑案之一的"太后下嫁"。这段姻缘原载《东华录》，据闻以后在乾隆朝时，乾隆皇帝阅读《东华录》之后，为先人美事脸红蒙羞，便令纪晓岚重修《东华录》，将这段好事删除。

所以清朝的所有官修史书对此事讳莫如深。按说如此大事，应诏告邻国，但便是保存完好的朝鲜历史档案也无此事记载。明末的诗人张苍水诗云：

上寿觞为合卺樽，慈宁宫里烂盈门。

春官昨进新仪注，大礼恭逢太后婚。

这明明是指“太后下嫁”。作为政治讽刺诗，本不能成为信史的证据，但最起码可证明慈宁宫里居住的太后“婚嫁”已是当时传闻天下的马路消息。总之，“太后下嫁”还有待后世学者进一步研究，宁可存疑，不可斥为无稽之谈。

多尔衮英雄好色，欲猎尽天下美色而后快之。太后、豪格福晋并不能满足他的欲望。他以出猎为名，驰出关外，跑到连山。他的亲信何洛会早在连山为他修建了一所豪华的别墅。不几日，朝鲜国王李淏派使者送来两位美女，朝鲜妇女以皮肤白皙闻名于世，这两位佳人，不仅皮肤白皙，姿容艳丽更在中原妇女之上。而两美人正是朝鲜国王的两个妹妹，正儿八经的朝鲜公主。原来当年多尔衮进攻朝鲜，攻克江华岛时，见到两个小女孩，当时只有八九岁年龄，姿容却出奇的俏丽。当时被俘的朝鲜老国王李倧，见多尔衮盯住两个女孩不放，便讨好多尔衮说待到及笄年龄一定送多尔衮为妃。这些事何洛会很是清楚，必定是他威逼朝鲜将公主送来，以讨好多尔衮。多尔衮见了两位佳人，喜不自胜，立即举行成婚典礼。随行的王公大臣齐来祝贺摄政王又得新欢。当夜，多尔衮步入洞房，左拥右抱，演了一场独龙斗双凤的风流戏。此后连续半月，带着两名爱妃行围打猎，带着美人打猎，滋味更是新鲜快乐，早把太后与豪格福晋抛到九霄云外。多尔衮不能在连山久留，于是将两个爱妃安置在喀喇城。这个喀喇城是多尔衮新建的避暑胜地，是他用加派的直隶等九省地丁银250万两修建的，喀喇城修建了很多宫殿，又有广阔的游猎场，异常豪华广大。将爱妃藏之金屋后，他又匆忙赶回北京。回京后，他又矫诏将生母太祖之妃阿巴亥封为皇后，又加谥号，并且入袝太庙。阿巴亥是为努尔哈赤殡葬的妃子。当年多尔衮、阿济格、多铎见母亲被活活埋葬在地下，悲愤异常。现在为母亲加了封号并入祔太庙，心中出了一口恶气，快慰至极。顺治七年十二月，多尔衮背着太后又去喀喇城围猎，这一次与前次不同，疾病已侵入肌骨，他面容憔悴，感到浑身疲软。但见到两个朝鲜爱妃又不得不强打精神和一对姊妹花虚与周旋。一个病夫哪经得起夜夜戕伐，不消几日，一位魁伟雄奇的盖世英雄竟变成骷髅鬼一般，接着又大口地吐血（似为肺痨）。多尔衮自知不祥，急召来其兄阿济格交代后事（其弟多铎已出痘而死），两人密谈许久，无人知其机密。当夜，两个朝鲜美人哭声连天，大臣们进室一看，一代英雄多尔衮直挺挺地躺在床上，两眼翻白，死不瞑目。时在顺治七年十二月初九。

多尔衮的灵柩由阿济格护送回京。福临白衣缟服，亲至东直门，迎接灵柩，但郑亲王济尔哈朗率卫士将阿济格逮捕，说是犯有谋反大罪（阿济格后被福临赐死）。第二日，福临颁下圣旨，内有“王扶立朕躬，平定中原，至德丰功，千古无二”之语。并尊封多尔衮为义皇帝，庙号成宗。又以帝礼葬之，举国哀悼。福临对多尔衮死后的待遇，可谓旷古罕闻。多尔衮真正是生荣死哀。然而这都是表面文章，全是碍着母后的脸面，其实福临内心对多尔衮恨之入骨，恨他专权，恨他跋扈。果然，在多尔衮死后一个月，以济尔哈朗、苏克萨哈为首的诸王大臣窥准福临心思，告发多尔衮种种大逆不道的罪状。其中主要有下葬时僭用帝服、大东珠等违制宝物，还有逼死豪格、强纳豪格之妻等。中国人有“打死老虎”的特长，济尔哈朗首先发难，大臣们纷纷效法，你一本，我一本，弹劾多尔衮种种不法之状。这些弹劾奏章，正中福临下怀。此时孝庄太后已探知多尔衮私纳朝鲜王妃之事，醋性大发继之雷霆大怒，发下懿旨催办谋逆之案。随即福临发下圣旨，削去多尔衮王爵及以前所有的封号、谥号。并抄没家产，毁其陵墓，砍头鞭尸。其生母阿巴亥的神主牌位也被撤出太庙。多尔衮生前亲信何洛会、胡锡等大臣都被凌迟处死。大学士范文程也给予革职留任的警告处分（范老头人缘好，还算幸运）。总之，多尔衮生前的煊赫，与死后的惨状形成强烈的对比，真令人感慨不已。

几十年后，乾隆皇帝为多尔衮平反。他说：“朕念王果萌异志，兵权在握，何事不可为?！乃不于彼时因利乘便，直至身后始以殓服僭用龙衮，证为觊觎，有是理乎！”乾隆之言分析精辟至极。当年多尔衮兵权在握，废掉孤儿当皇帝真是易如反掌。真皇帝他不当，死后穿一件龙衣、放几颗东珠，有什么异志！而且清廷已经将他尊封为义皇帝，庙号成宗。即使穿了龙衣，也是名正言顺，这显然是诬陷。

多尔衮之薨，标志着一个英雄时代的结束。他一生南征北战，随太宗征朝鲜、定蒙古，屡屡重创明军。又尽心力扶持福临，入关定鼎，统一华夏，其盖世功勋，丝毫不让太祖、太宗。虽有薙发、圈地等暴政，但瑕不掩瑜，仍然是一个伟大的中华民族英雄。他是一个奇男子，是无冕之王、不帝之帝。他那睿智英武的风采，将永远闪耀史册。笔者情不自禁，吟诗赞之：

旷世英雄出满洲，金戈铁马统貔貅。
西征蒙古逞天纵，东伐朝鲜到海陬。
定鼎燕京清北阙，鏖兵江表下南州。
可嗟血性奇男子，累死沙场恨未休。

【追击桂王】是福临亲政以后最大规模的用兵。这场战争旷日持久，历时13年，直到顺治十六年方才基本结束。在多尔衮在世之日，反抗清朝的福王、鲁王、唐王等几个小朝廷已被他消灭殆尽。而明朝的另一藩王桂王朱由榔在广东肇庆称帝，改元永历。原明总督何腾蛟拥兵几十万占据湖南、江西，表示坚决拥护永历帝。明降将姜瓖也在大同发动叛乱，几乎占领山西，遥奉永历正朔。这样永历小朝廷实际控制的地盘有两广、湖南、江西等地，与清廷分庭抗礼，可谓势力浩大。当时的摄政王多尔衮，连续派济尔哈朗、博洛、勒克德浑及三个汉奸孔有德、耿仲明、尚可喜等率兵进剿。永历小朝廷的军队抵挡不住清军的猛烈进攻，何腾蛟被擒斩，大学士瞿式耜被俘不屈而死。湖南、江西、两广均被清军相继占领。永历帝朱由榔被清军一路追赶，惶惶如丧家之犬，四处奔逃，真是陷入绝境，走投无路。然而天无绝人之路，明祀尚未到灭绝的时候，盘踞云南、贵州的孙可望，突然表示联明抗清，向永历朝廷奉表称臣，竟派兵到南宁，将朱由榔迎到贵州安隆。孙可望何许人也？他原是农民军张献忠的大将，清军攻破四川，张献忠被杀，但张献忠的四个义子孙可望、李定国、刘文秀、艾能奇等还拥兵几十万，他们逃出四川，攻占云南、贵州，孙可望竟自立为王，国号后明。孙可望颇有政治头脑，认为自己是流寇残部，在当时声名狼藉，若想不被清军消灭，必须联明抗清。而朱由榔是当时仅存的明王朝朱家嫡派子孙，拥护他，打起反清复明的旗帜是最佳策略。他将永历帝迎到贵州，又逼永历帝封他为秦王。掌握了小朝廷大权，孙可望很有进取之心，立即派李定国率军8万进攻广西，李定国原在张献忠的义军时就以智勇双全、勇猛善战著称，他的兵锋极为锐利，连续攻破沅靖、武岗、全山，清定南王孔有德的主力均被消灭。李定国驱兵穷追，乘胜包围广西首府桂林，日夜发动猛攻，孔有德抵挡不住，城破之时竟自刎而死。这个自称孔子后裔的大汉奸，为清廷卖命半生，至此得到应有的下场。清廷得到广西全境失陷、孔有德自杀的败报之后，福临异常震怒，因为这是清军入关后的第一次败绩。顺治九年八月，福临命敬谨亲王尼堪为帅，率军自湖南进攻广西，尼堪是努尔哈赤之孙，褚英之子，南征北战，屡立战功，是清朝最骁勇的将帅之一。他率军到达衡阳，便与从广西赶来的李定国大军遭遇。李定国知尼堪威名，认为只可智取，不可强攻。李定国对清军发动佯攻，两军刚一接仗，李定国立即后退。骄横一世的尼堪认为李定国不堪一击，驱兵大进毫无顾忌。在追至20里外，被李定国预先埋伏的大军包围。李定国以大象为前驱，张牙舞鼻，向清军扑来，接着以大军继后痛击清军，清军全军溃散，尼堪亦死于明军乱刀之下。李定国第一次与清朝正规部队八旗军交战，便斩杀其主帅，大获全胜。全军欢声雷动，热泪盈眶，高唱岳飞的《满江红》："……壮志饥餐胡虏肉，笑谈渴饮匈奴血，待从头收拾旧山河，朝天阙。"场面激昂，气氛悲壮。当时的明朝遗民、著名学者黄宗羲听到消息后激动地说："李定国桂林、衡阳之捷，连蹶清朝两名王，天下震动，即便是明朝全盛时期也不可能做到。"尼堪被杀，败报传回北京，清廷朝野大惊，痛呼："国家开创以来，未有如今日之挫辱者也。"福临更感惊惶："我朝用兵，从无此失。"确实李定国大败清军连歼清朝两个亲王，为汉族出了一口恶气。随后李定国返军杀回广东，攻克肇庆，又包围新会几个月，清朝在新会的守军几乎饿死殆尽。清军主力来援，李定国被迫退出广东。然而李定国战败清军的功绩，使孙可望大为嫉恨，连连设计谋害李定国。又大施淫威，逼迫永历帝。永历帝忍无可忍向李定国求救。李定国将永历帝救出虎口，迎回云南昆明，君臣相见，相拥而泣，李定国发誓为永历帝效忠，抗清复明。永历帝封李定国为晋王。心胸狭窄的孙可望见奇货永历帝被李定国夺取，极为恼怒，竟发兵 14 万进攻昆明。当时昆明守军只有 3 万，永历小朝廷真是危在旦夕。然而孙可望倒行逆施，部下怨恨已久。孙部大将白文选临阵倒戈，投向永历王朝。白文选大呼："迎晋王，迎晋王。"孙可望 14 万人马顿时土崩瓦解。孙可望率残部逃脱，逃到贵阳，贵阳守将冯双礼怒斥孙可望背叛天子，闭门不纳。孙可望陷于绝境，走投无路之下，向清朝洪承畴大营投降。福临对孙可望降清大喜过望，对其优礼相待，将其封为义王。孙可望不负清廷厚遇，将云南地理形势、军事部署等如实报告，并愿为向导，建议清廷向云贵进军。李定国与孙可望内讧火并，极大削弱了永历朝廷的势力，北伐复明已成为不可实现的奢望。而孙可望降清，又给清廷提供了平定云贵的良机。顺治十五年，福临下旨平定云贵，命吴三桂、洪承畴、都统卓布泰为帅，分别从湖南、汉中、广西三路出发，兵锋直指云贵。清军三路大军会师于贵州，贵州明军不堪一击，纷纷投降，很快贵州全境被清军占领。清军乘胜追击直扑云南，此时李定国却遭到永历朝廷大臣的反对，说他专权误国，于是李定国愤而率军退据滇西。清朝大军攻克昆明后，吴三桂率兵追击李定国，在腾越磨盘山遭到李定国的伏击，清军大败。这是李定国打败清军的最后一次记录。随后他率军驻于中国、缅甸边境一带，等待时机，以图恢复。李定国忠义薄云天，屡创清军，扶持永历王朝长达 13 年之久。他忠贞不屈、艰苦卓绝、百折不挠的精神，创造了一个划时代的奇迹。就连清廷朝野也对这位忠义勇武的军事天才赞赏不已，把他比做元朝扩廓帖木儿式的英雄。清朝末年，章太炎在日本发表反清演讲："愿吾滇人，勿忘李定国；愿吾闽人，勿忘郑成功；愿吾越人，勿忘张煌言；愿吾桂人，勿忘瞿式耜；愿吾楚人，勿忘何腾蛟；愿吾辽人，勿忘李成梁。"章太炎将李定国排在明末抗清英雄之首，可见李定国精神对后世影响之大。不过李定国由一个农民起义的领袖，嬗变为没落王朝的忠臣，谁能料到！用阶级分析法是说不清的。然而永历帝朱由榔却被清军的威势吓破了胆，恢复大明的理想早已丧失殆尽，在清军的追逼下，他惶惶逃入缅甸，寻求保护。缅甸国王莽达将其随行军队1000人全部缴械，将永历帝君臣几百人圈禁在深山荒谷，衣食无着，处境十分凄惨。

李定国退至中缅边界，朱由榔逃到缅甸，标志着永历小王朝已基本覆灭。福临对永历朝用兵10余年，云南、贵州终于纳入大清王朝的版图。抵抗清朝的明军残余势力，只剩福建沿海的郑成功的部队。

【郑成功光复台湾】是中国历史的大事，笔者不得不郑重述之。说起郑成功光复台湾，必从他奋勇抗清说起。郑成功之父郑芝龙原是海盗，后被明朝招抚，长期任为福建总兵。南明王朝被灭后，郑芝龙与黄道周等人在福州拥立唐王朱聿键为帝，建号隆武。清贝勒博洛率军入闽，黄道周被俘不屈而死，唐王逃到汀州亦被清军擒获绝食而死。唯独郑芝龙贪图富贵投降清军，被清廷封为同安侯。郑成功素怀忠义，见父降清，羞愧难当。郑芝龙多次发书劝降，郑成功誓死不从。他在厦门招募人马，训练水军，奉永历为帝，发誓反清复明。永历帝将他封为延平郡王，他叩头再谢，感谢非常，并将厦门改为思明州。父降清，儿抗清，一时传遍天下。四方遗民义士都投奔其麾下，兵力猛增，声势浩大。从此，他以厦门为基地，屡屡进攻清军。福建沿海四府十二州均被郑军攻破。清廷闻警，命闽浙总督陈锦率兵进剿，两军水师战于海上，一场鏖战，清军大败。福临闻清军败绩，下旨再次招降郑成功，封其为海澄公。郑成功怒斥清使："我是明臣，不受清封。"坚决不降。福临一怒之下，将郑芝龙削去侯爵，流放宁古塔（后被处死）。顺治十六年，清军攻克昆明，永历帝危急，郑成功为报复清军，率军17万进攻南京，兵锋所及，锐不可当，大军攻克镇江后，将南京团团围住。郑成功先祭明孝陵，然后攻城。郑军日夜攻城，清军力衰难支。清朝两江总督郎廷佐，最是狡猾，派使向郑成功求降，说是南京人心不稳，容他慢慢劝导，半月之内必定献城出降。郑成功大喜，当即应允，按兵不攻，守株待兔，专等郎廷佐出降。然而这正是郎廷佐的缓兵之计，他一方面与郑军虚与周旋；另一方面整顿兵力继续守城，等待清军主力来援。不到半月，江南提督梁化凤率水陆两军来援，梁化凤夜间发兵突袭郑成功大营，郑军毫无防范，顿时大乱。此时郎廷佐开城出击，郑军两面受敌。郑成功见状长叹一声，下令撤军。南京为东南首府，郑成功围攻南京，着实让福临吃了一惊，他下严旨，不惜代价歼灭郑成功。于是靖南王耿继茂由广东攻入福建，闽浙总督李率泰、福州将军达素出漳州，两军合攻厦门。郑成功奋勇抵抗，将两路清军击退。但是郑军内部亦人心惶惶，许多将领竟投降清军，其中包括亲信黄梧与施琅。郑成功见清军不断进攻，厦门不可久持，便有了到台湾去发展的念头。台湾自古以来便是中国的领土，早在东吴时期，孙权曾派军驻守。明朝末年，荷兰人泛海而来登上台湾岛，起初是当作贸易的停泊处，后来大批荷兰人带着枪炮移居台湾，当地土人无力反抗，于是台湾成了荷兰王国的属地，派驻总督治理已有 38 年之久。当年郑芝龙做海盗时，常来台湾停泊休整。郑成功自幼便随父出海，对台湾地理形势十分熟悉。顺治十八年三月，郑成功率军 3 万人、战舰 300 艘，自金门科罗湾出发，经澎湖，于三月二十五日夜间，出其不意乘海潮从鹿耳门、禾寮港两处登陆。荷兰人猝不及防，纷纷溃逃。接着大军攻克赤嵌城，荷兰红毛子不战自降。郑成功麾兵大进，乘势包围首府台湾城。台湾城被郑军围困九个月，荷兰人弹尽粮绝，荷兰总督揆一率残兵败将900 人叩头出降。顺治十八年（1661 年）十二日十三日，郑成功占领台湾全境，结束了“红毛子”38 年的殖民统治，台湾又一次回到祖国的怀抱，郑氏此举，光照千秋，永远值得国人敬仰。自此，郑成功在台湾设置政府，派遣官吏，治理台湾。永历帝死后，他不称帝仍称王，与大清朝隔海对峙，分庭抗礼。郑成功收复台湾无愧中华民族英雄之称号，笔者述至此感奋异常，为诗赞曰：

闽山灵气毓豪英，血性男儿志纵横。
移孝作忠昭竹帛，驱荷抗满势峥嵘。
兵屯台岛千秋颂，心与梅花一样清。
何日春风吹两岸，焚香共祭郑延平。

【福临之崩】是传奇而神秘的一幕，至今史学界对他的离世争论不已，有出家为僧说，有痛失爱妃郁郁而死说，有出痘而死说，被称为清初三大疑案之一。最近史学界通过对清室档案的多年研究，认为出家到五台山为僧是民间传说，爱妃董鄂氏之死是诱因，真正死亡的原因是福临患天花而死。

天花是当时蔓延世界的传染病，从外国传入中国当在宋朝中（一说东汉就有天花病发生），这种病传染性极强，一旦患病，全身出满红痘，几日后溃烂，不久即死，无药可治。侥幸不死，浑身满脸留下瘢痕，成为奇丑无比的麻子。人们提到天花，谈虎色变，恐怖不已。蒙古察哈尔林丹汗、豫亲王多铎，史书上明确记载，均是出痘而死。顺治初年，蒙古草原天花蔓延，福临闻之惊恐万分，下旨禁止蒙古各部入京进贡，因此蒙古停贡长达六年之久。福临为躲天花，经常独居深宫不敢外出，有时觉得北京人杂也不安全，竟到热河一住几月躲避天花。那时人们对天花除了恐怖，毫无了解，或认为是痘神作怪，于是全国人民穿着花衣祭祀痘神。后来人们惊奇地发现出痘侥幸不死者，终身不再感染天花。福临帝也知道这个道理，因此他听从汤若望的建议，将出过天花的第三子玄烨立为太子。总之，天花恐怖可怕，无药可治，一旦流行死者成千上万，比之当今的艾滋病还要恐怖可怕百倍。但所幸的是，后来中国的医者，从出痘不死可获免疫中得到启示，发明了人痘疗法，就是将痘浆抹入鼻内，或者将痘痂研成粉末吹入人的鼻内，如此人们不出痘或者轻出痘。这种人痘疗法后来传入欧洲、印度等国，不知救活了多少天花患者。人痘疗法的治疗效果仍是有限，只能治疗三分之一的患者，大部分患者只能在痛苦中死去。直到18世纪初期，英国医生真纳，从中国的人痘疗法受到启示，发现了牛痘种植法，从牛痘中提取液汁，种入人体，几年一种，可获永久免疫力。牛疫种植法的普遍应用，天花终于被制服。20年前，联合国卫生组织宣布天花在世界范围内被消灭。不知名的中国人痘疗法的发明者及牛痘种植法发明者英国医生真纳拯救了人类，他们的大名应用金字书写于历史丰碑之上，全世界人民将永远纪念他们。

人痘疗法据说始于宋朝，但在顺治时还未普遍应用，对疗法认识还很茫然。作为万金之躯的皇帝，对天花怕得要死的福临，决不敢把痘痂、痘浆喷入鼻内来试验，等待他的只能是死亡。

福临死于天花是肯定的，但天花病毒一般袭击身体虚弱的人。福临还年轻，只有24岁，在这之前他对尘世万念俱灰，再加上因爱妃死去的过度悲痛，使他的身体虚弱不堪，虚弱的身体又染上天花，岂有不死之理。因而有史书说福临帝死于“色”、“空”二字，不无道理。

先说“空”。“四大皆空”是佛门对尘世的看法。福临自幼受母亲孝庄太后的感染，就受到佛教的影响，及长竟笃信佛教，愿读佛经，愿与僧人为友，愿到佛寺游览。他经常说：“朕前生必是僧人，一至佛寺便觉心静神怡；回到宫中便觉心烦意乱。”许多僧人都奉承他，说他是慧根佛心。老实说，在多尔衮摄政时，他童心无忧，算是个欢乐的孩子。但是福临亲政以后，日理万机，国家大事都压在他的头上，国家初造，百废待兴，各地反清活动此起彼伏，这些事搅得他烦躁不安。他没有感到皇帝的无上尊贵，反而感到厌倦烦恼，清室家法极严，他必须按祖训早起晚睡地去上朝理事，批奏章，真是身心疲惫，万念俱灰，对尘世十分厌恶。于是闲下来便一头钻进佛事，寻取清静。他无休止地召见高僧研究佛法，通宵达旦，乐此不疲。他还多次吵着闹着要出家当和尚，要不是孝庄太后阻拦，也许他早遁入空门。真是“不爱江山爱法门”。顺治八年，厄鲁特固始汗率军入藏，把达赖喇嘛扶上布达拉宫宝座，开创了达赖喇嘛政教合一执掌大权的先河。对达赖喇嘛这尊活佛，福临羡慕不已，竟下旨宣召达赖入京晋见。达赖喇嘛也对这位“佛心天子”心仪不已，一闻宣召，欣喜若狂。顺治九年三月，五世达赖喇嘛阿旺罗桑嘉措率领僧俗官员3000人，浩浩荡荡到北京朝谒天子。福临对达赖晋京，万分重视，拨国库银9万两为达赖修建行宫，也就是现在的北京西黄寺。达赖到京，受到极其隆重的待遇。一位是“佛心天子”，一位是在世活佛，两人一见倾心，相见恨晚，仿佛是前世佛侣。达赖喇嘛虔诚地为福临帝诵经祝福，并表示西藏永远接受中央政府的管辖。福临龙心大悦，封五世达赖为“西天大喜自在佛所领天下释教普通赤喇旦达赖喇嘛”。这是清廷给予达赖至高无上的荣誉。达赖归藏时，又带走朝廷赐给他的数量极为庞大的金银财宝。福临接受达赖朝觐，是福临心向佛门的佐证，这还在其次，更重要的是政治意义尤其巨大，西藏自古就是中国领土，最迟在元朝便入中国版图，明朝时西藏亦受到中央政府的直接管辖，五世达赖朝觐清朝皇帝，接受清廷册封，表明西藏作为中国领土接受中央政府管辖又在继续。

过去有许多稗官野史说福临到五台山出家为僧，以后康熙皇帝六上五台山寻父，都是些经不住考证的民间传说，但能证明福临确实有过“弃天下而为僧人”的念头。总而言之，福临看破红尘，心仪空门，是不争的事实。

天柱山藏经阁有福临遗诗一首，现抄录如下：

天下丛林饭似山，钵盂到处任君餐。
黄金白玉非为贵，惟有袈裟披肩难。
朕为大地河山主，忧国忧民事转烦。
百年三万六千日，不及僧家半日闲。
来时糊涂去时迷，空在人间走一回。
未曾生我谁是我？生我之时我是谁？
长大成人方是我，合眼朦胧又是谁？
不如不来又不去，来时欢喜去时悲。
悲欢离合多劳虑，何日清闲谁得知？
若能了达僧家事，从此回头不算迟。
世间难比出家人，无忧无虑得安宜。
口中吃得清和味，身上常穿百衲衣。
五湖四海为上客，皆因夙世种菩提。
个个都是真罗汉，披搭如来三等衣。
金乌玉兔东复西，为人切莫用心机。
百年世事三更梦，万里乾坤一局棋。
禹开九州汤放桀，秦吞六国汉登基。
古来多少英雄汉，南北山头卧土泥。
黄袍换得紫袈裟，只为当年一念差。
我本西方一衲子，为何生在帝王家？
十八年来不自由，南征北战几时休。
我今撒手西方去，不管千秋与万秋。

这首遗诗，极像福临口吻，笔者不知是真作还是伪托，如果是真，他确实对人生大彻大悟。虽不能当作福临出家为僧的依据，但可以看到他厌恶尘世、倾心佛法的思想。

再说“色”。福临皈依佛法是真，但他事实上并不遵守佛门戒律，一切视为“空”，而对“色”却沉迷其中不可自拔，真是罪业。他小小年纪，从16岁到24岁，一共纳了19个后妃，真是个“多情种子风流帝”。被他封为“通玄教师”的德国牧师汤若望就说过“他肉欲十分发达”。你想，19个女人争着与一个少年天子共枕同床，夜夜戕伐，小皇帝哪能受得了，其结果必然是龙体疲软如泥，虚弱不堪。其实福临的婚姻并不美满如意，他的元配皇后博尔吉锦氏，他看不上眼，不久贬为静妃，打入冷宫。后立的皇后也是蒙古科尔沁格格，也看不上眼，皇后只能守空帷而哀叹。后来他又纳了一个妃子，是内大臣鄂昌之女董鄂氏，生得天姿国色、美艳绝伦，福临一见钟情，惜之如命。福临上朝回宫疲惫不堪，董鄂妃像一只依人小鸟，扑入他怀中，他感到天地间的欢乐，只集中在此时此妃。真是“回眸一笑百媚生，六宫粉黛无颜色。后宫佳丽三千人，三千宠爱在一身”。并将她破例封为皇贵妃。自从有了董鄂妃，他爱情专一，夜夜专房，欢乐无比，将佛法置之脑后，然而好景不长，仅仅过了三年，这位貌如娇花、身似弱柳的董鄂妃便香消玉殒，驾鹤西游，一病而亡。福临抚尸大哭，寻死觅活，痛不欲生。要不是太后及大臣拦住，早已殉情而去。为这个女子的死，他做到了能做的一切，辍朝五日，追谥为皇后，大赦天下，命全国服丧，甚至赐死宫女为其殉葬，并亲制祭文哀悼芳魂。后世野史上说所谓董鄂妃就是秦淮艳妓董小宛。但确凿的史科证明，董小宛爱的是大名士冒辟疆。她的年龄要比福临大得多，不可能与福临共偕龙凤之欢。董鄂妃就是董鄂妃，与董小宛风马牛不相及。福临与董鄂妃的爱情是一段凄婉传奇的故事，又是一个悲剧。悲剧的结果，福临伤心到极点，身体也虚弱到极点。如此虚弱的龙体，天花病毒乘虚而入，于是不治而崩。

顺治十八年十月初九，福临崩于养心殿，在位18年，仅活了24岁。他名为福临，但命薄福薄，他和后来的同治帝是清朝最短命的皇帝。死后被谥为章皇帝，庙号世祖，葬于遵化清东陵之孝陵。死后颁下遗诏，这是一道罪己诏，反省为帝为政的往事，惶恐多悔，十分沉痛深刻。他在遗诏中罗列自己 13 大罪状：①不能效法太祖、太宗，渐染汉俗，抛弃淳朴，以致国治未臻，民生不遂。②受皇太后恩养，子道不终，孝恩未尽。③弃母而去，致太后无限哀痛。对诸王贝勒爱护不周，晋接既疏，恩连遂少。④对满州诸臣，不能信任，有才莫展。委任汉官，使满族大臣无心任事，精力懈弛。⑤不能延纳人才，以至于常感举世无才。⑥见贤而不能举，见不肖而不能斥。⑦国用浩繁，兵饷不足。而国库银多用于宫中，厚己薄人，益上损下。⑧经建宫殿，糜费甚多，不体民艰。⑨追奠董鄂妃，过于优厚，不能以礼止情。⑩设立十三衙门，任用太监。⑪常图安逸，燕处深宫，不能经常接见朝臣，造成上下堵塞，不能交通。⑫自恃聪明，不愿纳谏，以致臣工缄默，不肯进言。⑬有错不改，在表面上反省，实际是文过饰非。以上是遗诏中所列、福临自己反省的 13 条大罪，细细分析，是发自肺腑之言，着实沉痛深刻。比之夏禹罪己、汉武帝轮台罪己，有过之而无不及。作为封建帝王反省检讨如此，笔者表示敬意。

遗诏还命令，以第三子玄烨为皇储，服丧 27 天后即皇帝位。又命索尼、苏克萨哈、遏必隆、鳌拜四个勋旧为辅政大臣。

福临是清朝入关后的第一个皇帝，承上启下，意义非凡。他在位 18 年，前七年睿亲王多尔衮摄政，他年幼无事可做。他亲政之后，明桂王称号于西南，郑成功抗命于东南，国事多艰，一身承担，平息战乱，初定大局，其功不可抹杀。在文治方面，他勤政爱民，孜孜求治，且广施仁政，留意民生，革除苛捐杂税，又开科取士，任用汉人，睿智而怀大度。年纪虽轻，智力超群，弥留之际，深刻反省，责己罪己，古今君王鲜能如此。总而言之，他是一位勤政爱民、治国有方的英明君主。前代史家论及他的过失，只对他设立内宫十三衙门颇有指责，这是对的，太祖、太宗在关外，都没有使用太监。而他接受明朝的恶习，重新使用阉人，导致这个丑恶的太监制度又延续 270 余年。然而笔者认为，福临最大的错误，是对多尔衮的态度。多尔衮戎马一生，军务倥偬，南征北战，从无稍息，死去之前，还西征大同。他的早死虽有亲女色的原因，但实际上是累死的。他定鼎中原的大功暂且不论，他对福临从扶立到摄政，是忠心不二的，根本没有篡位的野心。多尔衮对大臣只巴结他而疏远福临十分讨厌，多次告诫大臣首先要忠于皇帝。有个叫文锡的大臣劝福临驾临摄政王府看望多尔衮。福临驾临王府，多尔衮诚惶诚恐。后来得知是文锡怂恿，非常震怒，立即将其逮捕治罪。诚然多尔衮曾跋扈专横不可一世，这和他的盖世奇功相比，又算得什么！所有的史书记载，多尔衮没犯过欺君之罪。可是福临对他始宠而后贬，用人时无限吹捧，人一死便横加罪名，甚至削爵抄家，挖墓鞭尸，何其寡情冷酷，忘恩负义！难道真是功高震主，“狡兔死，走狗烹”吗？福临之为，真让后世功臣寒心。无论如何，这是他抹不掉的污点。

千古圣明唯此皇

——清圣祖　玄烨

清圣祖康熙皇帝爱新觉罗·玄烨

（1654—1722 年）

智擒鳌拜建奇勋，横扫三藩灭不臣。

台岛收回成一统，千秋万世颂英君。

顺治十八年正月初七，清世祖福临因出痘崩世，遗诏立第三子玄烨为帝，并命索尼、苏克萨哈、遏必隆、鳌拜四大臣辅政。这是清朝自努尔哈赤开国以来第一次预先选定皇储。说来可笑，玄烨只有八岁，上面还有兄长福全，按序未必能立。只是因为他曾出痘幸存，具有抗天花的免疫力，由德国牧师汤若望推荐，才被对天花恐惧万分的福临立为太子。

玄烨，顺治十一年生于大内景仁宫，母亲佟佳氏，是清朝名门望族、开国元勋佟养性的后代。佟养性曾任汉军都统，于是有人认为佟佳氏是汉族，但有的学者认为佟家世居赫图阿拉，应是地道的满族。《清史稿·圣祖本纪》说玄烨生来“天表英俊，岳立洪声”，意思是他一生下来，就有帝王的仪表，而且非常英俊。站起来，就像山岳一样高大，说话的声音如同钟鸣。对于他身高音洪，想必尔然。但说他“英俊”，笔者不敢苟同，因为他出过天花痘。他的尊容应该像一块人丹模板，俗称大麻子才对。有一次，父皇福临召见玄烨和其兄福全，问两个孩子的志向。福全说：“愿为贤王。”而玄烨说：“愿效法父皇。”福临对玄烨的回答十分惊喜，他当时只有六岁，不仅表现聪睿，而且志存高远。志向远大，睿智非凡，是玄烨最基本的特质，他确实天赋极高，用现代的说法，就是智商极高，是个神童式的小孩，聪慧而早熟。他五岁启蒙读书，从此孜孜不倦，时常读至半夜而不眠，为此竟吐过血。所以他八岁登基，不能将他视为寻常顽童，他已经知书明理、初谙世事了。按照遗诏，他服丧 27 日，正式登上皇帝宝座，以明年为康熙元年。“康熙”是取天下安宁昌盛之意，这个年号可视为他的施政目标。登基伊始，他便下旨诛杀不法太监吴良辅，接着又撤销内宫十三衙门，这些衙门全由太监把持，是世祖当年所建。这一举动，非同凡响，一时朝野拍手称快，对小皇帝另眼看待。当然这很可能是孝庄太皇太后或者是辅政四大臣的主张，但笔者不怀疑，天资颖异的小玄烨有这种能力。当年十二月，云南前线传来吴三桂与爱星阿的捷报，称清军攻入缅甸，迫缅王交出明永历帝朱由榔，云南彻底平定。内撤十三衙门以立皇威，外平云南以扬国威。玄烨登基开张，十分顺畅。

【追杀永历帝】平定云贵，是玄烨登基后国家发生的大事件，这还须从头说起。自从清军占领昆明，永历帝朱由榔被逼逃入缅甸境内，缅王莽达惧清军势大，将永历帝君臣幽禁起来，境况十分窘苦。李定国当时在景线拥兵数万，闻永历帝受辱，万分焦虑。向缅王致书多封，要求迎回永历帝，缅王不肯。李定国又率军攻入缅境，缅甸坚壁固守，李定国无奈退回景线。永历帝逃入缅甸，已是穷途末路，可悲可悯，连清廷上下都认为明祀仅存一线，明帝命悬一缕，不可紧逼，但是吴三桂屡屡上书清廷，说是不杀明帝，后患无穷，应斩草除根云云。清廷不置可否，吴三桂便率大军10万攻入缅甸，以兵威逼迫缅王交出永历帝。当时缅王莽达已被其弟达姆摩弑杀。达姆摩欲借清军势力镇服国民，遣使投书吴三桂，声称缅甸国臣服大清朝，愿意献出永历帝作见面礼。吴三桂大喜，令限期交献。缅王立即发兵3000将永历帝住所团团围住，说是要在咒水边誓盟，让永历帝身边的大臣、太监先饮咒水。结果文安侯马吉翔、晟国公沐天波等数十人全被缅军杀死，只剩下永历帝及几个后妃、皇子。永历帝恐惧万分，立即修书一封，遣使送呈吴三桂大营。这份大明永历帝致大清平西王殿下的书信很长，字字血泪，声声呜咽：

>……将军不避险阻提数十万之众，穷追逆旅，何以视天下之不广哉？岂天覆地载之中，犹不容仆一人乎？抑封王赐爵之后，犹欲歼仆以邀功乎？既毁我室，又取我子，读鸱鸮之章，能不惨然心恻乎？将军曾食明禄，曾封明爵，即不怜仆，独不念先帝乎？不念列祖列宗乎？不念尔祖尔父乎？不知大清何恩何德于将军？仆又何仇何怨于将军？将军自以为智，适成其愚。千载之

下，史有传，书又载，当以将军何如也？仆今日兵衰力弱，茕茕之命，悬于将军之手矣，如必欲仆首领，则粉身碎骨，所不敢辞，若转祸为福，或假以寸士，仍存三格，更非敢望。敬能与太平草木，同沾雨露于新朝，纵有亿万之众，亦当付于将军矣。

这封书信语气凄苦到极点，永历帝自称“仆”，想做个草木之民，同沾新朝雨露。然而此书到了吴三桂手中，他毫无恻隐之心，只催缅王快快献交。果然不过几日，缅兵将永历帝、后妃、皇子一行25人，押送至吴三桂大营，吴三桂升帐坐定昂然受俘。永历帝此时也振作精神，厉声问道：“你是大明平西伯吴三桂吗？”吴三桂经此一问，突然双腿发软，跪倒尘埃，嗫嚅道：“陛下，我是……”永历帝又问：“事到今日，尚复何言！你能将朕押至北京，朕一谒祖宗十二陵，死亦瞑目！”吴三桂颤声答道：“陛下，是。”吴三桂神思不定，急命人安置永历帝。他踱出帐外对诸将说：“我自从军以来，身经百战，毫无畏惧。今日见了这个末代皇帝，反使我局促不安，真是不解。”当晚吴三桂与平西大将军爱星阿商议处置办法。爱星阿主张献俘北京，由朝廷发落。吴三桂说：“倘途中被劫，奈何？不如就地正法。”爱星阿不无揶揄地说：“大王是汉人，任凭定夺，然彼是明君，斩首未免残忍，不如赐死。”翌日，吴三桂命军士将永历帝及眷属等25人，一一绞杀于蓖子坡。临刑，永历帝朱由榔一言不发从容就死。12岁的小太子朱慈炫大骂吴三桂：“我朝何负于你，我父子何仇于你，天道有知，必歼贼子！”这样大明朝最后一缕嫡系血脉被灭绝了。滇人为纪念此事，将篦子坡改为“逼死坡”。笔者为诗叹曰：

家亡国破奈其何，贼子相煎逼死坡。
一缕哀魂何处去？苍天有泪哭铜驼。

李定国在景线驻扎，原想借兵暹罗、古剌诸国，联兵攻缅，索还永历帝。但听到缅王已将永历帝献与吴三桂，急忙发兵劫狱。中途，又听到永历帝被弑的噩耗，望北大哭，咯血不止，晕倒在地。军队撤回孟腊，李定国病势已危，临终尚三呼永历帝，怅然而逝。后来他的儿子李嗣兴率部归降大清朝。永历帝被绞杀，李定国忧死，标志着西南平定，捷报传到京师，康熙帝祭天告庙，庆贺胜利，吴三桂讨伐有功，封为亲王，镇守云贵。

【智除鳌拜】是少年天子玄烨平生最得意、最传奇的杰作。玄烨登基几年后，随着年龄增长，阅历逐渐丰富，心机更加成熟，他看出了辅政大臣鳌拜专权跋扈，心中很是怀恨。说起这个鳌拜，还须从辅政四大臣说起。世祖临终时颁下遗诏，让索尼、苏克萨哈、遏必隆、鳌拜为辅政大臣，世祖的目的很明显，不让诸王辅政，而让亲信功臣辅政，是为了避免多尔衮式的擅权。四大臣中，索尼资望最高，他曾为太祖侍卫，当年最受太祖、太宗、世祖信任，是四朝元老，德高望重，但年纪老迈，不愿惹是生非。苏克萨哈属正白旗，资历较浅，军功较少，当年曾阿附多尔衮。多尔衮一死，他首先发难，又讦告多尔衮，这种人品为鳌拜等人所不齿，但苏克萨哈遇事敢争，颇露锋芒。遏必隆，虽有军功，但性格暗弱。他是清初开国元勋额亦都之子，比之乃父豪雄勇猛差之远矣。然而不可思议的是遏必隆藏有一把宝刀，寒光闪闪，削铁如泥，锋利无比，不知什么原因，这把宝刀后来成为整个清朝的镇国之宝，清室将此刀奉若神器，赐名“遏必隆刀”，比之上方宝剑还要厉害百倍。据史载，此刀仅使用过三次：第一次是乾隆帝将它赐给大将军傅恒以征金川；第二次是咸丰帝将它赐予赛尚阿以征太平天国；第三次是民国大总统袁世凯从清宫借出，赐给镇守四川与护国军对抗的督军陈宧以壮军威。遏必隆好福气，人才虽差，却以此刀闻名后世。这是闲话。最后介绍一下鳌拜。鳌拜，满州镶黄旗人，姓苏完瓜尔佳氏。他是清初开国元勋费英东的侄子，可谓出自名门望族。他生得虎背熊腰，孔武有力，勇猛善战。当年随太宗征朝鲜、察哈尔初露锋芒，后来攻克皮岛又建首功。在松锦之战中大展雄威。入关后，屡立战功，在讨伐张献忠时，一箭射死张献忠，威名更著，真是南征北战，战功赫赫，被清廷誉封为“满洲第一巴图鲁（勇士）”。后来曾受多尔衮的压制，一度默默无闻。多尔衮死后，他迅速崛起，极受顺治帝青睐，当时他身为辅政大臣，他的哥哥卓布泰、弟弟穆里玛都是手握重兵的名将。这样的家世、这样的军功，难怪鳌拜要沉不住气、飞扬跋扈了。

四大臣辅政之初，曾在福临灵前盟誓，发誓要力保幼主、力保大清江山，否则天诛地灭。所以尚能和衷共济，治理朝政。只是由于索尼老迈，遏必隆软弱，苏克萨哈资望浅，鳌拜便脱颖而出，本位居四臣之末，最后竟遇事专断，便俨然为四大臣之首。顺治初年，多尔衮曾将镶黄旗之地拨给正白旗，对此鳌拜怀恨在心。他辅政专权后，便主张将正白旗所占之地依旧归还镶黄旗。在他的淫威下，大臣无人反抗。朝廷便派直隶总督朱昌祚、大学士苏纳海、直隶巡抚王登联，处理拨地之事。但两旗换地已久，旗民都已适应，均安居乐业。现在又要互换，造成迁移等种种困难，一时旗民怨声载道。朱昌祚、苏纳海、王登联三人，见民情、民声如此，立即奏请停止换地。玄烨见到奏章，心中很是赞同，召来四大臣会商。谁知鳌拜一见三人奏章，暴跳如雷，厉声道："三人拨地迟误，全是阻挠国事，目无君上，应一律处斩，以儆效尤。"玄烨心中早怒，但面色如常，转首问索尼、苏克萨哈、遏必隆三人，索尼、遏必隆都说："鳌拜所议极是。"唯苏克萨哈一言不发。鳌拜怒视苏克萨哈许久，转身向玄烨说道："臣等所见皆同，请皇上速速发落。"玄烨犹豫不能答。鳌拜抢步登殿，取御案上朱笔写道："苏纳海、朱昌祚、王登联，不遵上命，着即正法。"随即拿着这道圣旨，昂然出宫，交刑部立即执行。刑部尚书侍郎一班人见鳌拜手持圣旨，谁敢怠慢，马上将苏纳海等三人逮捕，三人蒙冤有口难辩，竟被绑赴刑场，开刀处斩。鳌拜杀大学士与直隶省长官如同杀奴仆一样随便，满朝大惊，玄烨按下愤怒，强忍不发。过了几年，索尼病死，苏克萨哈更见势孤，心知杀身大祸随时可发，便求保身之策。他上了一道奏章，大意是辅政几年，无所建树，心中惶恐，愿辞辅政之职，去守先皇之陵。玄烨见了奏章，很是惊疑，苏氏无罪辞官愿去守陵，真是奇怪至极。于是下旨交诸王大臣讨论此事，鳌拜闻知，密嘱康亲王杰书如此如此。杰书虽是亲王，见了鳌拜如鼠见猫一般，如法炮制了一份奏章："苏克萨哈系辅政大臣，不知仰体遗诏，竭尽忠诚，反以词藐视主上，怀抱奸诈，存蓄异心，大罪昭著，应予凌迟处死，抄家灭族。"凌迟处死是千刀万剐之刑，只用于大逆不道之罪，苏氏辞职守陵，措辞不当，确有要挟之嫌，但绝不该凌迟灭族。玄烨惊异万分，立即召来杰书、鳌拜二人询问。玄烨道：“这奏章真荒谬，朕恰是不准。”又问鳌拜：“你与苏克萨哈有何仇恨，定要杀死灭族？”鳌拜道：“臣是秉公而断，不如此，臣下都要欺君罔上了。”玄烨道：“欺君罔上的人眼前就有，苏克萨哈还有些规矩。”鳌拜大怒，攘臂上前，晃晃拳头，厉声道：“即不凌迟，也要斩首！”杰书很是乖巧地说：“应赐个全尸，绞决可也！”玄烨惊惶不能答。鳌拜见状，又下矫旨，逮捕苏克萨哈，立即绞死。这个苏克萨哈真死得不明不白。冤枉也哉！过了数月，鳌拜又讦告内大臣费扬古之子擅骑御马，按律当斩。费扬古不服有怨望之词。鳌拜大怒，矫旨将费扬古父子处斩。玄烨受了这几次刺激，跑到慈宁宫向孝庄太皇太后哭诉，太皇太后授意隐忍不发，寻机除奸。玄烨心领神会，决心先稳住鳌拜。某日，鳌拜有病，玄烨亲临宅探视，鳌拜卧在床上，床头放一把明晃晃的短刀，侍卫大惊。玄烨说：“随身携带武器是满洲旧俗，何必大惊小怪。”轻轻将此事掩饰过去。鳌拜见此，心里更稳，遂不把小皇帝放在心上。

然而玄烨已经积极准备除掉鳌拜。他命侍卫索额图召来百名亲王、贝勒子弟，在宫中大练布库之戏，布库是满语“摔跤”之意。这些子弟统是将门虎子，年龄虽小，资质非凡，经过一年练习，个个力量猛增，武术高强。玄烨也参与练习，身手亦是雄健。鳌拜闻听玄烨与一班小孩练习布库很是欢喜好奇，认为皇帝练武是不忘满洲尚武精神，理应支持。玄烨不动声色，下了一道圣旨，封鳌拜、遏必隆为一等公。某日玄烨发旨单召鳌拜入宫，说是观看布库之戏。鳌拜欣然入宫，到了内廷，参见玄烨后，布库表演开始，100 个小孩挥拳踢腿，大喊大叫，真是热闹。鳌拜很是好奇，进入场中，不时摸摸孩子的脑袋，表示嘉奖。突然玄烨大喝一声：“快拿下此贼！”100 个孩子一闻此令，蜂拥而上，打的打，推的推，绊的绊，你拽袍，我抱腿，他咬手，奋力扑打，死不后退，任鳌拜力大无穷，也禁不住 100 个童子军如此折腾，顿时掀翻在地，不时喘气。孩子们不依不饶依旧拳打脚踢，甚至在鳌拜身上跳蹦蹦。鳌拜早已头破血流，奄奄一息。玄烨立即召来杰书、遏必隆大骂一通，数鳌拜罪状，命二人押下鳌拜立即审讯治罪。杰书立刻遵旨审讯，不几日列出鳌拜30项大罪，按律处以极刑。玄烨处置很是稳重，发旨道：“念鳌拜效力多年，且曾为先皇倚重，朕不忍加诛，姑从宽免死，着革职籍家，暂行拘禁。”但是阿附鳌拜的班布尔善、穆里玛等一些大臣均被处斩，遏必隆也革去太师及一等公爵职。

智擒鳌拜将少年天子玄烨胸怀谋略、机智冷静、果断勇敢、大智若愚的性格展现得淋漓尽致。从此谁敢小觑这位少年老成的皇帝！后来史学界有人替鳌拜翻案，说其忠心耿耿，战功煊赫，为大清卖命，竟落个如此下场。笔者认为，正因为鳌拜忠心有功，玄烨才如此宽大地处置。否则犯藐视皇上、擅权专政、大兴冤狱等这些大罪即使凌迟灭族亦不为过。

【平定三藩】是玄烨维护国家统一，打击分裂势力，加强中央集权的又一大功绩。所谓“三藩”是镇守云南、贵州的平西王吴三桂，镇守广东的平南王尚可喜（其子尚之信），镇守福建的靖南王耿继茂（父耿仲明，子耿精忠）。这三家藩王都是清初投降的明朝叛将，他们都曾充当清军入关的急先锋，为大清朝卖命不遗余力，立下赫赫战功。这三家藩王以及以前兵败自杀的孔有德都是被清朝利用最成功的汉人。清廷为利用、笼络他们，不吝封为王爵，让其镇守边疆，作为中央政府的屏藩。这种待遇也是空前绝后。然而三藩拥兵自重，割据一方，俨然是独立王国，已成为妨害中央集权的大隐患。三藩之中，吴三桂势力最强，占地最广。在其地盘内，设官征税，开矿铸铁，并年年向中央索钱索粮，使清廷大为头痛。真像恶虎卧于榻侧，令清廷日夜不安。雄才大略的玄烨早已看在眼里，忧虑在心。一个偶然的事件，像一点火星，点燃了平藩的大火。康熙十二年，平南王尚可喜，因其子凶狠暴虐，杀人淫妇，作恶多端，不受父训，唯恐惹下大祸，遭朝廷大忌，危及自身。对清王朝忠心耿耿的尚可喜，听信幕客金光之计，向朝廷递上奏章，要求告老还乡，回辽东养病。并要求让尚之信留在广东，承袭王爵。尚可喜的意思是，皇帝见了奏章，必按例召他晋京觐君，他好向朝廷面陈一切，先洗刷自己。至于儿子袭爵后如何表现，他远在辽东也管不着了。这真是韬晦避身的好计，一则可保全尚家的王爵，二则自己避祸，免受不肖之子拖累，可谓用心良苦，然而清朝宪令有个铁打的规定，父不死，其子不得袭爵。睿智机敏的玄烨，认为这正是等待已久的撤藩的好机会，于是下旨，准许尚可喜告老还乡，同时尚之信不准继承爵位，广东的尚军也限期撤回辽东。尚可喜拜聆圣旨，后悔莫及，偷鸡不成反蚀一把米。凶悍的尚之信也大骂尚可喜昏庸无能，弄巧成拙。

远在云南的平西王吴三桂，听到玄烨要撤广东之藩。兔死狐悲，感到万分惊恐。这分明是敲山震虎，今日撤广东，明日必然撤云南、撤福建，这是明摆着的事。玄烨智除鳌拜之事传闻天下，他深知少年天子的厉害。吴三桂苦苦思索一番，写了奏章，首先表态拥护撤广东之藩，同时要求朝廷撤云贵之藩，这份奏章有向朝廷表示忠诚之意，也有要挟之意。另外，借此打探朝廷对他的态度。为了达到联合要挟朝廷的效果，吴三桂修密书一封，八百里加急送给靖南王耿精忠（此时耿继茂已死），说明利害，让耿精忠如法行事。广东撤藩，耿精忠也是惊恐不安，与吴三桂颇有同感，对吴三桂之计大为赞同，立即修写奏章，飞递至京，要求朝廷亦撤福建之藩。吴三桂的奏章、耿精忠的奏章，先后到京。满朝文武大惊失色，这不是撤广东之藩激起的更大波澜吗！割地为王，何等威风，他们甘愿放弃，退归养老吗？恭顺如此，如同傻子一般，绝不会出于真心，三王主动请求撤藩，明明是要挟朝廷，刺探口风。稳健的大臣如索额图、魏象枢等人认为三藩手握重兵，占据东南、西南一壁河山，若急于削藩，必激起兵变，汉朝七国之乱、晋朝八王之变便是前车之鉴，如此国家危矣。而大部分诸王大臣也认为，削藩固然英明，但削非其时。玄烨见满朝如此议论，更显得冷静而执著，他说："三藩蓄谋已久，不早除之，必成后患。今日撤亦反，不撤亦反，不如先发制人。况且三桂之子吴应熊，耿精忠之弟昭忠、聚忠均在京师供职，趁此撤藩，彼投鼠忌器，不致有所变动。"兵部尚书明珠、刑部尚书莫洛、户部尚书米思翰等大臣便随声附和，大颂皇上英明，极力支持削藩。于是玄烨心志更加坚定，颁下圣旨，速撤三王之藩。派三路钦差大臣到广东、到云南、到福建，持着圣旨办理撤藩及善后事宜。

玄烨撤藩之旨刚下，在京师做额驸的吴三桂之子吴应熊，早将此事飞报云南。吴三桂闻报大惊："我只是探探口风，不料竟弄假成真。"现成的王爷不做，而解甲归田，他死也不肯。不免焦虑万分，大有"狡兔死，走狗烹"之慨。手下大将夏国相、马宝说："此为调虎离山之计。王爷若要真心归隐，也还罢了。若要称王称雄，成就大事便在今日。不是吾等要反，实是逼上梁山。"吴三桂闻言心动，但恐将士不服，于是在校场召集全军训话，并拿出大批金银财宝置于将台之上。吴三桂登上将台，涕泪俱下说道："诸位跟随本王南征北战，艰苦备尝，现在大局方定，本想同享富贵。谁知朝廷下旨，让咱们撤出云南，此去凶多吉少，怕是要长别了。本王今日将所有积蓄分给诸位作个纪念。"众将士也惹出一汪热泪："我等受王爷厚恩，愿生死相随，不敢再受赏赐。"吴三桂见将士已被煽动，又哭道："都是本王自作自受，真悔当年辅清灭明，少顷钦差一到，与诸位各奔前程罢了。"夏国相突然大声道："我等只知王爷，不知钦差，王爷不愿撤藩，难道钦差敢强逼不成?"吴三桂佯怒道："钦差是圣上所遣，君叫臣死，臣不得不死。对钦差要格外尊敬，不得胡闹。"马宝高声大喊："清朝的天下是王爷打下的，如今撤藩，分明是恩将仇报。王爷愿听圣旨，我等誓死不从。"吴三桂又怒道："反了，反了，你等无法无天，难道置本王于死地吗!"夏国相、马宝又带头喊道："反了，反了！愿随王爷杀到北京，夺了天下同享富贵。"吴三桂见状跌坐于地，捶胸大喊："真害苦我了。"忽然吴三桂之婿胡国柱自外闯入校场，将一颗血淋淋的人头掷于地下，众人一看，却是云南巡抚朱国治的脑袋。吴三桂大哭道："朱中丞呀！不是本王害你，九泉之下莫要相怨。"说话间，马宝又来报告，已将清廷钦差下于狱中，听王爷发落。吴三桂一听从地上跃起，说道："诸位误我，现已闯下弥天大祸。如朝廷发兵来攻，你们怕不怕?"众将士齐声道："不怕，不怕！兵来将挡，水来土掩。我等都是汉人，王爷反清复明，堂堂正正，怕他什么?"吴三桂正颜厉声："本王若要起事，诸位愿尽死力吗?"众将士齐声喊道："愿尽死力。"这一声震响百里，好似雷鸣一般。吴三桂见人心已齐，心中暗喜。将事先预备的白色缟服发给将士，自己也穿了明朝冠服，外罩缟衣，命家人抬上三牲及香烛黄表等物，率全军到城外永历皇帝的坟前祭奠。吴三桂伏地大哭，念念有词："先帝呀，不是吴三桂害你，是满虏逼我如此，先帝有灵当必谅我。今日吴三桂起事反清复明，望先帝佑我。”祭奠完毕，吴三桂宣读反清复明檄文，令快马传之四方。打起“天下都招讨兵马大元帅吴”的旗帜，正式起事，时在康熙十三年正月初一。

上面发生的一切，都是吴三桂精心导演的一幕闹剧、丑剧。笔者不惜笔墨描摹吴三桂造反的场面，是让读者了解反骨峥嵘、反复无常、人格丧尽的吴三桂的嘴脸。天下出此虚伪无耻之人，真令人气煞。

吴三桂在云南叛乱，传檄天下，号召四方，首先响应的是贵州，巡抚曹申吉、提督李本深原是吴三桂亲信，闻檄起事。云贵总督甘文焜，不愿从逆，被乱兵围住，不得已自刎身死。清廷派驻贵阳的兵部郎中党务礼、户部员外郎萨穆哈见云贵二省同时暴乱，大局不可收拾，惊得魂飞天外，二人骑着快马，不舍昼夜，飞驰至京。到了紫禁城，不听侍卫阻拦，拼死命闯入宫内。当时正值早朝，二人奔到殿前大声呼喊：“吴三桂反了，反了。”话未说毕早已昏死过去，少顷被人踢醒，睁开双眼，见在殿内，惊惶万状，伏于阶下连呼死罪。玄烨传旨让其如实奏报。二人遂将吴三桂造反、云贵失陷、督抚殉难之事奏上。又说自己为达天听、疾驰 12 日，因事关紧急，神魂不定，冒昧闯入殿内，望陛下治罪云云，玄烨早已被二人忠诚感动，温言安慰，二人叩恩而去。

吴三桂造反、云贵失陷，事情何等重大，再加上最近京中有刁民杨起隆冒充朱三太子起事、太和殿起火、京畿发生地震等，种种不祥之兆，使朝野大乱，人心惶惶。京师官宦富民甚至将家眷南迁，以避战祸。唯玄烨镇静如常，召集诸王大臣商议对策。内大臣索额图奏道：“事已至此，只有安抚吴三桂，令他如明朝沐氏永镇云南，然后徐徐图之。”玄烨斥道：“吴三桂已反，尚肯从命吗？真是糊涂。”索额图又奏道：“陛下应对主张撤藩的大臣严惩几个，可息吴三桂之怒，从前汉景帝杀晁错，以息七王之怒便是此计。”当时明珠、米思翰、莫洛均在殿下，闻索氏其言，吓得面如土色。玄烨大骂索额图：“撤藩是朕的主张，难道治朕之罪，以谢吴三桂吗？”索额图自知失言，吓得屁滚尿流，惶惶退下。玄烨早已胸有成竹，命兵部尚书明珠上殿记录，从容部署：派都统巴尔布率军守常德，都统珠满率军守岳州。命莫洛经略陕西。又命顺承郡王勒尔锦率主力先据荆州，向湖南进发。再命逮捕吴三桂之子吴应熊，下入大狱。明珠问道："耿、尚二藩如何处置?"玄烨道："当前大敌唯是吴三桂，广东、福建停止撤藩以稳其心。"然后下旨，胪列吴三桂罪状，削去官爵，布告天下。当时玄烨只有20岁，这一番布置，有条有理，可把群臣惊呆了，只有磕头拜服。

再说吴三桂举起反清旗帜，占了云贵，野心迸发，向清朝大举进攻。他命大将王屏藩进攻四川，再命马宝自贵州攻入湖南。不几日马宝得手，陷了沅州。吴三桂又命夏国相、胡国柱率主力进入湖南。清朝湖南守军，10余年未经战事，弓马早已生疏，与吴军接仗，大多溃散。吴军兵临长沙，巡抚卢震、提督额桑弃了长沙，惶惶窜逃，清军都统巴尔布、满珠等人率大军进入湖南，闻长沙失守，心惊胆战，按兵不前。勒尔锦大军驻荆州，亦隔江观望。于是吴军势如破竹，驱兵纵横，常德、岳州、衡州、澧州等重镇先后失陷。吴将王屏藩率军攻入四川，四川巡抚罗森慌忙向湖广求救。后闻湖南失守，清军救不了湖南，岂能救四川？罗森召集提督郑蛟麟等人商议，但郑蛟麟已得吴三桂密书，正想造反，两人一拍即合，各中下怀，于是遣使向吴军递呈投降书。吴军兵不血刃占了四川全境。

靖南王耿精忠得了吴三桂檄文，立即举兵响应，先拘禁闽浙总督范承谟（范文程之子），然后派兵两路，进攻浙江、江西。至此三藩中已有两藩发动叛乱。又过数月广西将军孙延龄在桂林杀了广西巡抚，降顺吴三桂。这个孙延龄是原定南王孔有德的女婿。原来孔有德与明桂王作战，全家死难，后裔无存，只剩一女名叫孔四贞，清廷怜孔有德忠心，特将孔四贞封为郡主，养在宫中，后来将她嫁给孙延龄。广西原为孔有德的藩地，于是清廷派孙延龄镇守广西。孙延龄叛清真出清廷意料之外。

福建、广西、四川叛乱的警报传至京师，玄烨不惊不慌，从容布置：先下令封尚可喜为亲王、尚之信为平南大将军，率军攻打广西孙延龄。又派贝勒尚善率军助勒尔锦，由荆州攻湖南，再派贝勒洞鄂率军入陕西，助莫洛攻四川。继派康亲王杰书率军入浙江，攻剿耿精忠。

大约是天意故意磨炼玄烨的意志，派出的各路兵马毫无进展，陕西又传来警报：陕西提督王辅臣杀了经略莫洛，占据陕西，归降吴三桂。又会合四川吴将王屏藩，乘势攻占秦陇各州。吴三桂闻王辅臣得手，发银20万两犒劳王辅臣军队，并自率大军至湖南前线坐镇。其时吴三桂虽然攻势凌厉，战果辉煌，但夫人张氏天天与他厮闹，让他息兵保全在京师被扣押的儿子吴应熊的性命。吴三桂心志已被动摇，隐隐产生息兵的念头，命全军据守湖南，不再前进。吴三桂又释放在昆明扣押的清朝钦差大臣让其向清廷传达议和信息，如清廷裂土相封，不杀吴应熊，便息兵停战。又派使至西藏，让五世达赖再奏请清廷息兵议和。

陕西附贼，玄烨感到万分焦虑。陕西战略意义非凡，若吴军从陕西出兵，可从河南、山西两路攻入北京。玄烨命都统图海、天津总兵赵良栋率军入秦，并叮嘱图海等人无论用何种方法，都要制服王辅臣，保住陕西。接着下旨立即处死吴应熊及其子吴世霖，以示与吴三桂决战到底的信念。又传旨严斥五世达赖喇嘛助逆的行为。兵部尚书明珠上奏说，西洋比利时国传教士南怀仁，现在京师供职，他擅制大炮，比红衣大炮还要厉害轻便。玄烨下旨命南怀仁日夜督工制造新式大炮，火速运往前线。

清军统帅图海奉玄烨严旨，统兵入秦，当时王辅臣正占据平凉。图海又率军直趋平凉。图海是满洲名将，谙熟兵法，他将平凉团团围住，又攻占虎山墩，此墩居高临下，平凉城虚实清军窥得一清二楚。这个称为“马鹞子”的勇将王辅臣乱了手脚，派兵几次夜袭都被清军击退。王辅臣向汉中王屏藩求救，但王屏藩却被清朝靖逆侯张勇率军堵截，自顾不暇，根本无法解救平凉。图海遣军截断平凉粮道，日夜用大炮轰城。城内军心涣散，民心惶惶。图海见火候已到，派辅臣故友参将周昌入城劝降，王辅臣身处绝境，孤城难保，但他杀死清朝经略大臣莫洛及大批清军，自知罪孽深重，若要投降，清廷岂能饶恕他。若要不降，不但自身性命难保，而且儿子王继贞被扣押在北京，也要丧失性命。周昌见他左右为难，愁苦万端，劝他说，图海大将军早奉朝廷旨意劝降将军，将军若要投诚，既往不咎，官封原职，永享富贵。王辅臣转忧为喜：“如蒙保全，甘愿投降。”翌日，王辅臣大开城门，迎清军入城，王辅臣投降意义重大，陕西又被清军收复，清军可全力同吴三桂作战，西北再无后顾之忧。像王辅臣这样先投李自成，后投姜瓖，又随姜瓖叛清，继而降清，再随吴三桂叛清，叛而再叛，为害巨大的反复小人，玄烨能予以容忍，加以赦免，任何时代的君王都难以做到，不仅显示了玄烨的宽宏大度，更显示了玄烨分化瓦解敌军、孤立吴三桂的战略方针又取得胜利。由此可见玄烨的高度智慧达到出神入化的境界。

玄烨杀吴应熊及其子吴世霖的消息传至湖南，吴三桂正在用膳，闻讯大怒，推食而起，声称誓死讨平满虏，以报儿孙被杀之仇。原来吴三桂想息兵议和，但清廷杀其子孙表示要与他战斗到底。这下他便丢掉幻想，准备战斗，绝无回旋余地。于是决计大举攻清，他留重兵驻守湖南，自率大军入秦，拟与王辅臣会合，由秦北上攻打京畿。这一招相当狠毒，如能得逞，清朝荆襄大军如同虚设，大清危矣！然而吴军到达湖北松滋，平凉失守、王辅臣又降清的消息传来，他惊得面如土色，跌足捶胸大喊："大事休矣！"此时忽报清亲王岳乐歼灭江西耿精忠之军，进入湖南攻打长沙，吴三桂便反回军以救长沙。回到长沙见马宝守城有术，固若金汤，心中稍慰。他决心给清兵一点颜色看，派骁将高大杰率奇兵突袭江西袁州。清统帅岳乐闻讯返回，中途至螺子山受到吴军疑兵骚扰，待到袁州城下，城池早被高大杰占领。高大杰有万夫不当之勇，率军杀出，将岳乐、喇布之军打得落花流水，岳乐败回营中对喇布说："高大杰在江西，恐非朝廷之福。"然而后来高大杰受到吴三桂女婿胡国柱的猜忌，被调出江西，清军杀回，吴军大败，江西全省平定。

然而吴军在袁州战胜清军，可他的盟友耿精忠却极不争气。清朝康亲王杰书、贝子赖塔率军进攻浙江，一路得手，用新式大炮将耿精忠侵浙的部队炸得七零八落。耿精忠的大将曾养性、白显忠、马九玉等一个个败退。康亲王杰书乃礼亲王代善之孙，从前阿附鳌拜，显得毫无骨气，但此次进攻耿精忠却显得大智大勇，战功赫赫，他平定浙江，麾军南下，开进福建，一路势如破竹，兵临福州城下。耿精忠惊得魂飞天外，只得乞降。投降前，耿精忠将被扣押的原总督范承谟杀死灭口。杰书早奉玄烨旨意，不咎既往，赦免耿精忠，并让其仍任原职，带兵赎罪。三藩之中，福建一藩已被清军制服。

再说广西孙延龄，他叛清之后，日夜受到夫人孔四贞的威逼，于是有悔降吴三桂之意。孔四贞是孝庄太皇太后的养女，她向孙延龄保证，由她斡旋，清廷必赦免其罪。恰好清广西知府傅弘烈亦来招降，孙延龄决计再次反正投清。这消息却被吴三桂探知，便派从孙吴世琮率军到广西，并授予密计。吴世琮到了桂林城外，声言送来大批军饷，让孙延龄出城接收，孙延龄正缺军饷，苦于无处筹备。听了此言毫无顾忌，昂然进入吴营，吴世琮大喝一声，伏甲齐出，将孙延龄剁成肉泥。于是这一路叛军，清廷并不加兵，却给吴三桂解决了。只是苦了在京为他说情的孔四贞，只能守一辈子寡。

还有广东的尚可喜，他已老迈不堪，但对清廷忠心不二。但其子尚之信接到吴三桂的密书，让他投吴，并封他为辅德亲王。尚之信大喜，拿着刀子威逼其父尚可喜，尚可喜不从，尚之信便将他幽禁，联合总督金光祖、巡抚佟养巨叛清归顺吴三桂。后来，吴三桂屡屡逼他向吴军输军饷，又派官吏到广东执政，尚之信大失所望，认为受到吴三桂的压制不得自由，委屈至极。与金光祖等人商议一番，又反正投清。玄烨也不追究他叛逆的罪恶，仍命尚之信镇守广东，立功赎罪。至此，广东一藩也被清廷制服。玄烨真是圣明至极，他的策略是，除了吴三桂，其他均予招降，不战而屈人之兵，善之善者也。

另外，台湾的郑经，曾受吴三桂之约，出兵占领福建沿海州县，并攻进广东，连陷潮州、惠州。清廷派赖塔进剿，郑经战败，退回台湾。这一路反臣也平息了。

三藩联盟被彻底打破，吴三桂的羽翼一个个被剪除，处于孤立之境。清军倾全力进攻湖南，攻势凌厉，不可阻挡，接连攻克永兴、茶陵、桂阳等13城，湖南半壁已归清廷所有。此时的吴三桂，已感到处于穷途末路，他突发奇想，干脆当个皇帝过过瘾，也不枉活一场。他已经是67岁的老朽，来日无多，此时不当，更待何时！于是密嘱夏国相、马宝劝进，然后辞让再三，干完这套虚活，他便在衡州筑坛，祭告天地，登基称帝，国号大周，改元昭武。改衡州为定天府，置百官，造新历，开科考试。这真是死鬼取乐！但是好景不长，过了两个月他突患风寒，渐渐沉重，前线每传来一次败报，他的病情就增加一分，最后无药可治，病势危重，处于弥留之际。他卧在龙床上，神思恍惚，一会儿大喊："永历帝来了。"一会儿大叫："父亲大人来了。"一会儿又自言自语："我真是不忠不孝不仁不义！"喊得力竭便睡，睡醒又喊，忽一日，他睁开双眼，颇为镇静，不喊不叫，传来夏国相嘱托后事，吴三桂说："朕自知不祥，大限将至。朕一生行事大多错谬，悔之晚矣，长子应熊也是被我害死。只有一孙世璠，年纪尚幼，可立他为帝，卿等尽力辅佐好吗?"说完气绝尸冷，一命呜呼。众侍妾围住龙床放声大哭。读者也许要问，吴三桂的红颜知己陈圆圆为何不在身边？原来那个绝代尤物，貌美亦心灵，吴三桂在昆明起事时，她已看透难成大事，力劝不从，便削发为尼，后来清军攻破云南，她已经芳魂西去，算是善始善终了。吴三桂起事五年，前几年攻势凌厉，东南西北七省尽为所有，声势不谓不壮，但后来心志不专，虎头蛇尾，五年不出湖南一步，遂被玄烨运筹帷幄，从容调兵遣将，逼之于死地。吴三桂之死，大快人心，后来他成为汉奸或者叛徒的代名词，永远钉在历史的耻辱柱上，遭后世唾骂。笔者有诗刻画其嘴脸：

无父无君无地天，心中独有小圆圆。
峥嵘反骨豺狼性，乱世贼臣盖世奸。

吴三桂一死，吴军如塌了梁柱，人心惶乱，早失锐气。清军大军云集，很快攻克湖南全境。然吴三桂不愧乱世枭雄，手下猛将如云，夏国相、马宝、胡国柱等都是忠心耿耿、英勇善战、死不屈服的好汉。他们拥立幼主吴世璠，退回云南，与清军对抗，并时而打几个胜仗，这样又苦苦支撑了三年。康熙二十年三月，玄烨命蔡毓荣为绥远将军、贝子彰泰为定远将军，率军自湖南入云贵，授赵良栋为云贵总督率军自四川捣云南，贝子赖塔率军自广西入云南。三路大军浩浩荡荡杀入云南，吴军拼死抵抗，难以阻住清军攻势，很快清军兵临昆明城下。清军以新式大炮日夜猛轰，吴军坚守数月，城内粮绝，城墙被轰塌数处。清军赵良栋部首先入城，夏国相、马宝率兵巷战，力竭被擒。胡国柱战死。困守五华山的伪幼主吴世璠知大势已去，悬梁吊死。绥远将军蔡毓荣冲上五华山，见吴世璠已死，割了首级，以抢头功。蔡毓荣见室内有一美女哭哭啼啼，犹如带露梨花分外娇艳，询问后方知是吴三桂孙女，淫心勃发，收其为妾（蔡毓荣此事后被揭露，清廷将其流放充军）。昆明攻破，吴世璠自杀，标志吴氏反叛集团彻底覆灭。捷报传至京师，玄烨欣喜异常，祭天告庙，庆贺来之不易的胜利。吴三桂的尸骨被挖出，劈成碎片，传示全国。后来，平南王尚之信被赐死，靖南王耿精忠也被磔死于京城。三藩沦灭，没有一个得以善终。

清廷用了八年时间，倾全国之力平定三藩，可谓艰苦卓绝。国家不容分裂，人心亟盼统一，这是大势所趋。三藩覆灭，清廷获胜，虽曰天命，岂非人事哉！笔者真佩服玄烨，20多岁的年轻人，竟能力挽狂澜，拯救危局，真是千古无二，旷代无双。当七省沦陷，四方应叛，情势何等危急。但他镇定如常，照例开经筵、围猎、练骑射、练字读书，毫无惊惶之色，平叛决心历日弥坚。他妙算独操，制定打击吴三桂，其余敌对势力一律分化瓦解、不择手段的策略，真是圣明至极，睿智非凡。清史说他是“天赐智勇”，笔者亦惊叹他确是天才！

【收复台湾】是玄烨继平三藩之后，又一统一国家的战役。三藩既平，中国本部18省，连同关外三省，皆成大清版图。唯有台湾郑氏抗命不臣，这确是玄烨的心病。早在康熙初年，荷兰王国派使入贡，并要求清廷发兵进攻台湾，玄烨竟欣然应允，又优待使者。后来他派耿继茂、李率泰等率军攻克金门与厦门，荷兰派水师助战。郑成功当年收复台湾，是扬国威，去外侮，大快人心。而玄烨不顾民族大义，串通荷兰人攻郑，真是一大失策。清兵攻陷金门、厦门，郑经退守澎湖、台湾（郑成功已死，郑经继位延平王），但势力仍然强大。三藩之乱时，郑经曾应耿精忠之约进攻福建、广东。鉴于平定三藩兵力、国库损耗极大，玄烨也不愿用兵，初衷仍是想招抚郑经。清朝平南将军赖塔是康熙朝智勇兼备的名帅，他顺承玄烨旨意，向郑经发出招抚文书，其辞十分委婉：

足下父子，自辟荆榛，且眷怀胜国，未尝如吴三桂之僭妄。

本朝亦何惜海外一弹丸地，不听田横壮士，逍遥其间乎？今三藩歼灭，中外一家，豪杰失时必不复思嘘已灰之焰，毒疮痍之民。若能保境息民，则从此不必登岸、不必剃发、不必易衣冠，称臣入贡可也。不称臣、不入贡，亦可也。以台湾为箕子之朝鲜、为徐福之日本，与世无患，与人无争。而沿海生灵，永息涂炭，唯足下图之。

郑经得到这个宽大政策，不得不接受现实，答应和议。因此海峡两岸平静了几年。但是郑经此人能力远不如乃父，心有抗清大志，但力不能及，屡为清军所败，心中惆怅万分，遂终日迷恋酒色，以求排遣。最后郁郁成疾，大病不起，一命呜呼。侍卫冯锡范将郑经长子毒死，扶立次子郑克塽为延平郡王。克塽幼小，岛中大事由冯锡范把持，冯锡范小人得志，横行霸道，民心尽失。

闽浙总督姚启圣闻台湾政局不稳，向朝廷急奏一本，说台湾内乱，这是除掉后患的千载难逢的良机，机不可失，时不再来。又保举施琅才堪大用，可为攻台首选之将。玄烨阅章心动，遂将赖塔与郑氏的和议抛之脑后，决心武力征服台湾。封施琅为福建水师提督，积极准备进攻台湾。姚启圣是汉人，在福建为官颇有政声。他迫切希望剿灭郑氏，收复台湾创建不世之功。清初汉官汉将，大多以屠杀汉人以表忠诚，取得满清主子的信任，这是痼疾恶习，吴三桂如此，洪承畴如此，姚启圣、施琅也不免此例，真是悲哀。

施琅原是郑成功部将，当年清军攻陷澄海，他率先投降。他智勇双全，又熟知海上地理，台湾、澎湖险要尽在其掌握之中，确是不可替代的最佳攻台将帅。玄烨对他十分信任，放手任用，赋予他攻台大权，甚至总督姚启圣也不得节制。施琅受皇上厚遇，感恩图报，积极操练水军，制造战船，誓志收复台湾。并上疏朝廷说，欲平台湾，先破澎湖，澎湖破，台湾不战自溃。玄烨闻奏，很是赞成。康熙二十二年夏，施琅率战船 200 艘，水军 2 万人进攻澎湖。澎湖守将刘国轩是台湾的擎天大柱，智勇双全，极为厉害。他率舰迎战，奋力反击，用火器猛轰清军，清军竟不能前进。郑军一箭射来，正中施琅左目，施琅跌而又起，下令退军。翌日，施琅调整战术，命一路舰队攻鸡笼屿，一路舰队攻牛心湾，自率主力战舰直取澎湖主岛。施琅命游击将军蓝理为先锋，驾船直扑郑军。刘国轩率舰队奋勇抵抗，双方战舰火器互射，战斗十分激烈。蓝理赤裸半身，手持双刀，驾着快艇，冲入敌阵，继而跳上敌船砍杀敌军几十人，郑军见蓝理勇猛凶悍纷纷后退。忽然一弹飞来，击破蓝理肚皮，肠流满舷，轰然倒下。郑军大喊："蓝理死了。"突然蓝理从甲板跃起，持刀大呼："杀贼，杀贼！"郑军惊骇，不敢前进。施琅闻讯赶到，见蓝理腹破肠流，惨不忍睹，急忙将一节节肠子塞入腹中，缝合肚皮，载回营中。蓝理破肚大战，一举成名，后被称为"破肚将军"，受到清廷特别嘉奖。这是后话。此时刘国轩率大队反攻，战舰百艘，联樯而进。两边火炮互发，鏖战一场。忽然风云突变，雷鸣电闪，大风狂吹，郑军舰队被吹个七零八落。施琅乘风破浪追杀敌舰，刘国轩大败逃回台湾。

施琅乘胜穷追，直到台湾，舰队停泊鹿耳门，水浅抛锚，不得登岸。刘国轩见状，又来围攻，火器齐放猛射清军。施琅舰队搁置浅滩，不能动弹，只有被动挨打。危急之间，蓝理率小船几十艘来救。蓝理以绷带裹住肚皮，手持双刀，杀气凛凛，冲入敌阵，跃上敌船，砍杀敌军头目十数人。郑军见蓝理又来，顿时骇散。施琅执蓝理之手，热泪盈眶，问他伤势如何？蓝理大笑："军情紧急，即使裂腹而死，蓝某在所不辞。"

次日清晨，漫海大雾，海天迷蒙。海潮突涨丈余，水涨船高，清军几百艘战舰如死鱼复活。施琅大喜，大呼"天助我也"。帅旗一挥，清军舰队飞也似地乘潮抵岸，2 万大军一齐登陆，势如海潮。刘国轩在岛上督战，见清军随潮而来，推案而起，叹道："当年先王攻得台湾，鹿耳门涨潮，今又如此，天意灭郑，尚有何法。"于是携着幼主郑克塽至清营投降。郑氏自顺治十八年入台，历 23 年而亡。施琅占领台湾，只打了澎湖一仗，真是容易得很。玄烨接到捷报，龙心大悦，封施琅为靖海侯、郑克塽为海澄公，刘国轩、冯锡范也封为伯爵。于是在台湾设立一府三县，隶属福建省管辖。至此台湾归入大清版图。

玄烨发兵收复台湾，是维护国家统一的正义之举。天意攸归，大势所趋，人心所向。郑成功从荷兰红夷手中夺回台湾，为中华民族立了大功。但是郑氏割据台湾23年，与大一统的大清王朝分庭抗乱，俨如独立王国，则是逆时代潮流而动。最后归顺祖国，也算是为中华民族立一大功德。怀古抚今，忽生感慨，时值中秋，因撰一联：

玉兔正肥，万里清辉笼海陆；
亲情难舍，一盘月饼祭炎黄。

【尼布楚条约】是大清朝与外国签订的第一份边界条约。黑龙江流域自古便是中国的领土，明朝设奴儿干都司。西起斡难河，北到兴安岭，东至大海，东北越海管辖库页岛，管辖地域非常广大，甚至兴安岭以北至贝加尔湖一带，都有中国大批移民，中国都曾设官治理。清朝太祖、太宗时也将上述地区予以控制。16世纪，俄罗斯崛起，伊凡四世（雷帝）野心膨胀，从欧洲本土向东扩张，将西伯利亚占去半边。17世纪初，清军入关作战，无暇北顾。俄罗斯彼得大帝即位，年纪幼小，其姐索菲亚摄政，野心更烈，大肆东进，将广大的西伯利亚攫为己有，并越过兴安岭，侵入黑龙江流域。俄国将军喀巴罗率兵占据北岸雅克萨，筑起城堡，安置移民，屯兵把守，这一占便是40年。三藩平定后，玄烨决心驱逐俄人，复我故土。康熙二十一年，清廷先派都统朗坦，以打猎为名，渡过黑龙江，打探雅克萨城虚实，结果发现只有几百个俄兵驻守，认为不堪大兵一扫，于是飞报朝廷定夺。玄烨驱俄之心更坚，下旨准备征俄。清廷先在宁古塔制造战船，并筑起墨尔根、齐齐哈尔两个城堡作为基地。又命萨布素为黑龙江将军筹划征俄事宜，再命蒙古车臣汗断绝与俄人贸易。康熙二十二年夏，俄国将军模里尼克率60余名哥萨克兵进入黑龙江，被清军截住俘获，押至齐齐哈尔拘禁，打响了雅克萨之战的第一枪。康熙二十四年夏，清都统彭春率水陆兵5000人，进攻雅克萨城。俄将图尔布青拒不投降，拼死反抗。清军以大炮轰城，俄军也以枪炮对轰。但俄军武器更先进、更便捷，5000人对400人，竟激战了好几天，最后寡不敌众，俄兵弃城而逃。彭春毁平城堡，率师凯旋。然而又过一年，俄军卷土重来，俄国海军大将伯伊顿亲至雅克萨镇守，重新垒起土城，向清廷示威。彭春增加兵力、火炮，又将雅克萨团团围住。清军400门大炮日夜猛轰，攻势极为凌厉。俄军豁出老命顽抗。清军8000人，俄军400人，两方竟相持不下。俄军极为狡猾，打炮时躲入地洞，炮息登城固守，时不时又发动反击。彭春暴跳如雷，扎住营盘，轮番进攻，俄将图尔布青中弹死亡，400个哥萨克兵死了半数。但是，凶悍顽固的伯伊顿率领残兵200，继续顽抗，苟延残喘，就是打而不死。围攻了几个月，俄兵依然不举白旗。笔者写至此，心情大为沮丧。全盛时期的大清以8000精兵不能灭此400人守卫之弹丸小城，何也？原因是清军虽有大炮，但以骑射为主，而俄罗斯兵虽少，但武器精良，士兵个个佩有毛瑟枪，比之刀箭更厉害10倍，俄罗斯的大炮也比清军大炮威力更大。世界科学日新月异，武器更新极快，而大清朝闭关自守，科学落后，武器落后，才出现雅克萨久围不克的现象。盛世大清尚且如此，以后列强瓜分中国，衰弱的满清岂能抵挡得住，也就不足为怪了。

彭春还算有点能耐，俄军不降，便围住城堡，作长久计，要将俄军活活困死。俄军最怕这一招，眼看弹尽粮绝，便派使突围向莫斯科告急。彼得大帝闻讯惶急，怕这几百个俄兵葬身异域，便派使臣到北京乞和，承认错误，要求解雅克萨之围。玄烨见俄国认错，俄使又向他行三叩九拜之礼，心中欢喜，准奏议和。于是俄国派费尔多罗为全权大使，清廷派索额图、佟国纲为全权使者，相会至尼布楚进行谈判。清军有1万精兵驻于尼布楚城外，俄军亦派千人助威。两国开谈，语言不通，中国方面带来西洋传教士张诚、徐日升作为翻译，以拉丁语为准，谈判得以进行。内大臣索额图要求俄国归还东起雅克萨，西至尼布楚、黑龙江北岸及贝加尔湖地区。俄使只是摇头。次日再谈，索额图稍作退让，愿以尼布楚为界，俄使仍是摇头。索额图大怒，拂袖而去。召集兵马齐集城下，扬言立刻攻城。这鲁莽的举动，虽与外交惯例不合，但吓住了费尔多罗，不得不答应降低标准，重新开谈。传教士张诚又尽力斡旋，双方于康熙二十八年签约互换。条约共六条，大意是：

一、自黑龙江支流格尔必齐河，沿外兴安岭以至于海，凡岭南各河，注入黑龙江者属中国，岭北属俄。

二、西以额尔古纳河为界，河南属中国，河北属俄。

三、毁掉雅克萨城，俄移民迁往俄境。

四、两国猎人，不得互越国境，违者惩办。

五、两国双方不能容留逃犯。

六、双方旅行者持证通行，双方继续贸易。

条约以满、汉、蒙古、俄罗斯、拉丁五种文字书写。签章画押，各存一份。边界按约立界桩。这就是中俄《尼布楚条约》。条约签成，使中国收回了一部分俄占土地，但大部分并没追回。原因是当时的中国政府只图出一口气，并不在乎大兴安岭以北的不毛之地。《尼布楚条约》被近代学者认为是清朝与外国签订的最光荣、最体面的平等条约。笔者不敢完全赞同，因为这只是相对而言，不过它确实比以后的丧权辱国的中俄《瑷珲条约》、《北京条约》强多了。

【三征噶尔丹】是玄烨征服原准噶尔部的宣武之战。中国古代蒙古可分为三大部：靠近长城的一部为漠南蒙古，亦称内蒙古；内蒙古以北为漠北蒙古，亦称喀尔喀，或外蒙古；在甘肃、青海、新疆一带，还有一个漠西蒙古，亦称厄鲁特蒙古。内外蒙古民众相传是成吉思汗的后裔。厄鲁特蒙古民众相传是元太师脱欢及瓦剌也先的后裔。这三个蒙古，在清初均已归顺中国。顺治时期，厄鲁特蒙古固始汗三至北京朝觐，态度极为恭顺，这厄鲁特蒙古又分为四部：一为和硕特，一为准噶尔，一为杜尔伯特，一为土尔扈特。四部之中，准噶尔最强，它的地盘在天山之北。顺治时，巴图尔浑台吉称汗，势力渐强，浑台吉死，僧格继位。僧格死，其子阿拉木坦继位。然而僧格之弟噶尔丹从西藏返回，杀了侄儿，夺了汗位。噶尔丹是一代枭雄，凶悍好杀，并且野心勃勃，招兵买马，大肆扩张。不消几年，和硕特、杜尔伯特、土尔扈特各部均被征服，成为新的厄鲁特蒙古大汗。噶尔丹野心膨胀，连年用兵，将天山之南也占为己有，可谓雄霸西北，不可一世。喀尔喀蒙古在准噶尔之东，水草丰美，噶尔丹对它早已垂涎三尺。喀尔喀蒙古又分为三部：土谢图、札萨克、车臣。这三部的酋长，都接受清朝的封爵而归顺中国。但是，土谢图可汗夺取了札萨克可汗的一个美艳俏丽的小妾，于是札萨克发兵进攻土谢图可汗，欲夺回爱妾。土谢图便联合车臣汗对付札萨克。为了一个美女，喀尔喀三部互相厮杀，乱成一锅粥。噶尔丹闻喀尔喀内讧，心中大喜，遂率兵进入外蒙古，声称愿为三部调停。喀尔喀三部可汗闻他出面调停，毫无防备。谁知噶尔丹率3万铁骑，翻越杭爱山，首先灭掉土谢图部，将美妾夺回占为己有。然后又击破札萨克部和车臣部。几个月工夫，将喀尔喀蒙古三部均赶出漠北。因美女败亡，喀尔喀真是可叹。这三部人民最是倒霉，拉着驼马，驮着帐篷，栖栖惶惶逃入漠南蒙古寻求清廷保护。玄烨闻讯，格外怜悯，调拨库粮予以救济，并安置在科尔沁草原暂时放牧避难。然而噶尔丹以追捕土谢图汗为名，又率军侵入漠南蒙古。清户部尚书阿尔尼正在漠南放粮，率军抵抗，却中了噶尔丹的埋伏，大败而归。

噶尔丹嚣张之举，令玄烨十分震怒。他决定御驾亲征，打击噶尔丹。康熙二十九年，玄烨命其兄裕亲王福全率军出古北口、其弟恭亲王常宁率军出喜峰口，自率中路后进。当年七月，玄烨方出长城，忽接前方战报，常宁大军与噶尔丹军遭遇，大败而回。噶军前锋已抵达乌兰布通。该地距京只有700里，着实让历来镇静的玄烨吃了一惊，飞诏传调福全大军火速奔赴乌兰布通。福全率军日夜兼程赶到乌兰布通，噶尔丹派使者至清营，声言清朝若交还仇人土谢图汗，便立刻退兵。福全斥退来使，下了战书。次日，两军对阵，著名的乌兰布通大战开始。噶尔丹极富想象力，他依山下寨，用“驼城”阻挡清军骑兵。何谓“驼城”？就是将1万余只骆驼，个个缚住四足，强其卧地，驼身放置大箱，当作箭垛，再覆盖湿毡，一个个紧挨排列，围成方城。准噶尔兵钻在驼城内，向清军射箭，凭此驼城，清军骑兵果然不得前进一步。但是苦了这1万多只骆驼，真受够了虐待，痛苦万分（若是现在，保护动物协会的会员们必然闹个天翻地覆）。然而清军有克敌制胜的武器，即改造了的红衣大炮。清军选好炮位，将百门大炮排列一起，向驼城猛轰，不到一个时辰，骆驼挣扎跳跃，死了大半。驼城顿时崩溃，准噶尔士兵也成了大炮集中轰击的靶子，死伤满城。清军骑兵乘势突出追杀，噶尔丹全军溃败，落荒而逃。次日，噶尔丹派喇嘛数名再至清营求和。福全无可适从，派快马奔赴御营，请皇上定夺。玄烨立发急诏，命福全火速追击，勿中敌人缓兵之计。福全接到圣旨立刻醒悟，急命全军追击，追了两天，噶尔丹早无踪影。福全怏怏返回，受到玄烨严斥，将亲王降为郡王。过了几日，噶尔丹又派使求和，发誓不再侵犯。玄烨身体偶感不适，于是下令班师。这是玄烨第一次征伐噶尔丹。

康熙三十年，玄烨出塞外，召开喀尔喀盟誓大会，将土谢图、札萨克、车臣三部大小首领召至多伦，召开会议。会上玄烨严厉斥责土谢图可汗，为一个女人，招来大祸。土谢图汗叩头请罪，玄烨予以赦免。又命车臣、札萨克两汗，约束本部，安分守己，永远归清。两个可汗叩头谢恩。又将外蒙编为37旗，取代原来部落，在库伦设立办事大臣，在乌里雅苏台设立将军，共同治理外蒙古。

康熙三十二年，噶尔丹故态复萌，又来寻衅，派使至京，仍然索要仇人土谢图汗，清廷不予以理睬。噶尔丹数次致书科尔沁亲王，劝其叛清归顺。科尔沁亲王到京，亲向玄烨奏报情况。玄烨向亲王授以密计，命他如此如此。果然，不久噶尔丹得到科尔沁亲王的复书，内称愿归噶尔丹，并作内应，共图清朝。噶尔丹大喜，率3万骑兵，沿克鲁伦河南下，到了下游，忽然屯兵不进，向外宣称已借俄罗斯枪兵6万，等待会合，联军大举。玄烨接到科尔沁亲王奏报，大笑道："这真是胡言乱语，虚张声势。"下令再次亲征。

康熙三十五年，玄烨命黑龙江将军率东三省大军出东路充当先锋。大将军费扬古率陕甘之军出宁夏，断其归路。自率六军出独石口，相约克鲁伦河会师。当年三月，玄烨中路大军先入外蒙古，与敌军相距不远。但东、西两路军因道路险阻尚未到达。玄烨命扎住营盘，等待两路军会合。大学士桑伊阿奏道："闻俄兵将至，都手持火枪，十分厉害，陛下不如回銮，以避其锋。"玄烨说："朕已祭天告庙，出师北巡，不见一贼，未打一仗而归，何以对天下臣民。我若返军，贼必攻西路，西路军危矣！"桑伊阿羞惭而退。于是下旨，命大军向克鲁伦前进。噶尔丹登高远望，见河南清军如海潮一般滚滚而来，刀光剑影闪闪生辉，队伍中仿佛有黑色大炮几百门，不禁胆战心惊。又见队伍中龙旗飘扬，黄盖移动，惊呼："康熙来了。"急命军队拔营后撤。翌日，清军渡河，北岸杳无人迹，噶尔丹早已连夜遁逃。玄烨命大军追击，追到拖诺山，仍不见敌踪，遂下令回军。

噶尔丹西行狂逃五昼夜，到达昭莫多。遇到清西路大军的埋伏，大将军费扬古据住山上险要，几万清军向进入伏击圈的准噶尔军冲击。噶尔丹身处险境，斗志激起，率领全军拼死向前，前队失利，后队继起，冲上山来与清军拼个死活。喊声、炮声震天动地，但是清军居高临下，火炮齐发，准噶尔军倒下一片，又冲上一片，奋勇上前，死不后退。这是一场真正恶战，准噶尔勇士的战斗精神发挥得淋漓尽致，但也尝到清军大炮的厉害。老实说清军的大炮比之当年雅克萨俄罗斯的大炮差之甚远，但用于准噶尔，堪称最先进的武器，因而无论准噶尔军如何凶猛，血肉之躯也难敌大炮的轰炸。费扬古在山顶红旗一招，山左又突出大队清军，向准噶尔后队冲击。准噶尔后队全是妇女老弱以及辎重，由可敦噶尔丹夫人阿奴氏率领，阿奴氏十分英勇，披挂上阵，挥舞双刀，连续砍倒几十名清军，清军见此妇如此英勇，个个暗中称奇。噶尔丹正向山上冲锋，见后队遭袭，甚感心惶。此时清军集中发射子母炮，炮弹大小连炸，准噶尔军大溃，山上清军乘势冲下掩杀，山下清军迎头堵击，两路夹攻，噶尔丹率残军奔逃，山下留下一片准噶尔军队的尸体，其中包括艳丽而英勇的可敦阿奴氏的芳体。昭莫多之战，清军大获全胜。这是玄烨第二次亲征噶尔丹。

噶尔丹逃回途中，闻僧格子策妄阿布坦在国内造反，自称可汗，拒绝噶尔丹入境，他又率残部逃入阿尔泰山东麓。玄烨怜他英雄处于穷途末路，派使招降，噶尔丹倔犟不屈。康熙三十六年，玄烨再次亲征。噶尔丹闻清军又来，遣子塞卜腾巴珠到天山南麓回部借粮；但回部苦于准噶尔多年的统治，竟将其子扣押献于清军。噶尔丹久等其子不来，饥寒交迫，部下离心离德，大半散去。又闻清军与策妄阿布坦联合来攻，自知末日将到，含恨服毒自杀。部下丹吉剌带着她的孤女，到清营投降。玄烨宽宏大度，予以收留，并封噶尔丹子腾巴珠为一等侍卫。这是玄烨第三次亲征噶尔丹。玄烨凯旋回銮，路过狼居胥山勒石纪功，并在营中大飨将士，以庆胜利。有一被俘老胡人能弹筝擅歌，玄烨赏他酒馔，命他弹歌一曲。那老胡人眼含热泪，拨动筝弦，凄凄楚楚地弹唱一曲："雪花如血扑战袍，夺取黄河为马槽。灭我名王兮，掳我唱歌，我欲走兮无骆驼，呜呼黄河以北

奈若何？呜呼北斗以南奈若何？”（奇怪，胡人能唱汉歌）

这曲歌有“灭我名王兮”一句，说明胡人对噶尔丹的怀念。不错，噶尔丹不仅是“名王”，也是一代枭雄，他一生雄才大略，南征北战，驰骋天下，使准噶尔国如日中天，强盛一时。他占有和控制的土地，包括天山南北、青海、西藏、甘肃、宁夏北部、外蒙古三部、内蒙古西部，地域辽阔广大，堪与大清王朝分庭抗礼。兵败不屈，死得悲壮，但他发动的战争是掠夺性的战争。在政治上，他阻挡大清朝的统一进程，是逆历史潮流而动。2004 年，蒙古共和国举行“纪念噶尔丹诞生 340 周年”庆典，将高大而重几百吨的噶尔丹铜像矗立在乌兰巴托中央广场，永作纪念。蒙古人至今认为他是继成吉思汗之后的民族英雄。关于这点，笔者不愿评论。

【南下西巡】说的是玄烨在位期间六下江南、五上五台山之事。玄烨是中国历史上最勤奋、也是性格最活泼灵动的皇帝，他不愿身居九重，整天批阅奏章和接受臣下叩拜。他想走出深宫，看看自己统治的天下究竟是何模样，类似现在的调查研究、视察民情吏治，当然也有亲近大自然的因素。他六下江南的目的，主要是为了治理黄河。于是他从康熙二十三年起，继之二十八年、三十八年、四十二年、四十四年、四十六年，先后六次到江南，并开创了清朝皇帝南巡的先河。明末清初战乱频仍，黄河累年失修，水道淤塞，河堤崩塌，造成水患频发。自顺治至康熙初年，黄河共决口 80 余次，不但严重危及民生，而且影响东南漕粮通过运河北运。因而治河成了关系国计民生的头等大事。为此他牢记心中，在万机之余，他努力钻研治河、水利书籍，学到相当深厚的专门知识。第一次南巡，他便亲临高家堰工地，视察河务，了解河水深浅及河岸远近高下等情况，命令河臣加固堤岸，以抗河水冲刷侵蚀。第三次南巡，他亲乘小舟，不避水难，各处周览，又登上堤岸，用水平仪亲自测量。通过实地考察，他认识到山阳、高邮等七州县被淹，是因为洪泽湖的水位低于黄河水位，以致河水逆流入湖，湖水无口出泄，造成水灾。因而他提出：“治河上策，唯以深浚河身为要。”以指示河臣修筑堤坝，约束河水，用水流自身的力量冲刷淤沙，使河水挟沙入海。在他的指挥下，通过治河名臣靳辅、陈潢、于成龙、张鹏翮等人的努力，治河初见成效，“黄河畅流入海，无倒灌湖口之患”。玄烨第五次南巡，看到河道治理好转，感慨地说：“朕初次到江南时，船在黄河，两岸人烟树木，皆一一在望。”康熙三十八年，则仅见河岸。四十二年，则河去岸甚低，是河身日刷深矣。又说：“下河两岸大熟，亦从前未有也。”玄烨治河，并非仅限于黄河，他一生多次到淮河、运河、永定河、滹沱河、子牙河等治河工地视察，并亲自指挥。他几十年颁布了无数治河的圣旨，其中包含丰富的治河经验。河臣张鹏翮主张编辑成书，颁行天下，永久遵守。玄烨说：“前代治河之书，无不翻阅，泛论虽易，实行则难。河水无有定性，治河不可一法，今日治河之言，欲令后人遵行，断不可行。”由此可见他对治河所持的严谨科学态度，说明他的治河知识相当深厚扎实，绝不是拘泥于书本的书呆子。说到这里顺便提一句，玄烨是中国历史上学问最博大精深的皇帝，他不仅善于治河，而且涉猎非常广泛，对天文、地理、物理、化学、医药、语言、文学、书法等都有极深的造诣。清史说他“暇几格物，豁贯天人”。正是对他探求自然科学，取得非凡成就的评价。能达到如此境界，是他刻苦学习、学以致用的效果。

玄烨六下江南，治河是其首要任务，是关心民瘼的表现。另外他考察吏治，以巩固天朝统治。更重要的还有，他想通过南巡施行仁政，以征服人心。清初，由于施行薙发、圈地、镇压汉人起义等暴政，明朝遗民对满清新朝的统治既不适应又极不满意。这点，玄烨十分清楚，所以他六次南巡，所过之处，尽力免除苛捐杂税，并且多次到曲阜拜谒孔庙、到会稽拜谒禹陵、到江宁祭奠明太祖孝陵，以迎合汉族士人心理。另外，他每到一地便接见社会贤达名流及耆民，赐物、题词格外优遇，同时还增加江南科考名额，江南士人见皇上平易近人，雍容风雅，布仁爱民，从心底里万分佩服。玄烨南巡不讲排场，不扰地方，不扰民。“简约仪卫，卤薄不设，扈从者仅三百人”。沿路花费取于中央国库，不摊派地方，不摊派民间。二十八年他视察江宁，当地督抚官员“饰龙船，搭彩门，设香案”热烈欢迎圣驾，他不观看，不乘坐，严令有司撤除，用到该用的地方，严饬下不为例。二十三年至江苏某县，“御舟已入邑境，县令犹坐堂决事”。这和当年隋炀帝下江南，龙舟百里，扈从几万的排场，真是天壤之别。

玄烨在南巡之外，还西巡五台山五次，可谓康熙朝的另一盛事。康熙二十年二月，他首次登上五台山，同年九月再上五台山，三十七年第三次巡五台山，四十一年再至，最后一次是康熙四十九年登上五台山。他前两次登五台山，都与太皇太后（孝庄太后）同行，是为了曲承太后礼佛之素心。由此产生一个传说，说他与孝庄太后登五台，是儿子寻爸爸、母亲寻儿子。因为有些野史说顺治皇帝厌恶尘世，到五台山出家为僧。这当然是虚妄之说，笔者前文已经论证。其实，玄烨西巡五台山的目的，除了礼佛这一层意思之外，和南巡目的完全相同，巡阅河工，视察民情，考察吏治，是为天朝布仁泽民。当然西巡的副产品是，敕建五台山寺院，使其成为佛教四大名山之首，现在人们游览观赏，也算沾了玄烨的恩惠。另外附带说一事，玄烨不仅礼佛，还对关羽极度崇拜，封其为关圣帝君、伏魔大帝。民间野史上说康熙帝自称是“刘玄德转世”，有一次夜梦关羽来临，二人有精彩的对话。玄烨问：“来者何人?”关羽答道：“二弟云长。”问：“三弟何在?”答：“镇守辽阳。”这当然亦是不经之谈。但从康熙朝起直至清末，朝廷极力推崇关公“忠义勇武”，迷信关羽达到极致。由朝廷出钱建立了遍布城乡的不计其数的关帝庙，香火之盛，不亚佛道。并把崇拜关羽的思想推广到全世界，产生深远影响，不能不说是玄烨的功劳。

笔者还想说一下玄烨对文化建设的贡献。他对文化极为重视，在位期间，编成许多影响后世的图书典籍，计有《佩文韵府》、《渊鉴类函》、《精理精籍》、《古今图书集成》、《子史精华》、《皇舆全鉴》、《康熙字典》、《骈字类编》等不一而足，都是大部头的宏编巨制，真是大清文化盛事。当然他也兴治“文字狱”，禁锢士人思想，如戴名世《南山集》一案，以文治罪，未免专制霸道，成为后世之讥。

总之玄烨南下西巡，布天朝之仁，服万民之心，现天朝之盛。于国于民都是好事。

【两废太子】是玄烨一生最痛心的事。玄烨 12 岁结婚，元配是赫舍里氏，以后连续不断地纳妃，共有后妃 40 人，后妃之多空前绝后，堪为清朝皇帝之冠。这些后妃又为他生了55个子女，其中皇子35人，格格20人，这在清朝也是创了纪录。然而如此众多的皇子，从中选一个皇储，却让玄烨一生费尽心机，身心交瘁。

玄烨熟读历史，对历朝太子之争的残酷心有余悸，决计早立太子，免得其他皇子争夺。同时他也受到汉族“立嫡立长”的影响。因而当皇后赫舍里氏生下嫡子胤礽，刚满一岁，便迫不及待地将他立为太子。除了上述因素，他与赫舍里氏爱情笃厚，赫舍里氏生产血崩而死，立其子为太子，也算是对元配妻子的报答。胤礽被立，玄烨对他极为钟爱，胤礽出痘，他焦虑万分，辍朝12日守护其侧。年龄稍长，便延名师教导，南下北巡也带在身边，使其增加阅历，征噶尔丹时，留其在京监国。玄烨对胤礽的教育与关怀，煞费苦心，达到极致。胤礽长大成人，生得一表人才，能文能武，聪明绝顶。然太子的尊贵使他产生了不可抑制的骄妄之心，在他的周围聚集了一大批朝臣及贝子、贝勒，时时奉承吹捧，致使骄横之心愈烈。康熙二十九年，玄烨征伐噶尔丹，身在塞外，偶患风寒之疾，忽然思念胤礽，此念一生，思之愈切，飞诏将其召到塞外军营。玄烨一见爱子，摸顶至踵，舐犊情深。然而父亲有病，胤礽侍奉在旁，面无忧色，嘻嘻哈哈，使玄烨忽生厌恶之心。而且这个胤礽不知是何居心，经常深夜像鬼魅幽灵一般，蹑手蹑脚到玄烨所居帷幄，揭开帐篷小缝，向内偷窥。这鬼鬼祟祟的举动，让玄烨内心惊疑，夜夜不安，对其大失所望。后来回到京城，玄烨又得知胤礽与国舅爷索额图等大臣日夜聚在一起，议论朝中大事。大臣与太子交通，为历朝皇帝所不容，玄烨更是痛恨，竟下旨处死索额图。索氏贵为国戚，乃开国元勋索尼之子，历来受玄烨倚重，因此事被斩，足见玄烨对胤礽怨恨之深。然而胤礽不以为戒，行为更加乖张怪异，动辄训斥朝臣，打骂侍从。此时玄烨突然认定他患了严重的精神病。太子为国本，关系何等重大，岂能让行为疯狂的逆子任之。康熙四十七年，玄烨痛下决心，召集大臣，宣布废掉胤礽，罪状是：“不法祖德，不遵祖训，肆恶虐众，暴戾淫乱。”并告于太庙，宣示中外。当内臣宣读诏谕时，玄烨哭泣不止，宣读完毕，他昏仆于地，不省人事。之后六天六夜不食、不饮、不眠，悲愤至极。

然而玄烨没有想到，废掉胤礽，而储位空悬，更引起其他皇子的觊觎，激烈残酷的争储之战拉开序幕。在众多的皇子中，具有才干或有资格做皇储的有四人：一是直郡王胤禔，为惠妃所生，他是长子，嫡子废之，长子继之也是顺理成章之事。二是四阿哥胤禛，为德妃乌雅氏所生，此人城府极深，让人捉摸不定。三是八阿哥胤禩，为密妃王氏所生，才华横溢，人缘极好。四是十四阿哥贝子胤禵，为胤禛同母弟，年轻俊伟，英武有为，受玄烨钟爱。在这四位皇子中，对皇储欲望表现最强烈的要算大阿哥胤禔及八阿哥胤禩。胤禔虽为长子，但玄烨并不喜欢他，这点朝臣已经看透。而胤禩德才兼备，平易近人，玄烨对他亦很喜爱。九阿哥胤禟等皇子也与他朝夕相处，全力支持。朝中大臣更是趋之若鹜，极力吹捧，因此胤禩成为朝中做皇储呼声最高的一位。而胤禩也很自负，扬扬得意，不加掩饰，俨然以未来皇储自居。玄烨对立储特别留心，他曾让大臣密疏推荐太子，结果朝臣几乎众口一辞推荐胤禩，玄烨大为诧疑，莫非胤禩勾结朝臣谋夺储位？皇子结党营私，为历朝皇帝所忌恨，玄烨更甚，对胤禩的张扬及勾通朝臣大为震怒，对其厌恶异常。事有凑巧，京城中有一术士张明德，最擅相面，知人未来凶吉。骗术极高，名声大噪。朝中权贵争到门下请教，张明德一一应付，都说他们未来富贵至极，以满足其虚荣心理。胤禩求储心切，思想恍惚，也来慕名求教。他化装成平民，直入张宅。张明德一见胤禩，跪地三叩九拜，口称万岁驾到，胤禩急捂其口。张明德将其引入密室，又叩头称臣。胤禩喜极，叮嘱他切勿声张。谁知当晚，大阿哥胤禔前来八阿哥府拜访，一言揭露胤禩到张府相面之事，并说亲耳听到张明德高呼万岁。胤禩极为恐惧，跪地求饶，求胤禔且勿声张，以免父皇知晓。胤禔说："听说父皇仍要立废太子，真令人心焦。我不愿当皇储，你受父皇钟爱，你当好了，我给你帮忙。"胤禩闻言大喜，从地上跃起，哀求胤禔，愿听大阿哥明教。胤禔说："现在牧马厂有个蒙古喇嘛，善巫蛊之术，能施法术，咒人必死。可央他咒死胤礽算了。"胤禩喜极，立刻叩首拜谢。翌日，胤禔、胤禩同到牧马厂找蒙古喇嘛密商。喇嘛与胤禔原是莫逆之交，一闻此言立即答应，将镇压法物交与胤禔，让他如法施行。胤禔回府将镇压物及一个木头人埋于府中。是夜他辗转反侧，彻夜不眠，左思右想，认为自己是长子，胤礽已废，说什么应轮到自己，凭什么去帮胤禩，真是痴人干傻事。何不先将胤礽咒死，再去告发胤禩，来个一网打尽。次日清晨，胤禔叩宫求见父皇，将胤禩私见张明德相面之事，加油添醋地告发一番。玄烨一听气得发昏，命侍卫先将胤禩逮捕押禁宗人府，又命侍卫火速将张明德抓来。内大臣立即审讯，严刑之下，张明德供认不讳，玄烨下旨将张明德押出午门凌迟处死。再说胤禩被押在宗人府叫苦连天，心想必是胤禔告发无疑，心一狠牙一咬，哭着喊着大闹宗人府，说是有天大事情面奏父皇，宗人府宗正立刻禀报，玄烨立即宣召，一见胤禩，劈头盖脸，先扇几个嘴巴。胤禩叩头大哭说："是大阿哥教我如此，望父皇恕罪。"玄烨怒道："胡说，他既教你，如何敢来告发你。"胤禩哭不成声，将蒙古喇嘛蛊咒胤礽之事和盘托出。玄烨半信半疑，命侍卫逮蒙古喇嘛审问，这个活佛和上述那个相面神仙一样都经不住打，也供认不讳。玄烨又命侍卫搜查胤禔府，果然在地下挖出镇压器物及一个木头人，木头人身上写着胤礽的名字，侍卫拿着木头人回宫复奏。玄烨震怒万分，拔下佩刀，命侍卫去杀胤禔，侍卫跪地叩头，不敢接刀。果有人报告后宫，胤禔生母惠妃披头散发，膝行而进，见了玄烨放声大哭，将头磕得出血，玄烨见爱妃如此可怜，长叹一声收回佩刀。命内官拟旨，一道圣旨将胤禩拘禁；一道圣旨是革去胤禔爵位，在本府中幽禁，不得出门一步。

玄烨经几次刺激，竟生了大病，卧床不起，在床上反复思考，彻夜难眠。翌日，命释放太子胤礽。胤礽被释后便日夜在宫中侍奉父皇。过了几日，玄烨召集诸皇子及大臣说："朕阅读史书，古来太子既废，往往不能生存，以后君王莫不追悔。朕自拘禁胤礽，日日挂念。近日有病，只皇四子胤禛默体朕心，屡次保奏胤礽，劝朕召见，朕召见一次，愉快一次。嗣命在朕前守视汤药，颇守规矩，不似从前疏狂，想必以前被胤禔镇咒，所以如此迷惑。现在既已改过，便可洗心自新。从此朕不记前愆，只要胤礽改正，朕有何憾?"这次御前训话，已明确发出信号，胤礽又将东山再起。果然到了第三年，玄烨颁下圣旨，将胤礽又立为太子，并祭告天地宗庙，宣示中外。

然而这个胤礽，当了太子，遂将前面的苦楚忘得一干二净，骄气复萌。身边又飞来许多大臣巴结他，聚集在一起议论朝政国事。玄烨闻之又发雷霆之怒，大臣交通太子，结党营私，他绝对不能容忍半分。他接连将交结太子的尚书齐世武及步军统领托合齐处死，罢免了一批太子党官员。康熙五十一年，玄烨再次废掉胤礽，理由是胤礽"狂易之症未愈"，他不能将太祖、太宗的天下交给一个精神病患者。笔者有诗叹曰：

大群皇子闹纷纷，欲占东宫做帝君。
倘若早知今日事，只生一个小麒麟。

【平定西藏】是玄烨大帝帮助西藏驱逐准噶尔侵略者的战争。顺治九年，五世达赖喇嘛罗桑嘉措到北京朝觐顺治帝，清廷封他为天下释教教主，让他回藏总管教务。这表示西藏继续置于中央政府管辖之中。达赖任命亲信桑结为第巴（管理政务的最高官员）管理政务，但后藏地区还有一个强大的势力，是厄鲁特固始汗的后裔拉藏汗，当年五世达赖就是凭固始汗率军入藏扶持登上宝座的。桑结是个阴毒狡黠的小人，噶尔丹称雄时，他依附准噶尔。噶尔丹被清军击败，他又恭顺清廷。同时他对拉藏汗坐镇后藏极为忌恨，欲图除掉拉藏汗而独霸全藏。康熙五十四年，五世达赖圆寂，桑结秘不发丧，继续把持政务。清廷得知此事，下旨严斥桑结，桑结诡称因地方治安不好，所以不敢发丧。清廷因路途遥远，未予深究。于是桑结又立了个达赖。拉藏汗闻知，指责新达赖为赝品。桑结更是怨恨，设计想毒死拉藏汗，结果阴谋未遂。拉藏汗极为愤怒，率军攻破拉萨，捉住桑结斩首示众。于是拉藏汗成为西藏最高军政首领。他废了桑结所立的达赖赝品，另寻了一个转世灵童伊西嘉措，称为六世达赖。然而青海诸蒙古部落，与拉藏汗有夙怨，拒不承认伊西嘉措是真达赖，又另立噶尔藏嘉措为六世达赖，在西宁塔尔寺坐床，并上报北京，请清廷批准。于是西藏出现了两个达赖，谁真谁假，清廷也不敢遽断。此事却惊动了远在伊犁的准噶尔汗策妄阿布坦。策氏与拉藏汗本是亲戚，拉藏汗的姐姐嫁给策妄为妾，策妄又将女儿嫁给拉藏汗之子丹衷。丹衷长期住在伊犁，好似拉藏汗派驻准噶尔的大使。丹衷异乡久居，思家心切，请求策妄放他夫妇回西藏省亲。策妄一口答应，立命兵士护丹衷夫妇入藏。小夫妇满心欢喜走上归途。然而策妄阿布坦与噶尔丹一样是个野心极大的枭雄，他想乘此机会，除掉拉藏汗，灭掉西藏，重振噶尔丹雄风。丹衷夫妇上路不久，策妄命手下大将大策零率兵 8000 进攻西藏。这是一次史无前例的远征，大军从伊犁出发，翻过高高的天山，又穿越广阔的塔克拉玛干大沙漠，再翻越比天山更高峻的昆仑山，然后在人迹罕至、冰天雪地的西藏高原行驰 1300 公里。10 个月以后，大策零大军到达拉萨。这次在恶劣环境下超长距离、超长时间的远征，创造了世界军事史上无法打破的纪录，大策零无愧旷世名将、旷世冒险家。当时拉藏汗正在举行盛大的宴会，欢迎儿子丹衷回藏。拉藏汗喝得酩酊大醉，在醉梦中被策零兵士杀死。大策零是奉策妄阿布坦的命令杀死拉藏汗的，策氏将夺取西藏作为最高目标，根本不管他与拉藏汗的亲上加亲的关系。于是大策零很快占领拉萨，自此西藏成为准噶尔国的属地。拉藏汗所立的达赖伊西嘉措被大策零关入地牢。

警报传到北京，玄烨十分震怒，命西安将军额鲁特率兵入藏。然而额鲁特取得小胜后，被大策零诱入伏击圈，一举歼灭。玄烨接到败报，愤怒异常，决计再征西藏，命十四阿哥胤禵为抚远大将军。胤禵率师出京，玄烨为他在太和殿举行隆重的送行仪式。朝中大臣纷纷猜测，玄烨命胤禵征藏，是让他立了军功好当皇储。于是满朝大臣又云集德胜门为胤禵送行，真是风光至极。

胤禵奉父皇之命驻节青海西宁，指挥军事。这时玄烨发下圣旨，册封在青海坐床的噶尔藏嘉措为六世达赖喇嘛，命胤禵护送入藏。胤禵下令兵分两路进入西藏：一路由副都统延信率大军从青海入藏，并携带六世达赖。另一路由川军统领噶尔弼率军，从四川打箭炉出发入藏。策零闻清军两路入藏，自率军抵御青海一路。另发兵 3000 抵御清军从四川进攻。清军从打箭炉出发的噶尔弼一军进军极为神速，副将岳钟琪，自称是岳飞后代，极有胆略，在三巴桥设伏，将准噶尔军黑喇嘛部一举歼灭。此时胤禵发来军檄，让东路军停止前进，等待西路军，然后共同前进。噶尔弼犹豫不决。岳钟琪说："我军出发已有 40 多日，若等西路军来，军粮早尽。不如长驱疾进，沿途招抚番众，以番军攻准噶尔，约 10 日可抵拉萨，出其不意，消灭准军。”噶尔弼认为是冒险，岳钟琪大呼：“岳某不才，愿喷一腔热血效命朝廷，若不胜，甘当军法。”噶尔弼为岳钟琪忠勇所动，同意突袭拉萨。翌日，岳钟琪率军渡过金沙江，很快进入西藏。沿途藏民苦于准噶尔暴政，见朝廷大军到来，纷纷加入，并运粮支持清军。贡布土司派藏兵7000人助战，有藏军作向导，行军更为快速，不到10日岳钟琪大军进入拉萨，准噶尔大军多在前线，拉萨驻兵极少，不值清军一扫。岳钟琪杀了几个准噶尔头目和几个藏奸，以示天威，其余一概赦免。拉萨僧俗民众欢庆解放，欢迎清军进入西藏。

岳钟琪袭破拉萨，令西部前线的大策零大为震惊。军心顿时动摇，延信率军乘机反攻。策零军大败，欲逃回拉萨，却遭到岳钟琪截击，进退两难，只得回伊犁，沿途又跋山涉水、饥寒交迫，返回伊犁时，军队死伤大半。延信携六世达赖很快进入拉萨，在布达拉宫举行坐床大典。康熙五十九年夏，平藏战役宣告胜利结束。玄烨得到捷报，龙心大悦，亲制平定西藏碑文，勒石立碑纪念胜利。此碑原立大昭寺，后迁至布达拉宫大门东侧，永远记录康熙平定西藏的光荣历史。康熙五十九年夏，台湾平民朱一贵发动起义，台湾人民苦于知府王珍的虐政，纷纷加入义军，七天内便占领全台。清廷闻警，派兵镇压，也用短短七天，就消灭义军，生擒朱一贵。这次内乱平定神速，影响不大，附带一笔在此说明，不再详述。

【玄烨之崩】是康熙王朝的最后一幕。玄烨晚年备受立皇储问题的折磨，自己年届七旬，但皇储之位久悬，想起来就十分丧气。但西藏平定的捷报传回后，心中有底，他的爱子十四阿哥终于立了大功，不禁松了一口气。他又看到自己治理61年的大清王朝越来越强盛，可谓四海升平，国泰民安。于是兴致忽来，在乾清宫召开了一次旷古未有的“千叟宴”。就是将年满65岁以上的满汉官员1000人，无论在职、退休，统统召至京城赐宴款待。是日，风和日丽，鸟语花香，正是暮春时分，1000个白发秃顶的老头，把老寿星玄烨围在中间，歌功颂德，极力奉承，玄烨心中极乐，下旨让群臣开怀畅欲，不必拘谨，一醉方休。少顷，玄烨赋七律一首，让群臣应和，这1000个老头奉旨应和，个个咬文嚼字，摇头晃脑，不出半个时辰都已交卷，无非是尧天舜日，极明至圣，千篇一律。顿时诗声琅琅，觥筹交错，好一幅君臣同乐图。

然而“千叟宴”之后，玄烨偶感风寒，浑身发热，卧床不起。太医忙个不停，将祛风散寒、养心补气的药味开入方剂，玄烨服饮之后，火热渐退，气喘稍平。诸皇子也忙个不停，轮流奉侍，朝夕问安。四阿哥胤禛入奏：“父皇出外散步，不妨临驾畅春园，地方宽敞，景色幽静，最宜静养。”玄烨道：“如此甚好，只是冬至将临又要祭天，朕躬违和不能亲往，着你恭代好了。”胤禛暗喜，但不露声色地说：“圣体违和，儿应侍奉左右。”玄烨说：“你的兄弟甚多，哪个不来侍奉，你先去斋戒，务必要虔诚。”胤禛叩恩退出。冬至祭天是国家头等大事，往往是皇帝亲祭，玄烨不选别人，让胤禛恭代，不仅使胤禛惊喜，而且朝中大臣也议论纷纷，四阿哥当太子大有希望。

祭天之后，群臣又忙着操办明年皇上七旬万寿大典。然而玄烨移居畅春园之后，病症复发，太医药石齐下，全是无效。夜夜咳嗽不已，有时竟昏睡不醒。诸皇子朝夕侍奉不敢怠慢。某日，玄烨醒来，精神较好，传旨让隆科多入园，这个隆科多，是一等公佟国维之子。佟国维之女佟佳氏是玄烨的皇后。佟氏家庭是清朝的名门望族，从太祖起，四朝煊赫百年，到康熙朝最为鼎盛。隆科多现为理藩部尚书、步军统领。按现在官职比拟，就是国家民族委员会主任兼首都卫戍区司令，又是国舅，权势极重。隆科多到龙榻前请旨，玄烨让他传旨，速速召回十四阿哥胤禵。只是舌头发硬，说完“十”字，方才说出“四”字。隆科多唯唯而退。少顷，隆科多召来皇四子胤禛，二人密谈一阵，便共同入内请安。玄烨一见胤禛，积痰上涌，气喘不休，一手指着胤禛，嘴中嘟囔着，不知是何语言。随即昏迷不醒，不到一个时辰，龙体僵硬，晏驾宾天。一会儿工夫，诸皇子纷纷赶到。见宫内只有胤禛抚尸大哭，还有隆科多表情冷峻地站在龙榻旁。诸皇子一齐号啕大哭。据野史记载，玄烨崩世当天，京师九门戒严，紫禁城和畅春园已被步军统领署衙的军队包围。京城一片杀气腾腾。众皇子进园时已看到哨岗林立、剑拔弩张的场面。此时隆科多厉声道：“诸位阿哥暂且收泪，听读遗诏。”诸皇子嚷道：“父皇遽去，何来遗诏！”隆科多说：

“当然有遗诏，稍安勿躁，且恭听遗诏。”又郑重展开圣旨读道：“皇四子人品贵重，深肖朕躬，必能继承大统，着即皇帝位。”胤禩、胤禟一听齐嚷道：“遗诏是真的吗？”隆科多铁青着脸说道：“谁有几个脑袋，敢捏造遗诏。”其时隆科多兵权在握，诸皇子又看到畅春园戒严的阵势，再也不敢吭声。

康熙六十一年十一月十三日，玄烨在畅春园崩世，年69岁，在位61年，是中国历史上在位时间最长的皇帝。胤禛继位后，谥为仁皇帝，庙号圣祖，葬于遵化县清东陵之景陵。

康熙大帝玄烨是中国历史上英明君主的典范，他的文治武功，仁心德政，比之唐太宗李世民有过之而无不及。他被称为“千古一帝”，当之而无愧。他平三藩、除鳌拜、复台湾、驱俄人、三征噶尔丹、平定西藏等功绩，显示了高度的睿智与英勇。他治河、减税、永不加赋等仁政，表明他对民生民瘼的关怀。他崇文重儒，移风易俗，使社会和谐而繁荣。他勤奋好学，知识高深博大，学贯古今中外，为千古帝王所仅见。他是一个出类拔萃的军事家、政治家、文学家、科学家。他执政61年，把中国带入繁荣盛世，“五百年必有王者兴”，中国几千年产生这样一个卓越的皇帝，确是中国历史的光荣。他智勇绝伦的风采、至圣至明的天赋、施德布仁的胸怀、温文尔雅的风度，几百年后人们流连向往，心仪不已。他的性格特征可用“智、勇、圣、明、德、仁”六字概括，这么多的优秀品质集于一身，古今能有几人？当然，金无足赤，人无完人。他也有缺点，前人指责他在立皇储问题上，废立无常，犹豫失措，以及崇好虚名，也不无道理。然而与他的丰功伟绩相比，这又算什么？这样的皇帝，真是难得，难得！

为政严明臻大治

——清世宗　胤禛

清世宗雍正皇帝爱新觉罗·胤禛

(1678—1735 年)

传位诏书字不清，囚兄杀弟露峥嵘。

十三年内争何事？正大光明匾后名。

康熙六十一年十一月，清圣祖玄烨龙驭宾天，传下遗诏，命皇四子雍亲王胤禛即皇帝位，越明年改元雍正。“雍正”年号的寓意，一般认为是胤禛标榜雍亲王即位是正统的、正宗的、正大光明的。事实果真如此吗？

【雍正即位】被称为清初三大疑案之一，几百年来民间与学术界对此议论纷纷，有弑父自立说，有篡改遗诏说，有奉遗诏而立说，还有其他奇谈怪论，不一而足，纷纷扬扬，鼎鼎沸沸，延续至今，还没有一个定论。

一是弑父自立说，有野史说，玄烨患的是风寒之疾（重感冒），命不至死。玄烨崩世前，两天内三次召见胤禛，胤禛向父皇进奉人参汤，玄烨一饮便死。“下毒弑父”是当时社会上流传最广的说法。有一首清宫词写道：

新月如钩夜色阑，太医值罢药炉寒。
斧声烛影皆疑案，是是非非付史官。

诗中“斧声烛影”是一个著名的典故，说的是宋太宗赵光义杀死其兄太祖赵匡胤篡位之事，明明是影射胤禛像赵光义一样弑君而立。雍正七年发生的吕留良、曾静、张熙逆案中，曾、张等人也说雍正帝有弑父、逼母、谋兄、害弟等大罪，曾静的说法应是其时最流行的说法，也就是说弑父自立已沸沸扬扬传遍全国。历史上弑父、弑兄自立的先例，不绝于书。除赵光义之外，还有杨广弑杨坚、李世民杀李建成、安庆绪弑安禄山、史朝义弑史思明等。但是，笔者认为，清室家法极严，康熙帝对子女严格教育不遗余力。胤禛虽然狠毒至极，但他并不傻，而是睿智非凡，绝不会冒天下之大不韪，干出此种灭绝人伦、不仁不孝的事情。但“弑父自立”，当然也不是空穴来风，必是被废黜的胤禩、胤禟集团心怀怨恨而散布的谣言。另外，几百年来无数学者对此说进行了长期的、缜密的研究，在大量的史料中，还未找出任何蛛丝马迹的佐证。因此“弑父自立”说应该不会成立，除非找到新的强有力的史料证据。

二是“篡改遗诏”说。这是最普遍的说法，这是胤禛在玄烨病危一日三召的时候，串通隆科多篡改遗诏。将“传位十四子”改成“传位于四子”。十四子是贝子胤禵，为玄烨所钟爱，智勇兼备。康熙五十九年，被任为抚远大将军，征讨准噶尔，玄烨不选其他皇子，而挑中胤禵，显然是看中他的才能，当时朝中大臣都认为这是玄烨让他立军功，当皇储。果然胤禵不负所望，坐镇青海指挥，平定了西藏，立下不世战功。这个军功使他脱颖而出，超出诸皇子，成为最有希望做皇储的人选。玄烨病危时，有旨召回胤禵，召他的原因可能有二：一是召回立其为皇储；二是病危想念远在青海的爱子，这是父子之情所致。但是这个诏书却被手握重权的隆科多扣押。可玄烨遽崩，即使发出诏书，胤禵远在青海统军，也不可能立即赶回。而胤禛可能当皇储即位的有利因素有两点：一是玄烨有病，让胤禛在冬至恭代祭天，这是个特殊荣誉，将此视为玄烨属意胤禛当皇储，也不无道理。但这个荣誉与胤禵的赫赫军功相比，差之甚远。二是玄烨病危，一日三召胤禛，这也是个特殊待遇。也可以认为，胤禔、胤礽已被幽禁，胤祉无能，胤禵远在青海。而胤禛齿序为老四，又爵封雍亲王，官爵在诸王之上，玄烨托嘱大事，不召胤禛别无选择。笔者还可以设想，玄烨病危，有时不省人事，入值侍奉的隆科多极有可能假传圣旨，一日三召胤禛入内。因而这一日三召，不能成为玄烨属意胤禛的理由。那么，将“传位十四子”改为“传位于四子”，有可能吗？近代许多学者认为，“於”是“于”的繁体字，将“於”改为“于”，不好改也不符合当时使用繁体字的习惯。而且满文是国书，正式诏书，都用满、汉两种文字颁发。汉文版诏书可改，“十”改为“于”好改，满文版诏书又怎么能改呢？然而，笔者认为，“于”字古已有之，不仅可当姓氏，为了方便使用，古人早将

“于”作为“於”的通假字在广泛地使用，解放后，国家文字改革委员会在推行简化字时，才将古已有之的“于”作为繁体字“於”的简化字。“于”、“於”在古代通假，这是古汉语常识。不了解这点的学者，当然会发出“於”不能改“于”的议论，显然是错误的。至于满文诏书不能改之说，笔者认为也不能成立。满文虽是国书，但建州女真族置于明朝统治之下已有几百年，早已习惯用汉语说话。努尔哈赤建立后金，让额尔德尼制造满文是事实，但流通不普遍。清军入关后到康熙朝末年已有七八十年，早已被汉族文化濡染，平时交流语言也是汉语。从皇帝到贵族，虽学习满语，以示不忘根本，但实际交流已是汉语。随便笨想一下，一二百万的满族人融入两亿多的汉人之中，不说汉语行吗？所以在玄烨病后不省人事及崩世后，立储何等紧急重大，在紧急时刻，胤禛与隆科多串通一气，逼司礼监太监拿出印玺，先制造篡改的汉文遗诏，用来宣读。然后从容消停地制造满文诏书也是极其可能的。笔者还要说，胤禛和隆科多有能力、有时间连篡改原意的满文诏书一起制造。所以，将“传位十四子”改为“传位于四子”，在理论上分析是毫无问题的。“十”改为“于”，显得容易凑巧，煞有介事，因而流传十分广泛长久。

然而，问题的重点不在篡改本身，从各种史料看，隆科多开读的遗诏内容是：“皇四子人品贵重，深肖朕躬，必能仰承大统，着继朕登基，即皇帝位。”这是遗诏的全文，文辞简短，符合当时的紧急情况。但没有“传位于四子”的内容。几百年来，清史学者费了多大气力去查找史料，也没有找到这五个字眼，同时也未找到“传位于十四子”的字眼。

所以，笔者可下结论：玄烨欲传位十四子胤禵极有可能。将“十”改为“于”的“篡改遗诏说”，虽然有浓郁的戏剧性，但其真实性大打折扣，基本上可以把它推翻。

三是“奉遗诏即位”说，这是清朝现存官方史书一致的说法。就是玄烨崩世之后，由隆科多开读：“皇四子人品贵重，深肖朕躬……着继朕登基，即皇帝位。”近代一部分学者很相信这个说法。理由是：其一，长子胤禔被禁，嫡长子胤礽一废再废，三子胤祉无能平庸，把上述三子排除在外，胤禛年龄位于第四，爵封雍亲王，从伦序、爵位上看，被玄烨废黜的贝勒胤禩比不上他，远在青海的贝子胤禵也比不上他。轮也轮着了，挨也挨着他了。其二，玄烨临终前让他恭代祭天，这真是难得的殊遇。有理由认为这是玄烨属意他的信号。其三，在太子胤礽被废后，皇八子胤禩头角峥嵘，参与和胤禔、胤礽争夺储位的斗争旋涡中，玄烨大为痛恨，将其禁锢。而胤禛使用韬晦之计，不露锋芒，不露声色，避在斗争旋涡之外，关键时刻，还为胤礽说些好话。玄烨有病时，他满脸忧戚之容，尽力孝顺侍奉。这使玄烨认为他没有夺储的野心，同时还有"悌友"之情，又有孝顺之情。另外，更重要的是，胤禛遇事勤奋、果断、能力突出，早为玄烨激赏。因而最后赢得玄烨的钟爱，将皇位传给他也是合乎情理之事。

以上三个理由，说明"奉遗诏即位"说，从理论上说可以成立。然而，仔细分析，其中的疑点太多：其一，玄烨病危有时昏迷不醒，即使有时清醒，也不可能亲手书写遗诏。他若留遗诏必然召集诸皇子及诸王大臣中的亲信者宣口谕，由阁臣和司礼监内官代笔书写遗诏，决不会只召来隆科多一人来托付立储大事。隆科多虽是国舅，深受信任，但他没有这种资格。其二，胤禛其人性格阴鸷，喜怒不定，遇事急躁，早为玄烨所洞察，训斥之后又命记入皇家档案。后来胤禛努力压制自己的缺点，表现仁孝友爱，曾央求玄烨删除"喜怒不定"的评语记录。玄烨同意了。笔者认为，玄烨之所以在精神上、荣誉上如此特别惩罚胤禛，是因为他对这种品质深恶痛绝。知子莫若父，不可能将大统传于胤禛。其三，胤禛在即位之后，干了许多欲盖弥彰的事，如将年号定为"雍正"，在乾清宫挂上他书写的"正大光明"匾，将胤禵禁锢，又将隆科多幽死，将年羹尧赐死，不可尽视为忘恩负义，刻薄残酷，而是杀人灭口。后来在敕颁《大义觉迷录》中，又作了许多自我洗刷辩解，真是此地无银三百两。这都说明他心里有鬼，否则堂堂正正，又何必如此呢？从这些疑点来看，"奉遗诏即位说"的可能性也必须大打折扣。

笔者认为，最有可能的是，玄烨生前已选中胤禵做皇储，但他离世太快，病危中没有也无能力下达明确的立储圣旨，这就让隆科多与胤禛钻了空子，假造了"皇四子人品贵重，深肖朕躬，必能仰承大统，着继朕登基，即皇帝位”的诏书。隆科多是玄烨的小舅子，备受信任，不仅是理藩院尚书，更是步军统领（九门提督），负责京师治安，他有可能被玄烨召入宫中侍奉，实际上步军统领本自具有保卫皇帝的职责。这样隆科多就有了特殊的机遇、特殊的权力。他和胤禛关系极为密切，因为胤禛虽为乌雅氏所生，可按清宫规矩，他从小却由佟佳皇后抚养，胤禛对佟佳皇后的感情远远超过了生母乌雅氏。隆科多系佟佳皇后之弟，自然胤禛与隆科多感情上更加亲热。更重要的，胤禛看中了隆科多手握重兵的权力可为己利用。而隆科多也看中胤禛必能成就大事，把宝押在他身上，欲建拥立大功。这样二人早就建立特殊关系，阴谋夺储。在玄烨病危的紧急时刻，实施阴谋的步骤突然加快，有史料载，说胤禛在侍奉父皇之余，多次与隆科多密商大事。这样看来，玄烨一日三召胤禛并非玄烨本意，而是隆科多乘玄烨病危昏迷，发矫旨传召胤禛进入畅春园。如此，二人同在畅春园，便有了伪造诏书的机会。当时，胤禵远在青海，诸兄或被废或被拘禁，在京中，胤禛爵封雍亲王，是地位最高的皇子，掌握印玺的司礼监官员哪个敢不听胤禛的话。而隆科多身为步军统领，手握京师治安大权，权势赫赫。据史料载，玄烨驾崩前后，京师九门关闭，大内及畅春园戒严，严禁诸皇子或任何大臣进入，就是步军统领下达的命令。这样的权臣，司礼监官员自然畏之如虎。于是在玄烨病危昏迷之时，胤禛和隆科多召来掌印玺的司礼监官员在伪造诏书上盖玺，真如探囊取物一般。司礼监官员并不傻，因为他们也要建拥立大功，何不顺水落个人情！这样，别说是汉文诏书了，连满文诏书也可一起制造成功。后来胤禛即位，命张廷玉伪造了八大臣共受遗诏的假御前记录收入清室档案，又将所有皇家文件中不利胤禛即位的内容一律篡改。所以现在清室档案找不到一丝胤禛夺位的痕迹，全是清一色的奉遗诏而立。

当然，伪造遗诏而立，仅是一家或数家之言，是一种较为合理的推测，不能视为板上钉钉的定论。笔者想，随着进一步的研究，雍正即位的疑案，或许将来大白于天下。

不管怎样，胤禛最终登上了宝座，成为清军入关后的第三位皇帝。他登位伊始，便发下几道谕旨：一是封被废黜的胤禩为廉亲王、封皇十三子胤祥为怡亲王、封废太子胤礽为理密亲王。又命大学士马齐与隆科多总理内外事务。二是召皇十四子胤禵入京奔丧，青海军务由年羹尧代替。但胤禵回京，他大加训斥，说其“狂悖无知，心高气傲”。奇怪的是，训斥之后又封为恂郡王，让他守护先皇之灵柩。过了几日下旨将胤礽迁于山西祁县郑家庄禁锢（一说在北京昌平郑家庄），又封其子弘晰为理密郡王，随父前往郑家庄。又过几日，再下诏宣于中外，诸皇子应避皇帝胤禛之讳，“胤”字为皇帝名字所专有，其他皇子名字中“胤”改为“允”。

这一系列谕旨，弄得朝野摸不着头脑，允礽、允禩已被先皇废黜，胤禛反而晋封王爵，允禵先遭训斥，又封其为郡王。胤禛的葫芦里究竟卖得什么药?

【密建皇储】是胤禛的一大发明，是影响清室后世立储重大的改革。由于玄烨享位太久，胤禛登基时已 45 岁了。这个年龄现在可说是年富力强，但在当时确是老大不小了，是该到立皇储的时候了。康熙末年，皇子争夺储位的斗争他已亲自经历，或许心有余悸。由皇帝指定皇储，是皇子争斗的根源。他冥思苦想，如果先密定皇储，宣于中外，皇子们既知储位已定，便不会去争斗。说不定皇子个个满怀希望，等待皇储揭晓后，幸运落在自己头上，这真是一条好计。雍正元年八月，胤禛突然宣召诸王、贝勒、九卿、大臣于乾清宫。胤禛南面高坐，表情严肃地对诸王大臣说：“皇考在时，曾立二阿哥为太子，后来两立两废。皇考晚年常闷闷不乐。朕想立储系国家大事，不立不可，明立也不可，众卿有何高策，从实奏来。”诸王大臣真是聪明，一闻此言都众口一词地说：“臣等愚昧，愿听圣裁。”胤禛又道：“建储与其他政治不同，其他政治须劳众卿参议，立储大事，应由朕独断。若众卿参议，不免这个说这个好，那个说那个好，永无定论。但朕明立太子，又不免皇室兄弟争斗，惹出祸端，朕再三筹划，得出一法，以为变通。将拟定皇储的诏旨，亲写密封，藏于匣内。”言到此，头一抬，手一指，随即又说：“安放在这块‘正大光明’匾额后面，朕百年之后，众卿取出，便知皇储是谁，卿等以为如何?”诸王大臣一听又齐声说：“皇上圣明，考虑周详。”胤禛说完，命诸王、皇子退下，唯留总理大臣及九部众卿，于是当面密书太子名称封于锦匣内，命侍卫缘梯而上，放在匾后。这“正大光明”四字，是胤禛御笔亲书。现在仍完好无损地悬挂在故宫乾清宫内。在这次御前会议上，胤禛又宣谕，乾清宫是先皇办公、安寝之处，先皇遗物切不可轻动。今后他移居养心殿。自此养心殿成为清朝后代皇帝主持军国大事的神圣宫殿。

秘密建立皇储，是胤禛绞尽脑汁想出来的立储之法，确实可以缓解皇子的争斗。但在立密储之前，皇子的争斗并不能避免，例如后来咸丰帝奕詝曾受杜受田密计，在打猎时，故意不杀禽兽，被道光帝视为“仁慈”，将奕詝的名字写进秘诏，放入“正大光明”匾后，但奕詝的能力确实不如奕䜣。另外，这种秘密立储制，将清初“贵族公推”的光荣传统抛弃得一干二净。不经集思广益，由皇帝一人秘密操作，将胤禛专制集权的思想暴露无遗。胤禛一生有10个儿子，13年来皇子们望眼欲穿地盯着“正大光明”这块匾，不知幸运会落到谁的身上。

【平定青海】是胤禛登基后炫耀的第一次武功。青海在中国西部，原是厄鲁特蒙古的属地，顺治时，和硕特固始汗称雄厄鲁特，并出兵西藏拥立达赖五世，他对中华非常仰慕，主动向清朝进贡，被清廷封为郡王。固始汗死，子达什继位，清廷封其为亲王。达什死，其子罗卜藏丹津袭承爵位。丹津才干远逊乃祖，但野心极大，欲摆脱清廷羁绊，阴谋独立。雍正元年，罗卜藏丹津召集厄鲁特诸部，会盟于察罕罗陀海，号召各部抛弃清廷册封，恢复汗号，自称盟主，名为达赖浑台吉，宣布独立。并相约准噶尔策妄阿布坦，共同发动叛乱。但是丹津的同族额尔德尼、察罕丹津不愿叛清。罗卜藏丹津便率兵袭击其部落，额尔德尼被逼率众内附清朝。清兵部侍郎常寿驻西宁管理青海事务，见额尔德尼投奔，予以安抚。并立即上奏朝廷，胤禛闻报认为是青海内讧，派常寿前去调停。谁知常寿一到青海，便被罗卜藏丹津扣押。消息传到京师，胤禛极为震怒，命年羹尧为抚远大将军，进驻西宁；四川提督岳钟琪任奋威将军，参赞军务。年羹尧兵分两路：北路守住疏勒河，防丹津内犯；南路守住马塘、里塘，防丹津入藏。又传檄巴里坤守将富宁安，驻屯吐鲁番，截住准噶尔援兵。丹津闻清军进剿，召集僧俗兵马20万名，其中喇嘛有10余万名，发给刀矛，进攻西宁。此时，年羹尧已进驻西宁，固守城池，专等岳钟琪军到来。岳军自四川出发，进军极为神速，可谓马不停蹄，不分昼夜。岳钟琪是个智能兼备的军事天才，沿路以抚为主，将依附丹津的部落一一招降，很快到达西宁郊外，有探马报知，城外郭隆寺聚集喇嘛兵数万名，蠢蠢欲动，以抗天兵。岳钟琪令骑兵突袭，铁骑呼啸而上，如排山倒海一般冲入敌阵。这几万喇嘛平时只会念经吹号，见铁骑踏来，抵挡一阵，见势不妙，纷纷逃散。岳钟琪下令追杀，可怜这些喇嘛大多命归西方，成了正果。岳军驱杀百里，焚烧17寨及庐舍7000多个，共斩下喇嘛之头6000余级。岳钟琪用兵，该抚就抚，该杀就杀，真是果断英勇。罗卜藏丹津此时方知清军厉害，赶快释放常寿，奉表请罪。胤禛闻报坚决不许，命年羹尧火速进兵，灭除后患。

年羹尧接朝廷催促圣旨，拟召集4万兵马，从西宁、松潘、甘州、疏勒河四面进攻。岳钟琪进言："青海地方辽阔，敌兵不下10万，我军四路会攻，敌若分散诱我，击彼失此，击此失彼，难以奏效。不如乘春草未生，乘其不备，奇兵突袭，方是上策。"年羹尧素知岳钟琪胆大如豹，敢于冒险，但唯恐有失，影响大局。于是沉吟不决。好个岳钟琪，不怕得罪主帅，命快马传驿，飞报京师。声言只率4000精兵，扫穴庭犁，擒杀丹津。胤禛闻报，对岳的胆略极为赞许，立即准奏，将西事专任岳钟琪。岳军于二月初从西宁出师，长驱奔袭青海。沿途发现野兽飞奔，料知必有间谍，先率骑兵搜索，果然与敌骑数百相遇，四面围击，斩尽杀绝。忽然探马报来，探知罗卜藏丹津主力在160里外草原屯营。岳钟琪大喜，命兵士携带干粮，马卸铃，人含枚，连夜进兵，一夜行军160里，拂晓抵达丹津宿营处。清军一声呐喊，惊天动地，突入敌营。罗卜藏丹津正抱着几个番妇并头酣睡，从梦中惊醒，顺手穿上番妇之衣，仓促中连马也寻不着，骑上白驼，从帐后逃出，直奔准噶尔而去。岳钟琪率军一阵痛杀，直杀得尸横满野，血流成河，又搜出丹津之母与弟妹，招降数万男女，一起押回。从出兵到获胜，纵横几千里，只用了15日，用兵神速，古今罕闻。笔者有诗赞岳钟琪：

修躯赤面骨相奇，百丈豪情统锐师。
奋勇沙场胆如豹，谁人敢比岳钟琪。

胤禛获得捷报，龙心大悦，封年羹尧一等公、岳钟琪三等公（自雍正朝至清末，岳是唯一被封为公爵的汉人），勒碑国子监，以纪其功。年羹尧坐镇西宁，安享其功，封为公爵，可见受到胤禛的极度宠信。青海平定，清廷设办事大臣于西宁，改为西宁府，将和硕特蒙古分为 29 旗，属西宁管理。

平定青海是雍正朝第一次用兵，大功可归年、岳，但胤禛宸心独断，坚决进剿，不留后患，运筹帷幄，决胜千里，真是果敢英明，青海自此纳入大清版图，也算盛事。

【逼死兄弟】显露了胤禛残酷寡恩的个性。胤禛平定青海，坐稳江山之后，便向他素为忌恨的兄弟下手。他先派贝子允禟往西宁犒师，允禟接旨不得不行，到青海后格外尽职尽责，谁知过了半月，胤禛接到西宁密报："允禟到西宁，擅自派人到河州卖草，踏勘牧地，抗违军法，横行边郡。"允禟是天潢贵胄、钦差大臣，西宁府哪敢揭露，明眼人一看便知，是受了胤禛的指使。于是胤禛下旨："着革去允禟贝子之爵，安置西宁，等候处理。"再过数日，胤禛又派郡王允䄉巡阅张家口。允䄉硬着头皮走向塞外，过了数日兵部又奏报："允䄉奉旨阅边，不肯前往，捏称有旨让他返回，现在张家口滞留。"然而此次胤禛却不下旨决断，却让廉亲王允禩处理此事。允禩奏陈："应由兵部行文，速令允䄉前往，并将不行谏阻的长史额尔金交部议处。"胤禛下旨道："允䄉既不肯奉差，何必再令前往，额尔金无关轻重，何必治罪。着允禩再议具奏。"允禩接旨不敢怠慢，又上奏道："允䄉不肯前往，捏旨进口，应革去郡王爵，交宗人府禁锢。"胤禛见火候已到，将允禩奏章交给诸王大臣讨论，诸王大臣揣知圣意，异口同声按允禩之奏办理。立即将允䄉从张家口逮回，革去王爵，押往宗人府幽禁。这样允禟、允䄉均被拿下。胤禛最善权谋，他将允禟、允䄉调出京城，是想剪除允禩的羽翼。他揪住允禩不放，让其处理允䄉，分明是借刀杀人，制造矛盾，分化瓦解允禩集团，用计极为狠毒而高明。

然而胤禛打击的重点是允禩，允禩才华出众，人缘极好，在他周围聚集一大批皇子朝臣，形成集团，当年立储呼声最高。胤禛不允许这样的人存在，视为榻侧之虎，欲除之而后快。他登基时，将允禩封为亲王，就是欲擒故纵、先予后取之计。先封亲王，说明我胤禛不忘兄弟之情，再找碴口陷害，诬你咎由自取。这就是胤禛打击兄弟的策略。允禩在理藩院略有小过，胤禛罚他在太庙跪一昼夜，命向祖先请罪。最后，胤禛得到奏报，说允禩心怀怨望，在府中日夜诅咒，求皇上速死。允禩心怀怨望这是必然，但诅咒是心中默祷，即使胤禛耳目众多，岂能听见！这分明是诬陷。胤禛抓住这条罪状，将其逮捕审讯，允禩百口莫辩，被禁于宗人府。接着西宁又报："允禟在西宁交结西洋人，编密码向允禩通信。"又接着景陵守护官员报告，说恂郡王允禵在守陵期间，交结术士，术士说他是真命天子，允禵笑而不罪。胤禛接到这些报告，勃然大怒，先祭告太庙，下旨将允禩革去王爵，又将允禟押往保定囚禁，再下旨逮回允禵治罪。胤禛心犹不足，下旨将允禩之名改为"阿其那"、允禟之名改为"塞思黑"，两词在满语中分别是"猪"、"狗"之意，这又是他的一大发明，幽禁不足，让其永受精神污辱方解他心头之恨。接着胤禛又颁布诏书，宣示天下，揭露阿其那、塞思黑、允禵的种种罪恶。这篇诏书长达几千言，内容大意是阿其那、塞思黑、允禵等人奸邪成性，包藏祸心，结党营私，图谋不轨，如鬼如蜮，变幻千端，而阿其那实为罪魁，塞思黑次之，阿其那诅咒朕躬，令人发指。朕曲意百计保全，而其仍不知悔改，依旧密设阴谋，贿结朋党，煽惑众心。不可以德化，不可以威服，不可以诚感，不可以理喻，朕辗转反复，无可奈何，含泪呼天，我皇考及列祖列宗，定垂昭鉴。若姑息养奸，必成社稷罪人。若予严惩，必伤兄弟之情。进退两难，实为狼狈，允禔、允䄉、允禵，虽狂悖乖张，尚非首恶，已经拘禁，待其感发天良，悔过改恶。至于阿其那、塞思黑之罪，朕不能即断，现将此诏宣示天下，使天下臣工，知朕万难之苦衷。

笔者曾仔细阅读过这篇诏书全文。发现没有一条具体的罪状，全是"狂妄悖逆"之类的抽象罪名，分明是诬加莫须有之罪。但这篇诏书却显得感情挚烈，尽力表白他保护兄弟之情，宣示罪状，真是无可奈何。为了除掉允禩等人，编撰这篇诏书，确实煞费苦心。

诏书一下，果然朝中大臣纷纷弹劾，列出允禩40大罪、允禟28大罪、允禵14大罪，请明正典刑，以谢天下。胤禛又命再三复议，不得草率行事。过了几天，顺承郡王锡保入奏，说阿其那死于幽所，接着宗人府又报，塞思黑在保定暴病而死。胤禛嗟叹道："朕不忍加诛，将其拘禁，望他们改过自新，不料未老先死，想是皇考有灵，将其冥诛。"众臣又上疏奏请，说阿其那、塞思黑犯了逆天大罪，应戮尸示众，其妻子一律斩决，同党允禵、允䄉亦应斩首。这班大臣落井下石，专打死老虎，取悦皇上，真是无耻至极。但朝中也有不惧淫威的耿介之士，翰林院检讨孙嘉淦上了个折子，谏劝胤禛："亲骨肉，停捐纳，罢西兵。"胤禛览奏大怒，传示朝臣说："翰林院岂容此狂生！"大学士朱轼在侧说："此人诚狂，然臣服其胆。"良久，胤禛笑曰："朕亦服其胆。"并不加罪，反擢升孙嘉淦为国子监祭酒。于是胤禛格外开恩下旨："阿其那、塞思黑已伏冥诛，应勿庸议。其妻子从宽免诛，逐回母家，严加禁锢。允禵、允䄉尚非首恶，暂缓正法，再行定夺。"

雍正三年，山西祁县郑家庄传来消息，说废太子允礽死去。胤禛得知哭了几鼻子泪，命妥善安置后事。允礽所有遗属由朝廷赡养。王大臣又歌功颂德，说皇上仁至义尽。胤禛说："二阿哥得罪皇考，并非得罪朕躬，兄弟重情，不能自已，并非为了沽名钓誉。"这话却是真假参半，胤禛当年曾替允礽在圣祖面前说过好话，感情上并无恶感。但允礽曾为太子，影响巨大，所以他登位后，不但不释放，反而幽禁郑家庄至死。

当然胤禛对所有皇子并非全是如此，怡亲王允祥是个例外，原因是允祥自始至终对他恭顺有加，胤禛也对他倍加宠信，给予极高的荣誉，封为世袭罔替的亲王，而允祥也更加诚惶诚恐，恭顺效力。允祥病死，胤禛亲往祭奠，大哭一场，追谥为怡贤亲王。但是在此次祭奠活动中，诚亲王皇三子允祉"迟到早散，面无忧色"，胤禛抓住这个细节，斥为无兄弟友爱之心，削去王爵，予以幽禁，后来允祉郁郁死于幽所。允祉是个庸才，本无意政治，一心闭门著书。但胤禛认为他和允禩关系甚好，终于抓住把柄除掉。另外，胤禛对亲生子皇三子弘时极为厌恶，以放纵不谨之罪削籍宗室，幽禁至死（一说赐死），可谓残酷不慈。

胤禛逼迫兄弟，可谓心狠手辣，刻薄寡恩，为后世所诟病。但翻阅历史可知，在皇权争夺中，乃至官场斗争中，皇权高于一切，政治利益高于一切，相比之下，任何亲情都显得苍白无力。子弑父、兄杀弟、兄弟互杀，史册上不绝于书。不过胤禛过分激烈罢了。笔者写至此，心情惨怛，感慨异常，又为诗叹曰：

从来权欲胜亲情，骨肉相残不忍听。
如梦人生能几日，泰陵坟上草青青。

【诛杀功臣】年羹尧、隆科多是胤禛刻薄寡恩的再次表现。允禩集团覆灭，胤禛杀戒方开，他又将屠刀指向为他立下大功的年羹尧、隆科多。

年羹尧原籍安徽怀远县，祖上移居东北广宁，很早就加入了旗籍（汉军镶黄旗）。父为年遐龄，官至湖广总督，年羹尧平定青藏，加恩封为一等公。妹年氏先为雍邸侧福晋，胤禛即位，封为皇贵妃。弟年希尧官至广西巡抚、户部侍郎。年家可谓是康、雍两朝煊赫至极的家庭。年羹尧并非赳赳武夫，曾在康熙三十七年中过进士，是个文武兼备的人物。玄烨当年对其极为赏识，擢迁到四川巡抚，颇有政声，康熙末年有平定西藏的大功。雍正元年又挂帅西征，平定青海，被封为一等公。他青少年时出入雍邸，如同家门。与胤禛私交极好，再加上他是国舅这层关系，胤禛对其极为倚重，将西北军政大权交给他，军国大事先咨询而后行之，恩宠不谓不厚。然而年羹尧从小生成高傲的个性，战功越多，官爵越高，骄横之气与日俱增。他对下属极为严厉，稍不如意，任行屠戮。他驻节西北时，总督、巡抚职的官员见他，都要伏地叩头，视为奴仆走狗。在西宁，他看到蒙古贝勒七信的女儿，姿容俏丽，便强索回淫乐，贝勒敢怒不敢言。当夜，他命西宁提督巡逻守夜，打更吹号。这位军门以为年大帅今夜与蒙古娇娃取乐，必不巡查，便令参将替代。谁知年羹尧精神极好，与蒙古格格翻云覆雨之后，又出帐巡逻，发现提督由参将替代，勃然大怒，深夜将提督、参将一并传来，喝令斩首示众，全军无不心胆俱裂。雍正元年末，他入京朝觐胤禛，诸王大臣云集前门，迎接年大帅。年羹尧骑着高头大马昂然而入，对九卿大臣不看一眼，对诸王、贝勒稍稍客气，仅拱手示意并不下马，骄横之状由此可见。但年羹尧虽驭下极严，骄横十足，但对将士赏赐不同一般，将士有功，一赐千万，毫不吝惜，因而部属虽畏之如虎狼，但甘愿为他卖命。野史记载，他手下豢养一大群侠客，武艺超群，个个会飞檐走壁。这帮侠客研制出一种秘密武器，以革为囊，囊中藏几把小刀，遇着仇人，将革囊罩于其头，用机关一拨，头断落入囊中，用化骨药水一浸，化为血水，滴漏不绝，因此叫做“血滴子”，这帮侠客也被人称为“血滴子”。胤禛将这些侠客养于宫中，充做侍卫，派出去刺探大臣隐私，相传允禩、允禟暴死，都是这些侠客的杰作，其总首领就是年羹尧。豢养这些侠客，重金犒赏将士，需要大笔钱财，因此年大帅大肆受贿，毫无忌惮。年羹尧种种不法行为，早被胤禛看在眼里，忌恨心中，只是时机未到，隐忍不发。

雍正三年二月某日，日月合璧，五星联珠，这是罕见的天象奇观，满朝大臣以为奇瑞，纷纷向胤禛道贺。年羹尧当然不例外，他在《贺表》上，将“朝乾夕惕”这个成语写成“夕惕朝乾”，本意是歌颂胤禛日夜勤勉朝政。但是胤禛认为这是年氏故意为之，不愿将“朝乾夕惕”这个美词许给他，是欺君之罪。胤禛下严旨斥责，并说年羹尧所得荣誉富贵都是他的宠遇，即便是平定青海之功也在“朕许与不许之间”。意思是，平定青海，功成于岳钟琪，而年羹尧坐镇西宁，安享其成，封为一等公是我胤禛对你的恩宠。按你的实际表现，也可以不封你，你凭什么骄横跋扈？于是胤禛将他降为杭州将军，催他赴任，年羹尧到了仪征，不愿前行，留居不走，幻想胤禛会突然下旨赦免他。胤禛更是震怒，下旨连降他18级，罚他看守杭州城门，但是这家伙，秉性不改，依然盛气凌人，将城门看得十分严密，即使达官贵人违章也不得出入。朝中大臣见年羹尧末日已到，又施出打死老虎的绝技，纷纷上本弹劾，锻炼成狱，列出“大逆不道”等92条大罪，奏请将年氏满门抄没，凌迟处死。胤禛不置可否，下旨将年羹尧从杭州逮回京师下于大狱。稍后，胤禛终于下旨，念其军功，格外开恩，免去凌迟处死，赐他自尽。胤禛在圣旨上还说："尔自尽后，稍有含冤之意，则佛书所谓永堕地狱者，虽万劫不能消汝罪孽也。"在赐死前夕，胤禛还用佛家说教，让他死得心悦诚服，不得怨恨皇帝。奇怪的是，年羹尧最后要上吊自杀，狱吏又展示一道圣旨："但愿人长久，千里共婵娟"，这是苏轼的词文，不知胤禛写此是何居心？

年羹尧被处死，树倒猢狲散。其父年遐龄革职，长子年富被斩首。他手下的侠客"血滴子"，也被胤禛骗入密室毒死。老实说，年羹尧之死是个人性格悲剧，他确实太张扬，太跋扈，功高震主，真是咎由自取。但是，他参与和知道的皇帝秘密太多，胤禛确实是杀人灭口。

年羹尧已死，胤禛又拿隆科多开刀。隆科多有拥立大功，功勋在年羹尧之上，如果说年氏是骄横跋扈，咎由自取。而隆科多获罪，确是胤禛想杀人灭口。因为他知道的事情更多。年羹尧死后，兔死狐悲，他发牢骚说：'白帝城受命之日，即死期将至之时。"将自己比作诸葛亮，玄烨比作刘备，胤禛自然成了阿斗。这个比喻显然不切实际，因为诸葛亮没有死于阿斗之手。胤禛抓住这个话柄，严词训斥。接着朝中大臣，揣摩到皇上要收拾隆科多的意思，都察院首先发难，参劾隆科多包庇年羹尧，接着诸大臣你一本、我一本轮番奏来，说他贪赃枉法，私收年羹尧金银几万两，胤禛闻奏，格外开恩，只削去太保衔，说他才尚可用，着他去蒙古与俄罗斯谈判边界勘定事宜。隆科多到了蒙古，很是尽职尽责，不辱使命，坚持主权，据理力争，从俄人手里争得许多领土和权益，签订了中俄《布连斯奇条约》和《恰克图条约》，回到京师，却又遭到朝臣更猛烈的参劾。说他私抄玉牒，藏于家中，玉牒是皇室的家谱，被视为大逆不道。胤禛发旨将他逮入大狱，交顺承郡王锡保审讯，隆科多十分倔犟，说藏玉牒事小，他还犯过谋逆大罪。锡保喝道："快从实招来。"隆科多说："我只是从犯，还有首犯。"问"谁是首犯。"答："便是当今皇上！我做的事情，哪一件都是他让我做的，他做了皇帝，我自然该死。"锡保听了大为惊愕，也不敢再审，于是组织官员，锻炼成狱，列出 42 条大罪，奏请将隆科多斩决，妻子为奴，财产抄没。胤禛颁下圣旨，又特别加恩，说他曾是父皇宾天时，宣读遗诏，托付大统的唯一大臣。若斩决，于心不忍。妻子不必为奴，财产不必抄落，着永远禁锢。后来，隆科多死在畅春园内的幽所里，他发迹畅春园又死于畅春园，真是巧得很。隆科多之死也是犯了“功高震主”的大忌，他参与胤禛即位大事，了解机密甚多，将他永远禁锢，是封他的口。没被处死，也算胤禛良心未泯，比之年羹尧幸运多了。笔者为诗叹曰：

狡兔亡来走狗烹，功高震主不留情。
古今天子无恩义，说与痴臣仔细听。

【大兴文字狱】不是胤禛的发明，古已有之，但在雍正朝文字狱达到登峰造极的地步。胤禛最擅长在文字语言上揪人的小辫子，置人于死地，杀年羹尧、禁隆科多，都是先从文字语言上找到突破口，然后开刀问罪。在年羹尧一案中，胤禛通过株连将钱名世、汪景祺投入文字狱中。钱名世官任翰林院侍讲，此人曾中过探花，擅长诗文，当年见年羹尧声势煊赫，认为他是一棵不倒的常青树，想投靠门下，以诗作为敲门砖，献给年羹尧，大肆颂扬平青藏的功德，其中有“鼎钟铭勒山河誓，番藏亦刊第二碑”两句，意思是说当年康熙曾为胤禵平藏立过碑，而年羹尧也有平青藏的大功，朝廷也应给年羹尧立第二块碑。这下犯了胤禛的大忌，认为颂扬年羹尧，而且颂扬胤禵，定为谄媚奸恶之罪。革去官职，驱逐回籍。胤禛亲书“名教罪人”四字做成匾额，永久悬挂在江苏武进县钱名世家的大门上，予以精神惩罚。钱名世革职离京，胤禛下旨在京官员为钱名世赠诗“送别”，讽刺钱名世的罪恶。共有300余人奉诏作了讽刺“送行”诗。胤禛下令将这些诗汇集成册，名为《名教罪人诗》，发行全国。胤禛不杀钱名世，并非仁慈，他认为这比杀头还折磨人。更重要的想借此惩戒全国士子。汪景祺也是牵涉年案被杀头的人，汪景祺，浙江钱塘人，科举失意，在青海投靠年羹尧，充为幕客，作《读书堂西征随笔》两卷，献给年羹尧。书中将年氏称为“宇宙第一伟人”，并告诫年羹尧功高震主，应收敛行为，否则必遭皇上之忌。正像预言一般，算定了年氏的下场。他还在书中，别出心裁地写了《历代年号考》，说“雍正”这个年号不吉利，将

"正"字拆开，便是"一止"。例举历史上凡有"正"字的年号的皇帝，下场都不好，如金朝海陵王是"正隆"、金哀宗是"正大"、元顺帝是"至正"、明英宗是"正统"、明武宗是"正德"。胤禛后来暴死，似乎也被汪景祺言中。

年羹尧被赐死，《读书堂西征随笔》被查抄出来，胤禛阅后龙心震怒，气得暴跳如雷。下旨将汪景祺斩首示众，将他的头颅在菜市口悬挂了10年，最后干瘪成骷髅。胤禛死去，乾隆登基后，才取下来掩埋。

还有一桩文字狱案，顺便一提。江西正考官查嗣庭在乡试中，出了一道试题，以《诗经》中"维民所止"一句为题，命意本是让士子论证民生的重要性。但立刻被廷臣参劾，说"维"、"止"二字，是将"雍正"二字割去部首，分明是"雍正无头"。胤禛闻奏大怒，下旨将查嗣庭逮回下于大狱，问成大逆不道之罪。查氏有口难辩，几天便气愤身亡。胤禛下旨，将查氏戮尸枭首，方解心头之恨。

雍正七年，因文字狱又发生一个大案，震惊全国，牵连广泛，影响巨大，可谓清朝第一奇案，此案主要牵涉三个人物：吕留良、曾静、张熙。

吕留良，明末清初，浙江桐乡县人，号晚村。15岁时，明朝灭亡，他认为是"天崩地坼"，追念前朝，痛哭流涕，誓作先朝遗民。后参加反清斗争，事败隐于乡间著书立说，他学问极高，诗文俱佳，阐述理学，意义高深，为当时遗民敬仰，弟子遍江南。清廷闻他贤达，多次召辟。但他傲骨嶙峋，视功名如粪土，坚决拒绝。他曾作一联："清风有意难留我，明月何曾不照人。"联中"清风"暗指"清朝"，"明月"暗指明朝，表明自己不忘明朝恩泽，羞为清朝臣民。他著作颇丰，主要是《吕晚村先生文集》，书中论孔子"华夷之大防"，说"华夷之别，胜于君臣之伦"，将清朝视为"夷"，入主中原，算不得"正统"。他的论著在士子中影响极大，勾起遗民们"反清复明"的思想。由于不能公开刊行，士子们争相传抄，成为秘本，流传极广。当时清朝文网尚不严密，清廷对他网开一面，吕留良得以安度余生，寿终正寝。到了雍正年间，吕留良已死近50年，早就墓木已拱，青草满坟。

然而，在湖南靖州有两个书呆子，一名曾静，一名张熙，系师徒二人，对吕留良心仪已久，千方百计找到《吕晚村文集》，拜读之下，击节赞叹，对吕留良崇拜得五体投地，无以复加。曾静说："春秋时期，孔子该做皇帝，战国时期，孟子该做皇帝……宋朝时期，程子该做皇帝，明清时期，吕留良该做皇帝。"师徒二人因科场失意，本有反清思想，对吕留良的"华夷论"大为钦佩。师徒密谋许久，想做一番反清复明的大事业，也不枉活一生。其时，曾静听到许多社会流言，说什么胤禛篡夺皇位，陷害兄弟，诛杀功臣，朝中大乱，认为是推翻清朝千载难逢的良机。师徒二人进一步分析时局，认为当时都是满人掌握兵权，唯有川陕总督岳钟琪是个汉人。传言岳有平定青藏的大功，但遭到胤禛的猜忌，清廷已有五年不召岳钟琪入京朝觐。师徒越分析，越兴奋，认为找到了反清复明的最佳人选。再三商议，决定投书策反岳钟琪，这真是一个充满想象力、大胆而冒险的计划。曾静才气极高，提笔一挥，洋洋几千言的《致岳制军书》立成。曾静要携书前往，而张熙坚持要代师而行，曾静壮之。临行，曾静叮嘱张熙道："此事有关圣教，须格外郑重。"（真是迂腐至极），张熙领教。师徒二人洒泪而别。

张熙极有豪气、胆气，大任在身，分外兴奋，日夜兼程前往陕西，到了西安，他直奔总督衙门，声称湖南靖州生员张熙有紧急大事面呈总督。岳钟琪闻报分外诧异，命他进来。张熙见了岳钟琪，长揖不拜。岳钟琪问他何事，张熙不语，只将书信奉上。岳钟琪阅完书信，心惊肉跳，汗流浃背。大喝一声："快将此贼拿下。"左右衙役，见总督发令，莫名其妙，只得将张熙绑住，岳厉声而问："大胆狂徒，敢劝本制军从逆，你是书生，竟如此大胆，必有人指使，从实招来。"张熙豪气不衰，笑道："制军系大宋岳武穆王后裔，岂不闻先祖故事吗？岳武穆誓志抗金，晓明攘夷大义，虽遭风波亭之屈，毕竟流芳千古。制军背祖事仇，宁非大误，还请亟早变计，上从祖德，下合民望，做一番轰轰烈烈事业，方不负我公一生抱负。"岳钟琪喝道："休得胡说，我朝深恩厚泽，万民心悦诚服。究竟何人指使快快招来。"张熙正色而言："扬州十日、嘉定三屠这是人们皆知的故事，我公视为深恩厚泽，真正奇闻。我自读书以来，颇知大义。内夏外夷乃孔夫子教训，问我何人指使，便是孔夫子指使，何处巢穴，便是山东曲阜。"

岳钟琪见他狂妄倔犟，下令用刑，衙役一拥而上，扒开裤子，几十大板连击屁股，顿时臀血遍地，所染皆红。但张熙不屈不招，倔犟如故。岳钟琪喝令用夹棍伺侯。夹棍一夹，筋骨欲断，痛彻心肝。张熙喊道："我招，我招。"待问时他说道："不是孔夫子，是岳飞。"说完昏厥不省人事。岳钟琪见如此硬汉，也是称奇。知不可用刑逼供，命左右拖下，囚入密室。

岳钟琪想了许久，想出一个制服张熙的办法，大凡世间之人，吃软不吃硬，吃硬不吃软，软硬不吃的人极少。不如来个软法，逼他就范。于是在军中找了个湖南人氏某甲，冒充医生，携着药物进入密室，先拉老乡关系，然后给张熙医治创伤。张熙道："先生予我疗伤，是受岳贼指使吧。"某甲道："正是岳制军指派，你投书劝制军起事，堂而皇之，不加掩饰，岂能如此！堂上耳目众多，制军打你，是使用苦肉计，掩人耳目。其实心中佩服你书中的议论，天经地义，万古不易。"张熙口中不语，心中暗想："岳钟琪倘能如此，我也不枉受酷刑。"以后某甲见天来，张熙心动。

某日，岳钟琪亲至囚室，带来人参两支，让张熙调补。并说："先生受惊受屈了，还请原谅，书信中议论极是，岳某佩服之至。先生伤好再议其事。先生敢来投书，大义凛然，坚强不屈，岳某很是钦佩。"张熙闭目不答。自此岳钟琪经常到囚室与张熙攀谈，备极亲热，果然，张熙经不住软法播弄，不知不觉将曾静名字说出。某日，岳钟琪与张熙指天盟誓，联络同志，择机起事，共建反清复明大功。张熙兴奋至极，心中狂喜，果然不虚此行。

然而岳钟琪探明底细，立即写了奏章，连同策反书信，用 800 里快驿，飞奏朝廷。胤禛见了奏章、书信，气得暴跳如雷。原来曾静在致岳钟琪的书信中，不但劝岳起事反清，而且罗列胤禛十大罪状：谋父、逼母、弑兄、屠弟、贪利、好杀、酗酒、淫色、怀疑诛忠、好谀任佞。矛头直指皇上，悖逆狂妄至极。胤禛急急下旨，命湖南巡抚王国栋，火速逮曾静入京，又命岳钟琪将张熙押解至京。张熙被槛入囚车，方知上了大当，叫苦不迭。胤禛下旨令九卿会审，严办此案。大刑之下，曾静魂飞天外，对策反岳钟琪之事供认不讳。并声称自己看了吕留良的书，中毒受了迷惑。硬骨头张熙，经师父曾静劝说，也软了下来，招认罪状，愿改过自新。胤禛对吕留良痛恨入骨，下旨命浙江总督李卫将吕留良尸体从坟中挖出，千斧万剁，焚尸扬灰，吕留良的儿子吕葆中、吕毅中及弟子严鸿奎、沈左宽等凌迟处死，吕家宗族600余人一律株连，发往宁古塔充军，永远为奴，世世不得翻身。吕留良的书籍全予焚毁，有私藏私读其书者，斩首不赦。可怜吕留良在坟墓中安息49年后，被开棺戮尸，吕氏家庭飞来横祸，充军为奴，永世不得翻身。然而令人奇怪的是，胤禛对两个主犯曾静、张熙，却加恩释放。并下旨宣谕："此案已定，朕之子孙以后也不能加害曾静、张熙。"胤禛的如意算盘是，杀之无益，不如将此二人作为反面教员、活教材，教育天下士子，同时也显他宽仁大度。他手段高明得出奇，让曾静到杭州、苏州、江宁等地现身说法，宣讲自己的罪恶，颂扬胤禛是尧舜再世，至圣至明。派张熙到陕西各地如法宣讲，这两个书呆子被官府押解着，像牵猴一样，到处游荡，违心地为朝廷歌功颂德，真是比死都难受。雍正十年，胤禛将曾静、张熙的口供及他的关于此案的无数道谕旨，编成《大义觉迷录》一书，颁行天下，留示学宫，强迫天下官员、士子学习阅读。书中为"弑父、逼母"等所谓十大罪状，逐条辩解，极力洗刷。像这样骇人听闻的罪状，明智者，必将其隐住，再图良法。而胤禛却将其公开，以示自己不怕诽谤，光明正大。但是《大义觉迷录》却起到了欲盖弥彰的效果，胤禛越是极力表白洗刷，让人越觉得胤禛得位不正，罪状实有其事，聪明反被聪明误，胤禛自以为得计，结果谣言更盛，真是始料不及。后来，乾隆帝登基，看到《大义觉迷录》的负作用，下令收缴，并定为禁书。又将曾静、张熙押至京师，凌迟处死。胤禛不杀曾静、张熙的遗旨，变得一钱不值。

胤禛大兴文字狱是想禁锢天下文人的思想，使之绝对服从大清的思想统治之下，手段惨酷，旷古未闻，其中暴露了封建君主专制的罪恶。以文治罪，以言治罪，实际上是统治者内心虚弱的表现。现今世界民主潮流，浩浩荡荡，不可阻挡，如果今天再发生文字狱，以文治罪，以言治罪，必为天下所不齿，必为天下共弃之。笔者感慨不已，赋诗叹曰：

防民之口甚防川，何以言文治罪愆?!

法律虚悬独专制，国人有泪亦空弹。

【征讨准噶尔】是雍正朝国家统一的一次大规模用兵。雍正元年，清军平定青海，原厄鲁特蒙古首领罗卜藏丹津扮装女人，逃奔准噶尔依附策妄阿布坦。清追索罗卜藏丹津，策妄拒不奉命。策妄死，子策零即汗位，策零野心勃勃，好杀好兵，率部常骚扰内地。胤禛认为不除后患，西北不宁，欲派兵征讨。但是西北传回准噶尔内部混乱消息，说罗卜藏丹津想谋杀策零，据准噶尔自立。结果事泄，被策零生擒，欲献之于清廷。胤禛闻报，下旨暂缓出兵，谁知策零十分狡猾，见清军退兵，率兵2万，突袭马里坤牧场，抢夺牲畜，幸被清军击追。胤禛闻报，龙心大怒，命傅尔丹为靖远大将军，率军出阿尔泰山，组成北路远征军。命岳钟琪为宁远大将军，自巴里坤出兵，称为西路军，两路并进直捣伊犁。傅尔丹是清初元勋费英东后裔，容躯修美，气宇轩昂，颇有军人气魄。行军时在帅帐内常排列两排刀矛，杀气腾腾，将士见此莫不心惊。岳钟琪见此，曾喟然而谈："将在谋不在勇，靠兵器示威，何用之有？傅大将军怕要吃亏。"

傅尔丹率大军自阿尔泰山向北突进，兵至科尔多，大张旗鼓，耀武扬威。策零闻傅尔丹军至，急派大小策零率兵3万设伏于博克托岭（策零、大策零、小策零，策零何其多也，美好名字，人人都想占用）。然后派十几个骑兵在科尔多附近慢慢地游荡，好似观景一样，却被傅尔丹先头部队一个不留地活捉归来。傅尔丹亲自审问，俘虏个个显得胆战心惊，都愿归降。并说前面准噶尔军不多，只有2000余人，倒有大批驼马辎重。傅尔丹大喜，急命进军。左右劝道："俘虏之言岂可轻信，大帅宜慎重行军，以防伏兵。"傅尔丹仰天大笑："但愿准噶尔倾全国之兵都来，我正好一举歼灭。"此言大气豪壮，左右怀惭而退。傅尔丹遂令副将巴赛率兵1万前驱，自率大军后进。清军浩浩荡荡杀至博克托岭下，果见有准兵千余人，驼马几十头，巴赛驱军大进，准噶尔立即退去。此时傅尔丹已率后继大军陆续赶到。前队、后队鱼贯而入博克托岭间。忽然，羯鼓大震，胡笳齐鸣，几万名准噶尔勇士，漫山遍野冲下，将清军截断，分隔包围，然后万箭齐发，继而凶猛冲杀，清军1万余人陷于和通泊，被消灭得一干二净。巴赛也中箭而亡。傅尔丹腿快，率残兵2000名逃回科尔多。

大小策零在和通泊击败清军，乘势而进，翻越阿尔泰山，侵入外蒙古喀尔喀。在这里遇到了克星策凌（大小策零又遇策凌，真是好听）策凌其人为成吉思汗后裔，曾长住北京，年轻时便仪表非凡，英武雄伟，被清室招为额驸，封为郡王。后来回归喀尔喀，为清廷镇守边陲。策凌崇信喇嘛教，被六世达赖封为“三音诺颜”。其部遂称三音诺颜部。策凌闻准噶尔来犯，立即率军迎战，准噶尔猛将喀喇，勇悍无比，被策凌一刀劈于马下。策凌神威大发，率蒙古骑兵乘胜追杀，大小策零慑于策凌勇威，率兵退出喀尔喀，策凌追出境处，斩杀2000余人，大获全胜，捷报传至京师，胤禛大悦，晋封策凌为亲王，从土谢图分出，特增三音诺颜部。外蒙古从此分为四个大部，分别是萨札克、土谢图、车臣及三音诺颜。

雍正十年六月，小策零率兵3万，企图越过清军科尔多大营，向北进犯。其时，傅尔丹因兵败撤职，顺承郡王锡保任靖远大将军。锡保发檄令策凌截击。策凌率军至本博图山，忽接警报，小策零已从间道突袭三音诺颜，将部落人民、牲畜尽为掳掠。策凌气愤至极，割去头发，对天发誓，不歼敌军便自刎而死。于是率军返回喀尔喀。军至杭爱山西麓，探骑报来，敌兵就在山后。策凌令军士休息片刻，饱餐一顿，于夜间向山后发动袭击，小策零军都在帐中熟睡，等到惊醒，大半头颅落地，小策零率残部逃遁。策凌率兵追杀几百里，小策零丢下辎重驼马，越山逃回伊犁。策凌本来约锡保出兵截击，但锡保派出的兵马都观望不前，眼睁睁看着小策零逃脱。

西路军岳钟琪本应从巴里坤出发，直捣伊犁，但不知是何考虑，大军迟迟未发，只派将军石云倬守住南山口截击敌兵。石云倬迟延不进，遂让小策零败兵逃脱。大学士鄂尔泰参劾岳钟琪拥兵不战，纵敌逃遁，应从严治罪。胤禛下诏免去大将军号，降为三等侯，召回岳钟琪交兵部拘禁。准噶尔汗策零因兵败不得已遣使请和。胤禛因劳师袭远，得不偿失，遂准予议和。此次讨伐准噶尔之战中，策凌脱颖而出，成为大功臣，被封为超勇亲王。他和他的后代，成为以后清朝各代最显赫的蒙古王公。

【十年平苗】是一场旷日持久的剿苗战争。从雍正四年起，直至雍正十三年，清廷陆续派兵镇压云南、贵州、广西的苗民起义，或进剿苗族土司闹事，前后用兵10年。

中国西南地区长期生活一个民族——苗族，苗族是中国人口较多的民族。相传在远古时代，苗族就居住中原地区。苗族的祖先名叫蚩尤，是和黄帝、炎帝同时的神人，蚩尤曾与黄帝在涿鹿开战，蚩尤布下雾阵，将黄帝全军困于其中，黄帝发明指南车，又命旱魃助战，冲出雾阵，战败蚩尤。蚩尤率领其民逃到南方，形成苗族。据说广西的壮族，云南、贵州、湖南的瑶族，海南的黎族都是苗族的分支。自古以来，苗民结寨而立，数十寨形成一个部落，他们一般对中央政府都很恭顺，向朝廷进贡土特产，中央政府给他们自治的权利。他们的头目统称土司。对朝廷恭顺、生产力发达、文明程度较高的叫熟苗；居于深山野岭、生产落后、文明程度较低或者对朝廷不恭顺的名为生苗或野苗。大约在明朝时期，一部民族部落首领，接受中央政府的官职，取消土司称号，受政府名义管辖，实际仍是自治，被称为流官。历史叫做“改土归流”。到了清朝实行改土归流的民族逐渐增多，但土司自治仍占大部分。这些土司像是一个独立王国的小皇帝，往往不服从政府管辖，聚众滋事，制造社会动乱。当然也有些民族不堪暴政揭竿起义，反抗政府。这些情况，极让中央政府头痛。雍正初年，云、贵、桂等省苗族不服王化、骚扰地方治安的事屡屡发生。解决的方法，主要是怀柔绥靖，招抚为主。当时云贵总督鄂尔泰向胤禛上了奏折：“苗民负险不服，隐为边患，要想一劳永逸，必须改土归流，所有土司，应勒令献土献贡，违者议剿。”这道奏章在朝中引起震动。大多数朝臣不愿惹是生非，怕引起激变，主张仍行土司制，对于叛乱以抚为主。但胤禛大力支持鄂尔泰，连连嘉奖：“奇臣、奇臣，真乃天赐予朕。”让他兼管广西，成为云、贵、桂三省总督，便宜行事。鄂尔泰以剿抚并用，以剿为主的策略，恩威兼施，镇压了一批不法土司，也招降了一些土司，总之是强迫苗民改土归流。从雍正四年开始，用兵五年，设立流官不计其数，开辟苗疆二三千里。胤禛对鄂尔泰大加赞赏，称为奇臣建奇功，“朕实感谢”。并将鄂尔泰封为伯爵。鄂尔泰是他始终信任的三大红人之一。另一个是捕盗有功，曾为浙江、直隶总督的李卫，还有一个是严厉驭下、颇有政声的河南巡抚田文镜，三人都是雍正朝的不倒翁。雍正十年，鄂尔泰调至西北，苗疆又乱，贵州台拱九股苗又叛，官军被围，几陷绝境。提督哈元生派兵5000进攻台拱，被苗兵杀得大败。胤禛闻警，下旨六省会剿，以哈元生为帅率军平息苗变。又命刑部尚书张照为抚苗大臣，统筹剿抚事宜。哈元生是剿苗出身，主张用武力镇压，他率领六省精兵，驰骋苗地，将失地尽行收复。但是他的副将冯茂更凶，将苗俘600余人、大少头目30余人，诱入绝境屠杀殆尽。这消息传开，苗民愤怒至极，重新聚合，对天盟誓，要杀官军以报血海深仇，纷纷杀掉妻子，以免拖累，誓与官军血战到底，于是由仇恨激励斗志，叛乱遍地开花，叛苗愈战愈勇，官军节节败退，大局遂无法收拾。张照等大臣参劾鄂尔泰无端改土归流，酿成大祸。鄂尔泰被迫辞官。这是雍正十三年的事情。

十年平苗，改土归流，大功将成，但因杀俘毁于一旦，真是可惜！看来解决民族问题，单用武力实为偏颇，诸葛亮征南蛮，七擒七纵孟获，目的是服其心。改土归流固然是维护祖国统一的大计，但操之过急，以剿为主，必然适得其反，鄂尔泰之议可以休矣！

【雍正新政】是笔者新创的题目。胤禛在位十三年，天下臻于大治，生产发展，吏治清明，民生改善，国库丰盈，大清国力超过前代任何一个皇帝。所谓康乾盛世，胤禛具有承上启下、光前裕后的作用。可以这样说，康熙是开创，雍正发扬光大，乾隆只是坐享其成。笔者认为，胤禛是中国历史上最杰出的皇帝之一，只是由于个人性格的原因，曾有篡位，谋兄害弟之嫌，颇受后世讥议。这就影响了对他的正确评价，这不是唯物辩正的态度。凭他的能力、政绩，他真是一个出类拔萃的伟人。我们应该庆幸上天给大清安排这样一个皇帝，让他执掌社稷。即使他篡位是真，也是“篡”得恰到好处。笔者可以肯定，如果让允禵即位，恐怕天下另是一个模样。胤禛13年来永不满足现状，励志改革创新，革除康熙末年之弊，鼎立新朝之政，他的改革力度大大超过前代。笔者将此火热的13年称为“雍正新政”。简述如下：

一、整顿吏治。《清史稿·世宗本纪》说道："圣祖为政宽仁。世宗以严明继之。""严明"二字正是胤禛为政的特点。康熙末年吏治稍显松弛，产生了一些贪官污吏，胤禛对此恨之入骨，他一登位，便颁布一系列整顿吏治的训谕：不许接受贿赂，私受请托；不许库钱亏空，中饱私囊；不许虚名冒领，侵吞公款；不许克扣运费；不许勒索下官小民，违者严惩。对于贪赃之吏，亏空之官，抄家追赃。雍正元年被追赃抄家的官员就有数十名。三品大员苏州织造李煦，就因亏空而被革职抄家。他整顿吏制并非是一味打击，而是注意在源头上治理。他接受山西巡抚岷诺的建议，实行"火耗归公"。所谓"火耗"，是中国货币以铜银为主，在征税时，兑换、熔铸、保存、运解中有一定损耗，故征税附加一定费用，此项附加费称为"火耗"或"耗羡"。以前是由地方征收，作为地方政府的办公经费和额外收入，但火耗无法定额，官吏随意加码，人民负担沉重。官员乘机贪污。火耗归公，堵塞了官员贪污的漏洞，减轻了人民负担。归公的火耗，胤禛将它作为"养廉银"，大幅提高官员俸禄，使一股官员不因手头拮据而贪污公款，保证了廉政的推行。这也是从源头治理的方法。通过整顿吏治，基本做到了吏治清明，后世称："雍正朝无官不清。"

二、发展经济，改善民生。为了解决粮食问题，雍正朝坚决施行重农抑末方针。农业是天下最光荣的事业，务农是最尊贵的职业。大力发展农业生产，为此鼓励垦荒，并重视兴修水利。除治理黄、淮，兴建浙江海塘外，命怡亲王允祥在直隶开展营田水利，在宁夏修造黄河灌渠。如此雍正朝粮食大幅增产，人民生活相对提高。为了减轻人民负担，胤禛还施行"摊丁入亩"的重大财赋改革，取消人头税；减轻贫困少地的农民负担；抑制豪强兼并土地的势头。

三、实行官制改革。雍正朝重定官制，使职官与职权更为合理，并制定官帽顶部装饰以别大小尊卑。一品为珊瑚顶，二品为起花珊瑚顶，三品为蓝宝石，四品为青金石，五品为水晶，六品为砗磲，七品为金项，八九品为矮荷金顶。这类似现在的军衔制。另外为方便西北用兵的筹划，胤禛首次设立军机处，地点在宫中隆宗门内北侧，距养心殿不远，最初召来大臣在此研究军国大事，以后成为常设机构，一直延续到清末。军机大臣没有赞画权，只能传达皇上的命令，是一种类似内阁的秘书班子。皇帝的圣旨可通过军机处直达天下，如此加强了皇权，达到中央集权的目的。胤禛还建立密折制度，下级官员的秘密奏章，可直达皇帝面前，无须经过各部周转，增加了保密程度，为胤禛了解下情大开方便之门。通过密折官员可向皇帝揭发贪官污吏，也可举荐循吏廉臣，互相告密，互相制约，大大加强了皇权及其威慑作用。官吏们不敢为非作歹，整日提心吊胆，唯恐被人告密，而突然圣旨一下，丢掉官职。

四、改土归流，上文以专章论之。雍正朝施行改土归流，有利于维护祖国统一，有利于遏制土司横行霸道，是大势所趋的国家既定政策，鄂尔泰强制推行，大部分土司归流，稳定了国家统一秩序，但有操之过急，以剿为主激成民变的副作用。

五、废除贱籍，贱籍就是贱民，不能读书、不能为官，只能从事“下贱”工作，如虔婆、乐户、戏子之类，类似印度的“首陀罗”一样的贱民。当时的贱民有浙江惰民、陕西乐籍、广东疍户等，生活凄苦，受尽屈辱。胤禛下令废除贱籍，获得自由身，成为正常百姓。

据说，胤禛还下旨废除“腰斩”之刑，腰斩为古代酷刑，比之凌迟更为惨忍，就是将死刑犯人拦腰砍断，人体成为两截，人不能立死，头脑清醒感受万端痛苦，最后徐徐痛死。有一个犯人被处以腰斩，痛苦万状，用手蘸血在地上写了七个“惨”字。胤禛闻之，心情惨怛，大为不忍，下旨永远废除“腰斩”。谁言胤禛不仁？废除贱籍、废除“腰斩”，便是仁政的体现。

胤禛被公认为有史以来最勤政的皇帝，他日理万机，早起晚睡，有时批阅奏章，通宵达旦。现代史家曾研究得出，胤禛每天的睡眠时间只有三小时，以至后来有人怀疑，雍正暴亡实际上是积劳成疾，是累死的。他一生少巡行不游猎，唯孜孜不倦于国事。在现存清室档案中，发现胤禛御笔朱批奏章4万余件，仅批语便有1000万字。

胤禛曾亲撰一副对联，挂在养心殿，此联曰：“惟有一人治天下，岂容天下奉一人。”这副对联的上联虽带专制的寓意，但明显表示“以天下为己任”的积极思想，胤禛勤政的思想动力必源于此。下联，思想更为进步，我可以勤勉理政，但天下之臣民不要将我作为崇拜供奉的偶像。这和孟子“民为贵，社稷次之，君为轻”的思想如出一辙。

写到这里，我们完全可以谅解胤禛刻薄寡恩的人性弱点，因为他的功绩远远大于这些缺点。继续进一步研究他，给予他客观正确的评价，成为史学界的任务。

【胤禛暴亡】是个历史之谜，至今显得扑朔迷离，见仁见智，莫衷一是。雍正十三年八月二十三日，胤禛在圆明园九洲清宴殿暴亡。死前两天偶感违和，还在召见大臣议事，二十二日病势加重，皇四子宝亲王弘历朝夕在榻前侍奉。二十三日子时，突然龙驭宾天。从偶感违和，到暴亡只前后三天。究竟是何病症，清朝官修史书讳莫如深。

一说是被吕四娘刺死。据野史载，吕四娘是清初反清志士、理学家吕留良的孙女。雍正七年曾静、张熙投书陕甘总督岳钟琪，劝岳反清复明。这个奇案牵扯出已死 49 年的吕留良，胤禛将他视为祸首，开棺戮尸，全家斩绝，宗族 600 人流放宁古塔。当时吕四娘因事前隐居在安徽亲戚家，幸免于难，吕氏总算存活一缕血脉。吕四娘长成，拜血滴子剑客为师，学成飞檐走壁、飞剑取人的武艺，发誓要为吕家报此血海深仇。因她姿容俏丽，得以混入宫中冒充宫女。某夜寻得机会，将胤禛之头砍下。当时传说，泰陵埋葬的胤禛，原是一具无头尸，用黄金铸成的头颅代替，应了当年查嗣庭文字狱“维民所止”被析解为“雍正无头”的谶言。由于吕四娘刺杀胤禛，雍正朝以后的清朝各代皇帝，妃嫔被召幸侍寝，必须脱去衣裳，再罩长袍，由太监抬入寝宫，再脱去长袍，裸体入御。就是专门防备妃嫔行刺皇上，成为世界上最独特的皇帝召幸妃嫔的规矩，被外国人嗤笑为如留辫子、裹脚一样的奇闻。后人有清宫词一首专门吟咏吕四娘此事：

重重寒气逼楼台，深锁宫门唤不开，
宝剑革囊红线女，禁城一啸御风来。

诗中将吕四娘比作刺杀隋炀帝的侠女红拂和盗盒慑贼的红线女。这个刺杀胤禛的传说在中国流传200余年，恐不是空穴来风，如果有朝一日泰陵被国家允许发掘，就像明定陵一样，打开金棺玉椁，假如真的发现胤禛无头，或许能提供吕四娘行刺的最有力的佐证。现在这个说法只能暂时存疑，先不可视为无稽之谈。

还有一种说法是胤禛被宫婢勒死。这可能套用明世宗朱厚熜遭宫婢杨金英行刺，差点被勒死的史实。一个明世宗，一个清世宗。极易混淆，张冠李戴，移花接木。小说家借此编造，确是虚妄之言，不再赘述。

比较可信的学说是胤禛追求长生，服丹药暴亡。炼金丹求长生，是帝王家的通病，秦始皇有之，汉武帝有之，唐太宗有之，明世宗有之，屡见不鲜。胤禛重蹈覆辙，不足为奇。胤禛曾在宫中养了一批和尚、道士，朝夕洽谈，研求长生之道。圆明园曾设炼丹炉，延请天下名道炼长寿金丹，此类灵丹多用燥热的矿物质加上参茸之类的药物，服下去有提升阳气的效果，精神为之大振，长期服用必然造成阴虚阳脱之症，暴亡极有可能是丹药所致。史载，乾隆登位第三天就下旨将宫中贾士芳、张太虚、王定乾之类的道士统统驱赶出宫严诫，如敢胡言乱语，严惩不贷。这可能与胤禛服丹有关。但驱赶道士出宫，仅予薄惩，不能说明胤禛服丹而死。如果乾隆将道士一律杀头，这个说法便可成为依据。道士误导皇上服丹而死，这是弑君大罪，仅赶出宫外，不予严惩行吗？说不定乾隆笃信佛教，视道士为眼中钉才赶出宫中的。尽管现在史学界好多专家都持服丹而死论，但毕竟证据缺乏硬材料，只能是一种较为合理的推测，不能视为定论。

还有其他奇谈怪论，不再赘述。胤禛一生给人留下太多的疑惑。即位是个谜，暴亡是个谜，真是传奇人生，疑云密布，给后世留下探讨的空间，也给戏剧家、小说家留下编造离奇故事的机会，这个皇帝真是太奇特，太有意思了。

总之，不管什么原因，胤禛暴亡却是定论。他45岁即位，58岁崩世，在位13年，乾隆登基后，谥为宪皇帝，庙号世宗。埋葬在河北易县清西陵之泰陵。为什么不葬在遵化东陵，去陪伴父皇玄烨，这又是一个谜。有些学者认为他有弑父而立的嫌疑，怕遭到先皇的冥谴，因此另选万年吉地。此说显系编造，笔者已在前文论及。不过胤禛篡改遗诏，也会怕父皇冥谴，有可能是造陵易县的原因。这又成为他篡位的有力证据。

爱新觉罗·胤禛是清朝杰出的皇帝，除了努尔哈赤、皇太极、玄烨，就数他了。他的儿子弘历虽把清朝带上极巅，但又从极巅下滑。论踔厉风发的精神，远不及胤禛。有人把努尔哈赤、皇太极、玄烨、胤禛及后来的弘历，称为“清帝五杰”，是极有道理的。由此可见胤禛在清朝历史的重要地位。胤禛是个个性极为鲜明的奇男子，缺点突出，优点更突出，功绩远大于过错。他逼死兄弟，诛杀功臣，大兴文字狱，完全是为了维护他的统治和权威，而他的兄弟和“功臣”，也有咎由自取之嫌，不能尽怪胤禛。唐朝李世民杀李建成、李元吉；明朝朱棣杀朱允炆，不也是残酷无情吗？但后世评论李世民、朱棣却是难得的英明之君。胤禛 13 年的严明政治，使天下臻于大治，这已经足够了。笔者认为，也不必为胤禛翻案，他是个缺点和优点互映的英雄。人们读他的历史，从两方面都可获得教益。

帝祚绵长是寿皇

——清高祖　弘历

清高宗乾隆皇帝爱新觉罗·弘历

(1711—1799 年)

十全功烈振玄黄，六下江南学祖皇。

五世同堂谁可比，八旬八岁寿无疆。

雍正十三年八月，清世宗胤禛暴亡。按照胤禛生前秘密立储的规定，辅政大臣将藏于乾清宫悬挂的“正大光明”匾后的遗诏取下，打开诏书一看，上面写着：“皇四子弘历为皇太子，着继朕即皇帝位。”于是弘历成为清朝秘密建储制后即位的第一个皇帝。越明年改元乾隆。“乾”字是八卦第一卦，寓“天”的含义，“乾隆”意思是普天之下兴隆昌盛，寓意极为吉祥。

康熙五十年八月十三日，弘历出生于雍亲王府（现雍和宫），是胤禛第四子，母为孝圣宪皇后钮祜禄氏。弘历少年时，生得仪表非凡，“隆准颀身”，鼻高身长是他仪容最大的特点，而且显得绝顶聪明。康熙帝见了这个孙子，格外钟爱，将他从雍邸召至宫中读书，延名师教之，受学于翰林庶吉士福敏，过目成诵；又学射箭，以贝勒允禧为师。又从庄亲王允禄学习火器，无论射箭还是使用枪铳，他都学得十分精良。某日，康熙帝带他到热河围猎，发现一熊伏于草中，命弘历射熊。弘历刚上马，那熊已挥舞利爪扑来，十分迅猛。弘历在马上张弓搭箭显得异常从容，毫无惧色。康熙怕伤了孙子，持火枪击毙狗熊。对弘历镇静的表现，大为赞赏：“这个孩子福大命大，很贵重，将来他的福气必定超过朕。”爷爷爱他，父亲胤禛更爱他。雍正元年就将弘历秘密立为太子。雍正十一年封为宝亲王，并让他参与军国大事。

弘历即位时已经 24 岁，正是风华正茂的年龄。他奉遗诏将庄亲王允禄、果亲王允礼、大学士鄂尔泰、张廷玉封为辅政四大臣。早在宝亲王邸时，弘历目睹父皇为政严猛，对其进行反思。他一登上宝座，便施展宽仁手段，以笼络人心。凡得罪先皇的皇室宗亲，一律释放，封允䄉、允禵为公爵，就是阿其那（允禩）、塞思黑（允禟）也命恢复红带子，收入玉牒，重新获得宗籍，他们的子孙也封予不同爵位。以弘昼为首的兄弟统统封为王爵。尊奉生母钮祜禄氏为皇太后，册立嫡福晋富察氏为皇后。母族、后族特别加恩，封以承恩公以下的不同爵位。因雍正帝“文字狱”被流放的汪景祺、查嗣庭的家属予以特赦，从宁古塔返回原籍。这一系列宽大政策，使宗室臣民皆大欢喜，个个颂扬：“帝德乾坤大，皇恩雨露深。”接下来，弘历便开始他十全备绩、崇文宣武的大功烈。

【平定苗疆】是弘历登位后第一次用兵。乾隆元年春，弘历封张广泗为七省经略，专办苗事。张广泗坐守贵州镇远，集七省之兵，兵分八路进剿贵州省苗民叛乱。

还在雍正朝时期，云、贵、桂、湘等地苗民叛乱，胤禛以鄂尔泰为帅，以剿为主，强行改土归流，将叛苗一一扫平。雍正十三年，苗寨又叛，清廷派哈元生为帅进剿。副将冯茂屠杀苗俘600余人，激起苗民极大愤怒，群起而反抗，官军节节败退，苗事遂不可收拾。弘历登基后，将苗事视为第一要务。将办苗不力的哈元生、张照、董芳等大臣、将领逮回京中治罪。另命张广泗为帅，发誓要平定苗疆，为天朝立威。

张广泗是个剿苗专家，曾随鄂尔泰驰骋苗疆多年，熟知苗情。他从鄂尔泰征苗失利中获得教训，制定出“以抚为主，以剿为辅，集中兵力，专攻巢穴”的战略，报请弘历批准。张广泗到达贵州凯里，先兵分三路，进攻九股河上下游、清水河下游各苗寨。清军沿路张贴布告招降苗民，并以不降格杀勿论相威胁，果然许多土司纷纷归降，绥靖政策收到明显效果。但仍有大部苗民痛恨暴政，奋力反抗，苗民以突袭、堵路、挖壕、埋签等手段对付清军。张广泗下令武力进剿，攻势十分凶猛。乾隆元年底，清军陆续攻破桂丁、郎川、空稗、台雄、打草、摆尾等数十个苗寨，苗民死伤惨重。苗酋包利率众退入牛皮大箐。牛皮大箐位于黔东南苗疆中心，山岭连绵数百里，北濒丹江，西接古州，西邻都匀，东临清江。山势高峻，路隘险要，林阔如海，满地泥泞，行走没膝，是易守难攻之地。包利率苗民挖断山路，据守险要，以图东山再起。清军追至山下，见山势如此险要，个个缩颈咋舌，视为畏途，不敢前进一步。张广泗查看地形，认为如此广大的山区，一二万人马根本无济于事，于是上奏朝廷调兵遣将。弘历接到奏报，命云、贵、湘、桂、川、粤、鄂七省派兵会剿牛皮大箐。于是张广泗将七省大军分为八路，将牛皮大箐山区包围。清军在各个山口挖开长壕，作长久围困之计。几个月后，山中苗民粮食吃尽，纷纷下山觅食，清军予以堵击，斩杀无数。苗酋包利又率众突围，结果力竭被擒。山中苗民群龙无首，人心大乱，再加上连绵大雨，饥寒交迫，多数出山投降。张广泗见时机已到，下令清军搜山围剿。清军步步为营，得寸进尺，缓缓前进，进入山内，只见莽草塞径，老树蔽天，云绕雾罩，毒蛇乱窜，野兽奔跳，清军见此荒野景象，脊梁直冒冷气。还是张大帅最有谋略，命清军在风向有利之日，放火烧山。顿时漫山遍野的树木榛草一起燃烧，烈焰冲天，浓烟蔽日，遍地焦蛇死兽。烧了两天大火慢慢熄灭，清军从四面八方进入牛皮大箐，只见苗民大半被烧死，剩下的都是焦头烂额滚在地上呻吟，清军见活的便杀，可怜几万苗兵，除老幼妇孺残疾者外，都被清军屠戮殆尽。清军剿灭牛皮大箐，又返回山下，将山区周围的苗寨，一一攻破，再次剿灭残余势力。立下首恶必诛、胁从赦免的法则，将不服王化的苗民几乎屠杀殆尽，大多数苗民见势不好纷纷投降。扫荡数月，苗疆烽烟渐息。张广泗让投降的苗民各归原寨，又从中选出听话的头目，封为流官，让其自行治理。又设九卫派兵屯田驻守，以防苗民再叛。连续10余年的苗乱，终于被镇压下去。捷报传到京师，弘历龙心大悦，下旨封张广泗为云贵总督，予轻车都尉世职。又下旨豁免苗疆钱粮赋税，永不征收。

张广泗为大清立下奇功，从此云贵苗疆改土归流，土司称号永远取消，大大小小的独立王国也化为历史云烟，维护了国家统一。看来张广泗的以抚为主、以剿为辅比鄂尔泰的以剿为主高明得多。

【兴建圆明园】是中国皇家园林建筑史上的一项重大工程，也是一个奇迹。虽始于雍正朝，但基本完成于乾隆朝，其宏伟壮丽，超逾古今，可称为世界万园之王，实得力于弘历不遗余力地兴建。

乾隆初年，苗疆平定，天下升平无事。弘历在很长一段时间内，集中精力大治文事。他命鄂尔泰、张廷玉等大臣，参照三礼，考正八音，把朝仪定得格外隆重肃穆。钟鼓一响，韶乐齐鸣，佾舞翩翩，弘历坐在宝座之上，朝臣匍匐阶下，规规矩矩，三拜九叩，山呼万岁。举止稍有不周，纠仪御史立即上前揪出，予以警告或处治，弘历真正感到做皇帝的威风与尊贵。他又连年开科取士，把保和殿作为殿试的场所，亲自出题监考，擢拔博学鸿词的文人，什么三甲状元、榜眼、探花都脱颖而出，真正是一番太平盛世景象。万机之余，他便吟诗作画，泼墨挥毫，鉴赏宝物。他是个闲不住的人，非常活泼好动，今日东巡，明日南下，后日西狩、北行，不断地围猎、谒陵、阅兵、巡察、祈雨、祭天、告庙，真是个太平天子、风雅帝王。

他爱奢华，好娱乐。大内的御花园他嫌小，西苑三海的风景他看腻了。郊外的畅春园虽然宽敞，但犹嫌不足，于是下旨修建圆明园。

圆明园位于京城西北，在畅春园北隅，规模不大，原是明朝懿亲徐伟的别墅。康熙朝玄烨赐给雍亲王胤禛，并命名为“圆明”，胤禛爱它幽静，常来此处读书。胤禛即位后，对它情有独钟，增建了许多亭台楼阁，始成规模，胤禛年年临幸，成为办公、休憩的重要场所。圆明园附近另有两个小园，名为长春园、万春园，规模也不大，但均精致奇巧。三园邻接毗连，景色互映。弘历忽发奇想，将三园合为一园，共名“圆明园”，不是更宏伟壮丽吗？于是在他登基后，便下旨兴建圆明园。弘历幸运的是他接收了康雍两朝苦心经营近80年的丰盈的国库，有用不完的银子，供他大兴土木。尽管如此，他下旨建园的圣旨一发，便有许多大臣上奏规劝，无非是国事多艰，君王应厉行节俭，请求停建、缓建、缩建的意思。弘历非常聪明，对劝谏的大臣一律予以嘉奖。但你说你的，我建我的，工程照旧施行。大臣得了清誉，便也不来劝阻。弘历倾国库财力，召集天下能工巧匠齐集北京兴建，又召无数文臣儒士予以立意策划。而承担建筑设计的主要是雷氏家族。雷氏从雷发达、雷金玉开始，从事皇家建筑200余年，堪称建筑世家，号称“样式雷”。相传故宫、畅春园、避暑山庄等都是雷家的杰作。雍正朝初建圆明园便是雷金玉的设计。到了乾隆朝，雷氏的传人雷声澄、雷胺玺、雷家玮、雷家瑞等，都被弘历召来设计建造圆明园。另外弘历还召来精通建筑、绘画的西洋传教士郎世宁、蒋友仁、王致诚参与设计，融进西洋建筑艺术和风格。北京西郊，湖泊星罗棋布，又有西山诸峰远处衬映。于是远山衬映，水景为主，成为圆明园的建筑主题。另外，乾隆还多次游历江南，将苏杭小桥流水、曲径通幽的景色，移天缩地，照搬过来，在圆明园仿造，有些连名称都不换。可以说，圆明园的建筑景致，包含中国南北之景、西洋诸国之风，被称为万园之园毫不夸张。过去秦始皇建阿房宫、魏武帝建铜雀台、陈后主建三阁、隋炀帝建芳华苑，法国建凡尔赛宫、卢浮宫，俄国建冬宫、夏宫。无论古今中外，比之弘历建圆明园，真是小巫见大巫，逊色远矣。

圆明园在三园中规模最大，以福海为中心，宫殿林立，亭阁交错，湖光粼粼，景象万千。共有 40 景，计：正大光明、勤政亲贤、九洲清晏、缕月开云、天然图画、碧桐书院、慈云普护、上下天光、杏花春馆、坦坦荡荡、茹古涵今、长春仙馆、万方安和、武陵春色、山高水长、月地云居、鸿慈永祜、汇芳书院、日天琳宇、澹泊宁静、映水兰香、水木明瑟、濂溪乐处、多稼如云、鱼跃鸢飞、北远山村、西峰秀色、四宜书屋、方壶胜境、澡身浴德、平湖秋月、蓬岛瑶台、接秀山房、别有洞天、夹境鸣琴、涵虚朗鉴、廓然大公、坐石临流、曲院风荷、洞天深处。另有紫碧山房、藻园、若帆阁、文源阁、舍卫城等。其中，正大光明、九洲清晏、勤政亲贤是殿宇，是皇帝听政之所；文源阁是藏书楼，乾隆朝编纂的《四库全书》一部便藏于其中；舍卫城是寺院；其他均是亭台楼阁，为娱乐休憩之所。这些景点的命名极富诗情画意，听一下就令人心醉，别说游览其中了。

万春园原为怡亲王允祥的赐园，后改赐傅恒，乾隆朝并入圆明园。著名景点有敷春堂、清夏斋、涵秋馆、生冬室、四宜书屋、春泽斋、凤麟洲、蔚藻堂、中和堂、碧亭、竹林院、喜雨山房、烟雨楼、含晖楼、澄心堂、畅和堂、湛清轩、招凉榭、凌虚亭、天地一家春等。万春园又名绮春园，全为亭台楼阁，是皇帝读书及休闲之所，建筑精巧自然。

长春园，始建于乾隆年间。主要景点有澹怀堂、含经堂、玉玲珑馆、思永斋、海岳开襟、得全阁、流香渚、法慧寺、宝相寺、爱山楼、转湘帆、纵芳榭、茜园、小有天园、映清斋、如园、鉴园、狮子林等。在长春园北界有一欧式园林群，俗称西洋楼，有谐奇趣、线法桥、万花阵、养雀笼、方外观、海晏堂、远瀛观、大水法、观水法、线法山、线法墙等。建筑主体是欧洲文艺复兴时期的“巴洛克”风格。而主要特点是各个景点建有造型奇特的大量人工喷泉，亦称“水法”。其中谐奇趣、海晏堂、大水法三处的人工喷泉，气势宏大，构思奇巧。海晏堂是园中最大的西洋楼，楼前水池两侧各排禽兽铜像6尊，共计12尊（十二生肖）：鼠、牛、虎、兔、龙、蛇、马、羊、猴、鸡、狗、猪。代表12时辰，均禽兽头人身。一到时辰，均自动喷水。正午时刻，12禽兽铜像一齐喷水，气势壮观，妙不可言。这些铜禽兽头后来都被英法联军切割掳走。据报载有几个禽兽头已被国内民间团体从海外拍卖公司重金收回。

圆明园的建筑材料十分贵重，清一色的汉白玉，清一色的名贵木材。木材多以楠木、檀木为主。门楣窗棂用紫檀制成。其装饰材料有金银、宝石、翡翠、水晶、青金石、珍珠、珊瑚、玛瑙、玳瑁、象牙、螺钿、琉璃等，真是：“玉殿金楼翡翠台，人工制造宛天开。”圆明园不仅建筑美轮美奂，而且将9万里奇花异草尽植园中，四时有景，万紫千红，宛如一个巨大的植物园。圆明园又像一个庞大的宝物博物院，将上下5000年的奇珍异宝齐聚园中，什么秦钟汉鼎、唐彩宋瓷、金塔玉佛，名人字画，应有尽有，琳琅满目。

上述圆明园景点建筑，有70%建于乾隆朝。后代陆续增建，一直到咸丰朝被英法联军焚毁为止。

乾隆十年暮春，圆明园基本建成。弘历侍奉皇太后，率后妃及诸王大臣到园参观。人们仿佛来到人间天堂、海市蜃楼，都惊呆了，如梦如幻，如醉如痴。弘历在《圆明园后记》中写道：“规模之宏敞，丘壑之幽深，风土草木之清佳，高楼邃室之具备，亦可称观止，实天宝地灵之区，帝王游豫之地，无以逾此。”圆明园是弘历奢华心膨胀的产物，耗费了巨大的财力、人力。这个人间奇观，汇集了中国人丰厚的财富和绝伦的智慧，屹立世界200年，震惊世界200年，法国作家雨果以无与伦比的词汇与无法形容的心情赞美圆明园。从这点看，弘历功不可没。但是谁也没想到，由于它无比的华美壮丽，使外国人惊叹之余而垂涎三尺，后来英法联军侵入中国，首先闯进圆明园，将园中宝物洗劫一空，又放火焚毁消灭罪证。这是华美壮丽带来的副作用。笔者咏诗赞曰：

盛世江山盛世园，文华珍宝萃其间。

绝伦宏伟绝伦美，独领环球二百年。

【征剿金川】纯粹是由一个女人引起的战争。金川由大小金川组成，位于四川与西藏边界，大渡河上下，现四川阿坝藏族自治州一带，居民为藏族，信奉黄教，汉人称为“番子”。早在明朝时，金川酋长哈伊拉本率众归顺朝廷，被明廷封为演化禅师。其部分为二部，一居大金川，一居小金川。顺治七年，清廷封小金川酋长卜儿吉细为土司。康熙五年，清廷封大金川酋长嘉纳巴亦为演化禅师。乾隆初年，嘉纳巴之孙莎罗奔继酋长位，清廷封他为金川安抚司，并管辖小金川。莎罗奔遂让原土司泽旺去当小金川的首领。并把爱女阿扣嫁与泽旺，目的是笼络泽旺，借以控制小金川。阿扣虽为番女，但生得姿容俏丽，楚楚动人，堪称金川之花。她嫁到小金川，见泽旺丑陋粗鄙，性格老实窝囊，大失所望。泽旺事事依她，低三下四，她总不依不饶，时因小事将泽旺骂个狗血喷头。虽为压寨夫人，心中却忧郁得很，心中常有“一朵鲜花插在牛粪上”的感慨。然而泽旺之弟良尔吉却生得身材魁梧，眉目俊秀。阿扣时常见之，心中大为诧异：“为何一母同胞，相貌差之远矣？”春心早已荡漾。良尔吉对嫂子的美貌早也垂涎三尺，时常痴痴盯住阿扣不放，阿扣嫣然一笑，故作羞涩状态，更使良尔吉欲火难忍。只是兄长在家不敢妄动，双方各做单相思的美梦而已。某日泽旺外出围猎，良尔吉称病不从。等泽旺一走，便叩开闺房去见嫂子。阿扣正托香腮，凝神痴想，见良尔吉突来，格外欢喜。良尔吉色胆包天，欲火燃烧，只喊一声：“想死我了。”便抱住阿扣，一阵狂吻。阿扣略作推辞，便倒入良尔吉怀中。顿时干柴烈火熊熊燃烧，成就一番好事。事毕，阿扣暗想，这个良尔吉比泽旺强胜 10 倍，若与他做了夫妻也不枉活一生。但泽旺回来，她与良尔吉的好事，全被耽搁。阿扣越想越火，越火越气。阿扣貌美如花，却心毒如蝎。于是与良尔吉私下商量，除掉泽旺永做夫妻。计议已定，便寻机陷害。某时，莎罗奔凭着势力去侵略打箭炉土司，欲占其地盘称王称霸，下令让泽旺率小金川之兵助战。泽旺性情懦弱，又与打箭炉土司关系历来尚好，不愿寻衅惹事，当即回绝莎罗奔。阿扣见时机一到，向泽旺自告奋勇回娘家说情。泽旺十分感谢，放她回去。阿扣一回大金川，便向莎罗奔说泽旺的坏语，什么泽旺蓄谋已久，勾结打箭炉土司欲霸金川，独立为王。莎罗奔原恨泽旺不出兵助战，现在又听爱女阿扣此话，顿时暴跳如雷，欲发兵攻破小金川，擒斩泽旺。阿扣急劝父王息怒，附耳于莎罗奔，密说如此如此。莎罗奔大喜，捅了阿扣一拳说："好妮子，有你的！"于是派了几名武艺高强的头目，充任使者，精选几十名强壮勇敢的番女作为随从，送女儿阿扣回婆家。到了小金川，泽旺见了阿扣分外亲热。命设宴招待来使，宾主喝个半醉，大金川番使摔杯为号，几十个强壮的番女一拥而上，把泽旺捆个结实。这边奸夫良尔吉作了内应，率兵堵住泽旺部下，不准妄动。泽旺遂被劫往大金川，被莎罗奔囚禁。

良尔吉是个心肠极坏的人，得了美女阿扣，心犹不足。他冥思苦想，想出一计，不仅要除掉泽旺，而且要除掉莎罗奔，独做大小金川之王。他立刻派使者向清廷奏报，说莎罗奔野心勃勃发兵侵略打箭炉，又劫夺兄长泽旺，意欲反叛朝廷，按说莎罗奔攻打箭炉、劫夺泽旺是藏族内部矛盾，并非反叛清朝，清廷出面调停和解方是上策。但是弘历接到四川总督的奏报和良尔吉的诬告，却有别种想法。国家承平日久，需要练兵宣武，再者皇后富察氏新亡，心中郁闷，极需排遣。于是心血来潮，下旨命张广泗为四川总督，派兵进剿金川。上文说过，张广泗是个剿苗专家，曾有平定云贵苗乱的大功。一接圣旨格外兴奋，率大军直驱金川，欲平番再立奇功。大军到达小金川驻扎，良尔吉哭诉张广泗，列数莎罗奔种种不法，愿为清军向导，夺回兄长报仇。有了向导，张广泗大喜，认为攻破大金川指日可待。

大金川地势极为险峻，群山连绵，山势陡立高峻，西边是激流涌奔的大渡河，东边是大雪山。山中道路崎岖，沟壑纵横，一夫当关，万夫莫开。莎罗奔闻清军来攻，早有准备，自己坐镇勒乌围，命手下大将郎卡守住噶尔厓。在群山险要处，遍筑碉堡。这种碉堡用大石砌成，高三四丈，内阔丈余，异常坚固，四面开窗，里面驻扎番兵，可向外射箭投石。张广泗不知厉害，兵分两路，一路攻打勒乌围，另一路攻打噶尔厓。清军进入金川，犹如盲人过河，乱跑乱窜，碉堡内番兵乱箭齐射、乱石齐砸，清兵死伤无数，不得前进一步。见那碉堡高耸入云，干瞪着眼，可望而不可即，任凭番兵乱射乱砸，毫无办法。张广泗大骂向导良尔吉无用。其实良尔吉良心极坏，是个两面派，一方面向莎罗奔通报清军虚实；另一方面又向张广泗献计说："可从昔岭进攻，方能直入噶尔厓，只是昔岭亦有驻兵，进攻亦很困难。"张广泗信以为真，急派部将宋宗璋、张应虎、张兴、孟臣率兵几路，以良尔吉为向导，越过昔岭，偷袭噶尔厓。而莎罗奔已接到良尔吉密报，早做好准备。清兵一到，番兵呼啸而下，乱箭齐射，乱石齐砸，将清军杀个七零八落，张兴、孟臣战死，宋宗璋、张应虎率残兵逃回。张广泗折了千余兵马，惧恼异常。他也不怪良尔吉，因他早有预言，反认为良尔吉诚实，更加信任。又听从良尔吉之计，以碉逼碉，就是在敌碉之前再垒我碉。稳住阵脚，再逼攻敌碉。这个方法，笨拙而有效，但攻破一碉，死伤百人。而番兵又垒一碉，真是一场持久的消耗战。从乾隆十一年起，直到十二年夏，时近两年，只攻下几十个敌碉。真把张广泗急得七窍冒烟。

弘历对金川战争极为不满，从狱中把岳钟琪释出，让他到金川立功赎罪。岳钟琪当年平定西藏立有大功，弘历就是想借岳的大名才略到金川助威，威慑番兵。岳钟琪甫行，弘历还不放心，又派大学士纳亲为经略，到金川督战。纳亲一到金川，盛气凌人，将张广泗臭骂一顿，下令三日攻破噶尔厓。纳亲调兵遣将亲自指挥，派总兵任举、参将贾国良率军，从昔岭方向，直攻噶尔厓。良尔吉得到情报，早密报噶尔厓番将郎卡。郎卡连忙布置，埋伏精兵于昔岭两旁。任举与贾国良是清军最骁勇的大将，率领几千兵马，杀入山中。到了昔岭，山路陡峭崎岖。大军人困马乏，士兵牵马而行，忽然法号吹响，声震山谷，番兵从昔岭两侧冲下，仍是乱箭齐放、乱石齐砸，清军乱作一团。贾国良拼死抵抗，却被乱箭射死。郎卡见清军已败，率兵冲下与清军搏杀。番兵以逸待劳，个个精神抖擞，愈战愈勇。清军被山路折腾得半死，根本难敌番兵。任举施展武艺，杀死许多番兵，番兵又乱箭齐射，任举中箭如同刺猬一般，倒于山涧，番兵一拥而上，剁为肉泥。

纳亲闻得败报，心惊胆战，方知大金川厉害。急忙召集张广泗、岳钟琪商议。张广泗主张仍用以碉逼碉之法，岳钟琪主张放弃昔岭，改攻党坝。三人说不到一块去，张广泗负气拂袖而出。岳钟琪见张广泗固执，恐以后兵败连累自己，连夜派人到京奏了张广泗一本，说他信任藏奸良尔吉，贻误军机。纳亲也奏张广泗一本，说他劳师糜饷，久无寸功。弘历接到奏本，十分震怒，下旨将张广泗逮回京城治罪。张广泗被逮回，先由军机大臣审问，张广泗坚持他的战略正确，把兵败推到纳亲身上。弘历坐镇瀛台复审，张广泗牛脾气不改，仍坚持前说，自称有功无罪。弘历大怒："你劳师糜饷，旷久无功，还要诿过于人，负恩误国，朕若赦你，如何今后驭将！"盛怒之下，竟将张广泗推出午门斩首。又下严旨斥责纳亲无能。纳亲在金川复奏，又将过错推于死鬼张广泗。

弘历知纳亲无用，任用大学士傅恒代替纳亲征伐金川。傅恒出师，弘历率百官送行，并赐遏必隆宝刀一把、密旨一道。傅恒是已故皇后富察氏之弟，皇亲国戚，朝野不敢侧目。据野史载，傅恒之妻貌如天仙，弘历与她长期私通，竟把富察皇后气死。傅恒夫人进入后宫如出入家门，爱屋及乌，弘历遂将讨伐金川大任托付于他。傅恒戴着绿帽子开赴前线，意气飞扬，发誓要立功报皇恩、报社稷。若真有此事，傅恒真是可悲。

傅恒到了金川，召纳亲于帐前，宣读皇上密旨，原来密旨写道："赏纳亲遏必隆刀，赐死。"纳亲魂飞天外，只得执祖父遏必隆刀自刎而死。这遏必隆刀原是康熙朝辅政大臣遏必隆所藏宝刀，寒光四射，削铁如泥。遏必隆死后，清廷将刀收回，视为镇国之宝，比上方宝剑还要厉害。现在弘历用遏必隆刀去杀遏必隆的孙子纳亲，真是狠毒至极。若遏必隆有灵必痛哭九泉。傅恒又得岳钟琪密报，将里通大金川的藏奸良尔吉斩首示众。美貌心狠的阿扣，也被牵出来杀头。一对露水夫妻快活了两年，便鸳鸯西飞，到佛祖那里重新登记结婚，不知佛祖是否大发慈悲。

纳亲赐死，全军胆战心惊，军纪为之振肃。傅恒观察形势，研究敌情。向弘历上了一道奏折，大意是不蹈张广泗覆辙，避开碉堡，直攻中坚，直捣巢穴。弘历接到奏章留中不发，反而下旨命傅恒班师。傅恒又复奏："贼势已衰，功在垂成，弃之可惜，若不扫穴擒魁，臣无颜回朝。"弘历又下旨："蕞尔土司，即扫穴庭犁，不足示武。"原来，弘历已经厌战，兴师两年，耗财无数。杀了两个大臣，战死许多良将，甚是后悔。更重要的是，出于私心，他怕傅恒重蹈失败覆辙，步张广泗、纳亲后尘，真无法处理，有保护之意。这是催促班师的原因。

然而，却发生了奇怪之事，莎罗奔突然派使到清营谢罪乞和，并释放泽旺。傅恒不许，叱退来使。原来莎罗奔抵抗两年，兵士损伤大半，实在支撑不住了。他见傅恒不许议和，便派使又到岳钟琪营中，愿缴械投降。岳钟琪当年征西藏时，莎罗奔曾出兵助战，立过军功。两人非常熟悉，私交甚好。不战而屈人之兵，善之善者也，岳深知其理。便单骑往勒乌围，莎罗奔闻岳钟琪亲临，率全寨兵士，出寨恭迎。岳钟琪告以大义，晓以利害。莎罗奔叩头谢罪，唯唯连声，愿缴械投降。翌日，莎罗奔送岳钟琪出山，到清军大营，傅恒高坐坛上，莎罗奔献上金佛一尊，头顶佛经，跪在地上，发誓永不反叛。如此，两年的平金川战役结束。

捷报传到京城，弘历龙心大悦，下旨褒奖，将傅恒比之为平南蛮的诸葛亮、盟回纥的郭子仪，封为一等忠勇公，岳钟琪封为三等威信公。傅恒班师回朝，又派皇子率诸大臣郊迎，当日赐宴紫光阁，大事庆贺，傅恒备极恩宠。

金川战役虽然获胜，但得不偿失，真是小题大做，充分证明弘历宣武示威的虚荣心。弘历对张广泗的处置太冷酷、太严厉。千载之下，令功臣寒心。傅恒因人成事，真是福将。比如煮饭，张广泗已煮了八九成，用兵两年，已将敌军实力消耗殆尽，但傅恒一来，只加了一把火，便将饭煮熟，立了大功。然而，傅恒成就大功，爵封一等公，而张广泗却喋血午门。至于纳亲为三朝元老，以廉勤著称，史载其府第大门侧锁一巨獒，张牙狂吠，送礼说事者不敢近前，为此事赐死，也冤枉至极。杀纳亲、张广泗这样的大臣，眼都不眨，未免太残酷。前人稗史中说，弘历对傅恒恩宠优渥，无以复加，生前加官晋爵，临终幸宅探视，死后亲自祭奠，大清300年无人享此隆恩，固然功高勋著，更因为傅恒甘愿戴绿帽子而毫无怨言。

【巡幸江南】是弘历效法先祖玄烨的出巡。弘历一生对祖父玄烨十分崇拜，事事模仿。玄烨六下江南，他不多不少也六下江南。孙继祖业，也算是盛事。

弘历性格活泼至极，让他闲下来比要命还难受。自平定金川后，天下太平无事。他不断出巡游历，到塞外行围，到泰山游玩，到关外谒陵，到嵩山、西安，十五年春又巡幸五台山。真是一天也闲不住。弘历后来能活到89岁高龄，肯定与他不断活动有关，生命在于运动嘛。其时浙江、江苏督抚知皇上好游历，屡屡上书请圣驾到江南一顾。弘历由此动了巡游江南的念头。

弘历自外地巡游归来，最爱在宏伟壮丽的圆明园游玩居住。某日，天气阴凉，他在园中游逛。到了正午时分，忽然云开雾散，烈日当头，热不可当。随行侍从忘了携带伞盖，满头大汗的弘历，脾气爆发，将跟班侍从骂个狗血喷头。此时有个少年侍从，分开众侍从，跑到弘历面前大声说："虎出于柙，谁之过也？典守者不得辞其咎。""虎出于柙"一句出自《论语》，意思是老虎逃出笼子，是谁的过错？言外之意，不应该怪老虎，过错在于管理老虎的饲养员。这少年侍卫运用此言，真是恰好到处。弘历定睛一看，却是个生得异常标致的少年，唇红齿白，浓眉大眼，身材修长，丰瘦均匀，衣冠楚楚，风度翩翩，比之宋玉、潘安，有过之而无不及。弘历见之暗喜，问道："你是何人？"那少年早跪伏于地，不慌不忙答道："奴才和珅，钮祜禄氏，正红旗属下，曾是满洲官学生，现蒙恩充当銮仪卫差役。"这声音如玉盘滚珠，字字清晰，句句铿锵。语意机敏得体，措辞文雅，真把弘历给乐坏了，便说："你既是官学生，充这差使未免委屈你了。给你个好差使如何？"和珅一听万分感谢，连忙磕了几个响头，连这磕头声也错落有致，十分好听。口中朗声道："谢万岁万万岁天恩。"弘历龙颜大悦，回到宫中立即封他为侍卫总管大臣，和珅好福气，一个机会，几句话，便受到皇上的宠信，真是一步登天，看来人生在世，升官发财，必须有机遇。有了机遇，抓住机遇施展才能，才能有出头之日。和珅一个抬銮轿的小侍卫，抓住一件小事，冲出来向皇上说话，有胆有识，得体适度，真是表现不俗。从此以后，和珅侍奉弘历左右，朝夕不离，有问必答，句句打中弘历心坎。弘历想做什么，和珅已经觉察，事先早准备得八九不离十。弘历离了和珅简直活不下去，无论大小事都交与和珅去办，办后必然满意。

和珅窥透弘历有强烈南巡的欲望便怂恿说："普天之下莫非王土，苏杭是人间天堂，江宁是六朝胜地，繁华异常，皇上巡游更是千古盛事。"弘历道："朕也想游幸一次，但虑南征迢遥，要劳动官民，又花费许多金钱，因此犹豫不决。"和珅说："当年圣祖皇帝六次南巡，臣民并无许多怨咨，反而称颂圣祖功德。古来圣君，莫如尧舜，《尚书·虞典》上说，五年一巡狩，可见巡幸是古今盛典，先圣后圣，道本同揆，难道当今万岁，反行不得吗？况且国库丰盈，四海殷富，便花费些银子，这有何妨。"这一席话说得弘历心中舒服熨帖。他平生最爱仿效康熙，又最崇拜尧舜，听了此话，正中下怀，大喜道："你这小子，真是朕的知己。"遂即心定，传下圣旨准备南巡。从运河南下，无鞍马劳顿，最是方便舒适。弘历将督造龙舟的差使交付和珅。和珅得了差使尽心尽力，日夜赶造，将龙舟造得富丽堂皇，华美奇巧，简直如水上宫殿一般，比之隋炀帝的龙船更胜10倍。弘历见了龙舟，满心欢喜，夸和珅办事干练，封他为礼部侍郎，从宫中侍卫官，一下成为朝廷命官。和珅又向江南及沿途各省发下咨文，命赶修行宫，准备迎驾事宜，各省督抚闻咨令，加急募工修筑，无不奢华至极。乾隆十六年正月，弘历开始第一次南巡，侍奉着皇太后，由几个妃嫔陪伴，发动銮驾起程。新册封的皇后那拉氏，不在其中。仪仗车马，浩浩荡荡。到了通州，舍陆登舟。只见运河内，龙船及扈从船只排成一字长龙，少说也有几百艘。弘历登上龙舟，鼓乐齐奏，旌旗招展，大小船只首尾相接，沿河几十里，排场极大，好不威风。和珅之船在前面开路，每到一处，督抚以下官员，上船跪拜，和珅昂然受之，凡官员见驾及供奉诸事均由和珅一人安排。督抚大员都央求和珅在皇上面前说些好话，代为周旋，和珅自然得了许多好处。龙舟沿运河而下，直达济宁。弘历传旨舍舟上岸，到曲阜拜谒孔庙，这是弘历第三次朝谒孔子。清朝的皇帝，从顺治开始，最崇信儒教。乾隆尤甚，一生多次觐谒，不厌其烦。孔子提倡华夷之大防，而清朝皇帝，膜拜如此，是宣扬正统、笼络汉人的最好办法，而孔丘学说中的君君臣臣、上下尊卑的观念，对维护皇权统治大有好处。清朝历代皇帝到曲阜朝孔的次数超过前代汉族皇帝朝孔次数的总和，真是出人意料之外，可见清代皇帝笼络汉人、加强统治的艺术是多么睿智高明。

曲阜朝圣后，龙舟继续南行。弘历曾说："南巡之事，莫大于河工。"在江苏洪泽湖一带，他又视察高家堰黄河工程。命令地方官员加固河堤，治理黄河。当年康熙皇帝六下江南，主要是治河。弘历对治理黄河亦十分关注，这是关系国计民生的大事，并非在形式上刻意模仿先祖。圣驾到了扬州，连住几天，因为当年隋炀帝曾在此观赏琼花，弘历也是好奇，几天内将瘦西湖、个园、天宁寺等处尽兴游览。龙舟又到苏州，弘历游遍姑苏名胜，虎丘及诸大园林无不光临。真是惬意极了，感觉小桥流水、曲径通幽的景色，与北方景观大为不同。命随行画师临摹绘出样本，带回京中仿造。苏州到杭州，运河行舟最为畅通便捷。浙江督抚在西湖之畔已建好行宫，欢迎圣驾驻跸，华丽不亚皇宫。弘历训斥督抚，不该建得如此奢华，但既已建成，下不为例，督抚唯唯连声。弘历下旨拨国库之银 20000 两作为地方财政补贴，以后各地凡有建行宫的均以此数补贴，已成常例。据史载，乾隆六下江南，江南各省建筑豪华行宫 30 余处，地方与中央不知花费多少钱财。弘历在杭州盘桓许久，流连忘返，游遍六桥三竺，湖光山色，更惬圣意。弘历兴奋之余，到处题诗刻碑。吟诗撰联是弘历的擅长，泼墨挥毫，倚马立就。有时脑子运转不灵，随行文学侍臣立刻捉刀代笔。弘历六下江南，各省景观胜境，都以御笔题匾，现在江南各地乾隆御碑林立，成为一大景观。弘历玩遍杭州，又祭钱塘江神，然后渡江到会稽祭大禹之陵。过了几日，又到海宁视察海塘工程，海水涨潮为患民生，康熙当年十分重视海塘工程，乾隆六下江南四次巡查海塘，对海堤的修筑倍加关注，可谓煞费苦心。有些史料记载，弘历六下江南，四次到海宁，四次都驻跸于致仕大学士陈世倌家中。陈世倌，民间称为陈阁老。陈氏的园子，被弘历赐名"安澜园"。据说陈世倌当年在朝中为官，府第在雍亲王府之侧，两家私交甚笃，经常往来。几乎是同时，雍亲王府福晋钮祜禄氏生下一女孩，而陈世倌夫人生下一男孩。钮祜禄氏生下女孩大为沮丧，又听说陈府生了男孩，便命陈府送来男孩一观，陈夫人与雍亲王福晋本来熟识，感情融洽，毫无顾忌，便将男孩送入雍邸。谁知晚上孩子抱回来一看，男孩变成女孩，这事关系重大，陈氏夫妇吓得心惊肉跳，数日寝食难安，再三思忖，不敢声张。为了避祸，便告老还乡回到海宁做寓公。这个男孩便是后来的乾隆皇帝弘历。这些史料言之凿凿，均说弘历游江南是为了到海宁探视亲生父母陈世倌夫妇。这个传说流传几百年，被野史小说作为资料大事渲染，煞有介事。还有一个说法，顺便一提，据说雍正皇帝曾到热河围猎，射倒一只梅花鹿，喝了鹿血，热血沸腾，欲火燃烧，身边又暂无妃嫔，掳来一个汉女，以解焦渴，行云布雨后，竟生下一个男孩，就是后来的乾隆皇帝。这两种传说，是否空穴来风，荒诞不经，还有待史学界进一步研究。

弘历在海宁住了几日，回到苏州，又从苏州到达江宁。江宁原名金陵，又称南京，清初改为江宁，是六朝繁华之地。弘历登钟山，泛舟秦淮河，又祭奠明太祖孝陵，清人灭了明朝，还要祭奠明太祖，分明是笼络汉族民心。江宁秦淮河，名妓云集，灯影桨声，歌曲管弦，十分热闹，南朝金粉胜过北国胭脂。弘历见了龙心涌春，但初来未敢造次。据史载，他第二次南巡，重到秦淮河，乔装富商，狎妓求欢，皇后那拉氏得知，气个半死，割去青丝，以示抗议，遂遭弘历贬斥，打入冷宫郁郁而死。这是后话。弘历在江宁游够了，又在阅江楼举行盛大阅兵仪式，然后从江宁沿原路返回京师。

这是弘历第一次巡游江南。后来又在乾隆二十二年、二十七年、三十年、四十五年，最后一次是在乾隆四十九年，共六次下江南。这里总提一笔，以后不再次次赘述。现在有些学者说，弘历下江南，与玄烨大相径庭，纯粹是游山玩水，此论未免偏颇。客观事实是，除了游山玩水，还视察河工，兴修水利，考察吏治，也关注民生。可以圈点称赞的还有，南巡六次，所过之处，蠲免当地赋税不计其数，可称为善政。再顺便提一下，弘历在位60年，五次普免全国一年的钱粮，三次免除江南漕粮，无数次免除逋税，凡各地有旱灾、水灾、蝗灾、雹灾、雪灾、地震等自然灾害，立即拨国库钱粮予以赈济。笔者阅读《清史稿·高宗本纪》见乾隆朝免税、赈灾的记录，差不多每一页都有几笔，密密麻麻，数不胜数，免税赈灾的次数、数量、力度、广度之大，超逾前代，在封建王朝，可谓前无古人，后无来者。这不能不说是弘历的仁政。

然而，弘历六下江南，炫耀皇家威风，排场太大，造成巨大的浪费，康雍二朝的积蓄，像流水一样花掉，各地官员迎合他的奢华心，大力报效。江南豪富如江春之辈，都献纳巨款，供其挥霍。这些花费必然转嫁到老百姓身上，造成怨声载道，民不聊生的情况时有发生。某些正直的官员上奏："皇上两次南巡，民间疾苦，怨声载道，巡幸所至，有司一意奉承，其流弊及于百姓。"弘历怒斥谏者："汝谓民间疾苦，试指何人疾苦？汝谓怨声载道，试指何人怨言？"大才子纪晓岚也曾讽谏南巡弊病。弘历骂道："你文事上略有本事，朕才将你当娼妓一样豢养。你还道什么国家大事。"纪晓岚被骂得狗血喷头，狼狈不堪。直到弘历临终前，他才意识到："六次南巡，劳民伤财，作无益害有益。"从乾隆朝以后，清代各帝，再无南巡之举。

【两征准噶尔】 是弘历帝值得炫耀的武功，两次征伐，一劳永逸地结束了准噶尔为患的历史。

准噶尔，原为漠西厄鲁特蒙古的分支，其占据的地盘，在天山之北、阿尔泰山以西。康熙年间，其酋长噶尔丹崛起，雄峙西北。圣祖玄烨三次征伐，将其讨平。噶尔丹死，策妄即汗位，又派兵侵占西藏，玄烨将其逐出西藏。到了雍正朝，策零即汗位，又为患连连，胤禛又派兵弹压。到了乾隆朝，准噶尔部几经内讧，大策零之孙达瓦齐将新任可汗达尔札杀掉。从此，准噶尔改朝换代，噶尔丹、策妄、策零世代相传的汗位，被贵族大策零的孙子达瓦齐篡夺。大策零，就是那位在康熙末年率军奇袭拉萨的准噶尔名将。达瓦齐登位，立即向清廷大献殷勤，派使进贡。但是弘历是个认死理的人，他把君臣名分看作比天还大的事，即使是清廷的藩属国也不例外，达瓦齐以臣弑君，天理难容。竟下旨将达瓦齐的进贡使者驱逐回国，准备讨伐准噶尔。然而事极凑巧，上天给弘历送来一个进攻准噶尔的向导。此人为谁，便是准噶尔辉特部酋长阿睦撒纳。他是原西藏拉藏汗的孙子、丹衷的遗腹子。康熙末年策妄派大策零远征西藏，攻破拉萨，杀掉拉藏汗。拉藏汗之子丹衷因是策妄的女婿，幸免于难，而被押回伊犁。后来策妄又将丹衷杀死，丹衷之妻当时身怀六甲，策妄又将女儿嫁给辉特部酋长。丹衷之妻改嫁五个月后，便生下阿睦撒纳。祖父拉藏汗被大策零杀死，父亲丹衷被策妄杀死，因而阿睦撒纳一生下来便怀有血海深仇。当他继承后父成为辉特酋长时，便发誓要报先祖、先父被杀之仇。他野心极大，便招兵买马，准备干一番大事。他极有谋略，先帮助达瓦齐杀死新任可汗达尔札，达尔札是策妄的孙子，算是报了杀父之仇。但达瓦齐是大策零的孙子，大策零曾杀死他的祖父。因而他帮达瓦齐仅是暂时策略，内心恨死达瓦齐。当他进攻达瓦齐时，却被达瓦齐击败。阿睦撒纳走投无路，突然醒悟，何不投降大清朝，借兵复仇。于是率众叩关请降，理藩院立即上奏弘历。弘历大喜，立即召阿睦撒纳来京觐见。阿睦撒纳生得高大魁梧，英气逼人，又极善言辞，并声称愿为清军先导，灭掉准噶尔。这正是天赐良人、天赐良机。弘历对阿睦撒纳一见倾心，设宴款待，并封为亲王，决计讨伐，军机大臣舒赫德劝奏弘历说："吾见阿睦生得面目狰狞，恐非善类，皇上不可轻信。"弘历大怒："阿睦生长彼地，熟悉地理人情，不用阿睦，难道用你作向导不成！"一顿臭骂，舒赫德叹息而出。

乾隆二十二年春，弘历下旨征伐准噶尔，命兵部尚书班第为定北将军，出北路，由阿睦撒纳作向导，并任为副将军。陕甘总督永常为定西将军，出西路，以另一准噶尔降将萨拉尔为向导。两路大军浩浩荡荡，杀往准噶尔。不出弘历所料，有阿睦撒纳作向导，进军极为顺利，沿途部落见阿睦撒纳已降，清军大至，纷纷投降。两路大军在博罗塔河会师，距准噶尔首府伊犁只有300里。达瓦齐枉为大策零之孙，极是无用，得知清军逼近，胆战心惊，忙征兵防御，但军心已乱，无可奈何率部向西北逃遁。清军长途追击，追至格登山，派降将阿玉锡率20骑探路。阿玉锡是个傻大胆，率20骑竟突入达瓦齐宿营。达瓦齐梦中惊醒，以为是清军主力来袭，魂飞魄散，撒丫子逃出格登山，又翻越天山，投奔回部乌什城霍吉斯。回酋霍吉斯早已接到清军通缉檄文，竟将老朋友达瓦齐诱入城中擒获，推入囚车，押送清军大营。此时清军已占领伊犁，从伊犁狱中牵出雍正年间从青海投奔准噶尔的罗卜藏丹津，连同达瓦齐一起解送京城。弘历得到前方捷报，欢喜万分，下旨班师。达瓦齐、罗卜藏丹津被押至京城。弘历亲临午门，行献俘礼。两人惊恐万状，磕头如捣蒜，连呼饶命。弘历哈哈大笑道："这等可怜人物，还想造反，真是夜郎自大。"便下旨赦免两人，更特别开恩，在京城赐予宅第，让他们养老。这是弘历的笼络手段，真是高明。为了表彰阿睦撒纳的特殊功勋，下旨封其为双亲王，食亲王双俸。这是大清开国140余年，清廷对蒙古藩王最高的封赐，可谓空前绝后，朝野闻之，大惊失色，暗怨皇上赏赐太过。弘历又独出心裁，将准噶尔分为四部，封噶尔藏为绰罗斯汗，巴雅特为辉特汗，沙克都为和硕特汗，阿睦撒纳封为杜尔伯特汗。弘历的意思是一分为四，让他们互相钳制，不好聚众造反。第一次征服准噶尔先后用半年时间，真是神速。

然而弘历的如意算盘也有拨错的时候。阿睦撒纳将双亲王的虚荣看得一钱不值，也不感谢大清朝帮他回国的恩情。他的野心极大，想做一个噶尔丹式的准噶尔大汗，他伪称奉清朝之命，管理准噶尔。暗中又联络其他三部，煽动脱离清廷而独立。当时驻扎伊犁办理善后事宜的是班第和鄂容安两个清朝官员，手下兵马仅500人。班第探知阿睦撒纳反状，飞报朝廷。弘历得知阿睦欲反叛朝廷，大骂其忘恩负义，颁下密旨，命班第相机诛杀阿睦撒纳。但班第接到密旨，手下只有500名清兵，哪里敢轻举妄动，只得复奏时机尚不成熟。弘历当时在热河围猎，颁下圣旨，催阿睦撒纳到避暑山庄晋觐，阿睦撒纳知是朝廷诱捕他，便正式发动叛乱，派兵围住驻伊犁的清军，清军寡不敌众，一触即溃，班第与鄂容安自知陷入绝境，双双拔刀自刎，殉国尽忠。定西将军永常驻军木垒，闻准兵大至，惊慌失措，退兵巴里坤。阿睦撒纳气焰更为嚣张。

弘历闻警，万分震怒，命逮回永常治罪。命公爵策楞为定西将军，率大军出巴里坤，向伊犁进攻。策楞命玉保为先锋，不分昼夜前进。军行半路，忽有准噶尔兵投诚，说阿睦已被部下杀死。玉保狂喜，急报策楞，策楞亦狂喜，飞奏朝廷报捷，弘历亦大喜。然而，过了几日又传来消息，阿睦并没死，已经逃到哈萨克。原来阿睦撒纳闻清军来剿，一时不能抵御，便差小喽啰报假死情报，这是缓兵之计。待清军进入伊犁，阿睦早已逃出多日。

弘历得知消息，将策楞、玉保革职。另命达尔党阿为将军，巴里坤办事大臣兆惠为副，率兵追剿阿睦撒纳。达尔党阿追到哈萨克边界，哈萨克汗阿布赍佯称要擒献阿睦，清兵便按兵不进，见天派使者交涉。谁知阿睦撒纳从小路溜回本国塔城，煽动绰罗斯、辉特、和硕特三部一起造反。而达尔党阿浑然不知，仍守在哈萨克边界天天索要逃犯，真是可笑。再说副将兆惠率1500军马，到达伊犁，探知准噶尔四部叛乱，叛军将抵伊犁。孤军深入是兵家大忌，兆惠立即领兵回撤。但是准噶尔骑兵迅即追来，兆惠拼命抵抗，边战边退，等退到乌鲁木齐，兵士损伤大半，弹已尽，粮也绝，兵士破衣烂衫，饿得瘪瘦，简直像叫化子一般。忽然朔风劲吼，大雪飘飘，饥寒交迫，只得杀驼马充饥，又胡乱找些柴火燃起篝火取暖，火烤胸前暖，风吹背后寒，真是困苦可怜到极点。兆惠想派人求援，也不知哪里有清兵。此时准噶尔追兵已到，将乌鲁木齐围个严实。清兵只剩七八百人，饿得头昏眼花，快要被风吹倒，早已失去抵抗能力。兆惠坚忍不拔，见天训话，鼓舞清兵打起精神抗战，但大部分军士干脆躺在地上等死。兆惠仰天长叹，垂手无计，准备最后一搏，然后自杀了事。然而大清朝毕竟有福气，天不灭清。当清军陷于绝望之中，忽然城外战鼓咚咚，杀声冲天，大队清军赶来解围。准噶尔兵一见清军杀到，顿时逃得无影无踪。兆惠出城一看，原来是侍卫图伦楚率兵前来，图伦楚因兆惠久无音信，率2000兵探寻，无意中救了兆惠。兆惠喜极而泣，与图伦楚抱头痛哭，庆幸绝处逢生，两人率兵返回巴里坤，向朝廷飞章告急。

弘历闻报，恨达尔党阿无用，逮回京中治罪，另派喀尔喀郡王车衮扎布为定边将军，仍出北路进剿，对兆惠坚忍不拔、艰苦卓绝的精神大加赞赏，命他率军从巴里坤出兵，从西路进剿。兆惠振奋精神，挑选精兵，带足粮草，发誓不灭叛军，誓不回还。此时，准噶尔又起内讧。绰罗斯汗噶尔藏被侄儿噶尔布杀死。噶尔布又被部下达瓦杀死。辉特、和硕特两部又闹天花，兵士多半出痘死亡。兆惠真是勇将，不顾瘟疫流行，乘机杀进准噶尔，简直如摧枯拉朽一般，将准噶尔四部杀得落花流水。阿睦撒纳见势不妙，又逃到哈萨克避难。兆惠又穷追猛打，一直追到哈萨克边界。哈萨克汗阿布赉见清军凶猛，又遣使者至清营，愿擒阿睦撒纳来献。鉴于前次被骗，兆惠严令哈萨克三日内限交出阿睦撒纳，否则攻进哈境，玉石俱焚。过了数日，阿布赉又报捉拿未果，阿睦撒纳已逃往俄罗斯。兆惠已经得知阿睦撒纳外逃情况，叱退哈使。率军返回伊犁，将阿睦撒纳逃跑之事向清廷奏报。弘历命理藩院向俄国行文，追索阿睦撒纳。过了几月，俄罗斯将阿睦撒纳尸体送回，声言阿睦撒纳在俄境出痘死亡。阿睦已死，标志清兵平定准噶尔部。但弘历痛恨阿睦撒纳忘恩负义，痛恨100余年准噶尔叛服无常、为患边疆的叛逆行为，向兆惠下达了斩尽杀绝、永除后患的圣旨。兆惠接旨格外卖力，命清军四处搜剿，大漠草原，野岭深山，山谷山洞，穷乡僻壤，河流两岸，一处不留，整整搜剿了三年，到乾隆二十五年，方才停止搜杀。准噶尔部20余万户，出痘而死四成，剩下的除老弱妇孺外，强壮的男丁、妇女全被斩尽杀绝，一个不留。这简直类似种族灭绝。从此准噶尔民族从地球上消失，只留下准噶尔盆地、准噶尔等地理名词，让人偶尔想起世界上曾经有过准噶尔这个民族。自此，清廷在伊犁等地驻扎军队，特设伊犁将军，管理准噶尔原地，天山之北纳入了大清王朝的版图。

两征准噶尔，清廷一劳永逸地解决了准噶尔百年为患的顾虑，扩大了疆域，维护了国家统一，这是好的。但弘历的灭绝政策，至今令笔者毛骨悚然。不能服其心，而杀其命，绝不是好办法。于是凄然为诗：

从来好杀悖天仁，割下头颅难服心。
白骨如山血如海，哀魂日夜泪淋淋。

【平定回疆】是弘历统一西北，开拓新疆的最后杰作。在天山南部，塔克拉玛干大沙漠周边，分布着大大小小的绿洲，水草丰美，土地肥沃，聚居着多种民族。这里汉唐时被称为西域，元朝时曾属于察合台汗国。后来伊斯兰教兴起，教主穆罕默德的子孙，自阿拉伯半岛东移，迁至天山南麓，长居不去，逐渐繁衍生殖，形成一个大的民族，俗称为“回回”（现今维吾尔族）。准噶尔噶尔丹强盛，将天山南部攫为己有。回教总头目阿布都实特被押解至伊犁囚禁。噶尔丹被康熙皇帝击败，清廷将阿布都实特释放，使归原地，封以爵位，让他管理回疆。阿氏死去，其子玛罕木特想脱离准噶尔独立。噶尔丹之子策妄闻回疆有变，派兵入境，击败回兵，将玛罕木特父子擒拿，押回伊犁拘禁。乾隆二十二年，清军占领伊犁，其时玛罕木特已死，清大臣班第释放其子那布敦、霍集占。清廷下旨，让那布敦返归回部仍为酋长，霍集占留驻伊犁，主持教务。后来阿睦撒纳反叛，霍集占竟参与叛乱。清军击败阿睦，而霍集占见势不妙溜之大吉，逃入回疆。清朝定边将军兆惠在平定准部后，奉旨派副都统阿敏图到回疆招抚。

回部酋长，大和卓木那布敦，接到清朝檄书，心想，吾家三代受大清朝恩典，理应归顺朝廷。而小和卓木霍集占桀骜不驯，野心勃勃，见其兄懦弱很是气愤。劝谏道：“我远祖穆罕默德，创立名教，声威赫赫，天下敬之如神。传到我辈子孙，反要受人压制，真是羞愧万分。现在准部已灭，强邻消失，不乘势独立，更待何时!”那布敦说：“清军来攻，如何抵挡?”霍集占道：“清军新得准部，必无暇用兵，即使前来，我据险拒守，待他兵疲粮绝，逃怕都来不及，怕他什么?”那布敦犹豫不决。霍集占攘臂上前，悲愤道：“哥哥若要降清，我不阻拦，但恐以后世世代代都要为人奴仆，做牛做马。你我兄弟必有一人，被押至京城为质，到那时任他宰割，还有安静日子过吗?”那布敦被弟煽动，怦然心动。便召集回部头目，宣布独立，以叶尔羌为都，自称巴图尔大汗。传檄各部严阵以待。“和卓木”三字译作汉语便是“穆罕默德的后裔”，那布敦、霍集占兄弟便称为大小和卓木。回部对伊斯兰教极为崇信，对大小和卓木自然是顶礼膜拜，迷信至极。几十万回民得了圣裔的檄文，一呼百应，加入叛乱浪潮。唯有库车城主鄂兑，怕惹下大祸，率部投奔伊犁。途中遇到清廷招抚使阿敏图，阿敏图命他回转，共同招抚。未到库车，忽遇从库车逃出的难民，报称霍集占闻鄂兑投清，派大将阿布都攻破库车城，将鄂兑家属尽予以屠戮。鄂兑闻报大哭，苦求阿敏图返回，带清兵复仇。阿敏图是个老实人，说自己奉命招抚，岂能无功返回，遂让鄂兑先回伊犁，自己率百人入回疆招抚，真想再当一个汉朝的张骞或是班超。到了库车，他拿出朝廷招抚诏书，向阿布都宣读，阿布都假意聆听圣旨，貌似恭顺，将阿敏图及百名随从诱入城内，城内伏兵突出，将阿敏图一行砍杀得干干净净。

阿敏图被害，弘历震怒异常，心想，西域古为汉唐属地，今已平准部，不如乘势收回。计议已定，派都统雅尔哈善为靖逆将军，自巴里坤出兵征讨回部。雅尔哈善率兵6000，直趋库车，发动猛攻。大小和卓木派兵来援，清军堵截，回兵大败，退入城中。清军将库车包围，日夜攻打，回兵拼命守城，难以攻克。提督马得胜命600名兵士，暗挖地道，日夜不息，地道挖至城下，被回兵听见响声，测准位置，挖了个直洞，塞下柴草，以火点燃，霎时间烟熏火烧，600名清兵都窒息而死。大小和卓木见清军受挫，弃了库车城，逃回叶尔羌。

清军损失惨重，只得了一个空城。消息传回京城，弘历雷霆震怒，发下严旨，将雅尔哈善、马得胜等四名官员就地砍头正法。可怜四个官员，浴血奋战几月，未死于敌手，竟被朝廷当作振肃军纪的牺牲品，冤枉也哉！弘历颁下圣旨，命定西将军兆惠移兵南征。兆惠立即传檄调兵，各路军马未到，朝廷严旨又来催促，兆惠只得率兵4000先行，翻越天山，一路兵锋极锐，先后收复沙雅尔、乌什、阿克苏等城。在阿克苏驻扎几日，后军仍未赶到。兆惠历来性急，派副将富德留驻阿克苏，只带3000兵马，冒险而进。途中又闻那布敦在叶尔羌、霍集占在喀什，又分兵800交付都统爱隆阿，守住喀什援路。自率1000骑兵飞奔叶尔羌，孤军深入，真是英雄虎胆。叶尔羌城东有条河流，俗称黑水。兆惠自知兵少，暂不进攻，便倚水扎营，等待后续大军到来。兆惠登高远望，见城南有个大牧场，驼马往来，很是热闹。心想，不如将它夺来，一则可补充军需，二则可作为攻城据点。计划已定，便派骑兵400，从黑水桥上通过。兆惠太大意，木桥不拆，本是敌军诱兵之计，他却浑然不晓。400骑兵刚到桥中，桥下伏兵将桥板钩断，400骑兵纷纷落水。幸好河水不太深，清兵弃了马匹，凫水逃回。稍后，回兵已将桥修好，忽然叶尔羌城中突出5000骑兵，作为先驱，过桥向东，冲击清营，后面紧随万余名步兵呼啸而来。兆惠率兵奋起反抗，但寡不敌众，败下阵来，总兵高天喜战死，参赞明瑞受伤，兆惠的坐骑被回兵击毙，换马再战，再毙再换马，如是三次。兆惠最后退入营中，修筑工事，拼死抵抗。回军四面围定，日夜攻打，枪炮如雨，多亏清营依从林而立，箭多射中树木，清兵拔出再用。又掘井得水，再掘窖得粟，水粮不缺，得以坚守。

兆惠派健卒分几路到阿克苏求援，都杳无音信，苦苦坚守了三个月，清军后续大军才陆续赶到。原来富德率领的清军在途中遭遇小和卓木霍集占从喀什方向派来的回兵的堵截，苦战一番击退回兵，才赶到叶尔羌。兆惠听营外鼓声大作，清兵军旗飘扬，知是援兵到来，乘势突出。内外夹击，将回兵驱散。大和卓木之兵缩回叶尔羌。兆惠是一个倒霉的将军，又是个有福的将军。去年征准噶尔被困在乌鲁木齐，今年征回部，又困在黑水河，最后都死里逃命，绝处逢生，其坚忍不拔、百折不挠的精神，确实令人可佩，满族中出此名将，也是难得。

到了乾隆二十四年春，清军在阿克苏已屯集 3 万人。兆惠再次出师，自领 15000 人，攻打喀什噶尔。命富德率 15000 人攻打叶尔羌。大小和卓木闻清军主力将至，知不能敌，分别放弃叶尔羌与喀什，合兵一处，翻过葱岭西逃。富德大军进军神速，奋勇追击，追到阿尔楚山。忽见前面有回兵几百缓缓前行，大多是老弱残兵。富德极为清醒，知是诱敌之兵，令明瑞、阿桂率兵占领东边山峰，阿巴衮、巴禄率兵占了西边山峰。自率中军进入山中，果然伏兵四起，富德麾军迎战，短兵相接，真是一场恶战。此时清军左右两翼军一齐从山上冲下，把伏兵杀退，追杀 20 余里，杀死无数回兵，霍集占最骁勇的大将阿布都亦被清军杀死。大小和卓木狂奔，逃至巴达克山下（在今阿富汗境内），小和卓木霍集占手下尚有残兵万人，倚山为阵，拼死抵抗。富德率兵追至山下，见前方开阔，用大炮轰击，回兵被炸得血肉乱飞。霍集占率残兵越山而逃，山路崎岖，辎重塞路，行进极为迟缓。清军追来，命降回头目鄂兑挥动伊斯兰教旗，大声喊："投降不杀！"回兵处于绝境，大半从山上跑下，高举双手来降，投降之声震动山谷，霍集占手持钢刀，杀死 10 多个降兵，也不能止住投降潮流。霍集占偕其兄那布敦夺路逃脱，进入巴达克山中。巴达克部落酋长见大小和卓木率众闯入自家地盘，率兵将大小和卓木围住，回兵残余只有三四百名，经不住野蛮部落的猛攻，顿时被消灭殆尽，大小和卓木双双被擒。巴达克酋长毫不留情，一声令下，那布敦、霍集占的头颅斩落尘埃。此时清军使者进入山中，追索大小和卓木，但已经晚到一步。酋长见清军势大，不敢妄动，将大小和卓木的头颅和几十号家眷一起献于清军。大小和卓木已死，标志清军进剿回部叛乱取得决定性胜利，副将军富德穷追猛打立了大功。富德得胜回营，立即与兆惠联衔向朝廷奏捷。弘历接到捷报，龙心大悦，颁下圣旨，封兆惠为一等公，封富德为一等侯。从征将士一律官升二级。又命将天山南北划为行省，定名“新疆”。将乌鲁木齐定为首府，改名“迪化”。从此，大清朝又多了一块直辖疆域。

第二年，兆惠率军班师回朝，弘历率百官到良乡迎接，筑起高坛，举行郊劳暨受俘典礼。兆惠、富德率将士到坛前，神情严肃，一起跪倒坛下，高呼万岁。弘历下坛，将兆惠、富德亲手扶起，大加奖励。并当场宣读西征功臣50名，仿汉朝麒麟阁、唐朝凌烟阁故事，命画师将兆惠、富德、明瑞、阿桂等50名功臣画成图像，永久悬挂紫光阁，作为表彰。接着举行受俘典礼。兵士将大小和卓木的眷属一个个推到坛前，弘历龙目一瞧，见队中有一个绝色回妇，双手反缚，泪珠满面，极为可怜。弘历当即发旨，将俘虏全部赦免，妥善安置。众俘虏拜倒坛下，叩谢天恩，而那绝色回妇竟昂起头来，不拜不谢。这一切都被弘历看在眼里。回到宫中，弘历饭茶无心，眼皮一合，那女子的形象便又出现。立召和珅入宫询问，弘历道：“朕见回酋眷属中有一绝色女子，不知是谁?”和珅听主子吩咐，出宫打问。过了半个时辰，回宫奏报：“奴才已打听清楚，那女子是小和卓木霍集占的妃子，因她身上天然有一种奇香，故名‘香妃’。”弘历怅然而叹：“朕为天朝至尊，还不如那回酋消此艳福。”和珅看透主子心思，笑道：“这有何难，罪妃为奴，是本朝成例，将她收入掖庭，名正言顺。”弘历大喜，命和珅去办此事。好一会儿，弘历方见和珅将香妃引来，玉容未近，芳气先来，弘历嗅了气味，龙心早已陶醉。又见香妃皮肤白皙，细腻如玉，一对双棱大眼充满泪珠，高高的鼻子，俊秀得令他吃惊。柳眉微蹙，红唇紧闭，头发乌黑发亮，像瀑布一样泻下，一脸愁容，越发令人怜爱。弘历走向前去，香气浓烈逼人，让他心魂摇荡。和珅逼她下跪，她全然不睬。弘历说：“此女生长西域，不识中华礼节，何必苛求。”便命内官引入西苑，收拾寝宫静室让她居住，并命宫婢小心伺候。翌日早朝完毕，弘历又宣和珅入宫，和珅见主子满脸愁容，很是诧异。弘历道：“那女子昨夜誓死不从，不知如何是好？”和珅说：“她蒙皇上特赦，召幸她是天大的福气。怎敢不识抬举。”弘历说：“她满口回语，朕全然不懂。幸好宫中老回妇给朕翻译出来，说是‘国破君亡，情愿一死’，朕见她刚烈，颇生敬意，不敢强逼。”和珅说：“妇人家大多如此，时间长了，必能忘却旧愁，自然心回意转。皇上依她回族风俗，让她住回式房子、吃回族饭菜、穿回族衣裳，再命回妇伺候，不怕她不服从。”弘历点头称是，命和珅经手去办，不出半月，回族风格的寝宫、礼拜堂均已建成。饭菜均以西域风味进奉，又让几个老回妇整日领她在西苑游览。然而这一切，香妃全无动于衷，终日啼哭，“一片冰心在玉壶”，始终凛然不可侵犯。几个老回妇整天劝导，更加冷若冰霜。某日劝得急了，她掏出一把匕首，便要自杀。老回妇们见了寒刀闪闪的刀子，吓得倒退几步，赶快禀告皇太后，太后大吃一惊，身怀匕首，真怕她加害皇上。一日弘历郊外祭天，不住宫中。太后传下懿旨，赐死香妃，老回妇带着宫监传达太后之命。香妃闻说，二话不说，接过绸带悬梁含笑而死。死后，面貌如生，身上香气更加浓郁。弘历回宫得知此事，龙心崩溃，跑到西苑香妃寝宫中，见人去屋空，分外感伤，大哭一场，又命厚殓香妃，并下旨将香妃玉棺送至西域，与霍集占的头颅一起安葬。现在香妃之墓犹在，位于新疆喀什城郊外五里许浩罕村。游客慕名游览，络绎不绝，都洒下一掬怜花惜玉的眼泪。1943 年，上海公演越剧《香妃》，越剧名伶袁素芬主演香妃，把香妃与霍集占的爱情演得凄婉动人，其不畏强暴的精神也深深打动沦陷区的观众。看来香妃的形象已活在许多人的心中。史学界的某些专家考证出香妃的故事是编造，香妃史无其人，是乾隆另一回妃“容妃”的张冠李戴。笔者认为，专家的考证是严谨的，非常佩服，可在感情上宁可相信香妃，决不相信那个容妃。因为香妃的故事太凄婉动人了。香妃奇异的馨香与冷艳、凛凛不屈的形象，不会因为专家的考证，而使人遗忘。笔者深信香妃的故事一定会越传越广，具有永久的魅力。就像梁祝化蝶一样，观众明明知道是假，但都洒下同情之泪。笔者情难自抑，吟诗一绝以赞香妃：

谁堪国破万分悲，痴念亡人耻做妃。
血染宫廷千古壮，至今西域满芳菲。

【征服缅甸】是弘历对外耀武扬威的一次战争。缅甸是中国南部邻国，与云南毗连。清初吴三桂曾率军入缅，曾逼近首都阿瓦。缅王被逼交出残明永历帝。自此以后，缅甸与中国官方往来极少，但民间贸易极为频繁。乾隆十八年，云南石屏州商民吴尚贤到缅甸卡瓦开银矿，开了个茂隆银厂，赚得不少利润。吴尚贤颇有爱国心，以金银进献缅王，劝缅王以矿税进贡中国。缅王称赞吴尚贤爱国，也惧怕强大的清朝，遂派使者向清廷进贡大象几匹，镀金塔一座，清廷厚加赏赐。从此中缅开始往来。之后缅甸王室内乱，缅王被杀。缅甸木疏邦土司雍藉牙率兵攻入缅都阿瓦，扫平乱党，自立为王，称为新缅甸国。桂家及木邦两土司不服新朝，联兵进攻阿瓦，结果兵败。木邦土司被杀，桂家土司宫里雁逃入云南境内。桂家是明朝桂王官属的后裔，在缅甸开波龙银厂，家资富裕。云南总督吴达善早闻桂家巨富，命宫里雁献出财产，宫里雁不服，吴达善便将他驱逐出境。宫里雁又入缅境，投奔孟连土司。吴达善又勾结孟连土司将宫里雁擒拿，命他押送云南，该死的吴达善竟将宫里雁处死。宫里雁之妻召囊从孟连处逃脱，投奔孟艮土司，央求孟艮土司发兵入滇，为夫报仇。孟艮土司同情召囊的悲惨遭遇，便发兵侵入中国境内，杀边民劫掠财富。战火遂在中缅边境燃烧。然而挑起战祸的吴达善已被远调四川。

乾隆三十年，清廷接云南警报，命湖北巡抚刘藻充任云南总督，发兵征剿缅军。刘藻到任，发兵三路攻击缅军，却被缅军击败。弘历下严旨斥责刘藻无能。刘藻畏罪自杀，一刀未死，辗转床头，七日乃死。于是弘历下旨派大学士杨应琚到云南督军。当时边境发生瘟疫，缅军自动退去。杨应琚视为良机，发兵攻入缅境，一路得手，缅军节节败退。杨应琚得小胜而大骄，立即上奏清廷，声称缅甸指日可平，愿取缅甸纳入版图。弘历好大喜功，立即准奏。骄傲狂妄的杨应琚向缅甸国王孟棱（雍藉牙之子）传达檄文，声称：天兵50万，大炮千门，将攻缅都，命国王早日投降，免得生灵涂炭。并命副将赵宏榜率500兵，攻占新街。新街是中缅交通要道，军事要冲。再说缅王孟棱接到杨应琚檄文，并未被吓倒，却激起极大愤怒。又闻新街被清军所占，又急又恨，倾举国之兵来夺新街，赵宏榜只有500兵，不敢抵抗，放弃新街，狼狈逃回。

杨应琚闻新街失守，出师不利，顿时喘咳交作，卧床不起，向朝廷告病请假。弘历接到奏本，格外怜悯，命侍卫福灵安带御医到云南为杨应琚诊治。另派两广总督杨廷璋为襄办大臣入云南担负攻缅大任。杨廷璋意气飞扬，派提督李时升率14000兵进驻铁壁关，伺机进攻。又遣总兵乌尔登额攻木邦，副将朱仑进攻新街。缅王闻清军大至，率军退去，并派使议和。杨廷璋听说缅王乞和，下令停止进攻。于是双方开始谈判。杨应琚听说缅王乞和，病也好了，一骨碌从床上爬起，与杨廷璋联名向朝廷奏捷。然而缅王不是真议和，而是缓兵之计。乘清军麻痹，绕过万仞关，侵入云南腾越大肆烧杀。提督李时升拥兵铁壁关，不敢出兵堵截缅军。此时侍卫福灵安探知情况，密奏朝廷，将赵宏榜失守新街、李时升畏葸不进等状一一抖出。弘历大怒，严旨斥责杨应琚，杨应琚将罪责推到部下身上。弘历更怒，下职逮回杨应琚，逼他自尽。另从伊犁调过征回名将明瑞，封为云南总督，明瑞到滇，立即部署进攻。命参赞额尔景额、提督谭五格率兵9000出北路，由新街进发；自率中路军万人，由木邦南下，相约会师于缅都阿瓦。大军出发，正值连月淫雨，道路泥泞，行军极为缓慢，好不容易到了木邦，缅兵闻风逃遁。大军又往前行，渡过锡箔江，进攻蛮结邦，接连攻破缅军12堡垒，军威大振。明瑞愈加振奋，下令全军向阿瓦挺进。然而途中全是荒山野岭，野兽出没，毒蛇乱窜，道路十分艰险，真是披荆斩棘，开拓前进。中途又迷了路，绕了几圈。最后历尽千辛万苦到了象孔，距缅都阿瓦只剩70里。然而此时，粮草已尽，人困马乏，缅人坚壁清野，无粮可掠。此刻明瑞突然醒悟，孤军深入，粮草竭尽，凶多吉少，别说进攻阿瓦了，连返回的力量都没有。立刻下令回转，转回猛笼，幸好获得缅军遗粮，方得生存。于是留驻猛笼，等待北路援军。谁知北路援军迟迟不到，却等来了缅甸的追军。缅军数万声势浩大，明瑞不敢迎战，且战且退，缅军紧追不舍。明瑞见缅军步步紧逼，很是气愤。途中乘夜发兵突袭缅军，杀伤缅兵无数，缅军遭挫，再也不来紧逼。于是明瑞松了一口气，慢慢退至小猛育，已与木邦不远。然而几万缅兵重又追来，来势凶猛，把清营四面围定，日夜攻打。明瑞大惊，心知不妙。将士自象孔撤退，已经历两个月，途中艰苦备尝，无一日安宁。如今粮尽兵疲，北路军杳无音信，真是陷于死地。又想，处于绝地而后生，哀兵可胜。于是存此一点希望，召集全军说明利害，鼓励全军振奋精神突围。全军将士表示愿与大帅共生死，气氛极为悲壮。

是夜，全军誓师突围，总兵哈国兴率前队，副将观音保率中队，明瑞自率后队。哈国兴一马当先，冲入敌阵，缅兵不加防备，竟杀出一条血路，前队战士都突围成功。然而观音保的中队却被缅军包围，明瑞见中队被围，率后队疾进，将士舍命拼杀，无不以一当十。然而缅兵越杀越多，冲出一围，又来一围。从半夜战到天明，军士伤亡大半，缅军又密匝匝地围来，真如铜墙铁壁一般。副将观音保战死，明瑞的后队战士也一个个倒入血泊之中。明瑞愤极，手持大刀冲入敌阵，身上连中几枪，大吼一声而死。这一仗真是悲壮惨烈，除哈国兴等几百人突围外，全军覆灭。

北路军情况如何？原来北路军从新街出发，到了老官屯，遭到缅军阻击，寸步难行，相持一个多月。主将额尔景额病死，其弟额尔登额代统全军，他是个废物，屡战屡败，退至旱塔。缅兵又从间道突袭木邦，攻领木邦后，正遇明瑞在小猛育屯营，便来围困明瑞之军，从阿瓦赶来的缅军又陆续到达，缅军两路合击，将明瑞逼入死路。

明瑞殉国，败报传到京师。弘历震惊万分，小小缅甸如此嚣张，天朝尊严受到损辱。命大学士傅恒为经略大臣，再赴云南进攻缅甸。傅恒是乾隆朝名将，又是明瑞的叔父，富察氏可谓一门忠烈，共赴国难了。傅恒平时以尊敬前辈、奖掖后进为己任，礼贤下士，亲和待人。勇于任事，每遇困难，挺身而出；每蒙封赏，力辞不受。他又被称为福将，出师战无不胜。弘历对他恩宠倍加，亲在太和殿设宴送行。另外命阿桂为云贵总督，与傅恒同到云南，共赴攻缅大任。乾隆三十四年四月，阿桂与傅恒先后到达云南前线。调集满汉精兵6万，骡马6万余匹，京城神机营火炮、河南火箭、四川九节铜炮、湖南铁篦子炮全部调到军中。准备妥当，到了本年秋季，祭旗誓师，傅恒率军进入缅境，渡过戛鸠江，孟拱、孟养各土司献象献牛，表示恭顺。但是缅甸天气仍是炎热，疠气氤氲，暴雨连绵，道路泥泞不堪，深入极为困难，傅恒叫苦连天，只得退回蛮莫。

其时，阿桂已在蛮莫造成战舰百艘，调来粤闽水师参战。舰队从蛮江进入伊洛瓦底江。阿桂遥望对岸缅舰云集，并有陆军驻扎沙滩。阿桂率军登岸，专攻缅军陆兵。副将哈国兴率水师专攻敌舰，阿桂命兵士以大炮轰击，缅兵被炸得四散溃逃。但是哈国兴的水师在江中遇到逆风，大风吹来，兵舰自相撞击，翻船无数，又溺死几千人。傅恒见此局面，忧郁成病，强打精神指挥军事。心想深入敌境，确实困难，不如攻打老官屯，消耗敌人兵力，再作计议。

老官屯缅军以木栅为营，栅外掘壕，壕外横卧大树，树枝向外。清军用大炮轰击，炮弹都被树枝挡住。又用百年老藤拴上大钩，乘夜想钩倒木栅，但大藤也被缅军砍断。又沿栅放火，又值逆风，木栅不着，反烧着了自家盾牌。阿桂想出挖穴埋火药的计策。火药爆炸，木栅飞向天空。清军刚要冲锋，谁知缅军又将木栅竖起，如是者三次。木栅终不可破。最后阿桂命水师越过木栅，在西岸扎营，阻止缅甸援军。缅军久战也疲劳不堪，见清军在西岸扎营，确实惧怕，于是派使到清营求和停战。傅恒令缅甸奉表纳贡。缅方要求归还木邦、孟洪等地。双方未谈拢，缅使拂袖而去。这时傅恒又染瘴疠，病情加重，于是派哈国兴单骑入栅，与缅甸签订条约。缅甸向中国进贡，中国归还木邦等地。双方再也打不下去了。签约后，傅恒下令焚舟熔炮，匆匆班师。这次傅恒、阿桂率兵攻缅甸，虽然未灭了缅甸，但始终保持攻势，逼缅甸签了和约，也算是打了胜仗。但是征缅之役历时两年，耗费国库银几千万两，明瑞战死，真是得不偿失。傅恒回到京师，羞愧难当，病势突重，忧郁而死，年仅48岁。一代名将因缅事而死，弘历哀悼万分，亲临宅祭奠，谥为“文忠公”（傅恒之妻喜悲参半，想必弘历亦然）。笔者有诗咏傅恒：

四世三公百战身，功勋累累受隆恩；
沙场拼命吾何惧，最怕娇妻朝至尊。

其时，大小金川又发动叛乱，阿桂等人被调到金川前线。过了近两年，金川平定。阿桂又被弘历调至云南，再次准备进攻缅甸。此时缅甸发生内讧。叛臣孟贵杀了新王雍藉牙。孟贵又被国人杀死。拥立雍藉牙次子孟云为王。暹罗国王郑昭（华侨）乘缅甸内乱独立，屯兵缅西，准备进攻报仇。缅王孟云闻讯，恐惧万分，命使者带着驯象八头、金塔一座、宝石翡翠无数，到清营投降，表示永远称臣，年年进贡。弘历闻报，虚荣心大为满足，下旨册封孟云为缅甸国王。缅甸从此为清朝藩属国，一直到清末被英国占领为止。

征缅之役本是由中国官员开衅引起，缅军入滇骚扰，也未造成多大损失。但是弘历好大喜功，穷兵黩武，宣扬大清威风，小题大作，大举攻缅。逼缅王称臣，虽称荣耀，然而劳师糜饷得不偿失。但是中国军队艰苦卓绝、不怕牺牲的战斗精神，着实可歌可泣。

【再征金川】也是弘历好大喜功、小题大作发动的战争。当征缅尚未结束，大金川又传警报：大金川发兵侵扰邻近土司，不服四川总督管辖。弘历接到警报，勃然大怒，命四川总督阿尔泰率川边九土司攻打大金川。九土司中也包括小金川。

乾隆十四年清廷平大金川，酋长莎罗奔头顶佛经投降，表示永不反叛，因此大金川安宁了二十几年。后来莎罗奔年老多病，部落事由侄儿郎卡主管，郎卡桀骜不驯，野心极大，经常率兵侵扰其他土司，四川总督屡禁不止，这是清廷发兵征剿的原因。阿尔泰率九土司之兵前来，只是示威的意思，并不想大打。他劝郎卡不得胡来，否则坚决镇压。郎卡畏惧官军势力，只得应允，并将其女嫁给小金川酋长僧格桑（僧格桑是原土司泽旺之子，泽旺老病，由他主事）。于是阿尔泰率兵退去。

后来郎卡死去，其子索诺木主管土司事，索诺木与小金川订立联盟，大小金川联合起来，势力更大。小金川土司僧格桑有恃无恐，发兵侵入沃日土司的领地，沃日向四川总督求救，阿尔泰便派兵援助。官军无能，竟被僧格桑击退。弘历严斥阿尔泰无能，养痈遗患，逮回京城革职查办，不久赐死。又派云南总督温福带兵入川征讨，另命侍郎桂林为四川总督，襄赞军事。温福、桂林先后到四川，立即部署军事，温福率兵从汶川出发，桂林率兵从打箭炉出发，两路夹攻小金川。南路副将薛琮进军极为神速，冒险攻入小金川黑龙沟，被小金川伏兵包围，薛琮向桂林求救，桂林按兵不动。薛琮战死，全军覆灭。桂林瞒报败绩，被温福查出，上奏朝廷。弘历将桂林革职，重新起用征回、征缅名将阿桂为进剿襄赞大臣。阿桂抵川，大显神威，率兵渡过金沙江，直捣番兵巢穴美诺。僧格桑迎战失利，带着妻妾逃入大金川，其父泽旺被抛弃在美诺被清军擒获。阿桂传檄让索诺木交出僧格桑，索诺木坚决不允。温福、阿桂向清廷请旨，弘历下令进攻大金川。

温福想立大功，先率兵抵达金川。但大金川地势极为险恶，番军碉堡林立，温福不敢攻碉，只得驻兵木果木，等待时机。然而大小金川联兵从间道出山，攻陷小金川，又劫了清军粮食。温福闻报，心中大惊，但自恃兵多，不加防备。某夜炮声大作，番兵乘夜突袭，将木果木清营包围。温福仓皇出战，被番兵枪弹击中咽喉而死，主帅一死，军心大乱，清军四散溃逃。

清廷得知小金川陷落，命阿桂为定西将军，又派健锐火器营兵2000入川助战。严令阿桂彻底剿灭大小金川，永除后患，不达目的决不收兵。阿桂接旨，踔厉风发，豪情万丈，率军先攻小金川，小金川无险可守，只四五日便攻破美诺，收复小金川。然而进攻大金川却极为艰苦，大金川群山耸立，道路险阻，番兵处处设碉，一夫当关，万夫莫开。当年张广泗、纳亲都在大金川失利。阿桂分三路进剿，每攻一碉，每进一步，都要付出巨大牺牲。番军巢穴在勒乌围，位于大山深处，阿桂自乾隆三十九年正月进兵，步步为营，七月方才到达勒乌围。勒乌围前面有两座大山，一名博瓦山，一名穆那山，都是勒乌围的天然屏障，两座大山都有重兵把守。阿桂从山后、山前同时进攻，苦战三昼夜，才攻上博瓦山。再攻穆那山，那山更为险峻，阿桂又山前、山后同时进攻，番兵矢石俱下，清军猛攻数日损失惨重，实在无可奈何。副将海兰察智勇双全，见穆那山久攻不下，很是气愤。他观察地势，见穆那山西边有一高峰，高度超出穆那山，山峰上有两个碉堡，观察良久，见碉中番兵出入不多。于是当晚，海兰察组成600名敢死队，携带绳钩，从悬崖下像猴子一样往上攀登。将至黎明，600壮士齐登峰顶，呼啸一声冲入碉堡，两个碉堡各有番兵几十名，不值一扫。黎明日出，大清朝的龙旗在山峰飘扬，呐喊声惊天动地。穆那山番兵见西峰被占，疑是神兵天降，顿时军心大乱。山下清兵乘势攻山，番军立刻溃散。穆那山被清军攻占，此时勒乌围亦无险可守，索诺木大惧，将僧格桑毒死，把尸体与妻妾献于清营，要求停战议和。阿桂借口僧格桑的妻子（索诺木之妹）没有献来，叱退番使，不许求和，索诺木求和不成，严密防守。此时已是冬初，漫天飞雪，天气阴冷。阿桂大军寒衣未备，只得退出大金川。

第二年春季，冰雪消融，道路可行。阿桂再率大军进攻大金川，又是一番艰苦行军，又是一番激烈战斗。打了五个月方才到达勒乌围，但索诺木与祖父莎罗奔已逃往另一个据点噶尔厓，勒乌围与噶尔厓相距百里。清军猛攻，番兵固守，相持又是数月。到了乾隆四十一年二月，噶尔厓番兵矢尽粮绝，兵士饿死大半，莎罗奔、索诺木率未饿死的番兵，出寨投降。阿桂自出兵攻金川，整整经历两年，可谓艰苦卓绝，百战不挠，方彻底剿灭大金川。阿桂派人献俘京城，弘历亲临午门受俘。将索诺木、莎罗奔凌迟处死。封阿桂为一等公，海兰察摧坚夺隘，特封为一等超勇侯。又将小金川改为美诺厅，大金川改为阿尔吉厅，取消土司称号，直属四川省管辖。弘历帝借此表彰征缅甸、征金川的有功将士，傅恒名列第一，阿桂名列第二，绘图紫光阁，永志纪念。

清廷为了征服大小金川，前后大规模用兵两次，不知死了多少将士，耗费了国库多少银两。为了维护天朝虚荣，小题大做，穷兵黩武，真是得不偿失。

【平靖台湾】实际上是弘历派兵镇压民变。乾隆五十一年，台湾彰化县绅民林爽文发动暴乱。林爽文原是一个家资富裕的绅民，性豪爽，仗义疏财，善排忧解难，得人拥戴。在他身边聚集了一大批人，于是他以宗教为名组成天地会。起初只有数十人，后来发展壮大，成为几千人的大组织。林爽文到处宣传教义，一些不甘官府暴政的平民，甚至失意的官府小官小吏也加入天地会，影响越来越大。乾隆五十年，新任台湾总兵柴大纪到职，认为天地会影响社会治安，下令台湾府查办。台湾知府孙景燧宣布天地会为非法组织，予以取缔。于是孙景燧与彰化县知县俞峻、副将赫生额、游击耿世文带兵几千，前往彰化大理杙逮捕林爽文，捣毁天地会。但是到了大理杙，见地势险要，又知天地会教民众多，不敢深入，却将大理杙周围村落尽予烧毁，纵兵抢掠。这些村民原未参加天地会，只是老实巴交的农民，纷纷逃入大理杙。林爽文本无意起事，见官府进剿，生灵涂炭，激起义愤，拉起大旗，以“铲除贪官，保护民生”为号召，发动起义。义军人多势众，连连进攻清军，清军一触即溃，孙景燧率残兵逃走。义军乘势进攻，连破彰化、诸罗、淡水等县，每占一地，追查贪官污吏，罪证查清，一律砍头示众。台湾平民苦于官府暴政已久，纷纷参加义军。旬月之间发展为十几万人，声势浩大。林爽文率兵进攻台湾府城（今台南县），柴大纪及守备道永福拼死抵抗，府城方得保全。柴大纪向福建省告急，闽浙总督李侍尧派水师提督黄仕简、提督任承恩等率兵渡海到台参与镇压。然而福建援兵战斗力极差，都被林爽文击败。唯柴大纪确实是员勇将，他的部队收复了诸罗。

清廷得知黄仕简等人进剿不利，立即革职查办。又派福建提督常青为靖逆将军，到台湾督师，福州将军恒瑞及熟习台湾事务的江南提督蓝元枚也调去台湾，作为参赞。又从广东、浙江调精兵及满兵共计8000人，赴台助剿，各路人马齐聚台湾，军势不谓不壮，但清军低估了义军的战斗力，在府城第一次交锋，便被义军杀得大败。常青、恒瑞退入府城固守，根本没有进剿的胆量。

柴大纪收复诸罗，为林爽文痛恨。义军以10万之众包围诸罗日夜攻打，又派兵截断官军粮道，企图困死官军。柴大纪不愧是一名智勇双全的勇将，能战善守，他只有4000兵士，个个精神抖擞，奋力抵抗，坚守10月，诸罗城固若金汤，有时见义军稍懈，便出兵突袭，打击义军。又几次派奇兵劫夺义军粮库，均告成功。因此城中粮食不缺，得以固守。弘历得知柴大纪固守诸罗，艰苦卓绝，大为赞赏。下密旨让柴大纪突围，再图进取。柴大纪复奏道："诸罗为府城北部屏障，诸罗失陷，府城亦危，臣半年来深沟高垒，守御甚固。一旦放弃，再难克复。城内外百姓不下4万，不忍一概抛弃，任贼蹂躏，唯有死守待援。"弘历看了奏章，大为感动，流下眼泪打湿奏章，便传旨嘉奖柴大纪，封为义勇伯，改诸罗县为嘉义县。又因常青、恒瑞无功，召回查办。另派侯爵福康安和另一侯爵海兰察替代，以福康安总理剿办大事。福康安是傅恒第四子，曾有征回疆、征金川的军功。弘历对他十分宠爱，幼年即入宫抚养。相传他是弘历的私生子，民间戏称为"龙种"，一生荣受天恩，无以复加。平时恃宠纳贿，作威作福，无人敢劾，全凭乾隆庇护。生前封为贝子，死后追封郡王。大清300年满族非宗室封贝子、郡王，独他一人，确有"龙种"的嫌疑。再说福康安到了台湾，立即布置军事，命海兰察率大军解嘉义之围（诸罗县）。海兰察是满族名将，作战十分骁勇，亦有谋略，他扬言进攻大理杙，但实际兵锋直指嘉义。林爽文分兵回救，他却率大军直奔嘉义城。奋战一场，疲惫的义军被击溃，解了嘉义城十月之围。福康安闻嘉义解围，立即率兵入城。柴大纪出城迎接，只向福康安拱手请安，不行跪拜大礼。入城时，又与福康安并马而行。清朝军纪极严，下级迎上级，应亲为牵马，岂能并马而行！福康安极为不满，暂时隐忍不发。

清兵解了嘉义之围，立即向义军根据地彰化县大理杙进军。福康安仍然让海兰察作先锋，自己断后。海兰察不愧勇将，率军一路疾驰，傍晚赶到大理杙。林爽文率众迎战，燃起火炬将天空照得通明，海兰察立即后撤，躲入黑暗沟中，命兵士架起大炮轰击，接着万枪俱发，从暗处打明处，真是准确得很，义军成了官军的靶子，死伤惨重。义军赶快灭掉火把，鸣鼓再战。此时福康安大军已到，发动猛攻，义军支持不住，退入大理杙山中。海兰察愈战愈勇，率军入山追击。义军人心已乱，四散而逃。林爽文逃入大山更深处，藏在山洞内。第二日官军搜山，海兰察带侍卫数十名，化装成平民，探知林爽文所藏山洞，攀缘而上。林爽文不及防备，被活捉。大理杙攻破，林爽文被俘，标志轰轰烈烈两年的台湾起义被镇压。林爽文被押至京城，凌迟处死。

台湾平靖，福康安、海兰察立了大功，被弘历封为公爵。而柴大纪被革职拿问，真出人意料。原来福康安早已呈上密奏，弹劾柴大纪奸诈取巧，谎报军情，习染强盗风气。弘历起初还算英明，说柴大纪只是居功傲慢，无意怠慢福康安，造成失礼，将福康安训斥一顿。福康安不肯罢休，联络勾结查办官员德成及闽浙总督李侍尧等人上奏："柴大纪贪污成性，激起民变。"弘历尚不信，又将任承恩、恒瑞等解到京中，亲自审讯。两人都是败将，将责任全推到柴大纪身上，说柴大纪是激起民变的祸首。弘历尽管如何英明，也被蒙蔽，下旨将柴大纪逮回京中查办。弘历亲自审问，柴大纪大呼冤枉。昂首挺胸，自称有功无罪，并揭露官场黑暗，使功臣蒙冤负屈。弘历大怒，下旨将柴大纪绑赴西市斩首。许多史书称，斩杀柴大纪是乾隆朝最大的冤案，比张广泗、纳亲还要冤枉。

林爽文起义，是官逼民反的结果，贪官横行台湾，压迫百姓，百姓不反何待！弘历不惩办贪官，却派兵镇压，屠戮义军，本末倒置，反映了乾隆朝官府的黑暗和腐败。后来弘历将平靖台湾作为十全武功之一，真是荒谬！

【征服安南】是弘历第二次用兵外邦的战争。安南，今称越南，是中国南部邻国。明朝朱棣曾派兵征服安南，将其划为行省，归入中国版图，38年后，明宣宗朱瞻基从安南撤军，安南又复独立。后来安南一分为二，黎氏主大越，阮氏主广南。清顺治时，吴三桂平云南，大越王黎维瑞曾派使犒军。康熙五年，大越王黎维瑞奉表进贡，被清廷册封为王。乾隆时，黎氏王权衰落，权臣郑栋把持国政，阴谋篡位，联络广南国土酋阮文岳作为外援。阮文岳兵力强盛。十几年后阮文岳与其弟阮文惠竟将广南国王赶下宝座，自立为王。其时，大越内乱，郑栋死，两个儿子为争夺父位，打得不可开交。阮文惠率兵进入大越，以调解为借口，将郑栋两个儿子杀掉，控制了大越，自称为大越宰相。大越王黎维瑞恐惶万分，连忙割地议和，并将爱女嫁给阮文惠，总算稳住阮文惠。第二年，黎维瑞死，其孙黎维祁继位。阮文惠抢了黎氏宫廷许多珍宝及驯象百匹，携着娇妾，返回广南，临行让郑栋家臣贡整镇守都城。贡整忠心一片，想扶黎抗阮，派兵夺回驯象50匹。阮文惠大怒，发兵进攻大越，贡整战死，大越王黎维祁出逃，大越遂被阮文惠灭掉。

黎维祁逃至高平府，高平府长官阮辉宿携带黎氏宗族200余人，到中国广西要求避难，两广总督孙士毅立刻将情况奏报清廷。弘历见到奏章，认为黎氏受大清册封，年年进贡，极为恭顺，今被乱臣贼子所逼，理应保护。下旨让孙士毅妥善安置黎维祁，并命孙士毅出兵为黎氏复仇。孙士毅接旨，于乾隆五十三年八月，与提督许世亨率军出镇南关。进入越境，到了谅山，大军分路而进，沿途受安南百姓欢迎，进军极为神速。到达富良江，阮文惠重兵扼守南岸，许世亨佯装正面渡江，迷惑敌军，另派2000人在远处渡过富良江，从背后攻击阮军，喊声震天动地。时值深夜，阮军以为清军主力杀来，顿时溃散。第二日清军全部渡江，一路直驱越都，越都臣民箪食壶浆出城欢迎。清军开入都城宣慰百姓，大越遂告平靖。孙士毅随身携带清廷事先预备的诏书封册，这是弘历给他便宜行事的权力。孙士毅代表清廷，封黎维祁为安南国王。捷报传至京师，弘历下旨班师，但其时阮文惠送来降表，愿意归顺中华。孙士毅大喜，心想等降了广南，统一安南，再立奇功，班师不迟。于是在大越都城，守株待兔，等阮文惠来降。乾隆五十四年元旦，孙士毅大摆宴席，与将士共庆新年。觥筹交错，万人陶醉，当清军进入醉梦之乡时，阮文惠率兵突袭越京。孙士毅仓促迎战，见阮兵潮水般涌来，以几百头大象为前驱，孙士毅知象阵厉害，下令全军退出越京。退到富良江，清军争先过桥，只过了一小半，孙士毅见阮兵追来，下令拆桥。提督许世亨及大多数清军都被抛在对岸。进退无路，阮军追来，许世亨战死，1万多清军大半被杀，一半跳入江中泅渡，多被淹死。孙士毅退回镇南关只剩残兵3000，狼狈至极，孙士毅上疏请罪。弘历下旨称“事出有因，罪有可原”，将孙士毅特别开恩赦免，龙心真是难测。弘历仅把孙士毅调出两广，另任福康安为两广总督，让他伺机进攻安南。

福康安不愧福将，他刚到任，阮文惠便派侄儿光显献表请降，降表上将“文惠”改为光平。降表略称：“臣世守广南，与大越本是敌国，并没有君臣名分，臣曾在大越摄政，仍奉黎氏为王，难道不是君臣吗！大越与广南本是内部争斗，实不敢与天朝抗衡，愿来年亲觐北京进贡请罪，并在国中立庙，祭祀天朝死难将士。”阮文惠确实不敢与清朝抗衡而自取灭亡。他抓住弘历皇帝重视君臣名分的心理，声称自己与大越本无君臣名分，但曾经做过大越之臣，决不是以臣篡君，降表措辞十分得体。福康安接到降表，转奏清廷。弘历见降表写得恭顺有理，立即准奏。封阮光平（文惠）为安南国王，命他来北京祝八旬万寿，并立祠庙祭祀许世亨等将士。阮光平一一应允。弘历又认为天厌黎氏，不堪扶持，让黎维祁携家属到北京养老。于是安南平靖，福康安又立大功。

安南内乱，属于可管不可管之事，若不管它，无论谁当政必纳贡天朝，俯首称臣，而弘历偏要管，将手伸得太长，要为天朝立威，想当救世主，扶黎灭阮，结果损失1万多名将士。最后与不管的效果一样。这又何苦！

乾隆五十五年，弘历适逢八旬万寿大典。安南国王阮光平亲到北京朝觐，带来大量贡品，弘历格外优待。同时到京祝寿的还有暹罗、缅甸、朝鲜、琉球、南掌诸国，西藏达赖、班禅，西域各部，蒙古旗盟等。“九天阊阖开宫殿，万国衣冠拜冕疏”，可谓极盛极隆，弘历下旨普免天下钱粮，普天同庆。乾隆五十八年，英国使臣马嘎尔尼带一行200人，代表英国也来中国为弘历祝寿，带来大量西方玩意儿，但已迟到三年。弘历在热河行宫召见马嘎尔尼，礼部命马嘎尔尼行跪拜大礼，马嘎尔尼坚决不允。经过争议，弘历特别恩准马嘎尔尼单腿下跪，马嘎尔尼向弘历提出开放口岸，进行贸易。弘历哈哈大笑说：“天朝统御万国，抚有四海，物产丰盈，无所不有，原不借外夷货物，以通有无。”拒绝英国通商要求，命礼部款待英使，让其从原路返回，沿途可浏览中华风景。世界科学、生产发展日新月异，弘历以天朝自居，闭关锁国，真有些可悲。

弘历寿龄能超过80，为历朝罕见。乾隆四十九年，弘历长子安定亲王永璜生下曾孙载锡，是为弘历元孙。弘历极为兴奋，题匾“五世同堂”悬挂于宫中和避暑山庄。得意之余亲撰对联一副：

七旬天子古六帝，五代孙曾余一人。

意思古来活到70岁以上的皇帝，在他之前有六人，计：汉武帝刘彻

71岁，梁武帝萧衍86岁，唐高宗李治71岁，唐玄宗李隆基80岁，明太祖朱元璋71岁，清圣祖玄烨70岁。而五世同堂的皇帝，唯有他一人。

顺便一提，弘历八旬万寿。江南豪富江春，率春台班、三庆班、四喜班、和春班，合称四大徽班，进京为弘历演戏祝寿。弘历和后来的皇帝都喜爱戏剧，造成了京剧的诞生，促进了京剧的发展。

【两降廓尔喀】是弘历维护西藏稳定，打击侵略者的正义行动，值得称赞。西藏自古为中国领土。康熙末年又再入中国版图，雍正朝设驻藏大臣，监督政务，西藏安宁几十年。弘历七旬万寿时，六世班禅晋京祝寿。清廷赏赐及大臣布施有几十万银两，还有许多珍宝。班禅活佛也爱财，得了赏赐，方欲满载而归，不料患了天花病死于京城西黄寺。随行僧侣奉佛骨返藏，金银财宝一律带回。班禅兄仲巴呼图克图也是个财迷，把从北京带回的财宝攫为己有。不布施寺院，不给僧侣，连其弟玛尔巴也一分不给。玛尔巴气得死去活来，跑到廓尔喀向廓国酋长诉说冤屈。廓尔喀在喜马拉雅山之南，即今尼泊尔国。廓国酋长听了玛尔巴的怂恿，便派兵侵入西藏。驻藏大臣保泰派使质问，廓尔喀只说贸易不公，食盐掺土。保泰不愿开战惹事。于是与廓尔喀私下议和，廓兵方退。此事被朝廷闻知，弘历命保泰据实陈奏，又派侍卫巴忠和将军鄂辉、成德等人入藏，筹备讨廓大事。过了几日，巴忠等人陈奏，廓尔喀国已奉表求降，弘历信以为真，召回巴忠等人。

乾隆五十六年，廓尔喀又大举侵藏。保泰奏报廓兵势力强大，请班禅移床前藏，以为保护。七世班禅也向清廷告急说，仲巴呼图克图携巨资潜逃，后藏被廓兵侵扰，日夕待援军。弘历当时在热河行宫，听到奏报，很是诧异，当时巴忠扈从热河，立即召来询问，巴忠神情紧张，支吾其词。只说前次办理不善，愿再次入藏，效力赎罪。弘历严词申斥，巴忠竟投水而死。弘历更为诧异，下旨命在四川任官的鄂辉、成德据实奏报，鄂、成二人只得如实奏报，一一告知，把责任推在死人巴忠身上。原来巴忠、鄂辉、成德三人前次入藏，按兵不动，只与廓国调和，让廓人表面奉表入贡，暗中让西藏地方政府年年给廓尔喀5000两银子。廓人讲求实惠，不讲名分，遂即退兵。此事达赖也蒙在鼓里。廓尔喀后来年年索要银子，西藏执事不给，于是再次大举入侵。弘历得知原委，下旨查办鄂辉、成德、保泰，命福康安为将军、海兰察为参赞，调兵入藏征伐廓尔喀。

乾隆五十七年二月，福康安率军由青海进入后藏。其时廓尔喀已将班禅驻锡地扎什伦布寺的宝物抢掠一空，运回国内。班禅移居青海，幸免于难。廓尔喀仍留1000兵驻守，知清朝大军到来，窜回国内。福康安率军进入廓尔喀境内，廓国遣使求和，福康安不许。三路进兵，六战六捷，翻过两座大山，杀敌无数。入境700余里，距廓尔喀都城阳布（今加德满都）只有几十里。廓都两面皆山，中隔一河。福康安观察地形后，便仗着锐气渡河攻山。时值大雨，清军冒雨登山，山上廓兵大量抛下木石，清军攻势被遏止。两山及河岸的廓兵，三路发动进攻。廓尔喀士兵以忠诚并英勇善战著称于世，（现在尼泊尔仍每年输出廓尔喀兵作雇佣军为国家赚外汇）攻势猛烈，清军支持不住，幸亏海兰察率后队奋力抵抗，清军损失不大。福康安与海兰察真是一对好搭档。

廓人到印度求援，英国总督答应出兵，但久待不来。廓尔喀害怕清军再攻，派使再次求和，愿永为清朝藩属，年年进贡。又将抢掠的珍宝归还扎什伦布寺。福康安大喜，奏请朝廷批准。从此廓尔喀对中国十分恭顺，直到清末宣统年间还照例进贡。

为了维护国家主权，保护西藏，清廷颁布《钦定西藏章程》，章程规定，驻藏大臣督办西藏政务。在前后藏长驻清军，西藏对外贸易必须登记上报驻藏大臣。西藏货币一律用白银铸造，正面铸“乾隆宝藏”字样。鉴于达赖、班禅转世灵童选择常出现舞弊现象，弘历设制金奔巴瓶抽签制。达赖、班禅如果圆寂，将几名候选灵童的名字书写签上，放入金奔巴瓶中，以抽签来决定。金奔巴瓶铸了两个：一个存拉萨大昭寺，两喇嘛转世抽签的仪式在大昭寺举行，沿袭至今；另一个存北京雍和宫，外蒙古哲布尊丹巴、内蒙古章嘉胡土克图转世灵童的抽签仪式在此举行。

两征廓尔喀，打击侵略者，维护了国家主权，保持了西藏稳定，意义极大，弘历功莫大焉。

廓尔喀乞降，西藏安定，弘历大喜。自诩有十全武功，又自称十全老人，作《御制十全纪》，撰文立碑，大肆宣扬。十全武功是“十功者，平准噶尔二，定回部一，扫金川为二，靖台湾一，降缅甸、安南各一，即今两次受廓尔喀降，合为十”。

【盛世修文】弘历武功盖世，文事更绝伦。宣武崇文古今罕有。他的文化素质极高，造诣极深。不但精通满文，更精通汉文。他仰慕汉族文化，学习汉族文化，受汉文的熏陶，达到极致，用“博大精深”四字评价他的水平，毫不过分。无论经史子集、诗词歌赋、琴棋书画，样样出类拔萃。他一生极好吟诗，共作诗词4万余首，数量之多，超冠古今，与《全唐诗》不差上下，比陆游、苏轼多得多，外国诗人也不能破此纪录，堪称古今中外世界诗歌之王。现在学者评判他的诗作，说质量属于下乘，笔者读过弘历的一些诗作，发现气度雍荣华贵，典雅凝古，格律严谨，有帝王气象。这与他尊贵的身份很符合。如果用民间诗人清新活泼的风格来要求他，那是苛求。诗歌允许多种风格存在，他那是“帝王体”。如让民间诗人去学作，也是赶着鸭子上凤凰架。弘历学习书法的劲头，不亚乃祖玄烨，他书法的水准也不同凡响，他虽然鄙视赵孟頫降元，最乏气节，但极欣赏赵孟頫的字，心慕手追，不遗余力。因而他的字是一种仿赵体，圆润肥厚，潇洒得很。他亦善绘事，但他的画质却不及书法水平，可算作三流画家。他对名字名画的爱慕达到了疯狂的地步，他将历代名人名画名字几乎尽收入宫中，比如他将集书法之大成的《淳化阁帖》藏入宫内。王羲之的《快雪同帖》、王献之的《中秋帖》、王洵的《伯远帖》，都是稀世珍品，他藏于养心殿西暖阁，名为“三希堂”。闲暇之余，将这些名帖名画逐件欣赏，再盖上“乾隆御赏之宝”。现今故宫及台湾故宫珍藏的历代名人字画，多是当年经弘历收藏得以集中保存。弘历之功可谓大矣。他文化素质高，自然喜欢大修文事，乾隆朝钦定编纂的书籍极多，规模最大、最有代表性的是《四库全书》，四库即经、史、子、集四库，亦称四部。“经”是儒家的经典，如《论语》、《孟子》等。“史”即历史典籍，如《二十四史》等官修史书及民间私修史书。“子”即诸子百家，《老子》、《庄子》之类。“集”是文学典籍，如唐诗、宋诗、古代散文等。凡是古今已刊未刊的书籍，分类编撰、校点。从乾隆三十六年开馆编修，到乾隆五十八年编竣，历时 22 年，总计 79306 卷，堪称文化大工程、大盛事。《四库全书》最大的贡献是将散存于宫廷、民间的书籍集中整理，得以保存至今。而把一些不符合统治阶级思想的书籍，排除在外，有的宣布为禁书，予以销毁。有些学者说乾隆编《四库全书》无异是又一次“焚书坑儒”。

《四库全书》的总裁是河北献县人、大才子纪晓岚。关于他的故事现在流传极广，有许多编成电视剧。他才华横溢，才思敏捷，出口成章。他的另一部大作是《阅微草堂笔记》，是类似《聊斋》的志异小说。水平不亚于蒲松龄，只是封建说教太浓烈，因而流传不广。他和弘历，相传有一个“老头子”的故事令人叫绝。相传纪晓岚背后呼弘历为“老头子”，被弘历得知，将他传入宫内，严词指责，欲加以欺君之罪。纪晓岚从容予以解释：“皇上人称万岁，万岁不谓不‘老’。皇上是元首，万人之上，岂不是‘头’。皇上世称天子，岂不是‘子’。”一席语说得弘历心服口服。“老头子”解释得有理有据，正符合弘历喜欢奉承的心理。于是龙心大悦，赦免了纪晓岚。纪晓岚的急智和辩才真令人叫绝。纪晓岚以文学得幸，实质上是个文学侍臣、北门学士罢了。另有张廷玉、沈德潜、钱陈群、彭元瑞、梁诗正等人也是因擅长文学而得到弘历的重用。

乾隆四十一年，弘历下旨令国史馆编成《贰臣传》，把明末清初在两朝为官的 120 余人收入其中。弘历爱憎分明，认为忠臣只能奉一主，奉二主便是“贰臣”叛徒。他大力表彰忠臣，赞美忠臣，包括忠于明朝的反清志士，如史可法、黄道周等人，同时憎恨贰臣。忠奸必须分明，这是他下令编《贰臣传》的原因。他的目的是让人人都当大清朝的忠臣，因为大清朝已经稳固再不需要叛徒效力。为了区别贰臣的性质，安慰一些为大清朝出过大力的前明官员，又将《贰臣传》分为甲编与乙编。如李永芳、洪承畴、孔有德、耿仲明、祖大寿等人，甚至包括做过明朝秀才的开国元勋范文程，也列入甲编，因为这些贰臣都为大清朝兴起立过赫赫大功。而将那些品行不好、被迫投降的前明官员，如冯铨、钱谦益、陈名夏、吴三桂、金之俊等人一律打入另册乙编。像龚鼎孳投降李自成，又投降清朝，弘历认为是做了两次贰臣，更为无耻，当然属于乙编末位。编《贰臣传》固然使忠臣扬眉吐气，使叛徒无地自容，千载难逃骂名，但是太苛刻，尤其是范文程、李永芳在清朝初兴、前景未卜的情况下加入清朝做官，死心塌地为清朝卖命，结果进了《贰臣传》，即使进入甲编，也使他们的后人感到羞辱。

从表彰忠臣这个角度出发，弘历还为已故明督帅抗清英雄袁崇焕、熊廷弼平反，建祠旌表。为已故摄政王多尔衮平反，让他的子孙继承爵位。又为明朝朱由检、建文帝朱允炆给予表彰性的谥号。弘历为了巩固自己的统治地位，让臣下永远做忠臣，真是煞费苦心。

最后说一下小说《红楼梦》的产生。《红楼梦》又名《石头记》，是一部划时代的文学巨著。作者曹雪芹，满洲正白旗人，生活于雍正到乾隆年间。曹家本是名门望族，但在曹雪芹少年时已经败落了，曹雪芹在潦倒、幽愤中写下这部作品。《红楼梦》当然是个人创作，与弘历无关。但它产生于乾隆时代，也绝非偶然现象。因为弘历好文事，必然影响到文人的文学创作，是时代的政治、文化土壤，加上作者独特的阅历、禀赋、气质造就了这部古典名著。《红楼梦》写了宝黛的爱情悲剧，全书贯穿一个“情”字，叙述了贾府由盛到衰的过程，旨在揭示无论爱情、名利无非一场幻梦，以及盛极必衰的道理，并塑造了众多有血肉的人物形象。其写作功夫之高深、文字之优雅，达到出神入化的境界，几百年来倾倒了千百万雅士俗子。后来的学者惊叹它的精妙，薪火相传地对它研究，成了一门显学，即“红学”，连外国学者也趋之若鹜，真是亘古罕闻的文化现象。《红楼梦》的文学成就，达到巅峰，达到极限，有可能是空前绝后、不可企及的一座丰碑。几百年来，贪名的文人，不断地续写、仿写《红楼梦》，尽是狗尾续貂，不成大器。

【大兴文字狱】是弘历惩治士子文人、禁锢思想的手段，大大超过乃祖、乃父。他文化水平极高，脑子里面有一套“君臣尊卑、大清朝是正统”等顽固思想，极善咬文嚼字，神经高度过敏。凡是文人吟诗著书，有悖他的思想观念，无论如何隐晦含蓄，他都要吹毛求疵，鸡蛋里挑骨头，以大逆不道予以严惩。这是他爱好文学的副作用。现举例说明，大学士胡中藻著《坚磨室诗抄》，内中有一句“一把心肠论浊清”，浊清本是并列的两个含义，弘历认为以“浊”饰“清”，是说“大清朝”污浊。胡中藻有口难辩，被处以斩刑。广西巡抚鄂昌与胡中藻私交甚好，经常诗词酬唱。在《塞上吟》一诗中，将蒙古人说成“胡儿”，弘历认为鄂昌是满族，本是胡儿，诋毁同类，丧心病狂，赐他自尽。已故翰林徐骏，有遗作《一柱楼诗》，其中一句为“清风不识字，何必乱翻书”，弘历认为是讽刺满族人没文化。另一句“举杯忽见明天子，且把壶儿抛半边”，弘历认为是怀念明朝皇帝，厌恶“胡儿”（壶儿）（这两句诗，讽刺含义也太明显）。勃然大怒，下令开棺戮尸，并将徐骏的儿孙处斩。最倒霉的是沈德潜，他大器晚成，66岁中进士，后被弘历赏识屡次提拔，退休后活到96岁。生前极受弘历宠信，经常与弘历诗词唱和。弘历有时还让他捉刀代笔。这位老先生死后，家人遵嘱将其诗集进献弘历，弘历发现给他提刀代笔的诗，也收在诗集中，沈老头真是昏了头，既把版权让给皇上，出尔反尔又将版权收回，弘历再宽容，也不能容他。沈德潜还编有《清诗别裁》一书，将投降清朝的大诗人钱谦益的诗列为卷首，岂知弘历对钱谦益极为鄙视，敬忠臣，不敬叛徒。弘历大为光火，大骂沈德潜年老昏聩，最使弘历不能容忍是，沈老头将某人的诗《黑牡丹》录入《清诗别裁》之中。（一说是沈德潜的诗作）《黑牡丹》有二句：“夺朱非正色，异种也称王。”弘历认为“夺朱”是指夺了明朝朱家天下，“异种”是影射满族做了中国的皇帝。说实话，这两句咏黑牡丹很贴切，按弘历理解也是大有讽刺嫌疑。沈老头是疏忽，还是故意，不得而知。然而弘历雷霆大怒，大骂沈德潜忘恩负义，追夺旧有官职谥号，开棺戮尸，沈德潜已死多年，九泉之下，不知感觉滋味如何！江西举人王锡侯作《字贯》一书，弘历认为大清已有《康熙字典》，王锡侯胆敢私著字典，与《康熙字典》较劲，真是大逆不道。王先生一辈子费尽心力编写一部字典，却被逮入狱中郁郁而死。

无须再举例，已可知弘历大兴文字狱，真是严酷至极。以言治罪，以文治罪，只能发生在独裁专制时期。当今民主成为世界大势所趋的潮流，文字狱现象，我想再不可能出现。笔者撰联一副，描画独裁者的心理：

手里掌刀由我杀；心中有鬼怕人评。

【弘历禅位】乾隆六十年，弘历已是85岁高龄，享国祚之长古今罕见，而且是十全备绩，五世同堂，多福多寿多男子，把人间的荣华富贵几乎享尽。大清朝的繁荣昌盛到他手里已达极巅。关于皇储问题，他早已考虑成熟，先是在乾隆初年，他将皇后富察氏所生嫡子永琏按密储制立为太子，藏在乾清宫"正大光明"匾后。然而永琏薄命无福，九岁夭殇，他极为悲痛，谥为"端慧太子"。后来又立永琮，亦出痘而死，他有后妃29人，为他生了17子、10女。在17子中除永琏、永琮外，他经过多年的观察，认定皇贵妃魏佳氏所生皇十五子永琰，"深肖朕躬"，人品端正，堪为皇储。将其先封嘉亲王，予以重任历练。并按密储制，将立储之诏藏在"正大光明"匾后。皇储大事已定，寿至耄耋的弘历，突然心血来潮，要将大位传于永琰，自己做太上皇。弘历真正的意思是，做皇帝日理万机太累，退而颐养余年，可益寿延年，而太上皇威风犹在，而且永琰也老大不小了，做皇帝日子也不多了。他将此意最先告诉和珅，和珅闻之，如同晴天霹雳作响，大吃一惊。他受弘历恩宠几十年，不次擢拔，官至军机大臣、大学士、吏部尚书等职，位极人臣，权势熏天，豪富不亚大内。弘历越老越离不开他，因为和珅的侍奉最惬龙心。和珅得宠并非全靠小技巧阿谀奉承，他除过机敏外，尚有办事才能，曾查办云南总督李侍尧名震一时。据说他善吟诗、善书法，通晓蒙文、藏文，最符合弘历爱文的心理。他的豪奴刘全家资数十万，横行霸道，被御史曹锡宝参劾，结果以"查无实据"了结，一个御史连和珅的家奴都扳不倒，和珅威势可见。弘历将最钟爱的小女儿十公主许配给和珅之子丰绅殷德，和珅与皇上结亲，权势之大如日中天。

和珅听了弘历要内禅之言，真怕失去靠山，保不住无边的荣华富贵。急向弘历劝谏："自古禅让，史有常闻，然皆虚礼而已，尧传舜，舜传禹，可谓旷古盛典，但尧传位时，已做了73年皇帝。舜做皇帝100年，方才禅让于禹。皇上龙马精神，将来寿超尧舜，再缵统一二十年，传位太子，亦不为迟。况四海之内，仰皇上如父；皇上多在位一日，百姓便受惠万千。奴才沐浴慈恩，尤祈皇上永久庇护，犬马尚恋主，奴才难道还不如之乎？"

说完泪下如雨，这番话有理有据有情，万分动听。但弘历说："卿只知其一，不知其二。朕25岁即位，曾对天盟誓，若有幸在位60年，当传位太子，不敢与皇祖在位之年等同。今蒙天佑，甲子已周，已偿初愿，岂敢再有奢望？朕决意传位皇十五子永琰，恐他初登大宝，百事生疏，但朕躬尚在，随时训政，卿万勿忧虑！"这曾指天发誓一语，将和珅的口堵死，唯唯退下。和珅又联络王公大臣上奏，再次恳请暂缓禅位。弘历又将对天发誓之事申说一遍，群臣又无语可说。乾隆五十九年九月初三，弘历在圆明园勤政敬贤殿召集皇子皇孙、王公大臣，宣谕明年将大位传于皇十五子永琰。将明年改元为嘉庆元年。传旨礼部，参酌古制筹备禅位大典。

和珅见事不可挽回，赶紧跑到东宫，向永琰献了一柄硕大的玉制如意，说了许多祝贺的好话。永琰很是冷淡，只应付了几句话，并传命长史官，今后和珅晋见，随时可见，不必通报，和珅听了又喜又惊又疑，不知太子葫芦里卖的什么药。

到了嘉庆元年元旦，弘历在太和殿召集王公大臣，举行归政授受大礼，将传国玉玺亲交永琰。接着永琰奉父皇为太上皇，率群臣叩头谢恩。礼毕，弘历暂退，永琰登上宝座，接受王公大臣朝贺，禅位诏书极为隆重，以天安门金凤传诏古制，颁布天下。天下普奉嘉庆年号，而宫中仍实行乾隆年号。但是，尽管弘历以后又当了三年多太上皇，小权给永琰，大权仍独握，然而名义上，乾隆王朝已经结束，嘉庆新朝开始。

为了章节的完整，笔者提前评价一下弘历的功过。说到他的功劳，《清史稿·高宗本纪》评他"励精图治，开拓疆域，四征不庭，揆文奋武"，这个评语极为精当。"揆文奋武"的丰功伟绩，前代皇帝无与伦比。他将大清朝带上康乾盛世的极巅。到他为止，中国的疆域已达1300余万平方公里，东起大海，西到帕米尔高原，南至曾母暗沙，北至外兴安岭，西北至巴尔喀什湖，东北的库页岛也在版图之内，人口已达3亿人。今天我们自豪地说："地大物博，人口众多。"弘历其功不可没，他确是大有作为的君主，称为"清帝五杰"之一当之无愧。但令人叹息的是，如此励精图治的君主却有不可原谅的缺点：一是他爱好奢华，好大喜功。二是年事已高，喜谀恶谏，这是老人当政的通病，而他尤甚。对外穷兵黩武，有些可打不可打的战争，他为了天朝虚荣而一打到底，如大小金川之役及对安南的战争，以至于康雍两朝的积累以及本朝创造的巨大财富都被他挥霍一空。到了晚年国库由盈变亏，原因是他的无休止地浪费。喜听奉承话，讨厌忠谏的个性，则使他陶醉于升平盛世，看不到盛世隐藏的危机。于是和珅这样的人就应运而生。在他的羽翼下中国历史上最大的贪官和珅被孵化出来，和珅占有巨大财富，钱从何来？无非是民脂民膏，由此可见乾隆末年吏治的腐败，豢养和珅是弘历被后世讥议的最大诟病，现今大多数学者认为弘历将大清带上盛世高峰，又把大清从盛世高峰推下底谷。大清以后的衰落，弘历是始作俑者，难辞其咎，这话不无道理。如果把大清衰落放在历史时间与世界空间两个角度上看，上述学者的议论就失之偏颇。大清衰落是清廷长期闭关锁国，跟不上世界的发展，当洋人的坚船利炮轰破中国大门的时候，相对落后的中国国力便抵挡不住了。从此一衰再衰，一落千丈。假如将外国的侵略排除在外，大清朝的国祚也许会延长许多。因而不能把清朝衰灭的罪责最先推在弘历身上。弘历的功大于过，他是个很不错的皇帝。

除奸平乱守乾坤

——清仁宗　颙琰

清仁宗嘉庆皇帝爱新觉罗·颙琰

（1760—1820 年）

和珅抄灭得珍金，北狩西巡显侈心。

天理教徒攻帝阙，隆宗门上箭痕深。

嘉庆元年元旦，即正月初一，太上皇弘历与新任皇帝永琰，共御太和殿举行授受大典，弘历禅位，原皇十五子嘉亲王永琰登上宝座，成为清军入关后的第五个皇帝。在中国历史上禅位之事亦有所载，除尧传舜、舜禅禹外，尚有几例，一例是唐高祖李渊，在李世民发动玄武门事变后，被迫禅位。一例是唐玄宗李隆基在安禄山兵迫长安时，逃难四川。急不可待的儿子唐肃宗李亨在灵武登基，李隆基被迫禅位。宋朝还有一例，宋徽宗赵佶在金军大兵压境、开封危在旦夕时，将烂摊子扔给儿子宋钦宗赵桓，自己做了太上皇。明朝景泰年，曾出现一个太上皇朱祁镇。但他和皇帝朱祁钰是兄弟关系，也是被迫做太上皇。而嘉庆皇帝不同，他的父皇弘历是真心实意禅让给他的，因而永琰是幸运的，得来全不费功夫。“嘉庆”这个年号，是弘历定的，他希望儿子“嘉”亲王为皇帝后能永远吉祥喜“庆”。为了让臣民避讳方便，弘历将儿子的名字改为“颙琰”，因为“永”是常用字，避讳不便。“颙”是怪僻字，可占为独有。这比雍正帝胤禛强迫他的兄弟将“胤”字改为“允”字，不仅高明而且通情达理。

颙琰即位，册立嫡妃喜塔腊氏为皇后，普免天下钱粮，大赦天下。并在宁寿宫召开“千叟宴”，让1000个老头陪父皇美美玩了一天。真是皇恩浩荡，更是孝顺有加。清朝的皇帝以孝治天下，从顺治起，历代皇帝个个是孝子，颙琰更甚。他做了皇帝，大事先禀报太上皇而后决，唯太上皇马首是瞻。弘历御殿，颙琰侍立其侧，颜色温和，恭顺敬谨，毫无倦态。在太上皇训政期间，颙琰甘作摆设，表现了孝顺之心。

【镇压白莲教】起事。正当普天同庆太上皇禅位、新皇登基之时，湖广总督毕沅报来湖北枝江、宜都白莲教暴动的消息，当时正是正月初七，颙琰大为扫兴，忙下旨派兵进剿。谁知又过数日，警报如雪片飞来，暴乱已波及全省。颙琰大惊，急禀告太上皇，太上皇毕竟老练，指示一番，颙琰赶快部署派兵进剿。派西安将军恒瑞率兵赴当阳，都统永保，侍卫舒亮、鄂辉率兵赴襄阳，鄂督毕沅专剿枝江教变。

白莲教是个宗教组织，可谓源远流长。相传元朝的韩林儿、明朝的徐鸿儒，都以白莲教名义起事。到了清朝白莲教不绝如缕，在民间秘密存在100余年。乾隆中期安徽人刘松打起白莲教的旗号，在河北鹿邑传教，发放咒符，为人治病，教徒渐多。官府以妖术惑众将其逮捕，充军甘肃。但他的弟子刘之协、宋之清继承衣钵，在湖北、四川、陕西一带，继续传播白莲教。时值乾隆末年，官府腐败、民不聊生，百姓以宗教慰藉心灵，纷纷加入，教徒发展为300万之众。刘之协等人又说，“清风已去，日月重来”，清朝又将变作明朝。又让一个小孩冒充朱家后裔，称为明朝真龙天子，准备起事。官府侦知此事，派兵围剿，将小孩和刘之协拿获。小孩被押至京城，弘历帝见是个孩子，于是开恩释放。而刘之协半路逃逸，清廷下旨缉捕。鄂、川、秦当地官府得了圣旨，派了大批衙役挨家挨户搜捕刘之协，乘机勒索。有钱的交钱，便可无事。无钱者便被诬为白莲教教徒，捕入狱中。武昌同知常丹葵更是严酷，将无辜百姓捕了几千，硬说是刘之协的教徒。百姓怨愤至极，恨官府凶狠，索性加入白莲教，一呼百应，跟着造反。这就是白莲教发生、蔓延的原因，总之是官逼民反。

几路官军奉旨进入湖北清剿，从正月到四月，不分良莠，屠杀了几万教民。湖北各地逐渐被官军扫平，唯有襄阳一带义军更为壮大。义军头目是个女英雄，名叫王聪儿，原是白莲教首领齐林之妻，齐林被官军杀死，她义愤填膺，发誓要为夫报仇。代夫为首领，率兵与官军对抗。她武艺高强，智谋超群，连败官军数次，威信更高。湖北各地教徒兵败后，大多逃进襄阳，义军势力更大。另一个首领姚之富，英勇善战，原是齐林之徒，现跟随王聪儿为义军副首领。两个人采取的战术与其他义军不同，其他义军就地与清军激战，往往是兵败城陷。而王聪儿、姚之富采取的却是灵活的流动战术，敌进我退，敌退我进，再乘机突袭。都统永保率兵追击，义军则进入深山老林，官军望尘莫及。官军稍一松懈，义军又反戈袭击，杀个措手不及。永保只能追随着义军兜圈子。这是襄阳义军不但没被剿灭，反而壮大的原因。王聪儿曾率军攻至武昌城下，武昌是湖北首府，令官军大吃一惊。幸而连月阴雨，王聪儿率军退去。颙琰闻襄阳久久难以剿平，下旨将永保逮回治罪。另命提督惠龄代替永保为帅，专剿王聪儿、姚之富义军。再命内大臣额勒登保到湖北助剿，荆州将军明亮赴四川清剿以徐天德、王三槐、冷天禄为首的白莲教暴乱。

此时，清廷听从明亮建议，对义军采取“坚壁清野，各村寨设团练防卫，圈地围剿”等战略。义军兵源、粮食无法补给，惠龄一军与王聪儿义军接触了几次，连打几个胜仗。王聪儿、姚之富被迫进入河南，仍采取流动战术，等河南官军堵防，早进入陕西。颙琰严旨切责惠龄、恒瑞纵敌，防范不严，革职令其戴罪效力。命陕甘总督宜绵总理进剿大权，川、陕、鄂均受其节制。这是颙琰第三次换帅。然而王聪儿、姚之富厉害得很，摆脱官军，攻破周至、鄠县，又向省府西安进发，距西安 20 里遇到官军阻击。王聪儿见事不可为，率军退去。义军兵逼西安真把清廷给吓坏了。当各路官军云集西安时，王聪儿率军又渡汉水，由陕南进入四川。四川义军遭官军猛烈围剿，损失惨重，几万人被官军屠杀，只剩 2000 余人在苦苦支撑。王聪儿、姚之富入川，与四川义军会合，声势大振。清廷闻报，又派黑龙江索伦兵及察哈尔兵助剿，各路官军进入四川向义军猛攻。然而王聪儿、姚之富又率军返回湖北，在襄阳、郧阳一带，与官军周旋。由于官军势大，王聪儿、姚之富率义军退入深山老林，官军无可奈何。官军统帅明亮认为王聪儿智勇超群，不除掉她，官军难以获胜。命刺客潜入山中，刺杀王聪儿。结果王聪儿命不该死，逃过一劫，但被刺客砍掉一足，成为残废。官军乘此机会，大举攻山。义军绝粮已久，兵力疲惫，抵不住官军猛攻，被迫撤至山顶。官军四面围定，大炮猛轰，又轮番攀攻。王聪儿、姚之富等见大势已去，跳下悬崖而死。官军将王聪儿、姚之富头颅割下，传首三省示众。女杰王聪儿之死，标志着湖北白莲教起义彻底失败。

然而，四川的白莲教军，乘官军围剿湖北时，又东山再起。王三槐、冷天禄、徐天德凶猛得很，率领义军在川东、川北纵横驰骋，官军节节败退，几十个州县告急。颙琰帝接到四川警报，十分震怒，严斥宜绵不善办理，将其撤职。另派勤勇侯勒保为督军大臣，兼任四川总督，严令限期剿灭义军。这是清廷第四次换帅。勒保以剿苗获军功，他调各路大军入川围剿，只打了几个小胜仗，便屡向朝廷上报获得大捷。颙琰下旨嘉奖。但是勒保在四川已处于进退不得的狼狈局面。王三槐等义军，不与官军硬拼，钻入川陕边界深山老林，据险固守，一有机会便袭击官军。勒保真是头痛，便想出改剿为抚的办法。于是便命建昌府道台刘清前往招抚王三槐。刘清此人是四川第一清官，深得民心，百姓呼为刘青天。他在南充做知县时，曾招抚过王三槐。他已将王三槐带回清营，但清统帅宜绵待之不善，王三槐又逃脱反叛。这次刘清接到命令，左右为难。勒保连哄带骗，说什么胜败决于刘清一身，上慰朝廷，下安黎民。刘清无可推托，硬着头皮，凭着老脸，带了都司一人进入山寨去见王三槐。王三槐见刘青天入山，出寨欢迎。但是刘清说起招降事，王三槐大为反感，说前次随大人归降，受到百般欺辱，若今再投降，恐头颅不保。刘清百般劝导，保证朝廷既往不咎，还要封官赐赏。愿留在山寨为质，让随行都司领他入清营归降。王三槐是个实在人，见刘清诚心实意，便答应随刘清出山归降。留下都司某作为人质。

谁知，刘清带王三槐进入清营。勒保翻脸不认人，大喝一声，令左右拿下王三槐。刘清大惊急劝阻道："人家既已投诚，又何必出尔反尔，背信弃义。何况大帅的都司留在山寨为质，恐性命难保。"勒保冷笑道："他是白莲教匪首，朝廷要犯。我岂敢容他归降。现解往京师，要杀要赦，全凭朝廷定夺，至于那个都司只能委屈他了，我也顾不了许多。"刘清叫苦不迭，只得承认上当。随即辞别勒保，返回建昌府。勒保捉住王三槐，又派兵攻打义军山寨，义军杀死被作为人质的都司某，奋勇抵抗，但因实力悬殊被击败。副首领冷天禄假意乞降，夜间奇袭勒保大营，然后从容逃逸。

王三槐被押至京城，颙琰亲自坐殿审问，王三槐倔犟不屈，只供认四个字："官逼民反。"颙琰厉声问道："难道四川一省就没有一个好官吗？"王三槐道："建昌府道台刘清便是清官，若官员都和刘清一样，我等何必起事。”颙琰听了，大为羞愧。命押下王三槐，暂不加刑。其实颙琰心中早已知晓，百姓舍太平之民不做，铤而走险，完全是官府逼迫压制的结果。他心中对逼民造反的贪官恨之入骨。他向天下连颁几道谕旨，其中有几句说得十分沉痛：“百姓生长太平，非万不得以，谁肯不顾身家而铤而走险，皆因官府压迫而致。自古唯有用兵敌国，从不闻用兵于吾民。即便真是白莲教教匪，亦我大清赤子，本是良民。”颙琰很清醒地看到，白莲教之乱是官府为发财，压迫剥削百姓而造成的。他镇压白莲教，是把屠刀砍向大清属下的老百姓。颙琰还悲愤地写了一首诗：

内外朝臣尽紫袍，何人肯与朕分劳？
玉杯饮遍千家血，银烛烧残百姓膏。
天泪落时人泪落，歌声高处哭声高。
平时漫说君恩重，辜负君恩是尔曹！

此诗可译为白话：京城内外的官员都是高官厚禄，但没有人为我分担忧虑和劳苦。你们饮酒的玉杯盛满了千家万户的血，你们家中点燃照明的银烛是用百姓的膏脂做成的。你们压迫百姓，老天爷流泪，老百姓也流泪。你们笙歌达旦享尽富贵，但百姓的哭声超过了你们的歌声，你们平时都说皇恩浩荡，其实辜负皇恩的就是你们这一班人。这首诗痛斥贪官污吏，不顾国家，不顾君恩，不顾百姓，只顾享乐，其实他们的荣华富贵，全由老百姓的血泪脂膏铸成。痛恨贪官，同情百姓之情跃然纸上。如果出于真情实感，颙琰真是太伟大了。自古帝王谁曾写过这样的感情炽烈、切中要害的诗句。当然他把罪责全部推给下层官员，这是封建专制君王的特点，也不必过分苛责。

于是他下旨表彰刘清、赵华、吴桂等清官，严厉惩办了一批像武昌常丹葵、达州戴如锽等逼民造反的贪官，均是旌清官、惩贪官、平民愤的意思。

然而剿除王三槐一股义军，仅是官军暂时取得胜利。湖北的义军失败后涌入四川，与四川义军结合一起，声势更为浩大。由于勒保诱捕王三槐，义军反抗情绪更加炽烈。除了徐天德、冷天禄、王廷诏几股部队之外，又出了一个冉天元，更是勇猛善战。几股义军纵横驰骋于川、鄂、秦边界一带，连败官军。统帅勒保围追堵截，招数用尽，效果甚微。颙琰很是震怒，逮勒保治罪。另派额勒登保为川、鄂、秦经略大臣，德楞泰为参赞大臣。这次总算用对了人。额勒登保、德楞泰都是身经百战、智勇双全的名将。额勒登保手下有两员汉将，一是杨遇春，二是杨芳，更是勇力过人，韬略超群。额勒登保率领将士，仍用坚壁清野、团练防御等战术，边剿边抚，又用了五年时间，才将义军扑灭荡平。白莲教教主刘之协也被活捉。其中战争过程，笔者不再赘述。但要特别指出的是，颙琰颁布了一道特旨："只治从逆，不治从教。"意思是参与反清叛乱，官军必坚决剿灭，但加入白莲教，官府不予追究治罪。这一宽大政策，瓦解了义军，使官军最后获得胜利。

清廷为了镇压白莲教，连续用兵九年，死伤了十余万将士，屠杀了几十万义军，耗费国库之银达二亿两之巨。造成官民两困，加速了大清的衰弱。白莲教头目以复明反清为号召，旨在推翻清朝统治。任何一个国家政权都不能容许。将白莲教视为邪教，予以打击，也不过分。然而，清朝官员以搜捕白莲教为借口，株连无辜，残杀百姓，而大发横财。老百姓忍无可忍，加入白莲教，参加反压迫起义。如此性质就变了，因此后来的白莲教举事，便不能视为暴乱，应是人民的反压迫大起义。清军镇压起义，罪责难逃。另外，我们应客观地、实事求是地看待这个事件。白莲教起义发生于嘉庆元年，完全是乾隆末年官府腐败造成的恶果。责任不在颙琰，而在弘历。颙琰虽镇压了白莲教，但能认清这是"官逼民反"，同情百姓的遭遇，在进剿中施行宽大政策，这也难能可贵。同时，颙琰身在庙堂，心在前线，全神贯注前线作战动态，先后撤换了五个碌碌无为的统帅，最后任用额勒登保促成大功，确有知人善任之明。他的指挥才能也略见一斑。

【诛杀和珅】是颙琰在位期间的最大功绩。嘉庆四年正月初三，太上皇弘历因年老衰弱至极，寿终正寝，崩于养心殿，享年 89 岁。在中国历史上，汉朝南越王赵佗曾活了100岁。但他是地处粤桂的小邦之主，不是一统华夏的皇帝。因此弘历可算为在位时间最长、享寿最高的中国皇帝。在太上皇病笃期间，颙琰日夜侍奉在旁，太上皇崩世，他抚棺号哭，服丧三年，真是个大孝子。并谥弘历为纯皇帝，庙号高宗。埋葬于遵化县东陵之裕陵。裕陵是弘历亲选的万年吉地。他死后不埋在易县西陵，而埋在东陵，可看出他不愿追随父皇胤禛，而更崇拜祖皇玄烨的意愿。

谁也没有想到，在国丧期间，颙琰以迅雷不及掩耳之势，果断出击，将和珅逮捕入狱。

颙琰在嘉邸期间，便痛恨和珅贪污腐败、专权误国的行为，更鄙视和珅媚主的无耻丑态。只是因太上皇在世，宠信和珅至极，至死不悟，他也不愿拂怒太上皇之心，因而隐忍不发。颙琰极为明智，他登位之后，对和珅采取欲擒故纵之计，国家大事往往让和珅办理。有大臣提出异议，颙琰说："朕尚要重用和珅。"以此稳住和珅，以防他变。太上皇崩世，他下旨让和珅与尚书福长安在乾清宫为太上皇守灵柩，这名义上给和珅极高的荣誉，实际上将其软禁于宫，不能擅自出入。须知和珅当时是内阁领班大学士、军机大臣，更是步军统领（九门提督），掌控京师治安大权，就像雍正朝隆科多一样，隆科多就是凭借步军统领的权力，帮助胤禛登上宝座。但和珅被软禁在乾清宫，实际上解除了其兵权。颙琰这一招，真是高明。

朝中大臣已窥破颙琰要惩治和珅的意图。御史广兴，给事中广泰、王念孙首先上疏弹劾和珅偷改朱谕、擅娶宫女为妻、私藏禁物、贪赃枉法等罪。颙琰闻奏，立即派侍卫将和珅逮捕入狱。太上皇正月初三崩世，正月初八和珅便被逮捕。之间只隔了五天。颙琰行动可谓迅速，可见蓄谋已久，迫不及待。同时入狱的还有和珅死党、军机大臣福长安等。

颙琰下旨命仪亲王永璇、成亲王永瑆负责审讯。经过几日审讯，列出和珅20项大罪。按律应凌迟处死。颙琰又下旨抄没和珅家产，抄得的金银财宝数不胜数，颙琰与朝中大臣都大吃一惊。和珅的儿媳十公主，慌忙入宫，向颙琰苦苦哀求，将头磕得流血，颙琰才答应免去和珅磔刑，赐其自尽。同时不杀和珅长子丰绅殷德和次子丰绅殷绵，并留下一点财产让额驸丰绅殷德和十公主养老。正月十八，颙琰下旨赐死和珅。和珅在狱中以白绫三尺悬梁自尽，军机大臣福长安被押至狱中，观看和珅自尽的全过程。这相当于陪斩之刑。福长安吓得魂不附体。福长安是傅恒之子，颙琰的姑舅兄弟，不诛杀他，算是给功臣傅恒一点面子。群臣上疏请诛杀和珅党羽，一网打尽。但颙琰却适可而止，只将少数亲信伊江阿、吴省兰、吴省钦、李潢、李光云等革职，其余概不株连，望其悔过自新。和珅之弟和琳，曾任四川总督，好在死于和珅之前，只追夺职爵了事，真是早死早幸运。

那么抄出的和珅财产到底有多少呢？当仪亲王永璇率侍卫入和家抄查时，都惊得目瞪口呆。和珅的府第宛若宫殿，又似人间天堂，亭台楼阁、池沼榭廊、雕梁画栋，规制如宁寿宫，华丽如圆明园。锡晋斋全用楠木建成。其他珠宝古玩不计其数。在夹墙中抄出黄金32000余两，都是1000两一锭的大元宝。在地窖中挖出白银200余万两。另有淑园一座，田庄1300余顷，房产1000余间。还有京城百余家当铺、商号。有人估算和珅家产有2亿两白银，甚至有人估算为8亿两。当时清朝一年的收入才七八千万两白银。和珅的财产，相当于清朝十几年的总收入，真将人骇杀。内务府存有抄查清单一份，仅仅罗列和府的珠宝玉器杂物。计：赤金首饰3657件，大东珠894颗，珍珠179串，散珠五斛，红宝石顶73个，祖母绿翎管11个，翡翠翎管825个，奇南香朝珠698挂，赤金大碗50对，玉碗10对，金壶4对，金瓶2对，金匙480个，金盆1对，金盂1对，水晶缸5对，珊瑚树24株，玉马1匹，银杯4800只，珊瑚筷4800副，镀金象牙筷4800副，银壶800个，翡翠西瓜1个，猞猁狲皮80张，貂皮260张，青狐皮38张，黑狐皮120张，玄狐皮10件，白狐皮10件，洋灰鼠皮300张，灰狐肷皮180张，海虎皮30张，海豹皮16张，西藏獭皮50张，绸缎4730卷，纱绫5100卷，绣蟒缎83卷，哔叽30匹，猩红洋呢30匹，各色布49捆，葛布30捆，各色皮衣1300件，绵夹单纱绢衣3200件，御用纬帽2顶，绣龙黄马褂2件，酱色缎四开襟袍2件，白玉玩器64件，西洋钟表78件，玻璃衣镜10架，小镜38架，铜锡器皿7300余件，铜钱6000吊。和珅财产抄查清单在世流传几份，不知哪份是真，哪份是假。另外和珅的家奴刘全获罪抄家，也被抄出白银 20 万两。和珅在家乡蓟县修建坟墓，下有地宫，上有享殿，民间称为“和陵”。

和珅庞大的财产，用“富可敌国”比喻，犹嫌不足，真是“天上神仙府，人间和珅家”。晋朝的石崇、王恺堪称豪富，与和坤相比，却如沧海一粟。乾隆爷最爱奢华，但桂圆大的珍珠，皇宫无有，而和珅府倒有几十颗。和珅可为古今第一豪富，当然也是古今第一贪官。那么和珅的财富从何而来，怎么聚敛起如此巨大的财富？和珅的祖先曾做过官，但到他手里却“少贫无籍”，因而祖先并没有给他留下可观的遗产，巨大的财富全由他一人聚敛。和珅当大学士就 20 年，还做过户部、刑部、吏部、理藩院尚书、九门提督、崇文门监正等官。这些官职大多既有“权”，又有“利”。只要想捞钱，都可以说是肥缺。笔者分析：清廷给和珅罗列的 20 大罪状，大部分是僭越、违制、大不敬等虚罪名，除此之外，便是罗列他的巨大的财产数量，至于用什么非法手段攫取巨财，20 大罪状中只字未提。可见清廷仅以财富巨大、来源不明来论罪，并没有掌握他犯罪的过程。其实和珅极为聪明，他不会在账目上做文章，直接贪污公款（即便现在的贪官也不会干那种傻事）。和珅的财富主要是通过受贿而来，你送我受，天知地知你知我知，绝无凭证。譬如户部尚书有向各地各部门拨款的权力，各地督抚、各部官员，便要孝敬。刑部尚书有审判定案的权力，如网开一面，犯官必要报效。吏部尚书有考铨的权力，几句话可让你升官也可让你降职，不送银子，休想升官。至于崇文门税监是清朝几百年来人人皆知的肥缺，全国各地的货物要进入京城，非到此报税不成。各地富商要想少报税，多赚钱，必先用钱打通关节不可。乾隆六次南巡，大小事由和珅一人筹办。巡行中，他是开路使者，各地督抚以下官员，若要见驾，非听他安排不可。因而六次南巡，他获得的馈赠多得惊人。另外，乾隆帝还将督造宁寿宫及花园之类的差使，也交给了和珅，其中回扣也大得惊人。和珅还在京城和蓟州、通州投资开了百余家当铺、银号、商店，垄断了市场，凭权势与民争利，真是一本万利。其出租房、出租田每年都有可观收入。总之，得之收贿也罢，垄断营利也罢。羊毛出在羊身上，归根结底是民脂民膏。大贪官和珅如此，更多的小贪官也如此，只有苦了老百姓。前

人有《贪官离任诗》:

来时萧索去时丰，财宝金银一扫空。

独有江山移不动，临行描在画图中。

正是大小贪官的写照。可见乾隆末年，吏治腐败之烈。因而颙琰不杀和珅无以清吏治，不杀和珅无以谢天下。

然而，巨大的财富没有被和珅带入坟墓，反为财富所累，自己先进了坟墓。钟鸣鼎食、妻妾如云、奴仆成群的生活他只过了几十年，皆化烟云而散。天下没有不散的宴席，争名图利一场空。无论豪富盖世，到头来都化成几根枯骨，要钱何用？古联曰:“一味黑时犹有骨，十分红了便成灰。”这是一副咏煤炭的对联，很是贴切，也蕴涵着“盛极必衰”的道理。和珅的兴起与覆灭，不是这样吗？

颙琰诛杀和珅，从稳其心、发动、逮捕、审判、抄家、赐死，先后只用10余天，出手快速，有理有节，干脆利索，真是传奇般的大手笔、大杰作。善后，不株连、不扩大，适可而止，一石入水，波澜不惊，亦可见手段睿智高明。为国除奸，为民除害，割去一颗大毒瘤，剪除了中国历史上天字第一号大贪官，真是功莫大焉、善莫大焉。颙琰在位25年，如果什么事不做，仅诛杀和珅，则可名播千秋，功存青史。更遑论其他。笔者赞赏颙琰的魄力。

【平靖海疆】颙琰杀了和珅，平了教乱，满想励精图治，造就个太平世界。但他是个多灾多难、命运蹇舛的皇帝。从嘉庆五年起，东南沿海海盗横行，劫夺商船，抢掠海岸，海疆无一日安宁，真使他日夜难眠。

中国海盗问题由来已久，明朝中期日本海盗横行，经常登陆抢掠，明朝费了百年时间，才将倭寇荡平。到了明末清初，海上盗徒不减，又出现郑芝龙、李魁奇、刘香老等海盗在浙、闽、粤海上横行。受官府欺压的渔民也加入海盗行列。清朝康熙年间，海禁稍稍开放，大批西洋传教士涌入中国，这与康熙帝重用汤若望、南怀仁等人有密切关系。传教士先行，西洋贸易货船也接踵而来，其中以葡萄牙、荷兰居多，均以澳门为基地。印度被英国占领后，英国大量商船在外洋行驶，又经常闯入中国内海。外国商船的频繁航行，给海盗造成发财的机会。最可叹的是乾隆末年，安南国王阮光平为解决国库亏损，竟公然组织海盗上海抢劫，并供给海盗船只，封海盗官爵，抢来的金银财宝各分一半。中国海盗见有如此好事，也纷纷加入。抢劫的目标以外国商船为主，有时也上岸抢掠。嘉庆五年，海盗在台州登陆抢劫，被定海总兵李长庚击败，捉住几个海盗头目，都挂着安南国总兵官衔。清廷为此多次行文安南，严斥安南养盗为害。后来安南内乱，广南王后裔阮福映灭了阮光平王朝，建立新的阮氏王朝。多次上书清廷，言养盗为害系阮光平父子所为，与己无关，并声称要消灭海盗，又派使进贡，请求清廷册封。颙琰见阮福映很是恭顺，便封他为越南国王。从此海盗失去越南保护，声势减弱不少。但是海盗吃惯了海上利市，让他洗手不干，比登天还难。大约在嘉庆六年，浙江、福建海上出现两股海盗，一是以蔡牵为头目，一是以朱濆为头目，两人都是福建人，出没海上多年，由于勇猛善战，渐渐吞并其他海盗，独霸闽浙海面。而蔡牵势力最大。他们各拥有百余艘战船，纵横外洋内海，遇到外国商船，一艘船须交通行税 400 银元，进港加倍。中国渔船、商船出洋，也须交保护费若干，方得通行，否则武力劫夺。这和现在亚丁湾的索马里海盗行径几乎一样，只要财，不伤命。可谓盗亦有道。英国政府多次向清廷交涉，愿出兵平海盗，但以通商为条件，均被颙琰一口拒绝。于是清廷下令剿灭海盗，平靖海疆。

由于定海总兵李长庚熟悉海上形势，曾剿海盗有功，颙琰对他很是赏识，擢拔他为浙江水师提督，让他担负剿灭蔡牵的大任。浙江巡抚阮元素有文名，兼通武略，对李长庚极为倚重。李长庚献策，若要平海寇，必须造船铸炮。阮元极为赞同，筹款 10 万两，让长庚造船铸炮。不消几月，造成大船 30 艘，名为“霆船”。又铸成巨炮 400 门，配备霆船。官军有了大船巨炮，出巡海上，果然航行平稳，再兼大炮助威，连打几个胜仗。蔡牵船小，无法抵御官军。蔡牵愤懑至极，到定海普陀山进香，祈求观音菩萨保佑。被李长庚探知，放出霆船，将普陀山包围，击沉海盗船几只。蔡牵驾小船逃遁。

蔡牵逃至海岛，再三寻思，认定连吃败仗是因为官军船大，自家船小。他有的是金钱，派人潜入沿海港口，让当地船商为他制造大船。造船商只为赚钱不顾法纪，竟给蔡牵造了十几艘大船，又贿通官府，佯称运货出海，把一艘艘大船交给海盗。这些巨舰比官军霆船还要高大宽敞。蔡牵有了巨舰，有恃无恐，重新纵横海上，劫夺台湾运往内地的大米数千石，很是猖獗。嘉庆九年春，蔡牵会合朱濆，进犯温州，温州总兵胡振声仓促出海截击，在浮鹰洋，被海盗大船轰击，全军覆没，胡振声被击伤，落入海中淹死。海盗登陆，官军四散溃逃。

颙琰接到警报，将闽浙两省水师大权委以李长庚一人，命他出海剿敌。李长庚升了官，感恩图报，誓灭海寇以报圣恩。是年仲秋探得蔡牵海盗驻屯马迹洋某海岛，立刻率领水师袭击，蔡牵未加防备，被官军击败，两艘战船击沉。蔡牵所乘之船风帆被炮击破，但因风顺，逃出马迹洋。这年冬季，李长庚又败蔡牵于甲子洋，再败于青龙港。然而蔡牵无愧海上英豪，屡败屡战，百折不挠。嘉庆十一年，竟然率舰队进攻台湾。他攻破鹿儿门，沉舟塞港，以阻官军来援。然后率军深入内地，攻克凤山。台湾当地居民不堪官府压迫，乘势加入海盗队伍，声势浩大。乘胜又进攻台湾府城（今台南市），官军拼死守卫，府城尚得保全。蔡牵率兵在台湾纵横驰骋，官军根本不敢出剿，遂自称“镇海王”，长驻台湾。

蔡牵攻入台湾，府城被困，清廷大为震动。颙琰急派成都将军德楞泰率川兵4000火速渡海清剿。又命李长庚亦带水师到台湾担当主攻大任。川兵未到台湾，李长庚已先入台湾。他见鹿儿门被沉船堵塞，官军船队不得靠港登陆，派人探路，得知有一小港安平港，可直通府城，便令总兵许松年、王得禄率兵驾小舟潜入。自己守住南汕、北汕，堵住蔡牵遁北之路。许松年、王得禄均是智勇双全、擅长水战的猛将，从间道驶入安平港。蔡牵毫无防备，仓皇迎战，五战五败，被官军击沉30余只小船，毙伤海盗1000余人。蔡牵早知大陆援军必来，台湾难以久据，便率舰队从北汕突出遁逃。刚至北汕海口，便遭到李长庚舰队的截击。此时后有追兵，前有伏兵，蔡牵叫苦连天，只得拼死苦战。李长庚豪情万丈，下令全军奋勇冲锋，必要生擒蔡牵。然而天不助官军，忽然狂风大作，浪潮涌涨几丈，被塞滞的鹿儿门，沉船漂起，顿时成为畅通水道。蔡牵急忙夺路而逃，李长庚率舰追赶，但因船小，经不起狂风巨浪，战船颠簸摇摆难以前进。而蔡牵船大，却乘风破浪而去，一入大海，辽阔万里，早不见踪影。

台湾之战，蔡牵逃逸。李长庚总结一条，欲灭海盗，必须再造大船，不能先从装备上输于海盗。他立刻将造船计划呈报闽浙总督玉德。玉德本庸碌无能，更嫉贤妒能，回复说：造船需时需银，岂可立就。朝廷严旨速剿，应尽快出海剿匪，不可拖延，违者军法从事。此时李长庚进退两难，欲出海攻剿，船小难比敌军。欲不出战，玉德催促不已。幸好提督有专奏权。李长庚无奈，向朝廷报奏实际情况。颙琰果然英明，阅毕奏章，知长庚事出无奈，下旨将玉德革职，另派阿林保继任闽浙总督。谁知阿林保更刁滑，他到任后，立即召来李长庚密议，他说，蔡牵在海上，进剿如大海捞针，徒费时力。不如斩一敌首，说是蔡牵之首级，报捷朝廷。蔡牵是何模样，朝廷哪里知晓。你我也不穷年累日在海上奔波，省心省力，岂不美哉。李长庚固执至极，声言愿战死海上，不愿作假虚报。两人话不投机，李长庚拂袖而去。阿林保见他不从，恐道出实情。恶人先告状，一月之内连奏三本，弹劾李长庚恃才骄傲，又说怕死怯战。颙琰接到奏本，不免怀疑，密命浙江巡抚清安泰调查。清安泰是个正人君子，经过调查，上奏颙琰，将李长庚忠君爱国，剿敌两年，几过家门而不入及倾家资造船等事迹一一奏明。并说李长庚熟知海上形势，擅长海战，平海灭敌，舍长庚别无他人。颙琰接奏长叹一声，连说险些冤枉功臣。下严旨斥责阿林保："阿林保莅任旬月，专以去长庚为事，朕若误听谗言，岂非自杀良将。嗣后剿盗事宜，责成长庚一人，阿林保不得掣肘。若再忌功诬告，必革职严办。"阿林保诬告不成，却遭圣旨严斥，心中更恨李长庚，立即传下羽檄，催李长庚出海征战。

李长庚刚刚休战一月，正积极准备出剿。万事未备，却接到总督十几道催战文书。固然朝廷责成他专剿，但阿林保毕竟是顶头上司，不愿再次失和。于是李长庚不甘示弱，拼了老命，率军出海。嘉庆十二年，李长庚在海上追踪蔡牵数月，连打了几个胜仗，另一盗首朱渍也被击败。蔡牵此时只剩战舰三艘，逃入黑水洋。李长庚率水师驶入黑水洋，亲自擂鼓，围攻蔡牵。蔡牵被围，拼死力战。两军大战黑水洋，十分激烈。蔡牵船帆被击破，李长庚下令纵火烧敌船，敌船一艘已被烧着。李长庚亲自驾舵，直逼蔡牵之船。突然蔡牵船后吐出一团烈火，接着一声巨响在李长庚头上炸开。李长庚被炸得血肉模糊，顿时身死。主帅已死，官军人心大乱，遂率船队退出黑水洋，蔡牵率破船三艘逃到越南海内。

李长庚战死，颙琰大为震惊，追封李长庚为壮烈伯，谥号忠毅，建专祠永久纪念。又下旨任命李长庚部将王得禄、邱良功两人都为水师提督，率队出海，为李长庚报仇。

蔡牵逃到越南，休整两年，又卷土重来。他是个死不服输的主儿，若他长居越南，官军也无可奈何。但他发誓要报仇，要与官军作战到底，又率舰队到达黑水洋海面。王得禄、邱良功等蔡牵已久，一闻此讯，火速赶来。这次官军船大势众，将蔡牵包围在黑水洋海面，两军枪炮互轰，真是一场激战。战了几个时辰，王得禄突然发现，海盗射来的枪弹，竟是白花花的银元，其中大多是墨西哥鹰洋。他突然醒悟：海盗弹药已尽。于是指挥全军猛攻。炮火像暴雨一般向敌船猛射，蔡牵所乘大船，风帆破碎，桅杆击断，在海面上滴溜溜乱转。忽然一声巨响，蔡牵之船爆炸，顿时沉入海底。原来蔡牵感到此时真正陷入死地，便下令塞住炮口，燃放自炸。船上 200 余名海盗与"镇海王"蔡牵都葬身鱼腹。官军都惊呆了，对蔡牵顽抗到底、炸舟自沉的行为，产生敬意。

蔡牵之死，标志官军剿除海盗取得决定性的胜利。颙琰大喜，祭天告庙，庆贺平靖海疆。因为海盗为害，从嘉庆五年到十五年，已历 10 年。损伤了多少兵力，耗费了无数钱财，真让他伤透脑筋。他突然认为，海盗为患，是西洋商船在沿海频繁活动的结果。他素来痛恨洋人在内地传教，又恨洋人通过澳门向内地输送鸦片，伤害国人。于是下了一道御旨，一、严禁洋人在中国传教，现存传教士一律驱逐出境；二、严禁鸦片输入。国人贩卖及吸食鸦片者严惩不贷。此旨一下，各地禁教禁烟，把传播福音的圣使都驱逐出境。西洋人德天赐不知厉害，又在广东私刻《圣经》，被官府捉拿，充军热河为奴。另一个西洋人兰目旺又潜入湖北传教，在耒阳县被查获，有旨传下，处以绞刑。英国军舰13艘由舰长度路利带领，登陆澳门，占据炮台。又投书两广总督吴熊光，要助剿海盗，以通商为报。吴熊光称海盗已平，不劳费力，并拒绝通商要求。颙琰闻奏报，传旨吴光熊。“英舰如再纠缠，当出兵剿办”。英国舰长度路利见清廷强硬，赶快溜之大吉。不久英国政府又派使臣墨尔根直接到北京，要求觐见清朝皇帝。礼部及理藩院官员，让他觐见时行三叩九拜大礼，墨尔根倔犟得很，坚决不允，又让他仿照当年英国使臣马嘎尔尼觐见乾隆时单腿下跪之礼，墨尔根也一口拒绝。颙琰闻报，十分恼怒，下旨将墨尔根驱逐出境。

总之，此时的颙琰认为海寇已除，天下太平。便频繁出京巡行，今年到关外谒陵，明年到五台山巡游，后年再到热河木兰秋狝。真像个升平世界、太平天子。岂知一场大祸又悄悄临近。

【紫禁城变乱】是清朝开国200年来最惊骇的大事件。嘉庆十八年九月十五，北京天理教教徒攻入紫禁城，使天下震动。提起这个大事件，还须从头说起。

颙琰一生命运多舛，倒霉之事在他身上频频发生。刚即位便遇上白莲教起事。教乱甫平，海寇又起。嘉庆八年二月某日，他从圆明园返回大内皇宫。刚进顺贞门，忽有刺客手持钢刀向他扑来。幸亏定亲王绵恩等在侧，奋力将刺客制伏。皇帝遇刺，在大清朝还是第一次（雍正遇刺仅是传说）。那个刺客名叫刘德，是京中无业游民，因饥寒交迫，气愤至极便想杀皇帝消气解闷，没有多大背景，将他磔死了事。到嘉庆十六年，京师上空出现彗星，俗称扫帚星。钦天监上奏说，彗星出现应有兵灾。这可把颙琰吓坏了。当即询问钦天监官员，看如何能禳解避灾。钦天监奏报，兵灾应在嘉庆十八年闰八月。并建议将闰八月移改在十九年闰二月，或许能消弭兵灾。颙琰立即准奏。并戒了几天斋，让百官提些批评意见。又赦免犯人，停止秋后处决犯人。紧张了几个月，渐渐将此事忘却。

然而，皇帝下旨将十八年闰八月，改十九年闰二月。这真是件天大的怪事，自古至今，闻所未闻，顿时在天下引起骚动，老百姓也惊慌失措，生怕大祸将至。但是，在直隶、河南一带活动的天理教头目，认为这是老天赐予他们发难起事的良机。天理教原是白莲教的分支，亦称八卦教。清廷取缔镇压白莲教，他们便以天理教名义活动。天理教有两个大首领，一名李文成，在河南掌教。一名林清，在北京掌教。当时直隶、河南两省大旱数月，滴雨未下，庄稼不收。百姓饿得恐慌，纷纷加入天理教，以慰藉心灵。因而教徒越来越多。于是李文成将教徒分属八个教区，如同八卦形式，分布直隶、河南两省。当朝廷宣布改移闰月时，李文成和林清都认为起事是天意，不可违背。于是合编出几句谶语："闰七不闰八，闰八用刀杀，八卦已算定，清朝将要垮。移改也无效，天理不容它。"这几句话确有不小的煽动力，直隶、河南两省的教会大小头目，都认为改朝换代的日子到了。为此李文成亲自两次到京城与林清商议大事。两个大头目认为天意难违，良机不可失。于是歃血为誓，约定嘉庆十八年闰八月中秋，直隶、河南二省同时举事，然后李文成从河南率兵入京会师。李文成回到河南滑县，秘密进行布置。但是事出突然，有个天理教教徒竟向滑县知县强克捷告密，将天理教欲起事尽行抖出。强克捷一听，惊得目瞪口呆。惊魂甫定，立即派差役火速密报卫辉府知府郎锦麟和河南巡抚高杞，要求省、府发兵剿除。谁知高杞和郎锦麟都认为强克捷是神经过敏，小题大做，骇人听闻，将密报扔在一边，不予理睬。这可把强知县急个半死，连连叫苦。他又想，李文成是滑县人，他如真要起事，知县难逃干系，朝廷问罪首当其冲。巡抚与知府如坏了良心，毁了密报文书，反说我知情不报，到那时，有口难辩，唯有死路一条，不如先发制人，捕了李文成再说。计议已定，连夜召集三班六衙、捕快、差役等百人，佯称出外夜巡。半夜时分，到李文成住宅，强克捷命衙役包围李宅，然后亲自叩门。李文成当时已入寝，忽闻知县半夜登门，心中惊疑万分，见前后门已被封锁，只得强作镇静来迎知县，强克捷大喝一声，众衙役一拥而上，将李文成缚个结实，拽回县衙，强克捷当即升堂审问。李文成坚决不招，昂首挺胸，反质问官府胡乱捉人，冤屈良民。强克捷下令用刑，众衙役上前，挥着大板一阵乱打，打得李文成皮开肉绽，血流遍地。李文成是个硬骨头，越打嘴越硬，就是不吐半个字。强克捷也是固执，不招刑法更重。急呼衙役夹棍伺候，扳倒李文成，套上夹棍，用绳猛拉，李文成哎哟一声，昏厥不醒。冷水喷醒，开口又骂。强克捷火冒三丈，连喊打打打！一个衙役上前，用脚猛踩夹棍。只听啪地一声，李文成小腿骨双双被踩断，顿时两眼翻白昏死过去。强克捷命拖入牢中，用镣铐锁死。

李文成被逮入狱，天理教徒气愤至极。九月初七，3000余名教徒各拿家伙，攻入县城，滑县衙门只有几十个衙役，瞬间逃得净光，只留下强克捷一家老小。众教徒恨之入骨，一拥而上，千刀齐下，一阵乱剁，全成肉泥。众教徒又砸烂监狱，救出李文成。李文成对教徒头目说："我与林清约定九月十五起事，然后到京城会师，现在提前起事，官军必然防备，到京城会师，恐不能实现。事已至此，岂能罢休，索性插起大旗造反罢了，只是怕误了林清大哥的大事。"李文成腿骨已断，不能动弹，命教徒兵分两路，一路攻山东，一路攻直隶。

颙琰正在热河狩猎，玩得正痛快，忽闻滑县天理教徒起事的警报传来，大为震惊，以600里加急谕旨，命令直隶总督温承惠、山东巡抚同兴、河南巡抚高杞配合围剿，并布置重兵沿黄河防御。滑县天理教军被阻滞黄河以南，不能北上。唯有直隶长垣、山东曹州的教徒发兵响应，杀了县官，占据城池。

在京城的天理教大首领林清，也在京加紧布置起事。眼看九月十五临近，河南方面半点消息也没有，也无来人接头。林清决计单独按约发难，以应闰八月的天命。他真是个乱世豪杰，早已制定一个极为大胆的计划：乘皇帝不在京城，攻入紫禁城，闹个天翻地覆，乾坤倒转，即使鱼死网破也不枉活一生。他已经用重金买通宫内几个太监，里应外合，成功大有可能。嘉庆十八年九月十五，（即原历书嘉庆十八年闰八月十五）林清命令头目林爽率领200余名教徒潜入京城。傍晚时分由太监带路，攻入紫禁城，教徒们头缠白布，呼啸前进。100人由太监刘进亨带领，攻打东华门。100人由太监高广福引导，攻打西华门。东华门侍卫关门及时，将教徒堵在门外。西华门侍卫猝不及防，被教徒冲入，一路呐喊，一路乱砍，侍卫、太监一个个被砍倒，胆小的四处躲藏。但是紫禁城内，宫殿林立，像进入迷宫一般。要找乾清宫或养心殿谈何容易，在宫里转了几圈，迷了方向。有一伙转到隆宗门，又有一伙转到养心门。见宫门紧闭，用刀乱砍，用箭乱射，高声呐喊。此时，皇次子绵宁、贝子绵志在宫中夜读，听宫内喊声大作，知有非常之变。提起火铳冲出宫外，见有一人爬墙，开枪击倒。又有两人攀树而上，欲跳墙而入，绵宁、绵志一齐开枪，再击毙两个。教徒再不敢翻墙，只在外面大喊大叫。大约有半个时辰，诸王大臣率火器营、健锐营士兵1000余人先包围皇宫，再冲入宫内，一阵清剿，活捉70余人，其余均被打死。内应太监刘进亨、高广福、闫进喜也被抓获。一场激变终于平息。次日，兵部尚书托津英和率兵冲入黄村，将大首领林清逮捕。绵宁派快马将平乱捷报送达颙琰。当时，颙琰銮驾正在途中，接到报告，惊喜交加。传下圣旨，封皇次子绵宁为智亲王，那杆毙敌的火铳也封号“威烈”，封绵志为郡王，对率军入卫的仪亲王永璇、成亲王永瑆，加双俸奖励。左思右想，认为自己上干天怒，下激民怨。于是在途中颁发罪己诏，诏书中写道：

> 我大清立国一百七十余年，厚泽深仁，爱民如子。朕未能仰绍先祖爱民之实政，亦无害民之虐事。遭此突变，实不可解。总因德凉愆积，只能自责罢了。但众臣“因循怠玩”，实为大弊，以致酿成汉唐宋明未有之事，较之明季梃击一案，有过之而无不及。惟有反躬修省，改过自新，上报天怒，下释民怨，诸臣若愿为大清国忠良，则当赤心报国，竭力尽心，匡朕之咎，移民之俗。如自目卑鄙，则应挂冠致仕，了此残生，切勿尸位素餐，以增朕罪。笔随泪洒，通谕知之。

罪己诏，说白了就是皇帝向臣民检讨罪过的道歉书。大清开国以来，下诏罪己除顺治皇帝外，就数颙琰了。说起来也难能可贵。诏书承认自己“德凉愆积”，要反省，要改过自新，算有点诚意。可最后又将罪责推在臣下，说他们“因循怠玩”，尸位素餐。自责少，责人多，检讨极不深刻。这是颙琰的老毛病。然而，诏书说对了，这次紫禁城变乱，确是汉、唐、宋、明未有之事。有史以来，闻所未闻，骇人听闻。发生在颙琰身上，真是命运乖舛，倒霉到极点，但笔者认为，大臣玩忽职守，京城防卫不严，这是表面现象。天理教徒舍命攻入皇宫，并非仅仅是应“闰八月”的天意。官吏腐败，抚民不善，逼民造反，才是真正原因。各地官吏不得辞其咎，皇帝颙琰更不得辞其咎。笔者咏诗而叹：

祸乱横生紫禁城，千秋奇变实堪惊。
官家逼得人民反，嘉庆何须怪众卿。

平时不防火，现在火燃眉睫，防只能是以后的事，再喊也无益，目前唯有灭火。对如此严重的冲击皇宫事件，颙琰当然不会仁慈，镇压是唯一的手段，否则大清江山就要毁于一旦。颙琰亲自在瀛台审讯林清及刘进亨等几个太监，然后凌迟处死。对负责京师治安的步军统领吉纶，左翼总兵玉麟，予以革职处分。（老实说，这个处分太轻了）同时对河南滑县、山东曹州、直隶长垣的天理教也采取大规模清剿行动。山东曹州的教乱，被那个劝降王三槐的青天老爷刘清带兵扑灭。直隶长垣的教乱，被兵部尚书托津英和率兵镇压，然后托津英和所带的东北索伦兵又入河南助剿。清剿河南的清军统帅是陕甘总督那彦成，他是前内阁大学士阿桂的孙子。阿桂是征金川、征缅甸的名将，那彦成才智远逊乃祖，他率军到卫辉，畏天理教势大，逗留不前。而他手下大将杨遇春却英勇得很，率军攻破天理教据点道口镇，那彦成才壮着胆子率军直趋滑县。滑县是天理教的发源地，大首领李文成便在城中，他虽然双腿残废，但颇有指挥才能，率教徒拼死抵抗，再兼滑县城池坚固，那彦成围攻10余日，滑县城岿然不动。副将杨芳献计：只攻三面，留出北门，逼敌出走，然后掩杀，方能得手。那彦成、杨遇春连称好计。果然，李文成知滑县不能久据，由教徒护卫，从北门突围。杨芳率兵一路追杀，李文成逃入辉县山中。杨芳跟踪追进山中。将李文成包围。李文成陷于绝境，举火自焚而死。李文成死后，官军攻占滑县，天理教头目牛亮臣、徐安国被生擒。天理教被彻底剿灭。在平定过程中，颙琰仍执行“只治从逆，不治从教”的政策，只杀首犯，胁从不问，屠刀下尚有一点仁慈。那彦成首成大功，被封子爵，杨遇春被封男爵，杨芳也恢复总兵职位。被教徒杀死的前滑县知县强克捷，追谥为“忠烈”，在滑县和其原籍陕西韩城建专祠纪念。

【嘉庆仁政】是笔者新立的论题。读者或许会问，颙琰手提屠刀镇压白莲教，剿灭海上渔民暴动，扫荡天理教，岂有仁政可言？反过来说，颙琰不镇压行吗？白莲教与天理教都以颠覆国家政权为目的，蔡牵、朱濆在海上以打劫中外商船为营生，都危及社会与国家稳定。颙琰继承先祖大业，他只能维护大清朝统治，尽自己皇帝的责任，当一个较好的皇帝。如果他把大清江山拱手交给白莲教、天理教与海盗，情况不一定更好，也决不会产生一个平等富裕的新社会。颙琰能认识到官逼民反，能认识到大清朝官吏腐败，已经有很高的觉悟。官吏腐败是清朝历代遗留的顽疾，积重难返。即使比颙琰强数百倍的救世主出现，也不可能解决贪官问题。颙琰诛杀大贪官和珅，无论主观目的如何，确实在客观上取得惩治腐败的效果。这一点他已经很不错了。从历史上看，顺治、康熙、雍正、乾隆四朝，都出现过大规模的社会暴乱，清廷都毫不犹豫地予以平息，但也不影响历史对福临、玄烨、胤禛、弘历的客观正确评价。如果因嘉庆朝出现过民变，而全盘否定颙琰，也不是唯物主义的态度。

平心而论，颙琰是一个人品端正的皇帝，也是个文化素养极高的皇帝。他接受儒家思想熏陶，懂得仁义治天下的道理。孔子的“仁”，孟子的“义”，“民为贵，社稷次之，君为轻”等都在他思想上打下深深烙印。他的性格是仁慈的，他施行的政策也是比较仁慈的。他在位25年，施行轻徭薄赋的政策，多次普免全国钱粮，多次普免全国逋税，多次截留江南漕粮发往灾区赈灾。如遇有自然灾害，每一次都及时发粮发款或减免赋税予以救济。有官吏劝阻他，说国家无法承受大规模的减免。他说“损上益下，朕之愿也”。每到冬季，他能感到贫民的寒冷，多次向贫民发放棉衣。礼亲王昭梿以严刑逼庄田佃户交租，他愤怒至极，将昭梿革去王爵圈禁。又下严旨禁止王公贵族纳民女为妾。这些都体现了他仁慈的性格。嘉庆年间，中国人口激增至3亿，又大多集中在关内，人口多，土地少，引起人民生活困苦，不但汉民苦，连吃铁杆庄稼的旗民也难维持生计。颙琰看到东北三省地广人稀，土地又特别肥沃，鼓励旗民到关外开垦，甚至违反祖制允许汉民出关营生。于是很多旗民和一部分汉民迁移到关外垦田谋生，解决了民生问题，这不能不说是仁政。颙琰曾作过一篇《勤政爱民论》，颁布天下官府，让官吏认真学习，这不一定是官样文章，如果他不勤政爱民，也许不敢公开颁发。他还作过耕织诗，也颁布天下，让官吏体谅耕夫织妇的劳作之苦，多少也有体察民瘼的思想。他“一日三省吾身”，经常反省自己的过错。每逢灾变及天象异常、地震等，都引咎自省，让臣下提批评意见。曾作《谏官论》，让科道御史忠于职守，犯颜直谏，匡君之失。这也很值得称赞。

总之，颙琰的政治是宽仁的，他崩世后，庙号定为“仁宗”，基本符合他的政治和性格。

【颙琰之崩】结束了嘉庆王朝的历史。嘉庆二十五年七月十八，颙琰照例到热河木兰秋狝。所谓木兰秋狝，就是皇帝在木兰花开的秋季到热河行围狩猎。狩猎并非单纯为了消遣放松，而是清室特定的家法制度，使皇帝保持祖宗“骑射尚武”的风气。秋狝按国事缓急而定，不一定年年都去。而颙琰年年都要秋狝。除此之外，他还经常到南苑、东北盘山等地行围。另外他还经常出外巡行，仅五台山就去过三次。这点好像模仿先皇弘历的风度。因此后代史家批评他巡行太多，有好奢华爱张扬的嫌疑。其实颙琰出巡排场小多了，很注意节俭。繁华的南方，他一次都没去。

此次到热河秋狝，王公大臣大多扈从保驾。其中包括智亲王绵宁，瑞亲王绵忻，御前大臣赛冲阿、索特那木，军机大臣托津英和、戴均元、卢荫溥、文孚，内务大臣禧恩和世泰等。七月二十四，颙琰一行到达热河行宫。当天他还到城隍庙上香，再到永佑宫行礼。他虽然身体肥胖，但步履仍矫健。午后他突然感到不适。过了一夜，病势加重。随行太医百计诊治，统归无效，当晚已呈弥留之势。但头脑尚清醒，召集诸王公大臣到榻前，传下口谕说，嘉庆四年已密立皇次子绵宁为储君，着即皇帝位。说完龙驭宾天，时在七月二十五日。从身体不适到崩逝，仅仅两天，算是猝死暴亡。现在有些学者推断，大概是患了脑溢血或心肌梗死之类的疾病。

由于是暴亡，后世野史对他死因另下定论。说颙琰是遭雷劈而死。一说在行围途中，突然乌云密布，电光一闪，一声霹雳将他击倒马下。另一说是颙琰在避暑山庄烟波致爽殿正与小太监调情（世传颙琰好男风），一道电光射入殿中，轰隆炸响，颙琰与小太监被雷击死。两说起因不同，结果相同，都认为颙琰因雷击而死。野史上还说，由于雷击死得太惨，而且迷信的说法只有作了大孽才会遭雷劈而死。因而清代官方史书讳莫如深，不敢泄露半点机密。这话也是，真的让人知晓，清皇室的面子就丢失殆尽。有些史料说得更真，说民国初年，某个清朝皇室成员说他先祖当年曾扈从热河，亲眼看到嘉庆帝被雷击死，真是言之凿凿。假如，雷击之说有朝一日被证实，那么颙琰确是命运乖舛的人。有史以来，他便是被雷击死的第一个皇帝。笔者对颙琰颇有好感，但愿此说是假。

颙琰在位 25 年，享年 61 岁。死后被谥为睿皇帝，庙号仁宗。不知什么原因，他生前选万年吉地，却选择在河北易县清西陵，因而死后埋葬在西陵之昌陵，而不是追随父皇弘历而葬在遵化清东陵。有些史料说乾隆皇帝曾有“父子分葬，各分东西”的规定。这点笔者认为有研究的必要。

关于颙琰的立身行事，政绩个性，上文议及很多。为了加深读者的印象，不妨再作简评。颙琰在太上皇训政期间，恭谨无违，唯上皇马首是瞻，仅为摆设陪衬而已。但在亲政之后，蓄势爆发，天威一怒，斩了大贪官和珅，魄力可谓大矣！仅此一笔，便可长昭史册。继而白莲教起事，海疆动乱，天理教攻入帝阙，确是国事多艰，社稷飘摇。他处庙堂之上，遇事不惊，力握要枢，从容指挥，决胜千里，一次次动乱，次第平靖。他的睿智及指挥才能的确不同凡响。清室将他追谥为“睿皇帝”，恰如其分。另外，他屡屡反躬自省，多次下诏求诤言，匡己之失，反映了较高的文化涵养。他虽然没有康乾时代开拓疆域的功绩，但作为守成之主，是称职合格的。有些书籍，评价他是“平庸天子”，笔者期期不敢苟同。如果不按马列主义的标准衡量，他应是清朝较好的皇帝。

后世史官说他频年用兵，税赋减免力度太大，即使有和珅巨大家产的补贴，国库银两也被他消耗殆尽，这也是不争的事实。

耻结南京城下盟

——清宣宗　旻宁

清宣宗道光皇帝爱新觉罗·旻宁

（1782—1850 年）

空倡俭风传美名，奈何国力不如英。

虎门鸦片烟销尽，耻结南京城下盟。

【旻宁即位】是大清王朝兴衰的转折点，如果说颙琰尚是守业之君，那么旻宁连祖业也守不住了。

嘉庆二十五年七月，清仁宗颙琰崩于热河行宫（避暑山庄）。弥留之际传旨，皇次子绵宁早在嘉庆四年按家法秘密立储制已被立为皇储，应即皇帝位。当时绵宁扈从保驾，也在热河行宫，同在热河行宫的还有瑞亲王绵忻等王公大臣。按说皇上传口谕，嗣君及诸王大臣同时受命，绵宁即位应是顺理成章，名正言顺。但是按清朝雍正皇帝创立的秘密立储制，立储密诏应藏在大内乾清宫"正大光明"匾后。按正规的做法，应是颙琰崩逝后，诸皇子王公大臣应派人立即取回匾后密诏镭匣，然后共同开启，宣布某皇子即位方是。但是事实上没有这样做。于是后来产生两种说法：一说是绵宁即位，是奉皇太后懿旨。但是先皇既有立储密诏，皇太后岂敢违背家法，再宣懿旨。皇太后当无此胆量。另一说是颙琰到热河木兰秋狝，已将镭匣取下，随身携至热河。他死后，随行诸王大臣在身边寻出镭匣，然后开启宣布。此说亦不可信。难道颙琰预感此去热河必死，竟将密诏镭匣在匾后取下，携至热河？况且在"正大光明"匾后取下密诏，是违背祖制的，颙琰不会如此做。因而此说亦不可信。既然上述两说都不可信。现在只能暂时认同《清史稿·仁宗本纪》的说法，即颙琰临终传口谕，使绵宁即位的。至于为什么不按家法派人到北京在乾清宫"正大光明"匾后取出密诏，确实成了历史悬案。只能待进一步研究解密。

但是必须毫不怀疑地承认，绵宁是唯一可继承皇位的人选。因为他是嫡子，由嘉庆元配皇后喜塔腊氏所出。在伦序上又是皇次子，皇长子是庶出，先他而死，他便是年龄最长的一个。更重要的是绵宁立有大功，当年天理教教徒冲击皇宫，他临危不惧，挺身而出，手持火铳连殪二贼，被嘉庆帝特旨封为智亲王。此功赫赫，众望所归。其他皇子远不能比，做皇帝非他莫属，当之无愧。因而在立储程序上出现的小失误，便成为次要问题。

绵宁在热河行宫受命后，护送大行皇帝梓宫入京。随后在太和殿举行登基大典，即皇帝位。以明年改元为道光元年。“道”是道统、道理，也可理解为儒家君临天下的正统思想。“光”是发扬光大。“道光”二字，寓意清朝的统治，永远传承而发扬光大。另外，为了天下臣民避讳方便，宣旨将名字“绵宁”改为“旻宁”。

旻宁，乾隆四十七年八月生于大内撷芳殿。他很不幸，少年时母亲皇后喜塔腊氏薨世，由继任皇后钮祜禄氏扶养。钮祜禄氏尽管生有绵恺、绵忻两个皇子，但对旻宁抚育十分尽心竭力。因此旻宁终身感谢钮祜禄氏，孝顺有加。旻宁少年极为勤奋好学，颙琰亲自训导，又请来名师翰林秦承业、万承风辅导。稍长与礼部侍郎汪廷珍、翰林侍读学士徐挺朝夕论道，“日与诗书相砥砺”。他 11 岁时，随祖父乾隆皇帝行围打猎，旻宁张弓搭箭，射倒一只鹿。祖父大喜，赏给他黄马褂、顶戴花翎。32 岁时，他又持枪击毙冲击皇宫的天理教教徒。由此可见，旻宁的文化素质及武功都极为出色。

旻宁即位，年已 39 岁，具备丰富的人生阅历。他清醒地知道，乾嘉两朝，他的祖皇、父皇频年用兵，南巡北行，已将国库银子消耗殆尽。因而他号召天下臣民厉行勤俭节约，反对铺张浪费。他身体力行，率先垂范，压缩宫廷开支，减小排场。连衣食也特别俭省，御膳减去几十道菜，荤少素多。他经常穿着旧龙袍上朝，内裤也有补丁。后妃当然更是如此，总之力摒繁华，追求朴实。应该说旻宁提倡节俭，确实是一种美德，大清朝再穷，还能没有皇帝后妃的好衣着、好吃喝？中国历史上像旻宁这样节约的皇帝很是罕见，确实难能可贵。他又下旨释放了一批宫女，让她们回家团圆，这既是节省，更是仁慈的表现。他还下严旨，亲王、贝勒等宗室贵族，要率先带头节约，给臣民做个榜样。除生活不得铺张外，更不能广纳姬妾。皇帝提倡节约，并身体力行，王公大臣自然也不敢怠慢，上朝时都穿着破衣烂衫，旻宁朝下一望，真是朴素极了，龙心大悦。谁知，这班王公大臣只是上朝应付皇帝，以示节俭。下朝归府，脱下破衣烂衫，换上新衣，依旧锦衣玉食过着奢侈的生活，官场奢华腐败已积重难返，想要根除，谈何容易。

旻宁即位不久，还处于国丧期间，朝中发生一起风化案，当事者是豫亲王裕兴。裕兴贵为王爷，却看上了府中一个婢女，婢女名叫寅格，生得姿容俏丽，楚楚动人。裕兴平时多次调戏，寅格就是不从。某日宫中为先皇举行大祭礼，裕兴与几个福晋都去参加，匆忙磕完头，裕兴借故先回府，乘福晋不在，直奔寅格房中又来纠缠。寅格年龄虽小，却有刚烈性格，坚决拒绝。裕兴凭着蛮力，竟将寅格衣服剥去，翻云覆雨凌辱一番，然后扬长离去。谁知寅格羞辱难忍，一气之下悬梁自尽。偌大王府死一个丫头，裕兴毫不在意。但是此事传到外面，闹得满城风雨，被宗人府获悉。宗人府是清朝设立的专管皇室贵族的机关，平时管一些袭爵削爵、登记宗谱的具体事务，也有检察皇室成员风纪的职能。这种强奸婢女致人死命的事件，最伤皇家体面。宗正不敢隐瞒，如实上奏，旻宁闻报大怒，下旨赐死裕兴。幸亏绵恺、绵忻两个亲王极力求情斡旋，旻宁只将裕兴革去王爵，圈禁三年了事。虽然处罚太轻，但毕竟能起点振肃纲纪的震慑作用，可算作旻宁登基伊始干的一件大事。除此之外，便是减免天下钱粮，大赦犯人，大规模任命、调动朝内外官员，四海尚称升平。到了这年九月，新疆省南部传来回族头目张格尔造反之事，真使旻宁极为扫兴。

【平定回疆】是旻宁平息新疆叛乱的一次军事行动。乾隆二十五年，清军平息了大小和卓木发动的叛乱，天山南部归入大清版图。清廷在喀什噶尔设立参赞大臣，在回部八城各设办事大臣，而在伊犁设立将军府，由将军统管整个新疆南北。平定初期，清廷对新疆采取轻徭薄赋政策。回部几十年，居民安居乐业，还算安宁。到了嘉庆末年，朝廷派往回部的管理大臣，多由内廷侍卫充任，这些侍卫很少有为官阅历，文化素质极低。一到回部任职，便敲诈勒索，加派苛捐杂税，然后作威作福。各城的回族官员，名叫伯克，为了讨好办事大臣或参赞大臣，以孝敬上司的名义，向回族民众横征暴敛，所得暴利四成中饱私囊，四成孝敬办事大臣，另两成由办事大臣向参赞大臣和伊犁将军奉献。回族基层官员与清廷各级官员勾结一起，倒霉的只能是回族民众。时任参赞大臣斌静，更是个残暴贪婪、荒淫无耻的家伙。他坐镇喀什城，不理政事，整日灯红酒绿，花天酒地，吸食的全是回族的民脂民膏。另有一种爱好，便是极其好色。那些回部伯克，见他有此癖好，便献些有姿色的回妇，供他淫乐，以换取更大的权利。斌静以为身在回疆，距京城十万八千里，天高皇帝远，大胆妄为，光天化日之下与回妇玩裸体游戏。回族群众受尽剥削不说，连妻女都被糟蹋，心中气愤至极，反抗的火焰已慢慢在胸中燃起。此时回族有个大头目，名叫张格尔。他是当年大和卓木那布敦的孙子，那布敦被清军杀死，他怀有杀祖大仇，对清朝极为痛恨，经常组织反清活动，被清军通缉。于是他逃到浩罕国（今乌兹别克斯坦国）避难。他的父亲萨木克也在浩罕谋生，父子两人身在境外，心系故土，发誓有朝一日夺回旧疆，独立为国。当张格尔听到参赞大臣斌静等清朝官员横行霸道、民怨沸腾时，认为时机已到，便潜入回疆，以诵经祈福为名，到各部落煽动，要清除贪官，为民雪恨。张格尔虽没有和卓木的封号，但他毕竟是伊斯兰教教主穆罕默德的后裔，回民对他仍十分崇拜。于是啸聚一起，跟随他造反。当时喀什有个办事大臣色普征额领兵防御，打了个胜仗，把张格尔驱逐出境，并斩了100余名叛民。参赞大臣斌静听说打了胜仗，立刻开宴庆贺，认为回疆从此太平无事，可继续享受灯红酒绿的生活。

然而，此时伊犁将军庆祥，已奉旨在回疆调查张格尔起事原因。庆祥走遍回疆八城，各地回民纷纷控诉，将斌静等官员剥削压迫回民的事实向庆祥一一揭发。庆祥不敢隐瞒，立即如实上奏。旻宁闻说斌静虐民、逼民造反，极为愤怒，下旨将斌静逮回治罪。另派永芹为参赞大臣，到喀什赴任。永芹是个庸才，碌碌无为，到任几年没有什么起色。张格尔依旧骚扰不已。他派兵去剿，张格尔便逃出境外。他一撤兵，张格尔又来。有时张格尔使出诡计，说要投降，他高兴极了，坐等几日，无异守株待兔，弄得永芹剿也不是，抚也不是，束手无策。就这清剿张格尔又拖了三年。道光五年夏，张格尔又来侵边。永芹便派领队大臣巴彦图防御，巴彦图豪情百丈，自恃勇敢，愿带200骑出击。他驱驰400里，没有见到张格尔的踪迹。到了布鲁特地方（今塔吉克斯坦），见有几百牧民在草原放牧，巴彦图率骑兵冲杀过去，牧民四散惊逃，逃不及的老弱妇孺，被巴彦图全部杀掉，过了一次杀人瘾。然而滥杀无辜，却闯下了大祸。逃归的回民向布鲁特头目汰列克哭诉清军屠杀暴行。汰列克本是顺从政府的回族头目，听到这个消息，悲愤难忍，号召回民举兵反抗，率兵2000余人，不分昼夜追袭巴彦图。巴彦图行至半路，被汰列克追上，回众报仇的怒火燃烧，奋勇扑去，凶狠异常，将巴彦图等200骑兵包围，发愤泄恨杀个净光。随后汰列克联络张格尔，联合进兵，把回疆闹个天翻地覆。参赞大臣永芹见敌军猖獗，慌了手脚，一面据城固守，一面上报朝廷。旻宁帝非常愤怒，严斥永芹无能，并大骂巴彦图滥杀平民，死有余辜，追夺官职，不予抚恤。召回永芹，派伊犁将军庆祥到喀什代替永芹，主持剿办大事。另任大学士长龄出任伊犁将军。

庆祥到了喀什，立即召集各级官员及伯克会议。回民伯克阿卜杜勒向庆祥说，张格尔是个假名，并非圣裔。参赞大人何必大动干戈，只要发布告揭露张格尔是个假货，回民自然不去跟他闹事，叛乱便可平息了。庆祥信以为真，立即依法照办。这边张格尔听说庆祥发布说他是个假圣裔，勃然大怒，唯恐回众离散。他本来指示阿卜杜勒向庆祥献计，那是缓兵之计。谁知庆祥大肆宣传他是假货，真是弄巧成拙。于是带兵500，潜入喀什城外和卓木坟陵，以祭祖为名，团结回众。和卓木坟陵是回教徒的圣地，当年大小和卓木被杀，被埋在此园。就是那芳名远播、香气四溢的“香妃”也在此埋葬。回民把和卓木坟陵叫做“玛杂”，非常崇拜。当庆祥探知张格尔到“玛杂”祭祖时，十分惊慌，急召阿卜杜勒询问，阿卜杜勒已逃之夭夭。张格尔深入国土，不发兵清剿，无异是失职。庆祥本不愿打仗，此时也由不得他了，立即派领队大臣舒尔哈善、乌凌阿带兵1000余名攻打张格尔。张格尔凭着陵园的高大墙垣拼死固守。一面派人到回族各部煽动，说清军要铲除“玛杂”，屠杀回民。回民听说清军要毁掉圣墓，个个气个半死，互相传播消息，不到几个时辰，愤怒的回民已聚集几千人，像怒潮般涌向“玛杂”。清军正在围攻“玛杂”，忽见回众疯狂扑来，顿时军心大乱。张格尔乘机突出，前后夹击，清军几乎全军覆没。舒尔哈善战死，乌凌阿腿快，逃出重围，到喀什城报告清军失利消息。庆祥大惊，召集各路兵马齐集喀什，拟固守待援。

张格尔恐清军势大，不敢进攻喀什。驻军城外，向浩罕国求援。承允国王穆罕默德·阿里，联兵攻击清军，得胜之后，所得金帛一半分与浩罕，并将喀什割让。阿里大喜，立即发兵来援。但是张格尔又探知喀什清兵不多，对求援浩罕颇为后悔，自感独自能攻破喀什，何必让浩罕来分一杯羹。于是派使者劝阻浩罕万勿进兵。浩罕国王已率兵出境，见张格尔悔约，勃然大怒，竟率兵直驱喀什，围住猛攻。张格尔却按兵不动，坐待渔翁之利。浩罕兵久攻喀什不下，国王知张格尔不怀好意，愤然撤军。回归路上，却遭到张格尔的伏击，损兵几千，浩罕国王受张格尔欺骗，偷鸡不成，反蚀了一把米，叫苦不迭，狼狈返回国内。

张格尔乘势围攻喀什，喀什守军已被浩罕兵攻得筋疲力尽，已经受不起张格尔的再攻击。激战几日，喀什城被张格尔攻破，清军几乎全部战死。参赞大臣庆祥，知大势已去，自缢而死，精忠殉国。张格尔占领喀什，士气大振，分兵四出，先后攻占了英吉沙、叶尔羌、和阗三城。自此，回疆西部四城全部沦陷。

清廷接到警报，朝野震惊。旻宁急派陕甘总督杨遇春为参赞大臣率兵5000到回疆剿贼。伊犁将军长龄又奏请朝廷增兵，说贼势浩大，新疆境内只有6000兵，无异于杯水车薪。请派大军4万，15000兵守粮道，25000兵进剿，方可成事。旻宁听他言之有理，立即增兵援助。任命长龄为扬威将军，全权指挥各路军马。

回疆有八城，西四城已经失陷。东四城喀喇沙尔、库车、乌什、阿克苏尚在清军控制之下。阿克苏为东方屏障。张格尔率军先攻阿克苏，阿克苏守军奋勇抵抗。各路大军陆续赶到，阿克苏尚得保全。张格尔见清军云集，领兵退去。长龄到达阿克苏后，积极准备，精心布置，到了道光七年，长龄认为出击时机已到。率大军22000余，向喀什进发，阿克苏距离喀什2000余里，一路前进不见敌踪，到达洋巴特沙漠，粮食快要耗尽。突然发现前面有敌营几座，长龄激励将士，只有战胜前方敌军，夺得粮食，才能生存。将士闻令奋勇冲杀。20000余兵马呼啸而上，顷刻间将敌军杀败，残军溃散，敌军尚有大量粮食。清军得粮，士气大振。饱食几日，继续前进。到阿瓦巴特，又遇到敌军伏兵。原来这是张格尔属下的安集延部队，都是从浩罕国招募的勇士。安集延战士以凶悍善战闻名，有10个回兵不如一个安集延的说法。但是清军人多，用大炮轰击。清军藤牌兵个个穿着虎衣，远看好像活老虎一般，一个个冲入敌阵。安集延战马，见了假老虎，匹匹刨蹄嘶叫，惊惶后退，清军乘势掩杀，安集延部队全军覆灭。

清军进至浑河北岸。张格尔率军10余万于南岸扎营，横亘20余里，沿河遍筑堡垒，安置大炮，又击鼓示威，鼓声咚咚，震动天地。长龄见回军势大，不免心惊。参赞杨遇春说："敌军势大，先不去触其锋。目下应扎稳营盘。夜间派死士渡河骚扰敌营，只扰不战，扰得他军心迷乱，再寻机进攻。"长龄连点头称善，依计而行。每至半夜，清军敢死队几百名，乘着木筏，渡至半河，便放炮呐喊，喧嚣达旦。张格尔夜夜巡河，闹得心慌意乱，筋疲力尽。

某夜，忽然狂风大作，飞沙走石，天昏地暗。长龄见状，心惊肉跳，下令全军后撤10里。杨遇春急来劝阻。长龄说："敌军熟悉形势，如今狂风吹来，天地昏黑。敌军乘机渡河袭击，我军岂不全军覆灭。"杨遇春道："大帅所虑极是。但我若与敌军旷日持久地对峙，只能是粮尽兵疲，到那时进退不能。现在大风狂吹，天地昏暗，正是苍天助我。如此天气，敌军料我不敢急渡，我军却偏偏急渡，乘其不备，大功可成。"长龄道："这真是冒险，如敌军乘我半渡进攻，奈何。"杨遇春道："在下早有考虑，可派索伦兵千骑，绕行到下游牵制敌军；遇春自率亲兵到上游急渡。若上下游两路得手，大帅可领大军正面过河。"长龄踌躇不决。杨遇春厉声吼道："机不可失，时不再来。"长龄见杨遇春年事已高，奋勇如此，已被感动。而且深知他身经百战，智勇双全，况且除此而外别无他计。于是恢复信心，依计而行。当夜，杨遇春冒着狂风率军渡河，顺风渡河真是快捷，半个时辰被大风送到对岸。清军抬着大炮，对着敌营一阵猛轰，风声、炮声响成一片。张格尔梦中跳起，率兵迎战，见狂风更急，炮弹处处炸响，吓得胆战心惊，只有固守，不敢出战。天明，索伦兵渡河成功，也从下游赶来。长龄见两路得手，从正面率大军渡河，三路清军向敌营扑去。张格尔见军心已乱，急率军奔逃，回兵都穿着高靴，逃跑不便，纷纷脱下靴子，拼命狂逃。辎重、高靴，狼藉一片，塞满道路，清军乘胜追击，直抵喀什城下，擂鼓攻城，清军个个争先，人人奋勇，喀什城顷刻间被攻破，张格尔外甥、侄子被活捉，4000名回兵被俘，唯有张格尔逃脱。

喀什城收复，清军接连收复英吉沙、叶尔羌、和阗等三城。西部四城都飘扬着大清朝的龙旗。长龄向朝廷发出600里加急红旗捷报，满希望邀功请赏，然而旻宁并不买账，以元凶张格尔逃脱为罪名，追夺原赐长龄的紫缰，并削去杨遇春的太子太保衔，并下严旨限期捕获张格尔。长龄一肚子冤气，只得派杨遇春、杨芳率兵追捕张格尔。清军追至葱岭，遭到浩罕兵的伏击，大败而归。旻宁又下旨斥责长龄，说他孤军深入，损兵靡饷。并调回杨遇春，由杨芳任参赞大臣。长龄捉不到张格尔，朝夕愁闷，寝食不安。老家伙突然想出一个办法：清军撤出西部四城，力保东部四城，西四城由回人自治。这道奏本递呈至京师，旻宁暴怒，将奏章撕得粉碎，大骂长龄昏聩至极，并说当年高宗皇帝费尽心力才将回疆平定，收归大清版图，长龄无能竟出此谬论，欲将国土拱手送人，真是可恨。盛怒之下，下旨将长龄革职留任，以观后效。革职留任的圣旨，真把长龄吓得昏头昏脑，万般无奈，请来参赞大臣杨芳请教。杨芳胸有成竹，献计说："不擒张格尔，皇上难以息怒。杨某有一计，大帅不妨试用。回族教徒，分为两派，一为白山党，首领便是张格尔。一为黑山党。两派积怨已深。张格尔占据喀什时，虐杀黑山党。黑山党曾到清营控诉。于今之计，可让黑山党人出卡散布谣言，伪称清军已撤，喀什空虚，喀城居民希望张格尔早日归来，主持政教大计，若张格尔中计归来，便有捕捉机会。"长龄一听，饥不择食，连称好计。精选大批黑山党教徒四处散布谣言。杨芳此计果然生效。张格尔藏在浩罕国大山中已经一年，活得很不耐烦。一听清军已撤，回民盼他回归，大呼真主万岁，竟率领几百个残兵败将潜回境内。他还不放心，派人到喀什侦察，回报清军不见踪影，张格尔大喜，当夜宿于阿尔古小城，准备天明开进喀什城。张格尔行踪早在清军视线之内。拂晓时分，杨芳率兵突袭阿尔古城。张格尔梦中惊醒，仓皇出逃。杨芳奋起直追，追到喀尔铁盖山，张格尔只剩30余骑，弃马登山。杨芳派兵绕出山后，堵住逃路，然后率几千清军搜山追捕。张格尔在山中狂跑，被大石绊倒受伤。清军一拥而上，将其捆个结实，扛下山去，到清军大营报捷。长龄见生擒张格尔，老泪纵横，悲喜交加。几年拼死拼活追捕，杨芳一计，得来全不费功夫。立即向朝廷报捷。旻宁闻奏大喜，立封长龄为二等威勇公，杨芳为果勇侯。看来旻宁确实赏罚分明，有罪必罚，有功必赏，一丝不苟。清廷自乾隆中叶以来，久不行献俘礼，当张格尔押解到京城，旻宁高坐午门之上受俘，真是威风至极。受俘后，又举行廷审，然后将张格尔押至西市，千刀万剐而死。行刑之时，原自杀殉国的喀什参赞大臣庆祥之子文辉，也奉旨观刑。刽子手将张格尔的心肝以刀剔出，交与文辉。文辉提着张格尔的心肝，又到父亲坟前致祭，算是报了父仇，以慰忠魂。旻宁下旨，将以长龄为首的40名平回疆的功臣，绘图紫光阁，永志纪念。又祭天告庙，并说此次平定回疆全凭皇太后洪福齐天，皇太后应加尊号，又大赦天下，停止当年秋决，真是举国欢庆，热闹极了。

张格尔叛乱，朝廷用了九年时间，方将回疆平定，牺牲了多少将士，消耗了4000万国库银两，胜利来之不易。但是必须看到回民叛乱是清朝腐败官员压迫剥削的结果，百姓反抗有理。可不幸的是张格尔煽动回民，脱离大清，自行独立，如此性质大变，于是清廷出兵镇压，反成为维护国家统一的战争。从这点看旻宁功不可没。同时读者可以清楚看到，满族官员已经腐败无能，若不是杨遇春、杨芳出计出力，出师回疆，胜败尚未可知，长龄只是因人成事而已。清朝从道光时期开始，满族官员腐败无能的特点已暴露无遗，满族威信大跌，大清朝已显出衰亡之兆。

但是，回疆平定却引出一阵更大的余波。办理善后事宜的钦差大臣那彦成，为了回疆安定，下令将浩罕国的侨民一律驱逐出境，并没收财产。这下把浩罕国王阿里气得要死，发兵侵入中国，又把张格尔的哥哥优素福带入境内，封为和卓木。于是回部边疆又动乱起来。浩罕国入侵是道光十年之事，其时那彦成已返回京师。当下这个混乱局面，由喀什参赞大臣扎隆阿料理。扎隆阿是个终日不醒的酒鬼，闻浩罕兵来，吓醒之后，仓皇出兵，接连打了几个败仗。还好叶尔羌办事大臣壁昌忠于职守，击败侵略军，保住了叶尔羌。清廷闻报，急令伊犁参赞大臣容安带兵到回疆助剿。容安是个庸才，他是那彦成的儿子，最大的特点是遇敌就避，叶尔羌被围，他却绕道乌什，到和阗驻军。清廷得知容安按兵不动，畏葸不前，下旨革职查办。又派长龄到回疆抗敌。长龄虽然无能，但非常任劳任怨，征尘还未洗净，又不远万里，风尘仆仆地来到新疆。他先奉旨查办了酒鬼扎隆阿，然后积极准备征伐浩罕王国。浩罕国王阿里见清军压境，十分恐惧，向俄罗斯求援，俄人拒绝，于是，赶快修书派使，到清营议和。外交文书措辞十分沉痛，说浩罕国70余年向清廷进贡，这几年因回乱被朝廷封闭边境，禁止贸易，已经吃足了苦头。愿从此息兵，重修旧好。长龄知道浩罕国处葱岭之西，群山阻隔，征伐不易取胜。于是报朝廷批准，两国签订了和约。从此，浩罕国年年向清廷进贡，清廷也开放边境与之通商。一场余波总算平息。

【全妃之死】是清宫一桩疑案，又是一大丑闻。提起此事还须从头说起。

回疆平定后，道光十年，湖南永州地区瑶族民众不堪官府压迫剥削，由瑶族头目赵金龙率领发动起义，声势浩大，官军进剿连连失利。后来又波及广东，广东连州瑶民也发动起义。湖广总督卢坤派兵弹灭，朝廷又派钦差大臣禧恩、瑚松额到湘粤督战，费了一年时间才将瑶民起义扑灭。旻宁帝既平回疆，又平瑶乱，格外欢喜，认为四海晏安，天下升平，大事庆贺。后宫有个全妃钮祜禄氏，聪慧绝顶，极会凑兴，她用七巧板拼出“六合同春”四个大字。“六合”者，东西南北天地，寓意“天下升平”。七巧板是中国特有的智力游戏，用木板七块，各种颜色，形状各异，拼在一起，千变万化。但用七巧板拼出四个大字来，确是独出心裁，难能可贵。“六合同春”四个字最符合旻宁期望盛世太平的心理。全妃呈上七巧板，旻宁认为非常吉瑞，龙心大悦，封全妃为皇贵妃。全妃原系侍卫颐龄之女，生得美艳绝伦，而且灵心慧巧，能诗善文。幼年曾随父在苏州居住。苏州妇女文雅聪慧，有水乡的灵气，在闺中赏玩七巧板游戏，以为消遣。

全妃一见爱不释手，她触类旁通，在此基础上，又发明研制，将块数增多，形状亦增多，一经拼凑，玄机变化无穷，可拼字，可拼图，随心所欲，可与晋朝苏蕙的璇玑图媲美。全妃天生丽质，天生慧心，相互映衬，于是名噪大江南北。后来清宫大选秀女，其父颐龄将她送入宫中参选。在几百个秀女中，旻宁色眼识美女，一眼瞅中。这个灵美十足的女子，当夜侍寝风情万种，旻宁销魂温柔之乡。平时侍奉帝侧，善解人意，捶背挠痒，把旻宁伺候得十分舒服。初为贵人不一月升为嫔，隔年升为妃。因她才貌双全，便封为“全”妃。全妃的肚子也争气，几经雨露，便育孕麟儿，取名奕詝，也就是后来的咸丰皇帝。如今全妃又拼出个“六合同春”，因而旻宁特将她封为皇贵妃。全皇贵妃好运不断，道光十二年，皇后佟佳氏病故，这成为她再升一级的跳板。一年以后，由皇贵妃转正，成为皇后。晋升之快，令六宫妃嫔望尘莫及。一人得道，鸡犬升天，全皇后的娘家人大沐皇恩，父封承恩公，母封诰命夫人，荣耀无比。道光十四年，皇太后六旬万寿，旻宁是个大孝子，亲制寿颂 10 章，献与皇太后。全皇后本是才女，亦作 10 首祝寿诗，首首押着皇帝的御韵。旻宁见她诗章，立意奇巧，寓意吉祥，格律工稳，更加宠爱不已。

某日，旻宁与皇太后闲聊，说及全皇后聪慧多才，皇太后怅然道：“妇女以德为重，德厚方能载福，若仅凭一点才艺，恐非福相。”太后的意思，女子以德立身，应安守闺帏，不应以才艺哗众取宠，无才便是德罢了。这在封建时代，也是名言至理。旻宁听了很是惊异，因是太后随便说说，对皇后仍然恩宠不减。但这句话经太监、宫女传播，竟传到全皇后那里。全皇后心想：“我贵为皇后，生有皇子奕詝，虽是老四，但老大老二老三夭殇，皇位也轮着我儿。那时我若健在，我也是皇太后，难道无福吗？这个老婆子真是多嘴。”于是心中暗恨太后，说起皇太后还是全皇后的亲姑姑。她真想不通太后为何贬损她。因此，每天到宁寿宫给太后请安，怒形于色，语言也有些不敬。皇太后见她如此，心中懊恼，仗着太后与姑母身份，免不得当面训斥一番。有时责备旻宁把皇后宠坏了。旻宁当面唯唯诺诺，回宫后与皇后亲热如故，枕席间将太后之言告知皇后。皇后心中更气，凭着皇帝的恩宠，骄气更盛，脾气更暴，竟多次与皇太后顶撞，真把太后气个半死。姑妇不和之事，传播出去，闹得满城风雨，朝野皆知。旻宁大伤脑筋，他的处理办法是，到太后面前，依旧唯唯诺诺，表示愿听慈训，要严厉管束皇后。回宫后，又舍不得伤了皇后情绪，尽力安慰。二者之间虚与委蛇，总算平稳，没闹出什么大事来。

如此将就了几年，到了道光十九年腊月，全皇后偶感风寒，只觉头痛脑热，算不得什么大病，尽管不是大病，但皇太后仍然多次到钟粹宫探视，问寒问暖，很是亲热。全皇后是个吃软不吃硬的主儿，见太后亲临探视，已将往日怨气消散大半。到了次年元旦，皇后病情大减，强打精神到宁寿宫拜年。太后依然亲热，妇姑二人寒暄许久，太后的热情已将全皇后的怨气驱散得干干净净。又过两日，皇太后派太监送来一瓶美酒，说此酒可祛风散寒，通经活血，健身强体。全皇后很是感激，托太监向太后谢恩。然后斟酒举杯，慢慢品尝，谁知此酒香味浓郁，甘绵可口，越喝越想喝，欲罢不能，一瓶美酒喝了个涓滴不剩。稍过片刻，腹痛不已，满脸通红，由红变紫，由紫变黑。急召太医诊治，百计抢救无效，玉体僵硬，芳魂西飘，当夜薨于钟粹宫。旻宁抚尸大哭，悲伤不已，辍朝七日，以为悼念。谥为孝全成皇后。太后送美酒，皇后暴亡，旻宁非常怀疑，但转念一想，皇太后素来仁慈，岂能下此毒手？他历来仁孝，不敢往此处再想，只怨全皇后福薄命薄罢了。后来皇太后亲自到梓宫前祭奠三次，泪流满面，看上去很是哀伤，于是旻宁下决心按住此事，不许外扬。皇后已死，六宫无主。旻宁封静贵妃博尔济锦氏，代摄六宫事，并把皇四子奕詝交由她抚养。旻宁对全皇后的感情太深了，从此他不再另立皇后。旻宁此人，人品端正，不仅是个大孝子，而且极重夫妻感情，怜香惜玉，是个多情种子，他一生共收纳后妃 20 人，风流好色，自不待言，但他对后妃极好，未闻有欺凌暴虐之事。他的第一个皇后是孝穆成皇后钮祜禄氏，他与她少年结发，感情极深，死后悼念不已。第二个皇后是孝慎成皇后佟佳氏，两人伉俪情深，恩爱异常，道光十三年病逝，同样哀悼不已。孝穆皇后死后未埋，梓宫安厝在京效田村，旻宁一年几次到此奠酒，20 年如一日。孝慎成皇后病逝，其梓宫也安放在田村，多年不埋葬。旻宁同样多年如一日地祭奠。直到道光十九年，两个皇后才同时奉安清西陵龙泉峪。至于孝全成皇后，感情深厚更无以复加。她那出奇的美貌、绝顶的聪慧，令他永怀不已。梓宫安放田村多年，一年多次地奠酒。最后出殡时，他亲送到龙泉峪，下葬奉安时，亲自下到地宫口临视，即观看埋葬的全过程。大清开国200余年，没有一个皇帝能如此。虽然旻宁见一个，爱一个，但爱得真挚，难能可贵。比之喜新厌旧、色衰而弃的皇帝通病，无疑强多了。旻宁崩后也埋在龙泉峪，地宫里一帝三皇后，也是罕见，这是后话。

全妃之死是凄婉而恐怖的故事，太后下毒分明是清宫一大丑闻。野史传载，小说渲染，纷纷扬扬传播了几百年。真耶假耶？至今尚未定论，这又成了清宫千古疑案。笔者写至此，亦有悼红惜翠之意，如此美艳绝伦、灵慧超群、多才多艺的女子，死得不明不白。真是可惜可悼。不禁咏诗叹曰：

绝伦才艺美佳人，七巧拼成六合春。
可叹红颜多薄命，清宫千古悼冤魂。

【虎门销烟】是中国历史上一个重大事件，大清盛衰捩转，此是关键的起源。这个大事件纯由英吉利国大规模向中国倾销鸦片引起。英吉利国在欧罗巴洲之西，孤悬海外，由英格兰、苏格兰、爱尔兰三岛组成，对外号称大不列颠王国。国内实行君主立宪制，由女王世袭，开上下两院，重视科学，屡多发明，瓦特研制蒸汽机造成工业革命亦肇端于此。英国四面环海，造船业异常发达，本国资源缺乏，便到外国攫取，扬帆远航外国，借口贸易，实行侵略之实。贸易得利，抢掠亦得利，积累了大量财富，成为海外强国。明朝初期，欧洲人哥伦布、达·伽马船海成功，探知太平洋东方有个富裕的中国。于是葡萄牙、荷兰、西班牙、法兰西等国以及远在彼洋的美利坚也纷纷到中国淘宝，不过尚是以澳门为基地，不涉足其他港口。于是英国人也接踵而来，起初还是正当生意，以洋货换取中国的茶叶、瓷器、绸缎。到了明朝后期，英国人首先在货物中夹带鸦片。这种鸦片十分新奇，初吸之精神倍增，终日不倦，引起国人好奇与兴趣。由于流量小，只流行于上层社会。据说明神宗朱翊钧吸食成瘾，赐名福寿膏。从“福寿”两字，可看出中国人对鸦片愚昧的认识。英国人对中国贸易欲望十分强烈，清朝乾隆年以后，英国屡次派使者向清朝进贡，并提出通商“请求”。但清廷款待来使，拒绝通商。可英国使者进贡是假，窥探虚实是真，最早来中国的英国使者马嘎尔尼在中国盘桓数月，他看到了清朝貌似强大，实则腐败的现象，回国后大肆宣传中国是“泥足巨人”，一推便倒。这使得英国渐渐藐视中国，很像古寓言中那只老虎，渐渐接近那匹贵州毛驴。从嘉庆年间起，英国货船开始将鸦片大量地输入中国，中国吸食者开始增多，嘉庆皇帝看到吸食鸦片的危害性，下令禁烟，但效果甚微。英国占领印度以后，在孟加拉国及孟买地区鼓励民众大面积种植鸦片，遍地罂粟花开红艳艳。从印度运至中国，又近又快捷，成本降低，价格更便宜，数量更大。因此吸食者由达官贵人进入寻常百姓家。百姓一旦上瘾，欲罢不能，直吸得骨瘦如柴，家产荡尽，抛尸街头。英国洋商与中国买家相互勾结牟取暴利，形成输入、贩卖、吸食一条线的生意。广州等沿海城市，烟馆如林，喷烟吐雾，街头满是站立不稳、摇摇摆摆、到处游荡的烟鬼。旻宁即位，鸦片误国害民的舆论不绝于耳。于是他颁布严旨禁烟。凡是洋船到广东港口，先由当地行商，出具该船不夹带鸦片的保证书，方准开仓验货，如有欺瞒，加等治罪。各海口关防官员因疏忽而使鸦片流入者，以失察治罪。但是鸦片暴利，驱使洋商与当地买办勾结更紧，洋商以重金买通当地行商，甚至海关官员，变化手段，鸦片输入反而有增无减。更可怕的是内地百姓成瘾，每天眼巴巴望着鸦片上市。外有货源，内有销路。黑糊糊的鸦片滚滚而入，大清朝白花花的银子滚滚流出。而广大百姓被鸦片吸得神思昏迷，瘦骨嶙峋。国内有识之士，目睹如此现状，悲泪横流，大声疾呼。御史朱成烈首先上奏朝廷，应加大力度禁烟。鸿胪寺正卿黄爵滋上《严禁鸦片疏》，主张将吸食者一律砍头，可算最激烈的一个。旻宁很是激动，命令各省督抚，各提建议上奏。几乎是众口一词：不禁鸦片，国脉不保，民气衰弱，国将不国，民将不民。时任湖广总督林则徐说得尤为深刻剀切：“鸦片一日不禁，国力日贫，百姓日弱。数十年后，国家无筹饷之银，兵无可用之兵。”旻宁阅完奏章大为动容，命他到广东查办禁烟大事，林则徐慷慨激昂，声称："鸦片一日不绝，则徐一日不回。"旻宁极加勉励，授他为钦差大臣，便宜行事。同时颁下严厉的圣旨，凡贩烟吸烟者一律斩绞。

这位林则徐是福建侯官县人（今福州市），品格刚直，办事极为认真。按今天的话说，就是坚持原则，死不动摇。他嘉庆十六年中进士，从翰林院庶吉士，一步一个脚印，一直做到总督的职位。尤以关心民瘼、兴修水利而名闻天下。只是他脾气很是急躁，今日有事，今日办完，刻不容缓。他也知道急躁误事，下决心改正，曾手书"制怒"二字，制成轴卷，巡行随身携带，到任悬挂后堂，以为警策之言。

林则徐到达广州之前，广东总督邓廷桢已经风风火火查办一番，将贩卖、吸食者关押几百名，单等钦差大臣发落。说起邓廷桢，他为官很清正，政声远播。但在禁烟之事上，思想有一段波折。道光十六年，太常寺卿许乃济上《鸦片弛禁疏》，向朝廷公开建议不要禁烟。他的观点是，朝廷禁烟百年，收效甚微，越禁越多。洋商、买办、烟商为获暴利，贿通关防官吏，以走私形式输入鸦片。国家关税丧失，白银大量外流。不如开禁，将鸦片作为药材，课以重税，如此国家可得大笔关税。同时允许国内种植鸦片，以国产鸦片抵制国外鸦片，国产鸦片成本低，价格低，不消几年，洋商的鸦片无人购买，达到不禁而禁的效果。另外，允许平民吸烟，不许官、兵吸烟，等到外国鸦片被挤出去，然后在全国再施行禁烟。许乃济认为这是变通而有效的方法。许乃济因此被马克思誉为"中国最著名的政治家"，马克思赞赏的是他的经济头脑。但是许乃济的"弛禁论"，只考虑国家的财政收入，只算经济账，不算政治账。对吸食鸦片为害国民体魄，未多加考虑，也就是以国民的健康为代价，换取丰厚的关税。当时，邓廷桢最支持许乃济的"弛禁论"，而遭到有识之士的指责。然而后来邓廷桢来了个180度大转弯，由顽固的反禁烟派变成坚强的禁烟战士，不管什么原因，确实值得庆幸。

林则徐到任后，立即召开禁烟会议。两广总督邓廷桢和广东巡抚怡良是主要参会者，林则徐提出斩杀贩卖吸食者，这仅是治末，只有将英国的鸦片货船，一律驱除，断绝来源，才是治本大策。邓廷桢极表赞成，两人一见如故，相见恨晚，谈得非常投机，可谓英雄惜英雄。两人同时认识到，收缴鸦片，驱逐英国货船，非动武力不可。于是两人命令，水师提督关天培守卫各个海防关口，并调集兵船，做好战斗准备。这次会议开得极为成功，钦差大臣与地方督抚密切配合，组成了最有力的搭配。

广州有 13 家洋行，包办中外贸易，其中也包括鸦片。林则徐将洋行的执事传召到衙门，让他转告英国商人，限三日内缴出货船内所有鸦片，否则后果自负。各洋行执事见钦差大人传令，不敢不遵，急忙转告英国商人，英商大为惊慌，又报告英国领事义律，义律丝毫不慌，说是例行公事、官样文章，安慰英商情绪。然后跑到澳门闲游。各个英商见领事从容镇静，便拖延观望，以为官府总是虎头蛇尾，花点银子便可息事。三日已过，英商毫无反应，早气炸了林则徐。下令广东海关，查封各国商船货物，停止贸易。又将为虎作伥的买办逮来十几个，下于大狱。各国洋商纷纷谴责英国商人贩卖鸦片，害了他们的生意。英国领事义律方知林钦差的厉害，这次是来真的。于是从澳门窜回广州，行文中国官府，愿缴出鸦片 1037 箱。邓廷桢见到这份照会立刻发怒，他告诉林则徐，零丁洋停泊英国鸦片趸船 20 多艘，按每艘 1000 箱计，应有 20000 多箱。林则徐更是愤怒，英人以 1000 箱来搪塞，分明是蔑视天朝。当即派兵 1000 余名，围住英商居住的洋馆。又派水师截断英国趸船的粮食淡水供应。几天过后，英国商人饥渴难忍，纷纷向义律哭诉。义律无法，下令英商全部缴出鸦片，先保住性命再说。英商在虎门共缴出鸦片 20823 箱，约合鸦片 200 余万斤。林则徐、邓廷桢、怡良亲到虎门验收，并给英商补偿每箱茶叶五斤。同时召集各国商人训话，让他们出具货物不夹带鸦片的保证书。如再夹带贩卖，货船入官，人即正法。“正法”一词，洋商大惑不解，官吏以手作砍头状，吓得洋商缩头咋舌，唯唯诺诺。

鸦片全数收缴，禁烟已告成功。林则徐、邓廷桢联名上奏，请将鸦片解送京城销毁。旻宁因路途遥远，途中恐生偷漏抽换的弊端，下旨就地销毁。

道光十九年四月廿二日，即公元 1839 年 6 月 3 日，林则徐奉旨在虎门正式销毁鸦片。几万居民尽来观看，人山人海，热闹异常，外国商人亦奉命观看，唯有英国商人不到，以示抗议。销烟方法是林则徐的一大发明，销烟并非用火烧毁，而是在沿海筑起两个方塘，长宽各15丈，呈正方形，前设涵洞，后通水沟，先将食盐投入，引水成卤，然后再加入石灰，瞬间塘水沸腾，热气冲天。一声令下，2万多箱鸦片一一投入塘中，塘中黑浪翻腾，很快溶化。最后开了涵洞，鸦片溶液，随潮入海，消失得无影无踪。由于数量巨大，销烟持续了23天，围观群众欢声雷动。唯有上瘾的烟民及失去暴利的买办、烟贩大为沮丧，而义律、颠地等英国人却躲在洋馆内向隅而泣。

林则徐以大无畏的英雄气魄，一举销毁英国人的鸦片，捍卫了中华民族的利益，保护了人民健康，大快人心，大长志气。他无愧是中华民族英雄、世界禁烟先驱。其禁烟功勋，长昭后世，永垂不朽。“林则徐”之名应该用金字写入世界史册，永远熠熠生辉。100年后，中华民国政府将虎门销烟开始日阳历6月3日定为“禁烟节”，而后联合国又将销烟结束日阳历6月26日定为“国际禁毒日”，可见其影响之大。当今，世界毒品泛滥成灾。各种毒品花样翻新，继续戕害世界人民的身心健康，严峻形势不亚于当年。这使我们更加缅怀林则徐，真希望世界各国产生更多的林则徐式的坚强有力的官员，实施林则徐式的严厉果断的措施，使毒品永绝于世。笔者议至此，又要作诗了，诗曰：

禁毒先驱万世钦，虎门壮举快民心。
大清多有林公在，或许名园留到今。

【鸦片战争】是由林则徐虎门销烟而引发的一次中英战争。虎门销烟后，英国人痛恨在心，拒不具结永不销售鸦片的保证书。林则徐十分愤怒，断绝了对聚集在尖沙咀英国商人的粮食蔬菜供应。英国商务领事义律召来英国兵船几艘，以索取食物为由，突袭九龙岛。中国水师奋起反抗，击沉英舰一艘，余船仓皇逃去。这标志鸦片战争拉开了序幕。义律有些惊慌，央求葡萄牙人出面交涉，请求删掉“人即正法”一条。林则徐派快马奏报朝廷。一个月后，旻宁发下手谕，“既有此番举动，若再示柔弱，则大不可。朕不虑卿等孟浪，但戒卿等不可畏葸，先威后德，控制之良法也，特此手谕。”这个手谕表明了清廷对英国人的强硬态度。假如旻宁能自始至终坚持“不示柔弱，不可畏葸”的态度，也许历史将会改写。当然这是笔者的假设，事实并非如此。

林则徐接到手谕，抗战信心更加坚强。他断然拒绝义律修改“人即正法”的要求。义律再派兵船，堵住海口，拦住各国商船不准入港与中国贸易。林则徐命令水师提督关天培率兵船五艘，驱逐英国兵船。英国人首先开炮，关天培下令还击，击坏英船舵楼，击毙英国水手几名。关天培乘胜追击，将尖沙咀的英国船只驱赶到老万山外洋。九龙与尖沙咀两次海战，中国军队占了上风，朝野一片欢呼。朝中王公大臣大多慷慨主战。旻宁下旨宣示中外，停止对英国贸易。其他各国不在此例。

自此中英绝交。义律逃回伦敦大肆游说，夸大英国损失伤亡惨重及中国人如何野蛮等状，要求英国政府立即派兵攻打中国，报仇雪恨。英国政体是君主立宪制，凡国家大事必由上、下两院议员表决通过方能施行。上院由英国皇室贵族组成，下院由社会各界议员组成。义律的哭诉和游说起了推波助澜的作用，顿时在上下两院掀起了一股喧嚣的反华浪潮。然而在两院中，正人君子、主持正义公道的成员大有人在。他们认为贩卖鸦片非正当生意，若以此向中国开战，有损英国体面。况且英国现行法律，不准国民种植、吸食鸦片。己所不欲，却施于人。即使以英国道德标准衡量，也是卑鄙至极。主战与反战两派议员争论激烈，几乎旗鼓相当。英女王维多利亚将动议付诸下院表决，投票结果，主战 271 票，反战 262 票，以九票之差，主战派获胜。接着上院也顺利通过主战决议。于是女王下令向中国开战。任命乔治·懿律为对华战争总指挥。查理·义律为副。从印度调集海陆军 15000 人（一说为 4000 人），懿律统率陆军，海军由伯麦统率。

英国准备对华开战的消息传到京城，旻宁主战决心早定，倒也不显惊慌。下旨命林则徐任两广总督，责成加紧防御，邓廷桢调任福建总督，负责福建沿海防卫。林则徐担当总督大任，意气风发，积极准备抗击英军。早在钦差任内，他便留心洋务，每日从澳门购来新闻报纸若干，仔细阅览。从报纸中得知英国决定主战，便加紧备战。调集战船60艘，大舟20艘，小艇百余艘，增募新军5000名，新购西洋炮200门。排开阵势，练习海战。又几次到狮子洋，校阅水师，见军容雄壮，士气高涨，很是满意。

道光二十年五月，英国海军大小军舰40余艘，海军4000余人，到达澳门海面。战舰排开，汽笛尖叫，向天鸣炮，向中国示威。此时澳门海口已埋伏中国火舟几十艘。各舟装满纵火物资，乘着大风，向英舰冲击。英国几艘舢板船被焚毁。英国军舰不敢贸然进攻，暂时后退。英军统帅懿律招募汉奸多名，潜入海边侦察，但多被中国军队捉拿，少数逃回的汉奸向懿律回报，说中国军队防守非常严密。懿律、伯麦用长筒望远镜观察几天，见果然如此，不免懊恼异常，有个汉奸某某，向懿律建议说："中国海岸极长，广东有备，可攻外省，外省未必有林则徐这样的官员把守，总有破绽可寻。中国的京城在直隶省，直隶也靠海，如攻到直隶海边，惊动皇帝，那最好不过。"懿律闻言大喜，决定放弃攻击广东，向北攻击。其实英国兵船在十几年内多次在福建、浙江、江苏沿海游弋，至于向直隶攻击，则是那个汉奸的新建议。

林则徐发现英舰未攻广东，向北驶去。急传令福建、浙江防卫。过了几日，英国军舰驶近厦门海面。福建总督邓廷桢早有战备。深夜派水兵扮装商民，乘小船攻击敌舰，用喷火罐烧毁敌船两艘，杀伤英水兵几十名。懿律以为遇到海盗，急下令反击。但中国突击队已消失在夜色之中。天明，英军向厦门进攻。厦门炮台用沙袋堆积，敌炮击中只扑哧一响，便被滞住。中国炮台还击，却击坏几艘英舰。懿律见厦门防备森严，又趁着东北风，继续北上，进入浙江海面。舟山是浙海第一门户，是个群岛，四面环海，无险可守。英舰在海面游弋几日，见无中国兵船拦截，便驶入群岛之中，向县府所在地定海进攻。定海总兵张朝发下令开炮反击。但英舰不退，几十艘战舰齐集，用排炮向定海炮台攻击，炮弹如雨，接连炸响。中国水师不能抵挡，纷纷后退，总兵张朝发表现极佳，拼死血战到底。忽一弹飞来，饮弹而亡。英军攻破海口，蜂拥登陆，直驱定海城下。定海城内无兵，知县姚怀祥募乡勇几百人守御。英军一阵猛炮，然后搭梯攻城。乡勇奋勇迎战，多被杀死。知县姚怀祥见县城攻破，自刎殉国。英军占领定海，驻扎不走。统帅懿律患病，返回国内。查理·义律前来接替。义律与伯麦商议一番，由义律率兵舰八艘，向天津进发。

义律率舰到达天津海面，并不进攻，采取先礼后兵策略。他带领20余名随从，舍舟登岸，要求面见直隶总督琦善。琦善闻报大吃一惊，不知义律大胆求见是何意图。寻思片刻，便出衙相迎。见义律表情严肃，身后跟着二十几名高大的壮汉，一个个黄发碧眼，呲牙咧嘴，雄赳赳，气昂昂，不禁有些发憷。迎进后，义律递上英国首相巴麦尊勋爵致大清国宰相书。琦善一瞧，半字不识，幸好直隶衙门有个翻译，粗通英文，勉强翻译出来，大声朗读："本国志在通商，并非有意激战。只因广东林则徐、邓廷桢烧我鸦片几万箱，因而前来索赔，如赔我烟价，偿我兵费，许我通商，便引兵回国。"琦善一听，事关重大，不敢表态，为稳住义律，勿使他派兵攻打，立即设盛宴招待。义律等也不推辞，大嚼一顿。席间义律乘机恫吓："本国后续部队几万，军舰百艘即日可到天津。若不允要求，后悔不及。"翻译过来，琦善听后瑟瑟发抖。义律吃完，昂然而去。此次天津会谈，琦善表现极为窝囊，而义律率几个随从闯进总督衙门，胆气豪壮，态度强硬，与琦善形成鲜明对比。这次会谈，从气质精神上，大清国已输于英吉利。

定海陷落，英国陈兵天津大沽口，使旻宁十分惊慌，他命两江总督伊里布到浙江布防，又召琦善到京听训。琦善一到京城，便找军机大臣穆彰阿商议。这个穆彰阿，原是进士出身，亦有点才学，平时广交天下名士，门生遍布要津，但颇善权术，尤善拍马之术，把旻宁巴结得晕头转向，对他极为倚重。穆彰阿原来就反对禁烟，对林则徐很是不满，他和琦善密谈许久，然后上奏弹劾林则徐办理不善，轻开战衅，应先惩办林则徐，再议战和事宜，旻宁召见琦善几次，琦善将天津会谈，英人愿意议和等事奏明，极力主张议和。旻宁是个只看办事结果、不管过程的主儿，他认为不管林则徐在广东干得怎样轰轰烈烈，但最后结果是英人攻陷定海，损兵折将，而且陈兵大沽口，直接威胁京城。闹得这里布防、那里调兵，劳师靡饷，举国不宁，却根本不去想，为何广东固若金汤，英人不敢攻，而攻别处的事实。于是下旨责林则徐、邓廷桢办理不善，着革职交部严加议处，两广总督由琦善接任，即日赴粤办理议和之事。

琦善接旨，立刻通知义律，请撤大沽口军舰，返回广东，在广东商谈议和之事。义律立即应允。琦善日夜兼程赶到广州，立即召见林则徐、邓廷桢，宣读圣旨。林则徐在广东尽心竭力大干一场，虎门销烟奇功卓著，却落了个革职查办的下场，忍不住老泪纵横。广东官吏个个寒心，悲愤不平。但是天命难违，只得忍声吞气。琦善升堂，摆出钦差与总督的架子，训饬各官，安守本分，不得肆意寻衅，得罪英人，破坏和议。各官都敢怒不敢言。过了几日，义律发来咨文，要求琦善立即撤去沿海兵防，解散林则徐招募的5000水兵。广东巡抚怡良，闻讯赶来劝阻。琦善说："我奉旨议和，不撤兵不能显天朝诚意。"怡良道："英夷素来狡猾，不可不防，防卫不可撤去。"琦善说："我和义律已在天津议定，大人何必多虑。"怡良长叹而出。

于是琦善下令尽撤海防，解散水勇。又招募一个通晓英语的汉奸鲍鹏，将他视为奇才，让其往来传信，催促义律速来广州议和。然而义律毫不着急，越叫越不来。琦善整日坐在衙门苦等，等来等去，等来义律的一份公文。鲍鹏将它翻译出来，却是除了天津议及的赔烟价、偿兵费、开口岸、许通商外，还要割让香港供英国兵商居住。同意是否，限三日内答复。这显然是最后通牒。琦善听说有割让香港一款，吓呆了。割土之事何等重大，他哪里敢擅为。一面吩咐鲍鹏稳住义律，让他耐心等待，一面含糊其辞地上奏朝廷。

然而，此次义律是先兵而礼，以兵逼和。他等得不耐烦，派兵突袭，先攻占沙角炮台，守将陈连升兵败身亡。接着又攻占大角炮台，千总黎志安身负重伤。琦善吓得胆战心惊，急派鲍鹏质问义律。说话间，总兵李廷钰闯入衙门，声泪俱下说道："沙角、大角两炮台失陷，英兵现已进攻虎门。虎门一失，省城难保，请大帅急速发兵去救虎门。"琦善道："我已派鲍鹏前去询问，明日必然无事，何必惊虑。"李廷钰愤然说："大帅不要信任鲍鹏，他是个贩卖鸦片的惯犯，屡有前科。如果他通洋叛国，为害不浅!"琦善听得烦了，闭目不答。李廷钰急得跺脚，哭号道："大帅速速发兵去救虎门。”琦善说：“200兵够吗?”李廷钰道：“200不够分布。”琦善说：“再添300，500兵总够了吧。”李廷钰无奈，起身告辞。琦善追上一步告诫道：“老兄晚上天黑带兵过去，别让英人瞧见，责我添兵反误了议和大事。”李廷钰哭笑不得，匆忙率兵赴援虎门。

琦善好容易等来鲍鹏，鲍鹏说，义律已经允诺，只要答应签约，立即停止进攻。琦善忧虑割香港一事，朝廷尚未批准。鲍鹏说：“不签约，英人便要进攻。虎门失陷，省城也保不住。目下之计，先与他签个草约，然后奏明朝廷不迟。”琦善寻思再三：我是奉旨议和，签约也是依朝旨办事，若英兵攻破省城，性命不保，朝廷的使命也耽误了。于是听从鲍鹏之计，借口巡查炮台，溜出广州，跑到穿鼻莲花城与义律举行会谈。谈判结果是：赔偿英人白银700万元，开放广州，割让香港。英国人从定海撤出，归还沙角、大角两炮台。双方签字画押。时在道光二十一年正月初三，即1841年1月29日。这就是臭名昭著的中英《穿鼻条约》。这个条约刚签订，英国兵立即占领香港，贴出安民告示，声称香港已归英国，岛上居民以后成为大英国公民，要遵从英国法律管理，等等。这消息传出，全省官民悲愤难忍，纷纷谴责琦善卖国。广东巡抚怡良气炸了肺，忍愤含泪写下奏章，以800里加急传驿飞驰京城，向朝廷奏报琦善擅割香港之事。旻宁接到奏报，气得火冒三丈，七窍生烟。下严旨痛斥琦善：“朕君临天下，尺土一民，莫非国家所有，琦善擅割香港，擅许通商，不知是何肝肺?辜恩误国，实属天良丧尽。着即革职拿问，所有家产立即抄没入官。”当圣旨传到广州，琦善泪流如雨，又闻革职抄家，顿时昏晕过去，不省人事。几天后，琦善被押解到京城，问成死罪。多亏穆彰阿极力营救，被发往军前效力赎罪，这是后话。

旻宁认为割地求和严重损伤天朝主权与尊严，决心抗战以雪国耻。派御前大臣奕山为靖逆将军，湖南提督杨芳、尚书隆文为参赞大臣，调集各省兵马15000人火速赴粤，打击英军。另派祁贡为两广总督。

义律已探知朝廷主战消息，乘奕山、杨芳援军未到，率先向虎门进攻。几十艘军舰齐集虎门海面，各舰一齐开炮，发动猛烈轰击。镇守虎门要塞的是水师提督关天培，此人满怀忠烈，一腔义愤，对英军恨之入骨。

奋勇反抗，指挥靖远炮台官兵向英舰反击。炸坏敌舰几艘，但后续英舰冒险冲过来，渐渐接近炮台，英舰大炮像雨点似地向炮台倾泻。关天培手持长剑，麾军反击，大喊开炮。然而英舰火力越来越猛，炮台将士大多战死，而援军无半点踪影。忽然一弹飞来，正中关天培左臂。他岿然不倒，继续大喊开炮。紧接着几颗炮弹同时炸响，关天培左右官兵均被炸倒。关天培见英军开始登陆，知大势已去。仰天大呼："英夷可恶，琦善可恨，天培殉国了。"随即挥剑自刎。关天培是反击侵略的民族英雄，是死得最壮烈的一个。笔者为天培一哭！洒泪为诗：

溅血炮台不顾身，保家卫国抗英军。
天培已死忠魂在，雄鬼依然守虎门。

靖远炮台失陷。英军转攻威远、横挡两炮台。两炮台将士奋勇反击，但同样抵不住英军猛烈炮火，两炮台接连接陷。整个虎门要塞被英军占领。要塞累年布置的大炮300门，洋炮200门，尽成英军战利品。虎门是清朝苦心经营的最坚强的堡垒，引以为清军的骄傲。它的失陷，说明英军已没有攻不克的堡垒，真令人痛心。英军继续前进，直驱乌涌。乌涌距省城只60里，算作一道屏障。英军又是一阵轰击。总兵祥福、济南沈占鳌、守备洪连科，不愧大清国好儿郎，率兵苦战两日，全部为国捐躯。虎门失陷，乌涌失陷，省城广州完全暴露在英军前方，省城军民恐慌至极。幸亏参赞大臣杨芳率湖南兵赶到。杨芳有剿天理教、征回部的威名，是大清一员名将，人心稍安。

杨芳与巡抚怡良商议一番，两人相聚一起，大骂琦中堂误国，但也没有御敌的良策。现在敌军深入内地，国门大开，唯有守住珠江，防他闯入，方是救急的办法。于是派兵驻守东胜寺、凤凰两个沿江据点。刚布置停当，英舰乘潮闯入珠江。杨芳急忙指挥反击，敌军炮火猛烈异常，杨芳身经百战，从未见过如此激烈的战斗，口中连称厉害。英舰猛攻一阵，随潮退去。杨芳心中十分忧虑。过了几日，美国领事前来斡旋，声称只要允许通商，英国便可停攻。杨芳实在无法，与怡良联名，上奏朝廷说，敌军深入内地，省城无险可守，请暂允许通商，暂为羁縻之计。谁知，旻宁阅奏勃然大怒，痛斥杨芳、怡良是琦善一类的人物，只知迁就完事，不识国家大体。并说奕山将率大军入粤，兵精粮足，应痛剿丑类，再不得提“通商”二字，以伤朕心。于是由美国人斡旋的和议告吹。

稍后，奕山、隆文及新任总督祁贡都已到达广州。几人面面相觑，一筹莫展。突然又想起林则徐虽已撤职，还在广州。几人上门拜访，求林则徐出谋划策。林则徐长叹一声说：“国门大开，敌军深入。目下只有沉船塞住珠江口，然后伺机用火攻对付敌舰。”奕山听后，黯然无语。林则徐又说：“林某待罪广州，尚欲杀敌报国，蒙诸公垂青，愿效死力。”奕山暗想，敌舰就在江口，沉船堵塞太难，只寒暄一阵，随即告退。不几日，圣旨下来，降林则徐为四品官，派往浙江会办军务。林则徐整装上道。奕山也没有实施林公之计。

此时义律等了多日，不见杨芳答复，便派人到广州索赔烟价。奕山大怒，叱退使者，召集各官开会，主张出击。杨芳劝阻道：“兵船未备，水勇未集，不可贸然出击。应固守为是。”奕山叹道：“若不出战，圣上怪罪下来，奈何？决一死战罢了！”杨芳见他振奋，心中暗喜，遂不再劝谏。于是奕山遣将发兵，命提督张必禄、杨芳、隆文等人率兵出江口，分三路突袭敌舰。当夜，几百名水勇驾着几十艘小船，带着火器，突然攻击，英舰不及防备，被烧毁十几只小船，毙伤英国水手几百名。奕山闻报狂喜不已，鼓掌欢呼。然而好景不长，英军突然反攻，击毁兵船三艘。又长驱直入，逼近13洋行附近。奕山忧虑不堪，彻夜不眠。次日凌晨，英舰大举进攻。天字炮台失陷，炮台上800斤大炮被英军拆毁。接着英军又攻陷泥城炮台。奕山闻败报不断传来，跌足大叫：“不得了！不得了！”急忙传令城外各军火速入城固守。第二日，四方炮台也被英军攻占。四方炮台紧邻城边，居高临下，省城尽在敌军视线之下。弈山急得要命，整日在衙门里踱步转圈。果然英军占了四方炮台，向城内猛发炮弹。杨芳还算英勇，整日在城楼上防守。天公还算怜悯大清，突然大雨下个不停，英军火药潮湿，发炮不灵，停止了进攻。奕山有了喘息的机会，连忙开会，向各级官员问计。广州知府余保纯提出只有“议和赔款”一法。奕山此时战不行，退不敢，愁苦万端，只得求和，先保住广州再说。让余纯保出面交涉，余纯保在广州办差日久，经常接触洋人，洋人包括英人对他颇有好感。他奔波几日，费了无数口舌，居然将义律说动，由美国人中间调停。议定四款：

第一款：广东允赔烟价外，先偿英国兵费600万元，限五日内付清。

第二款：外省兵退屯城外60里。

第三款：割让香港问题，待以后再商。

第四款：英舰退出虎门。

余纯保回报奕山，奕山长叹不已，踌躇再三，只得照办。将全省库存搜刮殆尽，只得了400万银元，又将海关税银挪用，凑足600万银元，交给英人。接着下令外省援军退出广州，驻屯于60里之外的小金山。杨芳心中愤怒，借口维持治安，留在城中。参赞隆文移屯小金山，不几日忧愤而死。

英军收了赔偿兵费，兵舰退出虎门海口。英军统帅义律、伯麦率千余人，舍船登陆，从佛山镇取道泥城，慢慢后退，目的是向沿途民众耀武扬威，顺便游山玩水。路过萧关三元里，忽有几千村民各持武器，潮水般涌来，瞬间将英军包围，个个怒气冲冲，要与英军拼命。村民队伍中竖起一杆大旗，上写“平英团”三字。原来广东民众对英国入侵早就气愤至极，各地纷纷组织义勇，保家卫国。平英团是其中一支。义律、伯麦初不在意，下令开枪驱散，但村民更是厉害，用土炮、鸟铳还击，顿时放倒几十个英兵，海军统帅伯麦也中弹负伤。村民越集越多，黑压压一片望不到头，英军被围在洼地里，不熟悉地形，只有挨打的份。几次突围，寸步难行。对峙一日，英军饥渴难忍，随行携带弹药极少，眼看就要全军覆灭。义律情急之下，派汉奸混出重围，飞也似地向广州知府余纯保求救。余纯保一听，惊得乱冒冷汗，唯恐村民挑起战端，坏了议和大局，带领几十个衙役，火速奔至三元里，向村民说了几十箩筐好话。村民见父母官急得口吐白沫，方闪开一条路，义律、伯麦等英军才狼狈逃出。官可侮，民不可侮，三元里村民截击英军，为国人出了一口气。笔者突发奇想，假如平英团将英军最高统帅义律、伯麦斩杀村前，必定会大大影响以后的战局，说不定英国政府会改变对华政策，历史将会改写，也未可知。可恨余纯保救出英军，丧失此一大机会。

英军退出虎门，但奕山心怀鬼胎，心中七上八下。想了几天，捏了一个模糊的奏章递呈上去。那奏章写道："……焚击英船多艘，大挫凶锋，义律穷蹙乞抚，只求照旧通商，永不售卖鸦片，唯追缴以前通商欠款六百万圆。当由臣等与其议约，令他退出虎门。"这个奏章期君瞒上，将败状掩饰，又偷换概念，将赔款说成欠款，把求和说成乞抚。着实迷惑了旻宁。旻宁深信奕山皇亲贵族，老成持重，不会说假话。英人兵败乞和，也是他最爱听的话。同时军机大臣穆彰阿也出来说话，极力赞成奕山在广东议和。他给旻宁算了一笔账，用确凿的数字说明，派兵进剿的费用与议和赔款的费用几乎相等。但进剿劳师靡饷，举国不宁。议和赔款，只派个使者拿出银子便轻松无事。劳与逸却有天壤之别。穆彰阿的经济账算得真准确，但他不算政治账，大清丧权辱国的事实，他却不顾，旻宁已有厌战情绪，希望天下太平。被老穆鬼话迷住，也不追究奕山的罪责。

奕山在广东赔款求和，气炸了一个刚直的大臣王鼎。王鼎时任内阁大学士，历掌刑部，清正廉明，朝野敬服。他是陕西蒲城人氏，与另一个内阁大臣陕西韩城籍人氏王杰，同朝为官多年，合称"二王"。王杰是清朝开国第一个北方状元，王鼎也是状元。两个西北人在朝中做到阁老的位置，确实罕见，当时为西北人争了大光荣。即使现在陕西人一提起"二王"还是眉飞色舞，津津乐道。王鼎力主禁烟，力主抗战，曾力荐林则徐大材可用，而今奕山卖国，真将他心肺气炸。他上了一个折子，内有"议抚万不可恃，将军奕山，其偿银媚外罪，较琦善尤重"等语。这封奏章呈上去，旻宁阅后心中震动，但他确实厌战，便留中不发。王鼎愤懑已极，又听到林则徐被发配伊犁充军，知是穆彰阿从中作梗，更是悲愤难忍。于是效史鱼尸谏，决计以自杀警君警世。写了一篇遗疏，历数穆彰阿欺君误国，不予治罪，大局无安日，海疆无安日，结尾写道："臣先死以谢穆彰阿。"写完放置桌上，召来家人叮嘱明日呈递朝廷。然后关门，北拜谢恩，悬梁自尽。

王鼎自杀，穆彰阿最先得知，以重金买通王府家人，偷出王鼎遗疏。穆彰阿接过遗疏一看，大惊失色，连呼“险极”。于是另编造了一份遗疏以“厌世自杀”为主题，又让王府家仆带回上奏。旻宁接到这份假遗嘱，嗟叹一番，也未深究。也是天不灭穆彰阿，一场惊天风波，老穆竟用手段摆平。

再说英军统帅义律，索了兵费，心犹不足。认为这仅是与广东达成协议，与其他省份无关，五口通商的目的尚未达到。于是又率军舰北犯。还未进入闽海，便遭遇飓风，翻沉了许多船只，死伤无数水手。奕山听得消息，立即上奏，有“英舰漂没无数，浮尸蔽海”等语，旻宁以为海神显灵助威，狂喜不已，命取出内库珍藏的高级香料，发往广东，让总督祁贡祭海。又认为和议已定，天下无事，沿海各省可裁兵节饷。

义律遭遇海难，返回香港，突然接到英国政府撤换他的命令。原来《穿鼻条约》签订后，英国国内极为不满，认为义律只为英国争得些许利益，女王维多利亚指责义律是“最无能和追求最短利益的人”。于是撤换义律与伯麦。由璞鼎查勋爵代替义律，海军少将巴尔克代替伯麦（可笑，中国撤换林则徐，而英国撤换义律，真是历史的巧合）。璞鼎查不仅接任统帅，而且被任命为香港第一位总督。道光二十一年七月，璞鼎查、巴尔克率军舰九艘、汽船四艘，补给船 23 艘，向中国北部侵犯，为英国争夺更大利益。英军首先进攻厦门。闽浙总督颜伯焘闻英军侵人，急从福州赶往厦门坐镇指挥。英舰进入鼓浪屿，颜伯焘下令开炮，一下击沉五艘英国小火轮，然而英舰不退反进，攻势更猛。厦门有炮台三座。英舰并不全面攻击，而是集中火力只攻一座。攻破一座，再攻另一座。厦门炮台皆用砖石筑成，全被轰塌。英军乘机放出小船登陆，后面大炮掩护。清军全面溃退。清军守将江继芳等七八名军官阵亡。英军占据炮台，扭转炮口，向厦门知府衙门轰击，衙门被炸得七零八落。颜伯焘与知府刘曜春逃往同安。英军在厦门大肆抢掠，厦民愤怒至极，聚众反抗，英军不熟悉地形，处处挨打，几天死亡 100 余人，而民军只伤三人。英军不敢久驻，退往鼓浪屿。颜伯焘报奏厦门失而复得，清廷严斥他防范不力，降三品留任。

英军在鼓浪屿休整几日，又鼓帆北上，进入浙江海面。新任两江总督裕谦是朝中力主禁烟抗战的首脑人物，与林则徐意气投合，为莫逆之交。林则徐到浙江帮办军务就是他的推荐。但林在浙江不久，便发配伊犁。两人挥泪而别。英军入侵厦门时，裕谦正在镇海阅兵，听到消息，立即传檄定海总兵葛云飞、副将郑国鸿、王锡朋统兵5000，严守定海。此三人都是忠肝义胆之士，而葛云飞更是智勇双全，出类拔萃。三人接总督檄文，赶忙部署，5000兵不够分布，只能扼要守卫。葛云飞守道头街，王锡朋守晓峰岭，郑国鸿守竹山门。但兵力、炮火均捉襟见肘。立派人到镇海求援，裕谦接到定海求援报告，立即召提督余步云商议。余步云认为镇海比定海更重要，镇海兵且不够，岂有余兵支援定海，力阻不让增援。裕谦身为总督不能制伏悍将余步云，真是可叹。

定海位于舟山群岛，是浙江海上门户，成为英军首攻目标。英国军舰在海面游弋两日后，突向定海发动猛攻，英军先攻竹山门，守将郑国鸿反击，轰断英主力战舰大桅杆。英军退出竹山门，又转攻晓峰岭。英舰炮火极为猛烈，在大炮轰击时，陆军亦登岸攻击，清军顾远不能顾近，顾近不能顾远，激战半日，晓峰岭失守，守将王锡朋战死。英军乘胜再攻竹山门，郑国鸿拼死抵抗，也无法抵住英军猛烈炮火，竹山门亦很快陷落。郑国鸿壮烈殉国。晓峰岭、竹山门两处失陷，定海只剩道头街一个据点。英军水陆两栖发动猛攻。定海总兵葛云飞，深知陷入绝境，报国殉身之时已到，激励将士奋勇死战。他亲自操纵4000斤大炮，向敌军猛轰，敌兵死伤惨重，璞鼎查、巴尔克亲自督战，轮番进攻，至死不退。葛云飞率军出击，突入敌阵，斩杀英军头目安士德。他脸部被敌兵砍伤，鲜血淋漓，犹奋勇冲杀。英军蜂拥而上，将葛云飞逼至崖石之下，排枪射击，万弹飞来，顿时殒命。死后背倚崖石，岿然不倒。眼露杀气，紧握钢刀。英兵见之惊骇，纷纷退去。有野史记载，葛云飞部下几个小卒前来收尸，葛云飞如石雕一般屹立于崖石之下，几个小卒竭尽全力也不能搬动。小卒撮土为香祷告：请忠魂回归故里去见太夫人。然后再上前搬动，尸体已经轻软。于是几个小卒将葛云飞忠骸运到镇海。葛云飞是关天培式的民族英雄，为国杀敌捐躯，死得壮烈！

葛云飞忠骸被送到镇海，总督裕谦抚尸大哭，举行隆重的祭奠仪式。

料理完毕，裕谦在营中设立神位，安排三牲供果，燃起香烛。然后召集各级官员，都来神位前宣誓，誓文是："英夷嚣张，犯我疆土，文武百官，同仇敌忾，英勇杀敌，报国捐躯，苍天佑我，共歼丑类。同心同德，效忠效力，若有异心，神人共殛！"然而依次宣誓，唯有提督余步云未到，派官替代，使裕谦大为恼怒。宣誓刚结束，镇海海面已传来英舰尖锐的汽笛声。

镇海是浙海第二道门户，有两个要塞，一是招宝山，由浙江提督余步云率军把守。一是金鸡岭，由总兵谢朝恩把守。两个要塞是城的屏障。总督裕谦日夜在城上守卫，满怀希望余步云、谢朝恩能顽强抗敌，守住两个要塞。此时海边传来激烈的炮声，裕谦已知英军开始进攻。他的心脏随着远处的杀喊声和炮声剧烈地跳动。忽然，他发现招宝山上竖起白旗，非常惊疑：那个余步云究竟捣什么鬼？身边随员说："西洋开战规矩，竖红旗是进攻，竖白旗是投降。"约过一个时辰，招宝山炮声寂静，探马忽然报来，招宝山失守，余军门不知去向。裕谦跌足叹道："国家养士200年，竟养出个叛徒！"说话间，又有败报传来；金鸡岭失守，谢镇台殉国。裕谦一听，反而镇静，喃喃自语："大约老天要成全老夫忠名。"忽听城外喊声大作，他在城上看去，英军已滚滚而来，城外守兵也已溃散。裕谦从城上下来，解下关防交与副将丰绅泰，托他转交浙江巡抚刘韵珂。随即跑到城中孔夫子庙，跳入泮池。家人闻讯，赶来捞救，已奄奄一息。镇海城中文武官员，闻总督跳水，纷纷逃跑，英军兵不血刃地占了镇海。

裕谦被家人捞出，用担架抬至宁波，又从宁波转到余姚，方咽下最后一口气。浙江提督余步云一口气逃到上虞。朝廷以临阵脱逃罪，将其正法，这是后话。英军尚不知裕谦已死消息，发兵追捕。因为裕谦最恨英人，曾将英国战俘剥皮抽筋，尸首焚烧，因而英军恨之入骨。英舰为此攻占宁波，并将慈溪抢掠烧杀一番。

旻宁接到浙江警报，异常震怒，大骂英人背信弃义，不遵协议，决心出兵抗战。派宗室奕经为扬威将军，侍郎文蔚、都统特依顺为参赞，奔赴浙江防剿。将广东巡抚怡良调至福建加强防务。又将河南巡抚牛鉴提拔为两江总督，加强江苏沿海防务。奕经带领川陕调集的6000新兵及临时招募的义勇军数万，开进浙江，于道光二十二年元旦进入杭州。立即召开军事会议。他慷慨激昂，意气飞扬，发誓将侵略者赶出海外，与会将士个个振奋，愿效死力。奕经派文蔚率兵 2000 驻屯慈溪长溪岭，副将朱贵、参将刘天保率兵 2000 驻屯慈溪城西大宝山，伺机收复镇海。派总兵段永福率兵四千袭击宁波。又派已故总兵郑国鸿之子郑鼎臣率水师东渡，收复定海。海州知府王用宾率兵驻乍浦，策应郑鼎臣。奕经自率领兵勇 3000，坐镇绍兴东关镇，协调各路，筹办粮饷。

奕经这一番调兵遣将，仿佛如诸葛亮运筹帷幄，胸怀韬略，出奇制胜。但是明眼人一看，沿海久经战场的军队，尚不是英军的对手，以未经训练的 6000 新兵，几万“义勇军”出战，无异是驱群羊入虎口，必败无疑。

郑鼎臣出海袭击定海，满望为父报仇，但在海上遇上飓风，沉船无数，狼狈归来。知府王用宾从乍浦出海，支援郑军，未到定海，已遭英舰炮击，大败而归。

段永福率军 4000 进攻宁波，先重金收买几个汉奸，作为向导，企图内应外合。谁知这些汉奸得英人的金钱多，得清军的金钱少，权衡之下，仍然为英国出力，将清军突袭消息报告英酋璞鼎查。璞鼎查谋略极高，是大英帝国的名将，他将计就计，安排伏兵，诱段永福入城。好在段永福警觉，只派 500 兵先行，被英军伏兵杀个净光。段永福见势不妙，逃回绍兴。

还有驻屯慈溪大宝山的刘天保，忠勇得很。发兵攻打镇海，气势汹汹，呐喊前进，刚至城下，英军已森严壁垒。城上与招宝山的大炮同时开火，脚跟尚未站稳，被炸个措手不及，刘天保只得返回。英军追击而来，猛攻大宝山右路清营，右路清营由副将朱贵把守。奋起反击，这一战十分激烈。朱贵用抬炮轰击，炸倒英军几百名，英军不退，反冒炮火前进。最后两军接触，展开肉搏战。朱贵父子十分英勇，拼死力战，斩杀英军无数，最终父子先后殉国。英军惊呼：从未见过如此勇猛的中国军人。刘天保见右营失利，放弃大宝山，跑到长溪岭向参赞文蔚求救。文蔚见英军势大，不敢出兵。忽然探马报来，大宝山失陷，朱贵全军覆灭。文蔚反而庆幸没有派兵送死。

以上是扬威将军奕经布置的四路奇兵，均被英军击败。奕经接到各路败报，从绍兴东关一溜烟跑到杭州。

英军得胜，气焰嚣张，向宁波绅士勒索犒军费 120 万两银元，然后退出宁波，又向乍浦突袭。乍浦为浙西海口，常驻满汉军 8000 余人，实力不谓不壮。但受了清军几路惨败的影响，见英舰突然进攻，已惊慌失措，副都统长喜、同知韦逢甲率军仓促反击，盲目发炮，几千发炮弹落入海中，当英舰逼近，弹药已尽。英军纷纷登陆，排枪射击，清军溃散，逃回乍浦城中。城中有汉奸接应，放起大火。英军也扑到城下搭梯攻城。清军不能守御，四散溃奔，长喜见大势不妙，投水而死。韦逢甲也战死殉国。英军涌入城中大肆屠杀，四处奸淫妇女，妇女自杀不计其数。全城遇难百姓总计万余人。真是一大惨案。但是乍浦百姓表现英勇壮烈，较之清军，更为突出，全城百姓自发抗战，杀死英军百人，宁为玉碎、不为瓦全，可歌可泣。

英军血洗乍浦，又向北侵犯，进入江苏海面。吴淞是江苏海口，首当其冲。英军向吴淞发起猛攻。镇守吴淞口的是江南提督陈化成，此人为福建同安人，是个德才兼备、智勇双全的豪杰。平时与士兵同甘共苦，不住衙门，专宿营房。兵士感动，称他为陈佛爷。他到吴淞已历三年，把东、西两个炮台修筑得十分坚固，防守也严密。当英舰进攻吴淞，陈化成亲守西炮台。他站在炮台，手执红旗，从容指挥。告诫兵士，发炮要准、狠，不能徒靡弹药。英舰在远处开炮，他并不还击。待其驶近，他亲自操纵主炮。他是个久经训练的最优秀的炮手，全把工夫下在瞄准上。第一炮打出，炮弹像长了眼睛一样钻入一艘英舰的烟囱。轰隆一响，英舰沉入海底，炮台将士齐声欢呼。陈化成又开第二炮，这一炮击断敌舰桅杆，那舰摇晃几下沉下。第三炮打出，击中另一敌舰的甲板，炸死英水手几十名。陈化成犹未解恨，见一艘敌舰驶近，连发两炮，一炮击中汽锅，一炮击中叶轮。那敌舰一沉一跃，几沉几跃，最后挣扎着沉下海去。海面上只露支桅杆头，与一面飘不起的英国海军军旗。岸上欢声雷动，真像看戏一样热闹。两江总督牛鉴当时在宝山坐镇，听说陈化成打了胜仗，突然胆量大增，骑上骏马，排着总督仪仗，前呼后拥，威风凛凛，赶到吴淞口。算是总督亲到前线指挥，也不虚此行。谁知到了前面，见战斗尚未结束，两军打得正酣。炮声隆隆，吓得他胆战心惊。连忙后退，一颗小炮弹已在前面爆炸，扬起的沙石溅在他脸上，他大喊一声，撒腿后跑。这一跑，却跑乱了军心。西炮台上的将士见牛大帅率大批随从没命地逃路，以为英军已经登岸，顿时停止炮击，惊疑不已。英军此时又转攻东炮台。东炮台守军见牛大帅逃跑，也惊疑万分。又听西炮台炮声寂静，以为已经失守，不知谁喊了一声“不好了”，东炮台未经战斗，逃个精光。英军占了东炮台，又向西炮台猛攻。陈化成见前后受敌，不免有些惶急。副将周世荣劝陈化成弃台而去，保存实力。陈化成执剑怒斥周世荣。周世荣竟脱下军装逃下炮台。陈化成也不管他，亲自燃炮，奋勇反击。忽然英军从后面发炮，击中陈化成。陈化成终于倒在炮身上，鲜血在大炮上淋漓而下，壮烈殉国。炮台将士见主帅惨死，更加拼命反击，最后全部战死。陈化成是又一个关天培、葛云飞式的民族英雄，他与西炮台将士为反抗侵略者流尽了最后一滴血。青天为他流泪，大海为他哀悼。副将刘国标冒死抢出陈化成忠骸，背到嘉定县，嘉定县县令陈廷璜将陈化成埋葬在关帝庙前。几千百姓都来祭奠，号哭不绝。也算生荣死哀，得其所也。英军乘胜又攻宝山，牛鉴大帅早逃得无影无踪。

英军攻下宝山，上海继之陷落。英舰到了松山，遭到清军阻击。松山守将尤渤是个将才，他的兵士训练有素。英军排炮打来，兵士各就地形卧倒，毫发不伤。待炮弹飞过，一律起立，开炮反击。敌舰的炮弹伤不着清军，清军的炮弹，十有八九却击中敌舰。英舰攻了两天，占不了便宜，转舵驶去，又在崇明、靖江、江阴骚扰了几天。

此时英军统帅璞鼎查制定一个大胆的计划：溯长江而入，直攻省府江宁。他以重金买通汉奸渔民，使为向导，派间谍坐渔船深入长江，沿途测量水深、礁石等情况，又将清军沿江防备探得清清楚楚，最后绘成详细地图。某日，海水涨潮，长江水面高出许多，璞鼎查大喜，下令英舰乘潮而入长江，向西疾驰。很快抵达瓜州。瓜州兵民，闻英军炮响，逃散一尽。于是英舰又转攻镇江。镇江沿江守军不堪一击，英军一阵猛轰，几千兵马逃得无影无踪。英军顺利登陆，直奔镇江城下。城内只有千余兵马，尽是老弱残兵，火炮也配备不多。但守将海龄很是英勇，率老弱之兵奋力反抗，竟与英军对峙两天之久，真是难得。英军尽全力猛攻，海龄终于支撑不住，自杀殉国。英军进城大肆烧掠。镇江沿江停泊无数盐船，被英军烧毁大半。盐商凑齐50万两银子送上英舰，剩余盐船方得保全。

瓜州、镇江相继陷落，江防已无险可守。几十艘英舰，乘风破浪，直抵江宁下关。两江总督牛鉴，从宝山逃回，做梦也想不到英军已临城下。就在几天前他还满城张贴布告，说什么长江狭隘，水浅而遍布礁石，英国军舰无法驶入，请全城居民安居乐业，勿要惊慌云云。然而从下关传来的炮响，声声震耳，使他惊慌万分。牛鉴是甘肃武威人氏，少年家贫，以苦读而中进士，一级一级地做到总督，甘肃省几百年还未出过牛鉴这样的大官，也是甘肃人的骄傲。他一肚子文才，吟诗撰联极有名气，又写得一手好字。让他做个文职官员，催粮派款，修桥修路，很是称职。而让他带兵打仗，韬略胆量都不足，真难为他了。此时他兵也不派，将也不调，整天在衙门内苦怄。然而牛鉴虽然胆小如鼠，却是一员福将。他在衙门里踱了几天步，忽然等来了钦差大臣耆英和前两江总督伊里布。原来旻宁又听从穆彰阿的建议，以“靖难息民”为借口，派耆英和伊里布来江宁与英人议和。牛鉴一听朝廷议和，顿时眉开颜笑，因为如此他便不必带兵打仗了。他一生最怕打仗，这下总算解脱了。读者也许奇怪，耆英是皇室宗亲、钦差大臣，由旻宁派来议和，尚可理解，而前两江总督伊里布因上次防卫不力，被朝廷撤职查办，已是待罪之身，如何又来江宁办差？原来伊里布是个亲英派，平时交结英人，英人对他印象极好。他有个家仆张喜，与英人来往极为密切。英军有个头目名叫马利逊，和张喜关系最是亲密。浙江巡抚刘韵珂向朝廷推荐伊里布与张喜是联系英人的最佳人选。因而旻宁将伊里布主仆二人派到江宁，作为外交奇才，让他们在谈判中立功赎罪。

于是，牛鉴与耆英、伊里布商议一番，派张喜到英舰先去接洽，让英军暂缓攻城，然后再徐徐谈判。张喜上了英舰，通过马利逊见了璞鼎查，璞鼎查大怒说，如要暂缓攻城，先缴纳300万元赎城费。张喜一听目瞪口呆，赶快回城报告。耆英、牛鉴闻报，也吓得心慌意乱。还是伊里布出了个主意，他说，初次接触，英人强横，情有可原，应表现我方诚意，如此如此。耆英、牛鉴点头称是。过了几日，再派张喜到英舰接洽，此次张喜带了大批鸡鸭鱼肉及美酒几百缸，说是奉朝廷之命前来犒劳英军。又经过马利逊极力斡旋，璞鼎查方才表示愿意谈判，他先透露几个条件，要五口通商，要赔偿 1200 万元兵费，还要割让香港，直听得张喜满头大汗。张喜一溜烟跑回汇报。耆英、牛鉴听了，不免愤恨。说什么广东已赔了 700 万元，怎么又要再赔巨款，真是欺人。再派张喜接洽，传达条件太苛刻，决不能接受等语。然而此回璞鼎查二话不谈，将张喜赶下舰去。

第二天，江宁北门江面，英舰突然悬挂红旗，朝天鸣炮，按照西洋海军惯例，悬挂红旗是表示向敌方宣战。这下将耆英等人给吓坏了，耆英想自己奉旨和议，结果和议未行，先惹战祸，皇上怪罪下来，如何担当。赶紧再派张喜前去接洽，张喜费了许多口舌，又经马利逊帮忙，璞鼎查方才答应清朝无条件谈判。相传马利逊原是中国人，在广州英国商务领事馆服务多年，后来加入英籍。他此番热情帮忙，在他看来是为祖国尽了一点心力。

双方谈判地点选在下关静海寺，当年明成祖朱棣为了嘉奖郑和下西洋的功劳，将静海寺赐给郑和为养老居住之所。郑和下西洋为天朝扬威，而今在此议约，是无条件接受耻辱。天意乎？人意乎？次日，大清朝代表耆英、伊里布、牛鉴，与英吉利全权代表璞鼎查开始谈判。双方见面用平行礼。清朝代表鞠躬示意，璞鼎查以手加额用军礼示意。谈判十分简单，英国提出条件，大清国只能全盘接受，不得有异议，否则立即开战。到了这般田地，耆英等人别无选择，议成 13 款。主要内容有：

（1）清国与英国结束战争，永远维持和平。

（2）清国赔偿兵费 1200 万银元。商欠费 300 万元，赔偿鸦片价 600 万元，共计 2100 万元。限三年缴清，当下先缴 600 万元。

（3）开放广州、厦门、福州、宁波、上海五港，作为通商口岸，英人及家属可自由居住。

（4）割让香港。

（5）放还英俘。

(6) 交战时为英国服务的华人一律免罪。

(7) 两国往来文书，概用平行款式。

(8) 条约由大清皇帝钤印，方能生效。

中国方面称，必须上奏批准，方可订约。璞鼎查勉强答应。

议约后，耆英、伊里布、牛鉴联名上奏，以800里加急传驿，报告清廷。旻宁接到奏报，愁闷万端，犹豫不决，召来王公大臣商议。王公大臣面面相觑，不敢多言。还是老穆最有主见，他说："兵兴三年，劳师靡饷。社稷飘摇，万民被难，目下只能忍辱负重，靖难安民，等到元气复苏，再图恢复，唯钤用御宝，关系国体，应改用耆英钦差大臣关防。"旻宁心慌意乱，好容易有穆彰阿出来解窘，又有"靖难安民"这个招牌，立刻准奏。

然而，璞鼎查强硬得很，皇帝不在条约上盖章，万万不能通融。耆英怕得要死，又派人到京密报穆彰阿，老穆又婉谏旻宁，才准许盖用皇帝之印。

道光二十二年七月二十四日，即1842年8月29日。中国代表耆英、伊里布与英国代表璞鼎查，在英国军舰"皋华丽"号上，正式签署条约，条约上盖着大清皇帝的御宝，而英国以"皋华丽"号战舰舰长的印章代替女王之印，这就是丧权辱国的中英《江宁条约》，因江宁又称南京，也称为中英《南京条约》。据野史记载，签约当天，旻宁在北京寝食俱废，惶惶不可终日。在太庙含泪叩头请求列祖列宗恕罪。这个记载应是真实的。因为丧权辱国的巨大痛苦，皇帝首当其冲，是别人无法替代的。笔者为诗叹道：

炮打国门五口摧，结盟城下怨其谁？
旻宁纵有冲天泪，盛世江山哭不回。

中英《南京条约》是英国通过鸦片战争武力胁迫中国签订的条约，是中国历史上第一个对外国的不平等条约。香港割让，五口通商，中国主权遭到严重侵犯；巨额赔款，使中国国力削弱，民众生活更加困苦。其危害严重至极。这是大清国由强转弱的历史转折点。从此大清国的光荣历史被一笔勾销，一步一步地陷入半殖民地的境地。现在有人说，从另一角度看，英国大炮轰碎了清朝闭关锁国的政策，在接受屈辱的同时，也被迫接受了西方的文明与科学技术，加速了中国的社会发展进程，这也许是幸事。这个观点，笔者才疏学浅，思想保守，暂还未想通，因而不作评论。

然而，泱泱中华大国，1300 万平方公里的广阔领土，四万万众多人口，百万军队，怎么会败给英伦小国的4000 人的远征军。即使现在，大多数国民一提起便气愤难平，想不通这个既成事实的悲哀历史。于是人们大骂旻宁皇帝懦弱无能，琦善、穆彰阿卖国无耻。这些都骂对了，但尚未切中肯綮。依笔者愚昧之见，道理简单得很，“敌强我弱”四字足以概括无遗。

英国的4000 远征军虽少，但能代表和显示英国强大的国力，中国地大物博，人口众多，军队庞大，却掩盖不住相对落后的事实。

第一，战斗精神不如人。英国此时处于资本主义上升时期，占有财富的强烈欲望，激起国人极大的激情，有拼搏精神，有冒险精神。笔者曾读过一本英国人笛福写的小说《鲁滨孙漂流记》，主人公鲁滨孙在荒无人烟的岛上以无与伦比的精神与力量，竟得以生存，很能代表当时英国人的时代精神。因而英军虽少，但战斗精神高涨，作战能奋勇向前，屡败屡战，不达目的决不罢休，因为他们知道如果战胜，巨大的财富可攫为己有。相反，中国军队的战斗精神相对低落，其时曾经强大的八旗军已经衰弱，担任指挥官的是一个接一个追求享乐、不图进取的腐败的满族官员，遇小胜则大喜，稍受挫折则委靡不振，意志丧失，不能连续战斗。像林则徐、关天培、葛云飞、陈化成那样的官毕竟太少，人民有自发抗战的愿望，但受到政府的抑制。

第二，武器不如人。英国铁甲战舰坚固而实用，以蒸汽机为动力，能经得住风浪冲击和一般炮弹的打击。英国海军的大炮，火力猛、射程远、瞄准性能良好，比中国的大炮先进几十年。英国的陆军配备毛瑟枪，也配有军刀，毛瑟枪是当时世界上最先进的步枪，虽不能连发，但射程远、威力大。相反，中国的自铸的红衣大炮，性能落后，而且笨重，非安装在高高的炮台上不能发挥作用，瞄准性能差，更无机动灵活性。清政府进口的大炮也是外国放弃不用的陈货。而且中国军队配备的火枪极少，仍以大刀、长矛、弓箭为主要作战武器。一句话，英国“船坚炮利”，而中国相对落后罢了。在一定条件下，武器是决定战争胜负的因素。这已被世人公认。有人说，把中国的百万军队调上前线，1000 个中国人杀 1 个英国人，也能将 4000 英军杀个干净。这也是不合实际的议论。人数再多也无用武之地，也只能增加敌军先进武器射击的目标。何况在前线的中国军队在数量上已经大大超过英军 10 倍，不在于人数多少，武器不如人而已。

如此，英国高昂的战斗精神及精良的武器，弥补了他们人数少、远涉重洋、后备不继的缺点。另外，英国人善于利用汉奸，也是制胜因素之一。武器不如人，战斗精神不如人，这是清朝致败的主要原因。

还有一种怪论，说英国人吃肉喝奶，长得高大健壮，身体素质极好，增强了战斗力。而中国人吃五谷，吸鸦片，身体瘦弱矮小，是“东亚病夫”的形象。身体素质处于下风，战斗力自然不强，这种理论，似有一定道理，但笔者不敢苟同。

总之，“国力不如人”是不争的事实。道光皇帝打不败侵略者，而遭欺辱，以后的咸丰、同治、光绪、宣统皇帝更是屡遭欺辱，落后就要挨打，这也是不争的事实。

尽管国力不如人，中国军队和人民，包括皇帝在内，还是尽了最大努力反抗英国侵略者，在签订中英《南京条约》以前的所有战斗都是如此。历史学家曾评论旻宁是“虎头蛇尾”，“虎头”就是抗击，“蛇尾”是力不从心，不能坚持始终。应该是一个很好的比喻。正是由于“虎头”式的抗击，曾几度镇慑敌军，使英国打消了灭掉中国的幻想。可以做一个横向比较，中国的西南邻国印度，也是个东方大国。但是英国东印度公司，也是以贸易为幌子，带着几千雇佣军侵入印度，成功运用“以印度人打印度人”的战略，经过几十年的战争，将莫卧儿王朝灭掉，使庞大的人口众多的印度沦为英国殖民地 200 多年之久。这不是乞丐嘲笑叫花子，确实是中国的反抗精神比印度强得多。正是由于中国的反抗，阻止了英国及西方列强的进一步侵略，否则中国成为完全殖民地，不是没有可能。笔者在上文，评论中国军队及官员腐败、怯懦，战斗精神低落，那是总体评价。在具体过程中，中国曾表现出英勇抗战的精神和辉煌的战绩，林则徐虎门销烟，三元里民众抗英，关天培、葛云飞、陈化成殉国都是，这些谁也不能抹杀。

但是按“事故责任制”追究，拥有中国最高军政权力的皇帝旻宁，应负历史责任。不管你平时如何勤政爱民，不管你如何克勤克俭，不管你曾力主抗战，但最终不能抵抗侵略者，签订了丧权辱国的条约，上辱祖宗、下害万民，使中国走向灾难衰灭的深渊。这种罪责只应由旻宁一人承担。将他的名字写在历史的耻辱柱上，也是罪有应得。琦善、奕山、穆彰阿、耆英之流，何足道哉，只是陪衬而已。

【战后余波】是指鸦片战争的尾声。中英《南京条约》的签署使旻宁愧疚不已。他痛恨那些抵御不力的将帅。他首先下旨将牛鉴革职查办，以耆英替任两江总督，接着把奕山、奕经、文蔚逮捕查办。那临阵挂白旗逃跑的余步云亦被斩于市曹。又大力旌表关天培、葛云飞、陈化成等人，各建祠纪念。也算是痛定思痛，惩败将以谢天下，旌忠臣以昭后人。

但是战争虽然结束，英国人还不断寻衅闹事。索要台湾被俘英军，便引起了一场大风波。还是在英军进攻厦门的时候，璞鼎查曾派出一支舰队袭击台湾，英舰首先进攻鸡笼口，台湾总兵达洪阿、知府姚莹率军将其击退。英人并不死心，又转攻大安港。达洪阿、姚莹诱敌入港，设下伏兵，截断归路，一场激战，几乎将敌军全歼，活捉白人水兵 24 人，黑人水兵 165 人，缴获军械无数，其余英军狼狈逃去。捷报传至京城，旻宁兴高采烈，加封达洪阿太子少保，加姚莹二品顶戴。并下旨将俘虏就地正法。达洪阿还算谨慎，只将黑人英兵 165 人斩首，留下白人英兵未杀。中英《南京条约》后，英国按条款索要俘虏，台湾只释放了白人。黑人被杀的消息也被英人得知。璞鼎查怒气冲冲向中国抗议，硬说被俘英军是遭了海难的难民，台湾军队是屠杀难民，要求清政府惩办达洪阿与姚莹。旻宁怕再惹战祸，派闽浙总督怡良到台湾查办。怡良到了台湾，扬言逮治达洪阿、姚莹。台湾人民对达洪阿、姚莹抗击英军素来敬仰不已，听说朝廷要查办两人，愤怒至极，聚集几千人将怡良包围，为达、姚二人大呼不平。连续闹了几天，使怡良惊惶万分，立即将台湾民众保护达洪阿、姚莹之事向朝廷奏明，旻宁也有些感动。本来英国要求处死达洪阿、姚莹二人，但旻宁仅将其革职，又给英国人说了无数好话。一场索俘风波才算平息。

道光二十四年，到广州办理与英国通商事务的钦差大臣伊里布病死。朝廷又派耆英到广东继续办理洋务。耆英到了广州，和英人签订通商章程15款。这使美国、法国看得眼红，派使者向耆英纠缠，要求享受与英国同等通商待遇。耆英向朝廷上奏，旻宁已经被一个英国吓怕，现又来了美国、法国，真怕再惹事端，下旨批准与美、法通商。于是耆英又与美国订立商约34款，与法国订立了35款。耆英是个糊涂蛋，竟按对方要求，把"利益均沾"四字写进条约。这又给后来造成大麻烦。这种恶性连锁反应，清政府始料不及。

此时，璞鼎查已离任回国，英政府又派达维斯继任。达维斯按五口通商条款，要求准许英人进入广州城。这消息传出，广州民众气愤至极，要求耆英阻止英人入城。耆英答复按条款办事，实在无法阻止英人入城。其实，按《南京条约》，应在广州海口通商，并非进入广州城内通商。耆英确是昏聩糊涂至极。这可把广州民众气炸了，自发组织民团，由绅士捐款，百姓出力，一呼百应，万众一心，10余日组成10万人义勇民团。扬言不受官府节制，自行抵御英人。耆英恐慌万分，急派广州知府刘浔与英人谈判，请英人暂缓入城，等民怨平息，再进城不迟。这个刘知府谈判归来，乘着八抬大轿威风凛凛进入广州城。有个卖油的担子，挡了知府的去路，众衙役把油贩拿下，痛打一顿，顿时激怒围观民众。有人大喊："刘知府要迎洋人入城。"说话间几千市民呼啸而来，刘浔没命地逃回府衙。四五千人跟踪追来，砸开衙门，一拥而入，到处搜寻刘浔。刘浔翻过墙去逃之夭夭。民众撬开箱子，取出刘浔的官衣、官帽，在大堂上烧毁。大闹府衙后，群情更加激愤，民团连日上街巡逻，捉住洋人就打，打个七死八活。耆英见民怨沸腾，民气高涨，赶快与达维斯谈判，请求缓期三年入城，达维斯还算聪明，他已看到民团的阵势，于是答应了。然而耆英在广州如坐针毡，又怕民众，又怕洋人，左右为难，赶紧向穆彰阿写信求救，说力衰难撑大局。果然，老穆为他转圜，旻宁下旨将他调回京城，另派徐广缙为两广总督，叶名琛为广东巡抚。

转瞬间已过两年，已到道光二十八年，新任香港总督文翰要求践约入城，徐广缙坚决拒绝。他是个爱国心极强的人，平时痛恨英人横行霸道，决心利用高涨的民气，阻止英人入城，总督态度坚决，民众一片欢呼，纷纷拿着家伙，上街示威，愿与官府一起共御外侮。香港总督文翰，想借武力恫吓，派军舰闯入珠江。几十艘英舰，樯桅相接，轮烟蔽天，气势汹汹。广州民团义愤冲天，要求堵截。徐广缙劝阻民众少安毋躁，应先礼后兵。于是乘着小舟抵达英舰，与文翰反复陈说，海口可以通商，入城坚决不许。文翰想劫徐广缙为人质，忽然惊天动地的一阵呐喊，把文翰吓了一跳，出舱一看，珠江两岸人山人海，十几万民众，拿着武器，摇着旗帜，大声呼喊："英国佬滚出去！"文翰吓得发抖，又转念一想，寡不敌众，胜败难知。如盲目使用武力，说不定又坏了通商大事，赶紧换了一副温和的脸子，向徐广缙请求，愿罢兵修好，不言进城之事。徐广缙见目的达到，立即应允。英舰一艘艘溜出珠江，两岸欢声雷动。又一场入城风波平息。

旻宁接到将英人驱赶出城的消息大为感动，下旨称赞徐广缙安内抚外的办事能力，未发一兵，未发一矢，使英人驯服。又表彰广州绅民，爱国抗敌，深明大义，拥戴政府之功万世不没。

台湾、广州爆发的人民反抗侵略者的浪潮，表现了中国人民不甘欺凌、团结御侮的精神。只可惜徐广缙这样的官儿太少。假如官民奋起，同仇敌忾，团结抗击，中国局势也许会出现新的转机。

【旻宁之崩】是道光朝最后一幕。说起旻宁崩世，笔者插叙一段旻宁修陵墓的故事。道光元年，他登基伊始，便派大臣到直隶遵化县东陵选择万年吉地。大臣经过详勘风水，选定宝华峪为万年吉地。于是旻宁派大学士英和、戴均元督造陵墓。旻宁指示要修得简朴节省，不得浪费。英和、戴均元尽心尽力修了好几年，方将陵墓修成。然而怪事发生了，地宫大量漏水，真把英和、戴均元吓个半死。两人不敢上报，进行修补。旻宁得知陵墓修成，下旨将元配孝穆成皇后的梓宫，从田村转出埋葬在宝华峪，在下葬时，地宫一片汪洋，难以下葬。旻宁得知情况，雷霆震怒，将英和、戴均元革职逮捕入狱，并抄没两人家产。又下旨在易县西陵重选万年吉地。最后选定龙泉峪。又修了几年，龙泉峪的陵基方才修成。孝慎成皇后薨，孝穆成皇后的梓宫，又从东陵转运到西陵，两个皇后同时下葬到龙泉峪。因此，旻宁的陵墓先后修造了两次，这在历史上是绝无仅有的事情。两次修墓的费用超过 200 万两银子，本要节省，反而费用更高。地宫漏水，另修陵墓，朝野议论纷纷，认为于大清朝极不吉利，真是不祥之兆。后来果然发生鸦片战争，闹得丧权辱国，天下不宁。

到了道光二十九年，旻宁见国事不顺，时常忧虑，身体越来越差，显得老态龙钟。太医诊治，说是积劳成疾。夜间每每不能成眠，于是反躬自省，认为天下闹到这般田地，应责任自担。下旨将原来获罪的官员一律赦免。琦善、奕山、奕经等人各授官职。林则徐也蒙赦免，授为云贵总督，邓廷桢授为陕西巡抚。大概是人之将老，其心也善吧。

冬季已到，北方无雪。某日，他又拖着病体到大高元殿祈雪。这是他最后一次向天神祈祷下雪。说起皇帝祈雨、祈雪，原是清朝皇帝的惯例，但是旻宁是祈祷最多、最勤的一个。他一生到大高元殿、觉生寺、黑龙潭、天坛等处祈雨、祈雪上百次，不厌其烦。虽然这是迷信活动，但可从这个细节看出他关心民生的虔诚之心。到了腊月，又传来噩耗，皇太后崩世，他抚棺大哭，悲痛不已。于是日夜坐在慈宁宫太后梓宫前的草垫（苫块）上守灵，大臣劝他回宫，他坚决不许。后来皇太后的梓宫移到圆明园迎晖殿，他又搬进圆明园，在与迎晖殿相邻的慎德堂里的苫块上守灵尽孝。他就日夜坐在草垫子上边守灵边办公，如此整整一个多月。他已是年近古稀的老头，哪经起如此折腾，突然大病降临，经太医诊治，药石齐下，终归无效。他预感不祥，大限将至。召来载铨、载垣、端华、僧格林沁、穆彰阿等王公大臣，传旨在乾清宫“正大光明”匾后，取来秘匣，共同开启，密诏写道：“传位皇四子奕詝。”他又传口谕，封皇六子奕䜣为恭亲王。诸事吩咐完毕，他双眼一翻，宾天去了。时在道光三十年正月十四。总计旻宁在位 30 年，享年 69 岁。奕詝即位后，谥为成皇帝，庙号宣宗。埋葬在易县清西陵之慕陵。

对旻宁功罪的评说，前文已议论许多。笔者想再借用《清史稿·宣宗本纪》的评论，予以说明。这个简评，笔者将它译成白话文：“宣宗有恭俭的品德，有宽厚仁慈的度量，确实是守成的贤良君主。英国人借口贸易，挑衅引起战争。这次战争与以往周边少数民族侵入的战争大为不同。当事的大臣们，开始操办过急，后来又畏葸怯懦，于是给皇上造成了日夜不安的忧虑。这真是有好皇帝，而没有好大臣。这些大臣只能做个太平官员而不能挽救危局。国家的衰落，从此开始。呜呼，悲哀呀!”

《清史稿·宣宗本纪》的简评，把旻宁说成十全十美的皇帝，将鸦片战争的失败归结于英国太强大和大臣们怯懦无能，是掩君之过，这是不公允的。可以承认他节俭，承认他勤政爱民，但丧权辱国的罪责，皇帝不背负，岂能说得过去！这个天大的污点他永远洗刷不净。

外患内忧北狩亡

——清文宗　奕詝

清文宗咸丰皇帝爱新觉罗·奕詝

（1831—1861 年）

洪杨事起已伤心，英法联军又入侵。

锦绣名园化焦土，仓皇北狩泪涔涔。

【咸丰即位】拉开了奕詝一生悲剧的序幕。道光三十年正月，清宣宗旻宁崩世，弥留时召集王公大臣，开启乾清宫“正大光明”匾后的镭匣，宣读预定密诏：“立皇四子奕詝为储，着即皇帝位。”秘密立储制是雍正皇帝创立的立储家法，施行几代，到奕詝终止。因为后来的同治帝是独子，光绪帝无嗣，宣统帝逊位，没有秘密立储的必要。因而奕詝是清朝最后一位以秘诏而立的皇帝。奕詝即位，以明年为“咸丰”元年。“咸”，是“都、全”之意，“丰”是“丰盈富足”，合起来是，普天之下丰盈富足，寄托着奕詝美好的愿望，是个含义很好的年号。

宣宗生有九子，奕詝排行老四，奕纬、奕纲、奕继三个兄长早死，剩下的几个弟弟，五子奕誴过继别祀，奕䜣年龄稍长外，其余奕譞、奕詥、奕譓年纪尚幼。因此他排序最长。宣宗定他为储，年龄大是个优势因素，另外奕詝由孝全成皇后所生，应是嫡子，其他兄弟是庶出。虽然清室家法，立储择贤而立，不分嫡庶，但嫡出在传统观念上仍具有优势。还有一个重要原因，奕詝生母钮祜禄氏容貌美艳绝伦，才华横溢，生前得到宣宗极度宠爱，暴病而亡，相传是太后以鸩酒毒死。死得不明不白，宣宗对她深有愧疚，立其子为帝，算是弥补感情上遗憾。以上三点，是宣宗立奕詝的主要原因。

然而事实上，宣宗在立储问题上曾犹豫不决。因为他还深深钟爱另一个皇子奕䜣。奕䜣为静皇贵妃所生，排序老六。孝全成皇后薨世，静皇贵妃代摄六宫事，地位亦相当尊贵。更重要的是奕䜣本人仪表堂堂，善文事而更善武事，可谓文武双全。他曾创刀法十八式，枪法二十八式，武艺高强，清朝以骑射得天下，最崇尚武功。宣宗喜欢他的武艺，赐白虹刀奖励。而相比之下，奕詝虽具有上述优势，但少时出过天花，满脸麻子，跛一足。因而在容貌体魄上先输奕䜣一筹。另外体格不行，武功自然不如奕䜣，基于此种原因，宣宗曾一度想将皇位传给奕䜣。相传宣宗曾提笔书写立奕䜣的密诏，被太监窥见，传出宫外，满朝议论纷纷，密诏不密，恼怒之下，撕毁原诏，改立奕詝。

雍正创立密诏立储的家法，意在杜绝皇子争夺的祸患。但实际不能杜绝皇子的暗中争斗。所有的皇子都在积极表现，都希望争得父宠，将其名字写入立储密诏。这是雍正帝始料不及的。奕詝、奕䜣都认为各据优势，都有做皇帝的资格，也在暗中争斗。某日，宣宗召奕詝、奕䜣二人入宫，自言衰老，面有忧色。奕䜣快人快语："父皇龙马精神，何言衰老？恭祝父皇万寿无疆！"这是吉祥如意的好话，也是宣宗听腻了的套话。而奕詝伏地流涕，一言不发，这使宣宗大为动容，以为奕詝有仁孝之心。

《清史稿》还有记载，有一次宣宗携诸皇子行围狩猎，诸皇子均有猎获，皇六子奕䜣猎获更多，唯奕詝一无所得。宣宗惊问之，奕詝回答说："儿臣虽是不肖，若驰猎一日，当不致一物未获。但时当春和，鸟兽均在孕育，儿臣不愿伤害生命，以干天和。亦不愿凭一日弓马，与诸弟较胜。"宣宗听后转怒为喜说道："真帝者之言也。"清史上说"流涕不语"及"不猎不获"是奕詝的师傅杜受田教授的"藏拙示仁"的良法。正史记载，应为可信。经过几番暗中较量，奕䜣显然"仁孝"上输于奕詝。而宣宗认为"仁孝"恰是为帝必备的大德。于是舍弃奕䜣，而立奕詝。

奕詝即位，年龄刚 20 岁，正是风华正茂，发愤图强的时候，他振奋励志，欲革除前代弊端，匡正风气，打造个升平世界，强盛王朝。他先安内，然后治外。尊封静贵妃为皇太后，报答当年养育之恩。琳贵妃温良贤淑，尊封为皇太妃。封奕䜣为恭亲王，奕誴为惇亲王，奕譞为醇郡王，奕詥为钟郡王，奕譓为孚郡王。又思念杜受田教育、拥戴之功，擢拔为协办大学士，接着起用林则徐、邓廷桢、周天爵、达洪阿、姚莹等贤良忠诚之臣，一时内外称颂，皆大欢喜。他经常召杜师傅入宫，师徒二人，促膝而谈，议论天下大事，研究救世良方。杜受田感恩图报，格外用心用力，出谋划策。登基几个月内，求贤、励谏的诏书联翩而下。大臣们见皇上奋发，求治心切，虚怀若谷。纷纷你一本，我一本地提出富国强兵、济世安民的建议。奕詝高兴极了，大多采纳。有几个胆大的，逆鳞直谏，匡君之失。他也坦然处之，温言奖励，而最得人心的是他果断罢免穆彰阿、耆英二人。

【罢免穆彰阿】是一件大快人心的事。穆彰阿，满洲镶蓝旗人，司掌文衡几十年，门生遍布天下，仅任首辅大学士就20年。他善于揣摩帝意，阿谀逢迎，投帝所好，道光帝对他始终恩宠不倦。鸦片战争中，他力主议和，为四海清流所不齿。奕詝在潜邸时，最痛恨穆彰阿议和误国。他即位不久，每每垂询穆彰阿，老穆模棱两可，或唯唯诺诺，一言不发，奕詝更为厌恨。宣宗宾天，天津海口外，突然驶来英舰两艘，声称要登岸赴京吊丧，直隶总督报奏朝廷，奕詝召来老穆、耆英，问及对策。两人都奏言，英人吊丧，诚意难拂，应允许英使入京。奕詝闻之大怒，叱退老穆、耆英。他突然想起丧权辱国的《南京条约》，纯是这些力主议和的大臣造成的恶果。越想越气，越气越恨，于是传旨直隶省拒绝英国入京吊丧要求。紧接着以迅雷不及掩耳之势，下旨罢免穆彰阿、耆英。

罢免诏书措辞非常严厉："任贤却邪，诚人君之首务，却邪不断，任贤则不专。方今天下因循废坠，可谓极矣！吏治日下，人心日浇，是朕之过……穆彰阿身任大学士，受累朝知遇之恩，不思其难其慎，同德同心，乃贪位保荣，妨贤病国，小患小信，阴柔以济奸回。伪学伪才，揣摩以逢主意……耆英自外患生成，畏葸无能，伊在广东时，惟抑民以媚外，罔顾国家。如进城之说，非明验乎？上乖天道，下逆人情，几至变生不测，是其丧天良。穆彰阿暗而难知，耆英显而易著，然贻害国家，厥罪维钧。若不立申国法，何以肃纲纪而正人心？本应寘之重典，第念穆彰阿系二朝旧臣。一旦寘之重法，朕心实有不忍。着从宽革职，永不叙用。耆英虽无能已极，然究属迫于时势，亦从宽降为五品顶戴，以六品员外郎候补。以后京外大小文武各官，务当激发天良，公忠体国，使平素因循取巧之积习，悚然改悔，勿畏难，勿苟安，凡有益于国计民生诸大事者，直陈无隐，毋得仍顾师生之谊，援引之恩，守正不阿，靖共尔位，朕实有厚望焉。布告中外，使咸知朕意，钦此。”从这篇罢免穆彰阿、耆英的诏书，可看出新登皇位的奕詝已清楚知晓，天下堕落，吏治腐败，人心浇薄，已达极点。而这一切都是穆彰阿、耆英之类的坏官造成，所以要罢免穆彰阿、耆英，以儆效尤。最后号召全国官员，改悔恶习，关心国计民生，不要再顾及什么师生之谊，或者有什么提拔推荐之恩。总之，是要祛除奸邪，任用贤良，振肃纲纪，整顿吏治，关注国计民生。可视作奕詝的施政纲领。

奕詝能在即位之初，毅然决然地罢免穆彰阿，确实气魄不小，很像明思宗除魏忠贤，清仁宗除和珅。他这一番励精图治的举动，踔厉风发的精神，使朝臣看到大清中兴的希望。当时朝野私下评议，说奕詝是“小尧舜”，可以与康熙、乾隆媲美。然而，他的运气比祖皇颙琰、父皇旻宁的运气更坏。刚即位几个月，广西省传来桂平县金田村洪秀全造反的消息，仿佛一盆冰水泼在头上，将他发愤图治的热情浇灭。

【金田举义】是太平天国崛起的肇端，亦是清廷漫长而艰难的进剿行动的开始。中国由此产生一场翻天覆地的大动荡。

道光末年，由于官府腐败，横征暴敛，广西地区，民不聊生，匪盗蜂起，横行四方，官府捕治不力，全省混乱一片，处于无政府状态。在这种土壤气候下，产生出一个乱世英豪，此人姓洪，大名秀全，原为广东花县人氏。少年时，家室寒素，父母早亡。七岁入私塾刻苦学习，经史子集读了不少。逐渐知识增多，大志萌发，想凭着一肚子学问，在科场拼搏，图他个富贵功名。然而他发愤励志，考了十几年，连个秀才也未考中，这大约是他文字功夫欠佳，或者思想怪异，考卷中写一些离经叛道的文字，被考官摒弃。总之，考得家产荡尽，两袖清风，科举梦彻底破灭，真是懊恼至极。为了养家糊口，挑起一面幡儿，上写着“算卦相面，灵验不爽”。往来于广东、广西，甚至到香港、澳门等地闯荡。在广东他结识一个好友，名叫朱九涛，两人一见倾心，志同道合，都有愤世嫉俗的思想。朱九涛崇信西洋耶稣教，又笃信道教，成立了上帝教组织，徒众参与极多。朱九涛自称法力无边，能铸造九转铁香炉，铁炉虽小，能容万人，徒众若有灾难，可驾炉航海，到达天国彼岸，享受自由幸福。洪秀全听后怦然心动，慨然加入。他诚心拜师，悟性极高，得到朱九涛激赏，很快提升为副教主。不久朱九涛铁炉未铸成，法身先死。于是洪秀全接过衣钵，率领徒众传教。当时正值五口通商，广东沿海洋人云集，传教士纷至沓来，到处传播基督教义、天国福音。他接触了几个洋牧士，同时购来许多书籍，如《新约》、《旧约》、《马太福音》、《耶稣救世记》等，认真阅读，发现其中意义，与“上帝教”的宗旨略同，无非是救世救难、平等自由博爱之类。他接受这些说教，又掺和自己的思想，陆续写成《原道救世训》、《原道醒世训》、《原道觉世训》等文，在文中宣扬上帝好生，在1800年前降生，专门传教救世。而目前人心浇薄，天下大乱，万民受苦受难。因而上帝又降生洪秀全，让其救民救世，又说上帝的名字叫耶和华，是天父。耶稣是上帝的长子，是天兄。洪秀全不愧思想家，大胆想象，他的学说真是石破天惊的发明创造。从此他宣传教义，广纳教徒。某日，他听到广西混乱，万民受苦，认为是传教的极佳场所。于是携了同乡教友冯云山奔赴广西，在桂平县金田村设了据点，开始招徒宣教。为了突出自己，又将上帝教改为“三点会”。“洪”字偏旁三点水，取其寓意。每回升坛讲课，说自己是上帝次子，降生救世，受苦受难的百姓都可参加消灾弭难。又宣扬男女平等，四海之内皆兄弟。无论尊卑贫富，男女老幼，一入会，男子之间互称兄弟，妇女之间互称姐妹。这些讲演，自然感动了众多受官府剥削压迫的百姓，纷纷入会以期解脱苦难的人生，慰藉痛苦的心灵。还有一些失意的豪杰，怀才不遇的文人，都来参加。如桂平人杨秀清、韦昌辉，贵县人石达开、秦日纲、林凤祥，武宣人萧朝贵，揭阳人罗大纲，衡山人洪大全。他们都崇拜洪秀全、冯云山的豪爽性情，精妙学说，一见如故，相见恨晚。洪秀全极为聪明，为了征服人心，他想出一条妙计，突然装死，直挺挺地躺在帷帐内的灵床上，一动不动。冯云山、萧朝贵等人对外宣扬洪先生已死。惹得广大教徒都来哭奠，焚香化表，哭倒一片。洪秀全整整躺了七个白昼，半夜无人，则起来饮食，与兄弟们议论大事。第七天早晨，教徒仍来祭奠。忽然洪秀全挺身坐起，装着睡醒的样子，真把徒众吓了一跳。冯云山、萧朝贵等人大喊：“洪先生复活。”（与耶稣复活一样）顿时惊动万千百姓都来观看天下奇事。此时洪秀全登坛又发表讲演，说自己升天七日，游遍天国，见到了天父上帝耶和华、天兄耶稣，晤谈亲密，天机不可泄露。又说天父天兄告诉他：清朝气数将尽，灾难就要临头。唯有敬信天父天兄，皈依三点会，方可消灾免难。这一番话鼓励性极大，不出数月三点会发展迅速，徒众猛增至2万余人，都愿效死力，听从教主洪秀全调遣。于是教徒纷纷捐钱捐物，大富豪曾玉珩、韦昌辉、胡以滉也倾家资相助。钱也有了，人也有了，洪秀全以为时机已到，竖起洪大元帅的旗帜，起草"奉天父天兄之命，讨伐鞑虏，恢复汉朝，救民救世"的檄文。又让徒众散开辫子，蓄起长发，红巾裹头，各执武器，宣布起义。时在道光三十年腊月初一（明年为咸丰元年）。洪秀全调兵遣将，分攻桂平、宣武、贵县、南平等县，各路义军士气高昂，狂风暴雨般地扫荡各县，攻破城池，杀死县官。前锋直抵象州城下。广西巡抚郑祖琛接到警报，惊恐万分。他年力衰老，庸碌无能。平日治理政务，凡事得过且过，只作打钟和尚，等待退休养老。如今听到金田事变，与一般盗贼不同。惊惶之余，不得不担起抚台职责，派了几千兵马进剿，这些兵将平时享福惯了，毫无战斗力，与义军对仗，一触便溃，吓得郑祖琛六神无主，坚闭桂林城门，叫苦连天。苦怄了几天，突然想到自己年过60，还争什么功名前途，保住性命最是上策。于是连忙写了辞呈，奏报朝廷。说年老体衰，有心杀贼，无力支撑，请速派高明大员接任。

奕詝接到奏章，得知金田暴乱，惊出一身冷汗。又大骂郑祖琛无能、无耻。召集朝臣商议对策，协办大学士杜受田推荐林则徐为钦差大臣，向荣为广西提督，带兵进剿，闻鼙鼓而思良将，奕詝最钦佩林则徐的气质才干，立刻准奏，再命劳崇光为广西巡抚。当时林则徐已辞云贵总督职务，回到老家侯官养病，接到圣旨，不顾年老衰病，风尘仆仆踏上征程。他曾有诗两句："苟利国家生死以，岂因祸福避趋之。"意思是凡有利国家的事情，豁出生命去做，不争福利，不避祸患。这两句诗是他的人生信条。他以实际行动实践了诺言。他日夜兼程赶往广西前线，然而到了潮州普宁镇，一病不起，几天后与世长辞，时年66岁。世界禁烟先驱，中华民族英雄，走完了坎坷而光辉的人生历程。他死后，奕詝十分哀悼，追封为太子太傅，谥号“文忠”。他禁烟抗英的英雄行为，最终得到国家与人民的认可和敬仰，也算死得其所。据说他去世的消息，传到金田村，洪秀全狂喜不已，因为洪秀全十分敬畏林则徐，其实，即使林则徐到任进剿，凭一人之力，衰病之躯，也难遏制太平天国初期汹涌澎湃的浪潮。

林则徐死后，奕詝又命李星沅为钦差大臣，周天爵为广西巡抚。但李星沅到任不久病死。周天爵又与向荣不和。于是奕詝罢免周天爵，再命大学士赛尚阿到广西督师。赛尚阿出师，奕詝亲自饯行，赐遏必隆刀，以壮行色。另外，又命两广总督徐广缙派兵助剿。

赛尚阿到达广西，坐镇省府桂林。命令提督向荣，广东副都统乌兰泰率军进攻新墟。当时洪秀全的主力集中在此地。新墟前有紫金山，后有双髻山、猪仔峡，地势十分险要。清军分四路进攻，攻势极为猛烈。激战10余日，向荣首先攻破双髻山。四路大军一拥而入，到了新墟，却不见洪秀全一兵一卒。向荣立即向赛尚阿报捷，说已攻克贼巢，赛尚阿又向朝廷报捷，奕詝龙颜大悦，下旨嘉奖。

正当清军欢庆胜利的时候，突然传来永安州失守的消息。原来洪秀全并非兵败新墟，而是战略转移。几万义军从新墟撤出，以迅雷不及掩耳之势，攻破永安。永安是州府，城池坚固。洪秀全决计在此休整。冯云山、萧朝贵、杨秀清等人，极力劝进洪秀全建国称王，说旗号插起，便可与清妖分庭抗礼，天下豪杰则慕名而归。洪秀全大喜，立即应允。商议一番，定国名为“太平天国”。洪秀全自任天王，相当于皇帝。封杨秀清为东王，冯云山为南王，萧朝贵为西王，韦昌辉为北王，石达开为翼王，洪大全为天德王，秦日纲、胡以晃、林凤祥等人封为丞相军师。因东王杨秀清智勇双全，赋予军事指挥大权，天王以下各王都受其节制。杨秀清曾在金田装聋作哑，几个月方开口说话，说是天父灵魂附身，自称为天父代言人。每当杨秀清装神弄鬼，也是天父灵魂附身的时候，洪秀全也怕他三分，这已经埋下了洪、杨不和的祸种。笔者认为洪秀全出师未捷，大业未成，便急于建国称王，这种帝制自为思想，暴露他起义目的不纯。

太平军占领永安，建国称王，真把奕詝气得火冒三丈。洪秀全果然胸怀大志，不比一般草寇，真是朝廷心腹之患。他下严旨，命令赛尚阿火速攻打永安，歼灭太平军。赛尚阿不敢怠慢，急令向荣、乌兰泰两名猛将率大军3万直扑永安。清军到永安城下，列营几十座，声势浩大。乌兰泰听从江忠源之计，提出合围聚歼的战略，向荣则以为合围致使太平军困兽犹斗，不如网开一面，涣散其斗志，这是兵法的上策。于是乌兰泰、向荣意见不合，各自为政。清军攻打三月，太平军奋勇抵抗，永安城岿然不动。然而城内粮草缺乏，不能久持。洪秀全听从杨秀清建议，放弃永安，别图良策。某夜，洪秀全率军从清军防范不严的北门突出，全军一声呼啸狂风暴雨般地冲向清营。清军围战三月，斗志已懈，防备不周。一场激战，洪秀全率大军突出重围，向北挺进。突围混战中，清军总兵长寿、长瑞战死（长寿系清末重臣荣禄之父，长瑞系荣禄之叔）。而太平军天德王洪大全被清军生擒。向荣进入永安，发现已是空城，大悔“网开一面”的失误。

清军副都统乌兰泰，见太平军北去，料定必攻犯省府，率大军尾追，追至六塘墟，天色已晚。副将金玉贵请暂驻六塘，休整一夜，明晨进军。乌兰泰慷慨而言：“长毛北去，省城危在旦夕，本帅心急如焚，岂能在此过夜?”说完取来一碗，突然拔刀刺入左臂，顿时鲜血淋漓，流满碗中。乌兰泰先饮一口，大呼：“诸将若热忱报国，请饮此血。”诸将不敢违命，各上前呷了一口。个个鲜血满嘴，活似吃人魔鬼。乌兰泰大吼一声。跨上骏马，策马疾进，清军将士一拥而出。天色越来越黑，道路越加坎坷难行，穿过一片树林，前方一片洼池，远处是座山冈。副将禀报乌兰泰说，此地是龙寮岭，前方是大峒山。说话间，四周喊声大作，鼓声咚咚，太平军燃起火炬，向清军冲来，乌兰泰知是遇到埋伏，急率军迎战，毫无惊惧。两军激战至天明，清军死伤大半。太平军攻势更猛，东王的大旗迎风飘扬。利箭像飞蝗般射来，忽然一声炮响，炮弹击中乌兰泰，副将田学韬上前护救，又中一弹。主将、副将同时倒在血泊之中。主将已死，清兵军心崩溃，太平军乘势掩杀，真如砍瓜切菜一般，清兵纷纷倒毙，鲜血横流，尸体遍地，清军除副将金玉贵突围外，几乎全军覆没。

永安突围，大峒山伏击，清军连丧总兵以上将领四人，战死3000人。著名的满族勇将乌兰泰阵亡，使清军折了支柱。这是清军空前的惨败。同时是太平军金田举义后的第一次大捷。指挥这次战役的是东王杨秀清。

【武昌陷落】使清廷失去中南重镇，全局动摇。而太平军由此发展，向巅峰冲击。

永安突围后，太平军几路军会合，向广西省府桂林前进。坐镇桂林的是新任广西巡抚邹鸣鹤，他是文官，不晓兵机，闻长毛将至，惊慌失措。幸好提督向荣率兵自永安返回，向荣是清朝名将，智勇兼备。邹鸣鹤惊魂稍定，急忙布置防御。太平军杀到城下，城上早已壁垒森严。乘势急攻，城上枪炮如雨，寸步难进。洪秀全见攻了几天，毫无进展，传令退五里扎营。探马忽然报来，清妖已从东面鸬鹚洲方向杀来，救援桂林，南王冯云山自告奋勇率军堵截。又过两日，探马又报，南王在蓑衣渡遭清妖伏击，中炮身亡。洪秀全一听，大叫一声昏厥倒地。冯云山跟随洪秀全最久，是太平军的创建者之一，栋梁忽折，洪秀全确实伤心到极点。洪秀全渐渐苏醒，狂吼："何妖伤我南王？"探马回报："妖将名为'江忠源'。"（清军呼太平军为"长毛贼"，太平军呼清军为"妖"）洪秀全听了暴跳如雷，下令全军向蓑衣渡进攻，为冯云山报仇。

那个江忠源，是湖南新宁县人，聚"忠孝节义侠"于一身，号称天下奇士，关羽再生。他居京城时，曾三次将客死京城的三个湖南老乡的灵柩，不远万里、不辞劳苦送回家乡，侠义之名，传播天下。又曾任浙江秀水县县令。他听说太平军金田发难，怒发冲冠，与几个弟弟投军效力，发誓为清廷效忠，他在湖南家乡，招募500壮士，自愿到广西前线参战。这应是湘军的雏形。他智勇双全，晓畅兵事，此次在蓑衣渡设伏，将太平军南王冯云山击毙，为大清立了第一功。

太平军扑到蓑衣渡，见对岸清军人数不多，洪秀全下令渡河，几百只船疾驶向前，到了河中，大小船只忽然咬死不动，拨水一看，河底全是大树，七股八叉，把兵船阻住动弹不得。突然，对岸一声炮响，无数只小船划来，用火铳火箭猛射太平军。说话间，南风狂吹，天助清军。太平军几百只船，一并着火，真像赤壁鏖兵满江通红。太平军烧死无数，不死者溺死水中。洪秀全率领残兵，跳入小船，逃到岸上，向东撤退。这是太平军出师第二次惨败。江忠源又用火攻妙计，杀败太平军，为大清再立一功。

洪秀全收拾残兵，逃出蓑衣渡，懊恼至极。翼王石达开献计道："胜败兵家常事，天王万勿忧虑。广西地处偏僻，无足轻重。我应挥师北上，道出两湖，据江为守，然后伺机以夺中原，方是上策。"洪秀全、杨秀清都称好计。于是全军北进，几天后一举攻破全州，夺得粮食军械无数，又有许多难民加入太平军。士气立即大振，几天前还是败将残兵，几天后士饱马腾，较前声势更为浩大。一路长驱北进，势如破竹，道州、江华、永明、嘉禾、蓝山等县，相继攻陷，兵锋直逼郴州。

太平军进入湖南境内，兵至郴州，长沙危急。这使奕詝大为震惊，盛怒之下，将剿办无能的钦差大臣赛尚阿革职，另调张亮基为湖南巡抚。郴州距长沙300里，旬日可至。长沙城内一片惊惶。原湖南巡抚骆秉章，因新任巡抚张亮基未到，仍负起责任，积极布防。说来凑巧，骆秉章是广东花县人氏，与洪秀全既是老乡，又是同学。据野史记载，两人都胸怀大志，某日在鱼池游泳，洪秀全雅兴忽来，出了一句上联："夜浴鱼池，摇动满天星斗。"骆秉章对出下联："早登麟阁，挽回三代乾坤。"可见洪、骆当年均志趣不凡。如今两个老乡同学，狭路相逢，成了对立仇敌，也算一件奇事。

当时洪秀全在郴州逗留不进，也有点惧怕骆秉章的才能。然而西王萧朝贵等得焦躁，向洪秀全请战，愿率精兵2000突袭长沙。相传萧朝贵是洪秀全的妹夫（其妹洪宣娇），为人慷慨豪爽，性急如火，作战凶悍勇猛。清军畏之如虎。洪秀全拗他不过，只得应允，叮嘱再三，让他小心为是。萧朝贵挑选2000名敢死之士，誓师出发，向北挺进。这2000精兵好似出山猛虎，一路杀来，连破安仁、攸县，又陷醴陵，狂飙突进，四五日便兵临长沙城下。太平军进军神速，骆秉章大吃一惊。长沙有兵8000，但骆仍是心慌，将城隍庙的泥神抬到城上，想依凭城隍爷的神力阻挡太平军的进攻，真是可笑。幸好江忠源率兵赶到城里，骆秉章惊魂稍安。骆秉章与提督鲍起豹、江忠源，日夜在城上巡防。萧朝贵连攻几日，效果甚微，退据天心阁一带稍作休整。江忠源防卫南门，他立城遥望，见太平军在天心阁上架炮，心中暗惊：天心阁地势甚高，长毛据此，长沙危矣。"他夜半率子弟兵出城，突袭天心阁，一场激战，竟将天心阁拿下，江忠源方出了一口粗气。萧朝贵见天心阁被清军夺去，愤慨至极，发兵急攻南门。他奋不顾身，欲率先登城，刚上云梯，城下一弹飞来，正中头颅，跌倒城下，顿时毙命。江忠源乘势杀出，将太平军击退，抢回萧朝贵的尸体，这个江忠源，杀南王，又杀西王，为大清再建奇功。

洪秀全闻萧朝贵阵亡，悲愤至极，命令全军向长沙进攻。其时新任巡抚张亮基及广西提督向荣及各路援军5万，齐集长沙城中。城内有一中堂、二巡抚、三提督、十二总兵。衡州有湖广总督程矞采，湘潭有奉旨来援的两广总督徐广缙。上述“一中堂”是指已被革职，但尚在长沙的大学士赛尚阿。众多大员，都聚集在长沙及周边地区，可见奕詝对长沙的重视。洪秀全、杨秀清围攻80余日，长沙岿然不动，固若金汤。洪秀全突然省悟：攻坚不如击弱，在此消耗兵力得不偿失，下令撤弃长沙之围，全军向北前进。渡过湘江，一路突进，势如破竹。湘江以西的州县各军，久不经战，见太平军杀来望风逃窜。宁乡、益阳、湘阴相继失陷。太平军渡过洞庭湖，兵不血刃占领岳州。岳州城内有兵库一座，兵械堆积如山，据说是当年吴三桂遗留的兵器。得此补充，势力大增，又在长江口抢得商船5000余艘，稍加改装，即为兵船。这是太平军建立水师的发端。10万大军乘船顺江而下，直抵汉阳。汉阳知府董振铎颇为忠勇，死守三日，城破巷战而死。汉阳失陷，湖北省会武昌完全置于太平军刀锋之下。武昌城内有兵3000，巡抚常大淳仓皇防守。见太平军水陆两栖，将武昌包围，惊得魂飞魄散。幸好向荣率军抵达城外洪山，常大淳悬心稍安。向荣深夜派部将张国梁突袭太平军，杀伤2000人。清军获胜，向荣意气风发，接连向太平军猛攻，然而此时大雨倾盆，连下10余日，清军不能前进，驻守营中待晴。但是太平军冒着大雨，在武昌城下昼夜不停挖地道，埋下炸药。引火一燃，惊天动地，武昌城墙被炸开几丈长的大缺口。太平军一拥而入，在大雨中将武昌占领，全城搜杀，巡抚常大淳以下几十个官员及兵士3000人，被屠杀殆尽。

武昌为中南重镇，扼长江而控湘鄂，战略位置十分重要。清廷闻武昌失守，朝野惊恐，奕詝寝食难安，日夜惶惶。他下旨免去在湘潭按兵不动的徐广缙的官职。这个徐广缙当年抗拒英人入广州，何等英雄气魄，但遇太平军畏葸无能，真使奕詝气愤。他考虑再三，认为唯有向荣英勇善战，授其为钦差大臣，总理剿办大事。

【江宁失陷】使清军全局陷入被动，而太平军从此走上胜利的巅峰，无论清军、太平军，都面临胜败的转折点。

太平军占领武昌，极大激发士气。洪秀全、杨秀清兴高采烈，雄心勃勃，歼灭清妖、统一华夏的意志更加坚定，但在战略上何去何从，举棋不定。太平军离开广西已经两年，诸多将士思乡心切。有些大员认为，停止北进，回扫湖南、广西，巩固后方，然后伺机北伐中原。而杨秀清、石达开等人则主张一鼓作气，乘胜前进。此时有个书生钱江，表字东平，投奔洪秀全。钱江见了洪秀全，长揖不拜，不卑不亢，秀全见他气宇轩昂，风度潇洒，立即另眼相看，问及当前进退大事，钱江侃侃而谈："天王欲手定中原，武昌非久居之地，现今向荣兵逼城下，不久清兵云集，四面受敌，守亦失，战亦失。今日之事，有进无退。窃为天王计，第一步是取江南，天下粮赋大半聚于东南，取金陵而建都，龙盘虎踞。第二步取河南，以为犄角之势。第三步是出齐鲁定山东，扼运河而控漕粮。最后北伐而取燕都，天下可传檄而定。从前明太祖灭胡元，也是从此三路出发。天王欲灭鞑虏，何不仿行此策。"一席高谈阔论，说得天王心服口服，连呼："先王真是奇才，有先生辅佐，天下何虑不平。"两人相见，仿佛刘备遇孔明，苻坚遇王猛，当即封钱江为军师。钱江是个谜一般的人物，野史说，他向洪秀全献《兴王策》，此文高瞻远瞩，纵横捭阖，文辞雄健，论天下大事如行云流水，比之诸葛亮《隆中对》，更是奇文。天国灭亡后他出家为僧。近代学者则考证，钱江史有其人，但未参加太平军。真实的钱江是监生出身，曾为林则徐幕客，参与禁烟运动，据说清朝的"厘金"税制便是他的发明。

咸丰三年正月元旦，洪秀全、杨秀清依钱江之策，决计放弃武昌，率军50万，战舰万艘，沿长江东下，浩浩荡荡，直取江南。两江总督陆建瀛闻太平军东下，派寿春镇总兵恩长，拦江截击。太平军万艘战舰，将恩长的水师冲得七零八落，恩长战死，余众四散而逃。陆建瀛率兵5000，溯江而上，再予截击，才到九江。闻恩长败死，军心崩溃。5000兵逃个精光。陆建瀛驾着小舟狼狈逃入江宁。太平军犹如汹涌澎湃的长江浪潮滚滚而下，不可阻挡。正月初九攻陷九江，十七日攻克安庆，安徽巡抚蒋文庆城破自杀。进入安庆，获藩库银30余万两，漕粮40余万石。又收编败兵，招募新兵10余万。又乘胜前进，连破太平、芜湖，太平总兵陈胜元败死。到了元月二十九日，已抵江宁城下。连营24座，列舟几十里，水陆兵号称百万，真是大军压城城欲摧。

江宁城城高濠深，异常坚固，但是守军只有几千。两江总督陆建瀛刚从九江逃回不久，惊魂未定，只得仓促布防。兵力不足，临时招募商民，号称义勇。陆建瀛率几千兵及义勇守外城。江宁将军祥厚，副都统霍隆武率八旗兵驻守内城。刚布置停当，太平军已扑到城下猛攻，炮火如暴雨一般向城头猛射，继而搭梯攻城，清军从未见过如此凶悍的军队，前仆后继，舍生忘死，轮番进攻。陆建瀛拼死守了七八日，临时招募的义勇早已逃尽，他还算尽职，豁出老命拼战。然而太平军又施展挖地道、埋炸药的特长，在攻城同时，几千工兵在城下大挖地道，陆建瀛毫无防备。某日，凤仪门一声巨响，城墙轰塌几丈，太平军蜂拥而入，势不可当。此时三山门也被太平军攻破。陆建瀛见敌军入城，大势已去，拔刀自杀。外城攻陷，太平军再攻内城。祥厚、霍隆武的八旗兵更不中用。太平军几次冲锋，一败涂地，祥厚、霍隆武双双战死，内城亦被攻破。太平军全城搜杀，清军无一幸免，皆成刀下之鬼。江南重镇江宁随即陷落，落入太平天国之手。时在咸丰三年四月十日。

洪秀全得了江宁，狂喜不已，认为帝业已成。将江宁改为“天京”，作为天国之都。征发役夫大修两江总督衙门，将其改为宫殿。不几月宫殿修成，正殿称为龙凤殿，上面大匾写着“龙凤朝阳”四字。两边楹柱悬挂对联两副。第一联是：“虎贲三千，直扫幽燕之地；龙飞九五，重开尧舜之天。”另一联是：“拨妖雾而见青天，重整大明新气象；扫蛮氛以光祖国，挽回汉室旧江山。”这两联大气磅礴，豪情万丈，把洪秀全驱除满清、平定天下的雄心壮志抒写得淋漓尽致。洪秀全坐在宝殿之上，得意万分，比永安州草庐称王，更是风光百倍。接着订立官制，天王以下，王爵最大，依次为丞相、天官、地官、春官、夏官、秋官、冬官等。武职统称为天将，有三十六检点、七十二指挥等名目。同时设立女官，多充任秘书。又订立朝仪，设君臣座位，君为主，臣为次，上朝议事各就其位，发言起立，免去臣拜君之礼。再订立一系列法律，男女平等，禁止纳妾，禁止娼妓，禁止吸鸦片，禁止妇女缠足等。又颁布《天朝田亩制度》，耕者有其田，土地按人口平均分配。另外开科取士，男女分科。再建筑说教台，高数丈，神秘威严。天王、东王轮番登台说教，只准臣民信仰上帝天父天兄，一切道教、佛教、儒教等均为邪教。太平军所过之处，毁文庙、烧佛寺、焚道观，砸碎所有神灵塑像。四书五经等书统统视为妖书，予以焚毁。还宣布一个规定，除天王、诸王外，所有臣民，夫妻不能同室共宿，男归男馆，女归女馆，不能有家庭观念，违者斩首。

洪秀全、杨秀清制定的法律制度，是一个大杂烩。提倡男女平等，禁止纳妾、嫖娼、赌博等陋习，耕者平均分田等，都有进步意义。但排斥中华传统文化，强迫人民信仰上帝教，拆散家庭等，都是不合时宜的乱弹琴。即便是《天朝天亩制度》也只是美好的理想而已，由于战争频繁，没有贯彻施行。

然而，洪秀全、杨秀清一占领江宁，不顾大敌当前，大业未成，却开始追求享乐。天王府造得富丽堂皇，东王府、诸王府也效仿建造，耗费国力民财。天王广纳妃嫔，东王也广纳妻妾，不准臣民夫妻共宿，而自身肆意淫乐。天王躲在深宫，神秘莫测，除过念经，便是享乐。大权由东王一人独揽，生杀予夺，刑赏黜升，一言决之。东王出巡，排场胜过天王，几千人前呼后拥，金鼓震耳，旌旗飘扬。一条100余丈长的洋绉五色巨龙，由千人操舞，见首不见尾，向前开道。接着是56个轿夫抬行的大轿，里面坐着东王，左娈童，右美妾，真是威风凛凛，场面惊心动魄。上述种种行为，已埋下天国衰亡的祸种。

江宁失陷，太平天国定都，使清廷大为恐慌，这真是致命一击，清朝财赋半在东南，北方粮食不足，全赖江南漕粮供应。财粮尽失，江山破碎，真把奕詝皇帝打击得稀蔫。自从金田暴乱到如今，他的心夜夜在前线，没睡过一个安稳觉，想不通刚即位三年，大清江山面目全非。江宁失陷，像捅他一刀，心头鲜血直流。在奕䜣、肃顺等诸王大臣安慰鼓励下，心理尚未崩溃，强打精神，布置反攻。他下旨向荣率军火速向江宁前进，又下令钦差大臣琦善率内阁学士胜保，统领直隶、陕西、河南、黑龙江马步各军，从河南出发向江宁进攻。很快，向荣率军到达江宁东孝陵卫扎下大营，号称江南大营。琦善之兵已到达扬州附近，扎下大营，号称江北大营。两个大营兵力不下 10 万。隔江相望，对江宁形成半包围状态。然而处于上升时期的太平天国，并不在意。因为他们拥兵百万，占有充足的钱粮，有雄心、有能力实施更为大胆的行动。"虎贲三千，直扫幽燕之地"，洪秀全、杨秀清做出了麾军北伐，直捣清妖巢穴北京的决定。

【太平军北伐】与清军阻击北伐，是一场历时两年、震天撼地、惊心动魄的战争。

向北京进军，可缓解天京之围，是釜底抽薪、事半功倍的捷径。咸丰三年五月，洪秀全、杨秀清一方面坚守天京，同时下令在扬州的林凤祥、李开芳率军 2 万余人北伐。林凤祥、李开芳均是智勇双全、勇猛善战的英雄人物。将帅确是出类拔萃，但所带兵马 2 万人，长途远袭，未免太少。尽管如此，林凤祥、李开芳二人，一出师便锐不可当，10 余日便连破滁州、临淮关、凤阳等州县，前锋已逼亳州。此时，杨秀清亦虑及林、李二人势孤兵薄，再派丞相吉文元又率军 1 万人赶到亳州助战。两军合起来计 3 万人。杨秀清派兵真是吝啬至极，不知是何居心？这又为北伐军埋下覆灭祸根。太平军进入安徽，清廷大为震动，急令琦善回军追击。琦善再派胜保担当追击大任，胜保是满族翘楚，文武兼备，作内阁学士时，因直谏"奕詝帝修葺宫殿，劳民伤财"而诤名大闻天下。此次他率军数万，紧随北伐军其后，想干一番"灭寇勤王"的大事业。

林凤祥知胜保大军追来，已无后退的可能，索性一鼓作气，勇往直前，进入河南。不费吹灰之力，攻克归德府。当河南巡抚陆应谷，率兵赶往归德堵截，林凤祥却似幽灵一般，从小路北进，神不知鬼不觉已扑到开封城下。开封是河南省会，巡抚已带兵外出。城中只有几千兵，都惊慌失措，也是苍天助清。朝廷新派江宁将军托明阿，带兵路过开封，见开封吃紧，立即参战。林凤祥见有大队援军，立刻撤围而去。原来此次北伐，洪秀全、杨秀清再三叮嘱林凤祥，要一路前进，目标直攻北京。不计较一城一地得失，不分兵把守攻占的州县。清军不来阻拦，不与之交锋，尽可奋勇向前，因而林凤祥放弃开封不攻，正是基于此种战略思想。按照原计划，本该进入河南，然后攻取山东，由山东北上，攻击北京，这是捷径，也是最佳战略。但是胜保在后尾追，在黄河布下重兵，挡住了攻打齐鲁的去路。于是林凤祥率军向西运动，出其不意直捣怀庆府。怀庆府守军只有500人，知府募集民商千人死守，坚持了两天，终于等来了胜保的大批援军。林凤祥率军猛攻，血战10余日，损失惨重。只好城外扎营，深沟高垒，固守营盘，与清军对峙。又派人到天京求援，如此双方一攻一守，竟相持两个月之久。李开芳苦谏林凤祥弃城东趋，转攻大名府，再北上攻天津，林凤祥不从。然而清兵援军又到，胜保大举进攻，大炮日夜轰击，士兵轮番冲杀，副帅吉文元战死。林凤祥终于抵挡不住，率领残兵向西奔去。这是北伐军最惨重的失败。为一个小小的怀庆府竟浪费了三个月时间，损伤大量兵力，这是林凤祥的失策处。

林凤祥百折不挠，取捷径失利，又转攻山西，一路冲杀，从济源过河，进入山西垣曲。山西清军做梦也想不到太平军突入境内，兵力单薄，猝不及防，纷纷溃散。太平军出垣曲，进曲沃，攻占山西南部重镇平阳府。又麾军北上，在洪洞会合从天京赶来由曾立昌率领的援军2万人，军力猛增，士气大振。于是林凤祥稍作休整，又从潞城与黎城间的小路，翻越太行山，进入直隶省境内。先头部队都化装成清军，打着大清旗号，突袭临铭关，此关在邯郸之北，是直隶要隘。当时直隶总督讷尔经额从河南返回，正驻关内，他见城下大队人马，打着清军旗帜，以为是胜保率军到来，正要出关迎接。太平军冲入关内，逢人便杀，杀倒一片。讷尔经额忽然醒悟，大喊："长毛到了，长毛到了。"这一喊全军动摇，纷纷溃逃。太平军一阵追杀，几乎全歼清军，讷尔经额拼死狂奔，方免一死。

林凤祥马不停蹄，乘胜前进。到达深州，城内兵勇逃得一干二净。太平军入城暂作休整。深州离北京仅600里，警报如雪片飞来，朝野人心惶惶。奕詝下旨京城戒严。命惠亲王绵愉为大将军，科尔沁郡王僧格林沁为参赞，率领京营及察哈兵3万人，向深州堵剿。此时胜保也尾追而来，与僧郡王会合，联合进攻太平军。僧格林沁生得魁梧高大，武艺高强，是蒙古八旗最杰出的英雄，手下亲兵个个生龙活虎，杀人如麻。仗着锐气，向太平军发动极猛烈的进攻。林凤祥见势不妙，放弃深州，率军过献县、沧州，直奔天津。途中受到胜保军的夹击，损失极重。到了天津外围静海县驻扎下来等待援军。原来东王杨秀清早有命令，北伐军到达天津，他将派兵支援会合，再攻北京。因而，林凤祥驻军静海，已算完成使命。但他绕道山西，历尽艰难，势力大衰。

咸丰四年正月，僧格林沁率军会合胜保之军，大举向静海进攻。总兵力超过太平军数倍。经过几十天的血战，静海外围据点独流镇、杨柳青相继被清军攻克。林凤祥率部逃入阜城，僧格林沁追至阜城，与林凤祥又相持一月。太平军顽强抵抗，使僧郡王大伤脑筋，最后用火攻，烧毁太平军几个据点。林凤祥支撑不住，率残部退到连镇。清军接踵而至，将连镇包围。林凤祥坚忍不拔，在连镇苦苦守了两个月，清军寸步难进。僧郡王久攻不下，稍一松懈，太平军副帅李开芳突围而出，凶悍异常，杀开一条血路，冲向山东。原来林凤祥已得知天京援军已入山东，攻下了临清州。他派李开芳突围会合山东援军。他自己不突围，是因为北伐之心不死，苦苦等待援军。

李开芳到达山东，山东太平军已被清军消灭。李开芳进退两难，率兵攻破高唐州，暂作喘息之地。而此时胜保大军又跟踪追来，接连发动猛攻。李开芳坚守一月，弃城而去，退入冯官屯。

在直隶连镇这边，林凤祥与清军又对峙一个月之久，太平军死伤惨重，只剩1000余人。因粮食早已断绝，个个饿得精瘦，但斗志昂扬。僧郡王无数次猛攻，都被击退。又过了两个月，连镇太平军已饿死大半，剩余之兵虚弱不堪，举步维艰。僧格林沁方才大展军威，率军攻入连镇，太平军奄奄一息，丧失战斗力，但无人投降，尽被杀死。林凤祥自杀未成，被清军生擒。

僧格林沁率军进入山东，与胜保会合，联军猛攻冯官屯。李开芳手下只剩500人，仍然奋力抵抗，足足坚守了两个月。僧郡王感到十分羞愧，无奈决开黄河冲灌小小的冯官屯。李开芳泡浸水中，动弹不得，被清军活捉。李开芳坚忍精神丝毫不亚林凤祥。他和林凤祥的百折不挠、勇往直前的战斗意志，不仅使僧格林沁羞愧，后来曾国藩也说林、李二人，坚忍不屈，凶悍无比，真是古今罕见的剧寇。

林凤祥、李开芳被押解至京城，凌迟处死。僧格林沁功勋卓著，被封为世袭罔替的亲王，他由灭林、李发迹，其红宝石帽顶全凭太平军鲜血染红。有史家称，北有僧格林沁，南有曾国藩，均为擎天支柱，大清赖此不亡。然而太平军孤军深入，后继无人，长途远袭，转战五省，坚忍不屈，艰苦卓绝，至死方休，事虽不成却是悲壮惨烈。洪、杨派遣奇兵北伐，战略极为英明正确，但支援不力，确是洪、杨的大失误。清朝得僧曾不亡，太平天国失去林、李，却亡了一半，笔者为诗叹惜：

天朝北伐出奇兵，直捣燕京舞战旌。
万里纵横猛如虎，只嗟天意不亡清。

【曾国藩出山】是清史上一件大事，特郑重述之。咸丰三年五月，距洪、杨派军北伐仅隔半月，天平天国又派军西征。北伐西征均是洪、杨战略上的大手笔。西征的目的，同样是缓解天京的压力，同时也为夺取皖赣湖广的丰盈钱粮，作为后勤保障。石达开、韦昌辉、胡以晃、赖汉英、石祥贞等太平天国名将，先后率军进入安徽、江西。兵锋极锐，锐不可当。横扫安徽，攻陷省府安庆。又南下江西，攻占彭泽、湖口，继而包围南昌。太平军围攻两月，南昌十分危急。当时在城中防御的江忠源，飞书向湖南告急。湖南巡抚骆秉章接到求援之书，立即与在家乡办团练的在籍侍郎曾国藩商议。曾国藩说："南昌若失，两湖震动，理应驰军救援。江忠源是不可多得的戡乱之才，陷于南昌，也应去救。"这一番谈话，引出了曾国藩这个乱世英杰。曾国藩，字伯涵，号涤生，湖南湘乡人氏。相传曾国藩降生，其母夜梦巨蟒入室，家人都认为此子乃非常人也。但长成以后，貌不惊人，身材矮小，一双三角眼似开似合，似睡非睡，使父母不免沮丧。曾国藩以后还有几个弟弟，依次是曾国潢、曾国荃、曾国华、曾国葆。他是长子，父亲曾书麟不得不让他读书，以图科场成名。他读书异常刻苦，资质不凡，聪明天成，四书五经烂熟于胸。而且性格诚朴，实实在在，干事埋头去做，决不多言。每每读及古哲先贤的事迹，则眉飞色舞。这使长辈大为惊异。果然，在道光十八年一举中了进士。他的道德文章，先后得到穆彰阿和肃顺的赏识。到咸丰初年，官至礼部右侍郎。咸丰二年，他因母丧，按例回乡守制，丁忧三年。他是个理学家，忠孝观念极重，坚持古礼，发誓守丧三年，不闻世事。然而朝廷让在籍官员办团练，保家卫国的诏书联翩而下，好友郭嵩焘也劝他墨绖从军，移孝作忠。于是慨然应允，投袂而起。凭着他的威信，募农夫为勇，以儒生为营官，用戚继光的练兵法，创练成2000余人的队伍。这就是湘军的发轫。此时，他听了骆秉章之言，决计出山讨伐太平军。为壮湘军声势，他写了一篇感情炽烈，文辞并茂的《讨粤匪檄》，全文如下：

为传檄事：逆贼洪秀全、杨秀清称乱以来，于今五年矣。荼毒生灵数百余万，蹂躏州县五千余里，所过之境，船只无论大小，人民无论贫富，一概抢掠罄尽，寸草不留。其掳入贼中者，剥取衣服，搜括银钱，银满五两而不献贼者即行斩首。男子日给米一合，驱之临阵向前，驱之筑城浚濠。妇人日给米一合，驱之登陴守夜，驱之运米挑煤。妇女而不肯解脚者，则立斩其足以示众妇。船户而阴谋逃归者，则倒抬其尸以示众船。粤匪自处于安富尊荣，而视我两湖三江被胁之人曾犬豕牛马之不若。此其残忍残酷，凡有血气者未有闻之而不痛减者也。

自唐虞三代以来，历世圣人扶持名教，敦叙人伦，君臣、父子、上下、尊卑，秩然如冠履之不可倒置。粤匪窃外夷之绪，崇天主之教。自其伪君伪相，下逮兵卒贱役，皆以兄弟称之，谓惟天可称父，此外凡民之父皆兄弟也，凡民之母皆姊妹也。农不能自耕以纳赋，而谓田皆天王之田；商不能自买以取息，而谓货皆天王之货；士不能诵孔子之经，而别有所谓耶稣之说、《新约》

之书，举中国数千年礼义人伦诗书典则，一旦扫地荡尽。此岂独我大清之变，乃开辟以来名教之奇变，我孔子孟子之所痛哭于九原，凡读书识字者，又乌可袖手安坐，不思一为之所也。

自古生有功德，没则为神，王道治明，神道治幽，虽乱臣贼子穷凶极丑亦往往敬畏神祇。李自成至曲阜不犯圣庙，张献忠至梓潼亦祭文昌。粤匪焚郴州之学宫，毁宣圣之木主，十哲两庑，狼藉满地。嗣是所过郡县，先毁庙宇，即忠臣义士如关帝岳王之凛凛，亦皆污其宫室，残其身首。以至佛寺、道院、城隍、社坛，无庙不焚，无像不灭。斯又鬼神所共愤怒，欲一雪此憾于冥冥之中者也。

本部堂奉天子命，统师二万，水陆并进，誓将卧薪尝胆，殄此凶逆，救我被掳之船只，找出被胁之民人。不特纾君父宵旰之勤劳，而且慰孔孟人伦之隐痛。不特为百万生灵报枉杀之仇，而且为上下神祇雪被辱之憾。

是用传檄远近，咸使闻知。倘有血性男子，号召义旅，助我征剿者，本部堂引为心腹，酌给口粮。倘有抱道君子，痛天主教之横行中原，赫然奋怒以卫吾道者，本部堂礼之幕府，待以宾师。倘有仗义仁人，捐银助饷者，千金以内，给予实收部照，千金以上，专折奏请优叙。倘有久陷贼中，自找来归，杀其头目，以城来降者，本部堂收之帐下，奏受官爵。倘有被胁经年，发长数寸，临阵弃械，徒手归诚者，一概免死，资遣回籍。在昔汉唐元明之末，群盗如毛，皆由主昏政乱，莫能削平。今天子忧勤惕厉，敬天恤民，田不加赋，户不抽丁，以列圣深厚之仁，讨暴虐无赖之贼，无论迟速，终归灭亡，不待智者而明矣。若尔被胁之人，甘心从逆，抗拒天诛，大兵一压，玉石俱焚，亦不能更为分别也。

本部堂德薄能鲜，独仗忠信二字为行军之本，上有日月，下有鬼神，明有浩浩长江之水，幽有前此殉难各忠臣烈士之魂，实鉴吾心，咸听吾言。檄到如律令，无忽！

这篇檄文高瞻远瞩，站在道德的制高点上，抓住太平天国信仰异教、排斥儒教、排斥中华传统文化的弱点，文锋犀利，直中要害。为清朝剿灭太平天国制造了广泛而有利的思想舆论。

湘军出征第一仗是解南昌之围，曾国藩没有亲往，只派罗泽南等人率军出征。到了南昌，也未显出初出茅庐的锐气，却折损了一些兵马。好在太平军自动解围而去。算是经过一场锻炼。湘军南昌出师后，曾国藩深深感到，太平军之所以横行，其强大的水师是制胜因素。欲剿灭太平军，非拥有更为强大的水师不可，他上疏朝廷，要求购洋船、洋炮建立水师。此疏得到奕詝的批准，称他具有大眼光。于是曾国藩移军衡州，专办水师。经过一年的努力，造成“快蟹”、“长龙”、“三板”各式兵船近百艘，又招募水勇5000人，组成水师10营。以成名标、诸殿元、杨载福、彭玉麟、邹汉章、龙献琛、褚汝航、夏銮、胡嘉垣、胡作霖各为营官，褚汝航为水师总统。另增招陆军5000人，分为13营，派同凤山、储玫躬、曾国葆等人为营官，保举游击将军塔齐布为先锋官。水陆师两军共计万人，形成不小的规模。这是湘军的再发展。

其时，湘军虽然练成，但局势却更加恶化。太平军攻陷九江后，进入湖北，清军兵败田家镇，一溃百里，太平军兵逼武昌，接着黄州、汉阳均失陷，武昌万分危急。新任湖广总督吴文镕奋力抗战，太平军方才退去。吴文镕率军收复黄州，中途遭遇太平军伏击，全军覆灭，吴文镕自杀身亡。而安徽的形势，也是糟不可言。太平军燕王秦日纲，连破舒州、桐城，在籍侍郎吕贤基率团练迎战，战败身亡。秦日纲乘胜包围庐州，庐州是临时省会，安徽文武大员都在此避难，闻讯逃去大半，新任安徽巡抚江忠源率军赶到庐州，奋命抵抗，才算阻住太平军的攻势。然而，杨秀清又派胡以晃派兵助战，太平军兵力增至15万，发动猛攻，掘地道、埋炸药炸开城墙。庐州知府胡元炜投降太平军，里应外合，攻入庐州。江忠源见大势已去，欲拔刀自刎，被手下家仆阻挡。家仆背起江忠源奔逃。江忠源咬破家仆的耳朵，血流及肩，家仆与江忠源一起倒地。江忠源奋身而起，拔刀再战，最后力竭，身中七枪，投水而死。庐州又落太平军之手。江忠源当年和曾国藩在京初次会面时，曾国藩见他性情刚烈，慨叹说：“此人日后必抗节成名”。江忠源之死，应了曾国藩的预言。笔者有诗叹曰：

盖世英才妙运兵，沙场百战保皇清。
天生血性奇男子，殉节庐州成大名。

曾国藩得知吴文镕、江忠源噩耗，十分悲痛，吴文镕是他的恩师，江忠源是他的同袍挚友，悲痛之余，更激起对太平军的仇恨。此时清廷连下诏书，催他出兵援救武昌。于是他命水陆两军从衡州同时出发，水师沿湘江，陆军寻捷径。浩浩荡荡，军容士气非往日可比。途中忽接战报，太平军攻陷岳州后，又再陷湘阴、宁乡。他立命水师攻湘阴，陆军攻宁乡。他从水师前往，兵船至洞庭湖口，忽然狂风大作，白浪滔天，顿时将几十艘战船吞没，数百名水勇葬身鱼腹。他大喊晦气，部将纷纷议论，认为是不祥之兆。果然前方传来败传，水师营官储玫躬阵亡，陆军邹寿璋、杨名声等军惨败。同时又传来消息说，太平军进入湘江，攻占靖港。另一支太平军突袭湘潭。这真是出师不利，使他大为沮丧。此时贵州道员胡林翼至军，两人互闻大名久矣，今日初次会面，晤谈之下，格外倾心。胡是益阳人，字润之（毛泽东取字润之，据闻是因对胡林翼十分钦佩），后亦为湘军支柱，世人并称为“曾胡”。曾国藩当下请胡林翼辅助塔齐布攻打湘潭，胡慨然应允，立即与塔齐布率师出发。有两位名将出征，他大为放心。于是曾国藩统率水师，向靖港前进。然而到了靖港，尚未开战，狂风又起，湘江巨浪滚滚，战船或相互撞破，或被狂风吹散，兵士纷纷落水。曾国藩在船头站立不稳，头晕呕吐。靖港太平军顺风掩杀，兵、船伤亡惨重。曾国藩引军急退，已伤亡大半。曾国藩衡州练兵已成，极希望出师奏捷，谁料竟遭此惨败。他是个极好面子的人，视名节为性命，真是羞愧难当，突然纵入水中寻求解脱。诸将见状大惊，七手八脚将他捞起。他长叹一声，立即向朝廷请罪。这就是湘军二次出师的靖港惨败。部将又纷纷议论，两次狂风兆凶，此时已算灵验。还好，塔齐布、胡林翼、彭玉麟、杨载福在湘潭大败太平军，收复湘潭，这个捷报，使曾国藩心理又达平衡。喟然而叹：“天公磨炼我也。”他给朝廷的报捷奏章中有“臣屡败屡战”之语。

据说奕詝阅后极为感动。

军事倥偬，曾国藩没有休整的时间，又传来武昌失守的警报，这是武昌第二次被太平军攻占。奕詝闻武昌陷落，盛怒之下，将弃城而逃的湖北巡抚青麟斩首正法。又下旨令曾国藩派军攻复武昌。曾国藩心中杀敌报国的烈火又熊熊燃起，真想再立大功，让朝廷与世人瞧瞧，立即命湘军水陆二师出征。这一次兵锋极锐，水陆两军齐驱岳州，一场激战，太平军败走，岳州光复。岳州为湖南北部重镇，收复它意义极其重大。曾国藩坐镇岳州，兴高采烈，命水师向城陵矶进发，命陆军向擂鼓台进发，乘胜消灭盘踞在二处的太平军。然而，很快传来战报，水师在陵矶惨败，水师统领褚汝航、夏銮、陈辉龙、何镇邦、诸殿元战死。这个战报使曾国藩悲愤至极，此五人是水师支柱，也是患难兄弟，竟全部殉战，不禁涕泪纵横，肝肠寸断。所幸陆军方面传来捷报，塔齐布在擂鼓台获胜，击毙太平军天将曾天养，心中稍得安慰。

太平军岳州失利后，据城陵矶坚守，控制住由湘入鄂咽喉要道。曾国藩深知，不拔掉这个据点，北救武昌只是一句空话。他军前发表讲演，鼓励将士在城陵矶拼死决战，为褚汝航等五位将领报仇，他平时不多言，一旦发言，句句千钧，震撼人心。其时，罗泽南来岳州助战。罗泽南亦是湘乡人，是理学名家，在家乡开帐讲学，弟子如云，世称罗山先生。在曾国藩的感召下，他慨然投笔从戎，手下弟子紧随其后，以书生参战，真是难得。罗泽南的加入，使湘军势力大增。曾国藩命水陆两军誓师出发，大战城陵矶。这一战异常激烈，太平军 2 万余人拼死抵抗。塔齐布不愧满州勇将，率先冲锋，士兵奋勇上前，拔去竹签几丈，越过深壕，攻取敌垒 10 余座，太平军阵脚动摇，向后溃退。水师进攻更为锐利，忽然南风劲吹，乘风破浪，将太平军战舰冲得七零八落。水陆两军一齐获胜，太平军狼狈逃散。湘军城陵矶大捷，标志着湖南全境肃清，通往湖北的门户打开。

湘军马不停蹄，昼夜兼程，很快抵达武昌城下。武昌城池坚固，太平军 5 万人在此据守，曾国藩听从罗泽南的建议，先派罗泽南攻取花园据点，再派塔齐布攻占洪山。花园、洪山，一濒江、一据高，都是武昌城外的险要。湘军攻克两处，确显罗泽南计策高明。在战斗中塔齐布及罗泽南的弟子李续宜极为骁勇，舍生忘死，冲锋陷阵，表现极为出色。太平军失去花园、洪山两个屏障，立刻惊惶万分。不待湘军攻城，竟弃城夜遁。湘军顺利占领武昌。湘军攻占武昌，全靠高超的谋略与高涨的士气。隔岸的汉阳，也被荆州将军官文的部队攻克。另外传来捷报，附近的黄州也被清军占领。武昌克复是个空前的大捷，湘军军心大振，全城欢声雷动，庆贺胜利。曾国藩终于拿出一点颜色，让朝廷看看。远在京城的奕詝皇帝更加狂喜不已，立旨颁旨表彰，赏曾国藩二品顶戴，署理湖北巡抚，塔齐布也得到一件黄马褂，但曾国藩以母丧未终，坚辞不受。于是又另派陶恩培为湖北巡抚。

但是太平军从武昌逃出，向东南运动，在蕲州附近的田家镇扎驻大营，这个田家镇地势十分险要，东边有半壁山，在江边耸起，居高临下俯视长江。一人当关，万夫莫开。太平军又在长江横置铁锁四道，集列战舰千艘，岸上再建营垒二十几座，防备得十分严密。当时太平军占据九江，田家镇不破，湘军不能进入江西。

曾国藩接到朝廷让他进攻田家镇的圣旨，不顾疲劳，率军沿江而东，一路疾驶，先后攻下大冶、兴国、蕲州，很快兵临田家镇。见到地势如此险要，防备如此严密，不禁暗暗心惊。前面又传来消息，先头部队与长毛开了一仗，进展不利，不能越雷池一步。是夜，曾国藩目不交睫，通宵未眠。他忽然想到，长毛铁锁横江，战舰云集，正和三国时期，曹操在赤壁摆的阵势几乎雷同。当年周瑜、诸葛亮用火攻破曹操，扬名千载。想到这个典故，不禁笑出声来，他一跃而起，立即进行布置。全军兵分四队，第一队用熔炉大斧熔凿江中铁锁，第二队携炮进攻，掩护第一队，第三队纵火烧船，第四队为后继大军。于是各队一齐行动，断锁的断锁，打炮的打炮，烧船的放火，各行其是。霎时间，炮声震天，火光熊熊，江中的太平军战船纷纷燃烧，满江通红，正像当年火烧赤壁一样。第四队见前三队得手，呼啸一声，冲杀上去。太平军烧死、溺死大半，剩下的逃上岸，又被塔齐布拦截，一阵砍杀，全军覆灭。这一仗烧毁敌船5000艘，扫平岸上20余座营垒。湘军此次恶战，较之武昌攻坚，更是激烈万分，乃是出师以来空前的大捷。田家镇攻下，湘军威名震撼天下。捷报传到京城，奕詝备感欣慰，他真感谢湘军异军突起，屡建奇功。拟加封曾国藩为钦差大臣，主持湖北战局。忽有一个大臣祁隽藻劝谏说："曾国藩是一在籍侍郎，犹匹夫也，匹夫在闾里登高一呼，应者万计，湘军势力坐大，恐非朝廷之福。"一句话说得奕詝龙心动摇，于是收回任命诏书。

曾国藩出山标志着湘军的崛起，太平天国遇到真正的克星。有史家称，天不亡清，故派遣曾国藩横空出世。天意乎，人事乎？历史真是丰富多彩，神奇莫测。笔者认为，湘军与太平军作战，好似一座表演历史的大舞台，双方演员齐登台表演，展示他们的信仰与价值，从而产生一大批英雄豪杰。人杰地灵的湖南产生了曾国藩、江忠源、曾国荃、胡林翼、左宗棠、彭玉麟、罗泽南等人物；民性强悍的广东、广西产生了洪秀全、杨秀清、石达开、李秀成、陈玉成等人物。如果没有这个舞台，也就没有这些演员。看来"时势造英雄"，确是至理名言。而一旦登上舞台，演员可再大显身手，创造时势，因而"英雄造时势"无疑也是名言。双方演员拼死相斗，相生相克，演出了各自的悲喜剧，这就是历史！

【那拉氏得宠】于奕詝帝，并非宫闱中的一般小事，因为这个女子以后把持朝政50年，将万里江山踩得摇摇晃晃。大清的兴衰与她大有关系，笔者特以专章述之。

自太平天国发难，奕詝日夜忧虑，惶惶不可终日，尤其是林凤祥、李开芳兵逼京畿，更使他惊恐万状。他本是风流天子，多情好色，但国难当头，整日案牍劳身，批阅奏章，研究军情，他再也无心召幸妃嫔。此时河北肃清，南方捷报联翩传来，使他龙心稍安，把忧国忧民的思绪暂搁一边，又想起那个貌美心灵的叶赫那拉氏。于是又夜夜召幸，魂销温柔之乡。

说起那拉氏的来历，还须从头说起，她本是安徽候补道员惠征的长女，小名兰儿。惠征是个穷官，官场厮混的本事也欠缺一些，野史说他曾在兰州、归化等地做过七八品的小官，都是应付差事的闲职，一个肥缺也没捞到。后来调到安徽做了个候补道台，却没银子孝敬上峰，一直候到50多岁，也未补来一个实缺。最后得了一场大病，再加上忧郁，不几日一命呜呼。死后，家产寥寥，连买个棺材的钱都没有。抛下一个老婆两个女儿和一个儿子，整日哭得栖惶连天，却无人理睬。幸好有个清江县县令吴棠，与惠征生前有一面之交，见她们母子可怜，送其白银300两，让他们料理后事，返回北京投亲。于是兰儿母女有了救星，方才渡过难关。许多野史说，吴棠送银子，是因为家人糊涂送错了。然而，吴棠将错就错，并未讨回银子，做个顺水人情。这是吴棠的厚道处，也是老天赐他的大福缘，后来兰儿成了太后，知恩图报，封他做了总督，这是后话。

兰儿母子几人，葬了惠征，剩下的银两做了盘缠，雇了船只，沿着运河到了北京投亲。到了北京居住，也是艰难度日，寄人篱下也没个好心情，母亲整天唉声叹气。好在兰儿一天天长大，已是十四五岁的年纪，出落得丰神秀骨，美艳非凡，邻人见了都齐声喝彩。不仅貌美，而且心灵，女工针线，读书识字，都非一般女流可比。那张鹦鹉小嘴，整日说个不停，都是些惊世骇俗的话儿，这又使母亲感到惊喜，她告诉其母说："我兰儿一朝得志，总要报答吴棠大人的恩情。"母亲笑了，似信非信地说："好吧，我就等着天鼓响鱼龙变化。"

果然天鼓终于敲响了，咸丰元年，皇宫中大选秀女。兰儿听到这个消息，真是高兴极了，整日缠着母亲要进宫当秀女。母亲拗她不过，到了开选吉日，将兰儿打扮得漂漂亮亮，整整齐齐，送入宫中参选。这天几百个秀女云集宫中，奕詝皇帝坐在坤宁门前，让秀女依次而过，细心挑选。这些女孩子年龄幼小，进了高大森严的皇宫，一个个吓得发抖，有些女孩想起父母，不禁泪流满面，总之个个垂头丧气，愁眉苦脸。然而兰儿不同凡响，她昂首挺胸，抖擞精神，袅袅婷婷，真像个模特儿在T形台上行走，通过御座时，故意搔首弄姿，将一躯婀娜、万种风情，展现无遗，又回头嫣然一笑，真是百媚千娇。奕詝见了这个女孩，心旌摇荡，魂儿早被摄去，当下拍板定选，收纳后宫。清宫后妃等级森严，计有皇后、皇贵妃、贵妃、妃、嫔、贵人、常在、答应等，还有宫女等下人。奕詝立即封她"贵人"，也算破格施恩。然而后来，长毛造反，奕詝心情不安，忙于国事，这个新来的兰贵人却从未得到召幸。深宫寂寂，不免惆怅万端。咸丰四年某月吉日，奕詝到慈宁宫，向太后问安。众妃嫔一齐叩安，兰贵人也跪在后边。被奕詝一眼看见，惹动情肠，问安已毕，单独留下兰贵人问话。兰贵人重新叩头拜见，道一声“皇上万岁，万万岁”，真似莺啼燕啭，又好似玉盘滚珠，清脆悦耳。奕詝仔细端详容貌，脸庞俏丽绝伦绝俗，自不待言。那双凤目顾盼生情，有诗为证：

无限柔情聚眼神，目光转盼便生春；
纵为佛子心难静，皇帝多情早失魂。

尤其是头上万缕青丝，像瀑布一样倾泻，黑亮飘柔。在奕詝眼里，自从天地产生女人，她是最美丽的一个。真是秀色可餐，迫不及待。当晚便宣召侍寝，春风一度，便胜却人间无数。从此，兰儿夜夜专房，备受恩宠。皇帝龙马精神，兰贵人鸾凤身躯，不几月，兰贵人身怀龙种，腹结麟胎。肚皮膨大，奕詝见了喜不自胜。怀孕十月，生下一个皇子即后来的同治皇帝。奕詝更是宠爱，封她为懿妃。皇后钮祜禄氏，端庄娴静，诚实厚道，见兰儿得宠，也不嫉妒，又见她生了皇子，反觉欣慰，毕竟皇祀后继有人。以上便是叶赫那拉氏兰儿得宠的故事。

【江南大营溃败】是清军进剿太平天国以来一次大失败。而太平天国则从北伐失败的阴影中振作，创造了起事以来军事上的大胜利。

咸丰五年到咸丰六年，对清廷来说是个悲哀的时期，前方败报接连传来。

曾国藩在取得田家镇大捷后，踌躇满志，乘胜向九江前进。然而九江城守将是太平军著名将领林启荣，他的军事才能不亚林凤祥、李开芳，而坚忍精神更是古今罕闻。湘军集水陆两军猛攻一年，九江城屹然不动。湘军稍一松懈，林启荣乘夜突袭，将湘军水师堵在鄱阳湖口，一阵烧杀，烧毁水师船只几百只，水勇死伤数千，这是水师建立以来最惨重的失败，曾国藩的座船被烈火烧燃，他的官印机密文件化为灰烬，曾仓皇逃走，幸免一死。湘军支柱塔齐布也于军中病死。曾国藩向朝廷上书，将惨败情况毫不掩饰，如实奏报，请求治罪。出人意料的是，奕詝阅奏后，大为感动，认为曾国藩忠诚老实，如此惨败，毫不隐讳，如实报告，存心不欺。仅下旨安慰："偶有小挫，无损大局。曾国藩自请严议治罪，着加恩宽免。"这两点可看出曾氏忠诚拙朴的个性及奕詝驾驭将领的英明。

两个月后，湖北又传来惊天消息，武昌又落太平军之手。巡抚陶恩培以下官员几十人殉难。原来太平军将湘军困在鄱阳湖动弹不得，又乘机发兵奇袭广济，广济驻扎清军 2 万人，尽是楚军精锐，由湖广总督杨霈率领。时在半夜，清军酣睡猝不及防，被一举击溃。杨霈狼狈逃往德安府。太平军乘胜直扑武昌，而武昌守军仅 2000 人，主力尽被杨霈带走。巡抚陶恩培仓皇迎战，同时派使求援，胡林翼率军 8000 飞驰相救，兵未到，武昌已失陷，陶恩培已死多日。这是武昌第三次被太平军攻占。

武汉失守，清廷大为惊惶，下旨任胡林翼为湖北巡抚，又催曾国藩派军助胡林翼收复武昌。罗泽南自告奋勇愿率军攻武昌。曾国藩身处困境，被九江太平军牵制，真舍不得罗泽南。但武昌紧急，不得不与罗泽南凄然而别。谁知，这一别竟是永决。罗泽南到武昌，会合胡林翼猛攻武昌，连续二月未有进展。在一次攻城中受伤，医治无效，竟与世长辞。罗泽南一介书生，投笔从戎，胸怀韬略，又能慷慨赴死，也算一代奇人。

湖北、江西战线，清军连续失利。那么江南前线又如何呢？

自太平军攻克江宁后，改名天京，建都于此。钦差大臣向荣率兵 3 万人，跟踪而来，在孝陵卫扎起大营，号称江南大营。而长江以北，扬州附近，钦差大臣琦善也率军几万，驻扎成营号称江北大营。两个大营隔江相望，互为犄角。驻扎三年以来，向荣和琦善无时无刻不向太平军攻击，但天京城池高大坚固，太平军兵力充足，一一击退清军。向荣、琦善旷日持久，劳师靡饷，寸功未建，惶急得要命。然而，清廷催促进剿的诏书联翩而下，向荣、琦善只得尽力而为。

琦善本是签订《穿鼻条约》割让香港的罪魁祸首，道光帝曾将他逮捕下狱，然而奕詝却重新起用，委以大任，真是个大失误。当时太平军固守扬州孤城已近三年，琦善围攻几年，毫无效果。岂料，与扬州毗邻的瓜州被太平军攻占，困守孤城的太平军，弃了扬州，与瓜州太平军会合，又形成坚强的堡垒。琦善得了个空城，反失去要塞。清廷震怒，将他革职留用，琦善惶急成病，不几日呜呼哀哉，清廷又任命托明阿接替琦善。托明阿是个庸才，上任几个月，扬州又被太平军夺去。清廷恨托明阿无能，革职查办，另派副都统德兴阿统率江北大营。德兴阿是员猛将，率军又攻占扬州，江北大营才稳住阵脚。

然而，太平军占据瓜州、镇江两个要塞，屏障天京，对江南大营、江北大营构成最严重的威胁。奕詝接连下旨，催促向荣及江苏巡抚吉尔杭阿火速拔掉镇江、瓜州两个据点。吉尔杭阿在剿灭上海小刀会刘丽川义军后，率领8000精兵进攻镇江。太平军固守城池，奋勇抵抗，又派兵突袭清营，闹得清军日夜不安，吉尔杭阿只得望城兴叹，毫无办法。吉尔杭阿突然想出一条妙计，釜底抽薪，拟断绝太平军粮道。高资县是太平军接济天京粮食的必通之道。吉尔杭阿想攻占高资，断绝天京生命之源，这一招确实厉害。于是吉尔杭阿命上海知府刘存厚率兵1万袭击高资。但是高资有太平军重兵把守，刘存厚袭击失利，损兵无数，只得退至烟墩山扎营苦守。吉尔杭阿得知前军失利，率兵来援。此时镇江太平军得知高资危急，也派兵来援。太平军为保卫高资粮道，拼死冲杀。高资城中之军，与镇江援军，同时发动，前后夹击。一场激战，将清军消灭殆尽，吉尔杭阿、刘存厚死于乱军之中。清军大营向荣，探知清军在高资惨败，火速命张国梁率军援救。于是造成江南大营空虚，仅剩守兵5000余人。

杨秀清得知江南大营空虚，飞调石达开从安徽率军前来，石达开是太平军智能双全的名将，一接东王命令，火速赶来，向江南大营发动猛烈进攻。杨秀清又令燕王秦日纲率军出城直扑孝陵卫江南大营巢穴。两路大军前后夹击，清兵5000人顿时土崩瓦解。向荣拼死突围，几乎被俘。所幸张国梁返军杀回，救出向荣，逃往淳化镇。太平军乘胜追击，向荣、张国梁再退至丹阳。太平军接踵又至丹阳城下。张国梁是员勇将，以不怕死、敢打硬仗著称于世，太平军对他很是忌惮，张国梁豁出命来抵抗，太平军无可奈何，只得退去。然而向荣遭此大败，羞愧难忍，忧愤成病，不几日而死。这个太平军的死对头，连同坚壁三年的江南大营一起灭亡。“师老无功，军心涣散，派兵四出，大营空虚”这四个弱点是江南大营溃败的原因。

【洪杨内讧】是致太平天国死命的大事件。杨秀清妄自尊大，争权夺利是此次内讧起因。

西征取得胜利，江南大营又被击溃。自攻占江宁以来，太平军达强盛的高峰。洪秀全扬扬自得，自以为有天父天兄保佑，方才取得大胜，清妖不足惧，从此可永享太平。他自从进入天京，把军政大权全交给杨秀清一人执掌，自己乐得逍遥。每日藏在宫中，深居简出，不是诵圣经拜天父，便是和众多的妃嫔厮混取乐。洪秀全异常荒淫好色，当年在金田村时，便强纳 18 名女教徒为妾，尽是豆蔻年华，黄花闺女。永安州称王，他又纳 18 女为妃，凑成 36 妃。建都天京后，更广纳妃嫔，据说洪秀全有名号的妃嫔，共计 81 人，凑个九九之数。另有女官 1000 人在宫中任职，他随时任意召来淫乐，真是艳福齐天。而杨秀清更是得意忘形，陶醉于自己的优秀指挥才能，自称西征与解天京之围的功劳，盖世盖天，抗清妖兴天国，非他莫属。对于天王他已不放在眼里，他频繁表演天父灵魂附身的把戏，发号施令，树立权威。有时甚至将天王洪秀全传到说教台下，传达天父命令。洪秀全跪拜于地，敢怒不敢言。不仅如此，他还宣扬天父已传下圣训，让他执掌天国，取天王而代之。本来洪秀全已封他九千九百岁，离万岁只差一百岁。他心犹未足，逼洪秀全封他万岁。洪秀全含糊答应，心中已愤怒至极，暂时隐忍不发。

杨秀清专擅军政大权，作威作福，而生活更是荒淫无耻，较之天王有过之而无不及。他有姬妾数百名，让她们轮流侍寝。又扬言占尽天下花魁，命部下四处搜寻绝色美艳妇女。先是宠傅善祥，继又宠爱朱九妹，后来又掳来一个赵碧娘，更是美貌绝伦。赵碧娘性情刚烈，不愿受辱，用金丝银线，制作一顶王冠，外表精美，里面暗藏月经布。她的本意是用秽布镇压杨秀清的“王气”。此事被杨秀清得知，将赵碧娘点了天灯。何谓“点天灯”，就是把人用白布裹住，泼油浸透，然后点燃，把人活活烧死。对于不顺意的姬妾，他都以“点天灯”烧死，真是残暴至极。东王府有个官员名叫陈宗扬，与东王一个侍姬通奸。事发，杨秀清大怒，将陈宗扬也点了天灯，活活烧死，陈宗扬是北王韦昌辉的妻弟。这消息传到江西，韦昌辉正在前线作战，听到妻弟惨死，怒不可遏。派使者到天京禀报洪秀全，要求主持公道。洪秀全乘机向韦昌辉发出密诏，说自己受东王逼迫，危在旦夕，让韦昌辉来京救驾。韦昌辉接到天王密诏，立即带兵到达天京。杨秀清不许入城，韦昌辉再三请求有要事相商，于是韦昌辉带了几个随从入城，将大兵驻屯城外。杨秀清这才放心。韦昌辉一见杨秀清，叩头长拜，高呼万岁。杨秀清赶忙扶起，假意斥责。韦昌辉情绪激昂："东王功德巍巍，天国赖东王而在。如今天王昏聩，大误国事。东王是八月八日生辰，此日明正大位，是最佳时宜。因而弟特从江西赶来，助东王登基。"说完，韦昌辉与几个随从又伏地高呼万岁。这一套表演，把杨秀清的心儿弄得飘飘荡荡，舒服极了。立即传令摆下宴席，为北王洗尘接风。两人极为亲热，你一杯，我一杯，对酌起来。韦昌辉极力奉承，连连敬酒，杨秀清已酩酊大醉。韦昌辉掏出怀中匕首，向杨秀清猛刺几刀。杨秀清未清醒已成死鬼。此时韦昌辉的几个随从，一齐动手，将东王身边侍卫杀死。韦昌辉走出房外，向东王府官员大喊："本王奉天王之诏，诛杀叛逆杨秀清。"言毕，从袖中抖出一块黄绸，上面赫然写着"天王圣谕"四字，东王府官员个个惊得不知所措。紧接着韦昌辉禀告天王，报告大功已成。同时又招来城外北王部队，把东王府包围，韦昌辉下令屠杀，东王府家眷及侍卫官员，被杀个净光。韦昌辉以心狠手辣著称，他带领几个随从入虎口刺杀杨秀清，胆气豪壮，勇敢无比，堪与荆轲刺秦王伦比，真是传奇而惊险的一幕。

然而杨秀清虽然跋扈骄横，但平时待部下极厚。东王余党在天京有2万多人，闻东王被杀，个个义愤填膺，一声呼啸，冲向北王府，要为东王报仇。韦昌辉下令开战，于是一场血战在天京展开，激战几天，直杀得天昏地暗，血流成河，尸体遍地。天王下令让韦昌辉停止杀戮，韦昌辉不听，声称要杀尽东王余党，方才罢休。洪秀全暗暗叫苦，只得再传密诏，从安徽调来石达开、秦日纲入天京平乱。翼王石达开进城，见烽烟滚滚，刀光剑影，尸横血流，一片废墟，不禁怆然泪下。急找韦昌辉论理，他悲愤地说："你杀死东王尚嫌不足，又杀他全家，还杀他的部下。天国不亡于东王，恐怕要亡在你的手里！"韦昌辉嘿然不答，石达开愤愤离去。当夜北王部队将燕王府、翼王府包围。石达开闻讯，翻墙出逃，缒城而出。

北王兵将燕王秦日纲与家属及石达开家属共计几百人，屠杀殆尽。洪秀全召来韦昌辉，怒斥他滥杀。韦昌辉声称“情势所逼，不得尔然”。说完扬长而去。不一会，韦昌辉率军包围天王府，麾兵猛攻，原来韦昌辉野心极大，想乘机杀死天王，自立为王。此时，洪秀全手下几百个大脚女侍卫，个个持刀抵抗，这些女侍卫武艺高强，一场激战，竟守住了天王府。洪秀全的两个兄弟洪仁达、洪仁发暗中与东王余党讲和。双方一拍即合，联合攻打韦昌辉。韦昌辉兵终于招架不住，纷纷溃逃。韦昌辉见大势已去，率残部逃出天京。逃至清江浦，被东王部队截住，韦昌辉被活捉，押至天京。天王一声令下，韦昌辉被剐成肉泥。北王府的韦氏家属子女，也被杀戮得净光。

洪秀全将韦昌辉的头颅送与石达开军营，传他入京辅政。石达开到天京，洪秀全让他节制诸王，掌管军政大权。但洪仁达、洪仁发又进谗言，说石达开恐有异心。洪秀全被杨秀清、韦昌辉之乱吓怕了，对石达开时时戒备。外面谣言四起，盛传天王要除掉翼王。这使石达开胆战心惊，于是辞别天王，率部离开天京。石达开智勇双全，豪爽有义气，在太平军中威信极高，部下 20 万人都誓死相从。从此石达开的部队再不受天王节制，自由发展去了。洪、杨内讧，互相残杀，东王、北王的部队各自拼杀殆尽，全城共死 3 万余人。石达开又拉走 20 万精锐。太平天国元气大伤，再也难以恢复。总之，天王昏聩、东王专擅、北王残暴、翼王自私，再加上共有的腐败，把太平天国送上绝路，灭亡只是时间问题。笔者有诗叹曰：

天时地利带人和，席卷江南唱浩歌。
祸起萧墙呈败象，长教后世泪如波。

【湘军入皖】是清军剿灭太平天国的重大战略步骤。因为安徽是清军进攻天京的必由之路，也是太平天国保卫天京的屏障。对双方来说，均是事关成败的战略要地。

洪、杨内讧，天国由盛而衰，太平军的士气、军力大为衰减。而这又是清军反攻的绝佳机会。在湖北战线，湖广总督官文率军攻克汉阳，接着湖北巡抚胡林翼又攻克武昌，这是清军第三次攻克武昌。湘军杨载福、李续宾部乘势收复黄州、兴国、蕲州、广济等地。整个湖北完全被清军控制。杨载福、李续宾率水陆两军沿长江东下，直达九江。此时曾国藩在九江已与太平军对峙两年之久。湖北全境肃清，杨、李二人的军队到达九江，使曾国藩大为兴奋，决心克复九江。他亲自从南昌赶来，犒劳杨、李二军。然而此时，家乡传来其父曾书麟病故的消息。他是理学名家，尽孝是天大的事情，必须回家丁忧守制。清廷下旨，让他墨经从军，移孝为忠。他上奏坚持守丧三年，言辞极为恳切，清廷也无可奈何。于是曾国藩、曾国荃、曾国华、曾国葆一起回到湘乡奔丧。临行前，曾国藩将九江军事托付于杨载福、彭玉麟。杨、彭二人也是湘军赫赫名将，尽心竭力担当大任，率领湘军攻克小孤山、石钟山两据点，扫清了太平军在九江的外围，尤其是石钟山一仗，战事异常激烈，湘军虽然获胜，但死伤惨重。清廷下旨，在石钟山建起“昭忠祠”，为阵亡将士招魂。自曾国藩鄱阳湖大败后，湘军水师一部被堵截在湖内，与在长江的湘军水师完全隔断，至此内湖、外湖的水师胜利会合。于是杨载福、彭玉麟率水陆两军直扑九江城下，与太平军决一死战。九江自咸丰元年被太平军占领，已有九个年头。太平军守将林启荣是天国最优秀的将领，在此坚守抗击，击退清军一次次进攻，创造了守城九年的奇迹。但是天京内讧严重影响了林启荣的斗志，再加上小孤山、石钟山两个屏障被清军摧毁，九江已成为孤城。尽管如此，林启荣又坚守六个月，最后城中粮食断绝，终于被湘军炸开城墙，攻入城内。太平军 17000 人被歼灭，坚忍不屈的林启荣与九江城同亡。湘军攻克九江，威震天下，使其达到全盛时期。接着曾国荃又攻克吉安，至此江西全境肃清，太平军在江西永远消失。

在江南战线，清军也取得节节胜利。钦差大臣和春与江南提督张国梁，也乘洪、杨内讧之际，从丹阳起兵攻克镇江。江北大营德兴阿也攻克瓜州。瓜州与镇江是天京的屏障，清军扫清这两个据点，使天京暴露在清军刀锋下。和春、张国梁乘胜前进直抵天京城外，又重新建立江南大营，将天京团团包围。这是太平天国生死攸关之际。洪秀全并未完全糊涂，他封李秀成为忠王，陈玉成为英王。命令李秀成攻打浙江，命令陈玉成在安徽攻击清军，牵制江南清军，以解天京之围。李秀成一军突入浙江，进军极为顺利，他先攻破浙江省会杭州，杀死巡抚罗遵殿。然而放弃杭州不占，移军攻打江苏常州，常州是两江总督的驻节地，是江南省临时省会。两江总督何桂清是个庸才，见太平军涌来，魂飞魄散，放弃常州，逃往上海。李秀成再攻苏州，苏州守军兵力单薄，江苏巡抚徐有壬拼命守了两天，最后城陷身亡。在安徽这边，英王陈玉成大战三河口，歼灭清军李续宾部8000人，李续宾、曾国华战死。太平军乘势南下又攻克扬州，捣破清军江北大营，然后再转战六安城。六安州知府温绍原是个忠勇刚烈的人物。太平军攻占安徽全境，唯他坚守六安城六年，风雨中岿然不动，被清廷誉为"坚守孤城的英雄"。然而此时也抵挡不住陈玉成猛烈的进攻，六安城很快陷落，温绍原及家眷都投水而死，为大清朝殉节。

李秀成与陈玉成在浙江、安徽两路得手，致使江南大营不得不向南、向北同时发兵救援，造成江南大营再度空虚。此时，洪秀全命令李秀成、陈玉成两部火速向天京前进，夹攻江南大营。南北两路太平军奉天王之命，向天京扑来。和春、张国梁率军抵抗，连败几仗，军心崩溃，仓皇退据丹阳。太平军乘胜包围丹阳，发动猛攻。张国梁拼死守了几日，也挡不住太平军潮水般的进攻。在激战中张国梁身负重伤，被太平军包围。无奈投水自杀。和春冒死突围，被太平军枪弹击中胸部，忍着剧痛，狂奔到浒墅关。口中大吐鲜血，顿时身亡。至此，和春、张国梁建起的江南大营，又继向荣之后再度崩溃。洪秀全重用李秀成、陈玉成，分攻浙江、安徽，然后集兵解救天京的战略奏效。李秀成、陈玉成保卫天京立了大功，太平天国转危为安。

江南大营崩溃，和春、张国梁战死，使奕詝帝大为恐慌，他对两江总督何桂清弃常州而逃大为愤恨，下旨革职查办。于是两江总督职位空缺。朝中大臣纷纷推荐胡林翼出任总督，而军机大臣肃顺却极力保举任命曾国藩。肃顺情绪激昂地说："两江总督担负收复江宁的大任，非曾国藩出山任职不可。胡林翼坐镇湖北，独当一面也不能轻而调动。"这个肃顺，在朝中以办事坚决果断受到奕詝特别信任。他曾在顺天乡试科场舞弊一案中，力劝奕詝杀掉主考官、大学士柏俊，以振肃纲纪。满朝大臣为此议论纷纷，认为柏俊罪不该死，肃顺太严酷霸道。但肃顺慧眼识英雄，自始至终认为曾国藩是个大人才，不遗余力地支持曾国藩，这是他最大的长处，而奕詝对曾国藩的诚朴的个性及百折不挠的精神原有好感，当即同意肃顺的推荐，任命曾国藩为两江总督。其时，曾国藩在家乡守丧期满，接到朝廷任命，大为振奋，因为湘军崛起以来，他一直挂着侍郎的虚衔率湘军打仗，只能领导湘军，不能节制其他清军。现在有了两江总督这个实权，真是如虎添翼，真正成为封疆大吏。清朝的两江总督，管辖江南省和江西省，故称“两江”。而江南省包括江苏和安徽，因而江西、安徽、江苏都在曾国藩的掌控之下。意味着三省的兵力由他一人指挥，调兵遣将更是便利自如，难怪曾国藩兴奋不已。他立即向清廷上奏，再三强调攻打安徽的重要战略意义，不收复安徽失地，那么攻克敌巢天京，将是一句空话。清廷立即批准曾国藩先攻皖，再克复江宁的战略建议，让他立即率军入皖，再命左宗棠、鲍超率军从湖北开入皖南，襄助曾国藩共图平皖大事。咸丰九年，曾国藩率军从江西进入安徽，驻扎于徽州祁门镇。将祁门作为进攻安徽的大本营。他在祁门大力练兵，并严格整顿军纪。他创作了一首《爱民歌》，让全体湘军天天练唱，无论操练或者出征，全军须齐唱《爱民歌》。歌词是：“三军个个仔细听，行军先要爱百姓。贼匪害了老百姓，全靠官兵来救生。第一扎营不贪懒，莫走人家取门板。莫拆民家搬砖石，莫踹禾苗坏田产。莫打民间鸡和鸭，莫借民间锅和碗。第二行路要端详，夜夜总要支帐房，莫进城市住铺店，莫向乡间借村庄。无钱莫摘道边菜，无钱莫吃便宜茶。更有一句紧要书，切莫掳人当长夫。第三号令要声明，兵勇不许乱出营。走出营来就学坏，总是百姓来受害。或走大家讹钱文，或走小家调妇人。爱民之军处处喜，扰民之军处处嫌。军士与民同一家，千万不可欺负他。日日熟唱《爱民歌》，天和地和又人和。”这首《爱民歌》语词浅显，明白如话，通俗而易懂。从老百姓的生活小事着笔，强调爱民从小事做起，曾国藩可谓用心良苦。因为他深深懂得“加强军纪，争取民心，军民一家，天下无敌”的重要性。湘军比其他清军战斗力强的原因，除了军饷加倍，更有“不扰民”的钢铁纪律，这些都是制胜因素。

然而，正当曾国藩祁门屯兵之时，天津传来英法联军入侵的消息。中华大地又陷入另一场更大的动荡。

【英法侵华】的原因，还须从广东“亚罗”号洋船被清军水师扣押事件说起。

自从道光末年，两广总督徐广缙率军民团结御侮，拒绝英国非法要求，英国人再不敢重提进入广州贸易之事。于是广东安静了许多年。徐广缙调离广东，叶名琛继任两广总督，他是个怪人，对洋人恨之入骨，拒绝与洋人打交道。凡涉洋事，都交给下属去办。各国驻广东的商务领事，要见总督一面，比登天还难。英国香港总督包冷，几次求见，叶名琛拒绝不见。包冷无奈再呈上公文质询，叶名琛不看一眼，扔进废纸篓中。他的幕客都感到十分惊讶，而他说：“英人见我，绝无好事，十有八九是重提入城贸易之事，何必理他！”原来他胸有成竹，以此法敷衍英国人。众幕客恍然大悟，都连称好计。叶名琛更加扬扬得意，仍然每天拜吕祖念道德真经，或者饮酒赋诗，真是从容镇静，潇洒逍遥。他确实好福气，太平军发难广西，却不攻打广东。英国人想进广州城，他用软法子搪塞。广东因此太平无事，这事传到京城，奕詝皇帝认为他治安有法，与洋人交涉不亢不卑，是个安内攘外的通才，于是封他为体仁阁大学士，仍兼任两广总督，这确是罕见的殊遇。但是，到了咸丰六年初，英国政府派巴夏礼为驻广东商务领事。这个巴夏礼与前任领事大为不同，到任伊始，照会总督衙门，再次要求英商入城贸易，天天纠缠，态度十分强硬。叶名琛以不变应万变，仍是不理不睬，气得巴夏礼暴跳如雷，扬言若不许入城，便动用武力解决。叶名琛听后哈哈大笑说：“我广州城有兵民几十万，还怕几个洋鬼子，当年徐制军单舸退敌，何等英雄豪迈。名琛不才，若要示弱，真无颜见徐老前辈了。”当时广东巡抚柏贵、藩台江国霖，都在衙门议事。见总督气壮如牛，豪情万丈，都放下心来。

过了几日，英国人未来纠缠，也未见动武的迹象，却传来一个坏消息：东莞县土匪作乱，已被镇压平息。但匪首关巨、梁楫等率残匪几十人逃入香港，寻求庇护。而英国人一律收留。叶名琛闻报说：“这些汉奸真正可恶，但几个小泥鳅，已翻不起大浪，由他去吧。”

又过数日，海外驶来一只洋船，悬挂着英国旗帜，在海上徘徊许久，突然驶入珠江。巡河水师头目梁国定用望远镜一看，虽是洋船，坐船的大多是拖着辫子的中国人。梁国定忽然想起英国人庇护汉奸的事，不禁义愤填膺，立即命令快艇追过去稽查。七八只快艇很快将洋船包围，水兵们一跃登船，发现船内除掌舵的是两个英国人，剩下13个全是中国人，经过盘查，确是东莞的土匪。梁国定一怒之下，将英国旗帜拔掉抛入水中，将13个土匪套上锁链，押解上岸。这只洋船船体上写着“亚罗号”英文笔体。梁国定知道这是洋船，也不愿惹事，放它出海。叶名琛听了水师汇报，连说：“干得好，干得好。”下令将土匪押入大牢，严厉惩处。谁知这个事件，却引起一场外交风波。英国领事巴夏礼向总督递上抗议照会，声称中国水师无故搜查“亚罗号”船，是违反《南京条约》的非法无理行动。被扣押的人全是良民，不是土匪，应立即释放。中国水兵毁弃英国国旗，有辱大英帝国尊严，更是不能容忍，特提出强烈抗议。叶名琛看了照会，慢条斯理地说：“英国人确是无聊，这点小事，下什么抗议照会，他既然索要土匪，给他算了。”立即下令将13个土匪，送往英国领事馆。不久，又传来消息，巴夏礼拒不接收这些土匪，非要水师提督上门道歉。这下叶名琛发了火：“不要拉倒。把这些土匪再关起来，看他怎样？”

叶名琛的态度，使巴夏礼下不了台。再次发来公文，要求晋见总督大人。叶名琛依然拒绝不见。巴夏礼恼怒异常，派兵船几艘，向黄浦炮台开炮示威。叶名琛闻报，仍然不惊不慌地说：“英国人首先寻衅，责任不在我方，看他如何下场!”说完，也不下令布防守卫，返回后衙去念吕祖真经去了。巴夏礼开了几炮，中国方面毫无反应，更是恼怒，下令兵舰开入珠江，驶到广州城下，炮口对着城墙，猛轰几炮，把城墙炸塌几丈。巡抚柏贵及水师提督，广州都统一班人急来总督衙门求见，个个惊惶万分。叶名琛说：“城内兵民几十万，十个杀他一个，也要把他杀尽，又何惊惶如此。”柏贵等人见他如此镇定，不禁产生敬意，转念又想，天塌下来有总督顶着，怕他什么，于是纷纷告辞。

然而英国人的侵略行为，激起广州民众极大的愤怒。广州本有自发组织的民团几十个，总计有10余万人。见政府不去抵抗，早已急不可耐，不知谁喊了一声："洋鬼子可恶，杀掉洋鬼子，保卫广州城。"顿时一呼百应，百呼万应，聚集了几万人，一声呼啸，像潮水一样涌出城外，把13洋行及各国商馆，砸个稀巴烂，又放火烧得精光，洋人纷纷逃窜到香港、澳门去了。停泊在珠江的英国军舰也拔碇起航，驶到外海。叶名琛听到消息，拍案惊喜，大喊："好粤民，好粤民，驱逐洋人，全靠粤民义勇忠诚。"然而英舰虽然退去，但法国、美国领事，见天跑到总督衙门吵闹，要求赔偿烧毁洋行、洋馆的损失。叶名琛仍是老办法，不见不管，任他闹去。果然法、美领事闹了几天，闹得口干舌燥，筋疲力尽，再也不来了。

又过了几个月，海面平静，不见英国兵舰踪影，广州城内百姓安居乐业，一派繁华气象。广东巡抚柏贵带领一班官员，齐到总督衙门道贺，异口同声赞扬叶总督从容大度，处变不惊，运筹帷幄，智退英兵。叶名琛拈须笑道："不瞒各位，这次退敌，一是托皇上洪福，二是靠粤民强悍的民气，三是靠吕洞宾祖师爷的保佑，我家三代信奉吕祖，每次遇事一拜则灵，现今后堂便供着吕祖的灵位。上次英人攻城，我在灵位前扶乩，乩语显：'洋人即退'四字，因而我心极稳，镇静如常。这全是吕祖爷显灵，英人自然不敢入城。"柏贵一班官员，这才恍然大悟，原来总督精神全凭吕洞宾支撑。

然而，巴夏礼撤兵，并非怕叶名琛，只是兵力不够，不敢触犯广州民众声势浩大的抗英运动。他回到香港，立即将广州情况上报伦敦英国政府，要求增兵侵华。女王下令让上、下两院裁决。英国首相巴朱顿认为中国执行《南京条约》不力，官员纵容民众反英，应该予以兵力教训。而此时清廷忙于镇压太平天国，国内一片混乱，正是千载难逢的最佳时机。而下院议员大多反对用兵，都说上次因鸦片开战，已损英国名誉，不能一错再错。于是代表贵族的上院与代表各界民众的下院，吵得不可开交。最后巴朱顿让步，先派使臣与中国交涉，要求修改条约，索要赔偿。如中国不答应，然后武力解决。这折中建议，很快得到两院批准，随即任命伯爵额尔金为全权代表，率领6000英兵乘坐最先进的大吨位巨轮几艘来华，先进行武力威胁。同时派使臣到巴黎，约法国派兵参战。法国政府因中国民团烧毁商馆，广西官员处死法国牧师马赖，正愤怒不已，立即同意与英国联合进攻中国。

咸丰七年十一月，英法联军陆续到达香港，海面上停满了英法兵舰。英国代表额尔金向总督衙门发出最后通牒书，亦名“哀的美敦书”。限48小时内，答复赔款、修约两事，同意议和，拒绝立即开战攻城。叶名琛接到文书，仍旧如没事人一样，跑到后堂去拜吕祖。巡抚柏贵、将军穆克德讷沉不住气，急来衙门求见商议对策。叶名琛说：“什么英法联合，全是虚张声势，怕他什么，他们要进城，要赔款，全是丧权辱国，我岂能答应！美国人要出面调停，我也不去理他。方才，我去拜了吕祖，扶出乩语，乩语写的是：‘十五日，听消息，事已定，勿着急’12个大字。今天是十二，再过三日，便可无事。”柏贵等人半信半疑，各自告辞回府。

48小时已过，咸丰七年十一月十三日，额尔金下令进攻。大批军舰驶入珠江，直达广州城下，英法军6000人在海珠登陆，占据海珠炮台。千总邓安邦率兵1000，抗击联军，毙伤敌军几百名，但因寡不敌众，无奈撤退。次日，珠江中的英法兵舰一齐向城中开炮，城内一片火海，房屋崩塌。总督衙门也中了几个炮弹，左庑西廊轰然倒塌，大堂后墙穿开一个窟窿。稳坐后堂念经的叶名琛再也坐不住了，提着吕祖爷的牌位，一溜烟跑到都统府中。一阵炮轰后，英法军攻入城内，占据观音山，在山上支起大炮。巡抚柏贵吓得要死，跑到都统府，寻着叶名琛，央求与英法议和。叶名琛闭着眼说道：“不准洋人入城”，再无他言。柏贵见状，急忙告辞，跑到街上，寻着了广州绅士伍崇耀，拉着伍崇耀到观音山与联军议和。叶名琛真是活神仙，柏贵走后，仍安坐府中念经，口中念念有词。忽然一队洋兵闯入，将他拥出府外，府外已备好大轿，洋兵将他塞入轿内，抬到江边，一个洋官以手指江，让他跳江自杀。叶名琛佯装不懂，仍然念念有词，默求吕祖保佑，洋官见他不愿死，也不逼迫，将他推上兵舰，拉到香港，最后将他押送到印度加尔各答，关押在海边的镇海楼上。中国的大总督被劫掠到外国，这是有史以来第一次。叶名琛在镇海楼软禁度日，表面上仍然十分镇定，天天拜吕祖念道经，然后作画吟诗，自称是海上苏武，誓不降洋，真是高风亮节，连英国人也肃然起敬。实际上他内心非常痛苦，夜夜难眠，不到两年郁郁而死（或说绝食而死）。英国人对他还算客气，用铁棺松椁收殓，送到广东，交给中国政府埋葬。这个叶名琛是个极迂腐的官员，他虽然蔑视洋人，精神气节可嘉。但迷信吕祖，办事盲目自信，不上奏朝廷，以推诿之法，擅自处理洋务。真像一只一头扎进沙漠的鸵鸟，虎不怕，狮不怕，真是颟顸可笑到极点。后来史家认为，叶名琛不战、不和、不守、不走、不死、不降，误粤、误国，导致英法入侵，是大清千古罪人。笔者认为，按当时的形势，英国人已不满足《南京条约》既得利益，野心难以抑制。无论谁当两广总督，结果必然一样。叶名琛只是清廷的一只表现滑稽的替罪羊而已。但他蔑视、仇视洋人的精神，笔者表示敬意。

英法联军占领广州，叶名琛被朝廷革职。巡抚柏贵署理总督，他只能讨好英法，不敢与英法签订任何协议。额尔金见他胆小无用，串通美国、俄国，各率舰队北上，到天津与清廷交涉。咸丰八年三月，四国军舰到达天津白河口。额尔金以四国名义，向直隶总督谭廷襄投递文书，文书写着“致清国大学士裕诚书”。原来英人不晓国情，以为大学士裕诚类似英国的首相，因而有这种写法。谭廷襄立即上奏，奕詝听说四国军舰云集天津海面，很是愤怒，但见文书大意是修改条约，尚无开战的意思，于是忍下怒气，先礼后兵。派侍郎崇礼、内阁学士乌尔焜泰到天津，会同谭廷襄，与英法谈判。但额尔金骄横得很，嫌来使官小，不愿谈判，一口拒绝。谭廷襄不敢惹怒洋人，驾舟到白河口与其周旋，洋人也跟着谭廷襄到天津来过几次。这些洋人十分狡猾，路过大沽口时，见防卫不严，回报额尔金。额尔金本是来者不善，决计给清朝点颜色。四月八日，英法军舰悬挂红旗驶入大沽口，炮击大沽炮台，守军猝不及防，炮台被攻陷，游击沙春元等人殉难。联军乘胜前进，又攻陷后炮台。额尔金首次出战，大获全胜。警报传到京城，奕詝十分震怒，将防卫不力的提督、总兵、副将革职。特命亲王僧格林沁率兵赴天津防守，宣布京城戒严。

僧格林沁到达天津，美国、俄国使者求见僧亲王，表示愿出面调停。僧亲王转奏朝廷。奕詝决定备战、谈判同时进行。改派大学士桂良、吏部尚书花沙阿为谈判代表。惠亲王绵愉、大学士彭蕴章联名保奏耆英熟悉洋务可充使者。奕詝立即同意，耆英当年被奕詝革职，斥为“无耻无能”。

现在又被起用，看来奕詝饥不择食。耆英随同桂良、花沙阿到了天津。立即乘着八抬大轿，到领事馆拜会英使，欲展示外交才能。然而英使拒不接见，传出话来，说耆英言而无信，不配作谈判使者。原来耆英在广州答应英人两年后入城，但后来被徐广缙拒绝，因此英国人对耆英耿耿于怀、怀恨在心。耆英吃了闭门羹，大为沮丧，自知无能为力，便打道回京。谁知到了京城，突然传下圣旨，让他自尽，罪名是“擅离职守，有负委任”。奕詝对耆英的处置也太严苛，耆英因罪革职在家养老，又何必再起用他，既起用又何必因小过赐死。圣意真是难测。可叹白发苍苍的耆英不得善终，大约是苍天对卖国贼的惩罚。

然而奕詝赐死耆英，并不是想和英法开战，因为太平天国大敌当前，不愿再惹事端。于是颁下圣旨，让桂良、花沙阿与英法议和。桂良、花沙阿二人却也“不辱使命”，与英国签订了56款、与法国签订了42款条约。主要内容是：①各国派公使驻京。②允许各国商人到内地贸易旅游。③除五口外，增开牛庄、登州、台湾、潮州、琼州为商埠。④允许各国使者家眷居住。⑤赔偿英法在广州的损失费白银200万两，军费200万两，法国减半。这就是中英、中法《天津条约》。美国、俄国提出“利益共沾”。桂、花二人也与其签订了几条，允许开口通商。这次侵华，美、俄也派军舰前来，但并未参战，也有停解的功劳。因而，四国条约报奏上去，奕詝一律批准。因条约尚须盖钤各国的国玺，四国与中国约定，明年再次到天津换签正式条约。《天津条约》签成，朝中一片哗然，哭的、闹的都有，都说是丧权辱国。奕詝听了忍气吞声，无可奈何。

到了咸丰九年，英法军舰又驶至天津，要求换约。此时僧格林沁已在大沽口修筑起严密的工事，拒绝英舰从大沽驶入，让其改从北塘驶入。英国舰长卜鲁士，对此警告置若罔闻，加足马力将军舰开入大沽口。僧格林沁愤怒至极，下令开炮。一阵炮轰，几艘英舰击沉，炸死英水兵几百人，只有一艘英舰逃出大沽口。这次战胜，举朝庆贺，僧亲王扬扬得意，奕詝也十分欣慰，下旨严防天津海口，防备英法再次侵犯。

咸丰十年六月，英国使臣额尔金、法国使臣葛罗率领舰队又来天津挑衅，此番声势巨大，与前不同，两国军舰增至几十艘，军队增至18000

人，其中包括从潮州招募的汉奸兵2000余人，英法军舰到达天津海面，并不立即进攻。先派汉奸潜入侦察，回报：大沽防守严密，北塘防守较松，但海滩埋有地雷。额尔金乘夜派出英军几百人，将北塘的地雷挖得干干净净。僧格林沁得知情况，并不着慌。因北塘海滩是一大片开阔地，便于骑兵驰骋，于是在北塘埋伏蒙古骑兵3000，准备截击敌军。果然，英法联军在北塘登陆，以军舰大炮轰击，掩护联军前进。僧格林沁见时机已到，命蒙古骑兵冲锋，这些科尔沁骑兵都是身经百战，舍生忘死的勇士，一听令下，暴风骤雨般地向前奔驶。然而英法联军在人数上占绝对优势，将阵势列成几十排，一排几百人，各持射程极远的来复枪。前排射击完毕，立即卧倒，后排再举枪射击，轮番射击，弹如雨泻，弹弹命中，后面的英军吹着军号，敲着军鼓助威。可怜这些蒙古骑兵，还未冲到前面，个个中弹落马。不消几个时辰，3000骑兵覆灭，只有七人幸存。科尔沁骑兵舍身赴死的勇敢精神，可歌可泣，永存史册。

北塘失守，英法联军乘胜攻占天津。奕詝发来手谕："天下根本在京师，不在海口，何寄身家性命于炮台之上?"这既是奕詝对僧格林沁的个人关怀，也是让他退守京师。于是僧格林沁不得已退往通州。此时，因天津兵败，京师受到威胁，奕詝感到十分恐慌，朝中议和之声又起，派桂良及前粤海关监督恒祺，到天津与英法议和。额尔金与巴夏礼提出要再赔军费，到北京换约。桂良转奏奕詝，奕詝坚决拒绝。并下旨京城戒严，僧格林沁、瑞麟加强通州防线。同时发出勤王诏书，命令胜保、曾国藩、胡林翼等率军北上保卫京师。

驻军河南的副都统胜保，最先接到勤王诏书，率领1万精兵，日夜兼程赶到通州张家湾，还未休整，英法联军已从天津逼来。胜保是满族名将，欲大显身手，击退敌军。跨上骏马，手舞长刀，亲自督战，1万精兵潮水般地涌上去，过了一个时辰，又像潮水般地退下来。英法联军的火枪十分厉害，射程远、瞄准性强，胜保精兵一个个中弹倒地，胜保大腿亦中一弹，翻落马下，爬起就逃。主帅已逃，士兵也潮水般地溃退，退到通州才稳住阵脚，英法联军乘胜而进，已兵临通州城下。

奕詝此时恐慌至极，战斗意志已消散殆尽。再派怡亲王载垣、大学士桂良到通州议和。双方约定在通州城内天岳庙谈判。在谈判过程中，法国代表葛罗还算意气平和，但英国代表巴夏礼盛气凌人，声称要入城面见皇帝，方可议和。载垣、桂良面面相觑，不敢回答。巴夏礼扬长而去。在庙外等候的僧格林沁见巴夏礼狂妄无理，勃然大怒，下令将巴夏礼及随从几十名一齐拿下。由于法使葛罗稍似恭顺，僧郡王将葛罗释放。巴夏礼等人被立即押送京城关于刑部大牢。

巴夏礼被劫持，额尔金大怒，下令联军进攻通州。僧格林沁、瑞麟、胜保率军奋起反抗，双方激战于八里桥。通州清军在数量上远超英法联军，但因连吃败战，军心早已溃散，根本无法抵抗英法联军的猛烈火力。尽管僧格林沁、胜保英勇督战，也阻挡不住兵败如山倒的潮流，通州大营顿时崩溃。

通州失陷，英法联军长驱北上，直抵北京城下，京外大营尚有兵马几万，未做抵抗，纷纷逃散，僧格林沁及胜保的军队是清朝在北方最精锐的部队，一败北塘、再败张家湾，三败八里桥，几万大军败得一塌糊涂，这是奕詝做梦也想不到的事情。他才意识到，大清朝打不过外国人，即使调来了曾国藩强悍的湘军也无济于事，于是下旨暂缓湘军入京。此时他已六神无主，惊慌失措。端华、肃顺等大臣奏请奕詝木兰秋狝。木兰秋狝是清朝的定制，就是皇帝每年秋季应到热河行围打猎，以示不忘祖先的尚武骑射精神。这个奏议正中奕詝下怀，他真不愿留在京城送死。于是率领皇后、懿妃、皇子载淳、四春娘娘及载垣、端华、肃顺等一班王宫大臣，从圆明园起程，逃往热河避难，同时传下圣旨，命恭亲王奕䜣留守京师，与英法议和，便宜行事。

木兰秋狝在此时实际上是“逃跑”的同义词，只不过体面一些罢了。按照清朝的法律，守城官员弃城而逃，应处斩刑。皇帝放弃京城而逃，虽无法律约束，但确是奇耻大辱。因此后代史家对奕詝大加挞伐，说他弃京城而北狩，铸成大错。然而按当时的实际情况，国力不如人，战斗精神不如人，武器不如人，连吃败仗，通州大营溃散，京城大营溃散，大局已不可收拾。假如奕詝抱定“与社稷同殉，与京城共亡”的决心，留在京城不走，结果会如何呢？只能是被俘、被杀、自杀。如是被杀或自杀，则与崇祯皇帝一样名扬千古，永存史册，倒也光彩。可以再作假设，若是被俘，像叶名琛那样，被掳往海外，后果不堪设想，即便是俘而再释，必定增加与英法谈判时讨价还价的砝码，那么局势会更混乱，更被动。因而，笔者认为，北狩热河，忍辱负重，缓图大计，是比较明智的选择，又何必苛责奕詝呢？

奕詝从圆明园逃往热河，英法联军接踵而来。咸丰十年八月二十二日，联军进攻圆明园。园内没有重兵把守，园内总管大臣文丰率几百禁军与太监阻挡，但无济于事。联军疯狂地冲进园内。文丰投入福海殉职，奕詝宠爱的常嫔被活活吓死。这群强盗占领圆明园，眼前豁然一亮：金碧辉煌的殿宇，造型奇美的亭台楼阁，美丽幽静的湖沼，飞珠溅玉的喷泉，万紫千红的奇花异草。每座宫殿里放置着无数的珍宝，每一件珍宝都闪耀奇异光辉。在欧洲时，他们早就听说过圆明园如梦如幻的故事。那不过是一个遥远的憧憬，然而现在身临其境，简直惊呆了，陶醉了，真不敢相信自己的眼睛。英国的白金汉宫、汉普顿宫，法国的爱丽舍宫、罗浮宫、凡尔赛宫，与富丽堂皇的圆明园相比，简直如一座座寒酸的小屋。联军的大小头目及士兵们控制不住激动情绪，每天贪婪地望着这个世界上最美的园林，最富有的宝库，如醉如狂，如痴如呆。

圆明园被占领的消息传入京城，恭亲王奕䜣万分惊惶，他是奉旨留守京城，办理议和的。奕詝允许他便宜行事。他立即下令释放被关押在刑部大狱的巴夏礼及其随从，并央求法国使者葛罗与额尔金通融，重开谈判。但意外发生了，由于中国狱吏痛恨洋人，在监狱中对巴夏礼及其随从严刑拷打，肆意折磨。两个随从不堪虐待，竟死于监狱中。当巴夏礼及剩余随从从监狱出来时，个个面容苍白憔悴，瘦骨嶙峋，蓬头垢面活像群叫化子。巴夏礼愤怒地说，中国的监狱是世界上最黑暗残酷的监狱。于是愤怒凶狂的额尔金、巴夏礼，以此为借口，下令联军攻入北京城。同时下令焚烧圆明园，以教训“野蛮”的清朝政府。九月五日，驻扎圆明园的英法联军执行额尔金野蛮丑恶的命令，在圆明园大肆抢劫，士兵们冲进所有的殿宇楼阁，将金塔、玉佛、瓷器、钟鼎、字画、典籍、珠宝、名木家具、钟表等难以胜数的珍宝文物抢掠一空。对拿不走的大型家具、钟表、玻璃镜、瓷器、钟鼎等一律砸碎。海晏堂前有十二生肖镏金铜制禽兽像，被锯下头颅抢走。园内文源阁的《四库全书》抄本也被抢走。这些数量巨大的珍宝文物被装载入大车小车，连绵络绎几十里，运往天津港口，装入军舰，再运往英国、法国。法军翻译官德里松在他的日记中写道："他们闹哄哄地蜂拥而上，扑向这一堆无价之宝，用各种语言呼喊着，争先恐后，相互扭打，跌跌撞撞，摔倒又爬起，诅咒着，辱骂着，叫喊着，各自带走了自己的战利品，向四面八方跑去。"这个侵略者供认了他们抢劫时的贪婪、疯狂、丑恶的行径。法国作家雨果也曾撰文痛斥英法两个强盗洗劫圆明园的无耻罪行。

为了消灭他们抢掠的罪证，额尔金下令放火烧毁圆明园。强盗们四处纵火，顿时园子成为一片火海，烈焰熊熊、烟雾弥漫，大火整整燃烧了三天三夜。清朝历代皇帝苦心经营150年之久的皇家园林，世界万园之园，文化宝库，化作一片焦土灰烬。同时，英法联军将邻近的清漪园、玉泉山静明园、香山静宜园也洗劫一空。

英法联军攻占北京，烧毁圆明园，这是中华民族有史以来遭遇的大劫难、大奇变、大耻辱。额尔金、巴夏礼、葛罗、格兰特这些丑恶的名字将永远写在历史的耻辱柱上，受到中国及全世界人民的诅咒和鞭挞。现在圆明园废墟犹存，人们在此凭吊叹息，忆及国耻，悲愤填膺。笔者曾凭吊圆明园废墟，感慨与悲愤同生，写了一首诗：

玉殿金楼翡翠台，可怜一炬化尘埃。
我悲国耻声声哭，草木千秋亦共哀。

也算不忘国耻，表达义愤罢了。

英法联军烧毁圆明园，又恫吓要攻打紫禁城。惊恐万状的恭亲王奕䜣别无选择，只得接受侵略者提出的任何条件。签订了中英《北京条约》、中法《北京条约》，条约规定，在《天津条约》的基础上，增开天津为商埠，各个通商口岸均派驻领事，赔偿英法军费白银1600万两。同时俄国也趁火打劫，出兵黑龙江，逼迫黑龙江将军奕山签订中俄《瑷珲条约》。

俄国使臣那迪也夫在北京也强迫奕䜣签订了中俄《北京条约》。两个条约规定，中国将黑龙江以北，外兴安岭以南领土60万平方公里，乌苏里江以东40万平方公里的领土割让给俄国。远在热河的奕詝忍辱含悲批准了以上所有的条约。不管奕詝之前如何慷慨激昂力主奋勇抗战，不得不吞下这颗苦果，也必须负起丧权辱国的责任。英法联军可用强大的武力暂时打赢一场局部战争，占领一块地方。但有限的兵力不可能征服广大的中国，也不能征服中国民心。这场战争也使其筋疲力尽，焦头烂额。与清廷议和而不继续进攻，也是他们最明智的选择。于是他们得到通商口岸，得到了巨大的战争赔款，裹挟着圆明园的大量珍宝文物，心满意足地撤军回国。

【奕詝之死】是蒙受耻辱、心理崩溃、身患重病的必然结果。在热河行宫避难的奕詝，难以承受丧权辱国的条约及圆明园被毁带来的巨大伤痛与羞辱，心中忧郁万分，身体逐渐垮掉。大口地吐着红痰，这是焦虑与劳累交织造成的肺痨之症。他惶惶不可终日，寝食不安。为了排遣忧愁，他与妃嫔们寻欢作乐；又大量酗酒，醉后狂呼乱吼，痛打太监宫女；升平署每天演出京剧，鼓乐齐作，名伶唱舞，也难消除他无边的烦恼。有些野史载，他甚至抽鸦片来寻求麻醉解脱。他整日愁眉苦脸，悲痛满腹。唯有南方传来曾国藩攻克安庆和徽州的捷报，才使他脸上挂上一丝笑容。奕䜣在京中屡次奏请回銮返京，他不忍见山河破碎的惨状，一再拖延不归。最后终于病情加重，卧床不起。他自知不祥，大限将近，依次召来皇后钮祜禄氏授予“御赏”印章。懿妃叶赫那拉氏和皇子载淳，授予“同道堂”印章，并嘱托后事。接着召来载垣、端华、肃顺、景寿、穆荫、匡源、杜翰、焦佑瀛八位王公大臣，传下口谕：“立皇长子载淳为皇太子，着派载垣、端华、肃顺、景寿、穆荫、匡源、杜翰、焦佑瀛，尽心辅弼，襄赞一切政务。”载垣请以朱笔书写，以示郑重。但奕詝手臂颤抖，已不能握管执笔，由内臣代书。上述八人就是清史上著名的热河“顾命八大臣”。

咸丰十一年七月十七日，奕詝崩于热河行宫烟波致爽殿寝宫，享年31岁，在位11年。载淳即位后，谥为显皇帝，庙号文宗，埋葬在遵化县清东陵之定陵。

奕詝在即位初年，能摒斥奸邪，招贤纳谏，颇有奋发图强之举。然而他的运气太坏，正如《清史稿·文宗本纪》所说，他遭受了阳九之运。内忧外患一齐发作，太平天国纵横半个中国，北伐西征，分庭抗礼，他殚精竭虑，尚能勉强支撑。他重用僧格林沁、肃顺主持朝政，二人都是忠诚精干的人选。南方军事则委任于曾国藩、胡林翼、骆秉章等汉人，突破了满汉畛域，显示了他识才的英明。然而强大的西方列强入侵，他陷入内外交困的境地，尽管起初他奋力抗争，但最后因国力、武力不支，导致惨败，京师沦陷，名园焚毁，签订丧权辱国的条约，中华民族在他手里遭遇了空前的大劫变，逐渐遭受瓜分惨祸。作为皇帝，他必须背着这个沉重的十字架，永远受到后世国人的唾骂。他只活了 31 岁，便心理崩溃，忧郁而死，是个悲剧。他在位短短 11 年，如履薄冰，如临深渊，而无一日之安。确是在皇帝的宝座上煎熬，这也是个悲剧。内忧外患断送了他年轻的生命，真是个悲剧性人物。《清史稿·文宗本纪》对他的评价极高，除了说他运气坏，他几乎没有缺点，还说假如苍天能延长他的生命，大清以后也许不衰亡。这个评价是错误的，因为他毕竟没有力挽危局的大才能、大气魄。他最后无能为力，忧郁而死便是明证。

挂个虚名做帝王

——清穆宗　载淳

清穆宗同治皇帝爱新觉罗·载淳

（1856—1874 年）

同治中兴史册扬，良臣辅佐灭洪杨。

垂帘听政两宫事，挂个虚名做帝王。

【灵前即位】标志载淳成为大清王朝第十任皇帝。咸丰十一年七月十七日，因内忧外患而身心崩溃的大清第九位皇帝奕詝驾崩于承德避暑山庄。临终颁下遗旨，立六岁的皇子载淳为皇太子。咸丰帝妃嫔众多，但子嗣很少。懿贵妃那拉氏生一子，是为载淳。玫贵妃徐佳氏生一子，早殇无名，后追谥为悯郡王。有史家言，大清国势强盛，则帝胤兴旺，反之则帝胤不旺。大清国势衰弱始于道光，咸丰更甚，至于同治、光绪、宣统更江河日下不可收拾。国势如此，子嗣更不堪言。咸丰帝好歹有一子，而后来诸帝，干脆香火断绝，别说皇子了，连格格都没有一个。从咸丰末年到宣统逊位，后宫50余年未闻婴儿落地的啼哭声，这真是大清的悲哀，皇室的悲哀。可谓一荣俱荣，一损俱损。国家的兴旺与帝胤的兴旺成正比，皇子的稀少竟成了国家衰亡的征兆，你看怪也不怪！大清兴亡，天意乎，人事乎，抑或天意兼人事乎？这真是令人惊异的历史现象。这是闲话，且按下不表。

按雍正帝制定的秘密立储法，皇帝生前选一个德才兼备的皇子，写于秘诏之内，置于乾清宫“正大光明”匾后。一旦先帝崩世，从匾后玉匣内取出秘诏，宣布即位的皇太子。这个制度已施行几代。然而咸丰帝唯有一子载淳，无论贤与不肖，别无选择就是他了。因而雍正制定的立储法到咸丰时已经终止。于是咸丰死后，六岁的载淳在热河行宫先帝灵前即位，成了大清第十任皇帝。载淳，咸丰六年三月生于大内储秀宫。出生时没有“红光罩室”或“金龙蟠柱”的吉兆，出生后亦无龙姿凤表的帝王之相，瘦骨伶仃，可怜巴巴的样子，智力亦无过人之处。然而好动嗜玩，脾气倔犟得要命，稍不如意，便大哭大闹，令那拉氏大皱眉头。知子莫若父，咸丰帝已看出儿子禀赋不足，为了保护儿子顺利即位，他临死前作了苦心孤诣的安排。首先他隐隐感到德才兼备的弟弟恭亲王奕䜣，将来可能是对皇权的最大威胁者。“国赖长君，兄终弟及”是历代皇室的成训。他也不会忘记当年多尔衮凌驾顺治帝之上擅权的史事。他深知“鬼子六”的威望与能力，真说不定他死后，奕䜣会取而代之，或者以皇叔之尊控制朝政，这使他不寒而栗。三思之下，他决定让以载垣、端华、肃顺为首的八大臣作为顾命襄赞大臣，将国事全权托付，以此遏制奕䜣的野心。他又害怕八大臣擅权，欺侮孤儿寡母，于是他先赏赐慈安皇后“御赏”印章一枚，继而赏赐懿贵妃“同道堂”印章一枚。“御赏”是他平日鉴赏字画的印章，“同道堂”是他的书斋名的印章，不过是平时他喜欢的闲章而已。然而此时他赋予两枚印章以极大的权力。他颁下遗旨：朝政由八大臣全权负责，并有代拟圣旨的权力，但颁发圣旨须加盖“御赏”与“同道堂”两枚印章方能生效。八大臣虽能管理朝政、代拟圣旨，但印章却在皇后和懿贵妃手中，如此便有效防止八大臣专擅。咸丰帝自以为他的精心安排可确保儿子顺利登基并以后亲政，天衣无缝，万无一失。但万万没想到聪明反被聪明误，御赐印章勾起了那拉氏执政的野心，造成以后违犯祖制的太后垂帘听政的大变。后来由于慈安皇后对执政不感兴趣，或因“御赏”的含义不适颁发圣旨，于是发旨盖印，就只凭“同道堂”一枚印章了。咸丰帝更没想到，让八大臣襄赞政务，加剧了后妃、近支王公与八大臣争权夺利的斗争，进而引发了“祺祥事变”。

【祺祥事变】亦称辛酉事变或热河事变，是懿贵妃那拉氏联合恭亲王向八大臣夺权的斗争，是一场典型的宫廷政变，历史又称“北京政变”。“祺祥”二字是八大臣拟定的新年号，就是吉祥的意思。当时承德避暑山庄是全国的政治中心，因为幼帝与后妃在此，先帝梓宫在此，顾命八大臣在此。政令由此发出。载淳年甫六龄，不谙时事，凡朝中大事皆由八大臣主持，于是在几天内颁发了一系列圣旨，无非是减免赋税、大赦天下的老一套，借以安定人心。同时颁旨尊皇后钮祜禄氏与皇帝生母懿贵妃叶赫那拉氏并为皇太后，上徽号一曰慈安，一曰慈禧，世称东太后与西太后。名称的来历是慈安住钟粹宫，在大内之东；慈禧住储秀宫，在大内之西，故称。再说八大臣秉持国政以后，遵从先帝遗诏，扶持幼帝，确想干一番大事业，以企名垂青史。其中为首的是怡亲王载垣、郑亲王端华及大学士户部尚书肃顺等三名亲王或宗室，其余五位是军机大臣景寿、穆荫、匡源、杜翰、焦佑瀛，他们或是国戚或是名臣后裔，都是咸丰极端信任的人。有必要说明，载垣是雍正朝怡亲王允祥之后，爵位世袭罔替，声势煊赫。端华是大清开国元勋郑亲王济尔哈朗之后，亦是世袭罔替的铁帽子王。而肃顺则是端华之弟，他才是八大臣的灵魂。此人可算是满洲贵族的佼佼者，他有远见卓识，精明强干，做事雷厉风行，有大气魄。咸丰生前对他极为倚重，畀以重权。他倚仗皇帝信任，以铁血手段处理了“戊午科场案”、“户部铸钱局案”、“户部银库盗窃案”三大案件，把大学士柏俊等贪鄙官员处以极刑，并力主杀掉丧权辱国的广州将军耆英，吏治稍稍肃清。他看透满族官员腐化变质，暮气沉沉不可大用，主张重用汉人。曾国藩、胡林翼、左宗棠等人都是在他大力推荐下得到重用。另外他还上疏损减满人的特权及利益以维护国家权益。同时痛恨外国侵略者，是强硬的主战派。由于权倾一时，手段过于毒辣，打击了一些权臣，损害了满人的利益，树立了许多政敌。以奕䜣为首的王公贵族及翁心存、文祥、周祖培等大臣均恨之入骨。由于肃顺的才智魄力，其他七大臣对他信任有加，凡事以其马首是瞻。现在肃顺做了顾命大臣，头脑有点儿发热，急于做一番忠君强国泽民的事业，实现他的大抱负。他清醒看到北京城里有一伙以奕䜣为首的死对头，这是大威胁。在他看来，东、西两太后均女流之辈，实不足道，唯一的敌人是奕䜣的北京集团。顾命大臣是块金字招牌，类似白帝城刘备托孤，他想拉大旗做虎皮，打击排斥奕䜣集团，以达到擅权目的。为此，在咸丰生前，他力主北狩，把议和苦差事交给奕䜣，办得好，是他的主意，办不好，唯奕䜣是问。并多次阻止咸丰回銮返京。咸丰死后，他又阻止梓宫回京奉安，他想在热河多待几天，挟幼帝以令诸侯，从容布置，稳固权力。肃顺急于专权，加上他性格刚愎自用，暴躁急躁，入宫觐见两宫太后时，语言傲慢，举止失敬，确有飞扬跋扈的嫌疑。这使两宫太后十分惊畏。慈安娴静温雅，倒无所谓，唯慈禧受不了这口恶气，视八大臣为眼中钉，欲除之而后快。她极怕八大臣擅权，架空皇权。也许起初她并没有垂帘的野心，只是下意识地保护儿子，唯恐儿子成了傀儡皇帝，自己也失去尊贵特权。于是千言万语劝说慈安，说什么八大臣飞扬跋扈，目无皇帝，将来咱姐俩与皇帝迟早会死在他们手中云云。说得慈安也惊怖起来，问她计将安出。慈禧说，六王爷是个有本事的人，料他必痛恨八人专权，可与他商量。慈安点头不语。得到慈安首肯，她立即布置，召来宠监安得海，耳语一番。然后令人痛打安得海，责他举止失敬，执事不勤，当众宣布逐出宫外。这小安子被打得遍体鳞伤，踉踉跄跄走出宫门。但他一出承德，便拔腿就跑，直奔北京，六天后，小安子出现在什刹海恭王府前，大声吆喝有急事禀见王爷。司阍见是安总管，不敢怠慢，立即引见恭亲王。安得海与恭亲王见面详情，毋庸赘述。但可以肯定，小安子传达了两宫太后的懿旨，懿旨的内容当然是八大臣如何专横跋扈，如何欺侮她们母子等危言耸听的话，以及传谕恭亲王共除国贼等。慈禧用苦肉计让小安子到京传旨，显示了这个女人初露锋芒，便大不寻常的手段与智慧。实际上在小安子入京之前，恭亲王便蓄势待发，他是咸丰之弟，在近支王公中才华最好，声望最隆，爵位最尊，在他看来，扶立幼主掌秉机枢，非他莫属，对八大臣专权他早愤恨不已。近支王公醇亲王、钟郡王、孚郡王都坚定地站在他这一边，几个有名望的在京大臣如翁心存、文祥等也整天聚集在恭王府中，怂恿他从速出手剪除国贼。他之所以不敢轻动，是因为尚未了解热河的具体情况，现在太后传下懿旨，他大为兴奋，认为时机已到，是该出手了。第一步，他向热河奏请要亲赴承德到先帝灵前祭奠，实际目的是觐见太后面受机宜。第二步，授意御史董元醇作篇大文章。第三步，亦是最重要的一步，传懿旨命令兵部侍郎胜保以奔丧为名率军向热河推进。布置妥当，恭亲王立即起程马不停蹄日夜兼程奔赴承德。恭亲王尚在途中，御史董元醇已率先发难，向热河行宫投递一个奏折，略言：国事危急，皇帝幼冲，请两宫太后暂时听政，并请在亲王中简派一二人辅政。这个奏章好似原子弹爆炸，惊天动地。清朝多幼帝，如顺治、康熙皆是，但从无太后称制临朝的先例，即使睿智如孝庄太后在世，也无人敢提此谬议。若在平时，仅凭违犯祖制一条，便可置董元醇于死地。明眼人一看便知，这小御史胆大妄为必是受人指使。董元醇何许人也？他的恩师便是肃顺的死对头户部尚书周祖培，当年肃顺把持户部，周祖培受足了气，为报复指使门生写奏折，是自然中事，而他们的总后台便是恭亲王。当八大臣看到董元醇的奏折，万分震惊：天下还有如此胆大之人！唯有肃顺很清醒，这必是受恭亲王指使，此事除恭亲王外任何人不敢为。于是八大臣立即拟旨痛加批驳，说是违背祖制，莠言乱政，应予严惩。又听说恭亲王要到热河奔丧，更是焦急，立即发旨阻挡："京师重地，不可擅离。梓宫回京在即，勿庸奔丧。"然而圣旨发出，恭亲王佯装不知，继续快马加鞭，赶到承德。到达后，他先拜祭灵堂，哭得凄凄惶惶。然后擦干眼泪，又去会见八大臣，这真是一场好戏：大臣责他擅离职守，违旨奔丧。恭亲王答曰，胞弟奔丧，情理应当，京师安静如常，无须多虑，至于圣旨阻我奔丧，并未看到，想是圣旨未到京，我已起程了。说得头头是道。肃顺又问："王爷可知董元醇之奏吗?"恭亲王答："违犯祖制，莠言乱政，何足道哉!"肃顺问："王爷今日祭奠已毕，明日返京乎?"恭亲王道："明日入行宫向太后请安。"肃顺未及答，忽有一人上前厉声道："入宫请安恐未妥当，自古叔嫂不通问，这个嫌疑要避!"恭亲王一看，原是军机大臣杜翰。于是淡然一笑："哦，原未想到这层，应该回避，应该回避。"八大臣闻言，颇感轻松，气氛顿时缓和。接下来，双方一阵寒暄。恭亲王说："诸位辛苦了，有诸位在此，我亦放心!"八人敷衍道："全仰仗王爷。"这次会见，恭亲王舌战群儒，从容不迫，大智若愚，其城府才智，已见一斑。而八大臣亦被迷惑，对恭亲王疏于防范。以为他到热河，是胞弟祭兄，纯为奔丧，别无他图。

仲秋初朔的承德，天气格外清凉，时过黄昏，无月无星，山庄一片黑暗寂静，偶而闪烁几点灯光，传来几声蝉鸣。由于是国丧期间，戒备十分森严，侍卫禁军把守宫门，城墙上巡逻马队来回穿行。这时一辆轿子落在宫门口，轿中钻出一个萨满太太，经禁军盘查放入宫内，随即消失在浓荫之中。满族信奉萨满教，宫中请巫婆跳神祛邪，本是寻常之事。拂晓，这位巫婆方从山庄走出，又神秘消失。这个巫婆就是乔装打扮的恭亲王，他与两宫太后策划一夜，尽兴而返。以亲王之尊，装扮女人，真难为他了。大事危急，能屈能伸，可见其人气度。

然而八大臣对此事浑然不觉，翌日，八人一齐入宫，逼勒两太后在批驳董元醇的圣旨上盖印。旨已拟出几天，太后拖延不盖，早使八人急不可耐，一见面，肃顺便道："董元醇莠言乱政，应从速驳斥，太后何不盖印？"慈安无语，慈禧抢先答道："拟旨批驳，汝等不与我辈商议，却是为何？"肃顺道："后妃干政，国之大忌。太后训政，违犯祖制，大清立国，从无先例，此等狂言，立即痛斥，何用商议！"慈禧道："皇帝幼小，国家危难，董元醇之奏也不无道理。"慈禧此言一出，八人顿时惊诧，肃顺咆哮如雷，声振瓦瓴："太后即使有意垂帘，吾等恕不奉旨！"此时小皇帝吓得哇哇大哭，肃顺方才收敛。慈禧乘势转移话题："汝等名为襄赞，梓宫奉安，皇帝回京，此等大事为何不闻不问？"这一问，八人锐气尽失。载垣答道："只因京中不宁，颇费踌躇。"慈禧怒道："闻京中早已安静，梓宫一日不奉安，我等一日不安，京师一日无主，国家一日不安。汝等拖延是何居心！"八人一时无语，良久，肃顺道："太后先盖了印，回銮之事也好商量。"于是双方妥协，太后盖了印，回京日期定于九月二十三日。事后方知，由于肃顺暴跳如雷，小皇帝竟吓得尿湿裤子。

到了起程之日，先祭灵后祭路神，自不消说。按清室礼仪，大行皇帝灵榇启行，皇帝后妃祭奠毕，立即先行，提前到京以便恭迎。此次照例办理。载垣、端华等随銮驾护送太后、皇帝由间道先行，肃顺等奉梓宫沿大道后行。有野史载，载垣、肃顺等人定计在古北口刺杀西太后，幸有侍卫荣禄保护，始得保全。此纯属无稽之言，肃顺还没有如此大胆。假如肃顺真有魄力，杀慈禧易如反掌，小侍卫荣禄何能阻挡？因为他与端华均为侍卫大臣，端华又兼行在步军统领，控掌御林军，在热河就可发难，何必又到古北口！按君臣大义，精明如肃顺决不会做谋逆、弑太后的蠢事。

太后、皇帝銮驾从间道而行，五天后到达京城。恭亲王以下王公大臣都来郊迎。载垣、端华等见京城已经戒严，新任步军统领醇亲王奕譞率军在城内巡行，大为惊骇。翌日，他俩在怡王府正埋怨肃顺迟迟不到。忽然恭亲王奕䜣、大学士桂良、周祖培率侍卫数十人闯入府内，宣读圣旨逮捕怡、郑二王。端华冷笑道："圣旨由八大臣拟就，汝等何有圣旨！"恭亲王不由分说大喝一声拿下，侍卫一拥而上，将二王缚住，押往宗人府。当日颁下圣旨，略谓：上年海疆不靖，京师戒严，总有在事王大臣策划乖张所致，载垣等不能尽心和议，徒诱获英国使臣以塞其责，致失信于各国，淀园被扰，我皇考巡狩热河，乃圣心万不得已苦衷也……御史董元醇奏请太后权理朝政，深合朕意，虽我朝向无皇太后垂帘之仪，唯以国计民生为念，岂能拘守常例。特面谕载垣等拟旨，该王大臣等哓哓置辩，已无人臣之礼，拟旨又阳奉阴违，擅自改写，是诚何心……载垣、端华、肃顺著即解职，景寿、穆荫、匡源、杜翰、焦佑瀛著退出军机，钦此。这个圣旨罗列几条罪状，一为破坏和议，二为阻止垂帘，三为无人臣礼，四为擅改圣旨，将八大臣一律解职。

慈禧先逮了怡、郑二王，继派睿亲王仁寿、醇亲王奕谖率侍卫直奔热河方向，在密云驿馆将护送梓宫的肃顺截住，予以逮捕。肃顺奉梓宫在大道一路缓行，中遇大雨，泥泞难行，至密云已走了九天，而慈禧比他提前四天入京。他总以为先帝的灵榇控于己手，谁敢造次！而京中大变毫不知晓。至被侍卫拿下，依然咆哮如雷，大骂那拉氏。自信过甚，策划不周，为人所制，咆哮谩骂更有何益，我为肃顺一叹。

慈禧逮捕八大臣，立即命王公大臣六部九卿科道罗织罪名定谳，众大臣顺承太后意旨，竭力搜罗，列出肃顺几人多项罪状：一、伪造圣旨，自称顾命襄赞大臣。二、跋扈擅权欺君。三、力阻垂帘。四、咆哮殿堂无人臣礼。五、每言亲王不宜召见，意存离间。六、肃顺擅坐御座，擅用御物，自由进出宫中，奉梓宫回京时携带家眷。逮拿时拒接谕旨，咆哮肆狂。综观这些罪名，除跋扈擅权合理外，其余尽是不着实质恣意罗织的罪名。尤其可笑，把英法入侵、京师沦陷、咸丰北逃及诱逮英使巴夏礼、破坏和议都强加在八大臣身上。欲加之罪，何患无辞。胜者为王败者贼，由是观之，皆为至理名言。

慈禧与奕䜣对八大臣痛恨至极，尤对肃顺恨之入骨，定罪极为残酷，判处载垣、端华、肃顺凌迟处死。后觉不妥，改为赐载垣、端华自尽，肃顺处以斩刑。三人临刑都大骂慈禧与奕䜣。肃顺尤甚，临斩时骂不绝口，立而不跪，刽子手以大铁锤敲断胫骨，方才仆地。真有点死不屈服的样子。后来载垣、端华都恢复了王爵，由子孙承袭。唯肃顺永远打入地狱，连子孙都禁止科考做官，一直延续到清亡。对景寿等五大臣，慈禧网开一面，先是革职发配，后改为免于发配，仅革职降级了事。其余与八大臣有瓜葛的官员一律不株连，免于处罚。这显示了慈禧的高明策略，避免了政局动荡。

慈禧以铁血手段，摧毁八大臣集团，扭转乾坤，王公大臣无不敬畏，大学士贾桢、副都统胜保立即上疏，请两宫太后从速听政。周祖培上奏，祺祥两字意义重复，请改年号，奕䜣拟就“同治”呈上，慈禧大为惬意。“同治”含有两宫共同治理的意思。稍后，张之万等大臣以历代太后训政的事例编成《治平宝鉴》进献。十月甲子日，载淳在太和殿重行登基大典，以明年为同治元年。十一月初一，两宫太后在养心殿正式垂帘听政，封奕䜣为议政王总领朝政，裁决权则归太后。其余大臣按功晋级加官，连当年救助过慈禧家的安徽知府吴棠也破格提拔为布政使，以后累年升迁，竟位至总督。圆明园内的四春娘娘，被放还出宫，未闻有虐待之事，这是慈禧的厚道处。值得圈点的是，江南战事正亟，特授曾国藩为两江总督，统辖苏、浙、皖、赣四省军务，巡抚提督以下全归节制，全力进剿太平天国。予一个汉臣如此巨大权力，大清开国以来，绝无仅有。可谓慧眼识英雄。这真是一朝天子一朝臣，另有一番景象。

辛酉政变，是一次宫廷政变，论其实质，纯粹是争权夺利，毫无正义与非正义的区别。双方斗争的焦点是一个“权”字，八大臣想擅权，慈禧想夺回权力，如此而已，岂有他哉！双方势力并不均衡，斗争一开始，胜利便向慈禧方面倾斜。八大臣权势熏天之日，是在咸丰在世之时，倚着先皇对他们的信任，一手遮天，朝野侧目，谁奈其何！然而咸丰一死，顿时失去靠山，便成了众矢之的。所恃者，唯顾命大臣虚名一个，充其量是个拟旨的秘书处，而签发圣旨的印章却掌握在慈禧手里。假如肃顺等人，恭顺太后，唯命是从，亦不失宰相之尊，可继续控掌部分权力，何致以后身首异处。偏偏他们私心太重，想当诸葛亮而控制阿斗，在太后面前飞扬跋扈，举止失敬，引起太后嫉恨，这确实是致败之因。其次是有诸葛之志，而无诸葛之才，无诸葛之德，对慈禧、奕䜣算计他们却浑然不知，毫无布置，唯一的本事便是阻止回銮，阻止奕䜣赴承德奔丧，这有何益！相反慈禧、奕䜣的才智远高他们几筹，召奕䜣入承德，授意董元醇写奏折，联络胜保，免去端华步军统领，以奕譞代之等等，紧锣密鼓、按部就班地实施，最后逮捕三人，扭转乾坤。先发制人，后发制于人，此言不虚也。现在有人说肃顺之死是清朝一大冤案，笔者曾有同感。的确，肃顺等人没有明显的谋逆大罪，仅是跋扈专权而已，罪不至死。然而，英法入侵，京师沦陷，圆明园被焚，举国悲愤，这个罪责谁负？将国家破灭的责任强加在八大臣身上，杀肃顺三人，以谢天下，以平民愤，以安局势，是非谁可知晓。这真是绝好的创意，不能不佩服慈禧的手段。政治斗争的残酷性就在于此。肃顺之死无所谓冤不冤，想夺权就得付出牺牲。近来笔者在网上看到一些帖子，说肃顺是满洲难得的精英，有才华，有骨气，有魄力，对西方持强硬态度，如当年不死，大清或有起色，也许不会迅速衰败。此言差矣，大清衰亡有内外多种因素所致，一人之力微乎其微。肃顺盲目自信，刚愎自用，四面树敌，连一个女人都斗不过，何以治天下？总而言之，辛酉政变将慈禧推上了准女皇的宝座，中国历史上继吕雉、武则天之后，第三个女强人执政的时代开始了，在之后的48年中她才是中国的无冕之皇，本文的主人公载淳以及后来的光绪帝，仅是摆设而已。

【淮军崛起】是清朝建军史上的一件大事。它与湘军一样影响中国几十年，特为专章述之。

载淳即位之后，外患方息，内乱正亟。太平天国占据江南，捻军在中原方兴未艾。大清王朝仍处于危难之际，清廷派僧格林沁、胜保、袁甲三率军征讨捻军，而剿灭太平天国的大任全权交给了曾国藩。自洪、杨内讧，石达开出走，天国虽走向衰落，但仍有较强势力。清军攻破安庆，南京失去门户，洪秀全异常恐慌，派天国后起之秀忠王李秀成、英王陈玉成发动第二次西征，突入安徽、江西、湖北等地，几乎攻克武昌。扶王陈得才的部队甚至深入西北，占领汉中，进逼西安。这使清廷同样恐慌，派军拼力堵截，陈玉成在安徽战败，被团练苗沛霖诱捕，献于胜保大营，陈被剐死。而李秀成则从江西返旆，攻入江浙，下严州，据绍兴，又攻克杭州，继而进攻上海。清军遭受重创，曾国藩自请处分，慈禧下旨慰留，反授予协办大学士之职。曾国藩感激涕零，尽职图报，兵分三路积极进剿，命令曾国荃、彭玉麟等进攻江宁；左宗棠率军进攻浙江；李鸿章进攻江苏，援助上海。援助上海则是淮军崛起的先声。

淮军创始人李鸿章，安徽合肥人，字少荃，道光年中进士，点翰林，曾任福建道员。李家弟兄几人，均是人才，李鸿章兄李瀚章，弟李鹤章、李蕴章、李凤章、李昭庆皆官至督抚，非富即贵。李鸿章少有大志，曾赋诗曰：

丈夫只手把吴钩，意气高于百尺楼。
一万年来谁著史？三千里外欲封侯。

好大志向，好大气魄！曾国藩知他多才，招为幕宾。咸丰末年，曾向朝建推荐，说他才大心细，劲气内敛，堪作封疆之用，朝廷批准，于是下令让他回乡招募兵勇，办团练，以为湘军之援。并派湘军将领程学启、郭松林相助。李鸿章回到安徽，四处招募，苦心经营，组成一支军队，这是淮军起源，手下将领有张树声、吴长庆、潘鼎新、刘铭传、叶志超、丁汝昌等。淮军练兵试用西洋方法，并购买洋枪装备军队，比湘军还现代化。同治二年，太平军进攻上海，上海官绅十分恐慌，向曾国藩泣血求救。当时上海已成商业大埠，洋商极多，江南富豪为避“长毛之乱”，纷纷逃往上海发展，由此更为繁荣。其战略意义巨大。曾国藩于是下令淮军开往上海。

李鸿章率淮军几千，乘英国轮船，到达上海，士兵衣衫褴褛，土头土脑，驻扎上海的英法军队掩口而笑，称为叫花子军。李鸿章忍住羞辱，告诫士兵说，打仗靠勇敢，不凭服装华美，打几仗让他们看看。有个美国人名叫华尔，在本国犯罪，逃往上海，勇敢而知兵，极力要求加入中国国籍，被批准。李鸿章将其招至麾下，令其训练军队，稍后募兵3000，归其统领，号称常胜军。此时清廷任命李鸿章署理江苏巡抚，成为封疆大员，李大为兴奋，联合英法军队进攻太平军，嘉定、青浦皆被清军攻克。李秀成率大军来援，击毙法国海军将军卜罗德，华尔常胜军溜之大吉，重占嘉定。太平军数万人转攻青浦，淮军开字营将领程学启拼力死守，城池岿然不动。李鸿章率军来援，程学启开城突击，将太平军击退，这是淮军出山第一仗，程学启以800人战胜数万太平军，威名大振。捷报传回上海，洋军连声称好，再也不敢轻视淮军。

接着淮军接连攻克嘉定、金山、南汇，上海解围，清廷实授李鸿章江苏巡抚。此时，浙江慈溪被太平军占领，李鸿章派华尔率常胜军往援，慈溪虽被攻破，洋将华尔却中炮而死。常胜军返回上海，李鸿章再让另一个美国人白齐文统领，白齐文最贪财，向李索要超额军饷，不予，便在民间劫夺。李大怒，罢其职，勒令回国。白齐文反投降太平军，受到李秀成重用，立了几次战功，后被清军俘获，投水而死。李鸿章又以英国人戈登为常胜军首领，继续与太平军作战。

上海解围之后，淮军继续扩充，人数达2万有余，并配备洋枪洋炮，战斗力增强。李鸿章遂准备收复苏州、常州。当时江南太平军普遍厌战，士气低落。李鸿章探知后，成功策反太仓太平军守将钱寿仁及常熟守将骆国忠，兵不血刃占领太仓与常熟。接着麾军而前，克福山，取昆山，向苏州逼进。李秀成闻常熟有变，率大军直趋常熟城下，却遭到叛将骆国忠及淮军的伏击，大败而退。淮军乘胜追击，直至无锡。李秀成在无锡固守，调战舰百艘在江上布防。淮军郭松林与黄翼升使用火攻，太平军樯橹顿时灰飞烟灭。此一战太平军水军精锐丧失殆尽。李秀成弃城而出，半路又遭到另一个叛将钱寿仁的截击，无心恋战，遂逃入苏州城内。李鸿章率军尾追，乘势包围苏州。当时苏州守将是慕王谭绍光，兵力有4万余人，而淮军攻城部队仅有18000人，人数占绝对优势，无奈军心涣散，毫无斗志，一片恐慌。淮军日夜用大炮轰城，并将劝降宣单不断射入城内。李秀成与谭绍光决计组织敢死队，乘淮军驻扎未稳，予以突袭，或能取得胜利，以稳军心。然而突袭部队遭到程学启军的拼力堵击，大败而归。副帅纳王郜永宽心有异志，半夜缒城而出，直奔程学启营乞降，双方在阳澄湖船中密议，英将戈登亦参加谈判。程学启准许投降，让郜永宽杀李秀成、谭绍光并献出苏州城，郜永宽说忠王于我有恩，不忍杀之，只杀谭绍光献城。程学启应允，并折箭为誓，保证郜永宽等降将生命安全，戈登出面愿做保人。郜永宽潜回城内，立即四下串联，煽风点火，招降纳叛，军心更为躁动。李秀成见人心难测，知大变将至，半夜率军出走天京。谭绍光做梦也未想到昔日忠诚的战友郜永宽会叛变，仍然召开会议，部署防城事宜。突然天将汪有为，掏出利刃，从背后向谭刺去，谭顿时喷血而殒。郜永宽遂带领叛党，将忠于慕王的部队2000余人屠戮一尽，随后大开城门，迎清军入城。李鸿章轻而易举拿下苏州，大为得意。然而自恃有功的郜永宽等八个王爷、天将，向李鸿章提出三个条件：一、八人部队仍由八人统带，不准改编。二、给足饷银，仍驻扎于苏州城内。三、授予八人总兵、副将实缺，指明何省何地。李鸿章听后不禁蹙眉，转瞬一想，予以承诺。接着好言劝退。立召程学启商议，程说，这等条件岂能满足，不如杀之！李鸿章道，杀俘不祥，以后何人敢降。程学启负气而出。李鸿章踌躇三昼夜不能决，程学启又以辞职要挟，并说，此等小人能叛谭绍光，难道不叛大人吗？况且准许他屯兵苏州，必朝夕为患，学启宁负盟杀俘，不敢留贼害国，此心无私可质鬼神。李鸿章无奈终于同意杀之。翌日，李鸿章大摆宴席为八人庆功，八人昂然入席，不知死期将至，酒至半酣，李鸿章托故而出。忽然程学启率兵百人突入帐内，顷刻间八人均被砍死。八人是：纳王郜永宽，比王伍贵文，康王汪安均，宁王周文佳，天将范启发、张大洲、汪怀武、汪有为。程学启亲持利刀割下八人首级，装入一囊，提囊翻身上马，驰入城内，对着太平降兵大呼："八人反侧，我已杀之，其余听我号令，擅动者杀无赦！"降军多被镇住，有几百人反抗，程学启皆予捕杀。剩余几万人陆续遣散。英将戈登大骂程学启背盟杀俘，认为违犯国际惯例，不人道，与程学启势成水火，势不两立，并擅自率常胜军撤回太仓以示抗议。

清军攻克苏州，清廷大为兴奋，授李鸿章太子太保衔，程学启赏黄马褂，英将戈登亦获头等功牌。李鸿章更为兴奋，积极部署再立新功，命令程学启率部进取浙西，打通江浙通道。自率大军进攻常州。两路兵马同时出发。程学启不愧勇将，所向披靡，连克平湖、乍浦、海盐等地，直取嘉兴。然而这位悍将在嘉兴遭遇灭顶之灾，攻城时持刀登上城头，忽有一弹飞来，正中额头，翻身坠落城下，跌个半死。开字营将士见主帅受伤，反激起攻城之勇，前仆后继，竟将城攻破。程学启被送至苏州医治，渐渐痊愈，但颅内留有碎骨，张口饮食疼痛难忍，程学启愤极，竟将碎骨用刀剜出，创口复裂，大叫几声而死。程学启，安徽桐城人，原是太平军陈玉成部下，后降清，性格凶猛，凶悍，狠毒，作战身先士卒，勇敢异常，以杀人为乐，为清军立下无数战功。曾国藩说他："爱兵如命，挥金如土，杀人如草，真大将之才。"后来李鸿章在甲午之战败于日本后，叹曰："如程学启尚在，何惧日人也。"而世人评说，程于嘉兴殒命，是他背盟杀俘的报应。笔者咏程学启道：

只顾功名不顾身，只图快意乱屠人。
宝刀溅血仰天笑，千古沙场一杀神。

再说李鸿章自率一路进攻常州，军锋甚锐，克宜兴，下溧阳，直抵常州城下。常州守将是天国护王陈书坤，凶悍善战，桀骜不驯，只认天王，连李秀成都不放在眼里。他率军拼死固守，清军急攻几日，毫无进展。又遇淫雨不止，只得停攻。岂知这一场雨帮了清军，几段城墙竟被泡塌，清军奋勇冲入缺口，被太平军杀死，又反复冲锋，前仆后继，方攻入城内，这场恶战，双方死伤枕藉，真是惨烈。最终清军战胜，陈书坤被生擒。太平军占领常州四年，至今克复。除江宁外，江苏全境肃清。淮军从此威名大振，并发展成7万人的军队，真可与湘军抗衡。后来，李鸿章撤销常胜军，打发戈登回国，从此不许洋人带兵。世人赞誉他善驭洋将，他也扬扬得意。10余年后，李鸿章访问德国，会见铁血宰相俾斯麦，炫耀他平剿太平天国的战绩，俾斯麦冷笑道："欧洲人以杀异种为荣，若专杀同族，反属可耻。"李鸿章不禁汗颜。俾氏之言，警策深刻之极，由此推之，古今世界上任何国家的内战，不管名义如何，胜负如何，并不光彩。从长远的观点看，人类应和平共处，国际间民族间的战争也不光彩，笔者祈祷世界和平。这是闲话。

淮军自安徽募军，到上海解围，克复苏常，历时几年，壮大成军，李鸿章也由此成名。之后，太平军覆灭，湘军裁撤，大清王朝有战斗力的军队唯剩淮军，国防尽赖淮军。再后来，李鸿章任直隶总督兼北洋大臣，淮军声誉更显赫。袁世凯参加吴长庆军，到小站练兵，均是淮军系列，后来他也做到直隶总督北洋大臣的位置，他的新建陆军也是淮军底子，北洋名称由此得来，所以后来的民国北洋军阀与淮军实属一脉相承，前后影响中国60年。淮军在中国历史上确有一定位置。

【攻陷江宁】是湘军出山后最显赫的战功，也标志着太平天国的覆亡。

前文说过，湘军攻克安庆后，曾国藩认为向太平天国反攻的时机已到，于是坐镇安庆，兵分三路发起进攻。左宗棠一路进攻浙江，李鸿章一路规复江苏，而进攻敌巢江宁（天京）的大任则交给九弟曾国荃。曾国荃，字沅甫，优贡出身，少倜傥有大志，性格坚忍不屈，认准死理，永不回头。咸丰六年，以攻克吉安一举成名，号称吉字营，显示非凡的军事才能。咸丰十年，率军包围安庆，历时一年半，攻克安庆，杀降军1万余人，手段残忍闻名天下。同时以善围城著称，外号曾铁桶。同治元年，他接兄长之命，踌躇满志，一心要拿攻克江宁的头功。他率陆军，彭玉麟率水军，共2万人，水陆并行，沿江而下，兵锋甚锐，连克无为、巢县、含山、和州、太平府、金柱关、东梁山、芜湖、大胜关等地，直逼江宁城下，在城南雨花台扎下营寨，分一军与曾国葆在三汊河依水筑垒，确保粮道。曾国荃进军神速，固为可嘉，但2万人深入江宁，势成孤军，处境十分危险。曾国藩劝他后撤，以求稳妥之策，执意不听，回书道："逼城足以致敌，虽危，但事有可为。"他有他的办法，就是坚壁固垒，挖壕围城。挖壕围城，也许不是他的发明，但他运用得心应手，过去攻吉安、安庆均是此法。于城边扎寨，寨前朝敌城方向挖一道宽二丈、深三丈的长壕，既可保卫营垒，又可包围敌城，这是持久战的阵势，任何一个心气浮躁、急功近利的主帅，都不会如此，独曾国荃敢为之。曾国荃逼近天京，洪秀全十分恐慌，一日三诏，召李秀成率兵来援，而李秀成正在江浙指挥战事，急切不能分身。洪秀全严旨紧逼："三诏召汝，拒不从命，汝欲何为？若敢违诏，国法难容。"李秀成被逼，率十三王，10余万大军，号称30万，回援天京。而此时，瘟疫在曾国荃营中流行，死伤相继，十人之内只余六七。以病卒抗强军，形势万分危急，曾国藩急上奏清廷派军来援，清廷回答：这是天灾无可奈何，勉励全军坚忍抗敌。曾国荃无法，只得振奋精神，坚壁固守。李秀成大军结成营垒200余座，将曾营团团围住，日夜猛攻，前队不胜，后队继之，轮番进攻。曾国荃夜不能眠，日不能安，抱定一个宗旨，坚守勿出。太平军连攻十日，毫无进展，改用大炮轰击，一弹飞来，遍地开花，清军死伤无数。清军有一卒惊呼："这是开花炮！"于是满营惊慌。曾国荃鞭马驶出，一刀砍去，那个惊呼小卒头颅滚地，军心方安。太平军又用洋枪射击，清军用火球火箭掷去。忽一弹射来，正中曾国荃脸面，血流如注，他忍住疼痛，略微包扎，骑马巡行营中，将士感奋，均拼死抵抗，太平军又被击退。连过几天，太平军停攻，前线一片寂静，清军都很诧异。忽然一声巨响，惊天动地，营垒炸坍数丈，太平军一声呐喊蜂拥冲上，清军仍用火箭火球抛掷，战了几个时辰，缺口方才堵住。原来是太平军挖地道点燃炸药所致。之后，太平军又挖地道七处，清军也挖地道，一旦挖通，以柴草熏之。太平军见硬攻不得手，派军去截粮道，但曾国葆坚壁固守，此计又不得逞，弄得军心烦躁，进退犹豫。如此相持几十日，曾国荃见时机一到，率军开壁杀出，将士奋勇，战马驰骋，如洪水决堤势不可当，太平军见来势凶猛，不愿争锋，返旆退去。这一场恶战足足打了46天，曾国荃采用"以逸待劳，以静制动"的战略，以2万孤军不可思议地战胜10余万太平军的围攻，创造了中国战争史上的奇迹。强弩之末不能穿鲁缟，喻以太平军，真是恰当。而曾营兵士也个个血透衣甲，皮肉脱尽，瘦骨嶙峋，满身虮虱，面目全非。曾国荃数月目不交睫，卧不解衣，早已疲惫不堪，身心交瘁。曾国葆积劳成疾，死于营中。几年之内，曾国藩失去曾国华、曾国葆两个弟弟，曾家可谓碧血丹心，精忠报朝廷了。

太平军回援天京失败，在浙江战场也一败涂地。左宗棠、蒋益澧一路迭克遂安、严州，又在衢州击败侍王李世贤。继而攻占金华、绍兴。同治二年，左宗棠联合法国洋枪队包围杭州城。法军用大炮轰开杭州凤山门，清军涌入，听王陈炳文苦战不支，弃城逃走。杭州遂被克复。至此，浙江全境除湖州外，均被清军占领。这时的太平天国只剩下天京孤城一座和周围几个据点，另有湖州黄文金、江西李世贤、汪海洋等部。洪秀全知局势危急，为鼓舞士气，大肆封王，几月之内封了2000多位王爵。谁知王多不值钱，号令不专行，越封越乱。当时李秀成进入天京，主持军事，他劝天王让城别走，再图恢复。洪秀全执意不从，声言有天兵百万可以退敌。李秀成喟然而叹，无可奈何。忠王无愧忠勇，在垂亡之际，尚能从容指挥，屡屡出城突袭清军。然而天父父兄不佑天国，江北重镇九袱洲，被彭玉麟、杨载福攻占，天京更显危急。此时，太平军尚有10余万人，武器、兵员绝不弱于清军，但是江浙已失，粮源断绝，所存粮食不多，士兵在饥饿下作战，战斗力大为削弱，后来出城突袭或突围都无从实施，只能固守挨打了。同治三年二月，清军攻克天保城，完成了对江宁的合围。曾国荃将帅帐驻于孝陵卫，准备对江宁总攻。清廷怕他势孤，欲调李鸿章淮军援助，他怕淮军分功，坚决拒绝。曾国藩也怕太平军困兽犹斗，拼死决斗，劝他缓攻以图稳全。曾国荃一概不听，决意收取不世之功。李鸿章也颇知趣，推托有病，按兵不动，拨给军饷50万两。过了数日，湘军又攻克龙脖子山，这要隘又叫地保城，比天保城更为重要，立其上，江宁全城尽收眼底。湘军在地保城筑起炮台，日夜向城中轰击。这时城中粮食彻底断绝，军民以树皮草根充饥，又杀尽猪羊犬马为食，大批兵士逃离，居民冒死出城觅食，真是一片恐慌。五月，洪秀全在绝望中自尽，幼天王福瑱即位，十五六岁的孩子只能哭哭啼啼，大事由李秀成独撑。天王已死，曾国荃大喜，加紧攻城步骤。先挖地道几十处，均被城内堵死。后用大炮掩护，再掘地道，六月十六日，地道挖成，埋火药3万斤。曾国荃激励将士，前进者重赏，后退者立诛。傍晚，由湘军悍将李臣典点燃引线，轰隆一声，天摇地动，城垣倒坍20余丈，烟尘蔽空，砖石如雨。湘军李臣典、萧孚泗等率兵拼死突入缺口，大队清军跟进，太平军虽然竭力抵抗，但饥饿之卒怎当虎狼之师，激战至天明，全城失守，遂转入巷战，直到血尽力竭，无一人投降，因为他们知道曾国荃杀俘成性。李秀成保护幼天王突围，在旱西门失散，李秀成匿于方山，幼天王突围逃出。曾国荃下令关闭城门，纵兵搜杀七日七夜，10余万太平军屠戮一尽，许多居民亦被杀死。有些史料记载，清军共屠杀50万军民，如属实，比日本南京屠杀30万还要残忍，"曾剃头"绰号由此得来。又有野史载，曾国荃纵兵抢掠，太平天国聚积十几年的珠宝金银均被他抢光，运往湖南湘乡，富超和珅，如属实，这惊天巨额财富，曾国荃如何挥霍，剩余部分又藏在哪里？这真是值得研究的历史之谜。但是笔者冷静一想，曾氏鸿儒也，以道德立家，以爱民为志，标榜仁义，作为将帅，杀敌致果则可，如杀民越货作强盗，则不可能。因而这些野史的可靠性要大打折扣。

再说忠王李秀成，藏匿民间，三日后被清军搜获，同时捕获的还有洪仁发。此时，曾国藩赶赴江宁，亲审李秀成，假言劝慰，李受诱惑，写成3万言的《自述》，详叙天国兴亡，内有"愿招降太平军余部赎罪"之语。忠勇一生，却留下大节有亏的污点，真是憾事。几天后李秀成与洪仁发被凌迟处死。洪秀全的尸体亦被掘出，身裹金绣龙袍，发秃，须眉皆白，不用棺木。曾国藩下令焚尸扬灰。

幼天王福瑱，与干王洪仁玕等数百人自天京突围出走，奔向湖州，湖州为堵王黄文金所据，黄迎驾予以尊崇。后被左宗棠、李鸿章得知，苏、浙两省均派大军抓捕，争抢擒酋大功。黄文金与清军激战湖州，兵败身死。其弟黄文英携幼主逃脱，闻李世贤、汪海洋屯兵江西，遂向江西奔去。逃至江西石城县山中，被知府席宝田率军截获，押至南昌，幼天王、洪仁玕均被凌迟处死。时侍王李世贤与康王汪海洋拥兵10余万，辗转进入福建、广东，在天国败亡之际，尚火拼不休，汪海洋杀死李世贤。同治四年十二月，汪海洋军被左宗棠剿灭。另外，远在陕西汉中的扶王陈得才部，在回援天京途中亦被消灭。

最后笔者补叙天国翼王石达开的归宿。洪、杨天京内讧后，石达开遭天王之忌，负气率部出走，独树一帜。先入江西，后入浙江、福建，继入湖南，再入老家广西休整，其间有10万太平军，叛他回归天京，兵力大损。于是他决计入四川发展，清廷闻他入川，急命四川总督骆秉章堵截，他又突入滇黔，清兵追剿，他又进入四川，如是者凡四次。真是转战万里，纵横八省，使清军疲于奔命。同治三年五月，他率军到达大渡河，准备渡河直取成都，但突遭暴雨，河水猛涨，他率军强渡，军队淹死大半，只余6000余人。大渡河几百年来在同期从无涨水记录，厄运却加在石达开头上，岂非天意乎？此时清军总兵唐友耕率兵追逼，石达开求救于土司，土司反助清军。前有滔滔大河，后有追兵，于是陷于绝境。石达开妻妾携子投河，以表不累夫君。骆秉章派使劝降，石达开心动，遣散军队，4000 人自谋生路，有 2000 人誓死以从。石达开遂赴清营乞降，愿舍己身以全三军，唐友耕佯允，将其解往成都。骆秉章立即反悔食言，将石达开凌迟处死。临刑，刽子手刀剐其体，肉骨落地有声，石达开至咽气默不作一声，观者皆称奇男子。随从 2000 兵士都被捕杀。石达开是太平天国最杰出的将帅，文武兼备，有儒将风度，爱才爱民，清廉正直，与腐败的洪、杨等人截然不同。生前死后，无论敌我双方同声赞叹，可谓千古罕事。石达开善为诗，传世不多，笔者记得有“愿凭赤手拯元元”一句，元元指代百姓。可见其救民大志。另有一首咏剑诗：

床头忽起老龙吟，郁郁横生杀贼心。
已到穷途犹结客，风尘相遗值千金。

诗意豪迈，有侠义之风，且格律森严，确是行家高手。

天京陷落，标志轰轰烈烈的太平天国灰飞烟灭。太平天国运动是中国历史上规模最大的农民起义，历时 14 年，纵横 10 余省，掩有东南半壁，可谓壮矣！起初是反抗暴政，官逼民反，百姓蜂从拥护，具有先进性。后来洪、杨上层集团腐败之极，穷奢极侈，其所行政令皆背民而行，其意识形态、文化观念与中华传统格格不入。如果让这样的集团统治天下，比清朝黑暗 10 倍。天生曾国藩以克之，不亦宜哉！笔者为诗而叹：

金田崛起势峥嵘，半壁江山一手擎。
不合时宜天不助，大旗飘落石头城。

湘军攻克江宁，可谓扭转乾坤，再造社稷，曾国藩救了大清一命，这真是不世之功。曾国藩为避满人嫉妒，让战无寸功的满人湖广总督官文领衔向北京发出 600 里加急红旗捷报，两宫太后闻讯，抱着小皇帝载淳喜极而泣，王公大臣欢呼雀跃，京城一片狂腾，接着祭天告庙，派醇亲王祭告先帝灵柩（咸丰帝尚未埋葬），不亦乐乎！下诏封曾国藩一等毅勇侯，世袭罔替，加太子太保。封曾国荃一等伯，加太子少保。李鸿章、左宗棠均封伯爵，彭玉麟、鲍超、骆秉章等功臣亦封显爵，追封已故湖北巡抚胡林翼伯爵。清朝开国以来，文臣绝无封侯先例，曾国藩是破例第一人。这真是莫大的殊荣。但曾国藩很清醒，深知功高震主之祸，十分警惕，同时他接到密报有人告发曾国荃劫获天国财宝不缴，又有圣旨让他告诫曾国荃戒骄戒躁，这使他如履薄冰极度不安。三思之下，他上疏，坚决要求裁撤湘军，并让曾国荃上疏以病重开缺。这是一个极为稳妥的万全之策，没有大度的胸怀，高深的谋略，是难以做到的，曾国藩做到了，保全了生命及以后的官位荣誉，无愧非常之人！

【剿平捻军】是清廷剿灭太平天国之后又一次大规模军事行动，前后历时16年，其难度不亚于剿太平军。

平捻之战，前期主要由蒙古科尔沁亲王僧格林沁指挥，胜保、袁甲三等辅之。僧郡王勇敢善战，统率蒙古骑兵，驰骋纵横，所向无敌，同治二年秋，他率军大举进攻皖北，直取捻军老巢雉河集，激战数月，捻军战败，雉河集失陷，大首领张洛行被生擒，后剐死。捻军主力损失殆尽，张洛行之侄张宗禹侥幸逃脱。捻军成立以来，从未遭此惨败。从此僧郡王声名大振，清廷封他亲王世袭罔替，把平捻大任放心地交给他。同年，他又挟余威，一鼓荡平苗沛霖叛乱。苗沛霖以办团练起家，乘乱世拥兵自雄，朝秦暮楚，野心极大，清廷提起他便头疼，他与太平军、捻军都有联系。胜保曾将其招抚，给他官职。但此次又叛清作乱，攻陷寿州、蒙城、临淮等地，终被僧亲王消灭。再说张宗禹逃出淮北后，与太平军取得联系，天国封他为梁王，任柱为鲁王，收集旧部东山再起，太平军遵王赖文光部亦加入其中，兵员扩充至七八万，声势复振。张宗禹、赖文光联合陈得才回援天京，兵马未到，天京已陷，在湖北被僧亲王截击，大败，陈得才自杀。于是张、赖二人总结经验，采用流动战术，与清军周旋。僧格林沁屡获胜仗，盛气逼人，率军穷追不舍。偏捻军不与他争锋，狂奔避战，从湖北入河南，又从河南进入山东，不走平原大路，专择山岭小路而行。清军主力是科尔沁骑兵，在平原驰骋如虎，但在山岭却无用武之力，每每遭到捻军伏击，手下猛将恒龄、苏克金等先后战死，这激起僧亲王更大的愤怒，命令将士急速前进，稍有怠慢，鞭笞杖击，行军速度朝夕300里。每到一地宿营，衣甲不解，席地而寝，枕戈待旦。天明造饭，只早餐一顿，全天以干粮充饥。这种超强度急行军，使将士疲于奔命，追至山东境内，早已疲惫不堪。总兵陈国瑞叩马而谏，望缓追暂息，僧亲王不从，反而催促更急。大军到了曹州高楼寨，进入山区，隐听岭后有号炮声，僧亲王下令加速前进。翻山越岭，程程复程程，人马疲乏，叫苦连天。忽遇几个樵夫相告，说山后便有捻子，僧亲王大喜，让其为向导，立即麾军前进。行到后山，时近黄昏，道路崎岖，更是难行，樵夫早已溜之大吉。突然一声炮响，万众呐喊，几万捻军满山遍野冲下，箭炮并发，打得清军人仰马翻。在此绝境，僧亲王纵有万夫不挡之勇，也难敌捻军潮水般的进攻。激战一夜，全军覆灭，僧亲王死于乱军之中。同时毙命的还有大学士全顺及总兵何建鳌等。僧格林沁威武一生，打长毛，抗洋军，剿捻子，名噪中外，却死在捻军之手。有人说，小沟里翻大船，这话说对一半，骄兵必败，恃勇不如恃谋，这才是关键。兵法云："趋百里者，必蹶上将军。"清军日夜行300里，僧亲王安得不死！据野史载，割下僧氏头颅的是一个十五六岁的小捻子，他提着血淋淋的首级，头插三眼花翎，唱着山歌回寨报功去了。僧军覆灭的消息传到京城，举朝震惊，辍朝三日，以示哀悼，并建专祠纪念，配享太庙，谥为忠亲王。

捻军曹州大捷，杀死僧格林沁，声势大振。清廷极为恐慌，环顾朝中无人可用，又把平捻大任交给曾国藩，希望他再创奇迹。曾国藩力辞不许，只得接印。老成持重的他，深感剿捻非速战可就，向清廷提出打持久战的方略。并要求招兵、买马、办黄河水师，同时郑重指出，捻军是流动作战，不能步僧亲王后尘，与之俱流，专事追逐。目下只有湘军刘松山部，淮军刘铭传部，兵力不敷调遣，只能择要驻军，重点设防，各省督抚协同作战，徐图功效。这真是急病人来了个慢郎中，清廷无可奈何，只能由他。于是曾国藩调兵遣将，安徽以临淮为老营，归刘松山驻军。山东以济宁为老营，由潘鼎新驻军。河南以周口为老营，属刘铭传驻军。江苏以徐州为老营，归张树声驻军。四镇中，一处有急，三处救援。曾国藩坐镇徐州全权指挥。然而捻军见清军如此部署，竟另辟一路，全军突入湖北，黄冈、襄阳纷纷告急。曾国藩急调军援鄂，兵未到，捻军却返攻山东，骚扰一番，再入河南，待清军追来，早已奔淮徐。忽东忽西，忽分忽合，弄得官军疲于奔命，一筹莫展。这使曾国藩十分惶急，寝食不安。他终日环室踱步，苦思冥想，绞尽脑汁，想出一个防河圈捻的战略。就是沿黄河、运河、淮河、颍河部署重兵，凭河流天险，防捻军流窜；无河地区，或挖深壕，或筑高墙，派兵巡防，借以阻挡捻军；四省之内，坚壁清野，断绝捻军补给。这等于在四省战区画了一个圈，圈住捻军，防他流窜。然后或追击或迎击，四面兜剿，以期全歼捻军。此计大妙，比重点设防更胜一筹。然而曾国藩只顾地利，疏忽天时，黄淮一带大雨滂沱，连月不开，河水暴涨，南阳微山各湖与运河连成一片，所筑堤墙多半坍塌。道路积水，淹及马腹，军队寸步难行，粮草亦难运到，别说作战，唯饥饿难忍。捻军瞅准机会，各路合并一起，进攻河南，排墙而过，痛击清军，在豫清军仅有几营，难以抵挡，立时溃败。于是平堑填壕，向东驰奔。刘铭传闻豫中有警，率部急援，到达开封时，捻军已渡过黄河，进入山东。于是菏泽、曹县、郓城、巨野等地均遭侵扰，纷纷告急求援，山东大乱。这消息传到京城，各科道言官交章弹劾曾国藩，说他暮气沉沉，难当重任。曾国藩气愤之极，郁结成病，上疏请假。清廷也不满他的蘑菇战术，顺其所请，由李鸿章替代。

此时赖文光、任柱与张宗禹意见不合，捻军分为两部。赖文光、任柱一部仍留在中原，而张宗禹则率部自河南进入陕西。史称东捻、西捻。东捻自安徽而河南，又自河南进入湖北。当时曾国荃已任湖北巡抚，屯兵德安，挡住东捻去路。李鸿章传檄刘铭传及周盛波、张树珊两部分道入湖北夹击。在德安新家闸，张树珊遇到捻军伏击，全军覆没，张树珊战死。刘铭传闻张树珊兵败，率军火速赶到德安，与周盛波军会合，向捻军追去。到达安陆府尹隆河，遭遇捻军。捻军佯装渡河劫夺清军辎重，却在险要处设伏。刘铭传不知是计，率全队回援，进入伏击圈内。捻军主力四面突来，杀声震天，一场鏖战，清军大败，损失惨重，刘铭传侥幸逃脱。张树珊与刘铭传俱是淮军名将，均遭败绩，真是淮军大耻。这时李鸿章已到徐州，接前方败报，痛定思痛，方才醒悟，尾追堵截，四方策应并不是最佳战略，而曾国藩的防河圈捻原是最高明的战略。

于是李鸿章沿河布防，将已坍塌的高墙筑起，将填平的壕堑深挖，重兵把守黄、运、淮、颍四河，然后以精锐部队追击堵击捻军。这仍是曾国藩的老一套，这次他决计贯彻到底。果然，淮军激战一年后，圈捻战略大生其效，淮军节节胜利，东捻军则节节败退，最后被逼困在黄河南岸、运河东岸、胶莱河西岸、六塘河北岸的地区内，屡次突围失败。任柱率军退至赣榆县，遭遇清军战败，被部下贵升杀死。赖文光率残部逃至扬州，战败被擒，被凌迟处死。东捻自此覆灭。

东捻戡平，捻军只剩西捻一股。西捻入陕西，目的是与陕西甘肃回民义军联合，再图大业。在此之前，陕西白彦虎、宁夏马化龙、河州马占鳌纷纷起义，四处攻击清军，拔城据寨，声势浩大。后来清廷命胜保出征，师久无功，并不听调度，被清廷逮回赐死。有人说胜保之死是有清一代冤案，他是赫赫名将，满族翘楚，曾力主垂帘听政，抗洋军，平发捻，均有战功，竟被处死。西太后杀他，是因为他骄横跋扈，并屡次包庇苗沛霖，杀他以儆骄将，树立中央权威，这也有道理，只不过手段太毒，完全不顾其前功，确实有点冤。且按下不表，言归正传。这次西捻入陕联合回军，清廷正在恐慌，谁知左宗棠自动请缨，愿挂帅西征，两宫太后欢喜不已，立即应允。好大喜功是左宗棠的性格特点，也是他成功的原因。他一到西安，便定出捻回分剿，先平捻，缓剿回，阻断捻回联合的战略方针。调刘松山、郭宝昌等率大军入陕，与捻军作战。但是张宗禹异常狡狯和大胆，避而不战，却率军突入山西，侵扰一番，又折入河南，再从河南直取直隶，大军驰骋冲突，前锋已抵保定、深州，确把清廷吓了一大跳，宣布京畿戒严，飞檄调李鸿章救驾勤王。李伯爵也吓了一大跳，惊呼捻子大胆，立即率军赶到冀南，他见河北平原广阔无际，无险可守，下令各地官绅建圩寨自保，坚壁清野，断绝捻军粮道，然后兜剿。岂料捻军到了平原，战马纵横驰骋，很是便利。竟打了几个胜仗，把官军甩在后面，直奔天津。清廷震怒，将李鸿章、左宗棠一并革职，留营效力赎罪。捻军到达天津，前有都兴阿驻军堵住，后有郭松林追来，于是又南下进入河南。李鸿章与左宗棠会于冀南，定出加强运河防卫，逼捻军于海边聚歼的策略。其实这个策略还是曾国藩圈捻的老计划，并无新奇之处，但确实屡试不爽。同治七年六月，西捻部队被逼至山东茌平一带，被左宗堂、李鸿章联军歼灭，张宗禹跳水自尽。自此捻军覆灭。

捻军运动，历时16年，纵横10省，配合太平军，给清军以沉重打击。其战术灵活机动，深得游击战的要诀，经常克敌制胜。但捻军领导目光短浅，忽视根据地建设，东流西动，无寸土立足。再者内部分裂，各自为政，终被清军各个击破，全军覆没。

【同治三大案】是发生在同治年间、社会影响较大的三个案件，分别是安得海被斩案、天津洋教案、马新贻被刺案，现分述之。

一是安得海被斩案。安得海，直隶顺天府宛平县人，自幼净身入宫，聪明伶俐，颇受西太后宠爱。据野史载，他喜读书，有一定文化水平，能给小皇帝讲《大学》、《孟子》。辛酉事变中，被慈禧派遣到京城给恭亲王通风报信，立了大功，更受慈禧器重，擢拔为长春宫总管太监。人称小安子而不名，权势愈大，他愈张狂，除西太后外，谁也不放在眼里，就连载淳也怕他几分。小安子得宠诀窍，就是他能揣摩慈禧意旨，曲意顺承。经他所办，慈禧无不惬意，甚至赏给他咸丰遗留的龙袍。慈禧想看戏，他就招名班佳伶入宫，挑好戏给演，并怂恿慈禧下旨，在御花园另建戏台一座，真是夜夜笙歌，通宵达旦。御史贾铎闻其事，奏了一本，内有“太监妄为，请饬速行禁止，以防微杜渐”之语。慈禧接奏后，下了一道严格管理太监的懿旨，结果获得满朝赞誉，都说她从谏如流。其实慈禧是沽名钓誉，过后仍然看戏不误，仍然信任小安子。小皇帝载淳渐渐长大，两宫太后为他筹办婚事。小安子奏请西太后，要亲自去江南督制龙袍。慈禧起初不许，说太监出都，有违祖制。小安子花言巧语，并说还要为太后采办几件像样的衣服。慈禧生平最爱华丽服饰，竟然答应。临行嘱咐他速去速回，秘密行事。谁知小安子一出北京，仿佛出笼鸟儿，快活非常。乘坐太平大船，另有随船几只，遍插龙凤之旗，迎风招展，船中载有男女戏子，吹拉弹唱，好不热闹。沿着运河，浩浩荡荡向江南航行。沿途地方官员，差人询问，小安子便朗声答道：奉圣旨，督制龙衣！当时天下谁不知安得海之名！听他奉旨出差，大小官员个个趋炎附势，上船慰劳，献上大量金银珍宝，小安子一概笑纳。有时还点名索要土特产，各地官员照献不误。小安子更加扬扬得意，扬帆前进。船行一二日，到达山东境内。山东巡抚丁宝桢，接到德州知府呈报，说有安太监奉旨过境，责令地方接风招待，应否照办？这个丁宝桢是清朝有名的大清官，贵州平远州人氏，生平不喜趋奉，清正刚直，勤政爱民，廉声远播。若有人宣传，丁宝桢事迹可以和海瑞抗衡。几年前僧格林沁在山东剿捻，召见地方官员盛气凌人，巡抚以下均站立奏事，不设座椅。丁宝桢当时还是个知府，有事秉报，告诉司阍说，若设座，我则进去，否则我便告辞。僧亲王闻报大惊，亲自出门迎入，以礼相待。闲话休提，再说，丁宝桢接到呈文，心中惊讶道：我朝祖制，不准太监出都门，安得海竟敢如此！于是立即写成奏章，派快马飞驰京城报告。济南离北京不远，两日即到。使者将奏章先呈报议政王奕䜣，让其代奏。奕䜣一看，是安得海擅出都门，亦感气愤，立即入宫奏报。适慈禧正在看戏，不便打扰。又报慈安太后，慈安亦是气愤，两人一商量，认为安得海平时狐假虎威，现在又违反祖制，擅出都门，应该严惩。当下一个拟旨，一个盖印，圣旨写毕，立即交给山东使者，快马返回。两日后，丁宝桢接到圣旨，一看末尾有“就地正法，无庸再请旨”九字，立刻派总兵王正起，率兵追捕。王总兵快马加鞭，一路追至泰安县境，方才追上。于是王总兵弃马登舟，飞棹急驶，方将大船截住。王总兵跃上大船，大呼：“奉圣旨拿办安得海！”安得海亦大喝一声：“哪里强盗胆敢阻挡钦差大臣！”又喝道：“即是当今皇上也不敢下旨拿我，敢在太岁头上动土，难道你们不想活了。”士兵被他吓唬，均不敢上前。王总兵却有胆识，上前扯下蓝翎大帽，照头上套条铁链锁个结实，不由分说，押回济南。到了济南，丁宝桢升堂审讯，安得海依旧咆哮公堂，大骂丁宝桢混账抚台。丁宝桢也不分辩，捧旨宣读，当读到“就地正法”时，小安子方心惊胆战，拱手求情：“还望丁大人复奏一本，安某虽死无憾。”丁宝桢喝道：“圣旨明明写着‘无庸请旨’，难道未曾听见？”小安子再三恳求，丁宝桢不予理睬，大喝一声：“刽子手何在?”几个刽子手一拥而上，牵出辕门，只听一声号炮，刀光血影，小安子头颅滚地。后来慈禧听说此事愤怒至极，但木已成舟，人头落地，无可奈何，只恨慈安、奕䜣瞒着她，杀她亲信。以后慈安猝死，奕䜣被贬，或许起因于此事。安得海死后，李莲英替代，成为慈禧最宠的太监。李莲英，直隶河间人，外号皮硝李，聪慧至极，善揣摩慈禧心意，屡试不爽。又善梳头，慈禧青丝梳过，毫发无伤。他可能是中国历史上最著名的发型设计师，发型百变，均臻时髦，他每梳成新髻，慈禧对镜开怀欢笑，这是他长宠不衰的原因。野史称他擅权误国，并不符合史实，其实他虽有结交权贵的行迹，但敬上宽下，宫中名声不坏。这里插叙其简介，后文不再重复。

这就是安得海被斩案。笔者想，清末三大权监，从安得海到李莲英及张兰德，都是慈禧一手豢养，寡妇慈禧有苟且之事，或许为真。其实太监出都门，纵使违祖制也不算大事。明朝郑和下西洋都可，出都门又算什么！辛酉年安得海往返于承德、北京之间，还立了大功。光绪年李莲英与醇亲王到天津阅兵，亦安然无恙。小安子之死，一是他太张扬，招摇过市，索贿纳贿，授人以柄。二是平时嚣张，慈安与奕䜣均对他怀恨在心。三是遇上了铁面无情的丁宝桢。太监在封建社会，为士大夫所不齿，屡受歧视，因而得势便猖狂，炫耀权势，借以宣泄被歧视而郁结心中的压力，这是太监特有的心理特点所致。因此，凡事都是因人因时而成，不可一概而论。总之，小安子死在太监身份上，罪不至死，确有点冤。

二是天津洋教案，这是一起涉外案件，在当时影响极大。

两次鸦片战争以后，中国战败，与外国签订了许多条约，内中有允许外国教士在中国内地传教的条例，因此外国传教士纷纷涌入中国，传播基督教义，马太福音。天津是通商大口，洋教堂与洋教士尤多。这些洋教士凭着胜利者的姿态，建立教堂，广招信徒，引起信奉佛儒道的绅民不满，视为邪教。有些教堂包庇容留坏人，以为慈悲之举。再者洋人行止大多盛气凌人，遂与当地绅民发生尖锐矛盾。同治九年，天津出现一种传言，有人用迷药致儿童昏迷，然后拐卖。闹得家家恐慌，不敢抱儿童出门。另外当时瘟疫流行，教堂育婴堂、孤儿院里的儿童死后，被洋人深夜填埋，埋时草率，许多婴尸暴露在外，惨不忍睹。刚巧有个拐犯武兰珍被拿获，供出受教徒王三支使，专拐儿童卖于教堂。于是群情激愤，都说教堂买来儿童，挖目剖心，用作养生之药。人情汹汹，痛恨洋人，要与洋人算账。天津官员也痛恨洋人，通商大臣崇厚及天津道台周家勋，会见法国驻津领事丰大业，要教堂交出教徒王三，与武兰珍对质。教堂交出王三，知府张光藻升堂再审，武兰珍却翻供，声称拐卖与教堂无关。遂无法定案，释放王三。王三一出衙门，却遭到群众攻击，用砖石将他打得头破血流，半死不活。王三逃回教堂，哀告教士，教士传告法国领事丰大业。丰大业愤怒，乘车直奔崇厚府署，破口大骂，暴跳如雷，崇厚好言相劝，谁知丰大业掏出手枪，向崇厚射击，一击不中，崇厚已逃往后院。丰大业愤愤而出，正遇知县刘杰正在劝解涌来的百姓，他又向刘杰开枪，未中刘杰，却击伤一个差役。这下惹恼了百姓，顿生公愤，一拥而上，踢翻在地，拳打脚踢，棒打石砸，不消片刻，丰大业咽气瞪眼，一命呜呼。大伙一声呐喊，鸣锣聚众，瞬间招致几百人，冲入教堂，见了教士教民，不分洋人汉人，一顿痛打，又打死20余人，再放一把火，将教堂焚毁。这下引起中外大交涉，法国驻华公使罗叔亚向中国抗议，提出四个条件：一是赔修教堂，二是礼葬领事，三是严惩地方官，四是严惩凶手。并且陈兵海上，若不应允，立即开战。清廷十分震惊，命曾国藩到天津处理此案。曾国藩到天津，先审察迷拐儿童事，发现与教堂无涉，仅是传言。群民闹事是怀着对侵略者的仇恨而发，不免踌躇。而差点被丰大业击毙的通商大臣崇厚一反常态，却力主妥协，全盘答应条件，并上奏朝廷，说曾国藩病势加重，请另派重臣来京办理。曾国藩也上奏说，和平解决，避免战争是对的，但必须加强兵备，以防侵略，促进和谈。清廷同意他的建议，立即调淮军防卫京畿。不几日，清廷连连下诏，查办地方官员，惩办滋事犯。结果，知府张光藻、知县刘杰革职充军；滋事犯15人处斩，另21人判刑。清廷派崇厚为特使到法国谢罪道歉。消息传出，全国大哗，纷纷谴责曾国藩、崇厚，视为卖国贼。曾国藩一世英名，因此受污，他颇感后悔，怀着不可名状的心情，黯然离开天津。天津教案，清廷杀自己百姓以谢洋人，弱国无外交，信哉。

就在天津教案平息稍后，江南又发生两江总督马新贻被刺案，举国震动，此案更加离奇，闹得风风雨雨，扑朔迷离。马新贻，回族，山东菏泽人，曾参与平发平捻，立有战功，并善奉迎上司，官运亨通，一路飙升，从知县做到总督，办漕运、盐政、河工，颇有政绩。同治九年七月二十六日，马新贻在校场阅操之后，乘坐大轿，前呼后拥，回到两江督署大门前。突有一人，从人群中闪出，大呼有冤情，拦轿告状。马新贻毫无防备，接状之际，那人掏出利刃，迅速刺入马新贻右肋，马血溅仆地。刺客被当场拿获。马新贻第二天便气绝身死。臬司审问刺客，刺客供称，姓张，名汶祥，河南汝阳人，并自称江湖好汉，刺死马新贻，任杀任剐，悉听尊便。除此再无实质性的供词。即使五刑俱施，三木俱下，他仍倔犟不屈。两江总督是仅次于直隶总督的赫赫封疆大员，突然遇刺，震惊全国，确是骇人听闻的大案。刺客与马新贻究竟有何过节，是单独行动，还是有人指使，这些刺客拒不供认，从而使此案蒙上奇异色彩，也算是一大奇案。清廷对此案高度重视，西太后亲自过问，力求水落石出。接连派出几拨大员按察，刺客倔犟异常，坚持原供。结果越查越乱，传闻更离奇。于是清廷再派曾国藩按察，调任他为两江总督，连上任带查此案。曾国藩到达江宁，立即与钦差郑敦谨配合再次提审张汶祥，威逼利诱，无所不用其极，但张汶祥倔犟如故，只说好汉做事好汉当，无人指使，均是一人所为。询及因何杀人，何仇何怨？皆避而不答。精明的曾国藩也无计可施，最后以“挟私报复，确无人指使”结案。判张汶祥凌迟处死，剖腹摘心，祭奠马新贻。但究竟如何挟私报复，却不得而知，世上流传最广的是，马新贻霸占朋友之妻，又将朋友杀死，而朋友的朋友张汶祥出于义愤，替友报仇，刺死了马新贻。还有一种说法，张汶祥与曹二虎原是太平军将领，在作战中将马新贻俘获，马新贻哀求饶命，张、曹二人将其释放，遂三人结为异姓兄弟，誓同生死。后来，马新贻贵为总督，张汶祥与曹二虎却落魄江湖。曹二虎向马新贻借钱，马竟拒绝。曹二虎责他忘恩负义，说了些过头话。而马新贻惧怕曹二虎揭露他曾被太平军俘虏的秘密，于是将曹二虎杀死灭口。张汶祥得知此事，义愤填膺，为友报仇，刺死马新贻。另有一个传说，说张汶祥是革命党人，杀马新贻是为了反清革命。虽然，各种传说不同，但都认为张汶祥为友报仇，义气凛凛，确为千古壮士，血性奇男子。据野史载，张汶祥临刑，江宁几万人送行，送葬，并立碑纪念。未过几日，上海就上演新编刺马案戏剧。由于该案具传奇色彩，140 年来，成为文学创作题材，不断有传记、电影、电视剧问世。后来刺马案和名伶杨月楼案、太原奇案、杨乃武与小白菜案并称为清末四大奇案。附带说一下，曾国藩在审完刺马案后，不几日便寿终正寝，有人说，办理天津教案，对他刺激极大，以致闷气结胸，郁郁而死；也有人诬说张汶祥原是湘军，刺马是曾国藩的主谋，也予他一些刺激，不然，也许多活几年。人固有一死，多活几年也无重大意义。但曾国藩一生却活得卓越壮烈，以一介文弱书生，挑起军事大任，挽狂澜于既倒，建不世奇功。其道德文章，军事才能，忠诚质朴及坚韧不拔的精神，确令人敬佩，真是绝代伟人。过去因镇压太平天国，被定为汉奸、汉贼，万人唾骂。现在应该给他公允正确的评价。他死后，清廷给他极高的待遇，追封太傅，谥号文正，入昭忠祠、贤良祠，在江宁与湖南原籍建祠纪念，御制祭文，御制碑文，这位中兴名臣，理学鸿儒，也算生荣死哀，彪炳千秋了。笔者为诗一首给予评价：

书生救国骨铮铮，天欲倾时只手擎。
草檄豪情惊敌胆，坐帷儒帅运奇兵。
力翻危局凭湘勇，直捣金陵灭太平。
质朴忠诚担道义，家书一部播贤声。

【洋务运动】是同治、光绪年间，清朝政府发动的学习西方技艺、自救图强的运动。两次鸦片战争，清廷从惨败中得到教训，几个蕞尔小国，战胜天朝大国，凭的是船坚炮利，应师夷之长以制夷。另外，门户洞开，各口通商，洋商洋货涌入中国，闭关锁国早已不合时宜，有必要与洋人打交道。这就是洋务运动的背景。有必要指出，洋务运动，一开始便得到两宫太后与议政王奕䜣的支持，中坚力量则是曾国藩、李鸿章、左宗棠以及后来的张之洞等人。咸丰十年，清廷成立“总理各国事务衙门”，主管对外交涉，类似现在的外交部，与原来的理藩院截然不同，由奕䜣任总理大臣。又在各口岸设通商大臣，专管对外贸易等涉外事务。洋务运动，开始以国防军事为重点，购进洋枪、洋炮、洋舰，引进洋人以西法练兵。李鸿章在苏州设立洋炮局，制造军火，可视为近代中国军工业的滥觞。同治四年，曾国藩与李鸿章在上海创办江南制造局。同年又设金陵制造局。同治五年，左宗棠、沈葆桢在福建创办福建船政局，以造舰为主。同治九年，崇厚设办天津制造局。同时期各地办了十几个制造局。这些制造局多以产军火为主。到光绪年间，筑造铁路、纺织业、矿业等其他工业才逐步展开。为了在根本上学习西方技艺，同治二年，设同文馆，聘洋人教习外语，清政府的外交人员大多在此毕业。同治三年，派容闳出洋采办机器。同治五年，派满人官员斌椿到欧洲考察。同治七年，派大臣志刚、孙家谷偕美国人蒲安臣游历欧美。同治十年，派容闳、陈兰彬率幼童30名到美国留学，以后历年均有派遣。这是同治年洋务运动的大致情况。洋务运动也受到守旧派的激烈反对，大学士倭仁上奏说："立国之道，尚礼义不尚权谋，根本之图，在人心不在技艺。"倭仁的话，不无道理，中华固有道德文化传统不能丢，这是根本，在意识形态、文化建设上确应如此。但他忽视科学技术，排斥外来技艺，就大错特错了。幸好两宫太后并不反对，恭亲王坚持厉行，洋务运动搞得卓有成效，对发展中国现代工业起了奠基作用，功不可没。清廷推行这些政策，被史家称为"同治新政"。

【载淳亲政】标志两宫太后垂帘听政暂告一个段落，由皇上亲裁国事，在当时确是一件盛事。自同治元年以来，发捻次第平定，英法自京津撤军，也没再找什么麻烦，局势一下安静起来，可谓四海承平，九州清宴。于是史家称为"同治中兴"。其实这一期间，载淳还是小孩，什么事都没做，只是在深宫跟着几个师傅学习，或者恣意玩耍。到了同治十一年，载淳已经17岁，朝野私下议论，皇帝应该亲政了。慈安太后性情冲淡，听政已感厌倦，便告诉慈禧，应是撤帘归政的时候了。慈禧虽心中不悦，但转瞬一想，皇帝是亲儿子，朝政还能继续插手，便顺势答应。在归政之前，先给载淳办婚事，应是当务之急。几年来两宫太后一直为载淳物色后妃人选，选来选去，选出四个闺中待字的淑女来。一个是大清开国以来首个旗人状元郎，现任翰林崇绮的女儿阿鲁特氏，一个是礼部员外郎凤秀的女儿富察氏，一个是原任知府崇龄的女儿赫舍里氏，第四个是前任都统赛尚阿之女也是阿鲁特氏。均是满洲佳丽，芳华之龄。花里挑花，挑得眼花，究竟谁当选皇后，两宫太后十分犹豫。慈安主张选年纪稍大的崇绮之女，显得成熟持重，慈禧却喜欢凤秀之女，说她年轻贤惠。其实崇绮女才19岁，而凤秀女却更幼稚，仅14岁。于是召来奕䜣商议，奕䜣也主张选年长的崇绮女。慈禧顿时沉下脸，但没发作，勉强同意了。皇后已定，其余三个淑女，都选为妃嫔。选择已定，立即诏告中外，定出大婚吉期。同治十一年九月，载淳大婚吉日已临，先封崇绮为承恩公，其妻为一品诰命夫人，再派惇亲王奕誴为迎亲正使，从承恩公府，以凤辇抬出皇后，前吹鼓乐，后拥仪仗，浩浩荡荡，热热闹闹，迎入宫内。在坤宁宫举行成婚大典，礼节繁多，极为隆重。同日封凤秀女为慧妃，崇龄女为瑜嫔，赛尚阿女为珣嫔，都迎入宫内。少年天子，后妃俱全，左搂右抱，风流至极，快活至极。到了同治十二年，新年刚过，两宫太后颁下懿旨，宣布两宫撤帘归政，皇上亲理万机。正月二十六日，载淳正式御太和殿登上宝座，正经八百地当起皇帝了。恰巧此时传来云南巡抚岑毓英平定回民叛乱，陕甘总督左宗棠收抚董福祥，驱逐陕回白彦虎，生擒甘回马化龙的捷报，仿佛是献给皇上亲政的贺礼，真是喜上加喜，满朝一片欢腾。载淳亲政起初，遵照敬天法祖、勤政爱民的祖训，倒也十分勤谨，上早朝，批奏折，也不含糊。只有一件事令他烦恼。原来慈禧太后虽说归政，却时常留意朝政，凡遇大事都要过问。经常将载淳召至后宫大加训饬，不稍假辞色，并叫载淳凡事定要禀报。但载淳个性极为倔犟，极肖慈禧，颇有自尊心理，心想我已亲政，为何她总要干涉，心中很不耐烦。于是遇事自裁自决，偏偏不去禀报。母子之间已无亲热可言，矛盾日益加深。而载淳去拜慈安太后，慈安笑容可掬，和气可亲，与慈禧判若两人。结果载淳亲近慈安，反疏远慈禧。这使慈禧愤怒至极，召来载淳一顿臭骂，而愈骂效果愈差，载淳依然故我。慈禧无奈，又召入皇后阿鲁特氏，让她规劝皇上。皇后唯诺应承，但回到养心殿，并不规劝，反将太后之言和盘托出，载淳愈加懊恼，皇后好言安慰，小两口喁喁私语，说了些“将来总有出头之日”之类的话。谁知隔墙有耳，早有内侍密报慈禧太后，慈禧气得差点背过气去，痛恨儿子，更痛恨阿鲁特氏。这且按下不表。

忽有一日，载淳闲极无聊，突然想办一件大事，要把被英法联军焚毁的圆明园重新修复，说是给两宫太后晚年颐养所居，以尽孝思。立即下旨，让户部筹钱，工部择日动工。这旨一下，满朝议论纷纷，褒贬不一。恭亲王奕䜣一闻此事，立即进宫进谏，说国事维艰，不可大兴土木，并把古往今来明君如何勤俭的大道理历数一遍。载淳听得不耐烦，反驳说，我修园是尽孝顺大道，你反来阻挠，是何道理？说完怒形于色，拂袖而入，恭亲王只得退出。恭亲王刚走，恭亲王之子贝勒载澂却进了皇宫，求见皇上，他原是载淳的伴读，从小一起玩耍、读书，虽为君臣，关系十分亲密，载淳平时让他随意进宫陪玩解闷。载澄求见，载淳因恭亲王阻挠动工，正在气头上，传谕不予接见。载澄很是诧异，口中一阵嘟囔，说了些“皇上今儿摆起架子来了”等语。传谕太监返回，照实奏明，载淳一听大怒：“他老子刚来聒噪，他又到此胡闹，骂我摆架子，我就摆给他看。”立即召来大学士文祥，让他拟旨，将奕䜣父子一并赐死。文祥一听，惊慌莫名，立即跪倒，结结巴巴地说：恭亲王……勤劳素著，即使犯罪，也该皇恩特赦。载淳更怒，骂道：你是他党羽，想保护他吗？文祥叩头有声，连说不敢。相持片刻，载淳又说：赐死太重，革爵算了。文祥无法只得拟旨，载淳看了，连说很好，叮嘱他明日颁发。文祥出宫，急到恭亲王府密报，恭亲王也着了急，相携去拜见慈禧太后，太后予以安慰，将革爵的圣旨底稿留下，并嘱咐几句。第二天，载淳接到御史沈淮和姚百川的奏章，内有“圣上修复圆明园，颐养圣母，实是孝治天下，然圆明园焚毁，一切景致尽付沈销，不如三海名胜，近在宫掖，饬工修筑，易于观成”之语，一看确有道理，于是回心转意，下诏停修圆明园，改修南中北海。原来，两个御史上奏，全是慈禧、奕䜣的安排，载淳哪里知道。又过几日，载淳上朝，突然见恭亲王奕䜣依旧顶带花翎，朝服马褂，站在班里上朝，大为奇怪。下朝后，召来文祥询问，文祥无奈，一股脑儿推在西太后身上：“圣母闻知，收回成命，因而恭亲王供奉照旧。”载淳大骂：朕已亲政，你只知圣母，难道不知朕吗?! 滚出去! 文祥踉跟出宫。接着，载淳亲提朱笔，写成一旨，略言：朕亲政以来，每逢召对恭亲王，语言之间，诸多失仪，著革去恭亲王世袭罔替，降为郡王，仍在军机处行走，并革去载澄贝勒郡王衔，以示薄惩。这诏刚发出几个时辰，宫中又发出一旨，略云：前发诏革去恭亲王爵位，实乃罪有应得，念该王勋劳足录，著加恩赏还爵位，其子载澄爵位一并赏还。这两个自相矛盾的圣旨，半日之内，次第颁发，令满朝王公大臣相顾失色，都摸不透载淳的怪脾气。原来，恭亲王见到第一道圣旨，立即苦诉于慈禧太后，慈禧召来载淳训斥一通，方有第二道圣旨颁出。

从此，载淳闷闷不乐。随行内侍文喜、桂宝，最善逢迎，劝皇上微服私行，出宫玩乐。载淳大喜，于是每日傍晚，君臣三人，扮成富商模样，潜出宫门，到八大胡同游玩，这地方妓院林立，美妓如云，夜夜笙歌，热闹异常，老鸨见了三个富豪，曲意奉承，引出几个如花似玉的娇娃，个个容貌艳丽，姿态婀娜，比宫中古板的旗装后妃妩媚十倍，载淳龙心大悦，左拥右抱，欢快异常。尝到温柔滋味，欲罢不能，隔三差五，又来光顾。甚至夜宿妓院，通宵达旦。有时早朝，大臣已到，皇帝还在城南温柔之乡。时间一久，满城风雨，都盛传游龙戏凤的新闻。有个内务府官员桂庆，闻说此事，立即上奏，请将让皇上冶游的太监驱逐出宫，罪魁祸首立诛无赦。又说皇帝年少好色，恐不永年。这道奏章递上，如泥牛入海，杳无音信，桂庆愤而辞职。恭亲王也很着急，只是不敢直谏，唯恐再吃苦头，只好禀报西太后。慈禧又召载淳训斥，却更添逆反心理，载淳倔犟如故，我行我素。最后慈禧索性放任自流。

同治十三年岁末，载淳突然病倒，全身浮肿，红痘遍体，痛痒难忍。召来太医，说是天花之喜，开了些药物，服了毫无效果。于是宫中禁炒豆子，挂红幔，祭痘花娘娘，也无半点反应。到了后来，全身溃烂，黄脓红血乱流，日夜呻吟，惨不忍睹。同治十三年十二月初五，载淳崩于养心殿，享年仅 19 岁。关于载淳死因，有患梅毒和出天花而死两种说法。患梅毒之说，是因为他常到妓院冶游，传染所致。天花之说，是清廷对外宣布的死因，近年专家查证清宫档案，发现药方、病历等原始材料，经分析确是死于天花，这已成定案，毋庸置疑。光绪帝即位后，定载淳庙号为穆宗，谥号为毅皇帝，葬于遵化清东陵之惠陵。

载淳是清朝开国以来最短命的皇帝，后来的光绪、宣统帝也比他长寿，他在位13年，实际上是个傀儡，亲政两年，还事事受到干涉，仅仅办了两件事，一是修圆明园，二是革恭亲王职，均遭失败。活得很不如意。史家称同治中兴，同治新政，功劳也记不到他身上，仅担个名义而已。对他，笔者真无法评价，毕竟是一个不成熟的大孩子，功过难以评说。观其对恭亲王革爵之事，意气用事，废赫赫议政王如同儿戏，令人啼笑皆非。《清史稿》说他至勤至仁至明至孝，如能延至中寿，可与古代贤帝媲美，突然弃民而去，惜哉！这显然是溢美之词。凭他倔犟如牛的性格，即使多活几十年，也干不出什么大事。

残阳如血照瀛台

——清德宗　载湉

清德宗光绪皇帝爱新觉罗·载湉

（1871—1908 年）

维新百日不堪哀，八国联军又杀来。

流水落花春去也，残阳如血照瀛台。

同治十三年岁末，皇帝载淳崩世，他的堂弟爱新觉罗·载湉奉两宫太后懿旨即位，成为大清王朝第十一任皇帝。

载淳死后无子嗣，后继无人，选谁为储君，成为当务之急。据史载，载淳刚咽气，两宫太后立即在养心殿召开紧急会议，专门商讨选立储君大事。为防突变事件，紧急从天津调来淮军，实行京城戒严。紫禁城戒严，气氛极为紧张。这次会议，召来了近支王公、在京蒙古王公、军机处大臣、步军统领、南书房师傅等 29 个王公大臣，人数之多，前所少有。会议一开始，恭亲王奕䜣便提出，闻说皇后有孕，不如秘不发丧，待皇后生产皇子，立为新君，如生女，再另选储君不迟。但立即遭到慈禧驳斥，说皇后产期不知何日，国不可一日无君，若有非常事变，国本就动摇了。此语一出，恭亲王无语对答，众大臣更噤若寒蝉，有几个大臣附和道："太后圣明，我等钦佩万分。"于是会议方进入选储正题。按祖宗家法，皇室制度，当然应立最近支皇室后裔，血统最亲近。首选应该是"溥"字辈，即载淳的儿子辈（乾隆帝曾定"永、绵、奕、载、溥、毓、恒、启"八字作为排定辈分的伦序）。于是恭亲王说，按承袭次序，贝子溥伦应立为嗣君。慈禧又予反对，说溥伦曾过继别门，不应嗣立。慈安太后插言说，溥伦不行，就立恭亲王之子载澂算了。恭亲王连称不敢。慈禧脸色大变，回顾慈安："依我看，醇亲王子载湉可以继立，应即决定，不要再耽误时辰。"醇亲王奕谖一闻此言，双腿发抖，扑通跪地，叩头有声，连称不敢，几乎晕倒在地上。慈禧见状，便说：议论不决，众王大臣投票为定吧。慈禧出言，众人自然赞同。于是投票，结果载湉当选，而溥伦仅得一票，载澂得三票。这次会议，参加人数多，以投票决议，可算是一次罕见的民主会议。但也从中看出慈禧一言九鼎的威势。

慈禧中意载湉，其实全出于私心，如果选溥字辈为嗣君，同治皇后阿鲁特氏则成皇太后，她便不能再垂帘听政，如选载澂，恭亲王则成为皇帝本生父，权威大增，她更不愿看到此种局面出现。而载湉是她的外甥兼侄儿，自然亲近多了，他只有四岁，她作为皇太后垂帘听政便顺理成章了。嗣君定立，当夜，慈禧立即派人将载湉从醇王府接入宫内。当时紫禁城戒备森严，步军统领荣禄率禁军将皇宫围个严实。参会王大臣均退出，唯有奕䜣被留在养心殿值班。翌日，发诏书于天下，宣布皇帝驾崩，新帝继立，改元光绪。"光绪"两字，是发扬光大祖宗事业的意思。载湉登位，亦符合历代皇室"兄终弟及"的原则，但大清开国以来皇位父子承袭的传统被打破，而堂弟袭位在历史上也属少见。

载湉于同治十年六月二十八日生于太平湖醇王府邸，在兄弟中排行老二，老大早殇，另有弟弟载沣、载洵、载涛等。他的父亲是醇亲王奕譞，母亲是慈禧的胞妹叶赫那拉氏。奕譞是道光帝第七子，辛酉年有擒拿肃顺的功劳，屡得超迁，任御前大臣、领侍卫大臣等多种职务，但他性格谨小慎微，并颇得韬晦避祸的三昧诀窍。他深知慈禧的毒辣手段，儿子做皇帝，真不知是福是祸。以至于一闻儿子被选，当场晕倒，决不是做作伪装。后来他又密上奏章，要太后预防，明朝嘉靖皇帝尊崇其本生父兴献王的事情再次发生，可谓用心良苦（后来，果真发生河督吴大澄上奏"请尊崇皇帝本生父醇亲王"之事）。另外他上疏请开去一切职务，有"哀恳矜全，许乞骸骨，为天地容一虚糜爵位之人，为宣宗皇帝留一庸钝无才之子"之语，哀婉恳切，慈禧终于同意他开缺，只留爵位。慈禧曾赏他杏黄轿，他始终不敢乘坐。依笔者看，奕譞是绝顶聪明之人，他的谦卑，排除了慈禧的猜疑，保全了他一生的荣华富贵。他确实预见了儿子登位是祸不是福，因为载湉的悲剧由此开始。

【继嗣风波】是指载淳死后，由继嗣问题引发的两幕悲剧。第一幕悲剧是嘉顺皇后之死。光绪即位，年龄尚幼，群臣纷纷上奏，请两宫太后再次训政，于是慈禧又重掌朝政。这个老太婆得势不饶人，对同治皇后阿鲁特氏仍然怀恨在心，整日对她虐待不休，见面则破口大骂："你这狐媚子，媚死我儿子，还想做皇太后，真是白日做梦!”阿鲁特氏死了丈夫，本是悲痛不已，而每日请安时，又遭到慈禧冷嘲恶骂，真是痛不欲生。此时她身怀六甲，尚有一丝幻想，也许生个麟儿，尚有出头之日。于是暂时忍耐，忍气吞声，以泪洗面。谁知过了几日，懿旨颁下，内称大行皇帝无嗣，待嗣皇帝一旦有子，即承继大行皇帝为子。也就是说，载淳的后祀香火，要由新皇帝之子来继承。即使阿鲁特氏生下一男，也不能继载淳之祀。她的一丝幻想彻底破灭。这个刺激真使她无法承受，因而她决计自杀殉夫。主意一定，她想见父亲一面，与其诀别。某日正巧承恩公崇绮进宫赴宴，经特准后，父女两人见了一面。她告父说：“儿本薄命，现在宫中聊无生趣，儿决计一死而随夫君，望父母不必挂念。”崇绮说：“死了好，死了好，死了比活受罪强多了，可成全名节。”阿鲁特氏说“死必固然，却是怎样死法?”崇绮道：“不如绝食而死。”阿鲁特氏说：“儿遵命。”说罢父女相对大哭，惨不忍睹。崇绮帮助女儿自尽，授以绝粒之法的情节，并非笔者杜撰，而是采自一段史料，史料的作者是已故书法家启功，他的外曾祖父便是崇绮。笔者再简介崇绮其人，崇绮，原属蒙古正蓝旗，后加入满洲正黄旗籍，父亲是赫赫有名的前任都统、大学士赛尚阿。同治三年，崇绮高中状元，大清200余年，旗人中状元这是破天荒第一次，全国轰动，称为旗人的骄傲。再者，女儿被载淳选中，封为嘉顺皇后；妹妹小阿鲁特氏也被选中，封为珣妃。一女封后，一妹封妃，同侍一帝，也成为全国新闻，这又是何等荣耀的事！然而乐极生悲，载淳一死，悲剧与之俱来。观其父女诀别之时，何其凄惨悲哀，连普通百姓家庭都不如。祸福相倚，令人感慨良深。几天后，嘉顺皇后阿鲁特氏绝食而死，消息传出，朝野震惊，都为她惋惜。皇后自杀，必有非常之因，于皇室极不光彩，谁敢去问！有个内阁侍读学士广安，对嘉顺之死，极表同情，但不敢直言，托言为同治帝争嗣，奏了一本，奏章称，宋太祖死后，传位于弟弟宋太宗，约定太宗之后，应传位宋太祖之子，而因宰相赵普一言，太宗却传子未传侄。广安以此史事为例，担心此类事会再次发生，奏请太后，将嗣皇帝（载湉）以后有子，必须继承大行皇帝（载淳）之祀的条文，制成铁券，颁行天下，以示不可动摇。这个奏章递上，立即遭到懿旨痛斥，命交部严议。到了同治四年，大行皇帝安葬于东陵，嘉顺皇后与之合葬，了她心愿。谁知又发生另一幕自杀悲剧，吏部主事吴可读在东陵马神桥自杀殉主，并留下一份遗奏。吴可读何许人也？他原是甘肃兰州人氏，道光年进士，曾做过御史，耿介正直，以敢于直谏闻名。乌鲁木齐提督成禄滥杀平民，他奏请“斩成禄以谢天下，再斩臣以谢成禄”。结果以奏劾不实获罪，先论斩，后加恩赦免，连降几级。光绪元年起用，授为吏部主事。他对太后没有明确同治帝继嗣之事，感到愤愤不平，他想满族官员广安之奏，都被严谴，自己目下是个汉族小官，上奏更无济于事。于是决计以死相谏，效法古代史鱼及今朝王鼎，用尸谏激起太后良知，为先帝争嗣。又因官小，不能越级言事，只得托吏部尚书宝鋆代奏。这篇遗奏，洋洋数千言，大意是他曾经因劾事获罪，先帝加恩赦免，他永远感谢先帝的大恩。现在先帝继嗣之事未明，是因为太后一误再误。又例举宋太宗传子不传侄的历史教训，并增举明朝景泰帝传子未传侄的史例，要求太后颁懿旨告天下，将来光绪帝有子，必须过继给先帝为嗣，不得中途更张。愿一死报先帝。写得悲哀婉转，字字以血泪铸成。吴可读尸谏，在朝野引起更大震动，有人称赞他是大忠臣，有人说他太憨直，太固执，褒贬不一。而慈禧见了遗奏，嫌他多管闲事，多此一举。怜他孤忠可悯，按五品官级别抚恤了事。将他的遗奏存档于毓庆宫，算是给了一点儿荣誉。

【左宗棠征西】是光绪二年清廷对新疆地区的一次大规模军事行动，志在平定动乱局势并消灭阿古柏政权。早在同治三年，天山以南地区发生大规模反清暴乱，动乱军队击败清朝驻军，迅速占领喀什噶尔等南疆七城。当时清廷忙于平剿发捻，无力西顾。南疆地区一片混乱，各地伯克（酋长）相互争斗，战火不息。浩罕王国（今乌兹别克）安集延城主阿古柏，以护送张格尔之子大和卓木（圣裔）布素鲁克为名，率军进入南疆。阿古柏号称中亚屠夫，长于谋略，凶悍善战，安集延兵均是勇敢的斗士，很快征服南疆各城伯克，摆脱圣裔，建立洪福汗国。其时被左宗棠击败的陕西回民酋长白彦虎窜入南疆，投附阿古柏，被俄罗斯击败的浩罕残军亦流窜南疆，被阿古柏收纳，势力大增。阿古柏野心膨胀，率军攻克吐鲁番与乌鲁木齐等地。至此，新疆除北疆少数城池尚被清军控制外，新疆大部已沦于阿古柏之手。阿古柏统治新疆10年，横征暴敛，人民备受其害。洪福汗国势力猖獗之时，英国、奥斯曼帝国、俄国均予以承认，尤其英国支持最力，维多利亚女皇致信阿古柏，并支援大批军火。而俄罗斯最为狡诈，对阿古柏又拉又打，乘火打劫派兵占领伊犁城及周边广大地区。新疆沦丧，举国激愤。陕甘总督左宗棠又向朝廷请战，要求出兵西域，收复失地。清廷准奏，让他督办新疆军务。左宗棠率湘军自兰州出发，浩浩荡荡向西挺进，沿途大栽柳树，世称左公柳，至今柳树成荫，后人有诗赞曰："新栽杨柳三千里，引得春风出玉关。"到达肃州，他慷慨誓师，立志光复新疆。他预先制作棺材一口，两边各写四字，一为"出关戡乱"，一为"收复失地"。他卧于棺材之内，让士兵将他抬入新疆，并说，失地不复，死不还家，天山之下便是葬身之地。从此不乘车轿，卧棺而行。将士见状，感奋异常，士气大振，愿誓死收复新疆。有人认为左氏"卧棺征西"是逢场作秀。笔者以为，左宗棠民族使命感与爱国心最强，且感情激昂，容易冲动，卧棺当是感情的自然流露，并无做作之嫌，抑或是他激励士气之计。光绪二年，左宗棠命湘军勇将刘锦棠为前敌指挥官，与金顺、张曜、谭上连、董福祥诸军向新疆大举进攻。说到刘锦棠，确实大可圈点，他是湘军名将刘松山之侄，其人性格坚毅果断，胆略超群，勇猛善战，曾在金积堡大败马化龙，而威名大振。后来成为新疆建省第一任巡抚，为建设新疆做出贡献。此次他按照左帅"先北后南，缓进急击"的战略，先攻占吐鲁番与乌鲁木齐，毫不费力荡平北疆。光绪四年，他与张曜分路进攻南疆，在喀拉沙尔与阿古柏决战，阿古柏大败，欲逃归浩罕，但浩罕已被俄罗斯占领，走投无路，服毒自杀。阿古柏之子胡里携父尸逃回喀什，葬阿古柏，自立为汗。刘锦棠乘胜前进，连续攻克喀什、英吉沙尔、和阗、叶尔羌四城。胡里与白彦虎逃入俄罗斯境内。南疆遂被清军收复。左宗棠称赞刘锦棠"纵横万里，进军神速，古今罕有其匹。"的确，收复广袤的新疆，仅用一年半时间，可谓神速至极，左宗棠运筹帷幄，刘锦棠果敢用兵，方成此光复大功。然而南疆收复，北疆伊犁仍在俄军之手。左宗棠秣马厉兵，准备与俄国一战。当时是否对俄开战，国内有两种意见，李鸿章认为日本陈兵海上，应将军力用于海防，西北边塞不毛之地，不必劳师糜饷，再与俄国开衅。左宗棠认为，海防与边塞并重，若新疆失，蒙古亦失，京畿危矣。清廷权衡利弊，认为康熙、雍正、乾隆三朝频年用兵才将新疆收复，如将伊犁让于俄国，愧对列祖列宗，实为千古憾事。决定采纳左宗棠主张。但狡诈的俄国，见左宗棠兵强马壮，竟派人求和，愿有条件让出伊犁。清廷也不愿与俄国开战，答应谈判解决。于是派崇厚为全权大臣赴俄国谈判。这个崇厚，便是天津教案中险被法国领事击死的那一个，却被认为是外交大才派往俄国。他在俄国谈了九个月，被俄人连哄带骗，竟订出 18 款条约，伊犁城收回来了，但西境霍尔果河左岸、南境帖克斯河上游两岸约 7 万平方公里，均割于俄国，准许在新疆与内地诸口通商不纳税，设领事，并赔偿价值 500 万卢布的银两。这个《里瓦几亚条约》，传回北京，朝野大哗，认为丧权辱国，请诛崇厚以谢天下。两宫太后亦气愤难忍，拒绝批准条约，把崇厚逮回革职，判以斩刑。清廷经过一番商议，决定备战与谈判同时进行，改派驻英法大使曾纪泽到俄国修改条约。曾纪泽系曾国藩长子，他到达圣彼得堡，仗着智慧与辩才，与俄国外交大臣布策开谈。布策骄横异常，盛气凌人，强词夺理，曾纪泽据理力争，从容应对。布策拒不让步，谈判几至破裂。其间，俄国派军舰巡弋东海，步步紧逼。中国也加强战备以防万一。正在此时，沙皇亚历山大遇刺毙命，国内局势动荡，俄国终于答应修改条约，双方签订《中俄伊犁条约》。与崇厚所签条约不同，归还伊犁南境。通商仅限嘉峪关。吐鲁番设俄领事，其余缓议。俄商在疆贸易，永不纳税改为暂不纳税。中方增赔军费 400 万卢布等。这个条约其实仍是不平等条约，与原约相比，利益讨回一半。曾纪泽折冲樽俎，虎口夺食，总算不辱使命。不过俄国还有附加条件，要求清廷释放“无辜”的使者崇厚。清廷无奈，放出被判斩刑的崇厚，罚他 30 万银两用以军费了事。崇厚是卖国贼无疑，不过还有点儿小功劳，他曾创办天津制造局并筹建中国第一支洋枪队。

左宗棠西征，收复失地，维护主权，功莫大焉！笔者赋诗一首赞之：

从来人物出潇湘，唯楚有材看岳阳。
大志忧民怀社稷，壮心仗剑斗玄黄。
一平古越惊洪氏，百战天山复旧疆。
杨柳新栽玉关外，春风犹记左宗棠。

最后附带一笔，光绪五年，日本攻占琉球（冲绳群岛），灭掉琉球王国。消息传来，举国愤慨。清廷着总理各国事务衙门与日本交涉，连提抗议，日本根本不理，置若罔闻。时间拖久，既成事实。琉球历来是中国属国，琉球国王原是华裔，年年进贡，岁岁来朝，很是恭顺，大批琉球学生到北京国子监留学，关系极为融洽。至此沦为日本一县。说实在话，清朝国力衰弱，自顾不暇，遑顾属国。

【慈安之死】是清宫一大疑案。此事须从慈禧患病，慈安临朝说起。光绪七年初，慈禧患崩漏之症，数月不理朝政，传言病势加重，有诏宣天下良医入京医治。慈禧有病，垂帘听政自然由慈安一人承担。三月初十，慈安还在养心殿召见奕䜣、左宗棠、李瀚章、王文韶等大臣，此时慈安的意态平和，唯两颊微红，无异常人。到了黄昏时分，宫中忽传出太后崩世的消息，王公大臣初以为是慈禧太后崩世，仔细探听却原来是慈安崩世，都大惊失色，议论纷纷，东太后清早临朝，方是好人一个，怎么才几个时辰就崩了呢？都认为自已耳朵出了毛病。正疑惑间，内谕传来，急召王公大臣入宫商议要事。恭亲王等王公大臣进入钟粹宫一看，慈安已经小殓，慈禧坐一矮凳之上，脸色红润，不像久病之人。众人又惊又悲，不知所措。慈禧说：东太后素来康健，近日又无甚动静，突然崩去，真令人意外。现出含泪欲滴的样子。左宗棠性情直率，张口欲说几句，被慈禧阻止："啥也别说了，人死不能复生，你们都下去筹办丧事吧。"众人见慈禧沉下脸，只得诺诺退出，出宫途中还在议论：到底啥病，太医也没个交代；不传唤亲属，怎么就小殓了……不仅王公大臣疑惑重重，不几日满城风雨，都说东太后死得不明不白。慈安太后，钮祜禄氏，父亲是广西道员穆扬阿。咸丰帝潜邸时，纳为王妃，即位后立为皇后。当时慈禧还是个贵人，比嫔还低一级。慈安美貌端庄，性情敦厚，最受咸丰宠爱。后来与慈禧垂帘听政20年，对“母因子贵”的慈禧，事事谦让三分，每临朝讷讷无语，让慈禧出头理事。而聪明的慈禧亦颇知嫡庶之分，对慈安也以礼相待。外间传说，慈安凭德，慈禧凭才，两姐妹德才相济，听政20年无出现大冲突，也算奇事。然而大冲突没有，小矛盾却有几桩。一是当年慈安下旨让丁宝桢诛杀太监安得海，慈禧应怀恨在心。二是为同治帝选皇后，慈安欲选阿鲁特氏，慈禧欲选富察氏，两人意见相左，慈禧有不悦之情。三是到东陵祭祖，东宫为嫡，西宫为庶，慈安让慈禧站位靠后，使慈禧大失脸面。大冲突无，小矛盾有，这确是事实，史家至今无异议。于是对慈安死因，朝野据此猜测，产生两种截然不同的说法。一种说法是慈安被慈禧下毒害死。依据是慈禧因上述“小矛盾”，对慈安恨之入骨，必欲报复除之，然后独揽朝政。至于下毒过程传得极富传奇色彩，曲折生动。说是当年咸丰帝早看出慈禧野心勃勃，不守妇道，唯恐以后欺侮慈安，临终前，秘赐慈安密诏一道，上写“那拉贵妃如恃子为帝，骄纵不法，著宣此诏，以祖宗家法处治”。又说慈安为了警戒慈禧，曾出示密诏，慈禧见诏，吓得胆战心惊，不敢骄横无忌。后来慈安偶患小恙，慈禧问安进药，很是殷勤。数日后慈安病愈，去长春宫回访慈禧，略表谢意。忽见慈禧臂缠白纱，不觉诧异，询她原委，慈禧扭捏不答。再三询问，慈禧喃喃说：“姐姐前日不豫，心中颇急，闻古人有人肉治瘵的方法，故从臂上割了几片肉，与人参共煎，献于姐姐服用。这方子真灵呀。姐姐好了，我也放心了。”慈禧虽比慈安大两岁，按嫡庶原则，得叫慈安姐姐。慈安听后，感动至极，乃至泣下。不知如何感激慈禧，又想先帝赐密诏，让我制她，但如此厚道真诚之人，何必防她呢。于是竟将密诏取出，当面焚烧。慈禧千恩万谢而出。从此全无忌惮，仍将她视为眼中钉。后来，慈安胃口欠佳，慈禧又着人送来精美点心，慈安放心食用，食后倾刻间面色变紫，七窍流血而死。这种说法具有小说情节，有赐密诏，有割肉治瘵，有焚密诏，有点心下毒，波澜起伏，确是最佳故事。因而流传很广，让人深信不疑。另有第二种说法，慈安死因是患急症而亡，属正常死亡，这也是官方的说法。据光绪帝师翁同龢的日记记载，慈安并非素来健康，曾两次患病，都有昏迷、失语等症状，治疗及时侥幸痊愈。临终前患病，听御医薛福辰说，亦有昏迷、失语症候，另有尿闭现象。这说明慈安有宿疾，而这次犯得最重，以致药石无效。近年有些史家查阅医学资料，发现症状极像脑溢血，这种病短时间丧命，是极正常的。有些专家对慈禧毒死说，持反对意见，说慈安慈禧并无大冲突，20 年联合听政都相安无事，怎能一朝翻脸下此毒手！精明如慈禧不会干如此蠢事。前面是儿子为帝，后来是外甥为帝，据有绝对优势，实际大权在手，确无冒大不韪，毒杀慈安的必要。专家还举例说，丁宝桢是杀安得海的首犯，按说应恨之入骨，但事实上慈禧很欣赏丁宝桢这个大清官，屡次擢拔，官至四川总督，死后予文敬美谥。可见她也认为安得海招摇纳贿，罪有应得，并不报复丁宝桢，更不会对慈安耿耿于怀。前清遗老金梁对密诏之说，也不轻信，他说既是密诏何人得知，示密诏，烧密诏，系她俩之间的密事，都不可在外宣传，外间怎能知晓！笔者认为，慈安之死，确属疑案，还须进一步研究，唯有史证凿凿，方能定案，现在姑且存疑。而赐诏、示诏、焚诏、割肉疗疾等情节，有小说家杜撰的嫌疑。然而慈安一死，慈禧大权独揽，为所欲为，再无顾忌，也是不争的事实。

【中法战争】是由法国侵略越南而引发的战争。越南亦称安南或交趾支那，自古以来，就是中国的藩属国，明朝洪熙年曾一度纳入中国版图，其北圻与广西、云南接壤。咸丰年间，法国入侵越南，攻占西贡及嘉定、边和、定祥三州，越南军力衰弱，无法抵御，只得割地求和。同治初年，法军再次入侵，越南又割让永隆、安江、河仙等地，至此，南圻尽被法国占领。法国欲壑难填，得寸进尺，同治十一年，以保护教士及法国商人为名，派军进驻河内、海防，并蛮横要求越南王室信奉天主教，另要求在红河通航。越南群情鼎沸，但又无可奈何。此时惹怒了一个中国好汉刘永福。刘永福，广西钦州人，曾参加反清斗争，被清军击败，逃入越南境内，手下有精兵 500 人，均勇敢善战，出战时高擎七星黑旗，号称黑旗军，驻扎在保胜山中（老街）。刘永福豪爽侠义，见法军骄蛮无理，以强欺弱，心中愤愤不平，便想打击法军，帮越南一把。于是他率 500 勇士，出其不意奇袭河内。法国上尉安邺仓促应战，被黑旗军击败，安邺亦被击毙。河内遂被收复。河内大捷，越南举国振奋，但国王阮福映却喜惊交加，喜的是刘永福击败法军，惊的是怕法军强大，又来报复。这个窝囊废，竟向法国求和，对法国提出的脱离中国宣布独立及通航通商等条件全予答应。另外让刘永福停战，封他为三宣副都督，管理宣光、兴化、山西三省。越南暂告平静。光绪五年前后，清政府为越南先后平定黄崇英及吴终等暴乱，越南国王十分感谢中国。但法国又来作梗，指责越南请清军平乱，违背脱离中国的诺言。越南置之不理。法军于是进攻河内，遭到黑旗军的抵抗，在怀德府纸桥将法军击溃，法国将军李维利及200名法军被击毙。于是法国对北圻发动大规模进攻，河内、南定、河阳相继沦陷，接着进攻山西，刘永福坚决阻击，不得逞。又绕道转攻顺化。顺化是越南国都，越南军队稍做抵抗，便不堪一击，法军长驱直入，占领顺化。国王阮福映逃出都门，入山中避难。歇过气又向法国求和，签订《顺化条约》，割让东京，永远脱离中国，承认为法国的保护国。消息传到北京，清廷震惊，命令驻法大使曾纪泽向法国提出抗议，拒不承认《顺化条约》。并调遣云贵总督岑毓英率军入越，协同刘永福防御法军，另派彭玉麟赴粤督办军务，曾国荃调任两广总督，责成安排粮草，着两江总督左宗棠加强江防。这一番部署，竟将法国镇住。法国派舰长福鲁诺乘舰驶至天津，求见李鸿章，要求和平解决。美国人德崔林愿居中调停。于是双方签订草约，约定：承认东京割于法国，双方停战，清军撤回，法越条约中蔑视中国的文字删除。这个草约得到清廷批准。而远在越南的中国军队尚未接到撤归命令，正在谅山与法军对峙，经过激战，法军大败，法国将军突勒狼狈逃跑。捷报传到京师，人心振奋，大多数朝臣主张对法宣战，收复越南。而此时法国决定扩大对华战争，援兵源源而入，很快攻克北宁，清军战败，退守保胜。另外，法国舰队又向中国沿海进攻，光绪十年八月，以海军将军孤拔为统帅的法国远征军在台湾基隆登陆，占领基隆，并向岛内进攻。台湾提督刘铭传坚决击退法军，但法军守住基隆不放。接着法国军舰又向福州马尾进攻。防守马尾的是福建船政大臣张佩纶。张佩纶，直隶丰润人，进士出身，当过御史，此人满腹经纶，笔扫千军，口若悬河，号称政界清流，文坛名士。他敢不畏强暴直言谏事，当了几年御史，弹劾倒许多不法官吏，被称为铁面御史。又好谈论国事，中法开战，他慷慨激昂，力主抗战，将主和派骂个狗血喷头，其爱国激情令人钦佩。朝廷便派他做船政大臣，到福建会办军务。他一上任，积极筹备防务，摆出一个怪阵，将福建水师全部军舰部署在马尾船政局周围，做出保卫船政局的架式。部署完毕，便饮酒下棋，态度极为镇静，仿佛有诸葛亮在空城上抚琴的风度。当法舰驶入马江，各舰管带都来通报，均被斥出。各管带面面相觑，都以为他有退敌妙计。稍后，法舰万炮轰击，震天动地，他却溜之大吉。结果，法军得以集中打击福建水师，舰队全军覆没，水师800人战死，船政局造船工厂全被破坏。接着法舰东驶，占领澎湖列岛。马江败报传至京师，清廷大为震惊，立即命左宗棠赴闽督办海防，并命逮回张佩纶治罪，发配热河。从此张佩纶再无起色，但李鸿章欣赏他的才气，将小女菊藕嫁配他，这是后话。笔者有感于张佩纶马江之败，特赋诗一首：

指点江山意气狂，拼将一死报君王。

马江之战全军覆，错把疆场作考场。

此时在越南战场，清军也节节败退，谅山失陷，法军乘胜进逼镇南关，守将杨玉科战死。海上、陆上清军均遭败绩，慈禧太后大怒，将前线将官革职、降级处分一通。并把战败责任推给军机处，将首席军机大臣恭亲王奕䜣开去一切职务，保留王爵回家养病。军机大臣免得一个不留。另由礼亲王世铎领头组成新的军机处班子。并下旨，军机处大事须同醇亲王奕譞商办。奕䜣主持国政20余年，以委靡不振、误政误国的罪名撵回家中，慈禧手段真是厉害。新军机处成立，派潘鼎新主持广西军务，与在越的岑毓英滇军配合，共同抗击法军。潘鼎新派遣提督苏元春及老将冯子材等率军增援镇南关。老将冯子材年过70，当年坚守镇江，与太平军作战，战功卓著，而今勇谋不减当年，他到关前，先挖深壕，再筑高墙，当法军逼近，突然冲关而出，身先士卒冲向敌阵，展开肉搏战，法军大炮不能发射，清军个个奋勇异常，拼死战斗，直杀得法军横尸遍野，血流成河。残余法军狼狈逃窜。清军乘胜追击，收复谅山。这场恶战，是中法开战以来真正重创敌军的大捷。驻在保胜的岑毓英军闻镇南关得手，士气大振，立即攻克临洮，消灭法军3000余人，击毙七名军官，接着又向河内挺进。还有个好消息，法军统帅孤拔在进攻浙江时，被清军一炮轰死。另外，欧洲传来消息，法国茹里总理因法军战败倒阁。

然而此时，清廷下令停战，答应法国乞和请求，派李鸿章与法国使臣巴特纳在天津谈判。不几日和约签定，共计10款，主要有承认法国占领东京，越南为法国保护国，法军不能越过北圻与中国边界，中国亦不得派兵到北圻，法军撤出基隆、澎湖，允许法国在保胜、谅山设商埠等。条约将几百年清朝的藩属国让给了法国。消息传出，举国愤怒，大骂李鸿章是卖国贼，丧权辱国。说中国不败而败，法国不胜而胜，真气煞人也。难道李鸿章真的甘当卖国贼吗？他也是中国人呀。原来慈禧与他另有考虑，一是因为中国虽打了几个胜仗，但凭中国国力能否最终战败法军，尚有疑问。二是基隆、澎湖尚在法军之手。三是日本在朝鲜闹事，有侵略中国的企图。四是越南全境，除几个地方外，实际上已被法军占领，清军确实无力收复越南，再当宗主国。综合以上原因，息兵保国力，乘胜与之议和，当然比战败议和体面多了，应是上策。在此以前和以后的清朝对外条约中，这是少有的无割地无赔款的条约。

【助朝鲜平乱】也许是光绪年间清廷最得意的事情。光绪十年，中法战争接近尾声，朝鲜发生了开化党政变，驻朝清军平息叛乱，由此引发中日交涉。事情还需溯前说起。朝鲜本是清朝藩属国，其外交事务历来由清朝做主。同治初年，新国王李熙即位，由于年少，封本生父李应罡为大院君（李熙是属旁支嗣位），让其摄政。后来李熙年长亲政，大院君自然卸权归邸。然而李熙懦弱，国中大事却由宠妃闵氏控制。闵妃才貌双全，权欲极强，仿佛如中国的慈禧一般，将国事揽在自己手里，又重用闵氏家族，哥哥弟弟均封高官。她积极执行亲日本的政策，与日本订立《江华条约》，开放开元山津和仁川两口岸，与日本通商。这个条约并未得到清廷的批准。大院君李应罡原是个坚定的亲华派，对闵氏所为极为不满。他虽卸权，但势力犹存。于是朝中分为两派，一派是闵氏家族，另一派则是拥立大院君重新执政的势力。两派明争暗斗，势成水火。光绪八年，朝鲜发生兵变，大院君一派乘势发难，率兵入京城，占据王宫，将闵氏家族官员杀死几个，又搜捕闵妃，而闵妃乘乱逃脱。政变部队冲进日本使馆，又杀日本外交官多人。政变成功，大院君重新当政，在朝鲜史上称为“壬午之变”。然而闵妃逃亡后，却派人赴中国向清廷求救。清廷立即派提督吴长庆率军赴朝平乱。吴长庆到达汉城，佯称支持大院君，请大院君到清营议事。谁知大院君一到清营，却被吴长庆擒拿，当夜推入船中，押回中国（后羁押于保定）。大院君原是亲华派，却遭清军逮捕，真正冤枉也哉！而亲日派闵妃又回到王宫继续掌权，不过她也改变态度，很感谢大清朝助她平乱。不久日本军队也开进朝鲜，要求朝鲜赔偿人命，吴长庆愿作调人，给日本赔了款。但日军仍赖在朝鲜不走，造成中日两国同时驻兵朝鲜的怪现状。朝鲜既为中国藩属，日本为何驻军，吴长庆兵不血刃平定朝鲜之乱，自以为得意，却忽视日本驻军而不顾，给后来埋下祸根，真是大失策。这是清廷第一次帮助朝鲜平乱。现在笔者把笔锋转回，再写第二次助朝鲜平乱。闵妃执政后，奉行亲华政策，但朝中有几个大臣，如朴咏孝、金玉均、洪英植等人组成开化党，欲效法日本明治维新，施行改革。日本政府公开予以支持。但这次闵氏家族却坚决反对，主张亲华，反对改革。两派斗争十分尖锐。然而开化党却勾结日本驻军，急欲颠覆现政权。光绪十年十月，开化党徒伙同日本驻军公然作乱，闯入王宫，将闵咏骏等执政大臣杀死，又搜出闵妃，乱刀砍死。唯留下李熙，让他仍做国王，大权均由朴咏孝等开化党掌握。朝鲜史称这次政变为“甲申之变”。政变消息传到驻朝清军大营，提督吴兆有大惊失色（吴长庆已调回国），急召来总兵张光前与同知袁世凯商议对策。一致认为，日本人串通开化党推翻现政权，是严重的侵略行为，大清朝不管不行。袁世凯提议率兵入都清除叛党，兵贵神速，立即施行。吴兆有胆小，怕打不过日本兵，迟疑不决。袁世凯说，闻听开化党要废去李熙，另立幼君，背叛大清，投靠日本，如不先发制人，我辈恐作异乡之鬼，回不得中国了。张光前也赞成袁世凯之计，吴兆有只得同意。这位袁世凯，便是后来赫赫有名的民国大总统、洪宪皇帝。袁世凯，字慰亭，河南项城人，出身官宦世家，从祖袁甲三曾官至总督，父亲袁保中，叔父袁保庆、袁保恒均曾为朝中大员。袁世凯少时倜傥不羁，不务学业，屡试不第，但志向远大，曾作诗："大泽龙先蛰，中原鹿正肥。"于是弃笔从戎，投入淮军吴长庆幕中，帮办营务。曾见吴军纪律涣散，抢劫扰民，袁世凯手刃数人，军纪遂肃。吴长庆大惊，视为奇才。将他带入朝鲜，倚重异常。朝鲜国王李熙闻袁善治军，将他聘为朝鲜新军总教练。闵氏贵族也将女儿嫁给袁世凯为妾，当时他不过20余岁，在朝鲜却大有名气。言归正传，再说，吴兆有采纳袁世凯之策，立即部署。当夜，突袭部队分为三路，袁世凯担任主攻，吴兆有与张光前左右两翼配合，向王宫进发。这次突击行动，大胆、秘密、神速，三路人马杀入王宫，守宫日本兵猝不及防，不消几个时辰被杀得干干净净。开化党人洪英植被击毙，朴咏孝逃入日本使馆。翌日，国王李熙在城外关帝庙被清军找着，迎回宫内，依旧为王。清军又到日本使馆抓捕朴咏孝等人，谁知使馆空无一人，原来日本大使及朴咏孝连夜乘船逃回日本。袁世凯等人以闪电战，平息朝鲜内乱，宣扬国威，确实功不可没。然而这次平乱，却引起中日纠纷。日本派伊藤博文、西乡从道到中国交涉，派井上馨到朝鲜交涉，这三人都是明治维新时期的赫赫人物。清廷被日本威胁，不敢与其为敌，竟派李鸿章与伊藤、西乡谈判，在天津定出条约，主要有两款，一是中日双方均将朝鲜驻军撤出。二是若朝鲜有事，确须两国派兵，应相互通知，事定后，立即撤出。这个条约实际上将宗主权一半让与日本，软弱如此，令人可叹。袁世凯被扣上无端开衅的罪名调回国内。而羁押于保定的大院君李应罡却被放归朝鲜。

清朝原有许多藩属国，至此，琉球已失，越南亦失，朝鲜失去半个。光绪十一年，英国从印度出兵，灭掉缅甸，藩属国又失掉一个。暹罗国（泰国）原也是清朝属国，后失去联系，名存实亡。还有个南掌（老挝），却被英法两国瓜分。只剩下廓尔喀（尼泊尔）还算老实，直到宣统末年还向清朝进贡。天朝大国的地位已不复存在。

【载湉亲政】是光绪十三年正月的事情。在他亲政的前后几年内，中法战争、中日纠纷均告一段落，国内外局势显得相对平静。慈禧太后闲极无聊，又产生寻欢作乐的心思。她想修个园子，作为游乐之所。于是以光绪帝的名义发出圣旨，称修园奉养太后，以尽孝思。修园的地址，选在京西的清漪园遗址，新园的名称定为“颐和园”，意思是供太后颐养天年。然而修造颐和园，工程巨大，需要大笔银子。国家频年用兵，国库如洗，钱从何来？这使慈禧烦恼之极。其时，朝中一些大臣如李鸿章等人，也静极思动，想乘国家无事之际，加强海防，兴建海军。这个计划得到朝野上下的支持，因为中国海军力量历来薄弱，马江之战，福建水师全军覆没，兴建新型海军确为当务之急。再者，李鸿章看到日本吞并琉球，出兵朝鲜，已有觊觎中国之心，早将其视为假想敌国，这也是兴建水师的原因。为此清廷成立了海军衙门，统率全国海军，筹建新型舰队。以醇亲王奕譞为总办大臣，奕劻、李鸿章为会办，善庆、曾纪泽为帮办。五大臣决议，认为京津重地均地处海边，首先应加强北洋水师的建设，择定旅顺与威海为水师基地，修建军港。在五大臣中，唯有李鸿章娴熟军事，通晓洋务，于是筹建北洋水师的责任便落在李鸿章身上。但是建军港、购军舰耗费巨大，这银子又从何来？同样使李鸿章一筹莫展。他见天向户部讨银子，向太后讨银子，户部尚书翁同龢说，国库支绌，无钱支出；慈禧太后也没个好脸，真摸不透她的脾气。弄得李鸿章亦苦恼之极。据说后来是清宫大总管李莲英给他找出解决办法。李莲英说：太后要修园子，你要建海军，钱都无着落，得想个两全的法子。一句话提醒李中堂，他与李莲英附耳密语，如此这般一番，李莲英拍手赞成。几天之后，清宫传出懿旨，责成全国督抚筹办银两兴建海军。这确是个冠冕堂皇的理由，加强海防，保家卫国，匹夫有责，谁敢不效力！于是筹建海军的银两滚滚而来，但是银子到了北京，却分成两项开支，一项用于海军，一项却用于修园。当然修园的开支属于绝密，专款不专用，除少数人知情外，全国都被蒙在鼓里。李鸿章拿了这有限的银子，从德国、英国购买了十几只半新不旧的军舰，把北洋水师勉强组建起来。光绪十二年四月，醇亲王奕譞带着李莲英到天津检阅水师操练，回来向慈禧汇报说，北洋水师训练有素，军容强盛。哄得慈禧也乐不可支。另外，颐和园也修建告成，这座挪用海军专款修造的园子，是清朝继圆明园之后最豪华壮丽的园林。慈禧欢喜异常，见天在园内游玩，后来索性把光绪帝与军机处大臣及戏班子都搬来园内住，一边游玩娱乐，一边管理国事，真是两不耽误。到了光绪十三年，载湉已经18岁，到了婚配年龄。慈禧又忙着给他选皇后妃子，选来选去，认为胞弟桂祥的女儿叶赫那拉氏最合适，亲上加亲，听话顺意。另选侍郎长叙的两个女儿他他拉氏为嫔，一名瑾嫔，一名珍嫔。接着筹办大婚，又是一番忙碌，不再赘述。大婚完毕，慈禧发出懿旨，撤帘归政。醇亲王再三叩头恳求，请太后继续训政，这回慈禧较为大度，决意憩园养老。光绪十三年正月十五，载湉在太和殿举行亲政大典，开始亲裁国事。十几年来，载湉在师傅翁同龢、夏同善等的教育下，颇有发愤图强之志，理政十分勤奋，五更上朝，下朝便批阅奏章，丝毫不敢怠慢。然而慈禧并非淡泊之人，虽然归政，却时时关注朝事，训饬载湉凡朝中大事必先禀白而后行，这使载湉大为失望，后来发现枕边的皇后仿佛是慈禧特意安置的间谍，办什么事，说什么话，慈禧很快便知，为此经常遭到训斥。他讨厌皇后，但又无可奈何。稍后，醇亲王奕譞薨逝，又失去靠山。载湉终于发现自己与同治帝一样，仍是慈禧手中的傀儡。而此时的慈禧在帘外犹能掌权，心底亦十分满足，她有个宏愿，就是在她60大寿时，美美办一下，办个热闹隆重，风光十足的庆典。因而她预先几年就筹备庆寿大礼，第一让各省督抚、将军及蒙古王公等届时莅京祝寿。第二庆典设在颐和园，自皇宫到颐和园沿途要搭造彩棚，建立牌楼，设立祝寿经坛。第三召集全国戏剧名伶在颐和园德和楼唱戏祝寿。庆典规模按乾隆年间皇太后七旬大寿的规格来办。内务府大臣又授意京城内外大臣敬献寿礼，霎时，全国掀起献宝祝寿的热潮，奇珍异宝，黄金白银在宫中堆积如山。慈禧看了乐得心花怒放，喜不自胜。谁知，"渔阳鼙鼓动地来"，中日甲午战争一声炮响，将她的庆寿大典炸得粉碎。

【中日甲午战争】爆发于光绪二十年九月（公元1894年）。战争的导火索是朝鲜发生东学党起义，中日两国同时出兵朝鲜平乱。笔者尚须从头说起，甲午战争前夕，朝鲜李熙王朝黑暗至极，对外卑躬屈膝，对内则横征暴敛，残酷压迫，朝鲜人民忍无可忍。其时，在全罗道东皋县有个宗教团体，自号东学党，党魁名叫崔时亨，自称纬大夫，乘民怨鼎沸之际，登高一呼，揭竿而起。朝民不堪暴政，纷纷加入义军，一霎时声势浩大。官军出剿几次，均大败逃窜。义军乘胜攻破全罗道府，有蔓延全国之势。李熙吓得胆战心惊，立即向清朝求援平乱。当时清朝驻朝办事大臣袁世凯（又返回朝鲜任职），接到李熙请求，飞报北洋总署，详陈出兵朝鲜的意义。李鸿章接到报告，立即上奏，认为朝鲜是藩属国，助朝平乱义不容辞。清廷准奏，派提督叶志超、总兵聂士成率兵 2500 人，赴朝平乱。李鸿章挺老实，遵照中日《天津条约》，通知日本政府，说明中国正向朝鲜出兵。日本接到中国照会，毫不含糊，立即派大鸟圭介率精兵 8000 奔赴朝鲜。几天后，清军叶志超部队在牙山登陆，就地驻扎。而日本在仁川登陆，直奔汉城，汉城周围要隘均被日军控制。中日两国同时陈兵朝鲜，东学党人惊骇异常，未经接触，立即土崩瓦解，作鸟兽散。东学党既已溃散，无乱可平，按照《天津条约》，中日两国应即时撤军，叶志超亦准备率军回国。然而日本不但不愿撤军，反而大规模增兵，仁川、釜山均被其占领。袁世凯据理力争，日本驻朝大使大鸟圭介盛气凌人，拒不撤军。这消息传到中国，朝野激愤，蕞尔小日本如此无理蛮横，应诉诸武力，维护宗主国尊严。主战派翁同龢、左宗棠、张之洞等人慷慨激昂，联翩上奏，要与倭人决一死战。光绪皇帝本有奋发图强之心，也力主开战。唯有李鸿章认为，中日开战，必凭海战，而北洋水师目前军力已落后日本，开战弊多利少，应和平谈判解决。他指示袁世凯在朝鲜与日本交涉，又咨照总理衙门在北京与日本大使小村寿太郎交涉。然而日本政府根本无和平诚意，此次出兵朝鲜是蓄谋已久的“吞并朝鲜，侵略中国”的战略实施。非但不撤军，反而占领朝鲜王宫，幽禁国王李熙，扶植大院君李应罡当政。李应罡曾被清军押解保定囚禁几年，对清朝恨之入骨，在日本唆使下，向清朝宣战，并请求日军驱逐驻在牙山的清军。这一事件，将清朝逼入死地，非战不可了，李鸿章也知开战势在必行。于是全国同仇敌忾，向日本宣战。派副都统丰申阿、提督马玉昆、总兵卫汝贵、左宝贵各率军渡鸭绿江，从陆路进入朝鲜。但是清军尚未集结，日本已先发制人，进攻牙山。牙山清军只有 2000 余人，面对日军优势兵力，叶志超极度恐慌，急向北洋总署求救。李鸿章急向英国租借高升号运兵船一艘，载满两营兵士，驶往牙山支援，然而船到丰岛海面，遭到日舰伏击，高升号被击沉，船上官兵全部殉国。丰岛之战揭开了中日战争的序幕。牙山清军久待援军不来，只得应战。聂士成率军在成欢阻击日军告捷，但日军大队人马却绕过成欢，突袭牙山。叶志超惊骇万状，不待聂士成回归，便逃往平壤，牙山遂被日军占领。叶志超逃到平壤，竟向清廷谎报战功，不提牙山之失，专提成欢大捷。清廷不晓实情，将他擢拔为赴朝三军统帅（总统），节制各军。叶志超骤升统帅，各将领不服，心中各有怨气。此时，丰申阿、马玉昆等军已齐集平壤，只得听从叶志超调度。光绪二十年九月仲秋，日军野津师团16000人，向平壤进攻。驻守平壤的清军17000人，兵力相当。叶志超胆怯，主张坚守，而马玉昆、聂士成、左宝贵主张主动出击，几致争执，将帅不和由此而生。日军分三路进攻平壤，一路攻玄武门；其余两路一路攻大同江南岸，另一路攻平壤西南。驻守玄武门的左宝贵作战极为英勇，接连击退日军多次冲锋，但日军攻势益猛，左宝贵中炮而死，玄武门遂被日军攻破。在大同江南岸战场，清总兵卫汝贵不战而退，逃得不见踪影。在城西南战场，提督马玉昆不愧勇将，率领骑兵向日军冲锋，前仆后继，击退日军多次进攻。然而怪事发生了，平壤城头突然悬挂白旗，中日两军都感到奇怪。马玉昆急驶入城，见到大帅叶志超在帅帐中瑟瑟发抖，怒问为何悬挂白旗，叶志超说：左宝贵已死，卫汝贵失踪，不停战，怕要全军覆没。马玉昆长叹而出。原来按国际战争公约，悬挂白旗是停战屈服的信号，日本暂时停止攻击。乘这个时候，叶志超率残兵败将，狂奔500里，逃过鸭绿江。日军长驱挺进，几天后朝鲜全境陷落。

日军既在陆上战胜清军，又率舰队从海上向中国进攻。中国北洋水师舰队奉命抵抗日军。甲午年九月十七日，两国舰队遭遇于鸭绿江口大东沟海面。震惊全球的中日黄海大战揭开序幕。双方军力如下：日本舰队有吉野、高千穗、秋津洲、浪速、松岛、千代田、产岛、桥立8艘战艘及运输船4艘，共12艘，是日本海军的全部家当。兵力4000人，司令官是伊东亨佑。北洋水师出战军舰有定远、镇远、经远、来远、致远、靖远、济运、平远、超勇、扬威、广甲、广西战舰12艘，另有附属船只6艘，兵力

2200人，总指挥为提督丁汝昌。这亦是北洋水师全部家当。交战之前，丁汝昌坐镇定远舰，用望远镜望去，见日本舰队排成一字长蛇阵，正排樯驶来，于是当机立断，命令北洋舰队排成人字形阵势，分开两翼，向日舰进攻。丁汝昌之意，是先将敌舰冲散，然后两翼夹击。而日舰阵形，一字排开，有灵活机动的效果。北洋舰队鼓足马力，向前急驶，相距九海里，丁汝昌红旗招展，下令开炮，各舰一阵猛轰，炮弹呼啸而出，落入海中，激起千层白浪，打死无数鱼虾，而敌舰毫发无伤。然而几艘日舰急速前进，风驰电掣，插向北洋水师后面，形成前后夹击之势。日舰高速前进，到大炮射程之内，向清舰猛烈轰击。北洋水师各舰也向日舰开炮。这是一场近距离的海战，霎时间，万炮对射，鱼雷飞驶，汽笛尖吼，轮机轰鸣。碧海中掀起万丈波涛，火光染红了白云，浓烟熏黑了蓝天。先是日舰四艘围攻北洋超勇一舰，超勇起火，迅即沉没。接着，旗舰定远发生爆炸，原来定远舰大炮发射时，炮膛自行爆裂，提督丁汝昌被震晕在甲板上，浑身鲜血，信号旗也被炸碎。超勇舰沉没，丁汝昌负伤，大大影响了北洋水师的士气，再者，各舰失去信号指挥，只得各自为战。此时，经远舰击伤日舰赤城，日舰长板垣八郎被炸死；来远舰一炮将日舰严岛炸个窟窿。两舰得手，北洋水师士气稍振。定远舰上，丁汝昌负伤指挥，下令开炮，将日舰西京丸炸沉。水师官兵齐声欢呼。左翼方向，战事亦亟，日舰浪速击中致远舰，致远舰又发炮击伤浪速，两舰对峙互射。突然日军主力舰吉野号高速驶来支援浪速，对准致远一阵猛轰，致远再次中弹，船上大火熊熊，船体倾斜，摇摇欲沉。管带邓世昌是北洋水师名将，欲与日军拼死一战，连续呼喊开炮，几炮射出，吉野舰塔楼炸碎，日本水兵满甲板乱窜，舰长东乡平八郎急命扭转船头逃跑。邓世昌杀得性起，依然连呼开炮。然而炮弹已罄，不能再战，船体继续下沉，海水已入船舱。邓世昌大喊："兄弟们，为国捐躯的时候到了，快开足马力，冲上去撞沉吉野！"汽笛凄厉地呼啸，轮机悲壮地轰鸣，致远舰像一颗出膛炮弹向吉野冲去。此时吉野舰一片惊慌，东乡平八郎下令发射鱼雷阻截，一枚不准，再发一枚，终于一枚鱼雷击中致远舰，轰然一声，致远舰慢慢沉没，邓世昌与全体水兵一齐殉国。在另一海面，经远舰在追击敌舰途中又触水雷沉没，管带林永升及全体官兵殉国。济远舰管带方伯谦见致远、经远相继沉没，吓得魂飞天外，调转船头，逃离战区。广甲、广丙两舰也跟着溜之大吉。海面上，只剩定远、镇远等五艘战舰，尚与日舰苦战。丁汝昌见大势已去，下令撤退，撤退中，打一尾炮，将日舰松岛击伤，然后逃入威海港内。这一战打了五个时辰，北洋水师被击沉五艘主力战舰，精锐尽失，剩余舰只负伤累累，一蹶不振。而日本舰队大获全胜。外强中干的北洋水师终于在此次海战中露出纸老虎原形。指挥不当，排阵失误，战舰年久失修，航速不快，弹药不足，炮型落后，射击不远，威力不大，种种弊病，导致惨败。更深层次的原因，除慈禧挪款建园外，据野史载，户部尚书翁同龢与李鸿章有隙，屡屡拒拨军费，导致老舰不能维修，新舰不能购进，弹药储备不足。而日本方面，舰队虽总吨位落后清朝，但舰队装备及舰型比清舰起码先进 10 年，航速极高，故能飞速插入清舰之后，形成夹击之势。另外，火炮口径大，速射炮多，威力大，且用新式炮弹，比清军实心炮弹强胜 10 倍。日本政府为对外扩张战争，积极备战，增拨军费，购制新型舰只、武器不遗余力，日本天皇睦仁每年捐出 30 万内帑，全国官绅也纷纷捐款，用以军费，与清朝形成鲜明对比。更重要的是，日本海军训练有素，有强盛的武士道精神，士气高涨，如方伯谦之流的逃将逃兵一个也没有（战后，李鸿章奉旨以临阵脱逃罪，将方伯谦正法。近年，有些学者为方伯谦鸣冤，说他浴血奋战，船伤力竭，为保存实力撤出战斗，并有方的血衣为证。福州修缮、开放了方伯谦故居。这真是一桩糊涂案，有待进一步研究）。这也许是日本致胜之道。

日军在朝鲜得胜，海战亦得胜，已看破大清军队虚弱至极，不堪一击。气焰更为嚣张，又增兵几万，向中国辽东进攻。鸭绿江防线薄弱，被日军一举突破，几个守军被日军一阵扫荡，纷纷溃退，日军长驱直进，兵临九连城下。九连城是辽东门户，战略意义重大，由新任统帅宋庆把守。宋庆资历较浅，骤升统帅，各路将领很是不服，均不听调度。一闻敌来，各自为战，不消几日，被日军各个击溃，九连城外围据点全失，只剩九连城一座孤城。宋庆独力难支，弃城而去，退守凤凰岭，日军追来，宋庆又弃岭西奔。日军占领凤凰岭，兵分三路，向辽东纵深挺进。一路直扑连山关，一路攻岫岩州，一路攻金州大连湾。军锋极锐，所向披靡，不过半月，岫岩州、大连湾均被日军攻陷。唯有连山关一路，日军遭到清军依克唐阿与聂士成部队的英勇阻击，受到重创。接着海城失陷，聂士成与各路清军见大势不济，退到辽河之西。日军既攻占金州大连湾，又向旅顺军港发动进攻。旅顺本是天险，易守难攻，但丁汝昌未派重兵把守，将所有军舰撤往威海，港中只有几千人驻守，守将龚照屿听说日军来攻，吓得屁滚尿流，乘船遁逃。日军不鸣一枪，占领北洋水师经营几十年的旅顺军港。此时日本军舰又夺去盖平，山东荣城也继之陷落，渤海湾内，日舰横行无阻。光绪二十一年正月，日军向北洋水师最后一个基地威海卫发动进攻，但在摩天岭遭到清军顽强抵抗，死伤累累，继而猛攻，最终占领摩天岭。乘胜又攻占威海城，然后兵锋一转进攻刘公岛。在刘公岛内，北洋水师还有20艘战舰，大多负伤待修。日舰一阵轰击，定远、威远、来远相继击沉，提督丁汝昌身负重伤，眼看大势已去，让兵士竖起白旗，并发去一信，望不要伤害地方百姓，安排完毕，便服毒自尽。正月二十日，日军占领刘公岛，北洋剩余舰只全成了日军战利品。至此北洋水师全军覆没。战后清廷痛恨丁汝昌隳军误国，不予抚恤，不准下葬，籍没家产。直到宣统末年方平反昭雪，民国初年遗体才入土为安，真是悲剧。

一系列的败报飞向京城，恰如天崩地坼，朝野上下极度惊恐，自鸦片战争以来，大清王朝曾败于西夷，此次却败于蕞尔小邦东夷日本，陆军失败，海军覆灭，大片国土沦丧。败得比以前更惨！国家耻辱莫大于此。于是慈禧太后六旬寿庆停办，于是起用恭亲王奕䜣执掌海军衙门，于是派刘坤一赴山海关督办军务，于是拔去李鸿章三眼花翎，以惩他指挥失误，导致惨败的大罪。此时，李鸿章成为众矢之的，国人皆曰可杀。战前，李鸿章主和，说他媚外卖国；战后，说他指挥失误，用人不当，丧师失地，辱国害民，“用一卫汝贵而百战淮军皆为叛卒，用一丁汝昌而大桅铁甲终成漏舟。”李鸿章和也不是，战也不是，万谤交集，万口难辩。更有甚者，御史安维峻上了《请诛李鸿章以谢国人折》，称李鸿章私通日本，以煤米军火接济日军，又称李鸿章在日本存有大量资产，李之子经方又娶倭女为妻，因而李鸿章日夜盼日本之胜，盼日本之来。最后归结李鸿章有谋反之心。安维峻有可能是有清以来最大胆的御史，他把矛头同时指向慈禧，说："又谓和议出自皇太后意旨，太监李莲英实左右之。皇太后既归政皇上矣，若犹遇事牵制，将何以上对祖宗，下对天下臣民？至李莲英是何人斯？敢干预政事乎？如果属实，当律以祖宗法制，李莲英岂复可容！"安维峻对李鸿章的攻击，纯属道听途说，闻风奏事，作为御史太不负责任。但他不畏强权、敢于诤谏的胆量，可与海瑞媲美。安维峻，字晓峰，甘肃秦安人。因此奏，以"肆口妄言"被革职查办，又因此奏，而直声震天下，被称为"陇上铁汉"。他未被处斩，据说是因光绪帝曲矜保全。从以上情况，可以想见李鸿章当时处境多么难堪。就在清廷思想混乱、议论鹊起的时候，日本铁蹄依然纵横驰骋，营口、牛庄均被占领，其舰队深入东南海域，又将澎湖掠去，日本极有可能突破山海关或在津沽登陆，威胁京城。这消息传来，京师朝野在震惊之外，一下子寂静异常，主战派慷慨激昂的议论停止了，个个俯首无言。慈禧、载湉终于无可奈何，下旨停战求和。于是派张荫桓、邵友廉为谈判使臣赴日本议和，但日本虽准议和，唯嫌张、邵两使官小职卑，不配谈判，反责中国蔑视日本。张、邵两使行至半途，狼狈归来。谁知朝廷却改派李鸿章为全权大使，赴日求和。李鸿章已获罪革职，兼万谤加身，国人恨不能争食其肉，其时正沮丧忧愁万分。去日本，明知是卑躬屈膝，割地赔款，并不光彩。不去虽佳，但国难当头，匹夫有责，主忧臣辱，主辱臣死，正在其时。权衡再三，决定豁出老命，厚着脸皮，去担任世界上最羞辱的职务——乞和大使。幸好慈禧太后心中有数，临行召见，对他百般安慰。光绪二十一年三月，73 岁的李鸿章以难以名状的心情踏上赴日之程。船到日本马关，由日本首相伊藤博文、外相陆奥宗光接待，他们原是外交老相识，此时，伊氏、陆氏是战胜国的代表，而李氏则为战败国代表，尊卑不言而喻。马关谈判开始，李鸿章提出先停战再议和，而伊藤却说，如要停战先以山海关、天津与大沽口为抵押品。李鸿章反驳道，三处是京畿要隘，押去无异将京城奉送，坚决拒绝。伊藤无法只得开议，但条件苛刻异常，要赔巨额军费，要割台湾、辽东半岛等。李鸿章抱着"争一分得一分益"的原则，与之争辩。伊氏蛮横无理，对李冷嘲热讽，肆意调侃，对李之言，一概不理。李鸿章也有手段，采用休会缓议的蘑菇战术，与之周旋。一日，李鸿章回归旅馆，突然窜出一个浪人，对着李氏脸面，嘣然一枪射来，正中左颧，李血流如注，立仆倒地，迅即被抬回寓所。被刺消息被当成号外，很快传遍世界，各国报纸，都说日本是世界上最野蛮的国家，日本顿时处于窘境。伊藤、陆奥均到旅馆道歉慰问，并派医治疗。李鸿章乘势提出停战，日本立刻答应。那个刺客后被捕获，经审讯，其行刺动机是恨李鸿章拖延谈判，却给日本帮了倒忙。过了几日伤情稍减，李鸿章扎着绷带坐在谈判桌上，李说，辽东是清朝陵寝所在，祖宗发祥之地，不能割让；另外请看我老脸，给几个路费，少要点儿赔款。而伊藤无理之极，不肯稍让。此时，俄国、德国、法国见日本在中国取得巨大利益，颇为妒嫉，由妒转愤，三国联合向日提出抗议，并陈兵日本近海，要日本退出辽东。当时日本也因对华战争而伤兵耗饷，疲惫不堪，不愿再战。在此形势下，答应退还辽东，以钱赎地。李鸿章还想力争，伊藤蛮横地说，只有允与不允两言，别无选择。李鸿章无奈，只得向清廷发电报请示，清廷亦无奈，回电准签。于是中日《马关条约》签成。条约如下：一、承认朝鲜为独立国。二、赔偿军费两亿两。三、割让台湾及澎湖列岛。四、开沙市、重庆、苏州、杭州为商埠。五、中日原订约章废止，日货进口得暂行租栈，免税，在通商各口自由制造产品。时在光绪二十一年（1895 年）三月二十三日。这个国耻日，炎黄子孙不应忘记。李鸿章有马关纪事诗一首：

劳劳车马未离鞍，临事方知一死难。
三百来年伤国步，八千里路吊民残。
秋风宝剑孤臣泪，落日征旗大将坛。
寰海尘氛纷未已，诸君莫作等闲看。

其委屈之情与忧国忧民之情交织，令人读之感慨万千。李鸿章背着这个丧权辱国的沉重条约，返回国内，又自然被民间扣上卖国贼的帽子，骂声惊天震地。他给新疆巡抚陶模致信：“十年以来，文娱武嬉，酿成此变。平日讲求武备，辄以铺张縻费为言，至以购械购船悉为厉禁。一旦有事，明知兵力不敌，而淆于群哄，轻于一掷。遂至一发不可收拾，战绌而言和。且值京都危急，事急万分，更非平常交际可比。兵事甫解，谤书又腾，知我罪我，付之千载，固非口舌可以分析矣。”其苦衷谁人可解，只能交给历史评论。笔者读此深有感触，赋诗一首：

北洋难敌小东洋，缔约马关悲国殇。

力不如人实无奈，百年错骂李鸿章。

笔者又产生联想，中国为了朝鲜竟付出如此沉重的代价，早在明朝万历年间，中国就出兵抗日援朝，打了七年，损失惨重，而后来的抗美援朝亦然，这种连续的援朝情结，也许成为历史特有的现象，让人们思考研究。

【戊戌变法】是受马关国耻刺激而引发的政治变革运动，亦称维新变法。甲午战争的失败对中国刺激太大。据野史载，《马关条约》签署，载湉盖国玺时，双手发抖，两腿发软，泪流满面，泣不成声。连续几日寝食俱废，跑到奉先殿和太庙，对着祖宗遗像和牌位，叩头大哭，祈求祖宗恕罪，并立誓发愤图强。皇帝如此，国民亦悲愤填膺，丘逢甲有诗：“四万万人同一哭，去年今日割台湾。”可反映国民当时心情。然而大清厄运的降临，并未因此止住。世界列强见日本在中国攫得巨大利益，分外眼红，打着“利益共沾”的招牌，蜂拥而至，挽袖染指，欲分一杯羹。俄国首先发难，将东北筑铁路权、开矿权掠去，又把旅顺、大连两港租借；接着德国不甘落后，又以曹州教案为由，出兵强占胶州湾，经交涉，又被租去；法国接踵而来，租去了广州湾；老牌帝国英国垂涎欲滴，也按捺不住，逼着总理衙门将九龙与威海卫租借。偌大中国，竟成了列强瓜分的市场，真令人痛心不已。中华民族到了最危险的时候，濒临亡国灭种的边缘。到这种田地，即便是渔夫村姑也难抑悲愤，也喊几句救亡图存的口号。

此时身居九重的光绪帝，坐龙床如坐针毡，惶惶不可终日。他日夜苦思冥想，国家衰弱如此，贫穷如此，而一切制度仍因循守旧，文恬武嬉，上下壅蔽，民智未开。若不变法图强，万里江山，祖宗事业，也许要毁在自己手里。然而亲政几年，名存实亡，遇事时时处处受太后牵制，不能放手一搏，真使他苦恼之极。光绪二十四年，恭亲王奕䜣薨逝，这个经历三朝，扫平内乱，兴办洋务，公忠体国的贤王的去世，使他失去了强有力的弼辅；未几月，他的生母醇亲王嫡福晋叶赫那拉氏也撒手人寰，更使他悲痛难忍。外失贤王，内失慈母，真是孤苦伶仃，举目无亲。再看军机处那几个大臣，礼亲王世铎、刑部尚书刚毅、礼部尚书廖寿丰及徐桐、潘祖荫、李鸿藻等人，都口口声声要守着祖制，以不变应万变，依靠他们变法维新，无异是缘木求鱼。唯有师傅翁同龢与他相依为命，偶而谈些变法的话题。此时的载湉多么需要一批踔厉风发的新人，助他完成变法图强的大业呀！

似乎是天意安排，当光绪帝忧心忡忡的时候，广东出现师徒两人，一是康有为，二是梁启超，也在热火朝天地搞救亡图存的运动。梁启超当时羽翼未丰，笔者先简介维新派首脑人物康有为。康有为，字广厦，广东南海人，平日苦读诗书，尊崇孔子先师，并属意洋务，洞察外情，喜好指点江山，评议时政。曾著《大同书》，描绘了一个令人神往的公平无欺的社会。据说他的“有为”名字，是“大有可为”之意，可见其人志气不小。还是在甲午年五月，他以举人身份，赴京参加会试，时值《马关条约》签订，他悲愤交加，联络京中1300余名应试举人，写了万言书，聚集都察院呐喊鼓噪，要求代递万言奏章，内容是拒和、练兵、迁都、变法等，搞得轰轰烈烈，时称公车上书。万言奏章最终未能递上龙廷，光绪帝浑然不知。然而公车上书却点燃了变法的引信，造成爆炸性影响。之后康梁诸人联合同志，奔波呼号，进行宣传推广活动。先办了个报纸《中外纪闻》，介绍中外新事新物。后又组织强学会、保国会，联络同志，鼓吹变法。活动如火如荼，许多高官名士，也认为时髦可爱，如文廷式、张之洞、洪钧、袁世凯等也混迹其中。京中如此，各地纷纷效尤，湖南搞得最有起色。康有为见时机火候均佳，在第二次入京考试时，连续六次上书光绪皇帝，请求变法救国。他的奏折最先被翁同龢得到，阅后大加赞赏，视为新学奇才。翁氏又转呈光绪帝，载湉见了这些变法奇文，兴奋激动，读复叹，叹复读，一读三叹，惊喜之情不可言喻，立即传旨召见康有为。当时康有为已考中进士，授为工部主事，即便如此，大清皇帝召见六品小官，也是开天辟地第一次。康有为受宠不惊，见了皇帝，慷慨陈词，高谈阔论，把变法的纲要意义，一一倾吐，光绪龙颜大悦，点头频频，君臣二人相识恨晚，谈了两个时辰，尚恋恋不舍。康有为又献上《日本明治天皇变政考》、《俄国彼得大帝变政考》两篇专著，以备参考。临别，光绪准于他专章奏事。

光绪二十四年四月，光绪帝颁布《明定国是诏》，内容主要有废八股，设学堂，裁冗员，改武科制度，开经济特科等。这道诏书下达，说明维新变法开始。光绪帝不干则已，一干则大刀阔斧，雷厉风行，变法诏书联翩而下，今天是创办京师大学堂，明天是建立工商矿务局，后天是撤汰大理寺、太仆寺、鸿胪寺、詹事府、通政司、光禄寺，还有广开言路等。眼花缭乱，目不暇接。光绪帝又命康有为推荐人才，康立即推荐候补侍郎杨锐、候补主事刘光第、候补中书林旭、候补知府谭嗣同，说他们学识博通，才堪大用。光绪帝将四个候补小官连升三级，授为四品军机章京，著在军机处行走，以代替刚毅等一班老朽。这些年轻人，血气方刚，精神抖擞，拟圣旨，批奏折，发公文，忙得不亦乐乎。新政甫行，大有起色。

说实话，新政的内容，大多是革故鼎新，顺于世界潮流的好政策、好法令。如能贯彻始终，于国计民生大有裨益。但实际情况是，诏书次第颁布，实行未出都门，在北京尚有孙家鼐主持成立了京师大学堂及裁汰某些衙门等，而在全国各省，除湖南巡抚陈宝箴搞得轰轰烈烈外，各督抚均持观望态度，因为他们已知太后与皇帝不和，还想走着瞧。这说明新政推行并不顺利。更有甚者，新政诏书刚一颁布，便引起保守势力的极度恐慌与极度敌视，他们认为如果新政执行，其利益受到极大损害。比如，裁汰詹事府等六个多余衙门，便砸了大批官员的饭碗，衣食何恃？当然怨恨连天。再如，废八股，恃八股文为科考利器的全国几百万贡士、举人、秀才、童生及读书人，便断绝了做官入仕的希望，十年寒窗苦废于一旦，更有如丧考妣的痛苦。另外，新政规定擢拔官员要量才录用，那些凭老资格、靠爵位、世职作官的人，也怨气冲天。靠国家供给的那些听戏喝茶提鸟笼的旗民，也怀疑新政也许会毁掉他们的铁杆庄稼，自然也怨声载道。

于是保守派对维新派恨之入骨，群起而攻之。礼部尚书怀塔布、许应骙递上奏折，说康有为妄称横议，勾结朋党，摇惑人心，混淆国事，应驱逐回籍。御史文悌也上奏，应将欺君罔上、挑拨两宫关系的杨深秀、宋伯鲁革职查办。礼部主事王照有"剪发易服。并请皇上奉太后访问日本，学习治政经验"的奏章，被怀塔布扣押，未与转递。更有清宫太监总管李莲英，闻说新政有驱逐太监的条文，吓得胆战心惊，急忙向太后哭诉，说维新党的坏话。还有个御史杨崇伊不但对新政大肆攻击，而且多次到天津串通荣禄，反对新政。对于保守派的激烈反对，光绪帝起初并不怕，决定排除障碍，推行新政。下旨革去礼部怀塔布、许应骙等六个官员的职务。罪名是"阻挠新政"，罢其职以儆效尤。光绪帝这一严厉行动，给保守派打击不小，个个惊惶万分，大有朝不保夕的感觉。怀塔布是太后表亲，他带着许应骙、文悌、杨崇伊等人，到颐和园向慈禧太后告状，四个人围着太后，痛哭流涕，叩头如捣蒜，都说新政违背祖制，保国会是保汉人，不保大清，目下人心动摇，痛恨新政，还望太后做主云。慈禧很是镇静，说道，你们且退下，我自有安排。果然，此后接连几天，慈禧逼着载湉发了四道圣旨，第一道是户部尚书翁同龢立即开缺回籍。第二道是任命荣禄为直隶总督兼北洋大臣，替代王文韶。第三道是凡二品以上官员授职，必须到颐和园向太后谢恩。第四道是本年九月五日皇上奉太后赴天津阅兵。这四道圣旨煞是厉害，表明以慈禧为首的保守势力向新政发动最致命的打击。将翁同龢无端革职，击断了维新派的支柱。任命太后心腹荣禄为直督，拱卫京畿的军事大权已经为保守派掌控。二品大员任职后须向太后谢恩，无异是向世人宣布，人事任命权仍牢牢控制在太后手中。而让皇上到天津阅兵，尚不知太后葫芦里卖的什么药？

康有为等维新党人，见了四道圣旨，慌了心神，慌了手脚，至今方知皇上只是虚名一个，毫无实权，真正感到新政推行并不容易。然而事到此时，岂能退却，只能勉为其难，放手一搏。康有为、梁启超、谭嗣同等人密谋策划了一夜。第二日，康有为秘密进宫觐见光绪帝，君臣在勤政殿密谈，康有为奏道："目下形势险恶，新政危在旦夕，非常之时，应有非常之策，应先除掉荣禄，夺取兵权，然后兵围颐和园，挟太后入城，圈于西苑，使尽余年。臣保举一人，直隶按察使袁世凯，忠勇兼备，前参加强学会，赞成维新，现在小站练兵，掌有新式陆军7000人，杀荣禄，围颐和园必能担当大任。”光绪帝闻言面有惊色，急摇手使眼，阻康再言。康有为沉吟片刻，又说：“皇上九月五日赴天津阅兵，恐怕凶多吉少，彼等必有阴谋，不可不防！”光绪帝并不回答，只说：“卿且退下。”

过了几日，光绪帝在养心殿召见袁世凯，问道：“闻卿在小站练兵卓有成效，今特召见。朕推行新政，卿有何见解？”袁世凯道：“新政顺世潮，合民意，臣极力赞成。”光绪帝又道：“朕将重用卿，往后命卿统带军队，卿肯忠心事朕乎？”袁世凯叩头有声然后昂首而答：“臣世受国恩，敢不效命，必忠心赤胆，肝脑涂地以报皇恩。”第二天光绪发布诏书，任命袁世凯为兵部侍郎，仍专管练兵。此时袁仅是四品官衔，骤升从二品的侍郎，满朝议论纷纷，袁也对皇上的不次擢拔感到意外。按照新颁圣旨，袁世凯必须向太后谢恩。他赶到颐和园叩见慈禧太后，慈禧淡淡地说：“皇上授你侍郎也好，你要好好练兵要紧。不过皇上恐另有他意，你该多长个心眼。”袁世凯诺诺退出。

当时，北京城谣言满天飞，盛传慈禧太后将在天津阅兵时，废掉皇帝。另有光绪帝已被毒死的传闻。这些消息传到宫里，光绪帝十分恐慌焦急，认为祸在旦夕。他召入军机章京杨锐，授以衣带密诏，内有“朕位几不保，着康有为诸人筹划解救”之语。杨锐将密诏带回南海会馆，交给康有为，在场诸人见诏，相对痛哭，一时不知所措。哭了半天，方知痛哭无益，便绞尽脑汁筹划对策。筹划一夜，唯有联络袁世凯，杀荣禄以保圣主，似觉可行。谭嗣同自告奋勇，愿亲劝袁世凯以逞大计。据梁启超后来撰写的《戊戌政变记》中记述，维新党人谭嗣同夜访寓于法华寺的袁世凯。谭嗣同，字复生，号壮飞，湖南浏阳人，好读书，慷慨有侠气，是党人中意志最坚强的血性汉子。是康有为的私淑弟子。他见到袁世凯悲愤地说，太后与荣禄要借天津阅兵之际废掉皇上，现在情况十分危急，唯有你才能解救皇上。如果你愿意解救皇上，可建莫大的功勋，如果不愿意，你可到颐和园向太后告发我，杀死我，你也能得到荣华富贵。袁世凯也慷慨激昂地说，谭大人把我当作什么人了，皇上是我们共同拥戴的圣主，况且我蒙皇上知遇之恩，正要全力报答。

如果皇上到天津，移驾到我的营盘，传旨杀贼，我杀荣禄像杀一条狗那样容易。目下形势紧迫，我必须立刻赶回天津，因为弹药尚在荣禄手里，我需安排一番。谭嗣同见他大义凛然，便深信不疑。还有一则史料，说法与梁启超之文不同，是说光绪帝第二次召见袁世凯，赐他令箭一枝，命其杀荣禄劫太后，功成后封为直隶总督。两则史料情节不同，但有个共同点，无论光绪帝或维新党人都把袁世凯当作力挽狂澜的救世忠臣。

然而袁世凯当日乘火车到了天津，却直奔直隶总督衙门，将谭嗣同的预谋和盘托出。他是个政治嗅觉极敏感的人，不是他不想救皇上，以建不世功勋。而是他准确看到皇上斗不过太后，以他的7000新军与荣禄的9万武卫军相拼，无异于以卵击石。如依谭嗣同之计，冒昧行事，必遭杀身大祸。再者荣禄对他有举荐与擢拔大恩，杀荣禄便是不义之举。而将此事告发，正是飞黄腾达的良机。荣禄听到袁的密报，着实大吃一惊，立即动身，赶赴北京，径直向颐和园奔去。见了慈禧太后，扑通跪倒，嘣嘭磕头不已，接着大哭道："求老佛爷救奴才一命!"慈禧闻言不胜诧异，急问其故。荣禄遂把袁世凯告密，维新党人杀已围园劫太后之事详细奏明。听得太后惊怒交加，暴跳如雷。立即传下懿旨，召亲贵近臣入宫议事。不消片刻，世铎、奕劻、刚毅、怀塔布等几十人赶到，在太后脚下，黑压压跪倒一片。慈禧说明原因，大伙也皱眉吐舌，惊惶万状。慈禧命荣禄调兵入城，包围皇宫，关闭九门。御史杨崇伊以哭丧声奏道："请太后速垂帘听政，救救大清江山。"慈禧说："事到如今，只能这样了。"

有个孙太监历来忠于皇上，听到太后要派兵围宫。立即潜出园外，飞奔入城，直进皇宫将太后之谋告诉光绪帝。光绪帝知事已败露，大势已去，倒也不显惊慌。他唯恐康有为被捕，立即传旨一道，催促康有为立即离京，赴上海督办官报局。这道圣旨由孙太监送达，康有为见诏，心领神会，迅即离都，先至塘沽，然后乘轮船赴上海而去。

光绪静坐养心殿中，等待厄运降来，慈禧太后带着大批侍卫闯进殿内，光绪跪倒在地一言不发。慈禧怒目而视，指着骂道："你真正忘恩负义，你五岁时，我立你为帝，抚养你成人，不是我保护你，你哪有今日。你不报恩也罢，为何听人挑唆，设计害我?"光绪帝仍不作声。慈禧又骂：

“我能立你，也能废了你，你信不信！”当时珍妃在旁，突然上前跪倒，昂首而言：“皇帝是一国共主，太后也不能随意废黜！”太后大怒，一巴掌过去，打得珍妃脸上顿起血痕。慈禧大喊：“快把这狐媚子拉出去，圈禁冷宫。”早有几个内官过来，拖出珍妃。李莲英此时过来，搀起光绪帝说：“皇上别跪着啦，咱们到瀛台去。”原来瀛台在三海之中，是个小岛，四面环水，孤寂清冷，这是慈禧给他安排的幽所。

慈禧太后幽禁光绪帝后，随即以皇帝之名，发旨颁告天下，宣布第三次临朝听政。并命令逮捕维新党人。于是京城缇骑驰骋，大事搜捕，捉住康广仁、杨深秀、谭嗣同、杨锐、林旭、刘光第六人。康有为已逃往上海，梁启超避入日本使馆，侥幸得免，王照也逃得不知踪影（后来三人都逃亡日本）。谭嗣同本可逃脱，但他拒不出走，他说：“各国变法无不从流血始，中国未之有闻，此国之不昌也，有之自嗣同始。”坐在家里，静待捕者到来。过了几天，圣旨又下，着将六人正法，由刚毅监斩。六人被押至菜市口（北京地名，清朝处决人犯在此执行），个个神色自若，慷慨就义。人称“戊戌六君子”。另外参与维新的官员，如宋伯鲁、徐致靖、张荫桓、陈宝箴等人尽革职判刑。翁同龢被夺去官职，由地方政府严加看管。这场变法前后经历 103 天，世称“百日维新”，终于以失败告终。笔者有诗赞曰：

维新君子气如虹，变法图存唱大风。
菜市口前鲜血溅，莫凭成败论英雄。

戊戌变法以救亡图存为目的，来也匆匆，去也匆匆，颇为可惜。但确实值得歌颂，因为国难当头，中国尚有不甘灭亡的仁人志士，挺身而出，奔走呼号百日，事虽不成，也有发聋振聩、启迪民智的效果，永远值得纪念。后人批判他们是改良派，没有革命来得彻底，然而改良，总比不改良好得多，不可以成败论英雄。至于变法失败之因，笔者一言以蔽之：保守势力太大，维新势力太小，除此而外岂有他哉！再细加分析，第一，皇帝要维新，但毫无实权。载湉其人仅有图强的理想，却无图强的大气魄。性格懦弱，事事屈从太后，美其名曰恪守孝道。当笔者看到，他在太后逼迫下，亲笔拟旨免掉可亲的翁师傅，便觉此人难成大事，必败无疑。第二，变法没有军队的支持，这是最关键的致命伤。变法是激烈的，要以铁血手段做后盾，慈禧有荣禄支持，当然必胜无疑。载湉亲政多年，竟没培植一个值得信赖的军队干部，真是疏忽之极。事到临头，方抱佛脚，抱住一个心术不正的袁世凯，迟了，也错了。中国历史上有过类似情况成功的先例，秦王李世民发动玄武门之变，将父亲李渊逼到太上皇的冷板凳上。唐中宗李显联合军事将领，逼其母武则天退位。他们都凭的是军队支持。而载湉既无李世民的魄力，更无军队的支持，岂能不败！第三，维新党人均为书生，搞宣传鼓动犹可，搞变法则经验不足。所谓秀才造反，三年不成。第四，新政推行过急，欲速不达。百日之内，诏书如雪片飞来，只图轰轰烈烈，未能扎扎实实。比如，剪发易服于政治联系不大，何妨缓行。再者，欲邀伊藤博文来华，拜为客卿，秉持国政，更惹人讨厌，也是急于求成的心理反映。

【庚子事变】发生于1900年夏季，是由义和团运动引发的八国联军侵华事件，从而爆发社会大动荡。是年为农历庚子年，故称“庚子事变”。造成这次事变的原因较复杂，必须溯源而论。戊戌变法后，慈禧太后对光绪帝恨之入骨，欲废之而后快。她将光绪幽禁于瀛台，并谎称其重病缠身，不宜亲政，为她第三次临朝寻借口。这引起社会舆论的不满，纷纷为光绪鸣不平。上海候补知府经元善，性格耿直，他联合蔡元培等名流2000余人联名发电，要求太后归政于皇上。慈禧得知后，气个半死，更迁怒于光绪，加紧了废黜光绪帝的步伐。她以光绪帝无子嗣为由，立溥儁为大阿哥，继承同治帝嗣祀。溥儁是惇亲王奕誴之孙，端郡王载漪之子。按说奕誴曾过继别门，血统稍远一些，溥儁原不该立。但载漪最喜奉迎，其福晋系蒙古阿拉善王之女，更擅长巴结之术，两口子把慈禧侍候得服服帖帖，因而慈禧才立了溥儁。光绪帝正当盛年，有一后两妃，以后安能无子？这明明是断绝光绪帝的希望，即使他以后生有子嗣，但皇帝的继承人却是溥儁。慈禧立了大阿哥溥儁，朝野舆论很是不平，就连外国人也不赞成。外国驻京公使或私下或公开放出话来，要求光绪亲政，太后撤帘。慈禧得知消息，痛恨洋人多管闲事，恨得牙根发痒。说实在话，从道光年起，外国频频入侵，清政府丧权割地辱国，作为最高统治者的慈禧太后，心底里充满了屈辱，充满了对洋人的仇恨，即使撇过立大阿哥之事不谈，慈禧对洋人之恨，从来有增无减，只不过是打不过洋人，委曲求全罢了。不仅慈禧如此，朝中公卿大夫亦痛恨洋人欺侮中国，举例来说，大学士徐桐就是个典型的仇洋派，他家与东交民巷使馆区为邻，他在门上写了一副对子：望洋兴叹，与鬼为邻。以示对洋人的蔑视。像徐桐之类的士大夫在朝中不乏其人。

同理，各国列强对中国的侵略，当然更引起人民的仇恨，朝廷打不过洋人，老百姓更受其害，对外大量赔款最终是让百姓承担。因而人民的仇洋心理，更为激烈。以前发生的天津教案、曹州教案均因此而生。中日甲午战争后，各国蜂拥而至瓜分中国，这种民间仇洋心理更达高潮，发源于山东的义和团运动，便在此时爆发。义和团，原名义和拳，原是个宗教团体，据说是白莲教的分支，最初只是进行宗教活动，即使练武也是为保家护身，并无大的政治企图。后来，外国战胜者依照与清政府签订的条约，不断派传教士深入中国内地传教，宣传耶稣福音。当时中国各地外国传教士犹如过江之鲫，多不胜数。这些传教士霸占田地，盖起教堂，广招信徒，渐渐声势浩大。传教士以战胜者姿态出现，对官府、对百姓都盛气凌人，而加入教会的信徒，由洋人撑腰，不免也高人一等。传教士与信徒沆瀣一气，常干些违犯基督教义的事，与百姓形成尖锐矛盾。因而百姓深恨教会，把传教士叫做大毛子，信徒叫做二毛子。义和团视洋教为邪教，当百姓与教会发生冲突，他们便出头露面，杀洋人，烧教堂，为百姓出气。起初，清朝官府对义和团的态度，是以匪论处，坚决剿灭。但义和团反抗激烈，越是镇压，越是蓬勃发展，队伍不断壮大，竟打起反清灭洋的旗号。当时山东地区，义和团运动蔓延全省，县县村村设坛练武练功，团员头裹红巾，身穿红兜肚，腿绑红布，手中大刀把儿也系着红飘布，兜肚内藏着咒符，所练功夫称为金钟罩，自称刀枪不入，拿起砖头石头，用手砍去，像刀切豆腐一般。更有许多女兵，统是年轻女子，头裹红巾，右手持红灯，左手执红扇，练起武来，英姿飒爽，威风凛凛，据说扇子一扇，便能足蹑青云，红灯掷去，立化冲天烈焰，好不厉害，这种功夫，被称作红灯照。义和团所供奉的神祇，是玉皇大帝、洪钧老祖、九天玄女、唐僧、孙悟空、猪八戒等，有时神灵附身，更能力敌千军。功夫越练越玄，队伍越来越大，山东全省几成为义和团的天下。当时新任山东巡抚毓贤，原以善捕盗成名，是个杀人不眨眼的酷吏，初上任本想镇压，派出队伍出剿，竟连吃败仗。不得已改剿为抚。于是善待义和团，让他们好好练武，报效国家。义和团杀洋毛子，二毛子，烧教堂，毓贤也纵容宽大，任其所为。义和团大小师兄，见巡抚大人善待他们，也愿听驱使。毓贤忽生奇想，这等义民功夫神奇，组织起来，平时可保家，战时可卫国，岂不是朝廷莫大的洪福。于是他向义和团建议，把“义和拳”改为“义和团”，把“反清灭洋”，改为“扶清灭洋”。义和团自然答应。由此义和团成为被官府支持的合法组织，发展更为迅速，并由山东向直隶、山西、河南等省扩散。毓贤纵容义和团，遭到西方列强强烈抗议。清政府被迫撤换毓贤，任袁世凯为山东巡抚。袁世凯对义和团不感兴趣，事事处处予以限制，并下令解散。义和团见新任巡抚如此，大骂袁世凯为卖国贼，并撤离山东，向直隶、北京、山西涌去。毓贤离任后，到北京晋见端郡王载漪，向他陈述义和团功夫神奇，刀枪不入，而且忠心可鉴，这等义民将来保护大阿哥登基，还怕洋人干涉吗！这一席话说得端郡王心花怒放，立即入宫禀奏慈禧太后，慈禧听后，不禁怀疑。端郡王又奏道，毓贤性情忠厚，当不致欺君罔上，不妨让裕禄招些拳民，入宫检阅，果真属实，有这等忠勇而身怀绝技的义民保咱大清江山，洋鬼子还敢欺侮吗！这一席话也把慈禧说得心花怒放，立刻准奏。过了几日，直隶总督裕禄果然奉旨调来几百义和团战士，开入宫内。这几百个战士排开阵势，先表演武术，只见刀枪剑戟十八般武艺，样样娴熟，腾跃翻滚，身手不凡。又练绝技，梅花桩上奔走如飞，手砍砖石，顿时粉碎，铁棍击臂，立成弯蛇，头顶巨石，铁锤砸下，石粉碎，头无伤。慈禧、端王看了大声叫好。不知什么原因，竟未试验枪炮射人。大约是生命攸关，不可轻试。于是慈禧命裕禄将义和团编成团练，加紧训练，以备后用。此令一下，天津卫竟成了义和团的世界，遍地团民，处处设坛练武。天津义和团有大首领王德成、曹福田、张德成三人，裕禄将他们奉若神明，请入总督署衙，双方作揖打拱，分庭抗礼。又有红灯照女首领黄莲圣母，裕禄也请入督署，请她上座，叩头参拜。裕禄支持义和团的热情丝毫不亚于毓贤。而毓贤此时，又调任山西巡抚，依然故我，全力扶持义和团，三晋南中北，杀教士、杀教民、烧教堂搞得如火如荼。毓贤把全省主教以上的教士及修女、儿童等100余名，传到太原，集于一室，然后斩尽杀绝。

在直隶省（河北），义和团闹得更凶，涿州府涞水县团民将保定铁路拆毁，又与官军对抗。朝廷派副将杨福同率兵弹压，杨颇不中用，竟被义和团杀死。这个事件震动京城，朝廷再派军机大臣刚毅及刑部尚书赵舒翘前往涿州解散团民。两人到达涿州，对义和团并未采取强硬措施，刚毅下令释放几个在押的团民，贴了几张安民布告，赵舒翘不敢多嘴，随声附和。在涿州转了一圈，两人便返朝复命。刚毅不提义和团破坏铁路、戕杀官军事，唯提义和团骁勇善战，可用来抵抗洋人。此时慈禧从左右得到的消息都是义和团刀枪不入，忠勇可恃。于是派载漪管辖总理衙门，专办对洋人交涉。再派庄亲王载勋、军机大臣刚毅统率义和团，加紧战备。载漪、刚毅将改编的义和团及清军的建制名称，命为“虎神营”。寓意是：虎吃羊（洋），神镇鬼。一物克一物，专对付洋鬼子。这真是个绝妙的创意。义和团成了正规军，这消息传出，义和团民如潮水般涌入京城。旬月间，京城之内，聚集义和团民10余万人，到处设坛练武，舞刀弄枪。甚至王公府第、紫禁城内都建起拳坛，焚香叩拜。义和团民在京城禁止洋人传教，禁止百姓入教，禁止使用洋货，凡见有人使用洋火、洋蜡、洋瓷盆之类立行斩首，决不宽贷。之后，团民活动更加激烈，扒铁路、拔电杆、烧教堂、挖洋人墓，另有上千洋教士、几万教民被杀。大批外国侨民与中国教民逃入东交民巷、西库什教堂避难。义和团随即包围使馆区及西库什教堂。正阳门外，突然火起，烧毁店铺近千家。京城一片混乱，大火熊熊，黑烟蔽天。慈禧下旨，调来武卫后军入城，维持秩序。这支军队由提督董福祥统率，董系土匪出身，部下多是甘肃人，作战虽勇，纪律极差，趁火打劫，京城秩序越维持越乱。各国驻华公使纷纷到总理衙门抗议虐杀教士、教民事件，端郡王一概不予理睬。一日，端郡王喝醉酒，携载勋、载澜等人率义和团丁几十人，闯入皇宫，指名要杀“二毛子”光绪皇帝，当下惊动慈禧太后，将载漪痛骂一顿，赶出宫外，几十个义和团丁被押出午门斩首。京城之乱由此可见。然而局势更加恶化，排外行动愈烈，日本使馆的书记官杉山彬，从使馆区溜出，行至永定门被董福祥军击毙。德国公使克林德男爵，也从使馆溜出，在总理衙门附近被义和团击毙。这两起事件一下使中外关系骤然紧张万分。各国公使纷纷致电本国政府，要求出兵援救。

此时，天津传来消息，报称洋兵聚集塘沽，索取大沽炮台，若不允准，立即出兵攻打。慈禧得知，更是恼怒，下旨命董福祥率兵与义和团共同攻打东交民巷外国公使馆区。董福祥十分卖力，率兵万余名日夜攻打，打了一个多月，均被护卫洋兵击退。董军死了一两千人，义和团死了几千，洋兵仅损失几十名，而使馆岿然不动。董福祥之军是清军最精锐的军队，以优势兵力，连一个由400洋兵把守的使馆都攻不下，创造了战争史上的大笑话，多少年以后，外国人都以此嗤笑中国军队无能。据说董福祥也有苦衷，洋兵虽少却有几尊大炮，其中一尊是临时从古董店购来的老炮。董曾向荣禄索要大炮，而荣禄坚决不给，反而给使馆送水送蔬菜，气得他哇哇大叫。原来荣禄另有考虑，他清醒地了解局势，知道洋人大规模侵犯近在日前，而大清并非对手，必败无疑。他讨好洋人是为今后议和留下后路，用心良苦，但大有卖国通敌嫌疑。就在此时，端郡王载漪、户部尚书启秀拿着一张外国照会，向太后奏报，内有“慈禧太后立即归政，由皇上亲政，并废大阿哥溥儁，允许外国兵入京平息事端”之语。太后一瞧，把照会掷于地，拍案而起道：“洋人敢干涉内政，真是欺人太甚，是可忍孰不可忍，我也顾不了许多，拼死一战，比受侮强得多。”遂即传旨明晨召开御前会议。翌日清晨五更时分，慈禧御仪鸾殿，军机处大臣世铎、荣禄、刚毅、王文韶、赵舒翘、启秀等人早跪地伺候。慈禧说：“洋人太无理，我意与其开战，汝等以为如何？”荣禄奏道：“外人欲开战，是其自行寻衅，但围攻使馆，决不可行，若依端郡王之意，大清社稷危矣。”慈禧怒曰：“你若有好办法，让洋人退出京城，那我就不围使馆，如没有办法，你就给我退下！”荣禄不敢再说，惶惶退出。礼部尚书启秀从靴中抽出向11国宣战谕旨，太后接过一看，连说，很好，很好。又让各大臣传阅，完毕，又问是否同意，各大臣异口同声说，太后圣明。宣战上谕得到军机处同意后，慈禧用完早膳，又在勤政殿召开扩大会议。这次光绪帝也来参加，他表情忧郁地坐在慈禧身旁。参加会议的人增加了王公及六部九卿及诸科道大臣，少说亦有百余人，黑压压跪满一殿。慈禧太后厉声道："洋人欺人太甚，我不能再容忍。我始终约束义和团，不愿开衅。但昨天看到外国公使的照会，竟敢让我归政，才知此事不能和平解决。皇上他自己承认不能亲政，外国怎能干预？现在外国兵舰要攻大沽口，无理至极，我意开战，你们有何见解，不妨直陈。"此时大殿安静极了，只听见大臣们紧促的呼吸，许久却无人发言。慈禧转过头来，问光绪帝："皇上你也说说。"光绪帝迟疑片刻说道："义和团系乌合之众，怎能御敌？请圣母听荣禄之言，停攻外国使馆，把各国公使先暂送天津……"话至此，望望太后，见她已满面怒容，又说："还请太后做主。"赵舒翘终于第一个发言："既要开战，请太后下旨，杀尽内地洋人，免得他们做间谍，内应外合。"慈禧说："这个先缓议吧。"突然太常寺卿袁昶膝行向前，朗声道："臣有话要说，义和团是乱民，万不可恃，自古未闻凭邪术能打胜仗的。请先剿乱民……"慈禧怒目直射："义和团不可恃，难道人心也不可恃吗？"袁昶仓促不能答。端郡王载漪按捺不住，指着袁昶道："义和团是义民，起自民间，凭着赤诚不避万死以赴国难，先除义民，人心动摇，洋人谁御？"袁昶答道："安内方能攘外，外人让太后归政，此言未必是真！"载漪咆哮道："你这个汉奸，竟敢替洋人说话，应先除掉你这个内奸！"慈禧喝道："载漪，皇庭之内不得无礼！"这时，兵部尚书徐用仪、户部尚书立山、吏部侍郎许景澄、内阁学士联元等躁动起来，依次发言，都说，向11国同时宣战，实不适宜，中国本弱，甲午之战，败于日本一国，怎能抵挡列强联合进攻，必遭败绩，外人一入，内乱必起，社稷危矣。慈禧突然站起来，声色俱厉地说："你们都别说了，刚才洋人又来照会了，我念给你们听听，一、给中国皇帝指明一地由他自由居住。二、代收各省钱粮。三、代掌中国兵权。四、让我归政。你们听听，洋人无理至极，和也是亡国，与其这样，我宁可玉碎了。"这个照会，一下子把主和派的嘴堵死了。

后来方知这个照会并非出自洋人，而是端郡王授意军机章京连文杜撰的。但却促进了对外宣战。慈禧念完，便吩咐军机处，将宣战上谕颁告全国。

然而宣战诏书却遭到东南各省督抚的抵制，据说两广总督李鸿章，见到诏书说："此矫诏也，乱命也，粤不奉诏。"两江总督刘坤一，湖广总督张之洞，山东巡抚袁世凯等人与李鸿章电报往还，达成共识，与洋人签订《东南互保条约》：东南各省不向各国开战，各国也不能向东南各省进攻。笔者认为这个条约，确实避免了将战火引入东南，保了一方平安，但几省督抚搞一国两制，表明大清王朝中央集权遭到挑战，中央权威失灵，这是大清衰亡的先兆，也给以后造成巨大影响，辛亥革命兴起，各省纷纷独立，正是互保条约的后遗症。

再说天津情况，先是各国军队索取大沽炮台，被清军拒绝。各国发动强攻，提督罗荣光抵挡不住，大沽炮台陷落。联军统帅西摩尔率 2000 洋兵北进，希图入京解救使馆，在杨村遭到义和团与清军的阻击，西摩尔被迫撤退。这次小胜被直隶总督裕禄渲染成杨村大捷，立即向朝廷报捷。清廷大为兴奋，发旨褒奖，赏银 20 万两以资鼓励。裕禄更派兵攻打天津紫竹林租界，进攻 10 余天，死伤万余人，而租界岿然不动。此时各国军队陆续在大沽登陆，向天津进军，一路势如破竹，很快抵达天津城下。当时守卫天津的主力是武卫军聂士成部，聂士成是淮军名将，以善战著称，但他素来痛恨义和团，而义和团也恨他入骨。聂军与义和团经常火拼，杀得不可开交。聂军与洋兵激战 10 余日，均是分兵作战，一面抵抗洋兵，一面抵挡义和团。在一次战斗中聂士成壮烈殉国。聂军失利，武卫军、马玉昆部开上前线，与洋军奋战。马玉昆亦是淮军勇将，他与义和团一起击退洋兵无数次进攻，但最终败北，退守北仓。天津不几日沦陷，直督裕禄兵败自杀。洋兵攻入天津，大肆烧杀掠夺，天津几成废墟。此时，各国军队聚集天津，共有 34000 人，计俄国 1 万人，日本 9000 人，英国 6000 人（多为印度兵），法国 2600 人，美国 2500 人，德国 4000 人，意大利与奥匈帝国各 150 人，号称八国联军。休整几日，向北京进攻。

裕禄自杀，天津沦陷，消息传入京师，慈禧太后震惊异常，召来端郡王，大骂一通。端郡王说，有义和团在，太后尽可放心。他又说前任四川总督李秉衡愿率军击退洋兵。慈禧大喜，立命召见李秉衡。李见到太后慷慨陈词：“臣愿率师前往，与洋奴决一死战。”遂即又密奏道：“侍郎许景澄，太常寺卿袁昶，对太后所发懿旨擅自窜改，凡杀洋人字样，全改为保护洋人，真是可恶，应予严惩。”太后一听，暴跳如雷，喊道：反了反了，赶快杀死反贼！端郡王载漪奉旨，立即行动，当夜逮捕许景澄、袁昶，未加审议，下入狱中。第二日清晨，派徐承煜为监斩官，在菜市口将许、袁两人斩首。许、袁二人，均是清流名士，因直谏得祸。他们曾三次上奏朝廷，言拳匪不可恃，外衅不能开，主张剿拳匪，杀奸臣。其奏章传诵都门。端郡王载漪杀了袁昶、许景澄二人，心犹不足，下矫旨，索性将反对他的主和派兵部尚书徐用仪、户部尚书立山、学士联元，一律冠以通洋罪，押赴市曹斩首。几日内骈诛五大臣，大清开国以来闻所未闻，骇人听闻，可见非常之时，慈禧已乱了方寸而大开杀戒。五人者，时称“庚子五忠”，均有在总署衙门任职或担任驻外使臣的经历，洞晓世界大势，深知与列强开衅必败无疑。他们苦苦直谏主和，完全是为了国家的利益。但在当时一片爱国抗战的浪潮中，个个被视为通洋的汉奸，喋血西市，真是冤枉至极。按说在军事上，主和与主战均是一种战略思想，不分轩轾。战固然正气凛凛，和也并非卖国求荣，而是变通之策，都是为了国家的实际利益。如果不能消灭对方，和应是最后的归宿，百战总有一和，双方不能无休止地打下去。用现在的话说，和就是通过政治对话停止战争。然而在中国历史上，国人无比崇尚气节、精神、面子，忽视实际利益，宁玉碎，不瓦全。无论何种情况，主战派慷慨激昂，往往获得清誉，通常情况下，敢上前线杀敌的人少，躲在后方喊叫的多。而主和派则有媚敌的嫌疑，往往下场极惨。做主战派容易，大声疾呼，随声附和就行了。而做真正的主和派，没有大公无私、甘跳火坑、不计利害、忍辱负重的精神是不行的。袁昶等五廷臣后来在舆论和洋人的要求下，清廷很快予以平反昭雪，算是幸运的。而历史上因主和而蒙冤获谤、永世不得翻身的也是有的。

京城乱成一团，但八国联军却一路冲杀，节节紧逼，占北仓，陷杨村。前线统帅李秉衡尽管拼死防御，也难敌八国联军的凌厉攻势，全线崩溃，只得自杀殉国。李秉衡曾任山东巡抚，大力支持义和团，热情不亚裕禄与毓贤。在前线助战的义和团，也挡不住洋兵枪炮射击，败下阵来。联军乘胜前进，攻陷张家湾，再陷通州，前锋直抵北京城下。

城外的联军炮声轰隆作响，攻城的消息不断传入宫内。慈禧太后已成惊弓之鸟，惊恐万状，泪如雨下，她不断召集军机处大臣商议对策。荣禄说："太后珍重，不必悲伤，应速图善后事宜。"慈禧说："我已发电给李鸿章，让他火速来京，与洋人和议，岂知他行至上海，逗留不前，反让我惩拳匪，惩奸臣，真不知是何居心。"荣禄说："李中堂所言甚是。"说话间，刚毅、载澜惶惶进宫，报说洋兵已经入城。刚毅说，形势危急，太后不如暂避一时。慈禧说："我不走，我决心殉国。"荣禄说："太后明鉴。"慈禧说："你先去指挥守城，我心很乱，让我再想想。"荣禄随即退出。这一天，慈禧连续四次召见军机大臣。时值半夜，她第五次召见，然而等了半会，唯有刚毅、王文韶、赵舒翘三人赶到。慈禧流泪道："他们都跑哪去了？留下我母子不管，真是可恨。"刚毅道："太后事不宜迟，应该立即出京巡幸！"慈禧迟疑半晌，说："既如此，只好暂避，你们三人立即得随我走。"又对王文韶说："你年纪大了，又不会骑马，我心不忍，你随后赶来吧。"王文韶说："太后放心，臣拼死赶上！"慈禧说毕，退入后阁，让李莲英给她梳了个汉式发型，穿了件蓝布衫，活脱脱一个村妪模样。稍后，光绪帝、隆裕皇后、瑾妃、珍妃、大阿哥溥儁俱乔装而来，布衣布衫全是村民模样。慈禧传过珍妃说："你不必随行，路上乱得很，留下，说不定要受辱，你还是自裁吧。"珍妃说："自裁也罢，但皇帝有责任留守京城！"慈禧大骂："死在眼前，还要多嘴。崔玉贵快把她拉下去！"太监崔玉贵上前一把拖起珍妃就走。珍妃还在哭喊皇帝。光绪帝跪倒在地叩头哀求，泪流满面。慈禧毫不理睬。说话间，崔玉贵复命，说珍妃已经自裁了。后来方知崔玉贵将珍妃推下井内，那井至今犹存，名为珍妃井。

慈禧安排已毕，携着光绪帝、皇后、瑾妃、大阿哥与几个王公大臣及百余随从，乘着几辆骡车，半夜出神武门，然后出德胜门，向北出逃。行了几十里到达昌平贯市，昌平县令裴文敏不知去向（后来裴县令以擅离职守被处死，慈禧逃离京城该当何罪），当夜宿于清真寺，又着人买了些绿豆粥胡乱充饥。夜里睡在土炕上，炕硬难忍，再加蚊虫叮咬，苦不堪言。第二天拂晓即起，急忙赶路，傍晚到达怀来县，怀来县县令吴永，闻太后驾到，供奉十分殷勤，摆下宴席为太后一行洗尘。当晚宿于县衙内，太后住县令夫人房，皇帝住签押房，比之贯市舒服多了（后来，吴永因此升了大官）。此时广东布政使岑春煊率2000人勤王护驾，慈禧、光绪帝方稍安心。其后，太后一行，继续北进，出居庸关，经大同、天镇、原平，于庚子年八月初七，到达太原。山西巡抚毓贤驻守固镇未在，藩司以下官员到郊外恭迎。太原藩库原存嘉庆年为皇帝幸五台山预备的銮驾仪仗，灿烂如新，正好派上用场。慈禧与光绪帝乘坐金辇，全副仪仗前呼后拥，进入太原城。大小官员跪拜如仪，颇有点像京城里的威风。山西巡抚衙门被当作行宫让太后居住，膳食大为改善。见到太原繁华景象，慈禧心中悲喜交集，感慨万千。她本想住太原不走，但月余后，传来洋兵北进的消息，觉得太原也不安全，不如索性移驾西安。自闰八月初八启程，经过20余天行程，于九月初四到达西安。西安大小官员在30里外恭迎，沿途黄土垫道，彩旗飘扬，把太后、皇帝迎进城内。巡抚衙门修饰一新，充为行宫。一切比太原供奉更好。不久，荣禄、王文韶等军机大臣赶到，“且把杭州作汴州”，西安成了全国临时政治中心。这先按下不表。

再说八国联军进攻北京，遭到清军激烈抵抗。按说清军守城部队有5万人，大大超过联军，但在气势与武器上处于下风。尽管如此，董福祥、马玉昆、宋庆各部拼尽了全力，驻守京城各门的将士全部战死，无一降者、逃者。城破，继续在城区与联军展开巷战，终于支撑不住，北京城被联军占领。联军入城，将北京分区由各国占据，然后进行大搜捕、大屠杀、大掠夺，一批批的义和团战士被枪毙，许多主战官员被逮捕，大批财物被抢掠。庄亲王府被一把火焚毁，礼王府遭抢夺，皇宫、颐和园、西苑三海、静宜国、静明园、景山等皇家宫苑均遭掠夺与破坏，太和殿前的贮水镏金铜缸上的金片被刮掉。京城沦陷，社稷飘摇，一阵自杀殉国的风潮席卷京城，几百名官员、士子为大清朝殉节尽忠，阖门死难者不可胜数。例如大学士徐桐投缳而死，承恩公崇绮之妻瓜尔佳氏携全家儿女自焚而死，崇绮在保定也自杀而死（嘉顺皇后自杀，崇绮全家亦自杀，莫非体内有自杀遗传基因在作怪），真是悲壮惨烈的一幕。据史载，杀掠最凶的当属俄国、德国、法国，而日本还算有忍耐，杀掠较少。八国联军继续增兵，最高达到10万人，并公推新到的德国将军瓦德西为统帅。瓦德西扬言要为克林德复仇，对京城再进行扫荡。消息传出，京民大为恐慌。而此时有个青楼女子赛金花出头露面，与瓦德西交涉，免不了使出妓女妖媚手段，把瓦德西迷得三魂出窍，赛金花乘势提出请勿扰京民的要求，瓦德西色迷心窍，竟也答应。京城居民由于“金花娘娘”的作用，竟能稍保平安。赛金花，原名傅彩云，安徽人氏，13岁寄身上海青楼，美貌绝伦，艳名传天下。后来内阁学士洪钧一见钟情，将她赎出，纳为侧室。洪钧曾任驻法、德大使，携她周游欧洲，见过英国女王维多利亚，并与之合影。在德国，她的美貌也惊动柏林上层，瓦德西也和她有一面之交。洪钧死后，她来到京城，重操旧业，正遇上老相识瓦德西，成就了这番功德。据说她还极力劝说瓦德西与中国议和，并请求不要把慈禧太后列入惩办黑名单。赛金花于民国年间死去，北京各界捐资为她举办了隆重的丧礼，有几万人送葬，她的坟墓位于陶然亭公园内，至今尚存。清末大诗人樊增祥曾作《彩云曲》，夏衍曾作电影《赛金花》，更有许多文人以此为题材创作大量作品，以歌颂她的事迹。然而赛金花也成为极具争议的人物，有人认为她卖身曲线救国，有辱民族尊严，丢尽中国人脸面，是卖国主义不是爱国主义。中国历史上，西施与王昭君均遭此非议。而大多数人认为她主观与客观上保护了人民，值得歌颂。笔者认为，国难当头，慈禧与大官们逃走，男人们无力保护中国人，作为柔弱的青楼女子，挺身而出，她只有这点本事，她尽了力，她牺牲了自己，为人民做了好事。是男人们的无能才成就了她的名声，口倡道德的衮衮诸公还有何颜面指责一个女子呢?！于是笔者感慨良深，作诗一首，诗曰：

庚子妖氛乱蓟门，六宫龙辇走西秦。

大臣无计安宗庙，弱妓有心救庶民。

拚委一身陪恶虎，能教八国退联军。

青楼粉黛传青史，羞煞男人是女人。

北京沦陷，大清朝战败，唯有议和方能保住宗庙社稷。慈禧躲在西安，无可奈何地先下罪己诏，然后沮丧地向洋人乞和。还好，八国联军也战得精疲力竭，不愿再扩大战争，答应了和议。于是清廷派留在北京的庆亲王奕劻及已到天津的新任直隶总督李鸿章为议和全权大使，与洋人谈判。李鸿章年已79岁，有疾病缠身，当他出发时，许多亲友劝告他切勿再担任这挨骂不讨好的屈辱差使，他说，国家到此地步，何必计较这些，我是否是卖国贼，千秋自有公论。他冒着酷暑，力疾赴京。到达京城后，见满目疮痍，悲怆万分。他住在贤良寺，这寺院与庆亲王府，是北京唯一受到联军特别保护的地方。他和奕劻商量一番，即见联军统帅瓦德西，瓦德西表面上显得有礼貌，但提出的条件却苛刻得很，一是要严惩肇事罪魁，二是要赔巨额军费，如要答应，便能开议，如不答应，还要开战。奕劻、李鸿章好话说了几箩筐，请求先停战开议，条件再以序来谈。瓦德西与各国公使一口拒绝。无奈何，奕劻、李鸿章两人电奏西安行在，请求定夺。过了旬日，西安并无回复。瓦德西暴躁起来，派兵攻占保定，另一支兵攻到张家口。这把慈禧吓了一跳，只得下诏惩办罪魁，将载勋、载澜、载濂、载静、载滢革去官职，载漪撤去差使、停俸、交宗人府严处，刚毅、赵舒翘、英年交部严议。这电谕到北京，各国公使气愤得很，说是敷衍塞责，包庇罪犯。奕劻、李鸿章又向西安请示。慈禧又下诏，将载漪永远圈禁，毓贤发配新疆，董福祥革职留任。然而各国公使还嫌太轻，扬言要停和开战。外国步步逼迫，慈禧除了伤心别无他法，只得又下诏，将庄亲王载勋赐死，端郡王载漪、载澜发配新疆永远监禁，山西巡抚毓贤斩首正法，英年、赵舒翘监禁。徐桐与刚毅、李秉衡本应正法，现已死亡，夺去原职。董福祥降职调任。这次惩办已算严厉，慈禧以为总可以令洋人满意，然而过了新年，北京又传来消息，各国公使还嫌不足。慈禧不得已再下诏，将都察御史英年、刑部尚书赵舒翘赐死。赵舒翘为官清正，颇有政声，又是陕西人，西安各界几万人联名上奏，请求免赵之死。慈禧被洋人吓破胆，哪里敢免，含泪命岑春煊监督执行。赵舒翘身体素来健壮，先吞金，再吞鸦片，在床上辗转呻吟，过了几个时辰还是不死，岑春煊看得不耐烦，用麻纸蘸烧酒，捂在赵脸上，凡五层，赵大呼难受，须臾便死。死后，其妻抚尸大哭，然后上吊而死。山西巡抚毓贤本发配新疆，行至兰州，监斩官阿福坤赶到，宣旨立即正法，被斩于兰州绣河沿。临死留下两副对联，算是绝命词。其中一副是：

臣死国，妻妾死臣，谁曰不宜？最堪悲老母九旬，娇女七龄，耄稚难全，未免致伤慈孝治；

我杀人，朝廷杀我，夫复何憾？所自愧奉君廿载，历官三省，涓埃未报，空嗟有负圣明恩。

词意哀伤悱恻，令人不忍卒读。他的几个妻妾在他死前均已投缳自杀。毓贤是清朝著名酷吏，杀人如麻，以执政严峻闻名，但操守清廉，又是清朝极难得的清官，死后家徒四壁，空空如也，无半点资产，入殓时，仍穿着破旧的官服。

还有两个主战的官员，一是礼部尚书启秀，一是刑部侍郎徐承煜，当时都留在北京，被日军逮捕监禁。徐承煜有个大笑话，联军入京后，他老爹徐桐自杀时，让他一同自杀殉国。他唯诺连声，将老爹脖颈送入吊缳，抽去小凳，待老爹翻白眼、吐长舌，而他却逃之夭夭，被人骂为枭獍之徒。这次惩办罪魁，启秀、徐承煜榜上有名。清廷下旨处决，代请日军执行死刑。不久前，他监斩袁昶、许景澄，得意扬扬。而现在，日军刀未下，他早昏死过去，可叹可笑。再说那个溥儁，玩狗看戏，很不成器，其父既已获罪，也被慈禧废掉大阿哥名号，撵出宫外，最后落魄而死。经过清廷这一番严厉惩治，各国总算满意，允许开议。然而惩治大权却操在外国人手中，慈禧太后违心地把自己的亲信王公大臣，一个个地杀掉或发配，不仅是她的悲哀，更是国家民族的悲哀，这在中外历史上大概绝无仅有。另外，清廷发给奕劻、李鸿章的上谕中有“量中华之物力，结与国之欢心”之语。这句话是告诫谈判时要注意计算衡量中国的物力，以达到列国的满意。意思是充分计算物力，量力而行，最大限度少赔，减少损失。但是这句话后来被当作慈禧心甘情愿卖国的铁证，是不确的。洋人把慈禧逼到这般田地，笔者不相信她会说出如此不合情理的话来。关键是对

"量"字含义的理解，是衡量之意，不是全献给之意。当然此语有低三下四取媚洋人的语气，但可视为在强力压迫下言不由衷的外交辞令。不能看作慈禧已由仇洋突变成媚洋了。说实话，所有历代皇帝的卖国行为，都是被迫的，罪无可赦，情有可原。这好比遇到一个凶猛的强盗，你打不过他，只有把财宝给他，或许能保全性命。道理就如此简单。

和议开始后，李鸿章已心力交瘁，病入膏肓，但他还是带病谈判，与各国硬抗软磨，争一分得一分益，坚持到最后，实在不得已，才答应了条件。然后电奏西安批准。这就是所谓的《辛丑条约》。条约如下：一、给克林德立碑，派专使赴德谢罪。二、严惩祸首，肇祸各地停科考五年。三、戕害日本使者杉山彬，应派专使赴日谢罪。四、掘外国人坟墓处，建碑昭雪。五、禁止清国输入军火二年。六、赔偿外国人公私损失，计四亿五千万两白银（四亿五千万中国人，每人一两），分三十九年偿清，息四厘。七、各国使馆划界驻兵，界内不许华人居住。八、撤除大沽炮台及京津军备。九、各国驻兵京津通道。十、清国颁贴永禁仇外之谕。十一、修改通商行船条约。十二、改变总理衙门事权。这是清廷有史以来最屈辱的条约，赔款最多，更可悲的是，京津驻扎外国军队，中国首都处于半占领状态，已无防务可言，可怜，可怜。外国开辟租界，华人不得入内，又是何等屈辱。随后又派醇亲王载沣、侍郎那桐，分别赴德国、日本谢罪，大辱国格，令人痛心。

李鸿章刚签毕条约，病已垂危，几天后逝世。消息传来，慈禧与光绪已在西安回銮途中，均哀伤落泪，追封他为一等肃毅侯，谥号文忠，在江宁、合肥、上海等建功地建专祠纪念，并特在京师立祠，这也开创清史的先例。李鸿章其人是中国历史上最具争议的人物，100年来，他的名字和卖国贼等同，平心而论，有失公允。他为清朝立下一系列功勋，平内乱，办洋务运动，搞外交，所有的一切，都是挽救大清朝危亡，像个裱糊匠尽心竭力裱糊大清这间破屋子，而且鞠躬尽瘁，死而后已，他是清朝无可置疑的大忠臣。每当清朝处于危急之时，清廷都把他拉出来收拾残局，即便是签订丧权辱国的条约，也是奉命而行，为主子分忧，自己背黑锅在所不辞，这种忍辱负重的气量，无人可比。他的对外主和策略，及以夷制夷之策，虽然缺乏慷慨激昂的抗战精神，但在中国国力极弱的情况下，恰是保国安民最变通、最有效的策略。历史上勾践卧薪尝胆，其实也是这种策略的运用，俄国十月革命后，列宁力抗众议，与德国签订丧权辱国的《布列斯特条约》，却保护了年轻的苏维埃。勾践与列宁后来都胜利了，均成为英雄流传青史。而清朝失败了，李鸿章却成了卖国贼，这公平吗？直到今天，中国人还跳不出成败论英雄的圈子。至于李鸿章镇压太平天国、捻军的罪恶，也不能用当今的理论来评价，他是清朝官，自然要为清朝出力，正是忠臣的表现，难道让他投降太平军、捻军反叛清朝，或参加革命，才能免于指责吗？隔断历史看问题，则封建社会的帝王将相文人志士，没有一个好人，更无功绩可谈，只剩下李时珍、黄道婆等非政治专业人氏和几个起义首领了，如此中国还有历史吗？卖国贼的帽子该给李鸿章摘掉了。笔者至此又要动情，赋诗一首咏之，诗曰：

卖国贼名背百年，中堂功罪至今悬。
鏖兵黄海沉龙舰，割地台湾哭马关。
曾统淮军平发捻，亦兴洋务具方圆。
大清贫弱延残喘，城下议和凭少荃。

以上是庚子事变的全过程。造成这次社会大动荡的根本原因，是义和团运动及朝廷强硬仇外势力联合排外所致，义和团反侵略反压迫的爱国精神将永远彪炳史册，这毫无疑问。而载漪、毓贤、李秉衡、裕禄等人反洋精神亦可嘉。但是不懂国情，不分皂白，用激烈手段排斥一切外来事物，却大错特错了，最后的代价是极惨极痛的，这个教训应永远值得警惕。

【清末新政】发端于日俄战争之后，是清朝历史上具有真正意义的一次政治改革。光绪一朝，内忧外患相继，外患尤多，自然灾害不断，尤其光绪三年秦晋大旱，饿死者逾百万；另有天坛祈年殿、太和门烧毁，所有一切不祥之兆，都预示大清王朝的最后衰亡。继中俄冲突、中法战争、中日甲午战争、八国联军侵华之后，光绪二十九年十二月，日俄战争在中国东北爆发，又使清廷雪上加霜。战争起因尚须从头说起，在八国联军侵占北京之际，俄国借口保护满洲铁路，向哈尔滨派兵。黑龙江将军寿山，是明朝辽东督师袁崇焕后裔，加入旗籍，历来仇恨洋人，拒绝俄兵入境，分兵两路，一路攻哈尔滨俄兵，一路自瑷珲杀入俄国境内。这给俄国造成出兵口实，光绪二十七年九月，俄军17万人大举入侵东北，兵分三路，东路出珲春，中路趋三姓，西路攻瑷珲。三路兵马势如破竹，连占瑷珲、齐齐哈尔，副都统凤翔战死，将军寿山兵败自尽。接着俄军攻克吉林，再向辽东进攻，奉天亦告陷落，整个东北几乎全落入俄军之手。当时在北京谈判的李鸿章向俄国公使提出抗议，让俄退兵，俄使提出要求，索要东北的全部经济权利，方能撤兵。气得李鸿章吹胡子干瞪眼，忧愤成病，遂即辞世，死后留下“老来失计亲豺虎”的遗诗。原来他曾有以俄制倭的战略。到了第二年，清廷不断催促俄国撤军，俄国答应分期撤兵，18个月之内撤完。但俄军仍是不断拖延，赖着不走。清朝尚未反应，却恼了日本，原来日本早觊觎中国东北，视其为禁脔。见俄国独霸东北，气愤异常，竟联合英国向俄国发难，逼俄国退兵，俄国坚决不允，遂使两国决裂，同时宣战。然而不幸的是日、俄战争却在中国领土上进行，最尴尬的是清廷，按说两国在中国交兵，其性质是侵略中国，但清廷此时衰弱得有气无力，无法制止，也无力制止。无奈何宣布中立，只是告诫日、俄两国勿惊动祖宗陵寝，将来无论谁胜，东北三省仍归中国。这个悲哀的中立，空前绝后，真是国际笑话，就好比两个强盗进入主人室内抢劫，因分赃不均打起架来，家里财产被打得粉碎，而主人袖手旁观说，你们打吧抢吧，但房子是我的。

日俄战争足足打了近两年，双方投入兵力各有二十几万，海陆两栖进行，是当时世界上规模最大的战争。然而谁也没想到，号称庞大而强大的俄罗斯帝国，连战连败，一败涂地，其太平洋舰队、波罗的海舰队覆灭，旅顺要塞失守，守军投降，最后输给了被俄国称为侏儒之国的日本。跟着俄罗斯遭殃的还有东三省百姓，颠沛流离，家破人亡，苦不堪言。最后，由美国调停，俄日谈判，将东北权利瓜分。

清廷朝野时时关注这场战争，起初闹不明白俄败日胜的原因，尚在纳闷。后来朝野有识之士指出，日俄虽同为帝制，但日本明治维新后，采用君主立宪制，内阁管行政，国会管立法，逐渐国盛兵强，因而打败没有立宪的专制帝国俄国。这个议论一出，全国哗然，张之洞等大臣纷纷上奏，要求朝廷效法明治维新，施行政治改革，救亡图存。此时慈禧太后经庚子之变，思想开化许多，其仇洋心理大改，对外人采取笼络之策。身边又多了两个陪侍，一个叫容龄，一个叫德龄，均是驻法使者裕庚的女儿。两女自幼随父到法国定居，热爱学习西方知识，又长得美貌伶俐。裕庚回国让两女觐见太后，慈禧喜欢得很，遂让她们入宫陪侍。两女整日给慈禧讲西方见闻，慈禧很爱听，逐渐思想变化不小。于是她竟同意逐渐实施新政，只要皇权不变，其他都可商量。从光绪三十年起清廷陆续颁发实施新政上谕，成立政务处，由奕劻等王公大臣督办，一系列改革次第展开，史称"清末新政"。其内容主要有：

一、筹饷练新军。强兵是兴国第一要务，将旧军裁汰，编练新军，以西法训练，配制新式武器。具体为，取消武科举制，建立新式武备学堂。改兵部为陆军部，统一管辖新军，全国计划编练新军 36 镇，计 16 万人。由奕劻、铁良、袁世凯担任练兵大臣，具体由袁世凯负责。由于编练新军需要庞大的经费，清廷又设立各种名目，在全国筹饷。

二、振兴商务，奖励实业。倡导奖励官商创办工商实业。同时颁布一系列政策法规，保护促进奖励工商实业发展，这就意味着民间可以自由发展实业。

三、废除科举，兴学育才。清廷先颁发全国创办新式学堂的谕旨，责令办各级学堂，省城办大学堂，州府办中学堂，县级办小学堂，各类学堂学习新课程。接着将延续 1300 多年的科举制度废除。振兴教育的内容，还有选派留学生，鼓励自费留学，官费私费同等对待。

四、改革官制，整顿吏治。其中包括裁冗衙，裁吏役，停捐纳。裁冗衙，在改革官制的基础上进行，将原六部改为十一部，裁去总理各国事务衙门，由新设外务部代替。裁去光禄太常鸿胪三寺，事务并入礼部。裁去詹事府通政司。裁国子监，事归新设学部。在外省裁撤了河道总督，个别省裁去巡抚，由总督兼管。为消除满汉畛域，各部设官不分满汉。另外停止捐官。

五、改革法律，废除凌迟枭首等酷刑，禁止刑讯逼供。另有确定私人财产权受法律保护等。

六、预备立宪，期限九年。

清末新政是一次变革祖制的改革或变法，慈禧太后的气魄可谓大矣，中国历史上此类改革从无先例。由于是太后懿旨，阻力较小，新政得以逐步开展。与戊戌变法相比，是一次真正的改革，确有革故鼎新的重大意义。编练新军，是兴国强兵的首务，其意义自不待言。改官制，裁汰冗衙、冗员历史上早有先例，亦毋庸特述。而鼓励发展工商实业，则具有开创性的重大意义，它首次把资本主义发展要素引入中国，鼓励私人办实业，解放了被束缚的经济，推动了民族工商业的发展，是兴国富民的大善政，对后世产生极大的利好影响。至于废科举、办学堂，更是石破天惊的大举措，可谓震古烁今，惊天动地。办学堂，引进自然科学课程，对培育新型人才，意义异常重大，也是大善政。但科举制度在中国延续 1300 余年，一旦废除，影响可谓是爆炸性的，慈禧太后孤注一掷，也说明她有巨大的胆量和魄力。然而科举制度虽有这样那样的缺点，但其制度本身却是公平的，因为无论平民官宦，只要参加考试便可登上仕途，读书人为实现这个目标，发奋读书，无其他邪念，除为国家培养大批人才外，也起了稳定社会的作用，封建社会的政治机器全凭科举制度来维系运转。如果将科考内容加以改革，增加经世致用之学和自然科学知识，它仍是识拔人才的好制度。西方国家人士初到中国时就惊叹它的公平完美，并迅速引入西方应用。但清廷竟将它弃如敝履，予以废除，造成了负面效应。因为它断绝了读书人读书求官的希望，思想发生空前动荡，无所适从，对清廷失去信心，转而投军，转而革命，转而出洋留学，向心力衰减，离心力增大，加速了革命的爆发。正如李世民说，“天下英雄尽入吾彀矣”，科举确有笼络天下英雄的作用，一旦废除，人心涣散，群雄并起，社会动荡是自然的事。例如，黄巢、洪秀全均因科考失意，愤而造反，便是明证。清廷编练新军，则辛亥革命首先由新军发动；清廷废除科举，派留学生，许多知识分子和留学生则参加革命；清廷广办学堂，则学生接受新思想抵制旧思想，思想造成混乱；任用袁世凯练兵，则造成军阀势力；筹饷则加重人民负担，导致反抗，因而清廷新政确实有自掘坟墓，招来革命，导致灭亡的嫌疑。正如戈尔巴乔夫倡民主、搞改革导致了苏联解体一样，这种特有的历史现象值得研究。日本明治维新，导致盛国强兵，清朝行新政却加速灭亡，这也是值得研究的历史课题。多少年来学者们并不重视清末新政的研究，认为是垂亡清政府的回光返照，看来并非如此简单，因为它对后世产生正面或负面的巨大影响，不可忽视。

【革命初兴】是光绪末年的大事件。清朝国势衰弱，列强瓜分，生灵涂炭。有志之人认为，这都是满洲鞑子的错，非要暴力推翻这个腐朽政权，恢复汉官威仪不可，方能保种救亡。在此情况下，反满复汉的思潮在全国萌动，一些反清党派、帮会应运而生。先是在光绪三十一年七月，载泽、绍英、戴鸿慈、徐世昌、端方五大臣奉旨出洋考察宪政，临行在正阳门车站，遭到炸弹刺杀，侥幸活命，考察延期。刺客当场死亡，查明身份乃是革命党人吴樾。清廷方知晓革命党的厉害，于是风声鹤唳，惊惶了好一阵。此时广东出了个革命党大人物，此人便是后来的民国大总统孙中山。孙中山，原名孙文，号逸仙，在日本曾号中山樵，广东省香山县翠亨村人，农家出身，少年好学，抱负宏大。曾在香港学习医学，并博通西洋知识，见清朝腐败，便立了推翻它的鸿志，于是弃医从事革命。他联络同志，到处宣传革命，曾到南洋、日本等地募捐筹办革命经费，影响极大。并在檀香山成立兴中会，其宗旨便是“驱逐鞑虏，恢复中华，建立合众国”。他曾两次上书求见李鸿章，陈说革命主张，欲拉李鸿章下水。李鸿章大恐，拒不接见。清廷闻他反清闹革命，极为愤恨，行文通缉他，欲除之而后快。孙中山在国内无法立足，便遨游海外宣传革命，1898 年他行至伦敦，被清朝驻英使馆捕获，大使龚照屿（就是在甲午战争中被日军吓破胆从旅顺逃跑的那个官员）欲将他解往中国，情况十分危险。幸好有个英国人康德利，见义勇为，将他救出。后来这段经历被写成《总理伦敦蒙难记》一书，广为传播。之后，孙中山在东京成立同盟会，其纲领为“驱逐鞑虏，恢复中华，建立民国，平均地权”。并发动多次革命起义，如广东史坚如刺总督德寿案，唐才常汉口起事，郑弼臣惠州起义，黄兴长沙起义，万福华广西起义等，但均告失败。另有章太炎、蔡元培、邹容在上海办报纸宣传革命，邹容并著书一本《革命军》，风靡一时，上海知府探知，派兵缉捕，将章太炎、邹容拿获，下入大狱。后来邹容病瘐，章太炎几年后获释。还有赵声在萍乡发动起义，虽被镇压，确让清廷吃惊。光绪三十三年五月，安徽安庆发生候补道员徐锡麟持手枪击毙巡抚恩铭的惊天大案。消息传到京城，慈禧正在看谭鑫培的《定军山》，闻后气急败坏，下旨停演。徐锡麟，浙江绍兴府人，曾参加科考，中了副贡，本想再考会试图个功名，恰遇上清廷废了科举，极为失望，于是参加革命。先办学堂，招收弟子陈伯平、马宗汉等人，灌输革命思想，继而联络陶成章、秋瑾诸同志，成立光复会。又赴德国留学，半年后回国。回国后捐了个候补道台，然后到安庆投奔巡抚恩铭，恩铭知他多才，便任为陆军学堂总办。他得了这个差使，便积极训练学员，并密招徐伯平、马宗汉等筹划起义。定于五月某日，在陆军学堂毕业典礼之际，刺杀恩铭，发动起义。到了这日，恩铭果然应邀参加典礼，徐锡麟见时机已到，先向恩铭抛了一颗炸弹，炸弹未炸，接着徐掏出两支手枪，连续射击，恩铭中弹倒地。徐锡麟、陈伯平、马宗汉乘乱发难，突入城中，占领军械库，但大队清军赶来，包围军械库，一阵猛攻，革命党溃败，陈伯平战死，徐锡麟、马宗汉被捕。第二日恩铭伤重死亡，清军将徐锡麟剖胸挖心，奠祭恩铭。恩铭乃慈禧宠臣，又是奕劻之婿，在安徽办新政多有建树，其被刺震动全国。清廷又传旨浙江，捉拿徐锡麟同党。绍兴知府贵福奉命包围大通学堂，将革命党人秋瑾逮捕，连夜审讯，秋瑾提笔写道“秋风秋雨愁煞人”一句，别无他言。半夜被绑赴轩亭口，从容就义。秋瑾，女，绍兴人，字璿卿，号竞雄，自称鉴湖女侠，曾嫁湖南人王廷钧，王氏行为不端，嫖赌成性，为秋瑾不齿，遂离家东渡日本参加革命，与孙中山等相识。她慷慨有侠气，能诗文，擅刀剑，欲以铁血主义推翻清朝，曾有诗曰：

不惜千金买宝刀，貂裘换酒也堪豪。

一腔热血勤珍重，洒去犹能化碧涛。

回国后，创办大通学堂，联络徐锡麟同时起义，最终失败遇害。笔者有诗赞秋瑾：

女界豪侠革命魂，提刀驱虏破荆榛。
轩亭流尽英雄血，秋雨秋风愁煞人。

光绪末年的革命萌动，最终导致以后的辛亥革命。

【光绪之死】是个令人痛伤的话题，载湉这辈子活得真不顺心，国事不顺，家事不顺，身体极差，是他悲剧的三个内容。国家危弱是他最大的心病，慈禧的虐待，珍妃的死亡，与皇后不和，也使他不堪忍受，更可悲的是年纪轻轻，却已百病缠身，这当然是长期忧郁的结果。到了光绪三十四年，他的身体越来越差，出现眩晕、气喘、咳嗽、呕吐、失眠、遗精、厌食等症状，渐渐站立不稳，支持不住，不能再陪慈禧太后临朝。宫中太医百般诊治，各种药物轮番服下，也没半点效果。再加上瀛台四面环水，树木成荫，阴冷潮湿，不适病人居住，病情日益加重。民国后黎元洪做副总统，也住瀛台，他不适潮湿阴冷，见天嘟骂："怪不得光绪死于此地。"吵着闹着要袁世凯给他换住所，最后搬到东厂胡同，这是闲话，言归正传。于是征求天下良医来京，各省的岐黄高手、杏林名家，纷纷到京，谁都想一试妙手，医好龙体，立莫大功名。但一到宫内，看到这般症状，用了多少药方，也不见回头，均束手无策，摇头而去。当时正是慈禧寿辰，光绪帝撑着病体，勉强到仪鸾殿拜祝。慈禧见他面容憔悴，步履蹒跚，也觉不忍，让他快回去休息。过了几日，慈禧因着凉或饮食不周，突患泻痢，起初不太要紧，仍临朝视事，后来渐渐沉重，于是停朝疗养。来京祝寿的达赖喇嘛，呈上金佛一尊，声称可镇压不祥，有益健康，并言速将佛像安置于普陀峪万年吉地。慈禧十分欢喜，病也轻了许多。然而光绪帝祝寿归来，竟一病不起，整日卧在龙床上呻吟，慈禧探视几次，觉得不祥，于是召来庆亲王奕劻商议后事，慈禧说："皇上病重，看来要不起了，应准备立嗣事，我想立醇亲王载沣之子溥仪。"庆亲王说："应立长君为好，按支派立嗣，应立溥伦或溥伟。”慈禧说：“你不要再说了，我意已决，立溥仪是要报答荣禄对我的忠诚。”原来慈禧曾将荣禄之女瓜尔佳氏，指婚配于醇亲王载沣，后来生下溥仪。荣禄刚死不久，慈禧方有这等说法。奕劻说：“将来溥仪如何承嗣？”慈禧说：“当然是继承穆宗。”奕劻说：“皇上无后，应兼祧皇上才是。”慈禧不悦。奕劻说：“如不兼祧皇上，安能没有第二个吴可读尸谏故事。”慈禧沉吟许久说：“好吧，你拟旨去，速迎溥仪入宫教养，授载沣为监国摄政王。你再到瀛台看看皇上，将此意传告。”奕劻诺诺退出。他出仪鸾殿，又奔瀛台，进入涵元殿，见光绪帝卧在床上喘咳交加，瘦成一把骨头，身边只有两个老太监，皇后与瑾妃均不在侧，禁不住落泪叹息。遂将太后之语转告，光绪帝听了连说还好还好，脸上略带笑意。又告奕劻说：“传载沣来见我。”奕劻退出，须臾载沣来见，兄弟俩相对哭泣，光绪帝说：“你当摄政王很好，我放心了。”随即递过一个纸条，载沣接过一看，上写“杀袁世凯”四字。载沣神色紧张，随即答道：“皇上放心，臣遵旨。”光绪帝微微一笑。

然而皇上面带喜色的消息，值守太监竟禀报慈禧太后，慈禧咬着牙根说：“他是不是因我病了才笑，我不能死在他前面。”其实慈禧此时的病也很重，整日泻痢不止，虚弱至极，但她仍不断召集醇亲王及军机大臣商议国事。到了十月二十一日午后，瀛台传来皇上大渐的消息，慈禧强支病体前去探望，只见光绪帝卧在床上，白眼上翻，双鼻煽动，昏迷不醒。慈禧急命穿寿衣等事。约五点时，光绪帝龙驭宾天，死时双目未瞑。享年仅38岁。慈禧命载沣、奕劻等人先颁发皇上遗诏，再颁发新皇溥仪登基的喜诏。这一切慈禧早已安排妥当。

到了第二日，慈禧又召集王公大臣，以新皇名义下旨，尊慈禧为太皇太后，隆裕为皇太后。因有了溥仪兼祧光绪的懿旨，隆裕才当上了皇太后，她心中对慈禧、奕劻感谢不尽。慈禧处理完朝事，忽然一阵头晕，倒在椅上，李莲英忙扶入寝宫，歇了半晌，方才清醒，又急召隆裕及王公军机大臣，安排后事，神色镇静，语言条理清晰，她说：“我病将不起，此后国政由摄政王办理，重大政事须秉询皇太后。”又命立即草拟遗诏。待遗诏草毕，她看了一遍，又让再修改几句。然后昏厥不醒，好一会又醒过来，对王公大臣说："我临朝几次，迫不得已，今后再勿使妇人预闻国事。另外不须太监干政，明末故事，可为殷鉴。"（既说大事须秉询隆裕太后，又说勿使妇人预闻国事，前后矛盾，大概后话是对前话的纠正。）说完白眼一翻归天去了。终年73岁。这个女人是中国历史上最强悍的女人，唯我独尊，自以为是，敢作敢为，不似武曌，胜似武曌。她，也许是世界上权力欲最强烈的女人，三次临朝听政，统治中国近50年，她的智慧，她的本事，均出类拔萃，同、光二朝政事，无论善政与败政，都是她的创作，成也慈禧，败也慈禧。尤其她驾驭朝臣的手段，更令人佩服不已，全国的男人都拜倒在她的石榴裙下，这样的女人，中国几千年就出了武曌与慈禧两人。评说一番，笔者尚有余兴，赋七律一首：

女子称君数则天，大清太后再垂帘。
智诛肃顺联恭邸，敢用曾侯灭秀全。
石舫浮池沉战舰，马关受辱割台湾。
兰儿功罪休评说，旋转乾坤五十年。

然而，仅仅相隔一天，太后与皇帝都死去，真是奇怪之极。慈禧已过古稀，死了就死了，而光绪帝年纪轻轻，虽病，亦不至于死在太后死的前一天，这就令人怀疑万分。当时就流传说，光绪是被慈禧或袁世凯害死的。话虽这样，谁也拿不出证据，就这样流传100多年，成为谜案，史学界哓哓不休，未有定论。到了2008年，光绪死因研究取得重大突破。原来西陵文物管理处曾经清理崇陵棺椁时，曾取得光绪头发几缕及遗骨两块，存放在库中。清理完毕，崇陵即又封闭。2003年，央视摄制组到易县西陵拍片，偶而得知光绪头发现存库房的事，组中有识人，便想用光绪头发来研究光绪死因。摄制组联合西陵文管处、北京公安局法医鉴定所、中国原子能科学研究院29室，四家共同研究光绪死因，这个课题迅即得到批准立项。他们提取光绪头发，运用最先进的科技设备与手段，经过几年研究测试，发现光绪头发中含有砷元素，含量超过正常人2000多倍。两块遗骨亦含大量砷。又检测其衣物，均有超标含砷量。为了其准确性，又检测当年取出来的隆裕皇后与草料官的头发，发现光绪头发的含砷量超过隆裕260倍，超过草料官130倍。研究人员又排除服用雄黄慢性中毒的可能，最后得出结论，光绪帝死于砷中毒，具体药物便是砒霜。这个研究结果已经公布，成为定论。这真正说明光绪服了足以致死量的砒霜而亡。然而光绪是自杀或是他杀，尚待研究。笔者认为，光绪受慈禧监视，搞得砒霜谈何容易，又有谁敢替皇上找毒药而犯弑君大罪呢？他也没必要自杀，在死前他已得知侄儿继立，弟弟当上摄政王的好消息，知道尚有出头之日，又何必服砒霜自杀呢?！唯一的结论是他杀，是被人用砒霜毒死的。但谁下毒毒死光绪呢？是袁世凯吗？他没有那个胆子，即使有胆，也无法进入戒备森严的皇宫，即使以献药的方式，也难躲过太医与军机处严格的检查。因而袁世凯不可能进毒弑君。如此看来唯有慈禧才是毒死光绪的凶手，由此可以推断，当年慈安之死，慈禧亦难逃干系。

光绪帝死了，他是个可怜的皇帝，在位34年，当了慈禧34年的傀儡，他有发愤图强的大志，有过勤奋理政的百日表现。他曾经坚决对日宣战，但最终在《马关条约》上盖印；他曾经试图变法，到头来，被幽禁瀛台。由于他的懦弱，他所有的希望，都被慈禧扼杀。最终“怫郁摧伤，奄致殂落”。他是清朝最具悲剧性的皇帝。他死后，庙号为德宗，谥为景皇帝，民国后，埋葬于易县清西陵之崇陵。

三道诏书逊大清

——清逊帝　溥仪

清宣统皇帝爱新觉罗·溥仪

（1906—1967 年）

三岁登基为帝王，六龄逊位大清亡。

半生忏悔荒唐事，耻做满洲康德皇。

光绪三十四年十月二十日，皇帝载湉病危，慈禧太后下旨，立醇亲王载沣长子溥仪为嗣君，并封载沣为监国摄政王。当天就将三岁的溥仪迎入宫中。第二天，载湉崩世，再一天慈禧亦崩去，于是溥仪成为大清王朝第十二任皇帝，也是最后一位皇帝。溥仪是道光帝曾孙，第一代醇亲王奕譞之孙，第二代醇亲王载沣之子，光绪三十二年正月生于什刹海醇王邸（今宋庆龄故居、国家宗教局所占），母亲是军机大臣荣禄之女瓜尔佳氏。慈禧为何选择溥仪为嗣君呢？一是因为她素来愿立幼君，便于控制。二来是报答荣禄对她的忠诚。三是溥仪是其妹那拉氏之孙，亲戚关系最近。这全是慈禧的私心所致。一个醇王府在 30 多年内出了载湉与溥仪两个皇帝，在清朝绝无仅有，在中国历史上亦很少见。据野史载，醇王府帝气氤氲，是因为京西妙高峰奕譞园寝（七王坟）长一棵百年白果树（银杏），有术士说，“白”字底下加个“王”字，不就是“皇”字嘛。这个荒唐的说法广为流传，结果被慈禧听到，大为震怒。因她当时正痛恨载湉，因而派人将那棵白果树砍倒。谁知时过境迁，慈禧贵人善忘事，又将溥仪立为帝，岂非天意哉！然而溥仪为帝，载沣并不高兴，其母瓜尔佳氏初闻竟昏厥倒地，因为有光绪的故事，真不知是祸是福。

光绪三十四年十一月，溥仪由载沣抱着，在太和殿正式登基。韶乐大作，群臣跪拜如仪，山呼万岁，礼仪繁多，溥仪坐在宝座上哇哇大哭，手舞脚蹬。载沣在侧急得不知所措，哄他说：“别哭，别哭，快完了，完了咱回家。”群臣趴跪在地下，听后大为惊异，退朝后，议论纷纷，“快完了，回家。”这是什么话，都觉得不祥。三年后，宣统逊位，载沣归邸，一一应验。都说载沣的话是不祥的谶语。溥仪登基，改元宣统，宣统二字的含义是：彰显帝王大统。宣，通煊，有彰显之意，“统”是帝王万世一系的统绪。用这个年号，其意明显，就是希望垂亡的清朝，继续煊赫光大，与“光绪”的含义基本相同。接着是大赦天下，削减赋税等老一套先例，又给先皇封谥，给慈禧上最后的徽号，尊光绪皇后为隆裕皇太后，同治的瑜妃、瑨妃、珣妃及光绪的瑾妃俱尊为皇太妃。另外封奕劻为世袭罔替的庆亲王，这是个至高无上的爵位，在有清一代，除开国八个铁帽子王及允祥、奕䜣、奕譞外，就算他了（不包括蒙古亲王）。这大概是隆裕太后的意思，因为奕劻曾力谏慈禧，让溥仪兼祧光绪，隆裕方能成为太后。忙过这些后，溥仪的皇帝生涯就此开始了，但他是个三岁的孩子，自然不能理政，国家大事便落在监国摄政王载沣的肩上。当时他年方20岁。

【罢黜袁世凯】是载沣监国后干的一件大事。这事尚须从头说起，当年袁世凯向荣禄告密，导致维新变法失败，光绪被幽瀛台。受到慈禧信任，之后一路升迁，由山东巡抚而直隶总督，练兵大臣，而军机大臣、外务部尚书。当时北洋六镇新军，除第一镇铁良辖制外，其余五镇均受到袁世凯的不同程度的控制，一个汉大臣掌握京畿军权，遭到满洲亲贵的极度猜忌。袁世凯有所察觉，交出三镇兵权，并辞去直督、练兵大臣而避祸。但他仍有两镇兵权。光绪、慈禧死后，摄政王载沣监国，他大权在握，准备执行光绪帝“杀袁世凯”的遗旨。而远在日本的康有为两次上书摄政王，请杀弑先帝逆臣袁世凯。于是他召来溥伟、善耆等人商议，大伙一致赞成，欲学当年康熙帝擒鳌拜的旧事，以擒斩袁世凯。还想出了具体办法，在内宫召见袁世凯，赐他一个三条腿的凳子坐，凳子不稳，袁坐必然倒地，然后以“君前失仪”之罪斩之。执行斩杀任务的是恭亲王溥伟，他有一柄咸丰御赐的祖传白虹刀，类似上方宝剑。但是杀袁计划，遭到军机处奕劻与张之洞的激烈反对，奕劻对载沣说，杀袁世凯不难，但北洋新军是他训练的，各镇统制大多是他的心腹，恐发生激变。张之洞也叩头有声说：“国家多难，王爷先诛重臣，于国不祥。”载沣垂泪说：“先帝大仇难道不报了吗?”奕劻献计说：“闻说袁世凯有足疾，不如借此将他开缺，以后再缓图吧。”载沣沉疑半晌，勉强同意。过了几日，圣旨下：袁世凯勋劳素积，因患足疾，着即开缺，回籍休养，以示矜全。据说袁世凯接到圣旨恐慌不安，忙找老朋友英国公使朱尔典求助，朱尔典拍着袁的肩膀说：我以大英帝国的名义，保证你的生命安全。袁听后稍稍放心，带着家眷黯然出京，到安阳洹上村“隐居”去了，临走将价值30万两银的北京府学胡同私宅赠给时任第四镇统制的段祺瑞，袁出手阔绰，颇见个性，这是他笼络手下的权术。笔者写到这里，不禁叹息，这个载沣优柔寡断，太无魄力，否则将袁世凯擒斩，历史将会改写，大清王朝也不致速亡。良机丧失，可惜可惜！

袁世凯开缺后，又值慈禧梓宫奉安，这次送葬，规模宏大，耗银百万两，自京城到东陵沿途热闹非常。直隶新任总督端方，由于好奇，命手下用照相机拍摄送葬场面，连隆裕太后的御容，也被拍照，被人揭发，太后大怒，定为大不敬之罪，本拟斩首，后因载沣解劝，开缺回家。端方是洋务派人物，建树甚多，性格幽默，学识博通，只因拍了几张照片而解职，可见当时风气不开，愚昧无知。在不到两月内，直隶先后两个总督都被开缺回籍，在当时轰动中外。

【革命风暴】是形容宣统年间发生的一系列反清革命事件。溥仪即位后，革命活动风起云涌，令清廷恐慌不安。先是安徽安庆发生兵变，革命党人熊成基、范传甲率部起义，占领军火库，再进攻安庆城，结果失败，范传甲被俘处死，熊成基逃往哈尔滨。后来熊成基在哈尔滨刺杀贝勒载洵，当场被获，英勇就义。此事甫平，北京又发生惊天大案，革命党人汪精卫与黄树中等到京谋刺摄政王，未果被捕。汪精卫，原名汪兆铭，号精卫，字季新，广东番禺人，貌美而有才气，志向宏大，东渡日本，毕业于日本法政大学，并参加革命，任同盟会评议部部长，并担任《民报》撰稿人，经常发表反清文章，声噪海内外。汪精卫的革命主张十分激烈，认为暗杀清朝大吏，革命便可取得事半功倍的效果。他不待上级批准，便联络黄树中潜入北京，两人商议一番，认定擒贼先擒王，杀鱼杀大鱼，选定刺杀目标是最高实际统治者摄政王。他们先在前门外琉璃厂开办个守真照相馆作为掩护，然后购铁罐，买炸药，制成一枚大炸弹。又探得摄政王载沣每日上朝必经过地安门银锭桥，于是两人深夜在银锭桥下埋下炸弹，但等明日摄政王经过引爆。然而事不凑巧，正好被巡逻士兵发现，两人随即遁逃。巡逻队发现炸弹大吃一惊，立刻报知巡警厅，厅长知此案非同小可，连夜行动，顺藤摸瓜，寻至铁货铺，正是铁罐出售处，再由铁货铺老板导引，将守真照相馆包围，汪精卫与黄树中当即被捕。汪、黄被捕后，知必死无疑，毫无畏惧，立即承认要谋杀摄政王，欲以鲜血成就大名。第二日，摄政王得知党人欲向他下手，惊得魂飞天外，立即命民政部尚书肃亲王善耆开堂审讯。汪、黄二人被押至民政部大堂，善耆尚未开口，汪、黄二人便供认不讳，埋炸弹的是我们，要炸死摄政王的也是我们！善耆说："你们与摄政王何仇?"汪精卫答道："无仇，只因他是满人首领。"善耆道："大清待汉人不薄，何故恩将仇报?"汪精卫说："夺我土地，奴我人民，吸我膏血，已经300年。现在列强瓜分之祸便在目前，摄政王不思振作，毫无建树，拒开国会，因而杀他推行革命。"善耆听了也不辩驳，问道："你俩谁是主谋?"汪、黄二人争吵不休，都说自己是主谋。善耆听后，不禁失声称赞：好烈士！遂即将两人押入大牢。善耆吩咐狱警不可虐待两人，并两次入狱与汪精卫畅谈国事。摄政王本拟将汪精卫、黄树中处死。善耆劝说：杀之无益，革命党反更仇恨，不如永远监禁，以示我大清恩惠，或可消除怨毒。说实话，载沣亦是宽厚之人，换了任何人定斩不赦，偏偏他答应善耆之请。善耆是满洲亲贵中思想开明旷达之人，他并非同情革命，但他不满清朝腐败，力主革新，看得更远一些。孙中山曾致函善耆，称"营州贵胄首推贤王"，劝他加入同盟会，如不从，让他代劝摄政王，舍中原而回归辽东。善耆回函说：不愿入盟，但愿相助。因而革命党人始终对善耆保持极好的感情。善耆在民国时，逃往青岛，参加宗社党，力主复辟，后死于青岛。这是后话。

汪精卫在狱中曾写绝命诗几首，其中一首是：

慷慨歌燕市，从容作楚囚。
引刀成一快，不负少年头。

这些诗与刺杀之事传诵全国，举国之人不分老幼男女，齐声歌颂这位反清勇士，汪也一夜成名，奠定了他以后政治领袖的基础。还有一则轶事，汪精卫在北京蹲大狱时，一个年轻女子天天探监送饭，要与汪精卫在狱中举办婚礼，声称生不能同衾，死也要同穴；生不能为夫妻，死亦要结为伉俪。汪被感动，终于答应。这个女子就是后来追随他一生的夫人陈璧君。笔者曾感于汪精卫刺杀壮举，赋诗一首：

燕市谋戕摄政王，楚囚刺客大名扬。
奈何倜傥真才子，甘作华奸拜日皇?!

宣统三年三月，孙中山再次筹备发动广州起义。这次起义准备充分，海外募集了充足的军费，又购买大批军火，起义总部设在香港，并派赵声、黄兴、胡汉民、陈炯明等同志潜入广州，先联络新军及革命志士，择机发动。党人商议，认为广东水师提督李准最为凶恶，应先除之，减轻革命阻力。有个冯忆汉，自海外归来，愿担任刺李准大任，大伙都呼为义士。谁知冯忆汉色厉内荏，接到任务后迟迟不敢行动，黄兴屡次催促，他却干脆装病躲到乡下。这时恼了一个真正的义士温生才，他是广东嘉应州人，慷慨有侠气，勇敢无畏，他不告上级，暗自准备行动，备手枪子弹，侦察踩点，但等刺杀时机到来。三月十日，广州万人空巷，观看冯如驾飞机表演。冯如是广东人，在美国留学学习飞机制造，其时他返回广州，并带回自造飞机一架，面谒两广总督张鸣岐，张大喜，让其驾机升天表演，因而全城官民都出城观看飞机升天。温生才认为李准必往观看，这真是天赐良机。他埋伏在通往番禺的要道上，专等李准到来。许久，忽一绿呢八抬大轿，前呼后拥，鸣锣而来，温生才见状，立即上前。待到大轿过来，分开人群，跳跃而出，几箭步奔到轿前，持手枪向轿内连连射击几枪，看到轿内大官确实射死，方跳跃而去。跑了几步，清军涌来，随即拿获。事后方知，温生才射杀的大官，不是李准，而是广州将军孚琦，级别比李准还高一级。温生才当日先被押往番禺县，次日押往广州总督府，由张鸣岐亲审后，押至孚琦被刺杀地点斩首，温视死如归，从容就义。

然而温生才擅自行动，使广州清军全城戒严，增加了起义的困难。革命党领导认为应取消起义，避免失败。唯黄兴提出提前起义，气可鼓不可泄，舍命一搏，成功可期。遂定于三月二十九日发动起义，组织了800勇士，号为敢死团，兵分五路。一路进攻总督府，由黄兴负责。二路进攻水师衙门，由赵声负责。三路进攻督练公署，由陈炯明负责。四路进攻警察署，由胡毅生负责。五路占领飞来庙，破北门迎新军入城，由姚雨平负责。当日下午六点钟，起义螺角号吹起，800勇士，臂缠白布，分五路行动。黄兴率领一路义军最先冲入总督府，扔炸弹，射排枪，顿时将总督卫队击溃，击死管带金振邦，很快占领督府。但努力搜查，不见张鸣岐，连家眷也没影儿了。原来张鸣岐已将家眷疏散，独自在督府办公，听见前门枪响，早从后门逃出，先进入当铺，后辗转逃到水师衙门。他到后，立命水师提督李准率军镇压。当时清军正在戒严状态，李准令旗一挥，各路清军立即出动。由于清军多达万人，武器精良，800勇士根本无法抵挡，一场激战，义军死伤无数，黄兴手被弹击中，断了两指，鲜血淋漓，见大势已去，躲入民房再易服逃走。各路义军均遭失败。一场轰轰烈烈的起义，在一日内瓦解。翌日，广州同善堂检点收得尸体72具，张鸣岐下令埋入红花岗中，后改名为黄花岗。民国后，经调查，查得烈士真实姓名，树碑立名，永为纪念，是为黄花岗七十二烈士。

后来黄兴作《蝶恋花》一首，纪念广州起义，词曰：

> 转眼黄花看发处，为嘱西风，暂把香笼住。待酿满枝清艳霜，和风吹上无情墓。回首羊城三月暮，血肉纷飞，气直吞狂虏。事败垂成原鼠子，英雄地下长无语。

【预备立宪】是清廷拖延立宪的花招。日俄战争后，朝野要求立宪的呼声甚高。光绪三十二年，出洋考察宪政的五大臣归国，呈奏立宪可行，可保清室万世一系。于是清廷推行新政并发布立宪诏书，规定九年后立宪。但是四年过去了，在舆论的逼迫下，在各省开办立宪谘议局，指定名流绅士充任代表，在京设立相应机关资政院，然而仅具形式，宪政并未推行。在当时国人心目中，宪政就是组责任内阁，开国会。这两端不实行，宪政便无眉目。因而各省谘议局推选代表，组成请愿团赴京请愿，要求速开国会，缩短立宪年限。代表齐赴都察院，要求代呈请愿书，都察院不答。各代表又拜谒各部权臣，力陈所请，另有旗人亦加入请愿。清廷只得敷衍，只说正在筹备，各代表无奈，只得返回原籍。又过一年，日本吞并朝鲜，废去国王，全国震动，各省工商会、海外侨会联合谘议局，共推代表，第二次赴京请愿立宪，清廷仍是拖延。原来清廷心怀鬼胎，唯恐立宪会夺去皇室大权。直到广州起义发生，清廷这才决定先开内阁，以缓和革命风潮。宣统三年五月，清廷第一届内阁成立，并撤去军机处，内阁总理大臣是奕劻，副大臣为那桐、徐世昌。各部大臣是载泽、善耆、梁敦彦、唐景崇、荫昌、溥伦、载洵、绍昌、盛宣怀、寿耆。原尚书名号一律改称大臣。然而这个内阁，满人占九人，汉族仅四人，只任几个无实权的冷衙门，而皇室宗族多达七人。这个内阁被称为皇族内阁。这明显看出满族仍要牢掌实权。那时清廷高层深感国势危机，唯恐满人失势，排汉思想比前更烈。内阁如此，军事上也加紧部署，载沣宣布代行全国海陆军大元帅，陆军部由荫昌任大臣，海军部由载洵任大臣，军咨府（参谋本部）由载涛任大臣，另成立禁卫军组成最精锐的部队，由载涛、良弼统率，以拱卫京师。载涛与载洵都是摄政王的胞弟，均是十七八岁乳臭未干的小青年。载涛是京剧名票，爱玩马；载洵年龄虽小，其心大贪，曾出使外国，路过东北，要求地方官报效他貂皮 3000 张。让这样的满洲小青年担任军事大臣，岂非儿戏。清廷又颁旨，开国会期限缩为五年，称缓无可再缓，急无可再急，并驱逐在京请愿团，若再逗留，立刻拿办。各省谘议局再上书称，按英国法律，皇族不能入阁，而新立内阁多为皇族，仍有专制嫌疑，请另简大臣等语。清廷恼怒发旨驳斥："用人是君主大权，议员岂可干预!"引起全国物议大哗，清廷不再理睬。当时摄政王等认为这样布置已尽最大努力，革命党都已镇压下去，还怕几个立宪派吗？岂知更大的风波却接踵而至。

【保路运动】发生于宣统三年七八月间，事情起因是清廷突然宣布铁路国有，引起一场动乱。中国最早的铁路应是同治七年由英国修筑的沪淞铁路，自上海达吴淞口，只有几十公里。修成后试行，竟轧死几个人，于是国人都将它视为不祥之物。后来清廷以 28 万两银将其赎回，全线拆毁。而中国自己修筑的最早铁路是唐山到胥各庄的唐胥线，是运煤的铁路。到了光绪中叶后，世界列强凭借军事胜利，把中国的大部分筑路权掳去，铁路虽多，全是外国人修筑经营，丧失主权，国人极为不满。到了光绪末年，朝廷推行新政，允许民间筹资筑铁路，于是京汉、粤汉、川汉等线，有的赎回自办，有的筹资新办，由于办铁路耗资巨大，非一人几家可为，民间只能广筹资金，开设了很多自办铁路公司，相当于现今股份公司。股民主要有当地绅士、商人，还有大批平民百姓。然而，民间办铁路开始极不顺利，举步维艰。朝中邮传部大臣盛宣怀，提出了将民办铁路收归国有的计划。邮传部是清廷新建的管理铁路、公路、航运、邮政的新部。大臣盛宣怀是常州武进县人，其人在中国可谓是传奇式的人物，有中国商父、官僚买办等称号，一生热衷洋务，在航运、矿业、工业、纺织业、电报业、邮政等领域创办了很多实业，又热心教育，创办北洋大学堂（天津大学前身）、南洋公学（上海交大前身），更创办了许多慈善事业，做事有魄力，敢为天下先。他家资千万，妻妾如云，儿女成群，年龄老大不小，按说应是颐养享福的时候了，但他最热衷功名，一生在官场上奔波劳累而乐此不倦。这次又提出铁路国有政策，却把一生名誉断送。老实说，铁路国有本无可厚非，集国家大力办铁路，应比民间筹资办路，论理优越得多。然而清政府债台高筑，哪有这等财力。他竟与德、英、美、法四国借款，欲从民间买回，由国家营办。他上奏朝廷说："川粤铁路，百姓无钱续办，不如收回国有，借债办路，此路一成，偿了外债，还有盈余。"这奏一上，不谙时事的摄政王竟然准奏。当铁路国有的诏书发布后，立刻引起广东、湖南、湖北、四川民众的激烈反对。原来民间绅士、平民凑钱办路，本想发些利市，干番事业，这下收回，便断了希望，怎能不恼？再者，清廷付路款，却要分期付完，而且不给现银，只付纸钞，更是怨气冲天。另外，民众听说盛宣怀向四国借款，收受洋人回扣，愈发怒火燃烧。四省民众及谘议局，纷纷上书抗议，请朝廷收回成命，斩盛宣怀以谢天下。其中四川省闹得最为激烈，民众成立了保路会，发动罢市、罢课、抗粮、抗捐等活动，成都乱作一团。四川总督赵尔丰，见形势大乱，民情汹汹，慌忙上奏朝廷，但朝廷反责他无能，不能弹压乱民，派新起用的前直隶总督端方任铁路总办，收拾乱局。盛宣怀见川民坏他政策，也怂恿端方入川弹压，立功后可任川督。端方也密奏赵尔丰无能，请朝廷另简能臣。摄政王见奏立命他率兵入川平乱，端方行至武昌，借了新军第八镇两协军队兼程入川（后来行至资州，端方被新军杀死）。

再说四川总督赵尔丰，本已被保路会民众闹得沮丧万分，又听到端方入川要来抢他饭碗，更火上浇油，怒不可遏。某日，保路会与谘议局代表蒲殿俊、罗纶、颜楷、张澜、郑孝可五人求见，仍然是要求制军做主，保护铁路等语。赵尔丰听得不耐烦，大喝一声，命左右将五人拿下。说话间，五人缧绁加身，押于大牢。原来这五人都是社会名流贤达，被押消息传出，民众愤怒异常，顿时聚集1000余人，个个高举清德宗皇帝牌位，冲入督府。为何举着德宗牌位呢？原来川民认为铁路民办，是当年光绪皇帝的圣旨。另外高举德宗牌位，神圣不可侵犯，也有护身之意。这1000余人进入督府，大声疾呼，要求速速释放五代表，声震瓦瓴，气势汹汹。赵尔丰原是杀人不眨眼的魔王，外号赵屠户，早已暴跳如雷，怒气冲天，立即下令卫队开枪，几排枪弹射去，前排民众，已有七八人倒地，德宗牌位也溅落于地。开枪更激起民众愤怒，大伙索性舍了性命，向前冲去。此时成都将军玉昆飞马赶到，拉过赵尔丰，正告他不要激起民变。赵尔丰仍然怒发冲冠，固执不从。玉昆也不管他，命立即释放了五个代表，又百般安慰民众，一场大乱方才平息。后来，保路民众发动起义，攻城略地，演成更大动荡，赵尔丰也死于乱军之中，这是后话。以上是保路运动的大概，这次运动直接触发辛亥革命，导致大清覆亡。因而有史家言，铁路国有政策送了大清的命，盛宣怀是清朝覆亡的罪魁，更是民国建立的功臣。

【武昌起义】号角吹响于1911年10月10日，农历辛亥年八月十九日，引发了震动中外的辛亥大革命。武昌居长江中游，自古以来，便是兵家必争的战略要地。在广州起义失败后，革命党人便欲在此发动起义，当时保路运动在湖北也如火如荼，革命火焰随之燃烧，在起义前，武昌的革命活动异常活跃，各种革命组织如雨后春笋，纷纷建立，如日知会、共进会、群治学会、振武学会、文学社、共和会等，这些组织有些受同盟会领导，有些与同盟会有程度不同的联系。组织成员不乏革命精英，如刘公、胡瑛、蒋翊武、孙武、张振武、吴兆麟、詹大悲等。这些组织积极宣传革命思想，更重要的是他们不断向新军渗透，并盯住新军发展革命成员，目的是依托新军发动起义。当时驻扎武汉三镇的清军主要是新军第八镇，是清朝最精锐的部队，统制是张彪，曾代表南方军队参加过彰德会操，极有名气。第八镇中下层官兵受革命思想影响最大。湖广总督瑞澂接替张之洞初来上任时，就问张彪："张军门，听说第八镇革命党不少，究竟有多少?"张彪老实地说："不瞒大帅，至少有1/3。"从瑞澂与张彪的对话可知革命力量的壮大。清廷对武昌的革命党活动亦有所闻，发电谕告知瑞澂："革命党陆续来鄂，私运军火，并有陆军三十标兵，作为内应，闻将于八月十五六日举事，应速防范。"瑞澂见了电谕，立即派布军警，全城戒严，分段搜查，并令全城官员停止中秋节休假，恪尽职守，加紧防范。经清军搜捕，果然连日拿获许多革命党，缴获枪支弹药若干。瑞澂开堂审讯，一律正法。武昌接连几日清静了许多。事实上，革命党人确有起义的计划，但不是中秋节，而是定在八月十九日。他们见瑞澂屠杀党人，很是激愤，加紧了起义的部署。然而在八月十八日，革命党人孙武在俄国租界制造炸弹，岂料炸弹爆炸，孙武被炸伤手指。这一声巨响，惊动了俄国巡捕，立即报告清军，联合行动，捕获多名革命党人，孙武与蒋翊武侥幸走脱。但清军缴获了不少武器、宣传单、印信，另有革命党花名册一本。瑞澂见了名册，打开一看，大惊失色，原来名册中有新军各协各标的军官多人，立即传来张彪大加申斥。张彪亦很惊慌，连夜召集第八镇军官，命令迅速查办。霎时间，全镇官兵人心躁动，人人自危。整个军营仿佛是浇满汽油的干柴堆，一个火星足以使其燃烧。到了十九日夜间，工程八营副班长金兆龙与兵士程定国在营房擦枪装弹，突然，排长陶启胜走过来大声喝斥："你们想造反吗?"金兆龙是个爆脾气，骂道："老子造反你能怎么样!"陶启胜大怒："造反要杀头的，来人，把他们抓起来!"这时程定国在后面，照后脑勺一枪托，金兆龙迎面又给了陶启胜一枪。这一枪便是造成辛亥革命的第一声枪响。说话间，班长熊秉坤赶到，喊了声：“起义了!”顿时有几百人到来，都大呼起义了！于是大伙臂缠白布，撕去肩章，持枪冲出营门。督队官阮荣发、右队官黄坤荣与排长张文澜上前拦阻，被乱枪击死。义兵一路呼喊，一路冲杀，直奔望楚台火药局，遇上几十个守卫旗兵，一阵排枪射去，早窜得无影无踪。义军开了火药库，将枪支弹药、大炮搬个精光。此时十五协兵士及测绘营兵士亦赶到楚望台，与工程营会合，向督署进攻，沿途遇着督署马队，义军呼喊：“咱们都是汉族同胞，不要残杀，跟我们起义吧!”马队中突然也爆发“起义了”的喊声，随即与义军汇合一起。当时义兵群龙无首，即推举工程营左队队官吴兆麟为总指挥，吴当即命兵分三路，一向凤凰山，一向龟山，一向楚望山，三路兵到位后，各架起大炮向总督府轰击，几炮轰去，总督府大门被轰塌。当时瑞澂就在督署衙门内，被炮声震破胆，携着妻妾，在后墙凿个洞，钻出去，跑到江边躲进楚豫兵舰中。瑞澂乃琦善之孙，祖父曾与英人签约割让香港，而他一逃，却断送了大清江山，祖孙异曲同工。第八镇统制张彪得知新军造反，抓起电话打了一通，无人接答，这才惊慌起来，后有人报告辎重第八营全营整肃，未附乱军，于是带着宠爱的四姨太跑到辎重营去了。张彪是山西榆次人，一生追随张之洞，是名智勇兼备的名将，他的逃跑与瑞澂不同，因为这次起义并不是职业革命党人，而是自己手下的官兵，在混乱中无兵可调，又不忍心镇压，所以暂避一时。

义军奋战一夜，队伍越来越多，不到天明，武昌全城即被占领。吴兆麟自感威望资历不足，难以服众，坚辞总指挥，并推荐二十一混成协协统黎元洪为首领。大伙一致同意，并在城外找到避难的黎元洪。黎元洪，字宋卿，湖北黄陂人，毕业于北洋水师学堂，娴熟海战，曾参加甲午海战，兵败投水自尽，被人救起，后投张之洞，大得信任，被张誉为“智勇深沉”，为人宽厚和平，善待属下，在军中有很高的威望，深受拥戴。此时他见义军逼他当首领，连连摇头说：“造反是杀头的大罪，黎某宁死不愿。”又说：“如果瑞澂、张彪增兵反攻，你们怎么办？海军开来，怎么办？我知道海军大炮的厉害，几炮就能炸碎武昌城。另外，你们粮饷有吗?”吴兆麟说：“我们已有10万大军，在藩库缴获3000万银两。兵来将挡，水来土掩，怕他什么！”黎闭目不再说话。义军头目甘绩熙气得不耐烦说：“黎宋卿先生，你要革命，我们请你，你要忠于清朝，武昌失守早应该为皇帝死节。今日之事，成功你是华盛顿，失败你是拿破仑，无论革命成败，你都有好处。你看着办吧。”这一席话说得黎元洪坐卧不安，于是说：“好吧，我这条命交给你们了，快找个理发匠把我这辫子剪了。”于是义军拥着他来到谘议局，黎见议长汤化龙也投降革命，心里踏实多了。义军让他担任军政府都督，汤化龙管理民政。

黎元洪既当大任，立即派兵攻取汉口、汉阳，两处兵不血刃，唾手而得。于是武汉三镇尽在义军之手。义军又与汉口租界各国领事签订条约，求得谅解，保证不侵犯租界，保护各国侨民。接着郑重发出讨虏檄文，檄文洋洋几千言，全用骈四俪六的古赋体写成，文字精工富丽，历数满人近300年罪恶，号召全国共讨之，据说是饶汉祥与孙发绪的手笔，真是难得的大文章。

这就是武昌起义的大致过程，写到此，笔者抚今追昔，感慨万千，2011年10月10日，是武昌起义100周年，笔者撰联一副，以为纪念，联曰：

辛亥当时，武昌首义，听一声枪响，二千年帝制，瓦解冰消，昔日真龙全遁去；

沧桑几变，赤县复兴，看三楚河清，六十载春光，洲青楼美，今朝黄鹤又飞来。

武昌起义的消息传到京城，清廷大为震惊，自太平天国以后，首次出现省城被义军占领的情况，年轻的摄政王惊惶万分，立即派陆军大臣荫昌率军镇压，湖北各军及赴援部队均归其节制，同时命海军提督萨镇冰率长江水师从水路向武昌进发。又下旨，瑞澂与张彪革职留任，让其收复武昌，戴罪立功。清军第一军总统冯国璋在向武昌进发途中，微服秘密到安阳洹上村拜见“隐居”的袁世凯，请他面授机宜。袁世凯给冯六字真言：慢慢走，等等看。冯心领神会，立即放慢行军速度，一步一挪地行至孝感，便按兵不动。气得在信阳驻节的荫昌哇哇大叫，跺脚骂人。在武昌这边，义军秣马厉兵，枕戈达旦，但等清军决战。军政府发布招兵文告，三日内招兵2万人，可见人心所向，不可转移。又发出剪辫通令，全城军民限日剪掉辫子，以示与满清决裂。八月二十五日举行祭旗大典，挂起红、黄、蓝、白、黑五色旗帜，黎元洪率全体民军，恭敬祭旗并祷告天地，全军同仇敌忾，士气高涨。不几日清军先头部队已抵武昌，主要是河南赶到的援军，长江水师舰队亦达城外江面。另有张彪残余部队，共计2万人。但是清军已和汉口租界洋人签订条约，答应不侵犯租界，而租界在水口一带，正好是武昌的屏障，因而长江水师不能近距离攻击，战斗力大打折扣。义军可不考虑清水师的威胁，从陆地主动出击，先攻打刘家庙。刘家庙驻扎的是张彪的残军，双方接仗，大战一场，张彪军败走，义军旗开得胜。第二日，义军再至刘家庙，在车站一带再次击败河南军与张彪军的进攻，炸毁运兵列车多节，义军再次获胜。傍晚清军再次进攻，长江水师也在江中远距离开炮助战。然而义军在凤凰山、楚望山架炮轰击，清军处于平地，吃亏不小。忽有一炮打来，正中江中江元号炮舰，炮舰负伤，急驶而逃，不知怎的，其余军舰一溜烟退出，返回九江去了。此时义军士气大振，连续发动攻势，从头道桥杀至三道桥，又向滠口挺进。义军大战五天，捷报频传，立刻震动全国，奇迹般地引发多米诺骨牌效应，各省新军、革命党人接连发难，掀起一阵各省独立浪潮。

湖南离湖北最近，影响最速，革命党最先在长沙起事。八月三十日，民军冲入巡抚衙门，湖南巡抚余格诚吓得磕头作揖，方才免死。巡防营统领黄忠浩被当场击毙。民军推共进会会员焦达峰为都督。稍后革命党内讧，焦达峰被乱军砍死。又公推前总督谭钟麟之子谭延闿为都督。

同日，陕西发生起义，同盟会景梅九、井勿幕发动新军攻入巡抚衙门，巡抚钱能训，举枪自杀，未死。西安将军文瑞投井殉清。义军推张凤翙为都督，宣布独立。

接着九江标统马毓宝，驱逐道台、知府，宣布响应民军。之后，南昌风波又起，革命党逼江西巡抚冯汝骙独立，冯不允。马毓宝率军进入南昌，改推吴介璋为都督。

以上消息传入京城，摄政王惊恐万状，召集内阁商议，各大臣束手无策，面面相觑，不发一言，载沣急得手脚冰冷，含泪欲滴。忽然庆亲王奕劻起身，表情极为严肃地说："我保举一人，可平大乱。此人便是前开缺回籍的袁世凯。"载沣默然不答。庆亲王又说："不用袁世凯，大清休矣！"载沣沉吟半晌，勉强答应。善耆说："盛宣怀提倡铁路国有，酿成民变，咎不应辞，应免职以谢国人。"载沣点头称是。然而任命袁世凯为湖广总督的诏书，发至安阳，袁世凯以足疾未愈推辞。袁世凯回籍已有两年半，这期间，表面上每天垂钓洹河，饮酒赋诗，一副闲云野鹤的样子，实际全是韬晦之计。他每时每刻都希望东山再起，干更大的事业。虽在野，但朝中大事无所不知。奕劻、那桐都被他用金钱喂饱，老友徐世昌不断给他通报朝事，他对形势看得很清楚。他之所以推辞是看不上湖广总督的权力，因为他以前做过直隶总督，不屑为之。载沣见他扭捏，不再催促。然而，广州又发生将军凤山被革命党炸死一事，载沣怕得要命，无奈何连派荫昌、徐世昌轮番到安阳洹上村劝驾，许以钦差大臣、湖广总督、节制三军，袁才答应。随即启程到信阳，取代荫昌行使权力。袁世凯在北洋六镇中享有崇高的威望，他出山的消息传到前线，清军士气骤涨，打了个胜仗，杀伤民军几百人，将刘家庙、大智门车站等地尽行收复。袁世凯又传语冯国璋，"给民军一点儿颜色看"。冯受命大举进攻，击退义军，几日内便攻占汉口，然后纵兵大掠，汉口人民大受其害。正在抢得兴起的时候，民军敢死队反攻，仅一仗击死清军3000余人。冯国璋欲整军再攻，袁世凯突然下令停止进攻。原来袁另有考虑，他想，若将义军击败，狡兔死，走狗烹，功高震主，免不了还要被清廷开缺回籍，说不定有杀身大祸。他懂得养敌自重的道理，义军在，袁世凯就在。于是他想与民军议和，然后慢慢走，等等看。袁世凯有可能是中国历史上与曹操相轩轾，最工于权术的人，当时有个福建文人郑孝胥说："袁之权术，天下无出其右。"于是袁停兵不攻，却给清廷上了奏折，要求罢去皇族内阁，开国会，立宪法。摄政王接到奏折，满腹狐疑，不知老袁卖什么药，又抓军事，又搞政治。

然而此时又传来山西独立的消息，山西新军杀死巡抚陆钟琦全家十几口，其子翰林学士陆亮臣正至太原探亲，亦被击毙。陆钟琦父子品行端正，颇有政声，全家被杀，舆论多有惋惜之情。义军占领太原，推同盟会会员阎锡山为山西都督。阎锡山对陆钟琦父子政声人品颇有敬意，予以厚葬。同日，新军第二十镇统制张绍曾与蓝天蔚在滦州发动兵谏，要求速开国会，立宪法，废内阁，否则兵戎相见。山西与滦州近在肘腋，确予清廷打击不小。

紧接着，云南也宣布独立，日本士官生协统蔡锷，率军发难，杀死藩台。蔡锷劝云贵总督李经羲反正，李不从。于是蔡锷派兵把李护送出境。原来李经羲曾大力提拔蔡锷，蔡不忘旧情，方有此举。义军推蔡锷为都督，云南又告独立。

这时京城的摄政王惊急交加，仿佛是热锅中的蚂蚁烤得团团转。而各大臣的辞职书却雪片飞来，弟弟载涛也撂下军咨府大臣的挑子。摄政王只有找庆亲王讨办法，而庆亲王把袁世凯看作大救星、济世主，劝载沣让袁组阁。到了这步田地，载沣只得同意。遂下旨授袁世凯为内阁总理大臣，让他在前线安排妥当，择日进京接职。接着又下罪己诏，开了党禁，放了汪精卫等人。又命资政馆拟订宪法条例，定于十月初六宣誓太庙实行。

然而清廷的罪己诏和改良策令，各地置若罔闻，并未能抑制汹涌的独立浪潮。九月十三日，上海革命党人发难，攻占了上海制造局，又占领道台知县各衙门，公推同盟会陈其美为都督。同日，贵州又传来独立消息，党人驱逐巡抚沈瑜庆，推杨荩诚为都督。十四日，上海革命党人策动苏州新军发难，逼江苏巡抚程德全独立，革命党甚是通融，竟推选程德全为都督，这是各省独立的特例，算是和平移交。稍后，上海革命党派遣蒋介石率敢死队进入杭州，联合笕桥清军大营官兵，占了军械局，又率队猛攻巡抚衙门，一顿炸弹轰过，巡抚增韫逃入马厩，被党人捕获，战了一夜，杭州光复，公推汤寿潜为浙江都督。

面对东南各省的独立，清廷焦虑可想而知。十月初六，是清廷太庙宣誓立宪的日子。这一天，摄政王载沣率领全体王公大臣，齐集太庙，对着列祖列宗的牌位，焚香叩头，心情悲凉地郑重宣誓："维宣统三年十月六日，监国摄政王载沣，摄行祀事，谨告诸先帝之灵曰：惟我太祖高皇帝以来，列祖列宗，贻谋宏远，迄今将垂三百年矣。溥仪继承大统，用人行政，诸所未宜，以致上下睽违，民情难达，旬日之间，寰逼纷扰，深恐颠覆我累世相传之统绪。兹将资政院会议，广采列邦最良宪法，依亲贵不与政事之规则，先裁决重大信条十九条。其余紧急事项，一律记入宪法，迅速编纂。且速开国会，以确定立宪政体，敢誓于我列祖列宗之前。”

誓文宣读毕，又颁布宪法信条十九条。这十九条不再赘述，主要内容是，大清帝国之皇统万世不易，皇帝神圣不可侵犯。速开国会，另组内阁，皇族不得参与。今后国事政令均由国会议决等。鸟之将死，其鸣也哀，人之将死，其言也善。观其誓文，无异是第二份罪己诏，地点选在太庙，一是示信用，二是向祖宗请罪的意思。十九条信条，也说明清廷愿真正效法英国、日本立宪，革命浪潮把清廷逼到这一步，已算让步到了极点。如果实施，也是历史进步。

但是十九条虽能满足君主立宪派的要求，却不能阻挡推翻专制制度的革命潮流。不久，广西也传来独立的消息。不过广西有点儿特别，是巡抚自己主动向义军靠拢，巡抚沈秉坤看清形势，知清朝气数已尽，独立势不能免。他召集藩台王芝祥、提督陆荣廷商议，二人一齐赞同。又开谘议局会议，公推沈秉坤为都督。而沈坚辞不就，卷起铺盖回家去了，颇为高风亮节。于是王芝祥成为都督，陆荣廷副之。广西独立立刻影响广东，全省军民呼声甚高，要求两广总督张鸣岐顺应形势独立。张模棱两可，始可终不可。于是谘议局开会，仍推张鸣岐为都督，提督龙济光为副都督。但张溜之大吉，龙也不敢接任。谘议局又推同盟会员胡汉民为都督，宣布独立。稍后，安庆又传来独立消息，原来安徽巡抚朱家宝被军民所逼，不得已宣布安徽独立，自任都督。

再说福建情况，全省要求独立的呼声日益高涨，新军统制孙道仁联合省谘议局，向闽浙总督松寿施加压力，迫他独立，松寿不答。新军遂攻占督府，松寿服毒自杀。福州将军朴寿发誓忠于清朝，率旗兵与新军对抗，结果兵败战死。松寿与朴寿不屈殉清，虽顽固不化，确有忠臣气节。最后，军民共推孙道仁为福建都督，挂起五色旗，宣布独立。

山东的独立十分滑稽，山东巡抚孙宝琦搞了一个假独立。孙宝琦与当朝庆亲王奕劻结为儿女亲家，按说应忠于清朝。但山东形势也很紧张，军民逼他独立，否则兵戎相见。他实在无法，独立，对不起大清朝，不独立，顷刻性命不保。于是表面赞成，暗中却发电奏一份，直达摄政王，奏请山东独立。摄政王见了电奏，看了几行，惊得差点晕倒。急召来奕劻，将电报掷去。老庆看完，方晓得亲家苦衷，是玩假独立的招术。告之摄政王，方稍稍得以安慰。不久孙宝琦果然又取消独立。

最要清廷命的是海军归附义军。原来由提督萨镇冰率领的北洋水师，共18艘军舰，在进攻武昌时，舰队并没有为清朝卖力，刚与民军接仗，便伺机退出战区。舰队各管带大多是革命党人，与民军时刻联系。在江上游弋多日，见时机成熟，镜清、保民等14艘军舰，驶往镇江，投附民军。而海容、海琦等4艘舰及鱼雷艇，则驶往九江，归附民军。至此大清海军十之七八反正。萨镇冰见大势已去，乘船逃往上海避难。

此时摄政王尚有一根稻草可抓，那就是新任内阁总理大臣袁世凯。他每天电催老袁到京，然而袁世凯悠闲得很，一路磨磨蹭蹭，又说犯足疾，又说犯咳嗽，直到十月中旬才到达京城。摄政王捐弃前嫌，相见甚欢，求他快出平乱大计。袁世凯向摄政王汇报了他与民军议和不成的情况，原来他在来京前，曾派蒋廷干、刘承恩到武昌与民军议和，而民军非要清帝退位不可，因此和议搁浅。摄政王说，和议不成，开战好了。袁将双手一摊说，打仗不怕，奈何没有军饷，官兵怎能效力。说得摄政王皱眉挠腮，长吁短叹。奕劻在旁献计说，闻说隆裕太后留有慈禧的珍宝，不妨拿出来济军，以解燃眉之急。袁也极力赞成。摄政王硬着头皮，入宫奏请隆裕太后，太后闻言，泪如泉涌，叔嫂相对而泣。哭了半晌，太后拿出内帑几十万，交付摄政王。摄政王又转付袁世凯。袁方有了精神，筹划一番，迅速组成了一个新内阁。组成如下：总理大臣袁世凯，内务大臣梁敦彦，民政大臣赵秉钧，度支大臣严修，学务大臣唐景崇，陆军大臣王士珍，海军大臣萨镇冰，司法大臣沈家本，农工商大臣张謇，邮传大臣杨士琦，理藩大臣达寿。这个人才内阁没有一个皇族，满人仅有一名，其余全是汉族。清廷确实做到了言行一致，将国政大权交给了汉人。大清近300年这是第一次。内阁成立，摄政王无事可做，便辞去摄政王职务，回归藩邸。三年来，这副沉重的担子，几乎压垮了这个二十几岁的年轻人。回到家中，他一脸轻松，对福晋说，这下可以抱孩子了。说实话，载沣在品质上无多大毛病，谨小慎微不亚乃父，平时讷讷无语，权力欲也不强，曾在庚子年因克林德被杀，出使德国，向德皇谢罪，他挑起这个极为羞辱的差使。到德国后，德皇让他行跪拜大礼，他坚决不从，德国最终让步，可见他尚有骨气。只是他任用载涛、载洵担任军事要职，搞亲贵典兵，难免有误国之讥。笔锋转回，再说新内阁，这个内阁很冷清，无人为它叫好，大部阁员不愿就职。这使袁世凯十分扫兴。此时，又传来几个坏消息，一是东三省总督赵尔巽宣布成立保安会，算是半独立状态。二是新军第九镇统制徐绍桢叛清，参加革命，正率领江浙联军急攻南京，江督张人骏、将军铁良、提督张勋亟请清廷发兵支援。这下恼了老袁，心想民军也太猖狂，既拒和，又攻南京，一点儿面子也不给。于是他立即发电前线，让冯国璋、段祺瑞“再给民军一点儿颜色看看”。

袁世凯的电报与大批军饷到达武昌后，冯国璋、段祺瑞大为振奋，立即向汉阳发动最猛烈的进攻。清军的人数与武器都占绝对优势，配备的是德国最新式的步枪与大炮，再加上军饷发足，士气非同一般。在美娘山清军与民军激战两昼夜，民军不是对手，放弃美娘山，向龟山退去，第一仗清军便旗开得胜。此时民军方面，军队约有 5 万，但多是新招募的新兵，守城总司令是同盟会的黄兴，他从上海赶来，便被黎元洪任为民军总司令。黎对黄十分尊崇，在武昌筑台拜将，亲将司令大印授予，仪式十分隆重。谁知第一仗却败给清军，他立即组织敢死队，向清军反攻，冒死拼搏，又夺回美娘山与雨淋山。这一仗民军获胜，黄兴稍喜。然而清军又来，兵力、火力更足，再战两昼夜，民军敢死队锐气已失，守山的新兵溃散，清军蜂拥而上，又夺回雨淋山。清军向十里铺推进，正遇黄兴主力。两军在此摆开阵势，展开大战。清军德制大炮十分厉害，连续轰击，民军不能抵挡，死伤无数，节节败退。黄兴提枪毙了几个逃兵，方压住阵脚。然而，义军背后又出现大队清军，黑压压一片，向前攻来。义军腹背受敌，顿时惊惶溃散，清军一阵掩杀，义军死伤枕藉，残军退回汉阳。原来，民军炮兵管带张振臣，背叛义军，勾结清军，将汉阳战略要地扁担山献给清军。张又策反龟山、梅子山、四平山的义军头目，将大炮机枢破坏。清军攻山，义军大炮均成哑巴，哪里守得住，不到半天工夫，几个制高点都被清军占领。于是这路清军又向黄兴军攻击，造成前后夹击之势，导致义军大败。随即清军兵临汉阳城下，城内义军已成惊弓之鸟，纷纷逃往武昌。黄兴也逃到上海去了。清军兵不血刃占领汉阳。汉阳之战打了八天，清军大获全胜。战后，黎元洪奚落黄兴说：“都说黄兴有能耐，谁知怯懦如此。”事实上，黄兴并非怯懦，而是运气不佳，他领导了多次起义，均战无不败，功亏一篑。他自己也写诗道：“愧我年年频败北，马前趋拜敢称雄?”但黄兴确有屡败屡战的坚忍精神。笔者撰副对联以赞黄兴：

名并孙文，刀搏沙场，忆羊城断指，武昌拜将，屡败继而屡战，宁教血染黄花蕊；

志如岳穆，功开民国，赞细事加身，大节若钢，实心兼以实行，不作空谈革命家。

清军攻克汉阳，冯、段二将意气风发，欲一鼓作气拿下武昌。当时武昌城内，义军人心惶惶，方知道北洋军的厉害，以为城不可守，并有放弃武昌的议论。说实话，凭势力，北洋军取武昌易如反掌。捷报传到京城，满朝文武弹冠相庆，认为大清有救了。但袁世凯却冷静得很，下令前线停攻待命。冯、段二将接到命令，知袁世凯必有大韬略，遂按兵不动。原来袁世凯的意图，除过养敌自重外，攻汉阳也是以战逼和之计。但是形势又有变化，武昌民军遭受大挫，而南京方面，江浙联军攻打南京正亟。联军司令徐绍桢偕林述庆、朱瑞、刘之杰等将，率兵3万日夜围攻南京。徐绍桢，字固卿，广东番禺人，原任新军第九镇统制兼江北提督，他素来倾向革命，武昌首义后，他率军在秣陵关起义，失败后到上海投附民军，是当时清军反正的最高级别的官员，资望甚高，民军推他为联军司令。在南京城内，有两江总督张人骏、江宁将军铁良，还有江南提督张勋，守城部队全依凭张勋十八营巡防兵。张勋此人对大清朝忠心不贰，性情豪爽，作战勇猛，发誓与南京共存亡。他率军与民军大战孝陵卫，联军失利。再战，民军获胜，占领孝陵卫。三战雨花台，民军又获胜，张勋退入城中。这时民军首领黎天才，率兵助攻南京。黎以善战无畏著称，率敢死队600人，请朱瑞率兵为后应，猛攻乌龙山，600壮士，拼死争先，半日便攻克乌龙山。再攻幕府山，然而守山清军自动请降。民军占了城外两座山，登高而望，南京便在脚下。当时联军缴获大炮一尊，却无人会操纵，适有英国人某某自称炮兵出身，愿助民军。他到大炮前，扳动机枢，灵活自如，民军大喜，令他装弹轰击城内。几炮射出，南京城内轰隆作响，浓烟滚滚，清军乱作一团。原来城内北极阁是清军总指挥部，当时张人骏、铁良、张勋均在此开会，一发炮弹正落在北极阁前，一声巨响，惊得三人肝胆俱碎，纷纷逃出阁外，碰头一商议，认为援兵不来，南京势难固守，不如弃城北上。这时联军又占去了天保城。于是张人骏、张勋与铁良决定弃城，撤出军队向徐州逃去。清军甫退，联军立即入城，南京遂告光复。联军在城中搜获张勋宠妾小毛子，小毛子美貌绝伦，艳名远播，是秦淮河一代尤物，一笑一颦，夺人魂魄，张勋爱之如命。岂料竟落民军之手，可见张勋逃亡仓皇，连宠妾都不及带走。当时沪军都督陈其美建议，将小毛子送往上海展览，门票四毛，一月便获银10万两，可充做军费。徐绍桢坚决不允，派人好生照管小毛子，供以衣食，百般安慰。几天后，着人护送至徐州，交给张勋。张勋喜出望外，劫后重逢，见小毛子玉颜无损，格外感激徐绍桢，将扣留的一百节火车皮，还给南京民军。火车换爱妾的故事，一时传遍全国，以为笑谈。

民军攻克南京，意义非同小可。在武昌危急之时，最能鼓舞革命党人的斗志，革命形势又见蓬勃。为定都南京创造了条件。笔者撰联一副，以纪其事。联曰：

血战雨花台，一声炮响，辫帅张勋惊遁去；
功昭民国史，九镇兵兴，叛臣徐子笑归来。

清军失去南京，民军失去汉口、汉阳，两军形势相当。民军认为以武力击败北洋六镇军并非易事，确有暂时和谈的必要，于是答应与清廷谈判。于是两下协议，各派代表至武昌议和。袁世凯派唐绍仪为首席代表，民军则派原任驻美大使伍廷芳为代表。双方代表在武昌谈了几天，不见眉目。又移至上海，继续会谈。民军的条件，十分坚决鲜明，一是清帝退位，二是改行民主国体，三是优待清帝，四是量恤旗民。唐绍仪闻之大惊，岂敢做主，立即电告袁世凯。袁也皱起眉头，电令唐绍仪再争。但民军强硬得很，非清帝退位，免谈休兵。双方闹得差点儿决裂。当时驻沪德、英、美、法、日、俄六国领事，奉本国旨意，向双方代表致信，表示不愿见到中国内战，应和解避免战祸。六国说话，双方均感震动，同意继续谈判。就在此时，民军方面正积极筹备建立中华民国之事。

【民国建立】是中国历史开天辟地的大事。革命先行者孙文，在海外闻辛亥革命成功，立即返回国内，抵达上海。这位毕生奋斗、百折不挠的领袖，终于看到革命成果。他抵沪时，受到各界人民的盛大欢迎，孙文万岁的呼声震天动地，表达了人民对他的热爱与拥戴。稍后，民军召集代表举行选举，以投票决定。开箱验票，孙文得票最多，选为大总统；黎元洪次之，选为副总统。选举完毕，宣布辛亥年十一月十三日，西历公元1912年1月1日，中华民国临时政府，在上海成立，定国号为中华民国，改行西历，定此日为民国元年元月元旦，并定都南京。随即孙文赴南京就任。南京城中国旗飘扬，军乐雄壮，各界民众官员、外国驻宁领事，均至车站欢迎，各炮台、军舰鸣炮21响，极为隆重。孙文乘马车到总统府，沿途夹道欢呼。当晚在礼堂举行就职大典，孙文朗声宣读誓词：“颠覆满清专制政府，巩固中华民国，图谋民生幸福，此国民之公意，文实遵之。以忠于国，为众服务，至专制政府既倒，国内无变乱，民国卓立于世界，为列邦公认，斯时文当解除临时大总统之职，谨以此誓于国民。”读毕，山西代表景耀月捧大总统印信，呈献孙文，孙文接受如仪。礼堂响起中华民国万岁的呼声。笔者有诗赞曰：

革命先行第一人，三民主义倡终身。
为驱鞑虏乾坤转，愿造中华日月新。

亮剑频频羞挫跌，斩蛇屡屡振精神。

共和伟绩昭天地，万世孙文万世春。

接着宣布政府各部名单，仿美国总统制，不设总理。名单如下：陆军部长黄兴，海军总长黄钟英，司法总长伍廷芳，财政总长陈锦涛，外交总长王宠惠，内务总长程德全，教育总长蔡元培，实业总长张謇，交通总长汤寿潜。

读者也许要问，孙中山为什么任临时大总统呢？正式大总统不行吗？原来民军内部多数人及孙文本人认为，如果能敦促袁世凯反正，逼清帝退位，建立民主国，可将总统之位让于袁世凯，革命将少流血，事半而功倍。这种意见，当时就有人反对。然而事实上民军当时确实无力击败北洋军，而袁世凯在清末大搞新政，倡宪政、兴实业、修铁路、办教育、创立警察，建树极多，其资格威望亦确在孙文之上，而且列强也放出话来，称袁世凯为中国的华盛顿，列强需要袁世凯这样强有力的人物维持中华安定。而孙文心胸宽广，苟利国民，万事可为。百年之后，再回视这种做法，也是正确的。民军已将此意暗中告于袁世凯。

【袁世凯逼宫】最终导致清帝逊位。在京城的袁世凯得知民军之意，心中暗暗得意，他知道大清朝临危抱他佛脚，光绪帝杀袁世凯的遗旨，犹使他不寒而栗，不如卖了清朝，另图富贵。他把民军的让清帝退位并优待的条件，奏报隆裕太后，让皇室自行决定。隆裕无法，多次召开御前会议，王公贵族如丧考妣，极力反对，反对最力的是载泽、善耆、溥伟、毓朗、良弼等人，而奕劻、溥伦则保持沉默，载沣干脆不参加会议。恭亲王溥伟说："袁世凯鹰视狼顾，久蓄逆谋，人称司马懿第二，奈何引虎入卫？派他领兵是为平乱，若和议，人人可尔，何必要他。从前发捻倡乱，蹂躏十余省，卒剿定之。目前革命党势力远不及发捻，何以气馁退位？臣愿领兵剿贼。"良弼提议组建皇族战斗内阁，与民军周旋到底。会议结果，总是隆裕哭哭啼啼，大多数王公怒发冲冠，拂袖而去。

然而局势仍然混乱，刚传来山东取消独立及清军战胜山西民军的好消息，又传来伊犁杀了将军志锐、四川杀了赵尔丰宣布独立的一系列坏消息。大清江山只剩直隶、河南、甘肃、山东、新疆、东三省及内外蒙各部等地盘。袁世凯也要撂挑子不干，急得隆裕立即封袁为一等侯爵，袁以国难当头，无功不受封为由，再三固辞。其实他已有做民国大总统的野心，当然对侯爵不屑一顾。隆裕又派庆亲王赴袁宅说了许多好话，袁才勉强视事。

到了这步田地，隆裕再次召开御前会议，讨论退位问题。王公贵族个个垂头丧气，多不发言。唯奕劻与溥伦赞成共和。良弼仍是气壮如牛，大声道："皇帝为一国之尊，而接受民军优待，简直是莫大奇闻，莫大耻辱，臣主张决战。"隆裕垂泪说："兵不效力，饷无从出，奈何?"良弼道："宁可一战而亡，免受汉人荼毒!"王公们见良弼慷慨悲壮，也撑起胆来，便随声附和。会议仍无结果。谁知过了两天发生两次戏剧性的刺杀案。一次是袁世凯下朝，在东华门遇刺，袁福气真大，炸弹爆炸，袁毫发无伤，三名刺客当场拿获。另一次是良弼归家，被党人彭家珍炸倒，第二日死亡。良弼，宗室，爱新觉罗氏，祖父是原两江总督伊里布，道光年间，与耆英等签订中英《南京条约》，而遭舆论抨击。其父早死，侍母极孝。少有大志，曾毕业于日本士官学校，归国后，历任军中要职并掌控禁卫军，极有才干，以重振满洲为理想，被称为旗人翘楚。其死，清廷无人矣。两次刺杀案，引起不同效果。袁世凯被刺，消除了王公贵族的疑虑，都说袁是清朝的大忠臣，否则革命党为何要杀他，可见袁事事为大清朝操心，包括逊位，也是为大清着想。而良弼被刺杀，皇族中人人自危，消除了反对主和的声音。袁世凯遇刺后，干脆躺在家里不上朝，却派赵秉钧天天来逼宫。赵的角色好像是《三国志》中逼汉献帝的华歆。稍后，驻俄公使陆征祥代表驻外使节发电要求清帝退位，并说"读法兰西革命史，如能早顺舆情，何至路易之子孙，靡有孑遗也"。陆征祥的电报，是用法国大革命将国王路易十六全家送上断头台的历史，恫吓清廷。同时前线的段祺瑞联合几十个将领，通电大骂载泽、溥伟阻挠共和，并要求清帝逊位，否则率兵入京。这简直如一道催命符，吓得隆裕发抖。总管太监张兰德劝说："太后呀，依奴才看，帝制也好，共和也好，太后仍然是太后，没啥区别。要是不答应，连优待条件也没啦。"隆裕吓呆了，赶紧召袁世凯，让他与民军谈判清室优待条件，准备退位。

【清帝逊位】结束了大清王朝近300年一统江山的历史。当袁世凯把拟好的退位诏书等三道谕旨，呈与隆裕太后时，太后浑身发抖，两手乱颤，拿着国玺盖印，盖完掩面大哭。遂于宣统三年十二月二十五日，中华民国元年二月十二日，将诏书颁布天下，其诏曰："朕欲奉隆裕皇太后懿旨，前因民军起事，各省响应，九夏沸腾，生灵涂炭，特命袁世凯遣员与民军代表，讨论大局，议开国会，公决政体。两月以来，尚无确当办法。南北睽隔，彼此相持，商辍于途，士露于野，徒以国体一日未决，故民生一日不安。今全国人民心理，多倾向共和，南中各省，既倡仪于前，北方各将，亦主张于后，人心所向，天命可知。予亦何忍以一姓之尊荣，拂兆民之好恶，是用外观大势，内审舆情，特率皇帝将统治权公诸全国，定为共和立宪国体，近慰海内厌乱望治之心，远协古圣天下为公之义。袁世凯前经资政院选举总理大臣，当兹新旧代谢之际，宜有南北统一之方，即由袁世凯组织临时共和政府，与民军协商统一办法。总期人民安堵，海内久安，仍合汉满蒙回藏五族完全领土，为一大中华民国，予与皇帝得以退处宽闲，优游岁月，长受国民之优礼，亲见致治之告成，岂不懿哉！钦此。"

这篇诏书是南通状元张謇的手笔，将惨痛的国体变更、社稷灭亡，说得从容轻松，满足了皇室尊荣心理，真是大手笔大文章。"岂不懿哉"四字，舍此无可煞尾，张謇之才大矣！

另有第二道谕旨："朕钦奉隆裕皇太后懿旨：前以大局阽危，兆民困苦，特饬内阁与民军，商酌优待皇室各条件，以期和平解决。兹据复奏，民军所开优待条件，于宗庙陵寝，永远奉祀，先皇陵制，如旧妥修各节，均一律担承。皇帝但卸政权，不废尊号，并议定优待皇室八条，待遇满蒙回藏七条，览奏尚属周到。特行宣示皇族，暨满蒙回藏人等，此后务当化除畛域，共保治安，重睹世界之升平，胥享共和之幸福，予实有厚望焉！钦此。甲、大清皇帝辞位之后，优待条件如下：第一款大清皇帝辞位之后，尊号仍存不废。中华民国以待各外国君主之礼相待。第二款大清皇帝辞位之后，岁用400万两，俟改铸新币后，改为400万圆，此款由中华民国拨用。第三款大清皇帝辞位之后，暂居宫禁，日后移居颐和园，侍卫人等，照常留用。第四款大清皇帝辞位之后，宗庙陵寝，永远奉祀，由中华民国酌设卫兵，妥慎保护。第五款德宗陵寝未完工程，如制妥修，其奉安典礼，仍如旧制，所有实用经费，并由中华民国支出。第六款以前宫内所用各项执事人员，可照常留用，唯以后不得再招阉人。第七款大清皇帝辞位之后，其原有之私产，由中华民国特别保护。第八款原有之禁卫军，归中华民国陆军部编制，额数俸饷，仍如其旧。乙、关于清皇族待遇之条件：一、清王公世爵，概如其旧。二、清皇族对于中华民国国家之私权及公权，与国民同等。三、清皇族私产，一律保护。四、清皇族免当兵之义务。丙、关于满蒙回藏各族待遇之条件：一、与汉人平等。二、保护其原有之私产。三、王公世爵，概仍其旧。四、王公中有生计过艰者，设法代筹生计。五、先筹八旗生计，于未筹定之前，八旗兵弁俸饷，仍旧支放。六、从前营业居住等限制，一律蠲除，各州县听其自由入籍。七、满蒙回藏原有之宗教，听其自由信仰。”第三道谕旨：“朕钦奉隆裕皇太后懿旨：古之君天下者，重在保全民命，不忍以养人者害人。现在新定国体，无非欲先弭大乱，期保久安。若拂逆多数之民心，重启无穷之战祸，则大局决裂，残杀相寻，势必演至种族之惨痛，将至九庙震惊，兆民荼毒，后祸何忍复言！两害相形，唯取其轻者，正朝廷审时观变，恫瘝吾民之苦衷。各京外臣民，务当善体此意，为全局熟权利害，勿得挟虚骄之意气，建偏激之空言，致国与民两受其祸。着民政部、步军统领姜桂题、冯国璋等，严密防范，剀切开导，俾皆晓然于朝廷应天顺人，大公无私之意！至国家设官分职，以为民极，内列阁府院部，外建督抚司道，所以康保群黎，非为一人一家而设。尔京外大小各官，均宜概念时艰，谨供职守，应责成各长官，敦切劝诫，毋旷职守，用副夙昔爱抚庶民之至意。钦此。”

三道谕旨颁布，大清朝便寿终正寝了。袁世凯逼宫得逞，如愿以偿当上了民国大总统。那位签发诏书的隆裕太后，退居后宫，“雕栏玉砌应犹在，只是朱颜改，问君能有几多愁，恰似一江春水向东流”，她愧对列祖列宗，黍离之悲满腹积郁，每对人言：“孤儿寡妇，千古伤心，每睹宫宇荒凉，不知魂归何所。”民国二年冬，郁郁成疾，弥留之际，她拉着溥仪之手，说：“你生帝王家，不喻一事，国已亡了。你母将死，你尚茫然不知，奈何奈何?”又说：“儿呀永诀了，不能再照顾你了，你好自为之。”

言讫薨崩。年仅46岁。她死后，被誉为“女中尧舜”，民国政府为她举行盛大葬礼，举国各界同声哀悼，算是对她逊位的肯定。清帝逊位，隆裕实主持之，虽然出于被迫，客观上有保国安民的功效。老实说，在当时，清室抛开袁世凯，还有最精锐的禁卫军两万人，全是满人；东北三省总督赵尔巽也忠心耿耿，蒙古各盟旗王公也愿效忠；在陕西升允（前陕甘总督）的清军击败民军；陕甘总督长庚、新疆巡抚袁大化也誓死效忠。如果她听信溥伟、良弼等皇族之言，一意决战，或退还东三省，投入帝俄、日本怀抱，那形势就复杂了，就要发生惨痛的大内战，国与民均要遭殃。因而隆裕之功，实莫大焉，青史上应记她一笔。

辛亥革命推翻满清政权，清朝亡了，连续2000年的帝制也土崩瓦解，中国历史掀开了新的纪元。2011年是辛亥革命100周年，笔者缅怀辛亥革命及孙中山先生，特撰联一副，以资纪念，联曰：

遥思辛亥当年，武昌发难，南京定鼎，洒沸腾热血，抛十万头颅，逼清皇逊位，二千年帝制灰飞烟灭；

追忆孙文其事，日本建盟，粤海起兵，凭坚忍精神，倡三民主义，肇赤县共和，四百座军州地覆天翻。

清朝逊国，溥仪年仅六岁，不晓世事，功罪自然无从评说，但他担当了清朝最后一个皇帝，中国历史上最后一个皇帝的角色，史册上位置相当重要。他虽然在位三年没做什么事，但退位之后，却有一个多变传奇的人生。最初他平静地在皇宫内度过了六年，宫中仍使用宣统年号，仍是小朝廷的主子。民国六年，徐州张勋应黎元洪之邀，率辫子兵5000入京，排解总统与督军团的矛盾。但张勋始终忠于大清，导演了一场复辟闹剧，溥仪一夜之间又成了皇帝，发诏书，封官爵，热闹了十几天，但段祺瑞马厂誓师，平逆讨贼，将张勋击败，一场闹剧就此结束。张勋虽孤忠可悯，但鲁莽行事，不合时宜，却给段祺瑞造成再造民国的机会。溥仪也折腾得够戗。之后，溥仪又在紫禁城后宫过了七年清静日子，其间举行大婚，娶了婉容为皇后，文绣为妃。到了民国十三年十月，冯玉祥发动首都革命，派鹿钟麟带兵将溥仪及后妃驱逐出宫，他废除帝号，愿当平民。回到出生地醇亲王府，应了“回家了”那句谶言。冯玉祥逼宫，固然使故宫博物院得到开放，但不顾国内外公认的优待条约，向手无寸铁的小皇帝开刀，算不得什么英雄好汉，好像他比孙中山、袁世凯还有能耐，当时与后世对这位善于倒戈的将军的行为都无好评，认为有作秀沽名之嫌。过了一年，溥仪不愿住在北京，而移居天津，住在张园。张园是湖北提督张彪的私宅，张彪接驾万分殷勤，天天叩头请安，洒扫庭院，似乎是想让皇帝原谅他武昌失守的大罪。1931 年“九一八”事变后，溥仪被日本掳往东北，在长春做了伪满洲国执政，后来改称皇帝，年号康德。并访问日本，叩拜天皇，这是一段不光彩的历史。日本战败投降，他试图逃亡日本，在沈阳机场候机，被从天而降的苏联伞兵俘获，押往苏境伯力，关禁五年。1950 年苏联将溥仪移交中国，关押于抚顺战犯管理所。在此度过 15 年牢狱生活。1959 年溥仪受政府特赦，返回北京定居，著《我的前半生》一书，娶李淑贤为妻，在此之前婉容已死，文绣离婚，祥贵人、福贵人均死。1967 年 10 月 17 日，溥仪患病不治逝世，终年 61 岁。其骨灰安放于八宝山公墓。1995 年香港人张世义出资，在易县西陵之崇陵（光绪帝之陵）旁，建起华龙陵园。由李淑贤经办，将溥仪骨灰安葬园内，并用招魂法，将婉容之魂招入陵内，与其合葬。溥仪逝世于新时代，中央政府未给他庙号谥号。而台湾居住的爱新觉罗皇族，于心不安，在 1967 年，为他立了庙号：宪宗，谥号：襄皇帝。后觉不妥，在 2004 年又重新立庙谥。庙号：恭宗，谥号：配天同运法古绍统粹文敬孚宽睿正穆体仁立孝愍皇帝。华龙园定为献陵。婉容等后妃均有谥号。当然这是民间私谥，比之国家之谥，逊色多矣。

爱新觉罗王朝从努尔哈赤始，到溥仪结束，前后十二帝，享国 296 年。由于这个朝代，处于中西思潮交错动荡的时代，外患频仍，割地赔款的条约不断产生，又与现代最近，于是很多人认为它是极端腐朽的朝代。这种看法，未免偏颇。事实上，它与 2000 年以前的任何朝代相比，都要优越些。大清十二帝，平心而论，没有一个昏君、暴君，大多勤奋理政，各有特色，尤其太祖、太宗、圣祖、世宗、高宗，宏图大略，文治武功，旷古罕匹。有个细节，清朝诸帝，代代传承，每日寅正起床，即凌晨四点起床，决不恋窝，五更上朝理事，毫无懒怠之心。再说功绩，清朝给现代中国留下了前所未有的大版图（包括外蒙古，后来却弄丢了），留下了多民族融合的大家庭，留下4亿5000万人口，留下了无数的文化古迹，传承了中华固有优秀文化。在近300年的统治中，较之前代，赋税并不苛烦，给人民有生息的机会，有灾必免税，必赈济，力度亦较大。另外清朝家法极严，吏治亦严，即使皇室宗族犯法，革职、圈禁、赐死、斩首亦所难免，遑论官吏；罪不至死者，如悔过自新，即予起用。赏罚分明，能给后世理政提供启示。再者，在伦理道德方面，倡导以孝治天下，从孝亲推广到忠君爱国，于今也有借鉴作用。有个历史巧合，以顺治入关起，孝庄太后、摄政王执政，靠的是吴三桂、洪承畴等汉人定鼎中原，建立皇权。到清朝终末，也是慈禧、隆裕太后、摄政王执政，却由汉人袁世凯窃了权柄。虽非天意，亦算奇事。最后笔者吟诗一首，作为结语。诗曰：

辽东王气郁玄黄，猎猎八旗战大荒。
逐鹿中原开帝业，乘龙广域拓皇疆。
康乾盛世谁堪比，绪统衰邦最可伤。
三百年来清社稷，圆明废址证兴亡。

附录
清朝职官简介

为方便读者阅读本书，增加知识，畅晓文义，特简介清朝职官有关情况。

一、中央职官

（一）荣誉官衔：太师、太傅、太保，又称三公，正一品。少师、少傅、少保，又称三孤，从一品。太子太师、太子太傅、太子太保，从一品。光禄大夫，建言资政，类似顾问，正一品。

（二）宫廷职官

1. 内大臣，管理宫廷事务，从一品。

2. 领侍卫大臣，掌管御林军，正一品。

3. 掌銮仪大臣，正一品。

4. 殿阁大学士，雍正时设军机处，有军机大臣，均为正一品。下有协办大学士。办事员为内阁学士、章京。

5. 宗人府，管理宗室玉牒、爵禄、赏罚等。长官为宗令，由亲王、郡王担任。左右宗正辅助。

6. 内务府，管理宫廷事务。总管大臣为正二品。

（三）政府职官

1. 吏、户、兵、礼、刑、工六部，长官为尚书，正二品；副职侍郎，下属依次为员外郎、郎中、主事。

2. 都察院，监察弹劾机构，长官为左右都御史，从一品。下设十三道御史（佥都御史）。

3. 步军统领，又称九门提督，京城卫戍部队长官，从一品。

4. 理藩院，管理少数民族事务，总管大臣为正二品。

5. 总理各国事务衙门，同治年间设，类似外交部，大臣由亲贵担任。

6. 大理寺，类似最高法院，执掌案件终审权。长官为正卿，正三品。

7. 光禄寺，管理祭祀食品。长官为正卿，从三品。

8. 詹事府，管理太子事务，长官为詹事，正三品。

9. 通政司，收受内外奏章、臣民密封申诉。长官为通政使，正三品。

10. 太常寺，掌管宗庙祭祀之事，长官为正卿，正三品。

11. 鸿胪寺，执掌朝廷礼节，接待外宾。长官为正卿，正四品。

12. 太仆寺，主管马政。长官为正卿，从三品。

13. 翰林院，朝廷文人智囊集团。掌院学士为从二品。另有编修、检讨、庶吉士等职称。

14. 给事中，纠察、弹劾官员，正四品，设置于六部，又称六科。属都察院管辖。

15. 钦天监，研究观察天文、气象、地震、灾变，以此推断凶吉的机构。长官为监正，正五品。

16. 国子监，全国最高学府，长官为祭酒，从四品。

17. 太医院，皇家医疗机构，长官为院使，正五品。

18. 顺天府尹，奉天府尹，正三品，分别是北京、沈阳长官，中央直辖。

19. 崇文门监正，执掌进入京城的商品税征收大权。由内务府大臣或户部尚书兼任。

二、地方职官

1. 总督，又称制军、制台，执掌一省或数省军政大权，从一品。有直隶总督、两江总督、湖广总督、两广总督、闽浙总督、四川总督、陕甘总督、云贵总督、东三省总督。另有漕运总督、河道总督。

2. 巡抚，又称抚台，省级行政长官，正二品。

3. 布政使，管民政、财务，又称藩台，正二品。

4. 按察使，主管一省刑事，又称臬台，正三品。

5. 提督，一省军事长官，从一品。另有水师提督。

6. 总兵，各军事重镇驻防将官，正二品。下辖副将、游击、参将、都司、千总、把总等。清末建立新军，以镇为军事编制，长官为统制，下辖协统、标统、队官。

7. 将军，八旗军驻防长官，从一品。驻防地为边疆，各省主要省会，如西安、成都、江宁、福州、广州、杭州、奉天、吉林、黑龙江、伊犁、乌里雅苏台等，有监督绿营的目的。

8. 都统，八旗驻防长官，又称固山额真，从一品。驻于京城或不设将军的防区，如察哈尔都统、热河都统。

9. 知府，省辖府行政长官，又称道台，从四品。

10. 知州，省直隶州长官，正五品。

11. 知县，县级行政长官，又称县令。正七品。